保全与执行实务精要

（上册）

吴志强　张烨／著

法律出版社
LAW PRESS · CHINA
北京

图书在版编目(CIP)数据

保全与执行实务精要:上下册 / 吴志强,张烨著
. -- 北京:法律出版社,2023
ISBN 978-7-5197-7740-1

Ⅰ. ①保… Ⅱ. ①吴… ②张… Ⅲ. ①执行(法律)-研究-中国 Ⅳ. ①D925.04

中国国家版本馆 CIP 数据核字(2023)第 051094 号

保全与执行实务精要(上下册)
BAOQUAN YU ZHIXING SHIWU JINGYAO
(SHANG XIA CE)

吴志强 张烨 著

策划编辑 孙 慧 余群化
责任编辑 孙 慧 余群化
装帧设计 李 瞻

出版发行 法律出版社
编辑统筹 司法实务出版分社
责任校对 李慧艳
责任印制 胡晓雅
经　　销 新华书店
开本 710 毫米×1000 毫米 1/16
印张 53.25 **字数** 808千
版本 2023 年 5 月第 1 版
印次 2023 年 5 月第 1 次印刷
印刷 永清县金鑫印刷有限公司

地址:北京市丰台区莲花池西里 7 号(100073)
网址:www.lawpress.com.cn
投稿邮箱:info@lawpress.com.cn
举报盗版邮箱:jbwq@lawpress.com.cn
销售电话:010-83938349
客服电话:010-83938350
咨询电话:010-63939796

书号:ISBN 978-7-5197-7740-1
定价:198.00 元(上下册)
凡购买本社图书,如有印装错误,我社负责退换。电话:010-83938349

前　言

《保全与执行裁判规则解读》和《保全与执行一本通——法律规范、胜诉实战与典型案例详解》分别在2018年和2019年出版，两本书被读者们亲切地称为“执行红宝书”，在业内广受关注。身为作者的我在办案之余，也因此多了很多与法官、同行和其他业内人士探讨实务问题和交流办案经验的机会，“执行难”总是其中绕不开的话题。

早在20世纪80年代中后期，“执行难”便被最高人民法院确立为我国司法实践中的问题之一。但直到近年来，因执行案件数量快速增长，“执行难”问题才真正得到重视。为解决“执行难”问题，最高人民法院于2016年3月在十二届全国人大四次会议上提出“用两到三年时间基本解决执行难问题”。2019年6月，最高人民法院又发布《最高人民法院关于深化执行改革健全解决执行难长效机制的意见——人民法院执行工作纲要（2019—2023）》，宣布“基本解决执行难”这一阶段性目标如期实现，执行工作的目标转变为“切实解决执行难”。在党的领导下，经过各级人民法院和法律工作者的不懈努力，执行难问题已经得到极大改善。

但是，近几年受新冠疫情等因素的影响，经济发展放缓，导致债务人的经济状况和清偿能力明显下降，“执行难”问题又开始凸显。于是，经常遇有同行朋友聊天提起，代理原告当事人的案件会有很大心理压力，因为往往案子胜诉当事人却拿不到执行款，这种情况下作为代理律师也是无可奈何。对于该观点，我认为没那么悲观，当事人胜诉却拿不到执行款的情况虽不在少数，但律师并非无计可施，律师在整个诉讼、执行过程中的专业性，能帮助当事人拨云见日。

事实上，近年来随着有关执行问题法律法规的出台和完善，强制执行的基本面在不断向好。只2020年一年，最高人民法院就修正了12部有关强制执行的司法解释及规范性文件，涉及变更和追加当事人、执行异议和复议、财产调查、强制执行措施、执行担保、执行和解等直接关系保全与执行程序中各方权利义务的内容。2022年6月24日公布的《民事强制执行法（草案)》虽非确定稿，但对后续强制执行的相关内容也有一定指引作用，随着未来强制执行法的颁布实施，以及在实务中的不断应用，保全与执行领域的法律体系将更加完善。

保全与执行程序的相关规定有了变化，律师工作中的应对策略也需结合实际案件情况进行调整，这在对律师工作增加要求和挑战的同时，也给律师在执行程序中提供了更多的参与空间，使律师在执行程序中的作用日益彰显。由此，律师面对“执行难”并不是“无可奈何、无计可施”，相反，如果律师能够系统性、体系化地研究执行体系，甚至将诉讼程序与执行程序打通，进行以诉讼执行一体化思考与实践，必然能够帮助当事人实现利益最大化。

于是，我有了写第三本执行实务书的想法。

本书基于上述新修正的司法解释内容，结合近几年新形势下案件的办理经验和思考，以及与同行探讨中提及的实务热点问题，通过最高人民法院及各省高级人民法院的真实案件，以问题、来源、结论、基本案情、争议焦点、裁判要点、相关法律规定、应诉策略、类案裁判观点分析的体例，试图给读者呈现完整的一问一答，呈现一套有裁判观点、有法律依据、有实务建议、有类案参考的理论体系。

法律的魅力在于它的体系性，单一的一部法律或几个法条无法解开实务问题。再简单的案件事实，也需要综合考虑实体法、程序法的相关规定，并结合法理以及在案证据，进行综合性、体系性的思考判断，才能针对个案得出最优解答。鉴于此，我在本书中将保全与执行领域的重要知识点绘成知识体系图，并结合各个章节的具体问题剖析实务案例，有点有面，有体系有内容，希望能够帮助读者对保全与执行领域的知识有完整、全面的认知。

此外，本书第八部分“诉讼执行一体化”是我近几年实务办案过程中对解决“执行难”问题的新思考。办理大量执行实务案件后，我深切体会到体系性思考的重要性，当事人在实施法律行为时产生的“因”，必在纠纷产生时形成相对应的“果”。很多执行案件难以推进，一大部分原因是诉讼阶段的工作不够完善，或早在涉诉之前、签订合同时起就埋下了隐患。因此，我开始思考诉讼执行一体化的问题，并在本书第八部分做了初步阐述，以期帮助读者做到有备无患，在起诉过程中，甚至在日常经济交往活动中注意采取防范措施，以避免在后续执行程序中遇到不必要的阻碍。

保全与执行领域存在很多可以细分的知识点，本书力图做到内容全面务实、观点清晰准确，既解读执行热点问题又总结实务经验，以供读者参考。本书是我在办案之余完成的创作，难免遗漏，欢迎各界读者朋友批评指正。

吴志强

2022 年 11 月

全称简称表

全称	简称	效力级别	发布/生效时间
《最高人民法院关于适用〈中华人民共和国民事诉讼法〉的解释》	《民事诉讼法司法解释》	司法解释	2022 年 4 月 1 日发布 2022 年 4 月 1 日实施
《最高人民法院关于人民法院办理执行异议和复议案件若干问题的规定》	《执行异议和复议规定》	司法解释	2020 年 12 月 29 日发布 2021 年 1 月 1 日实施
《最高人民法院关于民事执行中变更、追加当事人若干问题的规定》	《变更、追加规定》	司法解释	2020 年 12 月 29 日发布 2021 年 1 月 1 日实施
《全国法院民商事审判工作会议纪要》	《九民纪要》	司法解释	2019 年 11 月 8 日发布 2019 年 11 月 8 日实施
《最高人民法院关于审理涉及金融不良债权转让案件工作座谈会纪要》	《海南纪要》	司法文件	2009 年 3 月 30 日发布 2009 年 3 月 30 日实施

简　目

◇ 第一部分　保全错误及损害赔偿金额的认定 ◇

◇ 第二部分　执行立案及变更、追加当事人程序中的相应权利 ◇

◇ 第三部分　执行异议程序中的程序性权利 ◇

◇ 第四部分　案外人可通过异议之诉排除执行和确权 ◇

上册目录

◇ 第一部分　保全错误及损害赔偿金额的认定 ◇

◇ 第二部分 执行立案及变更、追加当事人程序中的相应权利 ◇

◇ 第三部分　执行异议程序中的程序性权利 ◇

◇ 第四部分 案外人可通过异议之诉排除执行和确权 ◇

第一部分

保全错误
及损害赔偿金额的认定

一、财产保全被认定为存在错误的情形

设立财产保全程序的目的，是保证生效判决能够得到全面、顺利的执行，从而维护判决的严肃性、权威性，真正地保护胜诉一方当事人的合法权益。同时，为了防止当事人滥用诉讼保全制度，损害另一方当事人合法利益，根据《民事诉讼法》第108条的规定，申请保全有错误的，申请人应当赔偿被保全人因保全所遭受的损失。

申请财产保全错误的赔偿，在性质上属于一般侵权责任，以主观上存在过错为要件。判断申请财产保全是否错误，不仅要看申请保全人的诉讼请求最终是否得到支持，还要看其是否存在故意或重大过失。而判断申请人是否存在故意或重大过失，要根据其诉讼请求及所依据的事实和理由，考察其提起的诉讼是否合理，或者结合申请保全的标的额、对象及方式等考察其申请财产保全是否适当。

此外，财产保全是一个持续性的行为，对于申请人是否有过错的审查，应着眼于整个财产保全期间，既要审查申请人在申请财产保全时是否具有合理的权利基础以及是否已尽到合理的注意义务，也要审查在财产保全期间申请人是否审慎对待保全行为。本部分结合实务热点判例，阐述如何认定保全错误问题，具体如下。

001. 被保全人主张保全错误且遭受损失，应如何举证

◇ **问题**　被保全人主张因保全错误遭受损失，应如何举证

◇ **来源**　最高人民法院（2021）最高法民终503号

◇ **结论**　被保全人主张因保全错误遭受损失，需举证证明：保全行为有错误、申请人具有过错、损害结果客观存在以及保全错误与损害结果之间存在因果关系，否则将承担举证不能的不利后果

【基本案情】

2016 年 8 月 31 日，秦某某作为原告，以立通公司、恒丰公司、盈丰公司为被告，提起建设工程施工合同纠纷之诉。

诉讼过程中，秦某某申请财产保全，要求查封立通公司名下价值 1 亿元的房产，并提供了担保。吉林高院于 2016 年 9 月 5 日作出民事裁定，同时查封了担保财产及立通公司的怡品蓝庭小区 195 处房产。

该案经两级法院审理，最终判决驳回秦某某的诉讼请求。

立通公司遂提起本案诉讼，请求法院判决秦某某向立通公司赔偿因错误申请诉讼财产保全而造成的损失 22,506,505.42 元。吉林高院一审认为，秦某某在前案诉讼中申请保全的行为不存在错误，判决驳回立通公司的诉讼请求。立通公司不服，上诉至最高人民法院。

【争议焦点】

秦某某应否向立通公司赔偿因错误申请诉讼财产保全而造成的损失？

【裁判要点】

因财产保全损害责任的法律关系性质上属侵权民事责任，故认定财产保全申请人是否应当承担损害赔偿责任，依法应从以下四个方面进行判断：一是申请人申请财产保全有错误；二是确有实际损失的存在；三是损失的出现与财产保全错误申请有因果关系；四是申请人对错误财产保全具有过错。

第一，关于秦某某对案涉错误财产保全是否具有过错问题。因前案中秦连某某的诉讼请求已被生效判决驳回，秦某某在前案中所申请的财产保全，确实存在错误。对于财产保全损害赔偿责任的归责原则，因法律并未予以特别规定，故应当适用侵权责任的基本归责原则，即过错责任原则。在本案诉争建设工程施工合同纠纷前，秦某某就以房地产开发合同纠纷为案由起诉立通公司。本案二审庭审中，双方均认可前案案涉建设工程合同约定的价款总金额近 12 亿元、双方还在其他工程中存在投资合作关系等事实。秦某某与立通公司之间存在较为复杂的法律关系，秦某某提起前案诉讼的结果具有较大的不确定性。立通公司提交的现有证据，尚不能证明秦某某对案涉保全错误存在故意或者重大过失。据此，最高人民法院对立通公司有关秦某某对案涉错误财产保全具有过错的上诉主张，依法不予支持。

第二，关于立通公司主张的损失是否与秦某某保全行为存在因果关系问题。立通公司上诉主张，秦某某应当赔偿其因错误保全行为导致的房屋不能正常销售和流转而产生的贷款利息损失。根据《最高人民法院关于人民法院办理财产保全案件若干问题的规定》第 20 条第 1 款的规定，财产保全期间，被保全人如欲对被保全财产进行处分，具有合法的救济途径。且在（2015）吉民一初字第 00004 号一案中，人民法院曾向立通公司释明允许其销售查封房屋，销售款汇入监管账户，而前案所查封财产是秦某某在（2015）吉民一初字第 00004 号案件撤诉并对保全财产解封后又重新进行的查封，故可推断两案查封形式应为相同，即该财产保全并不影响商品房对外销售。另外，立通公司所提有关证据，也不足以证明其贷款产生的利息损失与秦某某的诉讼保全行为存在直接关联。故立通公司本案主张的损失与秦某某的错误保全行为之间，难以构成直接因果关系，立通公司要求秦某某赔偿其损失的上诉主张，依法不能成立。

【相关法律规定】

《民事诉讼法》

第一百零八条　申请有错误的，申请人应当赔偿被申请人因保全所遭受的损失。

《民法典》

第一千一百六十五条　行为人因过错侵害他人民事权益造成损害的，应当承担侵权责任。

依照法律规定推定行为人有过错，其不能证明自己没有过错的，应当承担侵权责任。

【应诉策略】

《民事案件案由规定（2020）》将“因申请财产保全损害责任纠纷”归入

第九部分“侵权责任纠纷”这一大类之中，可见申请诉讼财产保全错误责任本质上属于侵权责任，应按照一般侵权行为的构成要件，即侵害行为、损害后果、主观过错、因果关系四要件来认定。

据此，被保全人主张因保全错误遭受损失，需举证证明以下事项：（1）申请人实施了申请保全行为；（2）申请人对损害存在主观上的故意或重大过失；（3）被保全人因保全错误受到损害；（4）保全错误与损害结果之间存在因果关系。

1. 申请人实施了申请保全行为

认定申请人应承担侵权责任要求申请人实施了申请保全行为，此不必多言。

2. 申请人对损害存在主观上的故意或重大过失

财产保全错误责任纠纷适用过错原则来认定申请人是否应予归责，即要求申请人对错误申请保全具有主观过错。至于过错程度，司法实践中一般认为，此过错程度应为“故意或者重大过失”（见类案裁判观点分析案例一），判断过错的时间节点为“申请采取保全措施时”。此外，对于申请人在财产保全错误上的过错认定，还应当根据所涉诉讼复杂及不确定程度、申请金额、误差合理性等因素加以综合判断。

3. 被保全人因保全错误受到损害

被保全人因保全错误受到实际损害，即民事权益受到侵犯，如银行账户被冻结、房产被查封、车辆被扣押等都属于实际损害。此外，除要证明损失的客观存在，被保全人还要证明损失数额，否则人民法院对于赔偿请求将不予支持（见类案裁判观点分析案例五、案例六）。

4. 保全错误与损害结果之间存在因果关系

错误财产保全赔偿的是因保全行为造成的实际损失，要求该损失的发生与申请人的行为有直接的因果关系（见类案裁判观点分析案例二、案例三）。这里要注意的是，如果申请人的行为并非被保全人受到损害的唯一原因（常见的情形就是被保全人自身对损失也存在过错，见类案裁判观点分析案例四），则申请人可减少责任的承担或者无须为此承担责任。

【类案裁判观点分析】

案例一：申请人对财产保全错误存在故意或重大过失的情形时，应当认定申请人的保全申请存在主观错误——最高人民法院（2021）最高法民申1944号

如果申请人对财产保全错误存在故意或重大过失，应当认定申请人的财产保全申请存在错误。申请人的诉讼请求是否得到支持，是判断申请人对财产保全错误存在故意或重大过失的一项重要标准，但不能作为唯一的标准，还要结合案件的具体情况、申请人维护其合法权益的正当性和紧迫性，以及对方当事人是否有过错等因素综合判断。本案中，在人民法院依沈某凤的申请采取保全措施后，管某根与沈某凤以及相关利益主体经磋商达成了《和解协议》，该协议明确约定目标公司平江新城公司的股权继续登记在原股东名下暂不过户，由人民法院查封。沈某凤依据该《和解协议》向法院申请冻结平江新城公司100%的股权，系按照该《和解协议》的约定履行目标公司新老股东之间的相关安排。故综合案件事实看，难以认定沈某凤申请财产保全冻结平江新城公司100%股权的行为存在故意或重大过失。

案例二：错误财产保全赔偿，赔偿的是被保全人的实际损失，且该损失的发生与申请人的行为有直接的因果关系——河南高院（2020）豫民终649号

被保全人依据有关规定有权选择对被保全财产是否处分，被保全人未请求或者其请求不当而未获人民法院准许的，被保全财产因市场变化而产生的价值贬损，系被保全人应自行承担的风险，与申请财产保全行为没有直接的因果关系。但是，申请保全人不同意被保全人自行处分的，则被保全人因不能行使处置权而发生的财产损失与申请人的行为有直接的因果关系，在财产保全错误时应由申请人承担相应的赔偿责任；被保全人的实际损失，应为被保全财产在保全开始与保全结束两个时点的价差，以及保全开始时的价款对应的资金利息损失。本案中，查封商铺和住宅系存在市场价值变动的资产，被保全人新天地公司未请求处分变现，在被保全财产因市场价值变化产生的价值贬损风险由其自行承担，由于该案查封的商铺和住宅的市场价值在升值并没有贬损，所以这部分损失不存在，仅存在因超标的查封的商铺和住宅价值对应资金的利息损失。

案例三：被保全人主张因保全错误遭受损失，需举证证明申请财产保全的行为与损害结果之间存在因果关系，否则将承担举证不能的不利后果——博尔塔拉中院（2021）新27民终196号

判断保全申请人是否有过错，不仅要看其诉讼请求最终是否得到支持，还要看是否存在故意和重大过失。在被上诉人魏某某与上诉人某对外储运公司财产损害赔偿纠纷一案中，魏某某申请保全的标的额并未超过其诉争标的额，被上诉人魏某某尽到谨慎合理的注意义务，主观上并无过错。上诉人某对外储运公司称，被上诉人魏某某保全行为造成该公司无法正常经营，应当赔偿保全期间遭受的损失，从上诉人某对外储运公司提交的证据来看，不足以证明公司无经营收入与被上诉人魏某某之间的保全行为具有直接必然因果关系。一审法院认定，被上诉人魏某某的保全行为主观上没有过错，客观上没有给上诉人某对外储运公司造成损害后果的认定并无不当，二审法院予以维持。因被上诉人魏某某保全行为无过错，故被上诉人平安保险亦不承担损害赔偿责任。

案例四：被保全人没有证据证明保全行为是导致房屋无法出售的唯一原因，则申请人不应承担赔偿责任——最高人民法院（2019）最高法民再252号

本院认为，案涉房屋在保全期间仅被限制了相关的处分权利。保全期间，俊发公司并未申请变更保全方式或者以提供担保的方式申请解除保全措施。俊发公司虽然主张案涉房屋存在未能销售的损失，但其未能证明被保全房屋开始销售的时间以及因保全导致房屋无法销售或延迟销售的具体情形。本案没有证据可以证明被保全的房屋在被保全的时间段内必然可以完成销售，也没有证据可以证明保全行为是导致房屋无法出售结果的唯一原因。在没有证据可以证明在被保全的时间段内可以完全售出并回笼资金的前提下，俊发公司以被保全的房屋完全可以售出为前提主张损失缺乏事实依据。

案例五：被保全人主张因错误诉前保全遭受损失，应举证证明申请人在申请诉前财产保全时存在过错，并给被保全人造成了相应损失及损失数额——汉江中院（2019）鄂96民终575号

本院认为，本案系因申请诉前财产保全行为而引起的损害赔偿责任纠纷，适用过错责任原则。也就是说，应由海韵公司举证证明天石公司在申请诉前财产保全时存在故意或重大过失，存在过错，并给海韵公司造成了相应损失及损失数额。本案中，海韵公司所举证据仅为其在诉前财产保全行为发生后对外融资借款的相应证据。对于天石公司申请财产保全时是否存在过错的举证责任方面，仅是依靠其陈述“天石公司在申请财产保全时，作为建筑企业应知其建筑成本，在聘请了专业律师提供法律帮助的情形下，仍然人为扩大诉讼标的额”，以及天石公司诉讼请求中的标的额与人民法院生效判决的裁判结果间的差异等相应事实而认定天石公司存在过错，明显证据不足。

案例六：申请人申请保全虽有错误，但被保全人不能提交充分证据证明其损失数额的，应承担举证不能的责任——安康中院（2021）陕09民终761号

刘某主张其车辆停运损失，提供了平板车租赁合同、即时租赁平台App需求详情两份证据材料，证明其车辆出租月租金市场价格、车辆出租台班市场价格。经审查，平板车租赁合同系某铁路工程公司与刘某签订，约定“本合同自双方签字盖章之日生效”，但该合同中无签订时间，刘某也未提交证明该合同生效且已经履行的证据，故刘某仅提交平板车租赁合同不足以证明其车辆运营收入。即时租赁平台App需求详情系刘某在一审诉讼前通过该平台查询的车辆租赁需求信息，刘某并未提交其车辆租赁合同已经履行的证据，故即时租赁平台App需求详情也不足以证明其车辆运营收入。因此，刘某提交的证据材料均不能证明其车辆运营收入金额，主张赔偿其车辆停运损失的证据不足，应当承担举证不能的不利后果，对刘某提出赔偿未及时申请解除财产保全所造成的车辆停运损失的上诉请求不予支持。刘某的上诉请求及理由均不能成立，应当予以驳回。

002. 申请人在证据来源存在瑕疵的情况下申请保全并起诉，可否认定存在主观过错

◇ **问题** 申请人依据瑕疵证据申请财产保全并提起诉讼，被法院以证据问题驳回诉讼请求，能否认定申请财产保全存在过错

◇ **来源** 西安中院（2021）陕01民终375号

◇ **结论** 申请人仅依据存在瑕疵证据便申请财产保全，进而提起诉讼，被人民法院以证据存在问题驳回诉讼请求，可以认定申请财产保全的行为在主观上有过错

【基本案情】

2018年，白某某向一审法院申请诉前财产保全，申请冻结广通公司银行存款2,581,760.41元。一审法院于2018年6月27日作出执行裁定，确认已足额冻结银行存款。

白某某后向法院提起民间借贷诉讼，要求广通公司、广通陕西公司向其偿还借款及利息。该案最终经二审法院审理，法院以证据来源存在瑕疵、提交证据不足为由，判决驳回白某某的诉讼请求。

广通公司、广通陕西公司遂向法院起诉要求白某某支付错误冻结账户期间的债务利息损失以及资金占用费。

【争议焦点】

申请人白某某是否存在申请保全错误的行为？

【裁判要点】

本案中，白某某即是广通陕西公司聘请的财务主管，也是与广通陕西公司存在劳务施工合同关系的路桥工程公司的股东及财务人员，白某某的身份存在混同情形。白某某西安中院（2019）陕01民终10636号民间借贷案件中

提供的《借据》《资金支出明细》《借白某某资金往来明细》等证据被生效判决认定为存在瑕疵，白某某提供的证据不足以证明其与广通公司及广通陕西公司之间存在借贷关系，西安中院以证据问题驳回了白某某的诉讼请求。故而，一审法院认定白某某申请财产保全的行为在主观上存在过错并无不当。客观上，由于白某某申请诉讼保全的行为造成了广通公司银行存款被冻结，被冻结的银行存款无法使用的损失。《民事诉讼法》第105条[①]规定，申请有错误的，申请人应当赔偿被保全人因保全所遭受的损失。根据该规定，白某某应对给广通公司、广通陕西公司造成的损失承担赔偿责任。本案中，一审法院结合广通公司、广通陕西公司提交的其与案外人之间的借款协议及银行交易明细、旬阳小工程资金需求较大、银行存款被冻结后广通公司及广通陕西公司确实存在资金无法使用，对外融资的资金成本等实际情况，酌定白某某按照中国人民银行公布的同期银行贷款基准利率4.75%和全国银行间同业拆借中心发布的同期贷款市场报价利率赔偿广通公司及广通陕西公司利息损失，于法不悖。平安陕西公司为白某某财产保全提供了连带责任保证。因此，平安财险陕西公司应对白某某向广通公司、广通陕西公司的赔偿责任承担连带责任。

【相关法律规定】

《民事诉讼法》

第一百零八条　申请有错误的，申请人应当赔偿被申请人因保全所遭受的损失。

【应诉策略】

第一，诉前财产保全是申请人依其民事权利在一定期限内对被保全人权利的限制，必然会产生减损被保全人权利的风险，因此，申请人应高度注意并充分关注申请诉前财产保全所依据的民事权利义务关系，以及自身在其中所拥有民事权利的确定性，谨慎申请保全，以免申请错误造成被保全人权利

① 现为《民事诉讼法》第108条。

不当受损。

第二，若申请人在无正当理由、无充分证据的情况下提起诉讼并申请保全，最终因证据不足，诉讼请求被法院驳回，并导致被保全人因此遭受损失的，可以认定申请人申请财产保全的行为在主观上存在过错，申请人应对被保全人的损失承担赔偿责任（见类案裁判观点分析案例一、案例二）。

第三，申请财产保全仅是民事诉讼中的程序事由，不是对实体权利义务的终局确认，申请人仅需尽到合理注意义务，即申请人提交的证据可以初步证明当事人之间存在某种法律关系即可。至于其诉求是否最终得到法院支持，并不是申请保全是否存在主观过错的判决标准（见类案裁判观点分析案例三）。

综上，如果申请人提交的证据存在瑕疵或不充分，不能达到证明当事人之间权利义务关系的证明目的，且申请人对证据不足没有合理解释的，可以认定申请人申请保全存在主观过错；反之，如果申请人提交的证据能够初步证明双方当事人之间的法律关系，那么即便其诉讼请求没有得到法院支持，也不能据此认定其存在过错。

【类案裁判观点分析】

案例一：申请人无正当理由、无充分证据提起诉讼并申请保全查封，致使合同不能继续履行，属于申请诉前财产保全错误——辽宁朝阳中院(2021)辽13民终3404号

申请财产保全是当事人重要的诉讼权利，但权利行使不当造成他人财产损失的，应由申请人承担侵权赔偿责任。申请财产保全错误的赔偿，在性质上属于一般侵权责任，主观上以过错为要件。判断申请财产保全是否错误，要关注申请人的诉讼请求最终是否得到支持，还要关注其是否存在故意或重大过失。判断申请人是否存在故意或重大过失，要根据其诉讼请求及所依据的事实和理由考察其提起的诉讼是否合理，或者结合申请保全的标的额、对象及方式等考察其申请财产保全是否适当。申请人提起的诉讼合理且申请财产保全适当的，不属于故意或重大过失，否则即存在过错。本案中，郎迈公司提起的（2016）辽0105民初8196号诉讼缺乏合理性。2016年，鼎艺公司与郎迈公司签订《合同书》，约定由郎迈公司委托鼎艺公司组织策划“京东东北首届世界明星杂技马戏节”活动相关事宜，合同对巡演时间、地点、合同金额、付款方式、双方的权利义务等进行了约定。合同签订后，鼎艺公司已按照合同约定完成部分城市的演出，郎迈公司亦支付相应价款175,000元。后郎迈公司在无正当理由、无充分证据证明鼎艺公司存在违约或其他无法继续履行合同的情况下提起诉讼，请求法院判令鼎艺公司返还已支付的175,000元，以及支付违约金、赔偿损失合计512,480元。经法院审理后认为，因郎迈公司申请保全查封，才使得鼎艺公司无法继续合同，导致双方合同解除，鼎艺公司不应返还郎迈公司已支付的175,000元，郎迈公司的诉讼请求被驳回。郎迈公司对其诉讼请求和证据显然没有尽到合理的注意义务，该诉讼缺乏合理性。朗迈公司作为申请人提起诉讼未尽到合理审慎的注意义务，也未对申请保全的财产尽到保管义务，属于申请诉前财产保全错误，由此给鼎艺公司造成的财产损害，应予赔偿。

案例二：无正当理由即提起诉讼并申请保全，诉讼请求被法院驳回，可认定申请保全存在过错——重庆五中院（2020）渝05民终2848号

本案中，余某某因缺乏充分确凿的证据导致其在起诉吴滩工程公司建设工程施工合同纠纷一案中的民事权利并不确定，余某某因其并不确定的民事权利，以建设工程施工合同纠纷为由提起诉讼并对吴滩工程公司申请诉前财产保全，该案经本院生效民事判决驳回了余某某的诉讼请求，故余某某存在因疏于审查自身民事权利的确定性而提起诉前财产保全的过错。

案例三：申请财产保全仅是民事诉讼中的程序事由，不是对实体权利义务的终局确认，申请人仅需尽到合理注意义务——长沙中院（2021）湘01民终488号

关于范某某申请财产保全主观上是否有过错，本院认为，财产保全的目的，在于保障依法生效的裁判能够顺利执行，申请财产保全仅是民事诉讼中的程序事由，不是对实体权利义务的终局确认，申请人为维护其合法权益寻求司法救济而申请财产保全，仅需尽到合理注意义务。本案中，范某某起诉时提供了《股权转让协议书》等证据，可初步证明各方当事人之间存在合同关系，海南省两审法院判决驳回范某某的诉讼请求及对一审判决维持原判的结论，并未否认当事人之间存在的合同关系，故范某某作为申请人基于现有证据申请诉前财产保全并提起诉讼，尽到了普通人的合理注意义务。

003. 申请人在不具备独立诉讼主体资格的情况下起诉并申请财产保全，能否认定存在主观过错

◇ **问题** 申请人提起诉讼并申请财产保全，法院以不具备诉讼主体资格为由裁定驳回起诉后，申请人又未及时申请解除保全，能否认定申请人存在主观过错

◇ **来源** 惠州中院（2020）粤13民终9769号

◇ **结论** 申请人在不具备独立诉讼主体资格的情况下起诉并申请财产保全，起诉被驳回后又未及时申请解除保全，可认定存在主观过错

【基本案情】

李某诉江湾公司、第三人李某光买卖合同纠纷一案，李某向惠州中院申请诉前财产保全，法院依据申请裁定查封被告房产并冻结银行账户。

经审理，法院认为李某应当和原审第三人李某光共同提起诉讼，现李某单独提起本案诉讼程序不当，最终裁定驳回李某的起诉。

江湾公司遂向法院提起本案诉讼，要求李某赔偿因保全错误给江湾公司造成的损失。

【争议焦点】

李某申请诉前财产保全是否错误?

【裁判要点】

申请人在申请保全时，在故意或者是重大过失的情况下，应承担错误申请保全的赔偿责任。本案上诉人李某在不具备独立诉讼主体资格的情况下，对江湾公司提诉讼并申请保全江湾公司的财产，案件经惠州中院审理最终裁

定驳回李某的起诉，故李某申请涉案保全时存在错误。同时，在收到惠州中院的（2019）粤13民终6110号民事裁定书后，李某也未主动、及时地申请解除保全，该行为对江湾公司造成一定损失，应承担赔偿责任。

【相关法律规定】

《民事诉讼法》

第一百零八条 申请有错误的，申请人应当赔偿被申请人因保全所遭受的损失。

《民法典》

第一千一百六十五条 行为人因过错侵害他人民事权益造成损害的，应当承担侵权责任。

依照法律规定推定行为人有过错，其不能证明自己没有过错的，应当承担侵权责任。

【应诉策略】

第一，申请保全错误的赔偿采取过错责任原则，且只有在申请人具有故意或重大过失的情况下，才能认定申请保全存在主观过错。

第二，对于申请人无诉讼主体资格是否属于故意或重大过失，因审查诉讼主体问题是法院审判的范畴，当事人对自己是否是适格原告并无审查义务。所以一般来说，如申请人单纯在无诉讼主体资格的情况下直接申请保全并提起诉讼，并不一定会被认定为存有主观过错（见类案裁判观点分析案例三）。但是，如果申请人除无诉讼主体资格外，还具有未及时解除保全、恶意受让债权、不同意替换查封账户等其他过错行为，法院在综合考量后，一般倾向于认定申请人申请保全错误（见类案裁判观点分析案例一、案例二）。

综上所述，对于申请人在不具备独立诉讼主体资格的情况下起诉并申请财产保全，能否认定存在主观过错的问题并不能直接下定论，还需要结合申请人的其他行为来进行综合判断。但是，鉴于多数法院在综合考量后最终还是会支持被保全人的赔偿要求，因此对于申请人来说，申请诉前财产保全前还是应当注意判断自己是否具有诉讼主体资格，以避免不必要的诉累和承担赔偿责任。

【类案裁判观点分析】

案例一：申请人提起的诉讼被法院裁定驳回，可以认定申请人无诉讼主体资格，应对其因保全错误申请导致被申请人所遭受的利息损失承担赔偿责任——泰州中院（2020）苏12民终2779号

本院认为，关于江某受让债权的行为是否存在过错的问题，江某纲对周某香虽存在到期债权，然江某在应知或明知江某纲在对外负有无法清偿的巨额债务的情况下，与江某纲签订《债权转让协议书》，再结合江某与江某纲系亲兄妹关系，故可以认定江某受让债权时明显存在恶意，且该债权转让行为也损害了其他债权人的合法权益，加之江某对周某香提起的债权转让诉讼因其主体资格的丧失，被法院裁定驳回起诉，即江某无权向周某香主张权利。综上所述，江某对受让债权存在过错，江某应当对其因保全错误申请导致周某香所遭受的利息损失承担赔偿责任。

关于利息损失的计算问题，周某香因江某的保全错误申请导致应得的执行案款被一审法院冻结长达3年之久未能返还，周某香为此必然产生利息损失，故周某香主张按年利率6%计算利息损失的主张，于法有据，本院予以支持。

案例二：申请人起诉被法院以主体不适格驳回，可认定申请人存在过错，应当予以赔偿损失——淮南中院（2021）皖04民初624号

本案中，张某某在本院（2020）皖04民初185号民事案件中，其本身并未提供充分证据证明其是实际施工人，也未证明其与淮矿地产公司之间的法律关系和是否欠付工程款，而最终被法院以主体不适格驳回起诉；在该案诉讼保全相关账户被查封后，淮矿地产公司明确表明被冻结账户系公司基本户，会造成不必要的资金流动损失，并希望替换查封账户以平衡利益，减少损失，但未获得张某某同意。基于以上分析，张某某存在过错，应当予以赔偿损失。

案例三：审查诉讼主体问题属法院审理裁判的范畴，并非当事人依法应当负担的审查义务，当事人无诉讼主体资格而提起诉讼，不能认定存在故意或过失——东营河口法院（2021）鲁0503民初2708号

本院认为，《民事诉讼法》第105条[①]规定："申请有错误的，申请人应

---

① 现为《民事诉讼法》第108条。

当赔偿被申请人因保全所遭受的损失。”根据该条规定可知，财产保全申请人应否赔偿被申请人因保全所遭受的损失，应当以申请人在申请财产保全时是否存在过错为要件。本案中，李某某申请诉中财产保全所涉案件是以健民医院与连成投资公司存在合伙协议为前提，因健民医院被山东省东营市某区卫生行政部门注销其医疗机构执业许可证，李某某作为该医院的负责人以其个人身份提起诉讼，本院审理认定李某某诉讼主体不适格，故驳回了其起诉。审查诉讼主体问题属法院审判的范畴，并非李某某依法应当负担的审查义务，李某某不存在因故意或过失而应承担诉中财产保全损害责任的问题。申请人败诉的结果只能作为“申请错误”的标准之一，不能认定其构成保全申请错误。因此，郭某岭、连成投资公司等以李某某财产保全所涉一案被驳回起诉，主张李某某申请诉中财产保全错误并请求赔偿损失的诉讼请求不能成立，本院不予支持。

004. 不能仅以诉讼请求未获法院支持而认定保全申请错误

◇ **问题**　申请人起诉并申请财产保全，最终诉求未获法院支持，能否认定申请保全错误

◇ **来源**　最高人民法院（2021）最高法民申1944号

◇ **结论**　不能仅因申请人的诉讼请求未获法院支持，即判断为申请保全错误

【基本案情】

沈某凤因与被告管某根、第三人新城公司合同纠纷案先后两次向法院起诉，分别要求确认新城公司40%的股权份额、要求管某根向新城公司补足出资。沈某凤因两次申请财产保全，查封了新城公司的100%股权、土地使用权及房产。

经审理法院最终判决确认：（1）沈某凤享有第三人新城公司40%股权份额；（2）管某根已完成出资义务，无须补足出资。

2018年5月，管某根向法院提起本案诉讼，认为沈某凤诉讼请求未完全获得法院支持，存在超标的保全，且在管某根提供担保、申请解除保全后仍不同意解除查封，请求法院判令沈某凤赔偿管某根因保全错误造成的损失及利息损失。

江苏高院经二审，认为沈某凤申请保全及不同意解除查封没有过错，判决驳回管某根的诉讼请求。管某根不服，向最高人民法院申请再审。

【争议焦点】

沈某凤申请财产保全是否存在过错？是否应当赔偿管某根的损失？

【裁判要点】

《民事诉讼法》第105条①规定："申请有错误的，申请人应当赔偿被申请人因保全所遭受的损失。"司法实践中，由于当事人的法律知识、对案件事实的举证证明能力以及对法律关系的分析判断能力各不相同，不应当苛责当事人达到司法裁判所要求的专业水平，要求当事人申请保全所应尽到的注意义务不应过于严格。如果仅以申请人的诉讼请求是否得到支持作为申请保全是否错误的判断标准，必然会对善意当事人依法通过保全程序维护自身权利造成阻碍，影响保全制度功能的发挥。一般情况下，在申请人对财产保全错误存在故意或重大过失的情形时，应当认定申请人的保全申请存在错误。保全申请人的诉讼请求是否得到支持，是判断申请人对财产保全错误存在故意或重大过失的一项重要标准，但不能作为唯一的标准，还要结合案件的具体情况、申请人维护其合法权益的正当性和紧迫性，以及对方当事人是否有过错等因素综合判断。本案中，在法院依沈某凤的申请采取保全措施后，管某根与沈某凤以及相关利益主体经磋商达成了《和解协议》，该协议明确约定目标公司新城公司的股权继续登记在原股东名下暂不过户，由法院查封。沈某凤依据该《和解协议》向法院申请冻结新城公司100%股权，系按照该《和解协议》的约定履行目标公司新老股东之间的相关安排。故综合案件事

① 现为《民事诉讼法》第108条。

实看，难以认定沈某凤申请财产保全冻结新城公司100%股权的行为存在故意或重大过失。

【相关法律规定】

《民事诉讼法》

第一百零八条　申请有错误的，申请人应当赔偿被申请人因保全所遭受的损失。

《民法典》

第一千一百六十五条　行为人因过错侵害他人民事权益造成损害的，应当承担侵权责任。

依照法律规定推定行为人有过错，其不能证明自己没有过错的，应当承担侵权责任。

【应诉策略】

《民法典》规定，侵权行为以过错责任为原则，承担无过错责任必须要有明确的法律依据。据此，申请保全错误须以申请人存在过错为要件。而判断自己的诉讼请求是否会得到法院支持并非诉讼当事人应承担的注意义务。因此，只要申请人出于正常的诉讼目的申请保全，即便最终败诉，也不会被认定为申请保全错误。具体来说，认定申请人申请保全存在错误，需要满足以下两个条件：

第一，申请人提起诉讼并申请保全时有正当理由，能够提交合法有效的初步证据，且未超过合理限度（见类案裁判观点分析案例一、案例五）。

第二，申请人的诉求没有得到法院支持系因自身对案件事实和法律关系的认识存在偏差等客观因素导致（见类案裁判观点分析案例二、案例三、案例四、案例六、案例七）。此处的认识偏差包括起诉对象选择错误、诉讼请求金额计算错误、诉讼请求错误等。

此外，值得注意的是，如果申请人系具有某种特殊身份（如公司股东之间诉讼、近亲属之间诉讼）或者是具有专业知识的特殊主体（如银行、保险机构、律师事务所等），那么其对于某些专业知识或者案件事实的认识应当高于一般人，则其对于败诉风险的判断也应更加准确、敏感。此种情况下，法律对于其申请保全时的注意义务要求也更加严格（见类案裁判观点分析案例八至案例十）。

综上所述，一般申请人满足前述两个条件，即可认定申请保全不存在故意或重大过失，即便法院最终判决没有支持申请人的诉讼请求，也不能认定申请人申请保全错误。但是，对于具有特殊身份或专业知识的特殊主体，判断标准更加严格。

【类案裁判观点分析】

案例一：申请人基于现有事实和证据提出诉讼合理且申请保全适当，即使法院判决最终没有支持其诉讼请求，也不能认定财产保全申请有错误——德宏中院（2021）云31民终265号

本案被上诉人蔡某卿、陈某丹为保证货款能够得到有效支付，根据其与上诉人魏某林签订的《对账协议书》，申请对上诉人魏某林名下车辆进行诉前财产保全且提供了相应担保，并在法律规定的时限内提起买卖合同纠纷诉讼，被上诉人蔡某卿、陈某丹申请保全符合法律规定。虽在买卖合同纠纷案中一审民事判决认定魏某林的行为系职务行为，且在二审中达成调解，由十四冶公司支付货款，魏某林不承担责任，但十四冶公司在一审庭审时答辩称蓝湾项目部未按公司规章制度私下与被上诉人蔡某卿、陈某丹口头签署《供货合同》及《对账协议书》，十四冶公司对此不予追认，也不认可《对账协议书》，原因是未经公司同意及盖章。被上诉人蔡某卿、陈某丹在申请保全和诉讼过程中均不能预见上诉人魏某林不承担责任。综上所述，本案现有证据不足以认定被上诉人蔡某卿、陈某丹申请诉前财产保全存在过错，故一审法院驳回上诉人魏某林的诉讼请求并无不当，本院予以维持。

案例二：尽管被申请人诉讼主体不适格，但申请保全行为未超过一般人的认知，具有正当性基础——新疆高院（2022）新民申1141号

财产保全申请人是否应当承担损害赔偿责任，应当先考虑其在申请保全时所持的主观态度，再结合《民事诉讼法》第108条“申请有错误的，申请人应当赔偿被申请人因保全所遭受的损失”的规定进行损害结果及因果关系等侵权要素的分析判断。只有行为人在主观上具有过错，且该过错程度为故意或重大过失时，才应承担因保全所致的损害责任。否则，若对保全申请人提出过于苛刻的要求，很有可能妨碍善意当事人依法通过保全程序维护自己权利的积极性，影响保全制度功能的有效发挥。本案中，朱某斌作为实际施工人，在对各方付款进度不知情的情况下，为及时拿到自身工程款，在起诉时将与案涉工程相关的主体均作为被告并申请诉中财产保全，不论其诉讼请求是否得到有效支持，该行为均未超过一般人的认知，具有正当性基础。该案在一审得到支持、二审裁定驳回后，虽然朱某斌撤回起诉，但综合全案及主体变更后的诉讼请求情况，原审认定朱某斌撤回起诉并变更主体的理由具有一定合理性，并无不当。因此，本案现有证据不足以证实朱某斌申请诉中财产保全在主观上存有故意或者重大过失，故对其申请再审理由不予支持。

案例三：因申请人对案件事实和法律关系的认识与法院在法律问题判定上存在偏差等客观因素导致败诉，不宜认定申请保全具有过错或过失——福州中院（2021）闽01民终6773号

一般情况下，只有在申请人对财产保全错误存在故意或重大过失的情形时，方可认定申请人在申请财产保全时主观上存在过错，而不能只看申请人的诉讼请求是否得到法院支持。具体到本案，在林某诉魏某英民间借贷纠纷一案中，虽然林某仅提供了向魏某英汇款800,000元的金融转账凭证，但因林某与魏某英之间长期存在多笔经济往来，且亦通过案外人进行款项结算等，林某主张上述800,000元款项系借款并提起诉讼，已具备初步的合理性。司法实践中，由于当事人的法律知识、对案件事实的举证能力以及对法律关系的分析判断能力各不相同，不应要求当事人达到司法裁判所要求的专业水平，对当事人申请财产保全所应尽到的注意义务不应过于严苛。林某作为一般民事主体，对魏某英提起诉讼并进而采取保全措施，其根本目的系要回其所认为的借款金额。虽然最终判决结果未支持林某的诉讼请求，但这其实是林某囿于自身对案件事实和法律关系的认识与法院在法律问题判定上存在偏差等客观因素所致。鉴于此，本院认为，林某申请财产保全时并不存在主观上的故意或重大过失等过错，一审法院对此认定有误，本院依法予以纠正。

案例四：申请人因自身对合同、法律关系和证据的认知能力不足，导致诉讼请求未得到支持，不能仅以此认定申请人在申请保全时存在错误——汉江中院（2019）鄂96民终575号

审判实践中，由于当事人的法律知识、对案件事实的举证证明能力、对法律关系的分析判断能力各不相同，通常达不到司法裁判所要求的专业水平。因此当事人对诉争事实和权利义务的判断未必与法院的裁判结果一致，对当事人申请保全所应尽到的注意义务不应过于苛责，不能仅以申请人的诉讼请求未得到支持作为认定申请人在申请时存在错误的认定要件。因此，海韵公司不能举证证明天石公司在申请诉前财产保全时存在过错，天石公司不应承担本案的民事赔偿责任。

案例五：即便诉讼请求与生效判决存在偏差，但没有证据证明申请人具有故意或重大过失，则不能认定申请人保全错误——西安中院（2021）陕01民终5965号

由于当事人对案件事实的举证证明能力及对法律关系的分析判断能力等各不相同，因此当事人对诉争事实和权利义务的判断未必与法院的裁判结果一致。基于此，只有申请人出于故意或重大过失，致使诉讼请求与生效判决产生不合理的偏差，而该差额诉讼请求范围内的财产保全申请应属于保全错误，由此给被保全人造成的损害，申请人应予赔偿，否则申请人不应承担赔偿责任。本案经查，天创公司在申请财产保全时已提供了涉案项目的技术服务，同时涉案项目经双方及最终用户验收，而双方就付款条件是否成就形成争议经法院审理后，生效判决酌定由电信集团某分公司支付技术服务费1,436,400元及相应利息。虽然该给付金额小于天创公司在一审中主张支付的金额，但因天创公司在一审申请财产保全时有上述事实和理由基础，且天创公司申请财产保全的金额也在剩余技术服务费及诉讼请求金额的范围内，故一审认为天创公司申请财产保全的行为尚在行使诉讼权利的范围内，不能据此认定天创公司具有故意或者重大过失，并判决驳回电信集团某分公司的诉讼请求，符合法律规定，并无不当。

案例六：不能仅以当事人的保全数额与裁判结果存在差异或其请求未得到法院支持而认定保全申请人具有过错——北京二中院（2021）京02民终8630号

实践中，不能仅以当事人的保全数额与裁判结果存在差异，认定申请人具有过错。毕竟一般当事人对法律问题的认知能力，很难与司法裁判者相当。只有在申请人存在滥用权利的情形或对保全错误存在故意或重大过失的情况下，才能认定申请人存在主观过错。本案中，刘某起诉要求刘某杨返还40万元并支付相应利息的诉讼请求虽未得到法院支持，但从其申请保全的财产数额及其在不当得利案件中的诉辩主张来看，难以认定其存在滥用诉前财产保全的权利或对保全错误存在故意或重大过失的情形，不能仅以其诉讼请求未得到法院支持而认定其申请保全存在错误。对于刘某杨要求刘某赔偿其因保全遭受的相关损失的诉讼请求，本院不予支持，一审法院对此认定有误，本院依法予以纠正。

案例七：不能仅因诉讼请求与判决结果存在差异而认定存在保全错误——晋中中院（2021）晋07民终521号

基于对财产保全申请的违法性的分类，财产保全申请错误可以划分为以下三种类型：前提错误、对象错误、金额错误。在以上三种申请财产保全错误类型中，第二种、第三种属于明显错误。在这两种情形中，申请人应当知道其财产保全申请超出其拥有的权利范围，并能预见到此违法行为给被保全人造成的损害，但仍为之，应当认定为申请人申请财产保全存在过错。但对于前提错误，由于当事人在提起诉讼时仅能根据自己的认知提出诉讼请求，无从知晓判决结果，因此诉讼请求与判决结果存在差异是相当普遍的情况。财产保全制度的目的，在于保障将来生效判决的执行，因此只有在申请人对财产保全错误存在故意或者重大过失的情况下，方可认定为申请人的申请有错误，不能仅以当事人的诉讼请求与裁判结果存在差异作为判断标准。[①] 本案中，杨某保、杨某仙申请保全是为了将来裁判的顺利执行，其在起诉时不

---

① 江苏中江泓盛房地产开发有限公司诉陈某石损害责任纠纷案，载《最高人民法院公报》2016年第6期。

可能对诉讼请求能否得到法院支持这一诉讼风险进行预知，并不存在故意或者重大过失。平安财险已尽审查义务，亦无过错。

案例八：申请人在起诉时能够预见其主张可能存在败诉的风险，仍申请财产保全，应当认定为具有保全错误——安庆中院（2021）皖08民终898号

农行某分行在原房屋买卖合同纠纷案件诉讼中主张宣某牛、张某兰支付增建部分房屋的价款及利息，该案经过一审、二审法院审理，认定拍卖标的应当包括有证房产和自建的无证房产，双方在拍卖时对标的物现状均明知，宣某牛、张某兰交付的购房款包含无证部分房产的相应对价，故对农行某分行的诉讼请求未予支持。农行某分行在该案起诉时应当预见其主张可能存在败诉的风险，但其仍在该案诉讼过程中申请了与该项诉讼请求标的额相当的财产保全，应当认定为申请财产保全措施确有错误，对农行某分行称其在保全申请中没有过错的理由不予采纳。农行某分行因错误申请财产保全的加害行为客观上导致宣某牛、张某兰的执行案款无法继续使用，实际造成了宣某牛、张某兰某损失，故应当承担赔偿责任。

案例九：公司起诉股东要求补足出资并申请诉讼财产保全，法院认定股东已经补足出资，公司申请保全行为存在过失，应赔偿因保全错误给股东造成的相应损失——承德中院（2021）冀08民终3976号

法院经审理查明，华邦公司起诉余某某等股东出资纠纷一案，诉讼期间，因华邦公司申请保全，法院裁定冻结余某某在另案判决中应得的股权转让款及利息，实际冻结金额为2,921,999.58元。最终法院作出判决，认定余某某等已补足出资，并驳回华邦公司的诉讼请求。法院认为，华邦公司对余某某申请财产保全依据不足，其申请保全行为不够审慎，存在过失，应赔偿因保全错误给余某某造成的相应损失。

案例十：申请人作为专业保险公司，在已经另案判决明确被保全人非侵权人的情况下，依然提起诉讼并申请财产保全，属于保全错误——泉州中院（2021）闽05民终164号

本院认为，在财产损害赔偿另案中，法院已认定侵权人系莲星公司、荣兴公司、鑫星公司，而非爱强商行和张某。在此情形下，人保甲分公司对爱强商行和张某提起（2019）闽0582民初8754号一案诉讼，并申请财产保全，且其代位求偿的诉讼请求最终被法院驳回。一审法院认定，人保甲分公司作为专业的保险公司，未尽到合理谨慎注意义务，应对其申请财产保全给爱强商行、张某造成的损失（按全国银行间同业拆借中心2019年8月20日公布的一年期贷款市场报价利率计算）承担赔偿责任，合理合法，并无不当。人保乙分公司出具财产保全担保函，为上述保全申请提供担保。因人保甲公司保全错误已符合该保险保函的支付条件，一审判决人保乙分公司承担连带责任，于法有据，亦无不当。

005. 超过诉讼请求范围的保全查封，超标的部分能否认定保全错误

◇ **问题** 申请人申请保全查封的账户金额明显超过诉讼标的，能否认定为超标的查封

◇ **来源** 烟台中院（2021）鲁06民终2785号

◇ **结论** 申请人无正当理由超过诉讼请求申请查封的，属于超标的查封，对于多查封的款项部分，应认定具有过错并承担损害赔偿责任

【基本案情】

2016年12月5日，因城建公司申请诉前财产保全，一审法院裁定冻结福瑞公司银行存款560万元。

2017年1月4日，城建公司以福瑞公司为被告向法院提起诉讼，后又撤诉。

2017年4月27日，城建公司重新以双吉公司（债务人）和福瑞公司（连带责任保证人）为共同被告提起合同纠纷诉讼，依据为在一审法院执行城建公司与双吉公司债务纠纷案件过程中三方庭外达成的和解协议，诉讼标的额为本金3,295,535.52元及相应利息以及债务人、保证人违约金各

329,553.55 元。

该案经两级法院审理，最终判决福瑞公司付给城建公司违约金329,553.55 元。该案诉讼过程中，因银行账户被冻结，福瑞公司向银行贷款3000 万元。

福瑞公司遂向一审法院提起本案诉讼，要求城建公司承担保全错误的赔偿责任。

【争议焦点】

城建公司应否承担赔偿责任？如果应承担，赔偿数额如何计算？

【裁判要点】

本案中，从保全的数额来看，该案诉讼标的额为3,954,642.62 元，而城建公司申请查封福瑞公司账户存款560 万元明显超过其诉讼请求的范围。对于诉讼请求范围内的查封数额，城建公司并无故意或过失，不应承担损害赔偿责任；对于超过诉讼请求而多查封的款项部分（560 万元 - 3,954,642.62 元 = 1,645,357.38 元），城建公司没有正当合理的理由，应认定具有过错。福瑞公司在账户被查封后，为保证正常经营而向银行贷款并产生利息。但是，该贷款利息并非全部因城建公司申请财产保全行为产生的，城建公司仅应为超过诉讼请求多查封的部分承担损害赔偿责任。该部分款项的实际损失，为贷款的利息与该款项的存款利息之差额。原审法院以城建公司超过诉讼标的额的保全数额为基数，按福瑞公司的贷款利息与被查封账户存款利息之差计算福瑞公司的损失数额并无不当。

【相关法律规定】

《最高人民法院关于人民法院民事执行中查封、扣押、冻结财产的规定》

第十九条 查封、扣押、冻结被执行人的财产，以其价额足以清偿法律文书确定的债权额及执行费用为限，不得明显超标的额查封、扣押、冻结。

发现超标的额查封、扣押、冻结的，人民法院应当根据被执行人的申请或者依职权，及时解除对超标的额部分财产的查封、扣押、冻结，但该财产为不可分物且被执行人无其他可供执行的财产或者其他财产不足以清偿债务的除外。

【应诉策略】

对于超标的查封的认定，实务中绝大部分法院的裁判观点均认为，只有申请人在申请保全时未尽到合理注意义务，且其诉讼请求与法院最终的生效判决产生了不合理的偏差，该差额诉讼请求范围内的保全申请才属于存在错误。具体来说：

1. 认定超标的查封需要申请人主观上具有故意或重大过失

如果申请人因自身对案件事实或法律规定的认知问题，导致对案涉金额计算错误，最终导致法院判定的金额与申请人的诉讼主张及保全金额有较大差距，不能认定申请人存在故意或过失，其对于超标的查封的部分也不应承担赔偿责任（见类案裁判观点分析案例一、案例二）。

这里要特别提醒诉前保全申请人，申请诉前保全后，在正式提起诉讼时，如果诉讼请求标的降低，应向法院申请减少相应保全数额，否则可以认定对超标的保全存在主观过错，需要承担相应赔偿责任（见类案裁判观点分析案例三）。

2. 是否超标的查封不能一概以保全物的价值与诉讼金额之间的差额来认定

在某些特殊情况下，即便保全物的价值远高于诉讼金额，也不能认定为超标的查封。最常见的就是不动产的保全。鉴于不动产的不可分割性，考虑到执行中变现的难易程度以及司法拍卖的不确定性，如果按份额保全不动产会贬损不动产的价值，加大执行和拍卖的难度。因此，对于按份共有的不动产或者不可分割的不动产，申请人可以对该不动产整体申请保全，法院不会仅因诉讼金额与保全物评估价格之间存在差额而认定超标的查封（见类案裁判观点分析案例四、案例五）。

3. 对于不动产的价值计算，应以专业评估机构的评估报告为准

此处的评估一般指法院委托有资质的机构出具的评估报告。申请人自己在查封时计算的价值或对外预售的价值作为查封房产最终的价值，不能作为

认定为超标的查封的依据（见类案裁判观点分析案例六）。

4. 关于判断查封财产价值应以查封时还是异议审查时作为判断时间点的问题

判断是否构成超标的查封，应以查封时还是异议审查时的查封财产价值来作为判断基准，司法实践中存在分歧，即便同是最高人民法院的案件，也有认为以异议审查阶段的时点作为评估价值时点更为合理［（2017）最高法执复55号］和认为以财产被查封时的客观价值来判断（见类案裁判观点分析案例九、案例十）两种不同观点。笔者认为，鉴于超标的查封系对查封行为合法性的判断，且如果要求申请人在提出申请时即对于财产价值的变动予以充分预测，显然过于严苛。因此，以财产被查封时的价值作为判断依据更为合理。

另外，根据（2020）最高法执监92号案（见类案裁判观点分析案例十）的裁判观点，法院在裁判时也应适当考虑市场行情和价格变化趋势，在不明显超过查封财产现时客观价值的幅度内，合理确定查封标的范围。

5. 如果申请人是专门从事某行业、具有某种专业知识的特殊主体，则其对申请保全金额的确定应更加谨慎、准确

如果申请人专门从事与案件相关的某种行业或具有某种专业知识，则其对于自己的损失及数额应有高于一般人的判断能力。在此情况下，如果其申请保全的金额与法院经审理最终确定的数额之间存在较大差额，就可以认定其申请保全未尽审慎义务，主观上存在过错，应承担保全错误的赔偿责任（见类案裁判观点分析案例七、案例八）。

6. 关于对超标的保全的认定问题，不应“一刀切”地以二次流拍的56%折扣金额计算是否超标的保全

此前因《最高人民法院关于人民法院网络司法拍卖若干问题的规定》规定，法院一般以第一次拍卖起拍价可以为评估价或者市场价的70%、第二次拍卖起拍价可以为第一次起拍价的80%为由，将查封财产价值直接扣减56%之后，再与申请执行债权来比较是否构成超标的查封，这种做法对被执行人无疑是不公平的。同时，根据《最高人民法院关于在执行工作中进一步强化善意文明执行理念的意见》第7条第1款第1项有关冻结上市公司股票的规

定也明确，对于上市公司股票这一市场价格波动较大的财产，确定冻结范围也“应当以冻结前一交易日收盘价为基准，结合股票市场行情，一般在不超过20%的幅度内合理确定”，对于一些诸如股票具有一定流通性的资产，在认定超标的保全时，应合理审查。

最后应注意的是，申请人超标的申请查封给被保全人造成损失的，承担赔偿责任的范围应限于超过诉讼请求而多查封的款项部分。

【类案裁判观点分析】

案例一：申请人因自身认知问题导致法院最终确认的工程款金额、诉讼主张及保全金额有较大差距，这种情况下，不能认定申请人存在恶意诉讼或恶意查封的行为——阳江中院（2021）粤17民终345号

由于中福公司与建安公司确实存在建设工程施工合同关系，而中福公司在建安公司施工工程竣工后仍不与建安公司进行验收结算。建安公司在中福公司一直未与其进行工程结算的情况下，依据自己施工过程中形成的施工资料及相关收支凭证等进行结算，自己结算出工程总价款为227,579,496.41元，对比其收到的中福公司所支付的工程价款，主张中福公司欠其工程款78,462,025.97元，并在诉前申请查封阳福公司的涉案工程中商品房53套，查封后在法律规定的期限内对中福公司提起民事诉讼，即（2017）粤1702民初272号案的民事诉讼，是建安公司依法行使自己的诉讼权利和民事权利的行为。建安公司请求的诉讼标的是78,462,025.97元，其申请查封的标的按中福公司主张价值为6000万元，建安公司申请查封的财产价值低于其请求的标的，不存在故意超标的申请查封中福公司财产的行为。建安公司最终败诉属于诉讼风险，不能以法院最终确认的工程款计算结果与建安公司主张的工程款不一致便认定建安公司存在恶意诉讼或恶意查封的行为。由于建设工程施工合同关系一般较为复杂，工程价款的结算涉及的图纸、凭证等材料较多，通常存在很多不确定性因素，争议较大，双方对工程价款计算不一致是双方对该工程结算所依据的材料、计算方法及是否有增减工程等存在认知上的不同，中福公司以双方结算的总工程价款不一致或建安公司起诉所主张的工程总价款与合同约定价款不一致，主张建安公司是故意杜撰总工程价款

227,579,496.41元并恶意申请查封其财产，存在重大过错，应承担侵权赔偿责任的依据不足，应不予采纳。

案例二：在各被申请人承担连带责任的情况下，申请人采取具体保全措施时，可自由选择保全金额在各被申请人之间如何分配——北京高院(2020)京民终789号

中融公司在（2019）京民终1502号民事案件中，请求科维公司支付服务费1224万元及违约金、利息185万元，但法院最终判决科维公司仅支付服务费306万元及利息损失，是因为法院根据各方对纠纷产生的过错、中融公司所做的工作量及贡献、行业一般标准等情况将服务费从合同约定的股权转让款的20%酌定降低为股权转让款的5%，而这一结果并非中融公司主观恶意所导致。关于生效判决未支持科维兴公司等四公司对服务费承担连带责任的诉讼请求的问题，本院认为属于当事人对法律理解和认识存在的合理偏差，亦不属于中融公司主观恶意所致。综上所述，中融公司在提起诉前财产保全申请的过程中尽到了合理注意义务，不构成保全申请错误。因此，中融公司不应当承担申请保全错误赔偿责任。

案例三：诉前保全申请人降低诉讼请求标的后应减少相应保全数额，否则可以认定对超标的保全存在主观过错——三门峡中院（2019）豫12民终2223号

本院认为，关于建设工程施工合同案件中郭某某申请财产保全行为是否存在过错的问题，该案审理过程中，在一审法院已经进行400万元诉前保全的情况下，郭某某对其起诉的400万元中的94万元撤诉后，并未申请减少涉案保全数额。此时，郭某某已知道其提出的诉讼标的下降，河南水建被冻结、查封的存款和财产已超标的。对超标的查封部分的财产，郭某某应当本着诚实信用的原则申请解除查封，但其仍坚持维持查封状态，存在主观过错，侵害了河南水建相应的权利，构成侵权，应承担赔偿河南水建相应损失的民事责任。根据《最高人民法院关于人民法院民事执行中查封、扣押、冻结财产的规定》中“查封、扣押、冻结被执行人的财产，以其价额足以清偿法律文书确定的债权额及执行费用为限，不得明显超标的额查封、扣押、冻结”的规定，一审法院依照该案终审判决内容，计算郭某某的超标保全数额，并无不当。

案例四：申请人对其按份共有的不动产整体申请诉前财产保全，不属于超标的查封——亳州中院（2021）皖16民终84号

刘某某对涉案不动产虽然只有393.68平方米的份额，但其份额是对整个不动产的份额，并不能确定具体的位置，因此系对整体三间商铺拥有份额，未经共有人共同确认或依司法程序确认之前，在保全时亦不能进行分割，因此对作为整体的三间铺面进行保全，并不能认为系超标的查封。当事人以申请诉前财产保全损害责任为由请求赔偿，其基础法律关系应符合一般侵权诉讼的四个构成要件，即主观过错、损害后果、违法行为，以及损害后果与违法行为之间具有因果关系。因财产保全引起的损害赔偿应当适用过错责任归责原则，只有在申请人对出现财产保全错误存在故意或重大过失的情况下，才能认定申请人申请财产保全有错误。刘某某在九洲公司向他人出卖包含其份额的不动产的情况下，为防止其权益遭受损失，申请诉前保全，根据九洲公司提供的现有证据，不能证明刘某某在保全时具有恶意或存在重大过失，故对九洲公司的上诉理由不予采纳。

案例五：保全物为不可分割的不动产时，判断保全是否适当，需考虑变现难易程度和司法拍卖的不确定性，不能仅因诉讼金额与保全物评估价格之间存在差额而认定为超标的查封——河南高院（2020）豫民终649号

民基公司与新天地公司建设工程施工合同纠纷一案，因新天地公司拖欠民基公司工程款，民基公司有权申请法院查封新天地公司财产。该案中，民基公司诉讼请求为新天地公司向民基公司支付工程款77,040,094.62元及违约金12,567,916.85元（暂计算至2017年6月8日，并继续主张至实际清偿之日），民基公司享有工程价款优先受偿权等。从诉讼主张标的额分析，民基公司申请保全新天地公司价值1亿元的财产，不超过其诉讼请求。

民基公司与新天地公司签订有《建设工程施工合同》和《工程施工合作协议》，两者对未付工程款的违约责任约定不同，在法院未就两个合同作出认定前，民基公司基于自身对案件事实和法律关系的理解，申请保全新天地公司价值1亿元的财产，具有合理的事实基础。从该案判决情况分析，该案一审判决、二审判决对欠付工程款违约金、利息的认识也存在认识变化的过程，不能仅以生效判决结果与民基公司的申请保全数额之间存在一定的差额而认定民基公司申请保全存在过错。从申请保全至生效判决作出、履行的时间分析，民基公司申请保全新天地公司价值1亿元的财产，尽到了当事人在申请财产保全时的合理注意义务。

关于保全是否适当的问题。郑州中院根据民基公司申请及提供的线索于2017年6月27日查封了案涉101商铺、201商铺和82套住宅。结合评估价值，虽然两间商铺和82套住宅总评估价值达到2亿余元，但两间商铺在保全时无法分割保全，以及查封之前部分商铺、住宅已经出售，考虑到案涉商铺变现的难易程度和司法拍卖的不确定性，以及商铺在查封前已租赁经营的相关情况，本院认为，民基公司在当时查封尽到了必要注意义务，其保全对象及方式基本适当。综上所述，民基公司不存在过错，其申请财产保全行为适当，原审法院判决民基公司承担赔偿责任不当。

案例六：判定是否存在超标的查封，不能仅以查封时申请人自己计算的价值或对外预售的价值为准——营口中院（2021）辽08民终1122号

关于上诉人营口某置业公司提出超标的查封问题，因案涉房屋系一个整体，具有不可分性，上诉人主张超标的查封，但并未提供评估结论或其他充分证据证明查封房产的价值。保全的目的在于确保被保全人将来能够履行裁判内容，不使申请人的合法权益受到损失，而在具体执行过程中，需对查封的财产进行评估、拍卖、变卖等若干程序，并不能以查封时申请人自己计算的价值或对外预售的价值作为查封房产最终的价值，从而认定为超标的查封，故上诉人主张超标的查封的理由，本院不予支持。另外，上诉人营口某置业公司自行计算的损失数额并无依据，本院不予支持。

案例七：申请人作为专门从事建筑工程的公司，应当对自己承建项目的损失有一个合理的专业判断，申请人申请的保全数额与经鉴定确认的损失之间出现较大的差额的，可以认定其申请财产保全缺乏适当性——马鞍山中院（2021）皖05民终427号

关于康威公司申请财产保全是否存在过错的问题。申请人是否有过错，不仅要看其诉讼请求最终是否得到支持，还要看其是否存在故意或重大过失，要根据其诉讼请求所依据的事实和理由考察其提起诉讼是否合理，或者结合申请保全的标的额、对象及方式等综合考察其申请财产保全是否适当。在康威公司与弘扬公司建设工程分包合同纠纷一案中，康威公司的损失最终经鉴定仅为40余万元，与其申请的保全财产额153万元相差过大。康威公司作为专门从事建筑工程的公司，应当对自己承建项目的损失有一个合理的专业判断，对申请的财产保全数额应尽到合理的注意义务，故其申请财产保全缺乏适当性，存在重大过失，应对弘扬公司由此造成的损失承担赔偿责任。

案例八：律师事务所作为专业诉讼代理人，应熟知法律规定和法律流程，其主张的高于执行案款的诉讼请求并申请保全属未尽审慎义务，主观上存在过错——北京三中院（2020）京03民终1419号

某律所于其与高某梅之间的诉讼代理合同纠纷一案中，向法院申请之诉前财产保全，对高某梅的财产进行了保全。某律所上诉称其申请诉讼财产保全不存在错误，主观上不存在故意或重大过失。但是，根据已经查明的事实，某律所曾作为高某梅的代理人参与诉讼，明确知道司法裁判之结果。某律所也曾明确告知高某梅执行案件可获得违约金之数额。综合上述事实，可以认定某律所知道高某梅执行案件之标的，亦应明知高某梅可能获得之执行案款。同时，可以根据委托代理合同得知其可能获得的代理费。一审法院认定，某律所主张高于高某梅获得的执行案款的款项存在过错并无不当。某律所称其根据北京昌平法院之执行裁定写明的房屋评估价格作为高某梅所获案款，并据此计算律师费。但是，某律所作为专业诉讼代理人，应熟知各项法律规定和法律流程，更应在房屋评估价格与高某梅之债权相差数额巨大的情况下，对具体执行过程进行了解与确认。某律所仅以房屋评估价格作为起诉依据，未尽审慎义务，主观上存在过错。

案例九：判断是否构成超标的查封，应以财产被查封时的客观价值作为判断基准，不应以财产在未来被处置时的可能价格作为判断基准——最高人民法院（2020）最高法执复66号

判断是否构成超标的查封，系对查封行为的评判，就法律逻辑而言，应以财产被查封时的客观价值作为判断基准，而不应以财产在未来被处置时的可能价格作为判断基准。进一步说，查封财产的目的当然是要尽可能确保财产的处置变价能够清偿债权，但是在查封财产时，该财产的未来处置变价情况是不确定的，其固然存在拍卖不顺、成交价下浮的可能，但也存在拍卖顺利、成交价上浮的可能，故在确定查封财产价值时，当然可以适当考虑市场行情和价格变化趋势，在不“明显”超过查封财产现时客观价值的幅度内，合理确定查封标的范围，但不宜只看到查封财产的未来处置价下浮这一种可能性，以“第一次拍卖起拍价可以为评估价或者市场价的70%、第二次拍卖起拍价可以为第一次起拍价的80%”为由，将查封财产价值直接扣减百分之五十六之后，再与申请执行债权来比较是否构成超标的查封，这种做法对被执行人无疑是不公平的。故《最高人民法院关于在执行工作中进一步强化善意文明执行理念的意见》有关冻结上市公司股票的规定中也明确，对于上市公司股票这一市场价格波动较大的财产，确定冻结范围也“应当以冻结前一交易日收盘价为基准，结合股票市场行情，一般在不超过20%的幅度内合理确定”。由此可见，海南高院以“第一次拍卖起拍价可以为评估价或者市场价的70%、第二次拍卖起拍价可以为第一次起拍价的80%”作为驳回东泰公司异议请求的理由，于法无据，应予纠正。

案例十：在确定查封财产价值时，可以适当考虑市场行情和价格变化趋势，在不“明显”超过查封财产现时客观价值的幅度内，合理确定查封标的范围——最高人民法院（2020）最高法执监92号

根据《最高人民法院关于在执行工作中进一步强化善意文明执行理念的意见》第7条第1款第1项有关冻结上市公司股票的规定，对于上市公司股票这一市场价格波动较大的财产，确定冻结范围也“应当以冻结前一交易日收盘价为基准，结合股票市场行情，一般在不超过20%的幅度内合理确定”。由此可见，河北高院复议裁定以“考虑到不动产经过网拍，最大允许起拍价第一次拍卖为评估价的70%，第二次为第一次评估价的80%”为由驳回南北公司的异议请求，属适用法律错误，应予纠正。

006. 申请人诉前保全的对象并非最终判决承担责任的被告，是否构成保全错误

◇ **问题**　申请人申请诉前保全的对象并非最终判决承担责任的被告，是否属于申请保全错误

◇ **来源**　绵阳中院（2021）川07民终1558号

◇ **结论**　存在多个被告的情形下，申请人申请保全的对象与法院最终判决承担责任的被告不一致的，属于申请人自身对事实和法律的理解认识问题，不应以此认定其存在故意或重大过失

【基本案情】

2011年6月，新华公司与冉某某签订《工程承包协议》一份，确定由冉某某作为某工程实际施工人，对该工程实行单独核算，自负盈亏，新华公司按工程总造价2%收取企业管理费。

2011年8月2日，坤钢公司作为供方与需方新华公司（冉某某）签订《钢材购销合同》1份，约定需方向供方购买钢材，在合同尾部需方处载明："承建单位：新华公司。"冉某某在需方"委托代表人"处签字。新华公司未在该合同上加盖印章，也未在法定代表人处签字盖印。隆君公司在担保人处加盖印章，冉某某作为隆君公司法定代表人签字。

2018年1月10日，冉某某出具《欠条》1份，载明："今欠坤钢公司钢材货款480万元整，欠款人：冉某某。"

2018年5月，坤钢公司申请诉前财产保全，法院裁定冻结新华公司存款480万元。2018年6月1日，坤钢公司诉至一审法院，请求判决新华公司支付货款480万元并承担资金利息，隆君公司承担连带责任。经审理，一审法院最终判决冉某某向坤钢公司承担480万元货款的支付义务并承担相应利息，驳回了其对新华公司的诉讼请求。

新华公司遂向绵阳中院提起本案诉讼，请求判令坤钢公司赔偿经济损失

386 万元。

【争议焦点】

坤钢公司对案涉财产的保全是否存在错误？是否应承担赔偿责任？

【裁判要点】

本案中，坤钢公司应否承担赔偿责任的关键即在于其申请保全是否存在过错。案外人冉某某挂靠新华公司承建了案涉工程，坤钢公司向该工地供应了钢材。也就是说，新华公司与该合同的签订、履行具备关联，且该关联系因新华公司与冉某某的违法挂靠关系而起。坤钢公司据此提起诉讼、申请诉讼保全不具备主观恶意。坤钢公司主张的债权 480 万元得到法院生效判决确认，属客观事实。所以，其请求保全的金额无恶意夸大损害新华公司利益的情形。至于付款责任由谁承担存在争议。在法院生效判决作出前，坤钢公司请求由新华公司承担全部付款责任，属于其自身对事实和法律的理解认识问题，不应以此认定坤钢公司在起诉和申请财产保全时主观上存在故意或重大过失。为此，一审法院认定坤钢公司并无新华公司所称恶意诉讼、恶意保全之行为，故其主张坤钢公司承担保全错误的损失赔偿责任，缺乏依据，应不予支持。

【相关法律规定】

《民事诉讼法》

第一百零八条　申请有错误的，申请人应当赔偿被申请人因保全所遭受的损失。

《民法典》

第一千一百六十五条　行为人因过错侵害他人民事权益造成损害的，应当承担侵权责任。

依照法律规定推定行为人有过错，其不能证明自己没有过错的，应当承担侵权责任。

【应诉策略】

1. 存在多个被告的情况下，申请人可以自由选择对其中部分被告申请财产保全

认定存在保全错误，需要申请人主观上具有故意或重大过失。司法实践中，在存在多个被告的情况下，申请人选择申请对其中部分被告采取财产保全措施属于其正当的诉讼权利。如果申请人申请保全时已经尽到合理的注意义务，只是因自身对案件事实或法律知识的认识不足导致该被保全的被告与法院判决最终承担责任的被告不同，则申请人不具有故意或重大过失，不能认定申请保全错误。

2. 如果当事人未尽合理注意义务导致案外善意第三人的财产被采取保全措施，可认定申请保全错误

前面提到，如果申请保全的对象与法院判决确认的承担责任的对象不一致，不属于申请保全错误，其前提保全的对象是本案被告。如果当事人保全了案外人的财产，即将案外人的财产当作被告的财产来申请保全，则很容易被认定为具有保全过错（见类案裁判观点分析案例二）。

3. 法院受理其诉前保全申请并依申请作出保全裁定并不等同于认定保全申请不存在错误

有些当事人认为，法院受理其诉前保全申请并依申请作出保全裁定即可视为不存在保全错误，这种观点是错误的。实际上，法院在受理当事人诉前保全申请时通常只仅进行形式审查而非实质审查，法院经审查作出保全裁定只说明申请诉前保全符合形式要件，并不能说明申请保全不存在错误。

【类案裁判观点分析】

案例一：存在多个被告的情况下，申请人基于现有事实和证据提出诉讼请求，并尽到了合理注意义务，即便申请人申请诉前保全的对象并非最终判决承担责任的被告，因无故意或者重大过失，不能认定申请保全错误——新疆高院（2022）新民再92号

首先，在基础案件中，松兴源劳务公司根据振强房产公司与宏远建设公

司签订的《建设工程施工合同》、松兴源劳务公司（承包方）与发包方宏远建设公司（合同抬头处名称）签订《工程劳务承包协议书》、宏远建设公司向振强房产公司提交的《工程人员变更申请报告》《结算表》等证据，起诉要求宏远建设公司、王某某承担相应的给付责任，振强房产公司在未付款的范围内承担连带给付责任，具有一定的客观事实，并就其诉讼请求提供了相应证据，不存在滥用诉权、虚假诉讼的情形，并依法提供了担保，反映了松兴源劳务公司申请保全防止判决难以执行的正当主观目的。其次，虽然宏远建设公司与松兴源劳务公司签订劳务承包协议时，宏远建设公司未在劳务承包协议中盖章，仅有王某某签字，但涉案工程最终由宏远建设公司授权的项目经理与松兴源劳务公司进行结算，使松兴源劳务公司有理由认为宏远建设公司为涉案工程的承包方，应承担支付劳务费的义务。因此，松兴源劳务公司主观上也不存在损害他人合法权益的故意或者重大过失。松兴源劳务公司基于现有事实和证据提出诉讼请求，并尽到了一个普通民事主体的合理注意义务，虽然法院判决最终未支持其对宏远建设公司的诉讼请求，但不能认定松兴源劳务公司出于故意或者重大过失，致使诉讼请求与法院生效判决产生不应有的偏差。最后，申请保全的目的在于防止判决难以执行，但司法实践中，财产保全的申请人对自身权利的衡量与人民法院最终认定存在差异，当事人自认为合理的诉讼请求不为人民法院认定支持的情况并不鲜见，如果苛求申请保全时当事人对诉争法律关系的判断与人民法院最终裁判结果一致，也会影响诉讼保全制度功能的发挥。综上，因松兴源劳务公司申请诉前财产保全时不存在主观过错，无过错即无责任，松兴源劳务公司不负有向宏远建设公司赔偿损失的责任。

案例二：未尽合理注意义务对第三人善意取得的财产申请保全，给善意第三人造成损失的，申请人应承担错误申请财产保全的赔偿责任——汉中中院（2021）陕07民终721号

本案中案涉的320D挖掘机，虽然初始所有权人为某职业学院，但该挖掘机是不需要办理登记、交付即产生物权变动的动产。某职业学院在长期未实际占有该挖掘机的情况下，应当意识到该挖掘机可能存在他人通过善意取得获得合法所有权的可能，并尽量采取对保全财物损害较小的方式进行保全。但是，某职业学院并未尽到合理注意义务，对正在施工的挖掘机坚持采取扣押的保全措施，且在翟某某愿意提供担保请求变更扣押为查封的保全措施时，仍坚持要求扣押。最终，经过法院生效裁判确认，扣押的标的物挖掘机的合法所有权系翟某某所有，原保全裁定被依法解除。对于错误扣押，某职业学院主观存在过错。同时，错误扣押行为客观上造成了翟某某正在施工的挖掘机停运的损失及其他损失。并且，挖掘机停运损失及其他损失与某职业学院的过错，有法律上的因果联系。因此，某职业学院应承担错误申请财产保全而给翟某某造成的经济损失的赔偿责任。

007. 被保全人提供担保请求解除保全措施，申请人拒绝的，是否构成保全错误

◇ **问题**　被保全人提出以担保解除保全措施，申请人拒绝，保全给被保全人造成损失，是否属于申请保全错误

◇ **来源**　绵阳中院（2021）川07民终1558号

◇ **结论**　账户被保全冻结后，被保全人提出以不动产进行担保，申请人仍不同意解除保全措施的，属于诉讼权利的行使，不属于申请保全错误

【基本案情】

2018年5月10日，因坤钢公司申请诉前财产保全，法院裁定冻结新华公司的银行存款480万元，坤钢公司以自有房屋作为担保。

2018年6月1日，坤钢公司向一审法院提起诉讼，请求判决新华公司支付货款480万元并承担资金利息，隆君公司承担连带责任。法院追加冉某某为共同被告。经审理，法院最终判决冉某某向坤钢公司承担480万元货款的支付义务并承担相应利息。

新华公司遂向法院提起本案诉讼，请求判令坤钢公司赔偿因保全错误造

成的损失。

经查，诉讼过程中，新华公司曾提起财产保全复议申请，要求以门面房屋作担保解除对银行存款的冻结。法院裁定驳回其申请。

【争议焦点】

坤钢公司对案涉财产的保全是否存在错误？是否应承担赔偿责任？

【裁判要点】

本案中，坤钢公司在财产保全申请时符合一个处于相当境地的当事人在申请财产保全时对有关事实的认知，已尽到合理的注意义务，不存在故意或重大过失的情形，坤钢公司在申请财产保全时，并不存在过错。财产保全制度的意义在于保证将来生效裁判文书的执行，申请财产保全是当事人重要的诉讼权利，当被保全人有多项可供保全的财产时，申请人可以申请选择对其中的财产予以保全。因此，新华公司关于坤钢公司保全冻结其账户后，新华公司提供了价值700余万元的门面进行担保，坤钢公司仍不解除对账户的冻结是保全错误的上诉理由不成立，法院不予支持。在财产保全持续期间坤钢公司是否存在过错的问题。坤钢公司提起仲裁和诉讼时就已对新华公司的财产进行保全。坤钢公司与新华公司之间的纠纷经过申请仲裁、撤回仲裁申请、坤钢公司向法院提起诉讼、经过法院的一审、二审和发回重审，在发回重审之后追加当事人冉某某，再经过二审，二审终审判决生效的时间是2019年12月30日，2020年1月9日，人民法院作出解除财产保全措施的裁定书，2020年1月17日，案涉保全的财产解除冻结。因此，从诉讼过程、二审终审判决生效的时间和解除保全措施裁定的时间来看，不管是新华公司提出的解除保全申请还是坤钢公司，也不能认定坤钢公司在保全持续期间存在故意和重大过失的过错情形。

【相关法律规定】

《民事诉讼法司法解释》

第一百六十七条 财产保全的被保全人提供其他等值担保财产且有利于

执行的，人民法院可以裁定变更保全标的物为被保全人提供的担保财产。

《最高人民法院关于人民法院办理财产保全案件若干问题的规定》

第二十条　财产保全期间，被保全人请求对被保全财产自行处分，人民法院经审查，认为不损害申请保全人和其他执行债权人合法权益的，可以准许，但应当监督被保全人按照合理价格在指定期限内处分，并控制相应价款。

被保全人请求对作为争议标的的被保全财产自行处分的，须经申请保全人同意。

人民法院准许被保全人自行处分被保全财产的，应当通知申请保全人；申请保全人不同意的，可以依照民事诉讼法第二百二十五条规定提出异议。

第二十二条　财产纠纷案件，被保全人或第三人提供充分有效担保请求解除保全，人民法院应当裁定准许。被保全人请求对作为争议标的的财产解除保全的，须经申请保全人同意。

《最高人民法院关于人民法院民事执行中查封、扣押、冻结财产的规定》

第二十八条第一款　有下列情形之一的，人民法院应当作出解除查封、扣押、冻结裁定，并送达申请执行人、被执行人或者案外人：

……

（五）被执行人提供担保且申请执行人同意解除查封、扣押、冻结的；

……

【应诉策略】

第一，根据《民事诉讼法司法解释》第 167 条的规定，被保全人提供其他等值担保财产且有利于执行的，法院可以裁定变更保全标的物为被保全人提供的担保财产。可见，法院裁定变更保全标的物有两个基本前提：

首先，被保全人提供的替代物与保全物在价值上相当。这里的价值不仅要考虑标的物的实际价值，还要考虑变现难易程度等相关因素。

其次，被保全人提供的替代物更有利于执行。司法实践中认为，被保全人提供担保的财产应容易兑现，不能是明显不能实现或者兑现难度大的财产，这里的兑现难易程度要考量所需时间长、程序复杂、兑现成本等因素。如果被保全人提供的替代物并不优于申请保全标的的变现，则申请人有权不同意解除查封（见类案裁判观点分析案例一）。实务中，最明显的就是拿房子置换存款：法院已裁定冻结银行存款，被保全人又提出以房产置换，因房产价值有波动且变现过程中存在各种不可控因素，相比于银行存款执行难度明显更大。因此，在申请人不同意的情况下，法院一般不会支持以房产置换存款。

第二，需要注意的是，即便被保全人提供的置换物符合上述两个条件，法院也仅是“可以”裁定变更，并非“应当”变更。这里有一个自由裁量的空间，法院还需征求申请人的意见。申请人从执行便利的角度考虑而不同意置换保全物，系正当行使诉讼权利（见类案裁判观点分析案例二），即便最后申请人败诉，被保全人也不能仅因申请人不同意置换保全物而主张其申请保全错误。

第三，结合上述分析，还需要注意如果申请人在有其他过错的基础上，又不同意被保全人合理的替换保全物的要求，由此给被保全人造成损失，法院在综合考量后，可能倾向于认定保全存在过错（见类案裁判观点分析案例三）。

【类案裁判观点分析】

案例一：被保全人提供保证担保并不优于申请保全标的的变现，在此情况下，申请人不同意解除查封，并无过错——江苏高院（2019）苏民终 1513 号

关于管某根于 2013 年 4 月 8 日向法院申请解除财产保全，沈某凤不同意解除查封是否存在过错的问题。为了保障申请人的合法权益，被申请人申请解除财产保全时所提供的担保除申请人同意接受的以外，必须与原保全财产价值相当且优于原保全物变现。本案中，沈某凤申请财产保全的系股权、土地及房产，管某根提供的五家担保公司的保证担保并不优于沈某凤申请保全标的的变现，在此情况下沈某凤不同意解除查封，并无过错。

案例二：被保全人提出置换保全物，申请人从将来可能胜诉后执行便利的角度考虑，有权不同意置换保全物——最高人民法院（2020）最高法民申 6528 号

丰烨房地产公司主张振达建筑公司的诉讼保全行为存在恶意，依据不足。

振达建筑公司基于与丰烨房地产公司的诉讼，为保障将来裁判的执行申请财产保全，系行使合法权利。一审法院依申请，根据丰烨房地产公司的财产状况，冻结丰烨房地产公司1500余万元存款并查封16处房产，并无不当。根据原审查明的案件事实，丰烨房地产公司未向法院提出超标查封的异议，丰烨房地产公司亦无证据证实向一审法院提交过以等价房产置换1500余万元存款的书面申请，即便丰烨房地产公司曾提出口头申请，振达建筑公司从将来可能胜诉后执行便利的角度考虑，为更好维护自身合法权益而不同意置换保全物，系正当行使诉讼权利。

案例三：申请人起诉被法院以主体不适格驳回，且被保全人明确表示希望替换查封账户以减少损失，但申请人未同意，可认定申请人存在过错，应当予以赔偿损失——淮南中院（2021）皖04民初624号

本案中，张某某在本院（2020）皖04民初185号民事案件中，其本身并未提供充分证据证明其是实际施工人，也未证明其与淮矿地产公司之间的法律关系和是否欠付工程款，而最终被法院以主体不适格驳回起诉；在该案诉讼保全相关账户被查封后，淮矿地产公司明确表明被冻结账户系公司基本户，会造成不必要的资金流动损失，并希望替换查封账户以平衡利益，减少损失，但未获得张秀才同意，基于以上分析，张某某存在过错，应当予以赔偿损失。

008. 解除保全条件成就时，申请人未及时申请解除，是否构成保全错误

◇ **问题** 解除保全条件成就时，申请人未及时向法院申请解除保全，法院也未作出解除保全裁定，能否据此认定申请人和法院均存在过错

◇ **来源** 最高人民法院（2019）最高法执监326号

◇ **结论** 解除保全是申请人的法定义务，而非法院的义务，申请人未及时解除保全应承担赔偿责任，法院在未收到解除保全申请的情况下未解除保全措施不违法

【基本案情】

2015 年 7 月 24 日，因蔡某高申请诉前财产保全，法院裁定查封被保全人张某等价值 2000 万元的财产。

2015 年 10 月 12 日，蔡某高以张某等为被告，向昆明中院提起诉讼。该案执行过程中，王某元先后向法院提出异议、复议和本案申诉，认为：（1）蔡某高未在保全后 30 日内提起诉讼，对蔡某高申请的保全应予解除；（2）昆明中院不予解除蔡某高的保全裁定，有不作为之嫌；（3）王某元应是首轮查封申请人。

经查，2015 年 8 月 31 日，因王某元申请诉前财产保全，昆明中院裁定查封被保全人张某等价值 1350 万元的财产。2015 年 10 月 13 日，王某元向昆明中院提起诉讼。

【争议焦点】

申请人在人民法院采取保全措施后 30 日内不依法提起诉讼，法院未依职权解除保全，申请人和法院是否有过错？其保全是否自动解除？

【裁判要点】

《民事诉讼法》第 101 条第 3 款[①]规定，申请人在人民法院采取保全措施后 30 日内不依法提起诉讼或者申请仲裁的，人民法院应当解除保全。《最高人民法院关于人民法院办理财产保全案件若干问题的规定》第 23 条规定，人民法院采取财产保全措施后，申请采取诉前财产保全措施 30 日内不依法提起诉讼或者申请仲裁的，申请应当及时申请解除保全。人民法院收到解除保全申请后，应当在 5 日内裁定解除保全；对情况紧急的，必须在 48 小时内裁定解除保全。申请人未及时申请人民法院解除保全，应当赔偿被保全人因财产保全所遭受的损害。从以上规定可知，申请人在法院采取诉前财产保全措施后 30 日内不依法提起诉讼或者申请仲裁的，应由申请人向人民法院申请解除

---

① 现为《民事诉讼法》第 104 条第 3 款。

保全而非由人民法院依职权解除保全。申请人未及时申请解除保全的，其应当承担赔偿被保全人因财产保全所遭受损害的责任，但不会因此导致保全效力自动失效的法律后果。从本案来看，昆明中院采取诉前保全措施后30日内，蔡某高应主动向法院申请解除保全，其未及时申请解除，应承担赔偿被保全人因财产保全所遭受损害的责任，但财产的保全效力不会自动失效，昆明中院在未收到蔡某高解除保全申请情况下未解除保全措施的做法亦不违法。

【相关法律规定】

《最高人民法院关于人民法院办理财产保全案件若干问题的规定》

第二十三条 人民法院采取财产保全措施后，有下列情形之一的，申请保全人应当及时申请解除保全：

（一）采取诉前财产保全措施后三十日内不依法提起诉讼或者申请仲裁的；

（二）仲裁机构不予受理仲裁申请、准许撤回仲裁申请或者按撤回仲裁申请处理的；

（三）仲裁申请或者请求被仲裁裁决驳回的；

（四）其他人民法院对起诉不予受理、准许撤诉或者按撤诉处理的；

（五）起诉或者诉讼请求被其他人民法院生效裁判驳回的；

（六）申请保全人应当申请解除保全的其他情形。

人民法院收到解除保全申请后，应当在五日内裁定解除保全；对情况紧急的，必须在四十八小时内裁定解除保全。

申请保全人未及时申请人民法院解除保全，应当赔偿被保全人因财产保全所遭受的损失。

被保全人申请解除保全，人民法院经审查认为符合法律规定的，应当在本条第二款规定的期间内裁定解除保全。

《民事诉讼法司法解释》

第一百六十六条 裁定采取保全措施后，有下列情形之一的，人民法院应当作出解除保全裁定：

（一）保全错误的；

（二）申请人撤回保全申请的；

（三）申请人的起诉或者诉讼请求被生效裁判驳回的；

（四）人民法院认为应当解除保全的其他情形。

解除以登记方式实施的保全措施的，应当向登记机关发出协助执行通知书。

【应诉策略】

1. 保全解除条件成就时，申请人未及时申请人民法院解除保全，应当赔偿被保全人因财产保全所遭受的损害

所谓“及时”申请解除，主要包括以下两种情形：

第一，申请诉前财产保全后30日内，如未提起诉讼，应及时申请解除保全措施。未及时解除保全措施给被保全人造成损失的，应承担赔偿责任，被保全人的损失计算时间从申请诉前财产保全后30日起算，计至申请人提起诉讼之日或保全被解除之日止（见类案裁判观点分析案例六）。

第二，败诉判决、裁定送达并生效后，应及时申请解除保全措施，未及时解除保全措施给被保全人造成损失的，申请人应承担赔偿责任，被保全人的损失计算时间从判决、裁定生效之日起计算，至保全措施被解除之日止（见类案裁判观点分析案例一、案例二）。

当然，诉讼请求被一审法院裁定驳回后，申请人在收到判决书的15日内有权提起上诉，申请人有正当理由提出上诉的情况下，可不解除保全措施（见类案裁判观点分析案例三、案例四）。

此外，需要注意的是在有多个原告、被告的案件中，如果申请人未提出上诉，但同案其他当事人上诉，则申请人也可暂不申请解除保全措施，虽然由此在客观上给被保全人造成损失，但因申请人无过错，也不需要承担赔偿责任（见类案裁判观点分析案例五）。

2. 在解除保全的条件成就时，申请人解除保全属于法定义务，而被保全人解除保全属于法定权利

在解除条件成就时，申请解除保全是申请人的法定义务。所谓法定义务，

即具有强制性、必须要履行的事项，没有选择权。基于此，因申请人未及时申请解除保全给被保全人造成损失的，保全人应当承担赔偿责任。

而对于被保全人来说，申请解除保全属于权利，而非义务。在解除条件成就而申请人怠于履行解除义务时，被保全人有权利申请解除保全，从而减少损失的扩大。

需要提醒被保全人注意的是，虽然申请解除对被保全人来说是权利而非义务，但如果被保全人在明知解除事项后仍然怠于行使解除权，导致损失扩大，对于损失扩大部分，有些法院也会判定其自行承担（见类案裁判观点分析案例八）。

3. 解除保全的条件成就，解除保全应由当事人向人民法院申请，而非由人民法院依职权主动解除保全

《民事诉讼法司法解释》第 166 条规定，裁定采取保全措施后，符合四种特定情形之一的，人民法院应当作出解除保全裁定，有些人据此认为法院有解除保全的义务。但是，《民事诉讼法司法解释》第 166 条的规定是法院在符合条件时有义务在实体上作出解除保全的裁定，并非在程序上有解除保全的义务。解除保全程序的启动仍应是诉讼当事人的义务，当事人提交解除申请是法院作出解除裁定的启动条件，无当事人申请，法院无直接依职权作出解除裁定的职责。因此，若财产保全措施系依申请人的申请而启动，在解除保全的条件成就时，申请人未及时申请解除保全给被保全人造成的损失，被保全人可以要求申请人赔偿，但不能以法院未依职权解除保全为由获得国家赔偿（见类案裁判观点分析案例七）。

【类案裁判观点分析】

案例一：诉讼请求被生效裁判驳回后，申请人应及时申请解除保全措施，未及时解除给被保全人造成损失，应承担赔偿责任——最高人民法院（2020）最高法民终 1317 号

关于郑某洪、郑某德未及时申请解除案涉诉讼财产保全措施是否存在过错的问题。《民事诉讼法》第 100 条第 1 款[①]规定：“人民法院对于可能因当

① 现为《民事诉讼法》第 103 条第 1 款。

事人一方的行为或者其他原因，使判决难以执行或者造成当事人其他损害的案件，根据对方当事人的申请，可以裁定对其财产进行保全、责令其作出一定行为或者禁止其作出一定行为；当事人没有提出申请的，人民法院在必要时也可以裁定采取保全措施。”所以，人民法院裁定对一方当事人的财产采取查封、扣押、冻结等保全措施，是为了防止该当事人转移、处分相关财产，保证将来生效判决得以顺利执行。《最高人民法院关于人民法院办理财产保全案件若干问题的规定》第23条第1款规定，人民法院采取财产保全措施后，申请保全人的起诉或者诉讼请求被其他人民法院生效裁判驳回的，申请人应当及时申请解除保全。根据本案查明的事实，最高人民法院于2019年4月29日就前诉案件即山西智诚德公司与郑某洪、郑某德、深长公司、海南诚达公司股权转让纠纷一案作出（2019）最高法民终125号民事判决，裁判结果系驳回郑某洪、郑某德的诉讼请求；该法律文书依法送达，已发生法律效力。本案中，郑某洪、郑某德本应在诉讼前案中的诉讼请求被生效裁判驳回后，及时申请解除案涉财产的保全措施；但其二人却怠于行使，致使案涉股权被错误限制处分，侵犯了当事人的财产权益。因此，郑某洪、郑某德对案涉股权未能及时解除冻结存在一定的过错。

案例二：申请人的诉求被法院驳回后未及时申请解除保全措施，给被保全人造成损失的，应承担赔偿责任——安康中院（2021）陕09民终761号

本院认为，顺发公司先后两次在提起诉讼前向一审法院申请对肇事车辆采取保全措施，但顺发公司在一审法院采取保全措施后30日内不依法提起诉讼，也未及时申请一审法院解除保全，致使车辆仍处于查封状态，造成车辆停运，顺发公司依法应当承担民事赔偿责任。一审法院于2019年12月10日裁定驳回顺发公司起诉后，顺发公司未及时申请解除保全，刘某据此于2019年12月27日申请解除保全，2020年1月2日裁定予以解除。因此，刘某的停运损失应从2019年12月10日计算至2020年1月2日止；2020年1月3日顺发公司申请财产保全，应在采取诉前财产保全措施后30日内起诉，即顺发公司应于2020年2月2日前起诉，但顺发公司于2020年3月4日才起诉，2020年4月7日解除查封，因此刘某的停运费损失应从2020年2月3日计算至2020年4月7日止。

案例三：一审诉求未获法院支持，申请人有正当理由提出上诉，可暂不解除保全措施——最高人民法院（2020）最高法民申2214号

尽管马某杰诉讼请求罗某文还款因债权转让存在瑕疵而未能获得一审法院支持，但上诉权是当事人的法定权利，且马某杰提起上诉有其自认为的合理基础。该案二审法院作出的（2017）云民终1004号民事判决于2018年1月31日送达马某杰，一审法院于2018年2月2日已解除对罗某文2650万元工程款的冻结查封，不存在马某杰在生效判决驳回其诉讼请求后放任财产保全措施造成损失持续扩大的事实。罗某文未能举证证明马某杰提起（2016）云01民初1196号诉讼并申请诉前财产保全存在故意或者重大过失，罗某文要求马某杰、太平洋财产保险公司赔偿因财产保全错误给其造成的损失，缺乏事实和法律依据，二审判决未予支持并无不当。

案例四：申请人一审败诉后又提起上诉，其间未申请解除保全措施，不能据此认定存在过错——北京二中院（2021）京02民初229号

《民事诉讼法》第164条第1款①规定："当事人不服地方人民法院第一审判决的，有权在判决书送达之日起十五日内向上一级人民法院提起上诉。"在融资租赁合同纠纷案件中，本院一审判决认定长城国兴公司应承担举证不能的不利后果，其要求国电通公司在202,066,380元的范围内对运通公司的债务承担直接支付责任的诉讼请求依据不足，故未予支持。长城国兴公司向北京高院上诉，请求撤销上述判决，改判国电通公司在质押应收账款价值158,799,000元的范围内对运通公司的应付款项承担直接支付责任。长城国兴公司向北京高院提交了相关的新证据以证明其主张，二审判决中认可证据的真实性，但最终判决并未支持长城国兴公司的上诉请求。对此本院认为，诉讼中当事人对于一审判决不服并在上诉期内提出上诉是当事人在诉讼过程中的一项合法权利，在案件尚未作出终审判决前，各方举证情况、抗辩事由、后续程序中出现对案件审理有重大影响的事由均不明确，不能苛求当事人预

① 现为《民事诉讼法》第171条第1款。

设裁判结果并以此反推应否采取保全措施。因此在本案中，虽然长城国兴公司提起上诉的行为客观上延长了国电通公司被采取保全措施的时间，但考虑到长城国兴公司的主要上诉请求和理由系针对国电通公司，且从二审的举证情况、双方诉辩意见来看，在长城国兴公司提出上诉时诉讼结果尚存在一定的不确定性，因此从本案实际情况来看，不宜认定长城国兴公司提起上诉且未向法院申请解除保全措施的行为存在过错。

案例五：在其他当事人上诉的情况下，申请人未上诉也未提出解除保全申请不存在过错——潍坊滨海经济技术开发区法院（2021）鲁0792民初1240号

本院（2020）鲁0792民初129号民事判决作出后，李某国、胡某胜及安徽省防腐工程总公司虽未提出上诉（2021年1月14日上诉期限届满），但宜某忠和公司提出上诉，致该判决的生效时间及执行时间后延，在上述判决何时能进入执行程序、何时执结完毕均处于不确定状态的情况下，李某国、胡某胜在2021年1月14日后未申请解除保全亦不存在过错，安徽省防腐工程总公司的款项在2021年1月15日至2021年12月6日被查封期间内的利息损失不能归责于李某国、胡某胜。

案例六：申请人申请诉前财产保全后未在30日内提起诉讼，在诉讼请求被驳回并撤回上诉后又未及时申请解除保全措施，由此给被保全人造成损失的，应当予以赔偿——新疆高院（2019）新民终336号

王甲于2014年12月15日申请对王乙的价值500万元的财产进行诉前财产保全，于2016年2月14日提起诉讼，于2016年7月12日被一审法院驳回诉讼请求后，其提出上诉又于2016年12月8日申请撤回，至此审理程序终结，但王甲并未申请解除对王乙财产的保全措施。后王乙于2017年5月18日申请解除保全措施，其在银行账户内的500万元款项于2017年5月21日解除冻结。结合《最高人民法院关于人民法院办理财产保全案件若干问题的规定》第23条[①]的规定，本案中，王甲在申请诉前财产保全后，未在30日

---

① 该规定在该司法解释于2020年修正时未做改动。

内即2015年1月15日提起诉讼；在诉讼请求被驳回并撤回上诉后未及时申请解除保全措施。根据上述规定，王甲应当赔偿王乙因资金被冻结而产生的利息损失。具体的计算利息的期间为：2015年1月15日至2016年2月14日及2016年7月12日至2017年5月21日。利率标准为银行同期同类贷款利率。王乙主张按年利率6%计算30个月的利息缺乏事实依据。

案例七：执行法院未收到解除保全申请，则无裁定解除保全的法定义务——百色中院（2019）桂10法赔1号

依据《最高人民法院关于人民法院办理财产保全案件若干问题的规定》第23条第1款“人民法院采取财产保全措施后，有下列情形之一的，申请保全人应当及时申请解除保全：（一）采取诉前财产保全措施后三十日内不依法提起诉讼或者申请仲裁的……”和第3款“申请保全人未及时申请人民法院解除保全，应当赔偿被保全人因财产保全所遭受的损失”的规定，赔偿义务机关百色田阳法院对案涉重型自卸货车采取诉前保全措施后，陆某某没有在法定期限内依法提起诉讼或者申请仲裁，也没有及时申请解除保全，赔偿请求人黄某主张案涉重型自卸货车的停运损失56,404元和停车费5900元，不属于国家赔偿范围。依据《最高人民法院关于人民法院办理财产保全案件若干问题的规定》第23条第2款“人民法院收到解除保全申请后，应当在五日内裁定解除保全；对情况紧急的，必须在四十八小时内裁定解除保全”和第4款“被保全人申请解除保全，人民法院经审查认为符合法律规定的，应当在本条第二款规定的期间内裁定解除保全”的规定，本案陆某某没有及时申请解除保全，赔偿请求人黄某也没有向赔偿义务机关百色田阳法院申请解除保全。所以，不能认定赔偿义务机关百色田阳法院收到申请人的解除保全申请后，没有在法定期限内裁定解除保全。因此，赔偿义务机关百色田阳法院不存在依法应当解除保全措施而不解除的情形。

案例八：判决书送达后，被保全人未及时申请解除查封，对损失扩大部分应自行承担——潍坊滨海经济技术开发区法院（2021）鲁0792民初1240号

潍坊中院于2021年10月26日作出（2021）鲁07民终3661号终审判决并向各方当事人送达后，安徽防腐工程公司作为最直接的利害关系人，其在知悉自身应承担的付款数额后即应及时向人民法院申请对超出部分的款项解除查封措施，由人民法院审查是否符合解除查封措施条件，以责令李某国、胡某胜提交解封申请或依职权解除查封。原告安徽防腐工程公司未及时申请解除查封，故潍坊中院（2021）鲁07民终3661号民事判决书送达后产生的利息损失应由原告自行承担。

二、保全错误赔偿金额的认定

009. 银行账户因保全错误被冻结，损失如何计算

◇ **问题** 银行账户因错误申请保全而被冻结，被保全人因此对外融资借款，被保全人的损失如何计算

◇ **来源** 最高人民法院（2020）最高法民终502号

◇ **结论** 银行账户被冻结，被保全人的损失按照被冻结的银行存款的存贷款利差计算

【基本案情】

2010年7月26日，内蒙古高院立案受理了中建二局某公司与京汉公司建设工程施工合同纠纷一案。

2017年5月11日，中建二局某公司申请诉中财产保全，以《工程造价司法鉴定意见书》作为申请保全主要依据，申请保全金额2700万元，约占全部诉讼请求金额的65%。内蒙古高院裁定查封京汉公司8套房产并冻结京汉公司在建设银行的银行账户。

后京汉公司提出变更保全标的物申请，请求以其在中国工商银行的账号中20,267,070.46元存款替换已被查封的8套房产，法院裁定准许。

该案诉讼过程中，法院查明《工程造价司法鉴定意见书》中工程造价56,205,516.28元的鉴定意见有误，实际应修正为5,725,758.24元。

上述案件判决生效后，京汉公司向内蒙古高院提起本案诉讼，要求中建二局某公司向京汉公司赔偿因保全错误给京汉公司造成的损失共计1,818,953.18元。

内蒙古高院认定，中建二局某公司不以修正的5,725,758.24元的鉴定意见为依据，而依据第一次错误的工程造价56,205,516.28元作为起诉及申请保全的基础金额提起诉讼，保全行为存在过错。中建二局某公司不服，向最高人民法院提起上诉。

【争议焦点】

中建二局某公司应否向京汉公司承担诉讼保全损害赔偿责任？京汉公司损失金额如何认定？

【裁判要点】

中建二局某公司作为委托了专业律师，应当知道合同约定固定价结算的法律后果，其在明知第一份鉴定报告超范围鉴定已被第二份鉴定报告修正、其在诉讼中明确认可京汉公司已付款27,160,994.94元的情况下，对可能获得法院支持的工程欠款数额应有明确预见，但其仍坚持以第一份鉴定报告为依据申请保全京汉公司2700万元的财产，一审判决认定中建二局某公司的申请保全行为构成《民事诉讼法》第105条①规定的申请错误，并无不当。

关于京汉公司损失金额的认定问题。一审判决认为："京汉公司被冻结的存款虽然有存款利息，但不能弥补超额冻结给京汉公司造成的损失，综合考虑超额保全过错、存贷款利率的利差，由中建二局某公司赔偿京汉公司以冻结现金3,978,481.52元及19,498,939.73元为基数，从2017年6月6日至2019年6月4日，按照同期中国人民银行的存贷款利差计算损失为宜。"中

① 现为《民事诉讼法》第108条。

建二局某公司上诉主张称，该公司申请查封的是京汉公司的房产，京汉公司以银行存款替换查封的部分房产，由此造成的损失不应由中建二局某公司承担。对此法院认为，京汉公司以等值的银行存款替换被查封的部分房产，是为了及时止损，不影响诉讼财产保全目的的实现，符合法律规定，被冻结的银行存款因无法使用不能获得收益而产生损失，该损失系因中建二局某公司的错误申请保全行为所致，应由中建二局某公司依法承担损失赔偿责任。一审法院以冻结现金 3, 978, 481. 52 元及 19, 498, 939. 73 元为基数，按照中国人民银行的存贷款利率差，分时间段计算确定京汉公司的损失为 864, 261. 52 元，符合本案客观情况，并无不当。

【相关法律规定】

《民事诉讼法》

第一百零八条 申请有错误的，申请人应当赔偿被申请人因保全所遭受的损失。

《民法典》

第一千一百六十五条 行为人因过错侵害他人民事权益造成损害的，应当承担侵权责任。

依照法律规定推定行为人有过错，其不能证明自己没有过错的，应当承担侵权责任。

【应诉策略】

第一，申请人错误申请保全导致被保全人银行账户被冻结，造成被保全人资金无法正常周转使用的损害，申请人应当赔偿按同期银行间同业拆借利率计算的利息损失。计算标准为：2019 年 8 月 19 日（含）之前，按照中国人民银行公布的同期银行贷款基准利率 4. 75% 计算；2019 年 8 月 20 日（含）之后，按照全国银行间同业拆借中心发布的同期贷款市场报价利率计算。但是，冻结资金在银行账户中还存在存款利息，因此在计算损失时还应扣除这部分利息，即原则上，被保全人损失 = 被冻结款项金额 ×（贷款利息 - 活期存款利息）×保全时间。时间从账户被冻结之日起到解除保全之日止。

第二，因保全措施造成被冻结资金无法使用，造成被保全人资金无法正常周转使用的损害，该损害后果可按同期银行间同业拆借利率计算的利息确定。

第三，因错误财产保全导致被保全人应领取的执行案款、债权等款项无法按时实现，被保全人的损失按该笔款项实际被保全期间的利息，即全国银行间同业拆借中心公布的一年期贷款市场报价利率计算（见类案裁判观点分析案例二至案例五）。

【类案裁判观点分析】

案例一：因保全措施造成被冻结资金无法使用，被保全人所受损失可按同期银行间同业拆借利率计算的利息与存款利率之差计算——陕西高院(2021)陕民终1006号

关于延长地产公司损失，因保全措施造成被冻结资金无法使用，给延长地产公司造成资金无法正常周转使用的损害，该损害后果可按同期银行间同业拆借利率计算的利息确定，但冻结资金在银行账户中还存在存款利息，故损失应为前述利率与存款利率差所计算的利息。对于利息的起算时间，因另案一审判决上诉期限届满日之后方可认定程某存在过错，故应以该日期次日起即2019年9月13日起算。对于利息的截止时间，因《民事诉讼法》第105条[①]规范的对象是诉前保全和诉中保全，不包含执行中的保全。另案二审判决向延长地产公司送达后，其即应在判决限定期限内向程某支付判决确定的款项，但延长地产公司未主动履行判决确定的义务，导致查封时间的延长和执行程序的启动，故二审判决指定履行期限届满日之后产生的损失，是延长地产公司未主动履行判决确定的义务所导致的扩大损失，应由其自行承担。另案二审判决2019年12月27日送达延长地产公司并限其于10日内履行判决义务，故本案利息损失计算的截止日期应为2020年1月7日。对于利息计算基数，程某未及时解封的资金范围应为另案一审判决确定的数额与被冻结资金900万元之间的差额，至于二审判决的最终结果，程某事先不能预

① 现为《民事诉讼法》第108条。

测，故不能以二审判决结果认定程某的过错范围。依据另案一审判决内容，经核算延长地产公司应支付程某工程款及利息、案件受理费、保全费、鉴定费共计4,390,802.34元，故本案利息损失的计算基数应为4,609,197.66元（9,000,000元－4,390,802.34元）。

案例二：申请人错误申请保全冻结了被保全人的债权，损失为冻结债权在此期间的利息损失，参照全国银行间同业拆借中心公布的贷款市场报价利率计算——湖南高院（2020）湘民终1248号

肖某的错误保全行为冻结了龙峰公司的两处债权，致使龙峰公司不能支取相应的款项而产生资金占用损失，该损失的发生与肖某申请保全的行为有直接的因果关系。一审法院参照全国银行间同业拆借中心公布的贷款市场报价利率，酌情确认上述冻结债权在此期间的利息损失按年利率4.35%计算并无不妥，本院依法予以维持。龙峰公司称因肖某申请保全导致其造成巨大的财务成本损失，但未提交足够的证据证实其损失的金额，亦未证实其所称的巨大损失与肖某的保全申请有足够的因果关系，故对其就此提出的上诉请求不予支持。

案例三：错误申请诉讼保全而冻结执行款项，被保全人损失按执行款项实际被保全时全国银行间同业拆借中心公布的一年期贷款市场报价利率计算——承德中院（2021）冀08民终3976号

华邦公司申请保全河北平泉法院（2018）冀0823民初1606号民事判决书中判决的由魏某民给付余某博的股权转让款及利息，总额为340万元，但实际冻结金额为2,921,999.58元。损失应以2,921,999.58元为基数计算2020年3月12日至2021年8月4日的利息，利息计算标准按余某博应得的执行款项实际被保全时即2020年3月12日全国银行间同业拆借中心已公布的一年期贷款市场报价利率即4.05%计算，利息损失为166,006.00元。

案例四：错误申请保全导致执行款项被冻结，由此产生的直接损害，应认定为被冻结资金在被冻结期间的银行同期贷款利息损失——郑州中院（2020）豫01民终17811号

关于赔偿数额问题，因凯特公司申请冻结宇硕公司的款项，造成宇硕公司无法按时领取执行款项，给宇硕公司造成的损失应自执行款项到位之日至权利侵害消除之日即查封解除之日，对于冻结执行款项产生的直接损害，应认定为被冻结资金在被冻结期间的银行同期贷款利息损失。根据宇硕公司提交的河南省行政事业单位资金往来结算票据及其一审提交的诉讼请求金额计算明细，即：（1）以300万元为基数，自2019年5月13日至2019年8月19日，按中国人民银行同期贷款基准利率计算利息，计35,525元；自2019年8月20日至2020年7月23日，按全国银行间同业拆借中心公布的贷款市场报价利率计算利息，计113,166.66元。（2）以94万元为基数，自2019年9月30日至2020年7月23日，按全国银行间同业拆借中心公布的贷款市场报价利率计算利息，计31,033.05元。（3）以5.36万元为基数，自2019年12月13日至2020年7月23日，按全国银行间同业拆借中心公布的贷款市场报价利率计算利息，计1314.76元。上述款项共计181,039.47元。

案例五：申请人申请诉前保全致使被保全人应领取的债权无法按时实现，应赔偿该笔款项被法院冻结期间的利息损失——梧州中院（2021）桂04民终850号

恒辉公司在本案申请诉前财产保全，导致了严某海依照（2018）桂04民终207号民事判决所享有的债权3,219,417元被法院冻结无法按时领取，产生了利息损失。恒辉公司以申请诉前保全的方式致使严某海应领取的债权无法按时实现，该行为实际上是迟延履行生效判决，故恒辉公司应赔偿3,219,417元被法院冻结期间的利息损失给严某海。上诉人严某海请求以年利率4.75%计算利息损失不违反法律的规定，本院予以支持。广西藤县法院于2019年1月16日冻结3,219,417元，直至2020年3月16日，严某海才领取余款106,886.81元，其间利息计算如下：（1）自2019年1月17日至2020年1月21日的利息为155,017.13元（3,219,417元×4.75%÷365日×370日=155,017.13元）；（2）自2020年1月22日至2020年2月3日的利息为3633.77元［（3,219,417元－892,530.19元）×4.75%÷365日×12日=3633.77元］；（3）自2020年2月4日至2020年3月16日的利息为584.22元［（3,219,417元－892,530.19元－2,220,000元）×4.75%÷365日×42

日 =584.22 元]。以上合计 159,235.12 元（155,017.13 元 +3633.77 元 +584.22 元 =159,235.12 元）。至于上诉人严某海因逾期未履行生效判决而产生的违约金 238,106.32 元属于其另案应承担的债务，与被上诉人恒辉公司申请诉前财产保全没有直接的因果关系，故上诉人严某海诉讼请求被上诉人恒辉公司赔偿 238,106.32 元违约金理据不足，本院不予采纳。

010. 因保全错误而对外贷款，损失如何计算

◇ **问题** 被保全人因错误诉前财产保全而对外贷款，损失如何计算

◇ **来源** 重庆高院（2020）渝民终 223 号

◇ **结论** 被保全人因银行存款被查封而对外融资，其损失应为贷款利息与冻结款项的活期存款利息之间的差额。按照中国人民银行同期贷款基准利率计算贷款利息不能弥补其损失的，则活期存款利息不应予以扣除

【基本案情】

2018 年 6 月 21 日，因天奇公司申请诉前财产保全，法院裁定查封丰沛公司名下房屋 40 套、冻结丰沛公司银行存款 31,939,588.81 元，查封期限为 2018 年 6 月 26 日至 2021 年 6 月 25 日。

2018 年 7 月 11 日，天奇公司向法院提起诉讼，请求判令丰沛公司向天奇公司偿还 8000 万元，诉讼费由丰沛公司承担。该案经审理，法院最终判决驳回天奇公司全部诉讼请求。

丰沛公司遂向法院提起本案诉讼，请求判令天奇公司赔偿丰沛公司因保全错误所致经济损失共计 9,006,118.04 元。

庭审中，丰沛公司举示了在其公司存款被冻结期间丰沛公司向案外人彭某某借款 2800 余万元的相关借款合同和利息支付凭据。

【争议焦点】

天奇公司的诉前保全申请是否有错误？损失如何认定？

【裁判要点】

丰沛公司存在银行存款被冻结的损失。2018 年 6 月 26 日至 2019 年 4 月 26 日，因天奇公司的申请导致丰沛公司的银行存款被法院冻结 31,939,588.81 元。在此期间，丰沛公司举示了证据证明其因公司经营需要向其他案外人借款 2800 万元，并支付了相应的利息，举证证明其尚欠承包人重庆灯塔建筑工程有限公司工程款 9000 余万元及利息 1500 余万元未支付。上述事实说明丰沛公司在此期间存在资金需求，并与融资方进行了实质性的交易，产生了实际的资金损失，且该损失远高于同期的银行贷款利率标准。虽然丰沛公司在其银行存款被查封期间亦获得了少量的活期存款利息即法定孳息，但对于其获得的存款利息是否必须扣除要结合其实际损失进行综合认定，不应一概而论。本案中，在丰沛公司已经举示相应证据证明其存在较大损失，而相应的中国人民银行同期贷款基准利率贷款利率并不能弥补其损失的前提下，不应扣除为宜。且从近年国家相关部门对房地产行业的管控力度及其行业市场交易习惯上来说，房地产公司的融资难度较大，融资成本较高，远高于中国人民银行同期贷款基准利率。一审法院综合本案实际情况，按照中国人民银行同期贷款基准利率的标准确定丰沛公司的损失并不违反相关法律规定，二审法院对此予以维持。

【相关法律规定】

《民事诉讼法》

第一百零八条　申请有错误的，申请人应当赔偿被申请人因保全所遭受的损失。

《民法典》

第一千一百六十五条　行为人因过错侵害他人民事权益造成损害的，应当承担侵权责任。

依照法律规定推定行为人有过错，其不能证明自己没有过错的，应当承担侵权责任。

《最高人民法院关于审理民间借贷案件适用法律若干问题的规定》

第二十八条 借贷双方对逾期利率有约定的，从其约定，但是以不超过合同成立时一年期贷款市场报价利率四倍为限。

未约定逾期利率或者约定不明的，人民法院可以区分不同情况处理：

（一）既未约定借期内利率，也未约定逾期利率，出借人主张借款人自逾期还款之日起参照当时一年期贷款市场报价利率标准计算的利息承担逾期还款违约责任的，人民法院应予支持；

（二）约定了借期内利率但是未约定逾期利率，出借人主张借款人自逾期还款之日起按照借期内利率支付资金占用期间利息的，人民法院应予支持。

【应诉策略】

1. 被保全人应举证证明“错误财产保全”与“对外借款导致利息损失”之间具有因果关系

实践中，申请人错误申请保全导致被保全人银行账户被冻结，被保全人因此对外借款的情况时有发生。此时，被保全人往往会起诉要求申请人赔偿利息损失。但是，“错误财产保全”并不一定会导致“资金周转困难”，所以法院在裁判时会更为谨慎，只有被保全人有证据证明两者之间存在必然因果关系，法院才会支持被保全人的赔偿请求（见类案裁判观点分析案例三）。

常见的能够证明因果关系的证据包括：

第一，用于证明对外借款事实的证据：借款合同、银行转账凭证、利息支付凭证等。

第二，用于证明对外借款的必要性的证据：银行账户余额、银行账户流水、对外负债的相关证据、其他能够证明借款用途的证据。

2. 被保全人因错误诉前财产保全而对外贷款，其损失原则上应为贷款利息与冻结款项的活期存款利息之间的差额；损失较大时，不扣除活期存款利息

被保全人因银行账户被采取保全措施而对外融资借款，其所受损应为对

外借款所致利息。但是，鉴于银行存款在查封期间也会产生活期存款利息，这部分可以抵扣一定损失，据此可得出一个公式：被保全人的损失 = 贷款利息 - 冻结款项查封期间的活期存款利息（见类案裁判观点分析案例一）。

但是，实践中是否需要扣除被冻结期间的活期存款利息，要依据个案的具体情况判断。在本文主文引用的案例中，重庆高院就认为，在被保全人已经举证证明其存在较大损失，而相应的中国人民银行同期贷款基准利率贷款利率并不能弥补其损失的前提下，才计算损失时不再扣除活期存款利息。

3. 关于贷款利息如何计算的问题

关于贷款利息如何计算的问题，实务中的计算标准分为以下两种：

第一，2019 年 8 月 19 日（含）之前，按照中国人民银行公布的同期银行贷款基准利率 4.75% 计算。

第二，2019 年 8 月 20 日（含）之后，按照全国银行间同业拆借中心发布的同期贷款市场报价利率计算（见类案裁判观点分析案例五）。

4. 并非所有贷款利息都会被支持

还需要注意，不是所有贷款利息都会被支持。《最高人民法院关于审理民间借贷案件适用法律若干问题的规定》第 28 条第 1 款规定，逾期利率不得超过合同成立时一年期贷款市场报价利率的 4 倍。据此，民间借贷利息的上限为合同成立时一年期贷款市场报价利率 4 倍，被保全人超过这个范围主张利息损失法院将不予支持（见类案裁判观点分析案例四）。

【类案裁判观点分析】

案例一：被保全人因保全错误而对外贷款，其损失可按照中国人民银行公布的同期贷款基准利率与活期存款利息之间的差额计算——南通中院（2020）苏 06 民终 1103 号

柯惠公司对普天公司财产申请诉讼保全，其主观上未尽到一般审慎的注意义务，存在过错。一审法院根据柯惠公司的申请作出财产保全行为，冻结普天公司账户存款 1,479,000 元，客观上造成普天公司流动资金减少的事实。普天公司虽未提供具体的融资成本数据，但作为企业，其如果流动资金减少，必然影响其日常经营活动，存在一定的损害后果。关于普天公司的实际损失数额，鉴于法院采取保全措施时仅是冻结了相应的银行存款，并未进行扣划，相应的银行存款仍会产生活期存款利息的孳息，所以普天公司的实际损失应为其融资成本与活期存款利息之间的差额，在普天公司并未提供证据证明其实际融资成本的情况下，一审法院酌情按照中国人民银行公布的同期贷款基准利率与活期存款利息之间的差额计算其损失数额为34,908.27元（普天公司在中国农业银行被冻结存款的融资成本为674.58元，活期利息为54.28元，差额为620.3元；普天公司在中国建设银行被冻结存款的融资成本为37,319.44元，活期利息为3031.47元，差额为34,287.97元），并无不当。

案例二：被保全人的银行账户因申请保全错误被冻结，损失数额以实际被冻结存款金额为本金按照中国人民银行同期同类贷款利率计算——重庆高院（2019）渝民申2788号

关于成高置业公司遭受损失的认定问题。四川化建公司变更诉讼请求之日起至重庆一中院解除冻结存款之日止，即2017年12月22日至2018年7月31日，成高置业公司的银行账户因四川化建公司申请保全错误被冻结故而无法使用，客观上必然导致成高置业公司融资成本增加，二审判决酌定以成高置业公司实际被冻结存款金额为本金，按照中国人民银行同期同类贷款利率计算其遭受损失的数额，并无不当。

案例三：申请人未提供证据证明其借贷事实的发生与被保全人申请保全之间具有必然因果关系，故申请人在财产保全期间发生的借贷事实，不能必然归责于被保全人的申请财产保全行为——山东高院（2022）鲁民申1214号

申请人主张其财产被保全期间存在大量的民间借贷行为，这些民间借贷行为主要是因其财产被保全所致，因而被保全人应当赔偿申请人因借贷产生的利息损失。本院对此认为，申请人及其所控股的劳务分包企业所从事的是建筑劳务施工，在建筑劳务施工业务中借贷和融资均是正常的市场经营活动，即使没有被保全人的财产保全行为，申请人的对外借贷行为也可能发生，且申请人在再审申请书中也未提供证据证明其借贷事实的发生与被保全人申请保全之间具有必然因果关系，故申请人在被保全人申请财产保全期间发生的借贷事实，不能必然归责于被保全人的申请财产保全行为，申请人所述的民间借贷及利息损失不能据此认定为被保全人申请保全错误造成的损失。

案例四：申请人主张赔偿的利率超过合同成立时一年期贷款市场报价利率4倍的，对其超出部分，法院不予支持——广东始兴法院（2020）粤0222民初1583号

本院予以认定原告因被告熊某连错误财产保全导致为维持公司正常经营而对外产生的合理借款本金为289,000元。虽原告在其与出借人借贷时约定利息按年利率24%计付，但双方在借贷时，一年期市场报价利率为3.85%，参照《最高人民法院关于审理民间借贷案件适用法律若干问题的规定》对民间借贷利息上限保护的规定，双方约定的利率超过合同成立时一年期贷款市场报价利率4倍的，对其超出部分，本院依法不予支持。因此，从款项实际到账之日起至解除冻结之日止，借款本金129,000元、40,000元和120,000元的借贷周期分别为111日、18日和28日，其合理的利息损失为7762.86元（129,000元×3.85%×4÷365日×111日+40,000元×3.85%×4÷365日×18日+120,000元×3.85%×4÷365日×28日），对原告诉讼请求超出部分的利息损失，法院不予支持。

案例五：银行账户因错误申请保全而冻结，被保全人因此对外融资，申请人应当赔偿利息损失，计算标准为：2019年8月19日（含）之前，按照中国人民银行公布的同期银行贷款基准利率4.75%计算；2019年8月20日（含）之后，按照全国银行间同业拆借中心发布的同期贷款市场报价利率计算——西安中院（2021）陕01民终375号

由于白某宏申请诉讼保全的行为造成了广通公司银行存款被冻结，被冻结的银行存款无法使用的损失，白某宏应对给广通公司、广通陕西公司造成的损失承担赔偿责任。本案中，一审法院结合广通公司、广通陕西公司提交的其与案外人之间的借款协议及银行交易明细、旬阳小工程资金需求较大、银行存款被冻结后广通公司及广通陕西公司确实存在资金无法使用，对外融资的资金成本等实际情况，酌定白某宏按照中国人民银行公布的同期银行贷款基准利率4.75%和全国银行间同业拆借中心发布的同期贷款市场报价利率

(2019 年 8 月 20 日 1 年期贷款市场报价利率 4.25%，2019 年 9 月 20 日 4.20%，2019 年 10 月 21 日 4.20%，2019 年 11 月 20 日 4.15%，2019 年 12 月 20 日 4.15%，2020 年 1 月 20 日 4.15%）赔偿利息损失于法不悖。利息以 2,581,760.42 元为基数，自 2018 年 6 月 27 日至 2019 年 8 月 19 日按照中国人民银行公布的同期银行贷款基准利率 4.75% 计算，计得 142,391.26 元；自 2019 年 8 月 20 日至 2020 年 2 月 10 日按照全国银行间同业拆借中心发布的同期贷款市场报价利率计算，计得 51,620.86 元。

011. 房产因保全错误被查封，迟延销售损失如何计算

◇ **问题** 开发商名下商品房因保全错误被查封，房产迟延销售损失如何计算

◇ **来源** 最高人民法院（2021）最高法民终 587 号

◇ **结论** 房产迟延销售的损失，以查封房屋的总价值的 10% 回款为基数，按中国人民银行同期贷款基准利率计算

【基本案情】

2017 年至 2018 年，杨某波、姜某因与大华公司、嘉德公司合同纠纷，先后三次向法院申请财产保全，查封了大华公司、嘉德公司的案涉项目房产。

该案经最高人民法院二审，认定杨某波、姜某主张大华公司未支付 2500 万元款项构成违约并据此主张解除协议，缺乏合同和法律依据。2019 年 2 月 15 日，最高人民法院判决驳回上诉，维持原判。该判决已经发生法律效力。

大华公司、嘉德公司认为杨某波、姜某利用保全恶意查封嘉德公司房屋，其错误查封行为给嘉德公司造成因销售资金不能及时回笼的利息损失，应当承担赔偿责任，遂提起本案诉讼。

经查，案涉项目于 2014 年 12 月 2 日取得商品房预售许可证，价值约 1.6 亿元。

【争议焦点】

杨某波、姜某是否存在申请保全错误？如何认定大华公司、嘉德公司损失金额？

【裁判要点】

杨某波、姜某在诉前已申请冻结李某阳持有的嘉德公司100%股权。由于嘉德公司的股权价值与其公司资产包括项目价值相关联，即使判决合同解除亦能够保障判决的履行。另外，（2018）豫民初19号案件于2018年5月17日开庭。庭审中，大华公司提交了代杨某波、姜某偿还原嘉德公司债务8000余万元的证据，双方合同解除时亦存在杨某波、姜某返还已收取款项和对方代偿的贷款的情况，但杨某波、姜某仍于2018年5月24日申请冻结嘉德公司8000万元的存款或查封等价值财产。且杨某波、姜某有2000余万元贷款用交付大华公司、李某阳的房产进行了抵押，其应知晓案涉合同不具有法定和约定的解除条件，其主张过户案涉房屋缺乏合理性，对于诉讼请求得不到法院支持应是明知的。一审法院认定，保全人的行为与大华公司、嘉德公司因此所产生的损失有因果关系，其应承担过错赔偿责任，并无不当。

本案中，杨某波、姜某在诉讼中不断增加诉讼请求及查封限额，在项目开盘第二天即查封了10号、11号、14号楼价值8000万元的房产，后又申请查封3号、6号、12号楼价值8000万元的房产，影响了案涉项目楼盘的正常销售。太平洋保险公司上诉主张，房价上涨的利润大于房款未能及时回笼的利息损失，因房价持续上涨，房产迟延销售对嘉德公司没有造成损失，但其并未提供证据予以证明。虽然杨某波、姜某对申请查封行为存在过错，但其提起诉讼存在一定的事实依据，且房地产的价格波动及销售进度受政策、市场等各方面影响较大，不动产的变现本身存在一定市场风险及销售周期。综合上述因素，一审法院以查封面积销售总额（63,434.75平方米×3900元/平方米）的10%回款为基数，并按同期银行贷款利率计算一年利息损失的处理方式，酌定杨某波、姜某赔偿大华公司、嘉德公司被查封房产销售利息损失150万元，并无明显不当。

【相关法律规定】

《民事诉讼法》

第一百零八条 申请有错误的，申请人应当赔偿被申请人因保全所遭受的损失。

《民法典》

第一千一百六十五条 行为人因过错侵害他人民事权益造成损害的，应当承担侵权责任。

依照法律规定推定行为人有过错，其不能证明自己没有过错的，应当承担侵权责任。

《最高人民法院关于人民法院办理财产保全案件若干问题的规定》

第二十条 财产保全期间，被保全人请求对被保全财产自行处分，人民法院经审查，认为不损害申请保全人和其他执行债权人合法权益的，可以准许，但应当监督被保全人按照合理价格在指定期限内处分，并控制相应价款。

被保全人请求对作为争议标的的被保全财产自行处分的，须经申请保全人同意。

人民法院准许被保全人自行处分被保全财产的，应当通知申请保全人；申请保全人不同意的，可以依照民事诉讼法第二百二十五条①规定提出异议。

【应诉策略】

1. 商品房因错误查封导致迟延销售，损失以预估回款数额为基数，按照查封时同期银行贷款利率计算

商品房因错误查封导致迟延销售，被保全人要求保全申请人赔偿损失的，一般情况下，损失数额以被查封房产总价值作为基数，预估回款数额，并按照查封时同期银行贷款利率计算一年利息损失。

房产总价值有多种计算方式，可以专业评估机构（一般是法院委托的有资质的机构）的评估报告为准，也可以开发商向行政主管部门上报的备案价

① 现为《民事诉讼法》第232条。

为准计算总价值，或者参照同项目房产的实际销售情况计算平均销售价格。

至于回款数额的预估，则需要根据具体个案的不同情况由法院自由裁量。其中，案涉房产项目是否已经办理商品房预售许可证，是一个比较重要的考量要素。在本文主文的案例中，案涉项目早在查封之前已经办理了预售许可证。因此，法院最终酌定以房产总价值的10%为基数计算回款金额。而在类案裁判观点分析版块中，因案涉房产仅是具备了办理商品房预售许可证的条件，考虑到办理商品房预售许可证尚需时间，法院最终以房产总价值的5%为基数计算回款金额（见类案裁判观点分析案例二）。

2. 被保全人主张因错误查封导致迟延销售损失的，应举证证明迟延销售与错误保全行为之间存在必然因果关系

需要提醒被保全人注意的是，主张因房屋被查封导致损失，应提供证据证明被保全人申请查封时案涉房屋已经具备出售条件及出售意愿，如已经办理商品房预售许可证、向行政主管部门报送备案价等。如被查封房屋不符合上述条件，则不能认定房屋无法出售或未在价格高点售出与申请保全之间存在因果关系，被保全人不能据此获得赔偿（见类案裁判观点分析案例三、案例四）。

当然，如果被查封房产在保全之前已经签订购房合同，只是因错误保全行为导致购房户退房，这种情况下因果关系非常明显，被保全人因此支付的违约金及房屋在解封后重新销售的差价损失，均应由申请人承担（见类案裁判观点分析案例五）。

3. 房屋被采取保全措施时，被保全人仍然可通过合法途径予以处分

《最高人民法院关于人民法院办理财产保全案件若干问题的规定》第20条第1款规定："财产保全期间，被保全人请求对被保全财产自行处分，人民法院经审查，认为不损害申请保全人和其他执行债权人合法权益的，可以准许，但应当监督被保全人按照合理价格在指定期限内处分，并控制相应价款。"据此，财产保全期间，被保全人如欲对被保全财产进行处分，具有合法的救济途径。因此，对于被保全人来说，在房产被采取保全措施期间，仍应积极采取措施对房产进行处分。如果被保全人怠于行使权利放任损失扩大，由此产生的房产滞销、贬值损失，由被保全人自负（见类案裁判观点分析案例六）。

【类案裁判观点分析】

案例一：房产公司商品房被查封，损失以查封房屋的总价值（参照备案价计算）为基数，按当时中国人民银行同期贷款基准利率计算——重庆高院（2020）渝民终223号

丰沛公司主张的其房产被查封的损失。房地产开发企业的成立是为了开发商品房，向社会进行公开销售并以此获取开发利润。本案中，丰沛公司的案涉40套待售房产被天奇公司申请查封，该40套房屋已经由丰沛公司向时的重庆市有关部门申请办理了商品房预售许可证，同时报送了《重庆市商品住房预（销）售明码标价牌（表）》，充分表明丰沛公司具有对上述房屋进行销售的意愿，但由于上述房屋被天奇公司申请查封导致其销售不能，使其与上述房屋价值相当的资金不能及时回笼，增加了丰沛公司的资金、管理等成本，丰沛公司理应存在相应损失。而丰沛公司向有关部门报送的《重庆市商品住房预（销）售明码标价牌（表）》即备案价系政府管控房屋价格的手段，其实际销售价格应与该价格基本吻合，一审法院参照该价格计算上述被查封房屋的总价值，并以此为基数按当时中国人民银行同期贷款基准利率计算丰沛公司的损失并无不当，本院予以维持。至于人保渝中支公司上诉认为其查封期间其他同地段房屋价格存在上涨，丰沛公司不存在损失的问题，因丰沛公司主张的系该40套房屋被查封不能及时销售、不能及时回笼相应价值的资金产生的资金占用等损失，且举示了具有出售上述房屋意愿的相关证据，故同期同地段的房屋价格上涨或下跌并不影响本案的认定，人保渝中支公司的意见本院不予采信。

案例二：案涉房产在申请人申请查封时已符合办理商品房预售许可证的条件，申请人对错误申请保全造成的损失应予赔偿，损失数额以房产评估价值的5%为基数，参照《最高人民法院关于审理民间借贷案件适用法律若干问题的规定》第29条第2款的规定，按照年利率6%[①]酌定计算——广东高院（2018）粤民终1714号

关于迟延销售对应的房款利息损失的具体数额，阳宝公司主张以豪景宛

---

① 现为《最高人民法院关于审理民间借贷案件适用法律若干问题的规定》第28条第2款，目前的规定为“当时一年期贷款市场报价利率标准”。

2号楼评估价的100%，即13,824.97万元为基数，按照同期同类银行贷款利率在2013年8月12日至2015年10月29日计算利息损失为10,123,985.88元。因阳江市兴华土地房地产评估有限公司系有评估资质的公司，唐某某及中盈公司没有相反证据足以推翻其作出的《房地产估价报告》，因此本院认可所评估的豪景宛2号楼的市场价值为13,824.97万元。但是，豪景宛2号楼于2013年9月前基本完成建设，没有证据表明该商品楼能够立即获得商品房预售许可证，实际上办理商品房预售许可证需要一定的时间。而且，阳宝公司主张此项损失隐含的前提是如果没有唐某某的保全行为，阳宝公司能将豪景宛2号楼房产全部销售变现。然而，房地产市场存在一定波动性，房地产销售会因为政策、市场、原材料、劳动力等各种因素而面临一定风险，即使没有唐某某的保全行为，阳宝公司也不可能在短时间内将豪景宛2号楼全部销售变现。并且，阳宝公司在唐某某最初查封豪景宛地块二、四、五、七时没有采用其他方式置换担保，而是自行选择用地块一和2号楼置换，也对扩大的损失负有一定责任。本院遂根据公平原则，综合考虑当事人过错、查封的时间、利益受损大小等因素后，酌定以豪景宛2号楼评估价值的5%为基数，参照《最高人民法院关于审理民间借贷案件适用法律若干问题的规定》第29条第2款的规定，按照年利率6%酌算18个月的利息损失为622,123.65元（13,824.97万元×5%×6%×1.5=622,123.65元）。中盈公司虽辩称近年来楼价不断上涨，阳宝公司不但没有损失反而获利，因此不应赔偿。但是，其并未提供证据证明5%的房屋在查封结束时的市场价值与在查封开始时的评估价值之差（房价升值部分）大于或等于阳宝公司5%的房屋在查封开始时的预售价值在保全错误期间的利息损失，且房价上涨的因素在本院酌定损失时已有考虑，故对中盈公司的抗辩理由不予采纳。

案例三：被保全人没有证据证明保全行为是导致房屋无法出售的唯一原因，则申请人不应承担赔偿责任——最高人民法院（2019）最高法民再252号

本院认为，案涉房屋在保全期间仅被限制了相关的处分权利。保全期间，俊发公司并未申请变更保全方式或者以提供担保的方式申请解除保全措施。俊发公司虽然主张案涉房屋存在未能销售的损失，但其未能证明被保全房屋开始销售的时间以及因保全导致房屋无法销售或延迟销售的具体情形。本案没有证据可以证明被保全的房屋在被保全的时间段内必然可以完成销售，也没有证据可以证明保全行为是导致房屋无法出售结果的唯一原因。在没有证据可以证明在被保全的时间段内可以完全售出并回笼资金的前提下，俊发公司以被保全的房屋完全可以售出为前提主张损失缺乏事实依据。

案例四：被保全人不能证明房价损失与错误保全行为之间存在因果关系的，不能主张申请人赔偿查封期间内的房屋涨价损失——北京高院（2022）京民申3197号

本案双方争议的焦点在于一建公司的保全申请是否给丰业公司造成了损失。在此前建设工程合同纠纷案件一审审理过程中，依一建公司的保全申请，一审法院查封了丰业公司名下的北京市丰台区益辰欣园1号楼1单元102号等17套房屋，查封的起始日为2015年9月16日；2016年1月7日，因其他纠纷，北京丰台法院轮候查封了丰业公司名下包括上述17套房屋在内的财产，且及至一审法院2017年11月20日解封之日，上述17套房屋仍处于被北京丰台法院查封的状态。一审、二审法院据此认为即便确如丰业公司所称，“被查封的房产无法在2017年4月房价最高点出售，导致房价损失及资金收益损失”，该房价损失和资金占用费等也不应认定是由一建公司申请财产保全行为造成的，故对丰业公司的主张未予支持，认定事实清楚，适用法律正确，判决结果并无不当。

案例五：保全错误房产致使购房户退房，应赔偿违约金及房屋差价损失——陕西高院（2021）陕民终26号

关于原审对瑞华公司主张因保全所造成的损失的认定是否正确的问题。首先，关于违约金损失。在查封的13套房产中，有4套已销售的房屋因财产保全而造成购房户退房，瑞华公司支付购房户违约金10.8万元，该部分损失三通公司应当承担。其次，关于房屋差价损失。在房屋解封后，受市场房屋价格跌落、瑞华公司商业信誉受损等因素的影响，瑞华公司所销售的房屋均低于查封前及查封期间的销售价格。其中，上述4套房屋与之前已销售的价格之间的差价损失为317,796.9元，其余7套房屋的销售差价损失为443,665.4元。最后，关于利息损失。瑞华公司主张利息的计算依据为其11套房产按照其已经销售的价格和其主张的正常销售价格，合计为2,666,749.86元。但是，经审查瑞华公司与购房人所签订的商品房买卖合同，除购房人交纳部分定金外，付款方式为贷款或者分期付款，即上述合同款项并非瑞华公司已经实际取得的款项，其是否能够获得该款项即使在合同能够正常履行的情况下仍然处于不确定的状态，故其主张以应取得以房款2,666,749.86元为基数的利息损失，没有事实依据。原审判决对该部分利息损失的认定不当，应予纠正。综上所述，原告的实际损失应为869,462.3元。

案例六：因被保全人怠于行使权利导致房屋不能正常销售，损失由被保全人自负——最高人民法院（2021）最高法民终503号

关于立通公司主张的损失是否与秦某某保全行为存在因果关系问题。立通公司上诉主张，秦某某应当赔偿其因错误保全行为导致的房屋不能正常销售和流转而产生的贷款利息损失。根据《最高人民法院关于人民法院办理财产保全案件若干问题的规定》第20条第1款的规定，财产保全期间，被保全人如欲对被保全财产进行处分，具有合法的救济途径。且在（2015）吉民一初字第00004号案中，法院曾向立通公司释明允许其销售查封房屋，销售款汇入监管账户，而前案所查封财产是秦某某在（2015）吉民一初字第00004号案件撤诉并对保全财产解封后又重新进行的查封，故可推断两案查封形式应为相同，即该财产保全并不影响商品房对外销售。另外，立通公司所提有关证据，也不足以证明其贷款利息损失与秦某某的诉讼保全行为存在直接关联。故立通公司本案主张的损失与秦某某的错误保全行为之间，难以构成直接因果关系，立通公司要求秦某某赔偿其损失的上诉主张，依法不能成立。

012. 正在运营的机器、车辆因保全错误被扣押，损失如何计算

◇ **问题** 错误申请保全正在运营的车辆，被保全人的损失范围如何认定

◇ **来源** 汉中中院（2021）陕07民终721号

◇ **结论** 错误申请保全正在运营的机器、车辆的，赔偿损失范围应包括停运损失及维修费用

【基本案情】

2015年5月12日，某职业学院与案外人许某某签订《租赁合同》，双方约定将某职业学院所有的320D挖掘机出租给许某某。租赁期限届满后，许某某和租赁的挖掘机下落不明。某职业学院一直未收回挖掘机。后案涉挖掘机由许某某转让给马某，马某又转让给翟某春。

2020年4月15日，某职业学院发现案涉挖掘机由翟某春使用，遂向一审法院申请诉前财产保全，对案涉挖掘机进行扣押。

2020年5月12日，某职业学院向一审法院起诉，要求翟某春及案外人马某返还涉案挖掘机。一审法院经审理，认为翟某春已经善意取得该不动产所有权，遂判决驳回某职业学院的诉讼请求。

翟某春遂向二审法院提起本案诉讼，要求某职业学院赔偿挖掘机停运损失及维修费用。

经查，挖掘机扣押执行过程中，翟某春曾提出挖掘机正在施工，能否采取“活查封”；扣押后翟某春请求提供反担保，对某职业学院的扣押措施予以解除或变更为“活查封”，均遭某职业学院拒绝。由于挖掘机长期扣押停放，导致机器受损，翟某春为此支付维修费7486.55元。

【争议焦点】

某职业学院是否存在保全错误行为？对翟某春主张的停运损失及维修费用应否承担赔偿责任？

【裁判要点】

二审法院认为，判断保全申请人是否存在错误，应当结合具体案情，以申请人是否存在过错为判定标准。财产保全的申请人理应对其申请财产保全的行为尽到合理、谨慎的注意义务，应当权衡可能因申请错误所承担的法律责任，慎重决定是否有必要申请保全以及保全的方式。结合全案案情，某职业学院应当意识到挖机有被翟某春善意取得的可能，并尽量采取对保全财物损害较小的方式进行保全，但某职业学院并未尽到合理注意，其行为存在过错，对翟某春造成的损失应予赔偿。

关于翟某春损失的认定，停运损失方面，依照《民事诉讼法》第65条①及《民事诉讼法司法解释》第102条②之规定，一审法院对翟某春停运损失的鉴定申请予以准许符合法律规定，根据《价格鉴定报告》的意见确定翟某春的停运损失正确，二审法院已予以确认。维修费用问题，翟某春取回挖掘机时已无法启动，翟某春提交的维修票据中备注了机器识别号，且维修项目并无明显不当之处，一审法院对维修费用予以支持符合本案实际，二审法院亦予以确认。

【相关法律规定】

《民事诉讼法》

第一百零八条 申请有错误的，申请人应当赔偿被申请人因保全所遭受的损失。

《民法典》

第一千一百六十五条 行为人因过错侵害他人民事权益造成损害的，应当承担侵权责任。

依照法律规定推定行为人有过错，其不能证明自己没有过错的，应当承担侵权责任。

---

① 现为《民事诉讼法》第68条。

② 该规定在该司法解释2020年修正时未做改动。

【应诉策略】

第一，法院依申请裁定对正在运营的机器、车辆采取保全措施，如果申请保全存在过错，申请人承担赔偿责任的范围包括运营损失、折旧费、维修费等费用。

第二，关于对正在运营的设备等申请保全是否存在过错的判断问题。因被保全物是正在运营的机器、车辆，通常情况下，被保全人会对查封、扣押的保全措施提出异议和复议，要求采取“活查封”等措施或者要求置换保全物以减少损失。这种情况下，如果申请人坚持不同意采取替换措施给被保全人或保全物所有人造成损失，法院会倾向于认定申请保全存在主观过错。

第三，对被保全人来说，如认为法院对车辆、机器采取的保全措施不合理，有损自己的合法权益，应当及时采取提出复议申请、提供反担保、置换保全财产申请等措施来避免损失产生或者进一步扩大，这是被保全人应有的权利。如果被保全人怠于行使权利而放任损失产生或扩大，由此造成的损失不能归责于申请人。

【类案裁判观点分析】

案例一：法院裁定查封期间，案涉车辆交由被保全人看管、使用后，申请人仍继续占有案涉车辆，构成无权占有，由此造成的停运损失，申请人应予赔偿——蚌埠中院（2021）皖03民终93号

本案涉案车辆虽登记在霖源公司名下，但实际所有权人为陈某坤，该事实已经法院生效判决书所确认，该物权的效力及于杨某强扣押该车辆时。杨某强以霖源公司欠款为由，于2016年11月7日将案涉车辆自行扣押，杨某强的行为构成无权占有，其应承担财产损害赔偿责任。杨某强上诉认为其是依法申请财产保全，主观上无过错。虽然依法申请财产保全是杨某强的诉讼权利，但一审法院裁定查封期间案涉车辆交由霖源公司看管、使用后，杨某强应将案涉车辆返还给霖源公司。由于杨某强在一审法院裁定后仍继续占有案涉车辆，构成无权占有。因为一审法院于2018年2月7日裁定扣押案涉车辆，所以杨某强无权占有案涉车辆的期间应该是自其强行占有之日至一审法院裁定扣押案涉车辆之日，故一审法院认定停运损失日期为2016年11月7

日至2018年2月7日并无不当。杨某强认为停运损失期间应从确定案涉车辆实际所有人之日开始计算的上诉理由不能成立，本院不予支持。

关于案涉评估报告能否作为认定损失依据的问题。《最高人民法院关于民事诉讼证据的若干规定》第41条规定："对于一方当事人就专门性问题自行委托有关机构或者人员出具的意见，另一方当事人有证据或者理由足以反驳并申请鉴定的，人民法院应予准许。"本案中，虽然杨某强对案涉评估报告有异议，但其未提供证据或者充足理由反驳，故案涉评估报告可以作为认定损失的依据。

案例二：被保全人认为保全车辆不合理，但未采取任何措施防止损失产生及扩大，因此造成的车辆损失，不能归责于申请人——十堰中院（2019）鄂03民终2697号

本案中，代某华、肖某胜因机动车交通事故赔偿而产生纠纷，肖某胜在收到湖北省谷城县公安局交通警察大队于2016年11月21日出具的谷公交认字［2016］第42944号道路交通事故认定书后，于2016年12月12日向一审法院依法申请对代某华所有的案涉重型自卸货车（肇事车辆）采取财产保全措施。虽然该道路交通事故认定书后被撤销、变更，但不能据此认定肖某胜申请保全存在过错。一审法院（2016）鄂0381财保65号民事裁定在裁定查封扣押涉案车辆时，文书明确告知代某华申请复议的权利和期限，但代某华既未向法院提出申请复议，又未提出置换保全财产的申请，也不采取其他任何具体措施防止车辆损失产生及扩大，代某华怠于行使自己的权利，对因此可能造成的损失，肖某胜不负过错，不应承担赔偿责任。

013. 被保全财产在保全期间贬值，贬值损失应否由申请人承担

◇ **问题**　被保全股票在冻结期间价格下跌，由此产生的损失应否由申请人承担

◇ **来源**　最高人民法院（2022）最高法民终54号

◇ **结论**　被保全人有权选择对被保全财产是否处分，被保全人未请求或者其请求不当而未获法院准许的，被保全财产因市场变化而产生的价值贬损，系被保全人应自行承担的风险

【基本案情】

2015 年 11 月 16 日，案外人徐某玉因借款合同纠纷将张某起诉至上海高院，请求法院判决张某赔偿其股票损失等 3.1 亿余元。在该案审理过程中，徐某玉申请保全张某名下价值 2 亿元的财产，上海高院裁定冻结张某证券账户项下的多只股票。该案法院最终判决张某向徐某玉赔偿股票差价损失 800 万元以及律师费损失 20 万元。

2019 年 1 月 30 日，张某以徐某玉的继承人徐某英、普信公司及中汇公司股东等为被告提起本案诉讼，以徐某玉在前案中错误查封其名下价值 12 亿余元的股票导致其损失为由，诉讼请求判令徐某英赔偿其损失共计 7000 余万元，并要求普信公司等承担连带赔偿责任。上海高院审理后认为，徐某玉在前案中申请财产保全不存在过错，不负有向张某赔偿损失的责任，判决驳回张某的诉讼请求。张某不服一审判决，上诉至最高人民法院。

【争议焦点】

徐某玉申请保全是否存在过错？对于被保全股票价格下跌产生的损失应否承担赔偿责任？

【裁判要点】

虽然一审法院最初冻结了张某名下价值 12 亿余元的 17 只股票，但徐某玉申请财产保全的数额为 2 亿元，无证据证明超标的额保全行为与徐某玉的申请之间具有因果关系。且在张某提出保全异议后，徐某玉也同意一审法院解除了除浔兴股份、诺普信和信质电机以外 14 只股票的冻结。因此，徐某玉对张某因超标的额被冻结股票而产生的损失不应当承担赔偿责任。对于浔兴股份、诺普信和信质电机 3 只股票，虽然张某提交的《证券公司证券交割单》可以证明该 3 只股票在冻结期间价格下跌，其因此产生了损失，但根据《最高人民法院关于人民法院办理财产保全案件若干问题的规定》第 20 条第 1 款“财产保全期间，被保全人请求对被保全财产自行处分，人民法院经审查，认为不损害申请保全人和其他执行债权人合法权益的，可以准许，但应当监督被保全人按照合理价格在指定期限内处分，并控制相应价款”的规定，被保全人有权选择对被保全财产是否处分，被保全人未请求或者其请求不当而未获人民法院准许的，被保全财产因市场变化而产生的价值贬损，系被保全人应自行承担的风险，与申请财产保全行为没有直接的因果关系。张某本可在股票价格处于高位时向法院申请处分上述3只股票，从而避免损失的发生。而张某在二审庭审中，自认在上述3只股票冻结期间未向法院申请处分，故该3只股票价格下跌产生的损失属其自身原因导致，与徐某玉的财产保全行为之间不具有因果关系，徐某玉无须对此承担赔偿责任。

【相关法律规定】

《民事诉讼法》

第一百零八条　申请有错误的，申请人应当赔偿被申请人因保全所遭受的损失。

《民法典》

第一千一百六十五条　行为人因过错侵害他人民事权益造成损害的，应当承担侵权责任。

依照法律规定推定行为人有过错，其不能证明自己没有过错的，应当承担侵权责任。

第一千一百七十三条　被侵权人对同一损害的发生或者扩大有过错的，可以减轻侵权人的责任。

《最高人民法院关于人民法院办理财产保全案件若干问题的规定》

第二十条　财产保全期间，被保全人请求对被保全财产自行处分，人民法院经审查，认为不损害申请保全人和其他执行债权人合法权益的，可以准许，但应当监督被保全人按照合理价格在指定期限内处分，并控制相应价款。

被保全人请求对作为争议标的的被保全财产自行处分的，须经申请保全人同意。

人民法院准许被保全人自行处分被保全财产的，应当通知申请保全人；申请保全人不同意的，可以依照民事诉讼法第二百二十五条①规定提出异议。

---

① 现为《民事诉讼法》第232条。

第二十二条 财产纠纷案件，被保全人或第三人提供充分有效担保请求解除保全，人民法院应当裁定准许。被保全人请求对作为争议标的的财产解除保全的，须经申请保全人同意。

《最高人民法院关于人民法院民事执行中查封、扣押、冻结财产的规定》

第二十八条第一款 有下列情形之一的，人民法院应当作出解除查封、扣押、冻结裁定，并送达申请执行人、被执行人或者案外人：

……

（五）被执行人提供担保且申请执行人同意解除查封、扣押、冻结的；

……

【应诉策略】

第一，申请财产保全错误造成他人损失的行为，实质上是一种侵权行为，只有同时具备申请人存在过错、给被保全人造成了损失、错误保全行为与损失之间存在因果关系这三大要件，申请人才应依法承担赔偿责任。据此，如果被保全人对损失也有过错，则不能认定保全错误系导致损失后果的唯一原因，被保全人不能将损失全部归责于申请人的错误保全行为（见类案裁判观点分析案例一、案例二）。

第二，根据《最高人民法院关于人民法院办理财产保全案件若干问题的规定》第20条第1款的规定，财产保全期间，在不损害申请人和其他执行债权人合法权益的前提下，被保全人经法院准许，可以对被保全财产自行处分，但应按照合理价格在指定期限内处分，且相应价款应由法院控制。据此，即便是在财产保全期间，被保全人也有权选择是否对被保全财产进行处分，这是被保全人的权利。

第三，需要注意的是，根据《最高人民法院关于人民法院办理财产保全案件若干问题的规定》第22条的规定，被保全人还可以通过提供担保的方式来置换保全物。如果被保全人怠于行使上述权利，未及时提出处分财产请求，导致被保全财产因市场变化而产生价值贬损，贬值损失是由于被保全人的过错产生，应由其自行承担（见类案裁判观点分析案例三）。

【类案裁判观点分析】

案例一：判决生效后，被保全人未及时履行给付义务，亦未及时申请解除保全，因此造成的扩大损失数额，应由其自行负担——烟台中院（2021）鲁06民终2785号

关于损失期间。二审判决于2018年8月30日生效，福瑞公司并未及时履行给付义务，也未及时申请解除保全，因此对于此后扩大的损失数额，应由其自行负担。原审法院为其确定了15日合理履行及申请期限，并确定损失期间从2016年12月7日起算，到2018年9月14日结束，共计646天，并无明显不当之处。福瑞公司主张损失期间应计算至账户解封时没有法律依据，本院不予支持。

案例二：被保全人对所诉损失存在过错的，不能要求申请人予以赔偿——中卫中院（2021）宁05民终1169号

本院认为，本案各方争议的主要问题为周某是否应该涉案财产保全行为向宋某承担赔偿责任。财产保全是为了保证生效裁判获得有效执行而设置的一项权利救济制度，周某在其家属发生特大交通事故，造成的损失尚未完全获得赔偿时，有权请求对赔偿义务人的相关财产进行保全，宋某在法院作出扣押裁定后，既未对保全行为申请复议，也未就财产保全行为提供有效担保要求更换保全标的物，亦未及时采取其他措施防止损失扩大，其自身对于所诉损失存在过错，一审法院驳回宋某要求周某就财产保全行为承担赔偿责任的理由符合客观实际，应予维持。因一审法院认为周某无须承担赔偿责任，对于宋某申请的损失鉴定亦无启动必要。一审对此处理得当，应予维持。宋某的上诉理由不能成立，不予支持。

案例三：财产查封、冻结期间，如被保全人需要处分财产，可向人民法院或申请人提出置换查封物的申请。未申请导致失去交易机会、产生经济损失，与申请人无关——长沙中院（2021）湘01民终488号

关于王某武客观上是否因保全行为遭受实际损失。范某娟申请的诉前保全只是对王某武的存款及房产进行转移性限制，并没作出扣划等实体性处理，王某武没有证据证实上述转移性限制给其造成财产损失，也未提交证据证明因范某娟的保全行为导致其失去交易机会以及产生具体的经济损失。最后，在侵权法律关系中，承担侵权责任的条件之一是行为与损害后果之间存在因果关系，否则侵权行为不能成立，行为人对损害后果不承担法律责任。本案中，王某武未能提交证据证明申请保全与其是否对房屋进行处置之间存在因果关系，且如王某武在保全期间对被保全财产采取出售、抵押等处分行为，亦可向法院或范某娟提出置换查封物。

014. 申请人保全错误造成损害，保险公司的责任范围如何界定

◇ **问题** 法院认定申请人错误申请保全应予赔偿，保险公司与和申请人之间的责任范围如何划分，保险公司能否主张与申请人承担连带责任

◇ **来源** 最高人民法院（2020）最高法民终502号

◇ **结论** 申请人错误申请财产保全造成损害，保险公司应直接在保险限额内承担赔偿责任；超出保险责任限额的部分，由申请人承担赔偿责任

【基本案情】

2017年1月23日，中建二局某公司与平安财险签订《财产保全责任保险保单》，载明被保全标的金额总计不超过2700万元。在保险期间内，被保险人中建二局某公司向法院提出诉讼财产保全申请，如因申请错误致使被申请人京汉公司遭受损失的，依法应由被保险人承担损害赔偿责任，保险人根据本条款的规定在赔偿限额内承担赔偿责任。保险期间为2017年1月25日0时至2018年1月24日24时。

2017年5月11日，中建二局某公司因与京汉公司建设工程施工合同纠纷一案申请诉中财产保全，内蒙古高院裁定查封京汉公司所有的8套房产，并冻结京汉公司的银行账户。

2019 年 5 月 13 日，京汉公司向内蒙古高院提起本案诉讼，要求中建二局某公司向京汉公司赔偿因保全错误给京汉公司造成的损失共计 1,818,953.18 元，平安财险与中建二局某公司承担连带赔偿责任。

内蒙古高院认定中建二局某公司保全行为存在过错。但是，平安财险承保期间为一年，只对保险期间内，即 2017 年 6 月 6 日至 2018 年 1 月 24 日的保全损害承担赔偿责任。最终判决：中建二局某公司赔偿京汉公司损失 761,263.05 元；平安财险赔偿京汉公司损失 102,998.47 元。

中建二局某公司及平安财险均不服，向最高人民法院提起上诉。

【争议焦点】

平安财险应否就保全错误承担保险责任？

【裁判要点】

中建二局某公司与平安财险签订的《财产保全责任保险保单》第 5 条载明，保险期间为 2017 年 1 月 25 日 0 时至 2018 年 1 月 24 日 24 时，一审法院据此认定平安财险只对上述保险期间内的保全损害承担赔偿责任。但是，本院二审查明，《财产保全责任保险保单》第 6 条“特约条款”载明：“本保函的有效期为自被保险人向法院提出诉讼财产保全申请之日起至保全损害之债诉讼时效届满时终止。”同时，平安财险出具给中建二局某公司的《诉讼保全责任保险投保单》则仅载明“本保函的有效期为自被保险人向法院提出诉讼财产保全申请之日起至保全损害之债诉讼时效期间届满时终止。无其他特别约定”。对此，最高人民法院认为，《财产保全责任保险保单》《诉讼保全责任保险投保单》均系平安财险制作的格式文本，在投保单中，平安财险并未向投保人披露保险期间，而仅披露了保函有效期，关于保函有效期起止时间的记载也与《财产保全责任保险保单》上的特别约定一致，且其约定符合财产保全责任保险的功能以及中建二局某公司的投保目的，足以使投保人认为保全损害之债在其诉讼时效届满之日内都可以得到保险赔付。本案没有充分证据证明平安财险就《财产保全责任保险保单》上记载的保险期间，向投保人进行了足以引起其注意的提示。因此，依据《合同法》[①] 第 39 条第 1 款[②]“采用格式条款订立合同的，提供格式条款的一方应当遵循公平原则确定当事人之间的权利和义务，并采取合理的方式提请对方注意免除或者限制其责任的条款，按照对方的要求，对该条款予以说明”的规定，以及第 41 条[③]“对格式条款的理解发生争议的，应当按照通常理解予以解释。对格式条款有两种以上解释的，应当作出不利于提供格式条款一方的解释。格式条款和非格式条款不一致的，应当采用非格式条款”的规定，本案应依据《财产保全责任保险保单》《诉讼保全责任保险投保单》上约定一致的保函有效期来确定平安财险的保险责任。

关于平安财险的责任认定问题。京汉公司在法院（2018）最高法民终 244 号民事判决作出之后，提起本案诉讼财产保全损害责任纠纷之诉，系在诉讼时效期间之内，产生保全损害之债诉讼时效中断的效力，京汉公司因中建二局某公司保全错误而产生的损害，均属于保函有效期内发生的损害，且未超过平安财险的保险责任限额，平安财险应对京汉公司 864, 261. 52 元的损失承担赔偿责任。因平安财险应承担的保险赔付责任未超出保险责任限额，京汉公司的损失通过保险赔付可以完全清偿，故中建二局某公司不承担损害赔偿责任。

【相关法律规定】

《最高人民法院关于人民法院办理财产保全案件若干问题的规定》

第七条 保险人以其与申请保全人签订财产保全责任险合同的方式为财产保全提供担保的，应当向人民法院出具担保书。

担保书应当载明，因申请财产保全错误，由保险人赔偿被保全人因保全所遭受的损失等内容，并附相关证据材料。

《民法典》

第一千一百六十八条 二人以上共同实施侵权行为，造成他人损害的，

① 该法现已废止。
② 现为《民法典》第 496 条第 2 款。
③ 现为《民法典》第 498 条。

应当承担连带责任。

《保险法》

第六十五条　保险人对责任保险的被保险人给第三者造成的损害，可以依照法律的规定或者合同的约定，直接向该第三者赔偿保险金。

责任保险的被保险人给第三者造成损害，被保险人对第三者应负的赔偿责任确定的，根据被保险人的请求，保险人应当直接向该第三者赔偿保险金。被保险人怠于请求的，第三者有权就其应获赔偿部分直接向保险人请求赔偿保险金。

责任保险的被保险人给第三者造成损害，被保险人未向该第三者赔偿的，保险人不得向被保险人赔偿保险金。

责任保险是指以被保险人对第三者依法应负的赔偿责任为保险标的的保险。

【应诉策略】

第一，在因申请财产保全损害责任纠纷中，法院认定被保全人因保全错误遭受损失应予赔偿。此时，保险公司作为保险人应如何承担赔偿责任争议较大。司法实践中的主要观点有以下 3 种：

其一，认为应按照《保险法》的有关规定，由保险公司在保险限额内直接先行赔偿，不足的部分再由申请人承担（见类案裁判观点分析案例一）。

其二，认为保险公司出具《保单保函》的性质属于保证担保，在其未载明保证方式的情况下，保险公司与申请人承担连带清偿责任（见类案裁判观点分析案例三）。

其三，认为应当按照保单的约定确定责任类型，保单约定承担连带责任的，从其约定（见类案裁判观点分析案例四）。

我们认为，关于连带责任，我国《民法典》第 1168 条有明确规定，即“二人以上共同实施侵权行为，造成他人损害的，应当承担连带责任”。而在因申请财产保全损害责任纠纷中，侵权行为是错误申请保全，该行为的实施主体是申请人，保险公司作为诉讼担保人并未实际实施过侵权行为，不应据此承担连带责任。但是，基于保险公司与申请人之间存在合法有效的合同关系，如双方在合同中明确约定由保险公司承担连带责任，法院判决一般会从意思自治的原则出发，认定保险公司与申请人承担连带清偿责任。但应当注意：

其一，这里的“连带责任”实际应为“不真正连带责任”，即最后承担责任的主体只有保险公司，如果申请人对被保全人的损失先行赔偿，有权向保险公司追偿；反之，如果保险公司直接向被保全人赔偿，则申请人无须再承担责任。

其二，保险公司承担赔偿责任限于保险合同约定的保险限额，如果法院认定被保全人所受损失未超过保险限额，在当事人无异议的情况下，法院可以直接判决保险公司承担赔偿责任，申请人不承担损害赔偿责任。如果认定损失超过保险限额，则超出部分由申请人独自承担。

第二，如果双方在保险合同中并未明确约定承担责任的方式，依据《保险法》第65条第1款的规定，保险人对责任保险的被保险人给第三者造成的损害，可以依照法律的规定或者合同的约定，直接向该第三者赔偿保险金。因此，建议申请人在申请保全签署保全保险合同时需要注意保险公司的赔偿条件及责任范围的约定内容。

【类案裁判观点分析】

案例一：错误申请保全造成损害，保险公司应直接在保险限额内承担赔偿责任，申请人在保险限额外承担赔偿责任——河南高院（2021）豫民再256号

财产保全责任险的性质为责任保险，《保险法》第65条第1款规定，保险人对责任保险的被保险人给第三者造成的损害，可以依照法律的规定或者合同的约定，直接向该第三者赔偿保险金。因此，即使张某静应当承担赔偿责任，保险公司应当承担保险责任，也应当判决保险公司直接在保险限额内承担赔偿责任，张某静在保险限额外承担赔偿责任，但原判决判令张某静承担全部责任，保险公司在保险限额内承担连带责任，与法律规定不符。因张某静未向本院申请再审，且和毛某玉已经达成执行和解协议并履行完毕，故在太平洋财险河南分公司保险限额责任之外，张某静个人负担的81,190元（201,190元－120,000元），本院再审不予处理。综上，原判决适用法律及判决结果不当，依法应予纠正。太平洋财险河南分公司的再审请求成立，本院予以支持。依照《民事诉讼法》第170条第1款、第207条第1款[①]之规定，判决如下：变更郑州二七法院（2020）豫0103民初524号民事判决第1项为“张某静于本判决生效之日起十日内赔偿毛某玉损失81,190元”。

案例二：申请人申请保全错误造成损失，保险公司直接向被申请人在限额内进行足额赔偿后，申请人无须再承担赔偿责任——湖南高院（2020）湘民终1248号

关于肖某应否直接向龙峰公司承担赔偿责任。经审查，平安财险某支公司向一审法院出具《诉讼财产保全责任保险保单保函》，承诺如因申请财产保全致使被申请人遭受损失的，依法应由被保险人承担损害赔偿责任，保险人向被申请人在限额内进行赔偿。故一审法院仅判决作为保险人的平安财险某支公司承担赔偿责任并无不当。故对龙峰公司的这一上诉请求本院不予支持。

案例三：保险公司出具《保单保函》的性质属于保证担保，在其未载明保证方式的情况下，保险公司对申请人的赔偿责任承担连带清偿责任——陕西高院（2021）陕民终26号

关于平安财险某支公司应否承担连带赔偿责任的问题。平安财险某支公司为三通公司提供诉讼保全担保，向一审法院出具《保单保函》，该函第4条载明：“如申请人财产保全申请错误致使被申请人遭受损失，经法院判决由申请人承担的损害赔偿责任，保险人向被申请人在限额内进行赔偿。”平安财险某支公司以《保单保函》的形式所提供的担保属保证担保，在其未载明保证方式的情况下，原审法院判令平安财险某支公司对三通公司的赔偿责任承担连带清偿责任，并无不当。

---

① 现为《民事诉讼法》第177条第1款、第214条第1款。

案例四：保险公司应按照《保单保函》的约定，对申请财产保全错误给被申请人造成的损失承担连带担保责任——湖南高院（2020）湘民终63号

本案损失赔偿金额应以实际保全金额及保全时间为限，按年利率12%分段计算：（1）2018年3月6日至2018年4月16日，42天，被保全债权金额为421万元，心连心公司的损失为58,132.60元。（2）2018年4月20日至2018年6月7日，49天，被冻结债权金额为421万元，心连心公司的损失为67,821.37元。（3）2018年6月8日至2018年11月6日，152天，被冻结债权金额为784万元，心连心公司的损失为391,785.21元。本案中，阳光保险、大地保险先后向法院出具《保单保函》，承诺对鄢某强申请财产保全错误给被申请人造成的损失承担连带担保责任，故阳光保险及大地保险应当按照担保函约定各自承担责任。阳光保险应当对鄢某强第一次财产保全给心连心公司造成的损害承担连带赔偿责任，其连带赔偿额为58,132.60元。大地保险应当对鄢某强第二次财产保全给心连心公司造成的损害承担连带赔偿责任，其连带赔偿额为459,606.58元。

案例五：就申请人因错误申请保全而应负的赔偿责任，保险公司与申请人应在相应赔偿范围内承担不真正连带责任——上海嘉定法院（2021）沪0114民初21481号

本院认为，本案诉争主要解决鸿光公司作为财产保全申请人与作为被申请人的世家公司之间的诉讼保全侵权的法律争议。天安保险某分公司作为与鸿光公司签订责任保险合同并据此向法院出具担保书的被告，并未直接实施侵权行为，不宜直接适用法律、司法解释中有关侵权行为的规定要求其承担连带责任。而且，天安保险某分公司向本院出具《保全担保书》，该形式属于《最高人民法院关于人民法院办理财产保全案件若干问题的规定》第7条中以财产保全责任险合同的方式为财产保全提供担保的情形，故亦不宜直接适用法律、司法解释中有关连带保证的规定确定天安保险某分公司的责任。尽管如此，本院同时注意到，天安保险某分公司与鸿光公司间的《保全保险单》中明确载明，“在保险期间内，被保险人向法院提出诉讼财产保全申请，如因申请错误致使被申请人遭受损失的，经法院裁判、调解或决定由被保险人承担的损害赔偿责任，保险人根据本条款的规定在赔偿限额内承担赔偿责任”。同时，《保险法》第65条第1款规定：“保险人对责任保险的被保险人给第三者造成的损害，可以依照法律的规定或者合同的约定，直接向该第三者赔偿保险金。”据此，按照法律规定及合同约定，在一定条件下，可以允许第三人向保险人直接享有赔偿请求权。就鸿光公司对世家公司因错误申请保全而应负的赔偿责任，鸿光公司与天安保险某分公司应在相应赔偿范围内承担不真正连带责任。

2022年1月24日，天安保险某分公司在接受本院调查时称，“如果法院认为鸿光公司存在侵权行为，且应当承担侵权损害赔偿损失的，则由保险公司根据保险条款在相应的责任范围内支付保险金”，世家公司对天安保险某分公司的上述答辩意见予以认可。另外，鉴于天安保险某分公司与鸿光公司之间的《保全保险单》载明的保险金额为6,156,070.20元，该金额远超本院确定的鸿光公司应当承担的侵权赔偿损失数额，故本院直接判令由天安保险某分公司于本案中承担责任。若天安保险某分公司认为鸿光公司在履行保全责任保险合同过程中存在过失，可以另行向鸿光公司主张权利。

案例六：保全申请人未履行保险合同约定的如实告知义务，保险公司不能据此主张不承担赔偿责任——最高人民法院（2021）最高法民申7152号

关于平安财险是否应当承担赔偿责任。平安财险和海天公司形成诉讼财产保全责任保险关系，根据平安财险出具的《平安诉讼财产保全责任保险保单》和《平安诉讼财产保全责任保险保函》所载内容，平安财险应在保险责任限额内承担赔偿责任。故二审判决在认定海天公司保全行为存在过错并给对方造成损失的基础上，基于保险关系，判令平安财险承担赔偿责任并无不当。平安财险主张：“海天公司在前诉中降低诉讼请求，却未告知平安财险。根据保险合同约定，因投保人故意隐瞒事实，不履行如实告知义务的，平安财险有权解除合同或不承担保险责任，故本案即使存在赔偿责任，也不应当由平安财险承担。”本院认为，上述约定属于其和海天公司之间的内部关系，平安财险可另行主张。

案例七：诉前保全申请人保管扣押物不当造成的财产损失属于保险公司赔偿范围——辽宁朝阳中院（2021）辽13民终3404号

郎迈公司对被保全财产未尽到保管义务。朝阳双塔法院作出（2016）辽1302财保89号民事裁定书后，对被申请人鼎艺公司演出大棚及演出设备予以扣押，并将扣押物品交由申请人朗迈公司保管。郎迈公司将演出大棚及演出设备随意扔放在室外近一年之久，其间对扣押物品尤其是音响、灯光等设备未采取任何积极有效的保护措施致保全财产损坏。综上，朗迈公司作为保全申请人，提起诉讼未尽到合理审慎的注意义务，也未对申请保全的财产尽到保管义务，属于申请诉前财产保全错误，由此给鼎艺公司造成的财产损害，应予赔偿。被上诉人朗迈公司在上诉人太平洋财险某支公司投保了诉讼财产责任保全责任保险，鼎艺公司的财产损失应由太平洋财险某支公司在保险限额内给予赔偿。上诉人太平洋财险某支公司认为保管不当造成的财产损失不属于保险公司赔偿范围。经审查，郎迈公司的保管行为是基于申请诉前财产保全行为而产生的法律义务，该行为属于诉讼财产责任保全责任保险的赔偿范围。

第二部分

执行立案及变更、追加当事人程序中的相应权利

一、首次及恢复执行立案受阻的常见情形

015. 关于执行立案管辖法院，当事人能否协议约定

◇ **问题** 当事人能否以协议管辖的方式约定执行管辖法院

◇ **来源** 最高人民法院（2017）最高法执复6号

◇ **结论** 执行管辖不同于诉讼管辖，不适用协议管辖的相关规定，当事人不能通过协议约定改变执行管辖法院

【基本案情】

中融国际依据（2014）京方圆内经证字第24552～24557号《公证书》，申请执行大银煤矿等公证债权文书一案，云南高院于2016年5月16日立案执行。

执行过程中，被执行人大银煤矿等提出异议称，双方当事人在债权文书中约定债权文书履行过程中发生争议，可向合同签署地有管辖权的人民法院起诉。本案债权文书的签署地为北京市西城区，因此本案执行应当由北京高院管辖。

云南高院经审查认为异议理由不成立，于2016年9月20日作出（2016）云执异1617号执行裁定：驳回异议人大银煤矿等对本案管辖权提出的异议。

大银煤矿等不服，向最高人民法院申请复议。

【争议焦点】

被执行人关于云南高院对本案无执行管辖权的复议理由能否成立？

【裁判要点】

根据《民事诉讼法》第224条第2款①的规定："法律规定由人民法院执行的其他法律文书，由被执行人住所地或者被执行的财产所在地人民法院执行。"《最高人民法院关于人民法院执行工作若干问题的规定（试行）》第10条②规定："仲裁机构作出的国内仲裁判决、公证机关依法赋予强制执行效力的公证债权文书，由被执行人住所地或被执行的财产所在地人民法院执行。前款案件的级别管辖，参照各地法院受理诉讼案件的级别管辖的规定确定。"以上规定是对于赋予强制执行效力的公证债权文书的执行管辖权的明确规定，具有强制约束力，即当事人只能依法选择有管辖权连结点的法院即被执行人住所地或者被执行的财产所在地人民法院提出执行申请，不得以任何方式改变法定的执行管辖法院。关于复议申请人提出的《民事诉讼法》第34条③，该规定是对于当事人协议约定诉讼管辖法院的相关规定，执行管辖不同于诉讼管辖，是排除当事人自行约定向无管辖权法院申请执行的，所以协议管辖的相关规定并不适用于执行管辖权。本案中，云南高院查明，被执行人大银煤矿及被执行的财产所在地均在云南省，且执行标的本金已达1.5亿元。因此，云南高院依据中融国际的申请立案执行，依法具有执行管辖权，复议申请人大银公司、郭某民、郭某蒙关于该院无执行管辖权的复议理由不能成立。综上所述，复议申请人关于执行管辖权的复议申请理据不足，应予驳回。云南高院（2016）云执异1617号执行裁定的结论并无不妥，应予维持。

【相关法律规定】

《民事诉讼法》

第二百三十一条 发生法律效力的民事判决、裁定，以及刑事判决、裁定中的财产部分，由第一审人民法院或者与第一审人民法院同级的被执行的

---

① 现为《民事诉讼法》第231条第2款。

② 该司法解释现行有效版本中已无相关规定。

③ 现为《民事诉讼法》第35条。

财产所在地人民法院执行。

法律规定由人民法院执行的其他法律文书，由被执行人住所地或者被执行的财产所在地人民法院执行。

《最高人民法院关于人民法院执行工作若干问题的规定（试行）》

9. 在国内仲裁过程中，当事人申请财产保全，经仲裁机构提交人民法院的，由被申请人住所地或被申请保全的财产所在地的基层人民法院裁定并执行；申请证据保全的，由证据所在地的基层人民法院裁定并执行。

10. 在涉外仲裁过程中，当事人申请财产保全，经仲裁机构提交人民法院的，由被申请人住所地或被申请保全的财产所在地的中级人民法院裁定并执行；申请证据保全的，由证据所在地的中级人民法院裁定并执行。

11. 专利管理机关依法作出的处理决定和处罚决定，由被执行人住所地或财产所在地的省、自治区、直辖市有权受理专利纠纷案件的中级人民法院执行。

12. 国务院各部门、各省、自治区、直辖市人民政府和海关依照法律、法规作出的处理决定和处罚决定，由被执行人住所地或财产所在地的中级人民法院执行。

13. 两个以上人民法院都有管辖权的，当事人可以向其中一个人民法院申请执行；当事人向两个以上人民法院申请执行的，由最先立案的人民法院管辖。

14. 人民法院之间因执行管辖权发生争议的，由双方协商解决；协商不成的，报请双方共同的上级人民法院指定管辖。

15. 基层人民法院和中级人民法院管辖的执行案件，因特殊情况需要由上级人民法院执行的，可以报请上级人民法院执行。

《最高人民法院关于人民法院办理仲裁裁决执行案件若干问题的规定》

第二条　当事人对仲裁机构作出的仲裁裁决或者仲裁调解书申请执行的，由被执行人住所地或者被执行的财产所在地的中级人民法院管辖。

符合下列条件的，经上级人民法院批准，中级人民法院可以参照民事诉讼法第三十八条[①]的规定指定基层人民法院管辖：

（一）执行标的额符合基层人民法院一审民商事案件级别管辖受理范围；

（二）被执行人住所地或者被执行的财产所在地在被指定的基层人民法院辖区内。

被执行人、案外人对仲裁裁决执行案件申请不予执行的，负责执行的中级人民法院应当另行立案审查处理；执行案件已指定基层人民法院管辖的，应当于收到不予执行申请后三日内移送原执行法院另行立案审查处理。

《最高人民法院关于湖北安陆市政府反映河南焦作中院“错误裁定”、“错误执行”案及河南高院反映焦作中院在执行安陆市政府时遭到暴力抗法案的复函》

河南省高级人民法院：

关于湖北省安陆市政府向我院反映焦作市中级人民法院执行政北三鹏化工股份有限公司一案的有关问题，经研究，现提出如下处理意见：

经核查，焦作市中级人民法院立案执行的依据是河南省修武县公证处（2001）修证经字第18号“具有强制执行效力的债权文书公证书”。该公证书认定湖北三鹏化工股份有限公司如不能在约定的期限内履行还款义务，申请人丁慈咪有权向申请人所在地人民法院申请强制执行。

本院认为，关于此类执行管辖问题，《中华人民共和国民事诉讼法》第207条第2款[②]、最高人民法院《关于适用〈中华人民共和国民事诉讼法〉若干问题的意见》[③]第256条和《关于人民法院执行工作若干问题的规定（试行）》第10条[④]均已有明确规定，即公证机关依法赋予强制执行效力的公证债权文书，由被执行人住所地或被执行人的财产所在地人民法院执行。据此，当事人无权约定执行管辖，公证机关也无权确认当事人约定执行管辖，焦作市中级人民法院更不能依据当事人的约定予以立案执行。请你院监督焦作市中级人民法院依法撤销案件及相关法律文书，并告知申请人依法向有管

① 现为《民事诉讼法》第39条。
② 现为《民事诉讼法》第231条第2款。
③ 该司法解释现已废止。
④ 该司法解释最新版本中已无相关规定。

辖权的人民法院申请执行。

【应诉策略】

1. 关于如何确认执行案件管辖法院的问题

根据《民事诉讼法》第231条的规定，执行案件有管辖权的法院不限于一审法院，根据执行依据的不同，还包括与第一审人民法院同级的被执行的财产所在地法院、被执行人住所地法院、执行的财产所在地法院。具体来说：

（1）发生法律效力的民事判决、裁定，以及刑事判决、裁定中的财产部分，由第一审人民法院或者与第一审人民法院同级的被执行的财产所在地人民法院执行。

（2）发生法律效力的实现担保物权裁定、确认调解协议裁定、支付令，由作出裁定、支付令的人民法院或者与其同级的被执行财产所在地的人民法院执行。

（3）法律规定由人民法院执行的其他法律文书，由被执行人住所地或者被执行的财产所在地的中级人民法院管辖。

2. 所谓的“由人民法院执行的其他法律文书”

上述所谓的“由人民法院执行的其他法律文书”，一般是指：

（1）人民法院作出的行政判决、裁定、调解书，民事制裁决定，以及刑事附带民事判决、裁定、调解书。

（2）依法应由人民法院执行的行政处罚决定、行政处理决定。

（3）我国仲裁机构作出的仲裁裁决和调解书，人民法院依据《仲裁法》有关规定作出的财产保全和证据保全裁定。

（4）公证机关依法赋予强制执行效力的债权文书。

（5）经人民法院裁定承认其效力的外国法院作出的判决、裁定，以及国外仲裁机构作出的仲裁裁决等。

3. 所谓的“被执行的财产所在地”

所谓的“被执行的财产所在地”，通常可通过以下方式确定：

（1）不动产的财产所在地即为不动产的实际所在地。

（2）动产的财产所在地一般为动产所在地，特殊情况下，如特定标准的船舶所在地为船籍港或者停泊地。

（3）股权所在地为公司住所地。

（4）知识产权的财产所在地为权利人的住所地。

（5）到期债权的财产所在地为债务人住所地。

4. 当事人申请强制执行时有权在法律规定的有管辖权的法院中自由选择

根据前述一般管辖规定，享有执行管辖权的法院不唯一的，当事人可以根据实际情况，从便宜执行的角度考虑，选择其中最有利于执行的法院申请强制执行，这是当事人的诉讼权利。如果当事人向两个以上人民法院申请执行的，由最先立案的人民法院管辖。

5. 当事人不能以任何方式改变法律规定的执行管辖法院

当事人只能在法律规定的有管辖权的法院范围内选择任一法院提出执行申请，这个选择范围是不可改变的。《民事诉讼法》第35条规定当事人可以书面协议选择与争议有实际联系地点的人民法院管辖，有些当事人遂据此认为可以通过协议约定的方式选择管辖法院。但是，上述关于诉讼管辖法院的相关规定内容，仅适用于诉讼程序，执行管辖不同于诉讼管辖，协议管辖的相关规定并不适用于执行管辖权，当事人不得以任何方式改变法律规定的执行管辖法院。

【类案裁判观点分析】

案例一：公证债权文书的执行依法应由被执行人住所地或者被执行的财产所在地人民法院管辖，当事人不得以任何方式改变法律规定的执行管辖法院——武汉中院（2021）鄂01执复152号

本院认为，本案的执行依据是公证债权文书，《民事诉讼法》第224条[①]和《最高人民法院关于公证债权文书执行若干问题的规定》第2条对公证债权文书执行的级别管辖和地域管辖作出了明确规定，具有强制约束力，公证债权文书的执行依法应由被执行人住所地或者被执行的财产所在地法院管辖，本案被执行人住所地和被执行的财产所在地均在武汉市武昌区，武汉武昌法

① 现为《民事诉讼法》第231条。

院对本案执行有管辖权，当事人不得以任何方式改变法律规定的执行管辖法院。汕头某建筑公司以约定管辖为由提出执行案件应由申请执行人住所地法院管辖有事实及法律依据，本院不予支持。

案例二：有关应诉管辖的规定适用于诉讼程序，不适用于执行程序——最高人民法院（2015）执申字第42号（载《最高人民法院公报》2016年第9期）

《民事诉讼法》第224条[①]及《最高人民法院关于适用〈中华人民共和国仲裁法〉若干问题的解释》第29条对仲裁案件执行的级别管辖和地域管辖作出的明确规定，具有强制约束力。关于仲裁裁决的执行，其确定管辖的连结点只有两个：一是被执行人住所地，二是被执行的财产所在地。民事诉讼法属于公法性质的法律规范，法律没有赋予权利即属禁止。虽然民事诉讼法没有明文禁止当事人协商执行管辖法院，但对当事人就执行案件管辖权的选择限定于上述两个连结点之间，当事人只能依法选择向其中一个有管辖权的法院提出执行申请。因此，当事人通过协议方式选择，或通过不提管辖异议、放弃管辖异议等默认方式自行确定向无管辖权的法院申请执行的，不予支持。

案例三：当事人对仲裁裁决或者仲裁调解书申请执行的，由被执行人住所地或者被执行的财产所在地的中级人民法院管辖——湖南高院（2022）湘执复93号

本院认为，本案被执行人雷某飞户籍登记的住所为湖南省桂阳县某乡某村某组。《最高人民法院关于人民法院办理仲裁裁决执行案件若干问题的规定》第2条第1款规定，当事人对仲裁机构作出的仲裁裁决或者仲裁调解书申请执行的，由被执行人住所地或者被执行的财产所在地的中级人民法院管辖。中信银行某分行向被执行人雷某飞户籍所在地辖区的郴州中院申请强制执行，符合上述法律规定。郴州中院在执行过程中，以被执行人雷某飞长期未居住在其户籍所在地，且辖区内无可供执行的财产为由，裁定驳回申请执

① 现为《民事诉讼法》第231条。

行人中信银行某分行的执行申请，事实及法律依据不足。

016. 债权人能否就二审中自行达成的和解协议申请强制执行

◇ **问题** 二审诉讼过程中，当事人自行达成和解协议后未实际履行，能否申请执行和解协议

◇ **来源** 最高人民法院（2020）最高法执复40号

◇ **结论** 诉讼中当事人自行达成的和解协议无强制执行效力，二审诉讼中签订和解协议但未完全履行的，当事人可以申请执行原一审判决

【基本案情】

可欣公司与隆盛公司、东方公司等股权转让纠纷一案，海南高院于2018年9月19日作出一审判决。该案二审审理期间，当事人自行达成《和解协议》，遂申请撤回上诉。

2019年9月2日，可欣公司向海南高院申请强制执行一审判决，该院于2019年9月4日作出（2019）琼执39号受理通知书，立案执行。

隆盛公司对海南高院立案执行不服，以二审期间当事人已经另外达成《和解协议》为由提出书面异议，请求不予执行一审判决。海南高院裁定驳回隆盛公司的异议请求。

隆盛公司不服，向最高人民法院申请复议。

【争议焦点】

1. 当事人在本案执行依据二审期间达成和解协议且被二审法院准予撤回上诉的情况下，是否可以申请执行一审判决？

2. 若当事人可以申请执行一审判决，另一方认为自己已经实际履行了和解协议确定的义务的，应如何寻求救济？

【裁判要点】

关于第一个争议焦点，最高人民法院指导案例2号针对同类案件已作出过裁定，其裁判要点为：民事案件二审期间，双方当事人达成和解协议，人民法院准许撤回上诉的，该和解协议未经人民法院依法制作调解书，属于诉讼外达成的协议。一方当事人不履行和解协议，另一方当事人申请执行一审判决的，人民法院应予支持。据此，当事人在民事案件二审期间达成的和解协议，属于诉讼外和解协议，一方当事人可以因另一方当事人不履行和解协议而申请执行一审判决。对此，法院应当立案执行。故本案中，尽管可欣公司与隆盛公司等在本案执行依据二审期间达成了和解协议，但若可欣公司认为隆盛公司等没有履行和解协议的，其可以申请法院执行已生效的一审判决。

关于第二个争议焦点，最高人民法院指导案例119号亦针对同类案件作出过裁定，其裁判要点为：执行程序开始前，双方当事人自行达成和解协议并履行，一方当事人申请强制执行原生效法律文书的，人民法院应予受理。被执行人以已履行和解协议为由提出执行异议的，可以参照《最高人民法院关于执行和解若干问题的规定》第19条的规定审查处理。据此，在本案中，如果隆盛公司等被执行人，认为自己实际已经履行了案涉和解协议的，可以此为由向执行法院提出执行异议，执行法院则可依照《最高人民法院关于执行和解若干问题的规定》第19条之规定（有关执行外和解协议的审查规定）予以审查处理。

【相关法律规定】

《最高人民法院关于执行和解若干问题的规定》

第八条　执行和解协议履行完毕的，人民法院作执行结案处理。

第九条　被执行人一方不履行执行和解协议的，申请执行人可以申请恢复执行原生效法律文书，也可以就履行执行和解协议向执行法院提起诉讼。

第十条　申请恢复执行原生效法律文书，适用民事诉讼法第二百三十九条①申请执行期间的规定。

当事人不履行执行和解协议的，申请恢复执行期间自执行和解协议约定履行期间的最后一日起计算。

第十一条 申请执行人以被执行人一方不履行执行和解协议为由申请恢复执行，人民法院经审查，理由成立的，裁定恢复执行；有下列情形之一的，裁定不予恢复执行：

（一）执行和解协议履行完毕后申请恢复执行的；

（二）执行和解协议约定的履行期限尚未届至或者履行条件尚未成就的，但符合民法典第五百七十八条规定情形的除外；

（三）被执行人一方正在按照执行和解协议约定履行义务的；

（四）其他不符合恢复执行条件的情形。

第十二条 当事人、利害关系人认为恢复执行或者不予恢复执行违反法律规定的，可以依照民事诉讼法第二百二十五条②规定提出异议。

第十三条 恢复执行后，对申请执行人就履行执行和解协议提起的诉讼，人民法院不予受理。

【应诉策略】

1. 当事人在诉讼中自行达成的和解协议无强制执行力

当事人在诉讼中自行达成的和解协议产生于判决作出或生效之前，法院未参与制作，在性质上属于一种具有私法行为性质的和解契约，和解协议签订后，一方当事人撤诉或者撤回上诉。

当事人自行达成的和解协议效力较低，没有强制执行力，当事人不能申请执行。在协议履行完毕前，当事人可以随时反悔，且往往无须承担责任，另一方当事人只能申请执行原生效法律文书或者重新就和解协议提起新的诉讼。

在此我们提醒当事人，在诉讼过程中签订和解协议需要谨慎，特别是上诉方，在二审过程中签订和解协议，法院准许撤回上诉后，一审判决即为生

---

① 现为《民事诉讼法》第246条。

② 现为《民事诉讼法》第232条。

效判决。因和解协议无强制执行力，如果和解协议未实际履行或未完全履行，当事人只能申请执行一审生效判决，或者另行提起诉讼要求履行和解协议。

2. 诉讼外达成的和解协议将导致当事人申请执行时效期间中断

根据《最高人民法院关于适用〈中华人民共和国民事诉讼法〉执行程序若干问题的解释》第20条的规定，申请执行时效因当事人双方达成和解协议而中断，从中断时起，申请执行时效期间重新计算。因此，诉讼外达成的和解协议可以使得申请执行期间中断。

【类案裁判观点分析】

案例一：二审中当事人诉讼外自行达成和解协议，一方当事人不履行和解协议，另一方当事人申请执行一审判决的，人民法院应予支持——眉山中院（2010）眉执督字第4号（最高人民法院指导案例2号）

西城纸业公司对于撤诉的法律后果应当明知，即一旦法院裁定准予其撤回上诉，眉山东坡法院的一审判决即为生效判决，具有强制执行的效力。虽然二审期间双方在自愿基础上达成的和解协议对相关权利义务作出约定，西城纸业公司因该协议的签订而放弃行使上诉权，吴某则放弃了利息，但是该和解协议属于双方当事人诉讼外达成的协议，未经法院依法确认制作调解书，不具有强制执行力。西城纸业公司未按和解协议履行还款义务，违背了双方约定和诚实信用原则，故对其以双方达成和解协议为由，主张不予执行原生效判决的请求不予支持。

案例二：执行程序开始前，双方当事人自行达成和解协议并履行，一方当事人申请强制执行原生效法律文书的，人民法院应予受理。被执行人以已履行和解协议为由提出执行异议的，可以参照《最高人民法院关于执行和解若干问题的规定》第19条①的规定审查处理——最高人民法院（2018）最高法执复88号（最高人民法院指导案例119号）

关于案涉《和解协议书》的性质问题。虽然案涉《和解协议书》并非在

① 该规定在该司法解释2020年修正时未做改动。

执行过程中达成，但根据《最高人民法院关于执行和解若干问题的规定》第19条关于“执行过程中，被执行人根据当事人自行达成但未提交人民法院的和解协议，或者一方当事人提交人民法院但其他当事人不予认可的和解协议，依照民事诉讼法第二百二十五条[①]规定提出异议的，人民法院按照下列情形，分别处理：（一）和解协议履行完毕的，裁定终结原生效法律文书的执行；……（五）和解协议不成立、未生效或者无效的，裁定驳回异议”的规定，追日电气公司有权以当事人自行达成的《和解协议书》已履行完毕为由提出执行异议，法院应在《民事诉讼法》第225条规定的执行异议程序中对《和解协议书》的效力以及是否履行完毕等情况进行审查，进而确定是否终结执行。

关于案涉《和解协议书》是否已履行完毕问题。追日电气公司依据《和解协议书》的约定以及滁州建安公司的要求，分别向滁州建安公司和王某刚等支付了412.880 667万元、50万元款项，虽然与《和解协议书》约定的463.3万元尚差4000余元，但是滁州建安公司予以接受并为追日电气公司分别开具了413万元的收据及50万元的发票，根据《最高人民法院关于贯彻执行〈中华人民共和国民法通则〉若干问题的意见（试行）》[②]第66条关于“一方当事人向对方当事人提出民事权利的要求，对方未用语言或者文字明确表示意见，但其行为表明已接受的，可以认定为默示”的规定，结合滁州建安公司在接受付款后较长时间未对付款金额提出异议的事实，可以认定双方以行为对《和解协议书》约定的付款金额进行了变更，构成合同的默示变更，故案涉《和解协议书》约定的付款义务已经履行完毕。

---

① 现为《民事诉讼法》第232条。

② 该司法解释现已废止。

017. 执行中达成执行和解协议后未实际履行，能否恢复原执行程序

◇ **问题** 在执行过程中，申请执行人与被执行人达成和解协议，申请执行人向人民法院撤回执行申请后，被执行人未履行和解协议，申请执行人能否申请恢复强制执行

◇ **来源** 最高人民法院（2019）最高法执监298号

◇ **结论** 在执行过程中达成执行和解协议，申请人撤回执行申请的，法院将裁定终结执行，原执行案件消灭。此后，申请执行人如再次申请执行，原执行程序不能继续，可根据执行依据重新申请执行立案

【基本案情】

六盘水农商行与兴源公司、宗鑫公司等金融借款合同纠纷一案，六盘水农商行向六盘水中院申请强制执行。执行过程中，2018年6月29日，六盘水农商行与宗鑫公司、兴源公司自行达成和解协议。和解协议签订后，六盘水农商行撤回执行申请，该案于2018年8月4日终结执行。

2018年11月2日，六盘水农商行以被执行人未履行和解协议为由，向法院申请恢复执行。法院以（2018）黔02执恢19号执行裁定立案执行。

2018年11月29日，六盘水中院作出裁定，以原执行程序中的变卖保留价将案涉土地使用权抵偿债务。

宗鑫公司认为以物抵债程序违法、评估报告已经失效为由向六盘水中院提出书面异议，六盘水中院审查后裁定驳回宗鑫公司的异议请求。宗鑫公司向贵州高院申请复议，贵州高院作出裁定，驳回宗鑫公司的复议申请。

宗鑫公司不服贵州高院作出的裁定，向最高人民法院申诉。

【争议焦点】

六盘水中院作出的以物抵债裁定是否正确?

【裁判要点】

《民事诉讼法司法解释》第466条[①]规定:“申请执行人与被执行人达成和解协议后请求中止执行或者撤回执行申请的,人民法院可以裁定中止执行或者终结执行。”根据该规定,在执行过程中,如申请执行人与被执行人达成和解协议,申请执行人可以选择向人民法院申请中止执行或者撤回执行申请,人民法院将根据该项申请裁定中止执行或者终结执行。而中止执行和终结执行属不同性质的结案方式,二者的法律后果明显不同。在中止执行的情况下,执行程序仅为暂时停止,待导致中止执行的因素消失后,执行程序又可继续进行。而终结执行意味着执行程序的彻底结束,代表着原执行案件的消灭,即便此后申请执行人因符合法定条件得以再次申请执行,人民法院也再次立案执行,但此执行案件并非原执行程序的继续,而是属于新的执行案件。就本案而言,因申请执行人六盘水农商行撤回执行申请,六盘水中院已裁定本案终结执行。此后,虽然六盘水中院又依六盘水农商行的申请作出(2018)黔02执恢19号执行裁定立案执行,但立“执恢”号案件系基于加强对执行案件立、结案管理工作的需要,并非代表原执行程序的恢复,亦非原执行程序的继续,该案属于新的执行案件。此情形下,六盘水中院未重新启动评估、拍卖程序,而是以原执行程序中的变卖保留价径行裁定将案涉土地使用权抵偿债务,适用法律错误,应予纠正。

【相关法律规定】

《民事诉讼法》

第二百三十七条 在执行中,双方当事人自行和解达成协议的,执行员应当将协议内容记入笔录,由双方当事人签名或者盖章。

---

① 现为《民事诉讼法司法解释》第464条。

申请执行人因受欺诈、胁迫与被执行人达成和解协议，或者当事人不履行和解协议的，人民法院可以根据当事人的申请，恢复对原生效法律文书的执行。

《民事诉讼法司法解释》

第四百六十四条 申请执行人与被执行人达成和解协议后请求中止执行或者撤回执行申请的，人民法院可以裁定中止执行或者终结执行。

《最高人民法院关于执行和解若干问题的规定》

第十一条 申请执行人以被执行人一方不履行执行和解协议为由申请恢复执行，人民法院经审查，理由成立的，裁定恢复执行；有下列情形之一的，裁定不予恢复执行：

（一）执行和解协议履行完毕后申请恢复执行的；

（二）执行和解协议约定的履行期限尚未届至或者履行条件尚未成就的，但符合民法典第五百七十八条规定情形的除外；

（三）被执行人一方正在按照执行和解协议约定履行义务的；

（四）其他不符合恢复执行条件的情形。

第十四条 申请执行人就履行执行和解协议提起诉讼，执行法院受理后，可以裁定终结原生效法律文书的执行。执行中的查封、扣押、冻结措施，自动转为诉讼中的保全措施。

【应诉策略】

1. 执行和解协议签订后，申请执行人可以选择申请中止执行或者撤回执行申请，法院据申请内容裁定中止或终结执行。因此，申请执行人在执行和解后向法院提出的是中止执行申请而非终结执行

执行和解协议是在判决生效后、执行程序中签订的协议，是对生效判决确定的民事权利义务进行处分，在原判决业已生效的情况下，这种处分并不影响原判决的既判力，但可以暂时性地替代原判决的执行力。法院虽然不参与执行和解协议的制作，但是该协议需要记入笔录并由双方当事人签名或者盖章。执行和解协议签订后，申请执行人可以选择向人民法院申请中止执行或者撤回执行申请，人民法院将根据该项申请裁定中止执行或者终结执行。

中止执行和终结执行的法律后果完全不同：中止执行仅为暂时停止原执行程序，如果执行和解协议没有完全履行，原生效判决的执行程序可以继续进行；而终结执行意味着原执行程序的彻底结束，原执行案件消灭，申请执行人再次申请执行，只能重新立执行案。

2. 执行和解协议不具有强制执行力，不能直接就执行和解协议申请强制执行，若债权人认为履行和解协议更有利益，可以另行起诉要求履行执行和解协议

执行和解与民事调解有本质不同，其实质上是诉讼外和解，属于私法行为，只产生私法效果，不具有强制执行力。当事人之间达成的执行和解协议未履行或不能履行，当事人即可向人民法院申请恢复原判决或调解的执行，却不能依据执行和解协议申请强制执行。但是，根据《最高人民法院关于执行和解若干问题的规定》第14条的规定，申请执行人可以就履行执行和解协议提起诉讼，要求履行执行和解协议。此时，原生效法律文书的执行程序经法院裁定终结，原执行程序中的查封、扣押、冻结措施，自动转为诉讼中的保全措施（见类案裁判观点分析案例）。

【类案裁判观点分析】

案例：义务人不履行执行和解协议，申请执行人可以就履行执行和解协议提起诉讼——山东高院（2020）鲁执复499号

本院认为，本案审查的焦点问题是金茂公司请求解除对其名下全部被保全财产的保全措施是否应当支持。《最高人民法院关于执行和解若干问题的规定》第14条规定：“申请执行人就履行执行和解协议提起诉讼，执行法院受理后，可以裁定终结原生效法律文书的执行。执行中的查封、扣押、冻结措施，自动转为诉讼中的保全措施。”本案中，姜某于2020年4月27日以金茂公司违反执行和解协议为由向济宁中院提起诉讼。因（2017）鲁08执109号案件已经终结执行，根据上述司法解释的规定，执行中的查封、扣押、冻结措施，自动转为诉讼中的保全措施。在姜某诉金茂公司合同纠纷一案中，姜某主张金茂公司应当承担的违约金为740万元，据此，济宁中院裁定变更（2017）鲁08执109号之二、之三、之四执行裁定为冻结金茂公司名下银行

存款740万元或相应价值的其他资产并解除对金茂公司名下超过价值740万元资产的保全措施，并无不当。金茂公司请求解除对其名下全部被保全财产的保全措施没有事实和法律依据，法院不予支持。

018. 和解协议虽迟延但已履行完毕，债权人能否要求恢复原生效法律文书的执行

◇ **问题**　申请执行人因被执行人迟延履行和解协议而申请恢复执行的同时，又继续接受被执行人的后续履行，直至和解协议约定的义务全部履行完毕，是否属于“和解协议已经履行完毕不再恢复执行原生效法律文书”的情形

◇ **来源**　最高人民法院（2018）最高法执监34号（最高人民法院指导案例126号）

◇ **结论**　义务人迟延履行不影响履行完毕的判断，在履行和解协议的过程中，申请执行人因被执行人迟延履行申请恢复执行的同时，又继续接受并积极配合被执行人的后续履行，直至和解协议全部履行完毕的，可认定和解协议已经履行完毕，原生效法律文书不再恢复执行

【基本案情】

天宇公司与时代公司建设工程施工合同纠纷一案，天宇公司向无锡中院申请强制执行。在执行过程中，天宇公司与时代公司签订执行和解协议，该协议约定的最后履行期限为2015年12月21日。

2016年1月27日及2016年3月1日，天宇公司两次向无锡中院提交书面申请，以时代公司违反和解协议、未办妥房产证及租赁合同变更事宜为由，请求恢复执行。

2016年4月1日，无锡中院作出通知：时代公司未能按照双方和解协议履行，由于之前查封的财产中已经解封30套，故对于剩余9套房产继续进行

拍卖，对于根据和解协议已经执行到位的金额，从执行总金额中扣除。

时代公司向无锡中院提出异议，请求撤销对时代公司财产的拍卖，按照双方和解协议确认本执行案件执行完毕。无锡中院裁定驳回时代公司的异议申请。时代公司不服，向江苏高院申请复议。江苏高院认为，本案和解协议已经履行完毕，无锡中院以时代公司迟延履行和解协议为由，恢复本案执行没有事实和法律依据，应予纠正。天宇公司不服，向最高人民法院提出申诉。

经查，在案涉和解协议约定的最后履行期限届满后，时代公司仍在履行协议约定的义务，天宇公司也予以配合、接受。

【争议焦点】

是否应当认定和解协议已经履行完毕？是否应当恢复原判决的执行？

【裁判要点】

本案中，按照和解协议，时代公司违反了关于协助办理抵债房产转移登记等义务的时间约定。天宇公司在时代公司完成全部协助义务之前曾先后两次向法院申请恢复执行，但综合而言，本案仍宜认定和解协议已经履行完毕，不应恢复执行。主要理由如下：第一，和解协议签订于2015年12月1日，约定15个工作日即完成抵债房产的所有权转移登记并将三套商铺租赁合同关系中的出租人变更为天宇公司或其指定人，这本身具有一定的难度，天宇公司应该有所预知。第二，在约定期限的最后一日，即2015年12月21日，时代公司分别与天宇公司及其指定人李某奇签订商品房买卖合同并完成3套抵债房产的网签手续。从实际效果看，天宇公司取得该抵债房产已经有了较充分的保障。而且，时代公司又于2016年1月与天宇公司及其指定人李某奇签订《补充协议》，就抵债房产变更租赁合同关系及时代公司退出租赁合同关系作出约定；并于2016年1月26日向江苏银行发函，告知租赁标的出售的事实并函请江苏银行尽快与新的买受人办理出租人变更手续。租赁关系变更后，天宇公司和李某奇已实际收取自2016年1月1日起的租金。同时，2016年1月14日，时代公司交付了三套商铺的初始登记证和土地分割证。由此可见，在较短时间内时代公司又先后履行了变更抵债房产租赁关系、转移抵债房产收益权、交付初始登记证和土地分割证等义务，即时代公司一直在积极地履行义务。第三，对于时代公司上述一系列积极履行义务的行为，天宇公司在明知该履行已经超过约定期限的情况下仍一一予以接受，并且还积极配合时代公司向人民法院申请解封已被查封的财产。天宇公司的上述行为已充分反映其认可超期履行，并在继续履行和解协议上与时代公司形成较强的信赖关系，在没有新的明确约定的情况下，应当允许时代公司在合理期限内完成全部义务的履行。第四，在时代公司履行完一系列主要义务，并于2016年1月26日函告抵债房产的承租方该房产产权变更情况，使得天宇公司及其指定人能实际取得租金收益后，天宇公司在1月27日即首次提出恢复执行，并在时代公司开出发票后拒收，有违诚信。第五，天宇公司并没有提供充分的证据证明本案中的迟延履行行为会导致签订和解协议的目的落空，严重损害其利益。相反，从天宇公司积极接受履行且未及时申请恢复执行的情况看，迟延履行并未导致和解协议签订的目的落空。第六，在时代公司因天宇公司拒收发票而将发票邮寄法院请予转交时，其全部协助义务即应认为已履行完毕，此时法院尚未实际恢复执行，此后再恢复执行亦不适当。综上，本案宜认定和解协议已经履行完毕，不予恢复执行。

【相关法律规定】

《民事诉讼法司法解释》

第四百六十五条　一方当事人不履行或者不完全履行在执行中双方自愿达成的和解协议，对方当事人申请执行原生效法律文书的，人民法院应当恢复执行，但和解协议已履行的部分应当扣除。和解协议已经履行完毕的，人民法院不予恢复执行。

《最高人民法院关于当事人对迟延履行和解协议的争议应当另诉解决的复函》

……

我院经调卷审查认为，根据我国民事诉讼法和我院司法解释的有关规定，执行和解协议已履行完毕的人民法院不予恢复执行。本案执行和解协议的履行尽管存在瑕疵，但和解协议确已履行完毕，人民法院应不予恢复执行。至于当事人对延迟履行和解协议的争议，不属执行程序处理，应由当事人另诉解决。请你院按此意见妥善处理该案。

【应诉策略】

1. 和解协议履行存在瑕疵或迟延履行情形，不影响对于“是否完全履行”的判断

所谓“迟延、瑕疵履行和解协议”，即义务人已经履行了和解协议，但是存在违反约定的期限迟延履行，或者履行存在瑕疵的情形。这种情况下，能否认定和解协议已经履行完毕，申请执行人能否以瑕疵履行为由申请恢复执行，是实务中经常需要注意的焦点问题。

通说认为，迟延履行、瑕疵履行和解协议均不影响对履行完毕的判断。也就是说，当事人不能仅以义务人迟延履行、瑕疵履行和解协议为由申请恢复执行原生效法律文书。

那么，迟延、瑕疵履行应如何界定呢？实务判例中，法院在进行裁判时的考虑因素主要有以下两个。

（1）被执行人的主观态度。如果被执行人主观上积极履行，按约定支付大部分款项，未履行义务部分有合理理由且占比较小，或实际履行时间与约定时间相差不大的，则法院会倾向于认定属于瑕疵履行或迟延履行。反之，如果义务人有大部分义务未履行或者违反协议约定履行，则明显具有主观上的过错或恶意，不能认定为“瑕疵履行”，而应属于未完全履行，此时申请执行人仍可以申请恢复执行原生效法律文书（见类案裁判观点分析案例二、案例三）。

（2）申请执行人是否接受。如果义务人实际支付金额少于和解协议约定的金额，但申请执行人接受且长时间未对付款金额提出异议也未申请恢复执行，则可以认定双方默示变更了约定的付款金额（见类案裁判观点分析案例一）。

2. 当事人对延迟履行和解协议的争议，应由当事人另诉解决，不应在执行程序中处理

虽然迟延履行和解协议不影响对于和解协议是否履行完毕的判断，但如

果申请执行人因迟延履行造成损害的，也可以另行提起诉讼，要求义务人予以赔偿。这里需要注意的是，因迟延履行造成损害，申请人只能另诉，在执行程序中直接要求处理，法院将不予支持（见类案裁判观点分析案例四）。

【类案裁判观点分析】

案例一：虽然义务人实际支付金额少于和解协议约定的金额，但申请执行人接受付款并开具收据后长时间未对付款金额提出异议的，可以认定构成合同的默示变更，和解协议已经履行完毕——最高人民法院（2018）最高法执复88号（最高人民法院指导案例119号）

关于案涉和解协议是否已履行完毕。追日电气公司依据和解协议的约定以及滁州建安公司的要求，分别向滁州建安公司和王某刚等支付了412.880667万元、50万元款项，虽然与和解协议约定的463.3万元尚差4000余元，但是滁州建安公司予以接受并为追日电气公司分别开具了413万元的收据及50万元的发票，根据《最高人民法院关于贯彻执行〈中华人民共和国民法通则〉若干问题的意见（试行）》第66条的规定，结合滁州建安公司在接受付款后较长时间未对付款金额提出异议的事实，可以认定双方以行为对和解协议约定的付款金额进行了变更，构成合同的默示变更，故案涉和解协议约定的付款义务已经履行完毕。关于付款期限问题，根据《最高人民法院关于执行和解若干问题的规定》第15条的规定，若滁州建安公司认为追日电气公司延期付款对其造成损害，可另行提起诉讼解决，而不能仅以此为由申请执行一审判决。

案例二：和解协议约定的义务除支付款项、放弃上诉外，还有关于继续后续合作的约定，义务人仅支付款项并放弃上诉，不能认定和解协议已履行完——最高人民法院（2019）最高法执复47号

本案的争议焦点为，在欣华公司与翰克斯公司之间存在和解协议的情况下，欣华公司能否申请执行（2015）苏商初字第00021号民事判决。对此，江苏高院以欣华欣公司违反和解协议约定未撤回另案上诉、翰克斯公司已经履行完和解协议约定义务、欣华公司申请执行判决超过申请执行期间、应根据和解协议约定通过仲裁寻求救济途径等理由，认定欣华公司不得申请执行（2015）苏商初字第00021号民事判决。但是，有以下两点需要注意：首先，根据江苏高院及本院查明的事实，和解协议约定欣华公司撤回另案上诉的前提是其收到翰克斯公司支付的600万元款项，而翰克斯公司支付该600万元款项的时间是2016年4月11日，故欣华公司应在2016年4月11日之后撤回另案上诉，但是该另案的终审判决即（2016）苏民终14号民事判决却已于2016年3月30日由江苏高院作出，故欣华公司在和解协议约定的撤回另案上诉的条件成就时，客观上已无法撤回上诉，不能视为其违反了和解协议的约定。其次，和解协议关于翰克斯公司的义务的约定，不仅包括该公司向欣华公司履行600万元款项，以及放弃对（2015）苏商初字第00021号案件的上诉，还包括以后续合作等方式继续履行相关债务的内容。因此，不能仅以翰克斯公司已支付600万元款项并放弃上诉的事实，即认定其已履行完毕和解协议约定的义务。故江苏高院存在基本事实认定不清问题，依法应发回该院重新审查。

案例三：义务人将款项打入法院账户，而非调解书中约定的指定账户，不能认定调解书已经全面履行——山东高院（2022）鲁执监66号

人民法院在执行程序中有权就当事人对调解书的履行情况及承担民事责任的条件是否成就进行审查。本案中，日照中院（2020）鲁11民终2525号民事调解书是依据双方当事人在法院主持下达成的调解协议作出，该调解协议对付款时间、付款方式等进行了具体约定，是经过双方当事人签字认可的，故宋某龙应当将案涉款项依约打入许某涛提供的银行账户。申诉人宋某龙虽然将案款汇入日照东港法院账户，但该账户并非法院提供，亦非调解协议约定的付款账户，且宋某龙并未将该汇款情况告知申请执行人或原审承办法官。即使宋某龙将案款交至法院，在许某涛向日照东港法院申请强制执行前，宋某龙亦应将案款交至主持调解的日照中院。故宋某龙将案款汇至日照东港法院的行为不应视为对生效民事调解书确定义务的全面履行，申请执行人许某涛逾期未收到案款向日照东港法院申请对一审民事判决的执行并无不当，执行法院立案执行并扣划宋某龙名下相应存款合法有据。

案例四：义务人迟延履行不影响履行完毕的判断，申请执行人因被执行人迟延履行遭受损害的，可以另行提起诉讼——佛山中院（2020）粤06执复279号

本院认为，被执行人叶某履行执行和解协议期间，虽然存在迟延履行的情形，但作为申请执行人的复议申请人中宝公司在接受履行时并未提出任何异议，故可以认定执行和解协议已履行完毕。至于复议申请人中宝公司有关其未对迟延履行作出明示认可、和解协议中存在违约条款以及其已提出本案执行异议等理由，均不足以推翻前述执行和解协议已经履行完毕的认定，本院对其相关主张均不予采纳。本案的处理与中宝公司与叶某之间的执行和解协议履行情况存在直接利害关系，因此佛山禅城法院适用《最高人民法院关于执行和解若干问题的规定》的相关规定进行审查，并无不当。中宝公司有关适用法律错误的主张，缺乏依据，本院不予支持。根据《最高人民法院关于执行和解若干问题的规定》第15条的规定，“执行和解协议履行完毕，申请执行人因被执行人迟延履行、瑕疵履行遭受损害的，可以向执行法院另行提起诉讼”，复议申请人中宝公司若认为其因被执行人叶某的迟延履行行为遭受了损害，可另行提起诉讼寻求救济。

019. 民事调解书执行立案时，如何判断其给付内容是否明确

◇ **问题**　民事调解书中明确了债务总额，并约定抵债物的处置方式，以及处置后所得价款不足以清偿债务的补足方式，能否认定调解书“给付内容明确”

◇ **来源**　最高人民法院（2020）最高法执复100号

◇ **结论**　在民事调解书已明确债务总额，且抵债物处置所得总价款亦明确的情况下，法院在此基础上能够进一步确定剩余债权执行数额，可以认定民事调解书给付内容明确

【基本案情】

原告山东信托公司与被告北方渔市公司等合同纠纷一案，在审理过程中，经山东高院主持调解，当事人自愿达成调解协议。山东高院作出案涉民事调解书，调解书载明：案涉书画作品由山东信托公司处置，处置所得价款不足以清偿应付款项的，由北方渔市公司等承担补足义务。

后山东信托公司向山东高院申请强制执行，在执行申请书中述称："申请人按照民事调解书第3条之约定，已将全部书画作品处置完毕，处置所得书画价款为85,957,913元。根据民事调解书第2条确定的债权金额，处置价款不足以清偿该应付款项，被执行人应履行补足义务，但被执行人未履行生效法律文书确定的补足义务，故特向贵院申请强制执行。"

该案执行过程中，北方渔市公司提出书面异议，请求解除对该公司财产的查封措施。山东高院裁定驳回北方渔市公司的异议。

北方渔市公司不服，向最高人民法院申请复议，认为案涉民事调解书给付内容不明确，没有支付对象、支付原因，也没有支付的具体数额。山东高院在没有生效法律文书、调解书确定执行的具体数额的情况下，根据一方当事人的申请随便列举的数额5678万元，对该公司采取执行措施，违反法律规定。

【争议焦点】

本案民事调解书中的给付内容是否明确？

【裁判要点】

本案的执行依据为（2017）鲁民初68号民事调解书，该调解书明确了案涉书画作品的处置方式，亦明确了书画作品处置后价款分配和补足方式，即"处置所得价款超出第2条应付款项的，超出部分价款由北京跃海天润实业有限公司、净雅食品集团有限公司、北方渔市公司协商分配；处置所得价款不足以清偿第2条应付款项的，由北京跃海天润实业有限公司、净雅食品集团有限公司、北方渔市公司于处置完毕之日起30日内承担补足义务"。本案中，根据山东高院查明的情况，艺术品处置过程中，北方渔市公司等被执行人对处置方案、委托拍卖合同等均予盖章确认，而字画作品处置所得价款不足以清偿民事调解书第2条中约定的应付款项。根据民事调解书的内容，应“由北京跃海天润实业有限公司、净雅食品集团有限公司、北方渔市公司于处置完毕之日起30日内承担补足义务”，此种情形下，执行北方渔市公司的条件已经成就，故山东高院在执行程序中将北方渔市公司作为被执行人并执行其财产，并无不当。

《民事诉讼法司法解释》第463条第1款[①]规定，当事人申请人民法院执行的生效法律文书应当具备下列条件：（1）权利义务主体明确；（2）给付内容明确。本案中，（2017）鲁民初68号民事调解书第2项明确了债务总额，第3项明确了书画作品的处置方式，以及书画作品处置后价款分配和补足方式。案涉字画作品按照北方渔市公司等被执行人认可的处置方式处置完毕后，山东信托公司向北方渔市公司出具告知函，告知处置所得总价款为85,957,913元。在民事调解书已明确债务总额，且书画作品处置所得总价款亦明确的情况下，山东高院在此基础上，进一步确定本案剩余债权执行数额，并无不当。

【相关法律规定】

《民事诉讼法》

第二百四十三条 发生法律效力的民事判决、裁定，当事人必须履行。一方拒绝履行的，对方当事人可以向人民法院申请执行，也可以由审判员移送执行员执行。

调解书和其他应当由人民法院执行的法律文书，当事人必须履行。一方拒绝履行的，对方当事人可以向人民法院申请执行。

《民事诉讼法司法解释》

第四百六十一条 当事人申请人民法院执行的生效法律文书应当具备下列条件：

（一）权利义务主体明确；

（二）给付内容明确。

---

① 现为《民事诉讼法司法解释》第461条第1款。

法律文书确定继续履行合同的，应当明确继续履行的具体内容。

《最高人民法院关于人民法院执行工作若干问题的规定（试行）》

16. 人民法院受理执行案件应当符合下列条件：

（1）申请或移送执行的法律文书已经生效；

（2）申请执行人是生效法律文书确定的权利人或其继承人、权利承受人；

（3）申请执行的法律文书有给付内容，且执行标的和被执行人明确；

（4）义务人在生效法律文书确定的期限内未履行义务；

（5）属于受申请执行的人民法院管辖。

人民法院对符合上述条件的申请，应当在七日内予以立案；不符合上述条件之一的，应当在七日内裁定不予受理。

《最高人民法院关于人民法院民事调解工作若干问题的规定》

第十五条 调解书确定的担保条款条件或者承担民事责任的条件成就时，当事人申请执行的，人民法院应当依法执行。

不履行调解协议的当事人按照前款规定承担了调解书确定的民事责任后，对方当事人又要求其承担民事诉讼法第二百五十三条①规定的迟延履行责任的，人民法院不予支持。

【应诉策略】

1. 民事调解书无给付性质或者给付内容不明确的，不符合执行条件

司法实践中，为了节约诉讼成本，当事人往往接受以调解方式解决纠纷，当事人达成和解后，由法院依据和解协议内容制作民事调解书，该调解书经双方当事人签收后，具有与民事判决书同等的法律效力。依法生效的调解书，属于具有强制执行效力的法律文书。但是，并非所有的调解书均符合强制执行的条件。

《民事诉讼法司法解释》第461条第1款规定，当事人申请人民法院执行的生效法律文书应当同时具备两个条件：（1）权利义务主体明确；（2）给付

① 现为《民事诉讼法》第260条。

内容明确。据此，只有具有给付性质、给付内容明确的民事调解书，才符合申请执行条件（见类案裁判观点分析案例一）。

2. 并非所有给付内容不明确的调解书都是不符合执行条件的

针对生效调解书等法律文书执行内容不明确的问题的处理原则，依据最高人民法院《关于立案、审判与执行工作协调运行的意见》第 15 条第 1 款之规定，执行部门应书面提请审判部门予以书面解释或者裁定补正。

若通过该途径仍不能明确给付内容的，法院通常会裁定驳回执行申请。债权人后续只能通过另案诉讼或其他方式明确执行内容，而后向法院申请执行。

3. 债权人向人民法院申请执行调解书以债务人拒绝履行或不全面履行调解书确定的义务为前提

《民事诉讼法》第 243 条第 2 款规定："调解书和其他应当由人民法院执行的法律文书，当事人必须履行。一方拒绝履行的，对方当事人可以向人民法院申请执行。"据此，只有债务人明确表示拒绝或者超过调解书约定的期限仍不履行义务的，债权人才可向人民法院申请执行（见类案裁判观点分析案例二）。此外，如果债务人不全面履行调解书确定的义务，也属于可以申请强制执行的情况（见类案裁判观点分析案例三）。

4. 不履行调解书的当事人承担了调解书确定的违约责任后，对方当事人不能再要求其承担迟延履行责任

根据《最高人民法院关于人民法院民事调解工作若干问题的规定》第 15 条的规定，调解书中约定了违约责任，义务人因不履行或迟延履行调解书承担了违约责任后，债权人就无权再主张债务人承担迟延履行期间的债务利息（见类案裁判观点分析案例四、案例五）。

因此，债权人在和解协商过程中应当特别注意调解书中如何确定债务人的违约责任承担方式：

（1）在被执行人支付能力较差的情况下，为防止拖延执行，不宜约定固定金额的违约责任。可以不约定违约条款，如债务人不能按时还款，可以主张迟延履行期间的债务利息；或者，可以约定依据利率和违约天数计算的违约责任，如果执行过程中债务人长时间拖延执行，可以按违约天数计算追究其违约责任。

（2）如果被执行人支付能力和信誉较好，可以直接在调解书中约定固定金额的违约责任。

需要注意的是，当事人在履行民事调解书过程中，对于履行情况是否构成违约、所造成损失的数额以及违约金的数额等问题发生争议，属于新发生的争议，不能在执行过程中一并解决，应当另行起诉，需要通过审判程序予以救济（见类案裁判观点分析案例六）。

【类案裁判观点分析】

案例一：民事调解书具有给付内容且主要给付内容具体明确的，当事人可以调解书作为执行依据申请人民法院执行——最高人民法院（2020）最高法执监211号

根据《民事诉讼法司法解释》第463条[①]的规定，本案执行依据是北京高院第989号调解书，双方在第989号调解书第一部分中约定了系列纠纷争议按以下方式一次性解决：庄胜公司应向中建一局支付工程款21,425万元；涉案全部139套房产归庄胜公司所有。就工程款而言，在第989号调解书“五、付款期限”部分，明确约定了庄胜公司在确定的时间分期向中建一局给付特定数额金钱的义务，该义务并没有约定前提条件，给付内容具体明确。就房产而言，第989号调解书第一部分第3项确定了中建一局要将139套房屋返还给庄胜公司。总体上，这是一项附条件的给付义务，即以庄胜公司支付价款符合调解书约定为条件，当条件成就时，中建一局负有返还相应房屋的义务。第989号调解书在第四部分、第六部分“抵押解除安排”和第七部分“诉讼费用、税费承担”等部分对此项义务的具体实现方式进行了细化约定：在北京高院查封139套房屋并协调北京一中院解除对62套房屋和对庄胜公司房屋、土地、账户的查封后，中建一局负有提供办理59套房屋产权过户和办理解除涉案商品房预售契约及备案登记的所有文件的义务，由庄胜公司负责办理过户和预售契约的备案登记解除手续；庄胜公司负有提供将139套房屋办理抵押登记手续文件的义务，由中建一局负责办理抵押登记手续；中

① 现为《民事诉讼法司法解释》第461条。

建一局和庄胜公司分别承担相应过户、评估、抵押等税费；在办理抵押登记之后，从庄胜公司按照调解书约定支付全部2007年3月及以前的还款开始，根据庄胜公司的还款进度，中建一局负有分批解除抵押登记的义务。综上，第989号调解书具有给付内容，且庄胜公司支付款项和中建一局返还房屋这两项主要给付内容具体明确，中建一局和庄胜公司的相应主张成立。北京高院认为该调解书系确认性质的调解书，不具有给付性质，缺乏事实和法律依据，依法应予纠正。

案例二：债权人向人民法院申请执行调解书的前提是债务人拒绝履行民事调解书确定的义务——北京高院（2022）京执监25号

本院认为，本案争议的焦点在于征信某分公司的执行申请是否符合法律规定的受理条件。根据《民事诉讼法》第243条第1款的规定，发生法律效力的调解书，当事人必须履行。一方拒绝履行的，对方当事人可以向人民法院申请执行。依据该规定，债权人向人民法院申请执行的前提是债务人拒绝履行调解书确定的义务。本案中，调解书作出后，上元公司积极与征信某分公司协商，主动要求履行调解书确定的付款义务，并在协商未果后以债务人的身份申请执行，可见其既无拒绝履行的主观故意，亦无拒绝履行的客观行为，征信某分公司申请强制执行缺少前提条件。

案例三：民事调解书约定将款项打入对方当事人账户，义务人直接将款项交至法院的，不属于全面履行民事调解书确定的义务，对方当事人可以申请强制执行——山东高院（2022）鲁执监66号

本院认为，本案的争议焦点为申诉人宋某龙的付款行为是否属于在生效法律文书确定的期限内履行了义务。依法生效的民事调解书不仅是对当事人在自愿、合法基础上达成的权利义务协议内容的确定，而且也是具有强制执行效力的法律文书。《民事诉讼法》第243条第2款规定，调解书和其他应当由人民法院执行的法律文书，当事人必须履行。一方拒绝履行的，对方当事人可以向人民法院申请执行。《最高人民法院关于人民法院民事调解工作若干问题的规定》第15条第1款规定，调解书确定的担保条款条件或者承担民事责任的条件成就时，当事人申请执行的，人民法院应当依法执行。根据上述规定，人民法院在执行程序中有权就当事人对调解书的履行情况及承担民事责任的条件是否成就进行审查。本案中，日照中院（2020）鲁11民终2525号民事调解书是依据双方当事人在法院主持下达成的调解协议作出，该调解协议对付款时间、付款方式等进行了具体约定，是经过双方当事人签字认可的，故宋某龙应当将案涉款项依约打入许某涛提供的银行账户。申诉人宋某龙虽然将执行款汇入日照东港法院账户，但该账户并非法院提供，亦非调解协议约定的付款账户，且宋某龙并未将该汇款情况告知申请执行人或原审承办法官。即使宋某龙将执行款交至法院，在许某涛向日照东港法院申请强制执行前，宋某龙亦应将执行款交至主持调解的日照中院。故宋某龙将案款汇至日照东港法院的行为不应视为对生效民事调解书确定义务的全面履行，申请执行人许某涛逾期未收到案款向日照东港法院申请对一审民事判决的执行并无不当，执行法院立案执行并扣划宋某龙名下相应存款合法有据。

案例四：不履行调解协议的当事人承担了调解书确定的民事责任后，对方当事人不能再要求其承担法定迟延履行责任——最高人民法院（2019）最高法执监196号

本案的争议焦点是被执行人是否应承担《民事诉讼法》第253条①规定的迟延履行责任的。《民事诉讼法》第253条规定，被执行人未按判决、裁定和其他法律文书指定的期间履行给付金钱义务的，应当加倍支付迟延履行期间的债务利息。可见，迟延履行利息义务系基于被执行人未按照执行依据确定的期限履行金钱给付义务而发生的法定义务，应当严格依照法律、司法解释规定的方式计算。然而，《最高人民法院关于人民法院民事调解工作若干问题的规定》第10条第1款②规定，人民法院对于调解协议约定一方不履行协议应当承担民事责任的，应予准许。第19条③规定，调解书确定的担保条款条件或者承担民事责任的条件成就时，当事人申请执行的，人民法院应当依法执行。不履行调解协议的当事人按照前款规定承担了调解书确定的民

① 现为《民事诉讼法》第260条。
② 现为《最高人民法院关于人民法院民事调解工作若干问题的规定》第8条第1款。
③ 现为《最高人民法院关于人民法院民事调解工作若干问题的规定》第15条。

事责任后，对方当事人又要求其承担《民事诉讼法》第229条①规定的迟延履行责任的，人民法院不予支持。根据上述法律和司法解释的规定，山东高院认为需要审查作为本案执行依据的民事调解书中是否有民事责任的约定，从而来认定被执行人是否还需要承担《民事诉讼法》规定的迟延履行责任，这一审理思路本院予以认可。但是，山东高院对本案执行依据（2014）青金商初字第337号民事调解书中第1项和第2项内容之间的关系认定为无论是按月息8.6‰计算，还是按月息8.6‰的2倍计算，这都是针对不同的时间段、不同的本金数额的两种计息方式，是调解书约定的给付内容本身，本院不予认可。案涉调解书第1项约定，被执行人臧某某于2015年3月31日前偿还申请执行人借款本金4000万元及利息（自2014年3月21日起按月息8.6‰计算至2015年3月31日止）这是当事人双方对主要义务的履行作出的约定。调解书第2项约定，如果被执行人臧某某未按期足额履行上述第1项给付义务，则被执行人臧某某应按合同利率月息8.6‰的2倍，以未履行本金的金额自2014年3月21日起至实际给付之日止计算利息。

上述民事调解书第2项实质是约定，当被执行人未按照调解书指定期间履行给付金钱义务时，因其迟延履行应当承担加重的义务，属于约定一方不履行协议应当承担的民事责任性质。现申请执行人建国房地产公司申请强制执行，要求被执行人按照调解书第2项的约定承担逾期付款利息后，根据《最高人民法院关于人民法院民事调解工作若干问题的规定》第19条的规定，不能再同时要求被执行人按照《民事诉讼法》第229条的规定承担迟延履行期间的加倍部分债务利息。

案例五：执行过程中，被执行人已经履行了约定的金额，承担了违约责任，人民法院便不能要求其承担《民事诉讼法》第260条规定的迟延履行责任——潍坊中院（2022）鲁07执复114号

本案的争议焦点是关于迟延履行期间加倍债务利息是否应当执行。本案中，作为执行依据的民事调解书，既约定了“被告赵某军、刘某敏于2012年8月30日前偿还原告韩某聚借款本金400,000元”，又约定了“被告赵某军、

① 现为《民事诉讼法》第260条。

刘某敏于2012年9月15日前偿还原告韩某聚借款违约金100,000元”，调解书中关于借款违约金的约定，即属于上述条款中的“民事责任”。执行过程中，被执行人已经履行了约定的金额，承担了违约责任，人民法院便不能要求其承担《民事诉讼法》第260条规定的迟延履行责任，即法院只能执行调解书所确定的违约金而不能要求加倍支付迟延履行利息。

关于复议申请人提出的支付迟延履行利息是法定的、执行法院依据《最高人民法院关于人民法院民事调解工作若干问题的规定》第15条裁定终结执行没有任何法律依据和法律效力的理由，上述司法解释以及《最高人民法院关于执行程序中计算迟延履行期间的债务利息适用法律若干问题的解释》，均系根据《民事诉讼法》制定的司法解释，不存在违反上位法的问题。《最高人民法院关于人民法院民事调解工作若干问题的规定》是对人民法院民事调解工作的专门司法解释，其第19条规定：“本规定实施前最高人民法院的有关司法解释与本规定不一致的，适用本规定。”执行法院依据该司法解释进行审查，并不违反法律规定。

案例六：当事人在履行民事调解书过程中，对于履行情况是否构成违约、所造成损失的数额以及违约金的数额等问题发生争议，属于新发生的争议，应另行通过审判程序予以确认——最高人民法院（2020）最高法执监310号

《民事诉讼法司法解释》第463条第1款[①]规定，当事人申请人民法院执行的生效法律文书应当具备下列条件：权利义务主体明确，以及给付内容明确。本案中，执行依据本院（2017）最高法民再81号民事调解书确认的内容，其中包括：“支付时间：疆南供电公司于2017年1月26日前一次性向付某平支付剩余500万元，疆南供电公司于2017年2月10日之前一次性向付某平支付剩余260万元。2016年12月3日前由法院代扣了执行案款20万元，在法院账户上，待疆南供电公司付清所有款项后，付某平会同疆南供电公司一起向喀什中院申请撤销强制执行，但法院执行期间产生的执行费由疆南供电公司负担。疆南供电公司在收到法院退款后，在10日内必须将剩余评估鉴

① 现为《民事诉讼法司法解释》第461条第1款。

定费及受理费 208,658.50 元一次性支付给付某平。此后，双方因二案所产生的一切争议均告终结，疆南供电公司对付某平再无任何其他给付或赔偿责任。全部款项支付后，疆南供电公司 10 日内撤回针对（2016）新 3101 民初 2607 号提起的上诉。”“若疆南供电公司不履行协议中上述二条款，则疆南供电公司承诺按照新疆高院的（2016）新民终 348 号民事判决书、喀什市法院的（2016）新 3101 民初 2607 号民事判决书的判决结果履行给付义务，并向付某平给付不履行本调解协议造成损失 130% 的违约金。”当事人在履行（2017）最高法民再 81 号民事调解书过程中，对于履行情况是否构成违约产生了争议。对于履行情况是否构成违约、所造成损失的数额以及违约金的数额等问题，属于新发生的争议，新疆高院认为可另行通过审判程序予以确认，本院予以维持。

020. 公证债权文书仅对担保合同赋予强制执行效力，能否单独申请强制执行

◇ **问题**　公证债权文书仅对担保合同赋予强制执行效力，能否单独申请强制执行

◇ **来源**　四川高院（2021）川执复 83 号

◇ **结论**　质押担保合同依法属于公证机关可赋予强制执行效力的债权文书范围，可以单独赋予强制执行效力和据此申请强制执行

【基本案情】

在中铁信托公司与被执行人成都瑞欣公司、延边新合作公司公证债权文书强制执行一案中，中铁信托公司依据四川省成都市蜀都公证处出具的 376 号《执行证书》申请强制执行。经查，2020 年 4 月 27 日，四川省成都市蜀都公证处出具 376 号《执行证书》，对延边新合作公司的质押合同赋予强制执行效力。

执行过程中，延边新合作公司向执行法院提出书面异议称：异议人仅以质押物为限承担无连带保证责任，在借款人未以其提供的质押担保进行清偿前，异议人有权中止履行担保责任。请求依法撤销成都铁路运输中级法院（2020）川71执60号执行裁定。

成都铁路运输中级法院经审查，认为上述异议不成立。延边新合作公司不服，向四川高院申请复议。

【争议焦点】

公证机关能否单独赋予质押合同强制执行效力并由法院予以执行？

【裁判要点】

按照《最高人民法院关于公证债权文书执行若干问题的规定》第6条“公证债权文书赋予强制执行效力的范围同时包含主债务和担保债务的，人民法院应当依法予以执行”的规定，以及《执行异议和复议规定》第22条“公证债权文书对主债务和担保债务同时赋予强制执行效力的，人民法院应予执行；仅对主债务赋予强制执行效力未涉及担保债务的，对担保债务的执行申请不予受理；仅对担保债务赋予强制执行效力未涉及主债务的，对主债务的执行申请不予受理。人民法院受理担保债务的执行申请后，被执行人仅以担保合同不属于赋予强制执行效力的公证债权文书范围为由申请不予执行的，不予支持”的规定，质押担保合同依法属于公证机关可赋予强制执行效力的债权文书范围，中铁信托公司申请强制执行案涉公证债权文书，符合执行案件的受理条件。执行法院依据公证债权文书内容要求被执行人承担相应责任并作出执行裁定并无不当。

【相关法律规定】

《民事诉讼法》

第二百四十五条 对公证机关依法赋予强制执行效力的债权文书，一方当事人不履行的，对方当事人可以向有管辖权的人民法院申请执行，受申请的人民法院应当执行。

公证债权文书确有错误的，人民法院裁定不予执行，并将裁定书送达双方当事人和公证机关。

《公证法》

第三十七条　对经公证的以给付为内容并载明债务人愿意接受强制执行承诺的债权文书，债务人不履行或者履行不适当的，债权人可以依法向有管辖权的人民法院申请执行。

前款规定的债权文书确有错误的，人民法院裁定不予执行，并将裁定书送达双方当事人和公证机构。

《最高人民法院关于公证债权文书执行若干问题的规定》

第二条　公证债权文书执行案件，由被执行人住所地或者被执行的财产所在地人民法院管辖。

前款规定案件的级别管辖，参照人民法院受理第一审民商事案件级别管辖的规定确定。

第五条　债权人申请执行公证债权文书，有下列情形之一的，人民法院应当裁定不予受理；已经受理的，裁定驳回执行申请：

（一）债权文书属于不得经公证赋予强制执行效力的文书；

（二）公证债权文书未载明债务人接受强制执行的承诺；

（三）公证证词载明的权利义务主体或者给付内容不明确；

（四）债权人未提交执行证书；

（五）其他不符合受理条件的情形。

第六条　公证债权文书赋予强制执行效力的范围同时包含主债务和担保债务的，人民法院应当依法予以执行；仅包含主债务的，对担保债务部分的执行申请不予受理；仅包含担保债务的，对主债务部分的执行申请不予受理。

第十二条　有下列情形之一的，被执行人可以依照民事诉讼法第二百三十八条第二款[①]规定申请不予执行公证债权文书：

（一）被执行人未到场且未委托代理人到场办理公证的；

（二）无民事行为能力人或者限制民事行为能力人没有监护人代为办理

① 现为《民事诉讼法》第245条第2款。

公证的；

（三）公证员为本人、近亲属办理公证，或者办理与本人、近亲属有利害关系的公证的；

（四）公证员办理该项公证有贪污受贿、徇私舞弊行为，已经由生效刑事法律文书等确认的；

（五）其他严重违反法定公证程序的情形。

被执行人以公证债权文书的内容与事实不符或者违反法律强制性规定等实体事由申请不予执行的，人民法院应当告知其依照本规定第二十二条第一款规定提起诉讼。

【应诉策略】

所谓公证债权文书，是指经公证的以给付为内容并载明债务人愿意接受强制执行承诺的债权文书。公证债权文书作出后，债务人不履行或者履行不适当的，债权人可以依法向有管辖权的人民法院申请强制执行。

关于公证债权文书的立案执行，有以下需要注意的要点。

1. 管辖

公证债权文书执行案件，由被执行人住所地或者被执行的财产所在地人民法院管辖。公证债权文书执行案件的级别管辖，参照人民法院受理第一审民商事案件级别管辖的规定确定。

2. 法院不予受理执行公证债权文书的情形

法院在以下几种情形下，会不予受理执行公证债权文书：

（1）债权文书属于不得经公证赋予强制执行效力的文书。

（2）公证债权文书未载明债务人接受强制执行的承诺。

（3）公证证词载明的权利义务主体或者给付内容不明确。

（4）债权人未提交《执行证书》。

（5）其他不符合受理条件的情形。

3. 同时存在主债务和担保债务时公证债权文书的效力范围如何认定的问题

公证债权文书赋予强制执行效力的范围可以依当事人协商而自由约定，

既可以同时包含主债务和担保债务，也可以对主债务或者担保债务单独赋予强制执行效力。当事人约定公证债权文书的效力范围仅包含主债务的，对担保债务部分的执行，法院将不予受理；仅包含担保债务的，对主债务部分的执行法院也将不予受理（见类案裁判观点分析案例一）。

同理，如果当事人在主合同项下又另外签订独立的单项合同，则主合同经公证被赋予的强制执行效力也不及于单项合同（见类案裁判观点分析案例二）。

4. 关于公证债权文书申请执行立案的时效的问题

申请执行公证债权文书的期间自公证债权文书确定的履行期间的最后一日起计算，2 年内完成执行立案申请；分期履行的，自公证债权文书确定的每次履行期间的最后一日起计算。债权人向公证机构申请出具《执行证书》的，申请执行时效自债权人提出申请之日起中断。

5. 被执行人可以申请不予执行公证债权文书的情形

（1）被执行人未到场且未委托代理人到场办理公证的。

（2）无民事行为能力人或者限制民事行为能力人没有监护人代为办理公证的。

（3）公证员为本人、近亲属办理公证，或者办理与本人、近亲属有利害关系的公证的。

（4）公证员办理该项公证有贪污受贿、徇私舞弊行为，已经由生效刑事法律文书等确认的。

（5）其他严重违反法定公证程序的情形。

【类案裁判观点分析】

案例一：公证债权文书赋予强制执行效力的范围仅有担保债务时，债权人可以仅就担保债务部分申请执行——四川高院（2021）川执复 105 号

本案 3 份《最高额保证合同》由公证处分别出具（2019）川律公证内经字第 3058～3060 号赋予强制执行效力公证书，且在此基础上公证处出具了相应的《执行证书》，故成都中院受理天府银行某分行针对 6 位保证人的执行申请并未违反法律规定。同时，《最高人民法院关于公证债权文书执行若干问题的规定》第6条规定："公证债权文书赋予强制执行效力的范围同时包含主债务和担保债务的，人民法院应当依法予以执行；仅包含主债务的，对担保债务部分的执行申请不予受理；仅包含担保债务的，对主债务部分的执行申请不予受理。"根据该规定，公证债权文书赋予强制执行效力的范围仅有担保债务时债权人可以就担保债务部分申请执行，故天府银行某分行该部分执行申请有法律依据。至于本案保证债务大小是否明确、是否存在争议，与针对保证人的执行申请的受理无关。保证人如果对保证责任大小存在实体争议，其作为被执行人，可以通过《最高人民法院关于公证债权文书执行若干问题的规定》的救济程序请求解决。天府银行某分行关于应当受理最高额保证合同部分执行申请的这部分复议请求成立，应予支持。原审裁定将该部分强制执行申请一并驳回不当，予以纠正。

案例二：主合同经公证被赋予的强制执行效力不及于主合同项下的单项合同——四川高院（2021）川执复105号

在（2019）川01执2739号执行实施案中，天府银行某分行申请执行的债权文书与博大公司承担责任有关的部分，实为（2019）川律公证执字第230号《执行证书》载明的8份单项业务主合同，该8份合同的债权债务虽经公证机构出具前述《执行证书》，且该8份合同属于《公司客户额度授信合同》项下的单项业务合同，而该《公司客户额度授信合同》此前已由公证机构出具（2019）川律公证内经字第3055号赋予强制执行效力公证书。但是，以下两个方面需要注意：一方面，该8份单项业务主合同均未经过公证并赋予强制执行效力；另一方面，该8份单项业务主合同存在以下特殊情形时，并不因《公司客户额度授信合同》经过赋予强制执行效力的公证而当然具有申请执行的效力，这些情形是：（1）8份单项业务主合同均未明确约定，基于《公司客户额度授信合同》已经赋予强制执行效力的公证，对该8份单项业务主合同无须另行申请赋强公证，债权人即可申请强制执行合同项下的债权；（2）8份单项业务主合同均将解决争议方式约定为由双方当事人协商，协商不成时由当事人向天府银行成都分行所在地人民法院起诉；（3）8份单项业务主合同中的《（人民币资金）流动资金借款合同》同时载明以下内容：

“本合同可经律政公证处进行公证……”。该约定应理解为，双方将公证作为避免该单项业务合同发生争议的可选方式时，虽然明知《公司客户额度授信合同》已经赋予强制执行效力的公证，但仍然约定需对该份单项业务主合同另行申请公证，而非约定以《公司客户额度授信合同》的赋予强制执行效力的公证来代替。此外，2017 年 7 月 13 日发布的《最高人民法院、司法部、中国银监会①关于充分发挥公证书的强制执行效力服务银行金融债权风险防控的通知》，虽然将金融机构对外融资实务中的“授信合同”纳入可赋予强制执行效力的债权文书范围，借以充分发挥公证作为预防性法律制度的作用，提高银行业金融机构实现债权的效率、降低金融债权实现成本，但是该份通知并未规定在授信合同项下的单项业务合同存在前述情形时，单项业务合同未经赋予强制执行效力的公证也可直接申请强制执行。综上，天府银行某分行基于 8 份单项业务主合同项下主债权对博大公司提出的执行申请，因该 8 份单项业务主合同未经公证并赋予强制执行效力，不符合申请执行公证债权文书的受理条件，应当不予受理，已经受理的，应当裁定驳回。

021. 关于执行立案是否超期，起算日应如何确定

◇ **问题**　生效法律文书确定义务人负有返还房屋义务，且以权利人支付相应款项为条件，权利人申请执行期间的起算日期应该如何确定

◇ **来源**　最高人民法院（2020）最高法执监 211 号

◇ **结论**　生效法律文书确定一方负有附条件义务，则申请执行期限应当从相关条件成就时起算。权利人分多期支付款项的，以权利人支付最后一笔款项的时间起算

【基本案情】

2006 年 9 月 28 日，北京高院作出第 989 号调解书，其主要内容为：

① 该国务院直属事业单位现已撤销。

（1）涉案全部139套房产归庄胜公司所有。（2）庄胜公司向中建一局支付工程款总额为21,425万元整，2006年7月至2008年12月的期限内按月给付。庄胜公司在按期支付完约5907万元本金后，在支付剩余约15,518万元本金过程中，中建一局应该根据庄胜公司付款进度返还相应房屋。

2014年12月20日，庄胜公司向北京一中院申请强制执行。执行过程中，中建一局提出执行异议，理由是：庄胜公司申请执行已超过执行时效，应当裁定不予执行。北京一中院作出第161号裁定：驳回庄胜公司的执行申请。庄胜公司向北京高院申请复议，北京高院裁定驳回庄胜公司的复议申请，维持北京一中院第161号裁定。庄胜公司不服，向最高人民法院提起本案申诉。

经查，庄胜公司最后一笔付款时间为2013年12月。至2014年申请执行时，庄胜公司已支付款项在扣除不对应返还房屋请求权的5907万元后，占剩余应付款项本金的近58%；中建一局返还了139套房屋中的24套，返还比例为17%。

【争议焦点】

庄胜公司申请执行是否超过申请执行期限？

【裁判要点】

关于庄胜公司申请执行是否超过申请执行期限问题。《民事诉讼法》第239条第1款①规定："申请执行的期间为二年。申请执行时效的中止、中断，适用法律有关诉讼时效中止、中断的规定。"第2款②规定："前款规定的期间，从法律文书规定履行期间的最后一日起计算；法律文书规定分期履行的，从规定的每次履行期间的最后一日起计算；法律文书未规定履行期间的，从法律文书生效之日起计算。"该条规定及相关司法解释，没有明确规定在生效法律文书确定一方负有附条件义务的情况下，申请执行期间的起算日期应该如何确定。法律规定申请执行期限的目的，是为了督促当事人行使权利，

① 现为《民事诉讼法》第246条第1款。
② 现为《民事诉讼法》第246条第2款。

尽快实现法律文书确立的权利义务关系，保证法律文书的严肃性和有效性。申请执行期限的起算，应以当事人享有实体法上的权利为前提条件。本案中，中建一局负有的返还房屋义务，以庄胜公司支付相应款项为条件，在条件成就前，中建一局不负有返还房屋的义务，庄胜公司亦不享有请求中建一局返还房屋的权利，申请执行期限亦无从起算。因此，庄胜公司要求中建一局返还房屋的申请执行期限应当从相关条件成就时起算。此外，中建一局返还房屋的义务系附条件的义务，虽然所附条件是分批次成就的，但并不属于《民事诉讼法》第 239 条第 2 款规定的分期履行的情形，庄胜公司的申请执行期限并不当然从每次条件成就时起算。本案中，根据第 989 号调解书的约定，中建一局与庄胜公司互负多期支付款项、返还房屋的义务，一方迟延履行或者不履行某一期义务，可能会导致迟延履行利息或者对方在履行义务过程中行使履行抗辩权，将导致后期双方的权利义务关系难以确定。在庄胜公司和中建一局均可能存在迟延履行的情况下，庄胜公司支付具体款项所对应的返还房屋面积将难以计算，庄胜公司享有要求返还具体面积房屋权利的条件何时成就将难以确定。因此，庄胜公司申请执行的期限宜统一以庄胜公司支付最后一笔款项的时间起算较为合理。本案中，庄胜公司最后一笔款项的付款时间是 2013 年 12 月，其申请执行时间是 2014 年 12 月，距离最后一笔付款时间并未超过法律规定的 2 年的申请执行期限。中建一局认为庄胜公司的执行申请超过申请执行期限的主张，缺乏事实和法律依据，法院不予支持。

【相关法律规定】

《民事诉讼法》

第二百四十六条　申请执行的期间为二年。申请执行时效的中止、中断，适用法律有关诉讼时效中止、中断的规定。

前款规定的期间，从法律文书规定履行期间的最后一日起计算；法律文书规定分期履行的，从最后一期履行期限届满之日起计算；法律文书未规定履行期间的，从法律文书生效之日起计算。

《民事诉讼法司法解释》

第五百一十七条　经过财产调查未发现可供执行的财产，在申请执行人签字确认或者执行法院组成合议庭审查核实并经院长批准后，可以裁定终结本次执行程序。

依照前款规定终结执行后，申请执行人发现被执行人有可供执行财产的，可以再次申请执行。再次申请不受申请执行时效期间的限制。

第五百一十八条 因撤销申请而终结执行后，当事人在民事诉讼法第二百四十六条规定的申请执行时效期间内再次申请执行的，人民法院应当受理。

《最高人民法院关于适用〈中华人民共和国民事诉讼法〉执行程序若干问题的解释》

第十九条 在申请执行时效期间的最后六个月内，因不可抗力或者其他障碍不能行使请求权的，申请执行时效中止。从中止时效的原因消除之日起，申请执行时效期间继续计算。

第二十条 申请执行时效因申请执行、当事人双方达成和解协议、当事人一方提出履行要求或者同意履行义务而中断。从中断时起，申请执行时效期间重新计算。

第二十一条 生效法律文书规定债务人负有不作为义务的，申请执行时效期间从债务人违反不作为义务之日起计算。

【应诉策略】

1. 根据现行《民事诉讼法》的规定，申请执行的时效期间为2年，从法律文书规定履行期间的最后一日起计算

根据《民事诉讼法》第246条，申请执行的期间为2年。关于申请执行期间的起算时间，依据义务人的义务履行期间不同，分为以下几种情形：

（1）从据以执行的生效法律文书确定的义务人履行期间的最后一日起计算（见类案裁判观点分析案例一）。

（2）法律文书规定分期履行的，从最后一期履行期限届满之日起计算。

（3）法律文书未规定履行期间的，从法律文书生效之日起计算。

需要注意的是，2007年10月28日修正的《民事诉讼法》将申请执行期间由6个月改为2年。据此，如果据以执行的生效法律文书系于2007年10月28日修正的《民事诉讼法》施行以前发生效力的，则应适用1991年《民

事诉讼法》有关申请执行期间的规定，申请执行期限为6个月（见类案裁判观点分析案例五）。

2. 申请执行期间为可变期间，适用法律有关诉讼时效中止、中断的规定

构成申请执行时效中断的法定原因主要包括三种类型：

（1）权利人主张权利，包括向义务人提出履行要求、申请执行（见类案裁判观点分析案例二）。

（2）债务人同意履行义务。

（3）双方达成新的协议。从中断时起，申请执行时效期间重新计算。

另外，在权利人主张权利的情形下，申请执行时效期间是否中断，并不取决于义务人是否同意履行义务，即不以义务人同意履行义务为前提，无论义务人是否同意履行义务，不影响申请执行时效期间中断的法律效力（见类案裁判观点分析案例三）。

3. 申请执行人超过申请执行时效期间向人民法院申请强制执行的，人民法院也应予以受理

根据《民事诉讼法司法解释》第481条第1款的规定，申请执行人超过申请执行时效期间向人民法院申请强制执行的，人民法院应予受理。据此，申请执行人超过申请执行期间向法院申请强制执行的，法院也应受理立案，但在执行过程中，被执行人可以对申请执行时效期间提出异议，人民法院经审查认为异议成立，将会裁定不予执行（见类案裁判观点分析案例六）。因此，享有执行时效抗辩权的主体是被执行人，需要被执行人主动提起抗辩，如果被执行人怠于行使抗辩权，则法院没有审查的职责，法院不会主动审查是否过时效的问题。

4. 终结执行后，再次申请强制执行的期间问题

执行终结后再次申请强制执行是否要受期间限制，要根据执行终结的原因来判断：

（1）如执行案件因未发现可供执行的财产而被裁定终结本次执行程序，则申请执行人发现被执行人有可供执行的财产，可以再次申请执行，再次申请不受申请执行时效期间的限制（见类案裁判观点分析案例四）。

（2）如执行案件因撤销申请而终结执行，则当事人再次申请执行要在

《民事诉讼法》第246条规定的2年申请执行时效期间内，否则法院将不予受理（见类案裁判观点分析案例七）。申请执行时效因第一次申请执行而中断，再次申请执行的期间自法院裁定终结执行之日起重新计算。

（3）如执行案件因当事人达成和解协议撤回申请而终结执行，和解协议未完全履行申请人再次申请恢复执行原生效法律文书的，同样适用《民事诉讼法》第246条2年申请执行期间的规定。若申请执行期间因达成执行中的和解协议而中断，其期间自和解协议约定履行期限的最后一日起重新计算。

【类案裁判观点分析】

案例一：执行期限应从法律文书规定履行期间的最后一日起计算——辽宁高院（2022）辽执复292号

本院认为，本案的焦点问题是环球公司向大连中院申请执行宏宇公司是否超过申请执行期限。复议申请人环球公司依据本案生效的民事调解书第2条1项第5条的约定对宏宇公司申请执行。根据上述约定，只要宏宇公司未在2013年11月21日前办结移交及验收合格事务，即应向环球公司支付违约金，申请执行期限亦应在上述约定时间内起算。因此，复议申请人环球公司主张案涉工程于2019年12月3日完成综合竣工验收备案时起算申请执行时效的复议理由，与上述约定相悖，该复议理由本院不予支持。大连中院异议裁定审查认为，环球公司自2013年11月22日起有权申请法院强制执行，该期限至2015年11月21日届满。即使按照宏宇公司、环球公司、监理单位三方于2014年4月16日形成的说明自2014年4月30日开始计算申请执行期限，环球公司也未在法定申请执行期限内行使权利，本案又无法定中止、中断情形，所以大连中院支持宏宇公司的异议请求并无不当。综上，复议申请人环球公司的复议请求缺乏事实和法律依据，本院不予支持。

案例二：债权人在申请执行期间内曾向法院申请强制执行，则申请执行时效中断并重新计算——最高人民法院（2021）最高法执监307号

申请执行时效是当事人请求人民法院对生效法律文书确认权益予以保护

并兑现的法定期限。依照《民事诉讼法》第239条[①]的规定，申请执行的期间为2年。申请执行时效的中止、中断，适用法律有关诉讼时效的中止、中断的规定。《民法总则》[②] 第195条[③]规定，有下列情形之一的，诉讼时效中断，从中断、有关程序终结时起，诉讼时效期间重新计算：（1）权利人向义务人提出履行请求；（2）义务人同意履行义务；（3）权利人提起诉讼或者申请仲裁；（4）与提起诉讼或者申请仲裁具有同等效力的其他情形。《最高人民法院关于适用〈中华人民共和国民事诉讼法〉执行程序若干问题的解释》第20条规定，申请执行时效因申请执行、当事人双方达成和解协议、当事人一方提出履行要求或者同意履行义务而中断。从中断时起，申请执行时效期间重新计算。从上述规定来看，构成申请执行时效中断的法定原因主要包括三种类型，即债权人主张权利，债务人同意履行义务，以及双方达成新的协议。其中，债权人主张权利的形式包括向人民法院申请执行或向债务人提出履行要求。法律法规并未对债权人主张权利的具体形式要件作出进一步规定，债权人能够举证证明其进行过积极主张权利的行为，即完成相应证明责任。本案中，申诉人提出林某艺申请执行的证据不足，无证据证明提交了申请执行的完整材料等，但山西高院、晋城中院已查明，关于申请执行人曾前往晋城中院申请执行的事实，有其委托代理人飞机订票记录、酒店入住记录、执行案件初次接待笔录、晋城中院档案阅卷记录、初次接待人员证明、听证笔录等材料予以确认，上述事实虽然不足以认定申请执行人代理人前往晋城中院办理申请执行事宜的确切日期，但可以认定申请执行人林某艺于2019年4月26日（向杭州中院邮寄材料的日期）前，以向法院申请执行的形式主张过权利，并未怠于行使权利，符合诉讼时效中断的法定事由，且并未超过本案执行依据判决生效且履行期限届满2年后的法定期限。山西高院、晋城中院认定申请执行人林某艺于2020年9月14日申请执行立案未超过申请执行时效，驳回异议人的异议、复议请求，并无不当。

---

① 现为《民事诉讼法》第246条。

② 该法现已废止。

③ 现为《民法典》第195条。

案例三：在权利人主张权利的情形下，义务人是否同意履行义务，不影响申请执行时效期间中断的法律效力——山西高院（2021）晋执复121号

关于申请人刘某飞向临汾中院申请被执行人马某红协助其办理产权过户是否已过执行时效的问题。《民事诉讼法》第239条[①]规定，申请执行的期间为2年。申请执行时效的中止、中断，适用法律有关诉讼时效中止、中断的规定。前款规定的期间，从法律文书规定履行期间的最后一日起计算；法律文书规定分期履行的，从规定的每次履行期间的最后一日起计算；法律文书未规定履行期间的，从法律文书生效之日起计算。《最高人民法院关于适用〈中华人民共和国民事诉讼法〉执行程序若干问题的解释》第20条规定，申请执行时效因申请执行、当事人双方达成和解协议、当事人一方提出履行要求或者同意履行义务而中断。从中断时起，申请执行时效期间重新计算。根据上述规定，申请执行的时效期间为2年，该期间为可变期间，适用法律有关诉讼时效中止、中断的规定，且权利人主张权利或者义务人同意履行义务均可导致申请执行时效期间的中断。在权利人主张权利的情形下，申请执行时效期间是否中断，并不取决于义务人是否同意履行义务，即不以义务人同意履行义务为前提。换句话说，只要权利人主张权利，义务人是否同意履行义务，不影响申请执行时效期间中断的法律效力。本案中，根据已查明的事实，涉案民事调解书生效的时间是2013年9月25日。此后，申请执行人刘某飞依据归还按揭贷款情况陆续要求复议申请人马某红协助办理过户登记，一直持续到2019年5月21日，涉案房产的名义登记人也一直予以配合。临汾中院认定申请执行人刘某飞于2020年5月9日申请被执行人马某红协助其办理产权过户未过申请执行时效期间并无不当。所以，复议申请人马某红的复议请求缺乏事实和法律依据，法院不予支持。

案例四：申请执行人发现被执行人有可供执行财产的，可以再次申请执行。再次申请不受申请执行时效期间的限制——陕西高院（2021）陕执复125号

关于复议申请人主张申请执行人兴业银行某分行以与被执行人协商处理

---

① 现为《民事诉讼法》第246条。

为由提交书面申请，请求榆林中院裁定终结本次执行程序，申请执行人未在2年内申请恢复执行，已超过申请执行期限的问题。《民事诉讼法》第239条第1款①规定，申请执行的期间为2年。申请执行时效的中止、中断，适用法律有关诉讼时效的规定。《民事诉讼法司法解释》第466条②规定，申请执行人与被执行人达成和解协议后请求中止执行或者撤回执行申请的，人民法院可以裁定中止执行或者终结执行。第519条③规定，经过财产调查未发现可供执行的财产，在申请执行人签字确认或者执行法院组成合议庭审查核实并经院长批准后，可以裁定终结本次执行程序。依照前款规定终结执行后，申请执行人发现被执行人有可供执行财产的，可以再次申请执行。再次申请不受申请执行时效期间的限制。第520条④规定，因撤销申请而终结执行后，当事人在《民事诉讼法》第239条⑤规定的申请执行时效期间内再次申请执行的，人民法院应当受理。本案中，申请执行人兴业银行某分行以与被执行人协商为由，于2016年4月20日向榆林中院提交书面申请，申请终结本案的本次执行程序。榆林中院于2016年4月28日作出（2015）榆中执字第00377－3号执行裁定，裁定终结根据陕西省榆林市榆阳区公证处作出的（2015）榆阳公证执字第113号《执行证书》发起的本次执行程序。如申请执行人与被执行人协商未果，申请执行人可申请法院恢复执行。终结本次执行程序的案件，申请人发现被执行人有可供执行财产的，可以再次申请执行，再次申请不受申请执行时效期间的限制。复议申请人该复议理由不符合法律规定，不能成立。

案例五：据以执行的生效法律文书系2007年10月28日修正的《民事诉讼法》施行以前发生法律效力的法律文书，故应适用1991年《民事诉讼法》有关申请执行期间的规定。申请执行期限是6个月——四川高院（2021）川执监13号

本院认为，本案应审查的焦点问题为宁某申请人民法院强制执行是否超

① 现为《民事诉讼法》第246条第1款。
② 现为《民事诉讼法司法解释》第464条。
③ 现为《民事诉讼法司法解释》第517条。
④ 现为《民事诉讼法司法解释》第518条。
⑤ 现为《民事诉讼法》第246条。

过法定申请执行期间。(2003) 乐市执字第01号《执行证书》系乐山市公证处根据原债权人中国工商银行夹江县支行的申请于2003年1月9日出具，该法律文书系2007年10月28日修正的《民事诉讼法》施行以前发生法律效力的法律文书，故应适用1991年《民事诉讼法》有关申请执行期间的规定。1991年《民事诉讼法》第219条规定："申请执行的期限，双方或者一方当事人是公民的为一年，双方是法人或者其他组织的为六个月。前款规定的期限，从法律文书规定履行期间的最后一日起计算；法律文书规定分期履行的，从规定的每次履行期间的最后一日起计算。"据此，双方当事人是法人或者其他组织的情形下的申请执行期限是6个月，且不适用法律有关诉讼时效中止、中断的规定。申请执行人未在法定期限内申请执行，便丧失了请求法院强制执行保护其合法权益的权利。本案中，双方当事人均为法人或其他组织，原债权人中国工商银行夹江县支行未在6个月内申请执行，本案已超过申请执行期限。宁某关于其强制执行申请未超过法定期限的申诉理由缺乏事实和法律依据，不能成立。

案例六：申请执行人超过申请执行时效期间向人民法院申请强制执行的，人民法院应予受理，被执行人享有执行时效抗辩权——江苏高院（2020）苏执复142号

复议申请人申请异议、复议认为万达公司的申请已经超过申请执行期限。《民事诉讼法司法解释》第483条第1款①规定，申请执行人超过申请执行时效期间向人民法院申请强制执行的，人民法院应予受理。被执行人对申请执行时效期间提出异议，人民法院经审查异议成立的，裁定不予执行。即享有执行时效抗辩权的主体是被执行人，复议申请人并非执行案件当事人，不享有执行时效抗辩权，无权提出执行申请超出执行期限的异议请求。

案例七：因撤销申请而终结执行后，当事人在《民事诉讼法》第246条规定的申请执行时效期间内再次申请执行的，人民法院应当受理——北京高院（2022）京执复104号

作为本案执行依据的第0781号裁决书仍然具有法律效力，李某会在撤销

---

① 现为《民事诉讼法司法解释》第481条第1款。

执行申请后提出的恢复执行申请符合司法解释规定的条件，北京三中院应当依法受理其恢复执行申请。根据《最高人民法院关于审理民间借贷案件适用法律若干问题的规定》第12条的规定，借款人或者出借人的借贷行为涉嫌犯罪，或者已经生效的裁判认定构成犯罪，当事人提起民事诉讼的，民间借贷合同并不当然无效。本案中，第0781号裁决书所依据的《借款合同》和《承诺担保函》不存在无效事由，该仲裁裁决也未经任何法定程序被撤销或裁定不予执行，仍然具有法律效力。根据《民事诉讼法司法解释》第518条的规定，因撤销申请而终结执行后，当事人在《民事诉讼法》第246条规定的申请执行时效期间内再次申请执行的，人民法院应当受理。北京三中院因李某会撤销执行申请于2019年12月4日裁定终结执行，李某会于2021年3月24日申请恢复执行，李某会的恢复执行申请未超过《民事诉讼法》第246条规定的申请执行时效期间，北京三中院应当依法受理。

022. 判决后执行前的债权转让，受让人能否直接执行立案

◇ **问题**　生效法律文书确定的权利人在进入执行程序前转让债权，债权受让人能否直接申请强制执行

◇ **来源**　最高人民法院（2019）最高法执监513号

◇ **结论**　生效法律文书确定的权利人在进入执行程序前合法转让债权的，债权受让人即权利承受人可以作为申请执行人直接申请执行，无须执行法院作出变更申请执行人的裁定

【基本案情】

2014年12月3日，渭南中院就某银行与奶畜产业公司、郝某新、郝某莹借款合同纠纷一案作出判决，判处奶畜产业公司清偿某银行借款及利息，郝某新、郝某莹在保证范围内承担连带清偿责任。

2014年9月29日，某银行与资产管理公司签订了单户资产转让协议，将涉诉债权转让给资产管理公司，并刊登公告。

2015年3月9日，渭南中院根据资产管理公司的申请作出009号执行裁定：变更资产管理公司为该案的申请执行人。2015年4月27日，资产管理公司又以申请人的身份向渭南中院申请强制执行，渭南中院立案执行，并向被执行人发出070号执行通知，责令被执行人履行民事判决确定的义务。

郝某新提出执行异议，请求撤销009号执行裁定及070号执行通知，渭南中院作出59号执行裁定：撤销009号执行裁定，驳回撤销070号执行通知的请求。

郝某新、郝某莹向陕西高院申请复议，认为资产管理公司不是判决书法定的权利承受人，请求撤销渭南中院59号执行裁定。陕西高院裁定驳回复议申请。

郝某新、郝某莹不服，向最高人民法院申诉，最高人民法院经审查裁定驳回。

【争议焦点】

债权受让人资产管理公司是否具有本案申请执行人主体资格？

【裁判要点】

生效法律文书确认的权利人在进入执行程序前合法转让债权的，其债权受让人即权利承受人若符合《最高人民法院关于人民法院执行工作若干问题的规定（试行）》第18条[①]规定的申请执行人的条件，则可以作为申请执行人直接申请执行，无须执行法院作出变更申请执行人的裁定。本案中，资产管理公司通过债权转让方式取得案涉债权后，作为案涉债权的承受人向渭南中院申请执行符合法律规定。

【相关法律规定】

《最高人民法院关于人民法院执行工作若干问题的规定（试行）》

16. 人民法院受理执行案件应当符合下列条件：

① 现为《最高人民法院关于人民法院执行工作若干问题的规定（试行）》第16条。

（1）申请或移送执行的法律文书已经生效；

（2）申请执行人是生效法律文书确定的权利人或其继承人、权利承受人；

（3）申请执行的法律文书有给付内容，且执行标的和被执行人明确；

（4）义务人在生效法律文书确定的期限内未履行义务；

（5）属于受申请执行的人民法院管辖。

人民法院对符合上述条件的申请，应当在七日内予以立案；不符合上述条件之一的，应当在七日内裁定不予受理。

【应诉策略】

第一，进入执行程序前，受让债权的权利人可以直接作为申请人申请强制执行，法院可直接以该债权受让人为申请执行人进行执行立案，而无须作出变更申请执行人的裁定。

第二，债权受让人直接申请强制执行有时间要求，即在“进入执行程序前”受让债权。至于是否一定要在“债权经法律文书确认后”受让，实践中并无此要求。也就是说，所谓“经生效法律文书确认的债权”，既包括债权转让前经生效法律文书的确认，也包括债权转让后经生效法律文书的确认，该两种情形从权利的性质而言并没有本质区别。

【类案裁判观点分析】

案例：生效法律文书确定的权利人在进入执行程序前合法转让债权的，债权受让人即权利承受人可以作为申请执行人直接申请执行，无须执行法院作出变更申请执行人的裁定——最高人民法院（2012）执复字第26号（最高人民法院指导案例34号）

关于是否需要裁定变更申请执行主体的问题。变更申请执行主体是在根据原申请执行人的申请已经开始了的执行程序中，变更新的权利人为申请执行人。根据《最高人民法院关于人民法院执行工作若干问题的规定（试行）》

第18条、第20条①的规定，权利承受人有权以自己的名义申请执行，只要向人民法院提交承受权利的证明文件，证明自己是生效法律文书确定的权利承受人的，即符合受理执行案件的条件。这种情况不属于严格意义上的变更申请执行主体，但二者的法律基础相同，故也可以理解为广义上的申请执行主体变更，即在立案阶段解决主体变更问题。《最高人民法院关于判断确定的金融不良债权多次转让人民法院能否裁定变更执行主体请示的答复》的意见是，《最高人民法院关于人民法院执行工作若干问题的规定（试行）》第18条可以作为变更申请执行主体的法律依据，并且认为债权受让人可以视为该条规定中的权利承受人。本案中，生效判决确定的原权利人2234公司在执行开始之前已经转让债权，并未作为申请执行人参加执行程序，而是权利受让人李某玲等依据《最高人民法院关于人民法院执行工作若干问题的规定（试行）》第18条的规定直接申请执行。因其申请已经法院立案受理，受理的方式不是通过裁定而是发出受理通知，债权受让人已经成为申请执行人，故并不需要执行法院再作出变更主体的裁定，然后发出执行通知，而应当直接发出执行通知。实践中，有的法院在这种情况下先以原权利人作为申请执行人，待执行开始后再作出变更主体裁定，因其只是增加了工作量，而并无实质性影响，故并不被认为程序上存在问题。但是，不能由此反过来认为没有作出变更主体裁定是程序错误。

二、变更申请执行人受阻的常见情形

在司法实践中，由于一些法定事由的出现，使得生效法律文书确定的权利或义务发生转移，因此会涉及执行程序中申请执行人的变更、被执行人的变更与追加等。《变更、追加规定》对申请执行人的变更作出了详尽的规定，其中第1～9条规定了变更申请执行人的法定情形，本部分针对法律规定及实战案例对变更申请执行人所涉及的实务问题做了详细的梳理、分析，并提出

① 现为《最高人民法院关于人民法院执行工作若干问题的规定（试行）》第16条、第18条。

应诉策略，以飨读者。

023. 申请执行人变更，是否必须原申请执行人同意

◇ **问题**　在原申请执行人不同意的情况下，第三人依据生效法律文书主张从申请执行人处获得债权，可否请求变更为申请执行人

◇ **来源**　北京高院（2022）京执复137号

◇ **结论**　第三人依据生效法律文书主张从申请执行人处获得债权，即便申请执行人不予认可，第三人也可变更为申请执行人

【基本案情】

2020年5月，经（2020）京民终118号民事判决确认：中川公司等偿还金服公司借款本金6000万元及利息。后金服公司向法院申请执行。

2021年12月3日，中国国际经济贸易仲裁委员会作出裁决确认：花千树公司与金服公司签订的《债权转让合同》合法有效，应当继续履行，（2020）京民终118号民事判决确认的金服公司对中川公司等债权由花千树公司享有。

2022年1月，花千树公司依据上述仲裁裁决向执行法院申请变更申请执行人。金服公司明确向执行法院表示不认可花千树公司取得案涉债权，亦不同意花千树公司变更为申请执行人，法院因此裁定驳回花千树公司变更为（2020）京02执842号案件申请执行人的申请。花千树公司不服，向北京高院申请复议，遂形成本案。

【争议焦点】

在原申请执行人不同意的情况下，应否变更花千树公司为本案的申请执行人？

【裁判要点】

法院认为，《变更、追加规定》第9条规定，申请执行人将生效法律文书确定的债权依法转让给第三人，且书面认可第三人取得该债权，该第三人申请变更、追加其为申请执行人的，人民法院应予支持。本案中，业已生效的中国国际经济贸易仲裁委员会作出的（2021）中国贸仲京裁字第3229号裁决确认（2020）京民终118号民事判决确定的金服公司对中川公司等债权由花千树公司享有；金服公司配合花千树公司在北京二中院变更申请执行人为花千树公司。金服公司作为（2020）京02执842号执行案件的申请执行人，虽不认可将该债权转让给花千树公司，但其主张不能对抗生效法律文书确定的其应付之义务。故花千树公司申请变更其为（2020）京02执842号执行案件申请执行人的理由正当合理，法律依据充分，法院予以支持。

【相关法律规定】

《变更、追加规定》

第九条 申请执行人将生效法律文书确定的债权依法转让给第三人，且书面认可第三人取得该债权，该第三人申请变更、追加其为申请执行人的，人民法院应予支持。

【应诉策略】

1. 债权受让人申请变更其为申请人需要具备的条件

在执行实务中，债权受让人申请变更其为申请执行人，一般需具备以下3个条件：

（1）原申请执行人将生效法律文书确定的债权依法转让给受让人。所谓“依法转让”，是指要满足债权转让的一般条件，即债权真实存在且具有可转让性、双方达成债权转让的合意。此外，对于特殊种类的债权转让，也要满足相应的特别规定，如债权转让对象为金融不良资产时，除须符合债权转让的一般性规定外，还应符合金融资产转让的特殊性规定（见类案裁判观点分析案例二）。

（2）转让的债权已经生效法律文书确认，这是债权得以申请执行的前提。

（3）原申请执行人书面认可受让人取得该债权。但是，在某些例外情形下，即便原申请人不认可债权转让的事实，法院也可裁定变更申请执行人。例如，本文主文案例中，虽然原申请执行人明确表示不认可债权转让、不同意变更申请执行人，法院也依据确认债权转让的生效仲裁文书裁定变更申请执行人。此外，如果申请执行人在被注销前将债权转让给第三人，第三人依据债权转让协议申请变更为申请执行人，此时因申请执行人已经注销，法院不能仅因缺乏“申请执行人书面认可”的法定要件而裁定驳回其申请（见类案裁判观点分析案例六）。

2. 实践中若遇到债权转让通知不到位（如债权转让未通知债务人）是否会影响受让人申请变更为申请执行人

关于这一问题，司法裁判中存在分歧。多数法院认为，债务人是否收到通知及知晓债权转让的事实，对债权转让本身并无影响，债权转让是否通知债务人也不属于因债权转让而变更申请执行人一类案件审查的重点（见类案裁判观点分析案例三）。当然也有部分法院认为，通知债务人债权转让的事实属于债权转让合法性要求的事项（见类案裁判观点分析案例四）。笔者认为，债权转让是否通知债务人并不影响变更申请执行人的判断，即便是在持相反观点的案例中，法院最终也认为当事人向法院提出异议的事实已表明其知悉债权转让的事实，债权转让应通知相关当事人的实际目的已经达到（见类案裁判观点分析案例五）。因此，即便在持相反观点的法院判决中，债权转让通知未通知债务人在实质上也并不影响变更申请执行人的判断。

需要注意的是，在债权申请执行前，生效法律文书确定的权利人在进入执行程序前合法转让债权的，债权受让人即权利承受人可以作为申请执行人直接申请执行，无须执行法院作出变更申请执行人的裁定。

【类案裁判观点分析】

案例一：变更债权转让的受让人为执行案件申请执行人需符合以下两个条件：第一，该债权经生效法律文书确认；第二，申请执行人向人民法院书面认可第三人取得该债权——新疆高院（2022）新执复61号

对于本案是否符合变更申请执行人的条件的问题。《变更、追加规定》第9条规定："申请执行人将生效法律文书确定的债权依法转让给第三人，且书面认可第三人取得该债权，该第三人申请变更、追加其为申请执行人的，人民法院应予支持。"依据本条规定，变更债权转让的受让人为执行案件申请执行人，需符合两个条件：（1）该债权经生效法律文书确认；（2）申请执行人向人民法院书面认可第三人取得该债权。本案中，福鑫公司于2022年3月31日将经生效法律文书确认的胜诉债权转让给张某某，并于2022年4月15日向昌吉中院出具《债权转让证明》，向昌吉中院说明该公司将生效法律文书确认的债权转让给张某某。因此，昌吉中院依张某某的申请将其变更为执行案件申请执行人并无不当。

案例二：当事人依据债权转让协议请求变更申请执行人，债权转让对象为金融不良资产时，除须符合债权转让的一般性规定外，还应符合金融资产转让的特殊性规定——新疆高院（2022）新执复30号

本院认为，依据《变更、追加规定》第9条的规定，变更申请执行人主要有以下两个条件：一是原申请执行人依法转让了债权；二是原申请执行人书面认可债权的转让。结合三木公司的复议申请理由，可以确定本案审查的重点为某资产公司是否依法向拓石公司转让债权。本案债权转让为金融不良资产债权转让，除须符合债权转让的一般性规定外，还应符合金融资产转让的特殊性规定。首先，从债权转让的一般性规定来看。《合同法》第79条第1款①规定："债权人可以将合同的权利全部或者部分转让给第三人，但有下列情形之一的除外：（一）根据合同性质不得转让；（二）按照当事人约定不

① 现为《民法典》第545条第1款。

得转让；（三）依照法律规定不得转让。”第80条第1款[①]规定：“债权人转让权利的，应当通知债务人。未经通知，该转让对债务人不发生效力。”由此可见，债权转让的要件为：（1）债权的有效存在；（2）被让与债权具有可让与性；（3）让与人与受让人须就债权的转让达成协议，并且不得违反法律的有关规定；（4）债权的让与须通知债务人。本案所执行的债权经乌鲁木齐铁路运输中级法院（2007）乌中民初字第18号民事判决确定，该债权经历两次转让，第一次为农业银行将该债权转让给某资产公司，第二次为某资产公司将该债权转让给拓石公司。在第二次债权转让中，某资产公司与拓石公司签订《债权转让协议》，将其对协和公司的债权转让给拓石公司，并将债权转让事实通过登报公告的方式通知了债务人，该债权不属于当事人约定或法律规定不得转让的债权，债权转让符合法律规定。其次，从金融资产转让的特殊性规定来看。《金融资产管理公司资产处置公告管理办法（修订）》第8条第2款规定，对资产处置标的超过1000万元的处置项目，除在公司对外网站发布处置公告外，还应当在相应级别的报纸上进行公告。其中，资产处置标的在1000万～5000万元（含）的处置项目，在资产所在地的地市级（含）以上公开发行的经济类或综合类报纸进行公告。资产处置标的超过5000万元的处置项目，在资产所在地的省级（含）以上公开发行的经济类或综合类报纸进行公告。本案中，某资产公司在2019年7月8日的《新疆法制报》上刊登资产公开竞价处置公告，符合对资产处置在省级（含）以上报纸上进行公告的规定，故某资产公司的债权转让程序合法。三木公司复议所称的某资产公司转让债权未发布资产处置公告与事实不符，该理由不能成立。

案例三：债务人是否收到通知及知晓债权转让的事实，对债权转让本身并无影响，债权转让是否通知债务人亦不属于因债权转让而变更申请执行人案件审查的重点——新疆高院（2022）新执复51号

法律规定债权转让向债务人通知的意义，在于使债务人知晓债权转让的事实，避免债务人重复履行、错误履行或者加重履行债务负担。债务人是否

① 现为《民法典》第546条第1款。

收到通知及知晓债权转让的事实，对债权转让本身并无影响，债权转让是否通知债务人亦不属于因债权转让而变更申请执行人案件审查的重点。本案中，金投公司受让农业银行的案涉债权后，金投公司、农业银行共同在《新疆日报》上登报通知债务人及担保人债权转让的事实，参照《最高人民法院关于审理涉及金融资产管理公司收购、管理、处置国有银行不良贷款形成的资产的案件适用法律若干问题的规定》① 第6条的规定，亦可认定债权人履行了对债务人通知的义务，现力达公司、二牧场公司、西域阳光公司以债权转让未通知到债务人、其对债权转让并不知情为由，否认债权转让的合法性，理由不成立，本院不予支持。本案中，农发行支行向博尔塔拉中院出具证明，同意将案涉债权转让给金投公司，该证明系对债权转让的书面认可。故而，博尔塔拉中院根据金投公司申请，变更金投公司为本案申请执行人，并无不当。

案例四：是否通知债务人债权转让的事实，亦属于债权转让合法性要求的事项——广东高院（2021）粤执监75号

关于债权转让以公告的形式通知被执行人是否违反法律规定的问题。《变更、追加规定》第9条规定："申请执行人将生效法律文书确定的债权依法转让给第三人，且书面认可第三人取得该债权，该第三人申请变更、追加其为申请执行人的，人民法院应予支持。"上述法律规定中的所谓"依法"，即包括转让程序合法。《合同法》第80条第1款②规定："债权人转让权利的，应当通知债务人。未经通知，该转让对债务人不发生效力。"因此，通知债务人债权转让的事实亦属于合法性要求的事项。至于债权转让通知的方式，前述法律规定并未有明确要求。因此，债权人既可以直接通知债务人，也可以公告的形式通知债务人。所以，原申请执行人所提以公告形式通知不符合法律规定的理由，没有法律依据，且本案原申请执行人提出复议、申诉的事实，也已表明原申请执行人知悉债权转让的事实，其再以此提出不知情、转让无效的理由显然不成立。

---

① 该司法解释现已废止。

② 现为《民法典》第546条第1款。

案例五：通知债务人债权转让的事实亦属于合法性要求的事项，复议申请人对法院的变更裁定提出复议的事实已表明其知悉债权转让的事实，债权转让应通知相关当事人的实际目的已经达到——广东高院（2021）粤执复436号

关于复议申请人所提没有接到通知的问题。《变更、追加规定》第9条规定："申请执行人将生效法律文书确定的债权依法转让给第三人，且书面认可第三人取得该债权，该第三人申请变更、追加其为申请执行人的，人民法院应予支持。"上述法律规定中的所谓"依法"，即包括转让程序合法。《合同法》第80条第1款①规定："债权人转让权利的，应当通知债务人。未经通知，该转让对债务人不发生效力。"因此，通知债务人债权转让的事实亦属于合法性要求的事项。至于债权转让通知的方式，前述法律规定并未有明确要求。因此，债权人既可以直接通知债务人，也可以公告或邮寄的形式通知债务人。本案中，腾源公司通过EMS邮寄的方式通知复议申请人债权转让的事由，本院在审查中发现，该邮件按康大供应站住所地地址寄送，后被退回。复议申请人提出，其没有接到任何通知。即便如此，在现阶段，复议申请人对佛山中院的变更裁定提出复议的事实已表明其知悉债权转让的事实，债权转让应通知相关当事人的实际目的已经达到。故该点理由不成立。

案例六：申请执行人在被注销前将债权转让给第三人，第三人依据债权转让协议申请变更为申请执行人，法院不能仅因缺乏"申请执行人书面认可"的法定要件而裁定驳回其申请——最高人民法院（2021）最高法执监158号

按照《变更、追加规定》第9条的规定："申请执行人将生效法律文书确定的债权依法转让给第三人，且书面认可第三人取得该债权，该第三人申请变更、追加其为申请执行人的，人民法院应予支持。"变更申请执行人需要同时满足两个条件：一是申请执行人将生效法律文书确定的债权转让给第三人；二是申请执行人书面认可第三人取得该债权。但是，在执行实践中，

① 现为《民法典》第546条第1款。

应根据案件具体情况判断上述条件是否成就。一般来讲，如果提交了债权转让协议等证明债权转让证明材料，又无其他相反证据证明债权转让虚假，且申请执行人书面认可，即可以认定债权已转让给第三人，从而变更该第三人为申请执行人，被执行人或他人如有异议可依法再进行救济。如果存在申请执行人已经被注销等特殊情形，从形式上已无法满足第二个条件，一概认定缺乏“申请执行人书面认可”的法定要件，则有机械适用法律之嫌。本案中，作为债权人的中建公司及其股东邯郸杰隆公司均已注销，在深德公司提供了其与中建公司的债权转让协议，且由邯郸杰隆公司的股东作出债权承继说明的情况下，抚顺中院及辽宁高院可召开听证会，听取各方当事人的意见，根据相关事实证据判断债权转让协议是否可能为虚假以及中建公司与其股东邯郸杰隆公司注销后权利义务承继问题。深德公司申请变更其为申请执行人的主张，涉及各方实体权益，执行异议、复议裁定仅以债权转让协议真伪难以确定以及证据不足为由，驳回其申请确有不当。综上所述，申诉人深德公司的申诉理由部分成立，本院予以支持。

案例七：生效法律文书确定的权利人在进入执行程序前合法转让债权的，债权受让人即权利承受人可以作为申请执行人直接申请执行，无须执行法院作出变更申请执行人的裁定——最高人民法院（2019）最高法执监513号

生效法律文书确认的权利人在进入执行程序前合法转让债权的，其债权受让人即权利承受人符合《最高人民法院关于人民法院执行工作若干问题的规定（试行）》第18条[①]规定的申请执行人的条件，可以作为申请执行人直接申请执行，无须执行法院作出变更申请执行人的裁定。本案中，某资产管理公司通过债权转让方式取得案涉债权后，作为案涉债权的承受人向渭南中院申请执行符合法律规定。

案例八：法院在审查第三人变更申请时没有进行听证并不违反法律规定——辽宁高院（2022）辽执复122号

本院认为，在执行程序中，只要申请执行人将生效法律文书确定的债权

---

① 现为《最高人民法院关于人民法院执行工作若干问题的规定（试行）》第16条。

依法转让给第三人，且书面认可第三人取得该债权，该第三人申请变更、追加其为申请执行人的，人民法院应予支持。本案中，某资产公司将（2014）大民三初字第349号民事判决书确认的案涉债权转让给喜运公司。现某资产公司书面认可上述债权转让事宜，故第三人喜运公司申请变更其为本案申请执行人的申请符合《变更、追加规定》第9条的规定，法院予以支持。至于大连中院在审查第三人变更申请时没有进行听证，是否程序违法的问题，《执行异议和复议规定》第12条规定，人民法院对执行异议和复议案件实行书面审查。案情复杂、争议较大的，应当进行听证。本案事实清楚、证据确凿、法律依据明确，不属于案情复杂、争议较大的案件，大连中院在审查第三人变更申请时没有进行听证并不违反法律规定。

024. 作为申请执行人的公司被注销，股东可否变更为申请执行人

◇ **问题**　在执行程序中，作为申请执行人的公司被清算并注销，则注销公司的股东能否申请变更为申请执行人

◇ **来源**　青海高院（2021）青执复43号

◇ **结论**　执行过程中，作为债权人的公司经依法清算并注销后，虽然公司的民事主体资格消灭，但清算中未处理的债权并不必然因此消灭，其应属于全体股东的共同财产，股东可以申请变更为申请执行人

【基本案情】

执行过程中，作为申请执行人的宝盟公司作出清算报告及确认清算报告的决议，该决议载明："公司债权债务已经清理完毕，清算报告所列的清算事项准确无误，合法、有效……公司债权债务如有遗漏由公司股东承担。"2021年4月，宝盟公司办理注销登记。

宝盟公司股东王某某、李某某向法院提出变更其为申请执行人的申请。法

院裁定变更王某某、李某某为申请执行人。被执行人不服，遂申请执行复议。

【争议焦点】

申请执行人被注销，应否变更申请执行人的股东为申请执行人?

【裁判要点】

《公司法》第186条第2款规定，公司财产在分别支付清算费、职工工资、社会保险费用和法定补偿金，缴纳所欠税款，清偿公司债务后的剩余财产，有限责任公司按照股东的出资比例分配，股份有限公司按照股东持股比例分配。根据上述法律规定，股东对公司在清算中的剩余财产享有索取权。公司经依法清算并注销后，虽然公司的民事主体资格消灭，但清算中未处理的债权并不必然因此消灭，其应属于全体股东的共同财产，股东对该债权可以依法主张权利。本案中，在宝盟公司经依法注销后，股东王某某、李某某是（2019）青民终212号民事判决项下债权的承受人，王某某、李某某申请将其变更为（2019）青民终212号民事判决的申请执行人，符合《变更、追加规定》第4条“作为申请执行人的法人或非法人组织终止，因该法人或非法人组织终止依法承受生效法律文书确定权利的主体，申请变更、追加其为申请执行人的，人民法院应予支持”的规定。因此，西宁中院（2021）青01执异300号执行裁定结果正确，应予以维持，瑞隆公司的复议请求和理由不能成立，法院不予支持。

【相关法律规定】

《变更、追加规定》

第四条 作为申请执行人的法人或非法人组织终止，因该法人或非法人组织终止依法承受生效法律文书确定权利的主体，申请变更、追加其为申请执行人的，人民法院应予支持。

《最高人民法院关于人民法院执行工作若干问题的规定（试行）》

16. 人民法院受理执行案件应当符合下列条件：

……

（2）申请执行人是生效法律文书确定的权利人或其继承人、权利承受人。

……

《公司法》

第一百八十六条第二款　公司财产在分别支付清算费用、职工的工资、社会保险费用和法定补偿金，缴纳所欠税款，清偿公司债务后的剩余财产，有限责任公司按照股东的出资比例分配，股份有限公司按照股东持有的股份比例分配。

《北京市高级人民法院关于企业下落不明、歇业、撤销、被吊销营业执照、注销后诉讼主体及民事责任承担若干问题的处理意见（试行）》

27. 清算主体应依歇业、被撤销、被吊销营业执照、注销登记企业的不同性质分别确定：

（1）国有企业以企业的上级主管部门为清算主体；

（2）集体企业以企业的开办单位、部门，或投资人为清算主体；

（3）联营企业以各投资主体为清算主体；

（4）子公司以母公司为清算主体；

（5）有限责任公司以全体股东为清算主体；

（6）股份有限公司以公司章程规定负有清算责任的股东、或股东大会选定的股东为清算主体；股东大会不能选定清算组的，派员担任董事会成员的股东为清算主体；

（7）外商投资企业应依据《外商投资企业清算办法》① 进行清算，成立清算组（清算委员会）。未成立清算组的，清算主体为各方股东。中外合资、合作企业外方已不存在的，中方股东应通过申请特别清算程序对企业进行特别清算，成立特别清算委员会。未成立特别清算委员会的，中方股东为清算主体。

【应诉策略】

1. 作为申请执行人的公司在执行终结前被注销原股东申请变更为申请执行人的条件

实践中，作为申请执行人的公司在执行终结前若被注销，原股东申请变

① 该行政法规现已废止。

更为申请执行人有以下两个条件：

（1）公司对外享有的债权在公司注销前，已经法院生效判决书确认。如果在生效法律文书作出之前公司即被注销的，则因公司已不具备民事诉讼主体资格，公司原股东也丧失了作为申请执行人的资格（见类案裁判观点分析案例一）。因此，公司在未经诉讼确认债权之前，若决定注销，一定注意先查清公司未清偿的债权。

（2）申请主体应为依法承受生效法律文书确定权利的主体。关于依法承受生效法律文书确定权利的主体的判断，一般来说，有限责任公司注销后，其未决的债权债务由公司原股东承担；国有企业以企业的上级主管部门为清算主体，国有企业注销后，其上级主管部门决定的业务承接方可以申请变更为申请执行人（见类案裁判观点分析案例二）；公司因合并注销的，合并后的新设公司可申请变更为申请执行人（见类案裁判观点分析案例四）。

2. *在公司股东为两人以上时，其中一名股东能否单独申请变更为申请执行人*

对于公司被注销后有多个股东承受公司的权利义务时，其中一名股东能否单独申请变更为申请执行人的问题，多数法院认为《变更、追加规定》第4条中的“权利的主体”应严格解释为债权的全部继受人，部分股东无权申请变更其为申请执行人，一般情况下只有全部的权利继受人一并提出申请，才准许变更申请执行人（见类案裁判观点分析案例六）。当然，如果公司其他股东明示放弃权利承继，或者股东之间重新协商分配，确定债权归某一部分股东所有，则该部分股东可以单独提出变更申请（见类案裁判观点分析案例七、案例八）。

然而，申请变更为申请执行人与直接提起诉讼不同，在执行程序中变更、追加当事人是未经诉讼程序，直接以原诉讼结果约束没有参加诉讼的其他人，因此，要依据《变更、追加规定》第1条确定的法定追加原则，在法律规定的特定范围内适用。如果公司在未进入诉讼程序前注销，对于未决的公司债权某一股东能否单独提起诉讼的问题？因公司作为债权人与债务人之间是外部法律关系，原公司股东之间系内部法律关系，这两种法律关系互不影响，所以任何一名承继公司权利义务的股东均可单独提起诉讼主张债权（见类案裁判观点分析案例九)。

【类案裁判观点分析】

案例一：公司在据以执行的生效法律文书作出之前注销，则原公司股东在未经过相关法律程序确认、变更为该公司权利承受人的情况下，无权申请执行——北京高院（2020）京执监58号

本案中，生效法律文书确定的权利人是珠宝公司，珠宝公司在本案据以执行的生效法律文书（2019）京01民终3385号民事判决作出之前已被相关行政管理部门批准注销，已不具备民事诉讼主体资格。孙某1、孙某2作为原珠宝公司股东，在未经过相关法律程序确认、变更二人为该公司权利承受人的情况下，北京昌平法院、北京一中院以二人直接以该公司权利承受人的名义申请执行无法律依据，应通过其他法律程序另行解决为由裁定驳回二人的异议及复议请求并无不当。

案例二：申请执行人被注销，其上级主管部门决定的业务承接方可以申请变更为申请执行人——白山中院（2022）吉06执异27号

本院认为，吉林银行三江支行与白山市胜利煤业等之间的权利义务关系被生效法律文书所确认，吉林银行三江支行已向本院申请强制执行。在执行过程中，吉林银行三江支行经法定程序被注销。其上级主管部门决定该行的相关业务由吉林银行广场支行承接。根据《变更、追加规定》第4条"作为申请执行人的法人或非法人组织终止，因该法人或非法人组织终止依法承受生效法律文书确定权利的主体，申请变更、追加其为申请执行人的，人民法院应予支持"的规定，吉林银行广场支行申请变更为本案的申请执行人的请求，符合法律规定，应予支持。

案例三：股东提交股东会决议用于证明公司债权承接，但该决议内容与公司清算过程中备案材料记载不符，股东不能申请变更为申请执行人——鞍山中院（2022）辽03执异18号

《变更、追加规定》第4条规定："作为申请执行人的法人或非法人组织终止，因该法人或非法人组织终止依法承受生效法律文书确定权利的主体，申请变更、追加其为申请执行人的，人民法院应予支持。”经查，万利公司于2021年2月22日注销登记，李某某向本院提交万利公司2015年度第一次股东会决议用以证明该公司的所有债权债务均由李某某承接，但其提交的材料与本院在鞍山市××山区行政审批局调取的该公司清算过程中备案的材料不相符，故对李某某所提申请变更其为（2015）鞍民三初字第6号民事调解书案件的申请执行人的请求本院不予支持。

案例四：执行过程中公司因合并注销，债权由合并后的新设公司承继，该新设公司可以申请变更为申请执行人——大连中院（2022）辽02执异171号

本院认为，《变更、追加规定》第1条规定：“执行过程中，申请执行人或其继承人、权利承受人可以向人民法院申请变更、追加当事人。申请符合法定条件的，人民法院应予支持。”第4条规定：“作为申请执行人的法人或非法人组织终止，因该法人或非法人组织终止依法承受生效法律文书确定权利的主体，申请变更、追加其为申请执行人的，人民法院应予支持。”本案中，莆田市某粮食转运站合并至某粮食购销有限责任公司，莆田市某粮食转运站已经注销，某粮食购销有限责任公司现名称为莆田市某粮食集团有限公司。《公司法》第174条规定：“公司合并时，合并各方的债权、债务，应当由合并后存续的公司或者新设的公司承继。”根据该规定，莆田市某粮食转运站的债权应由合并后新设立的莆田市某粮食集团有限公司承继。故莆田市某粮食集团有限公司申请变更其为本案申请执行人于法有据，本院予以支持。

案例五：公司注销前将执行过程中的债权对外转让，债权继受人可以申请变更为申请执行人——大连中院（2022）辽02执异125号

《变更、追加规定》第1条规定：“执行过程中，申请执行人或其继承人、权利承受人可以向人民法院申请变更、追加当事人。申请符合法定条件的，人民法院应予支持。”第4条规定：“作为申请执行人的法人或非法人组织终止，因该法人或非法人组织终止依法承受生效法律文书确定权利的主体，申请变更、追加其为申请执行人的，人民法院应予支持。”本案中，大连某资产管理公司虽于2018年7月20日注销，但在大连某资产管理公司注销前已将案涉债权转让给宋某某。宋某某对此提交了2018年5月8日单笔债权资产转让协议，以及同日大连某资产管理公司向其出具的收款收据、2021年12月29日在《辽宁法制报》刊登的债权转让通知，以上证据可以证明宋某某系案涉债权的权利承受人，依据上述规定，宋某某申请变更其为本案申请执行人的申请于法有据，本院应予支持。

案例六：《变更、追加规定》第4条①中的“权利的主体”应严格解释为债权的全部继受人，原申请执行人注销后，其一名原股东不能单独变更为申请执行人——上海高院（2019）沪执复58号

本院认为，本案争议在于原申请执行人注销后，其一名原股东能否单独变更为申请执行人。在执行中变更、追加当事人，目的在于提高执行效率，是未经诉讼程序，直接以原诉讼结果约束没有参加诉讼的其他人，但该制度属于特殊情形下的执行力扩张。要强调《变更、追加规定》第1条②确定的“申请符合法定条件法院才予追加”的法定追加原则，需在法律规定的特定范围内严格适用。除该规定明确的情形外，不宜随意变更申请执行人。

本案中，市政材料公司与天祥公司均为被注销的天成公司股东，都是（2001）沪一中经初字第444号案中确定的债权的继受人。《变更、追加规定》第4条明确作为申请执行人的法人或其他组织终止，因该法人或其他组织终止依法继受生效法律文书确定权利的主体，申请变更、追加其为申请执行人的，人民法院应予支持。结合法定追加原则，该条款中“权利的主体”宜严格解释为债权的全部继受人。故本案的申请执行人变更宜在确定该债权实际履行情况后，由两股东一并申请，或由两股东中已明确的唯一债权继受人申请。鉴于本案中并无上述情况，上海一中院驳回市政材料公司的申请并无不当。

---

① 该规定在该司法解释2020年修正时只做了表述上的修改。

② 该规定在该司法解释2020年修正时未做改动。

案例七：公司注销后存在多名股东，在其他股东明示放弃的情况下，一名股东可以单独申请变更其为申请执行人——北京二中院（2022）京02执异45号

根据《变更、追加规定》第4条“作为申请执行人的法人或非法人组织终止，因该法人或非法人组织终止依法承受生效法律文书确定权利的主体，申请变更、追加其为申请执行人的，人民法院应予支持”之规定，本案中，作为执行案件申请执行人的迪尔公司在注销后，该债权尚未终结执行的，作为承受公司权利义务的原股东赏某、昝某某、孙某某可以向法院申请变更其为申请执行人。在昝某某、孙某某明示放弃的情况下，赏某向法院申请变更其为执行案件申请执行人，于法有据，本院予以支持。

案例八：公司注销后，原股东对债权进行分配，确定由一名股东单独承受执行依据的判决书确定的权利主体，则该股东可单独申请变更为申请执行人——乌鲁木齐中院（2021）新01执异499号

《变更、追加规定》第4条规定：作为申请执行人的法人或非法人组织终止，因该法人或非法人组织终止依法承受生效法律文书确定权利的主体，申请变更、追加其为申请执行人的，人民法院应予支持。本案中，申请执行人金美丰公司于2019年11月18日注销后，金美丰公司原股东张某某、王某某对本案所涉债权进行了分配，由原股东张某某承受（2015）乌中民一初字第11号民事判决书及（2017）新01执8号执行裁定书确定的权利。王某某死亡后，其继承人经公证对此无异议。故张某某申请变更为本案申请执行人的请求符合上述法律规定，本院予以支持。

案例九：《公司法》及相关司法解释并没有对公司注销后应由全体股东一并起诉主张公司对外债权的强制性规定，其一名公司原股东可以单独提起诉讼主张债权——长沙中院（2021）湘01民终11658号

第一，《公司法》第186条第2款规定，公司注销后的剩余财产，由股东依法分配后归股东所有。按照“谁出资，谁受益”的原则，股东作为公司的出资者，在公司注销后，拥有对公司财产的最终处置和所有权。第二，《最高人民法院关于适用〈中华人民共和国公司法〉若干问题的规定（二）》第

20条规定，公司解散应当在依法清算完毕后，申请办理注销登记。公司未经清算即办理注销登记，导致公司无法进行清算，债权人主张有限责任公司的股东、股份有限公司的董事和控股股东，以及公司的实际控制人对公司债务承担清偿责任的，人民法院应依法予以支持。当股东滥用股东权利以逃避法律义务和法律责任，使得公司债权人合法利益受损时，法律将赋予债权人“刺破公司面纱”的权利，直接向股东主张债权；反之，依据民法的公平原则，当公司注销时，公司的合法债权并不会必然消灭，而是在有继受主体比如股东时，由继受主体继受。本案中，涉案债权系某公司注销后的剩余财产，罗某某系某公司的原股东，《公司法》及相关司法解释并没有对公司注销后应由全体股东一并起诉主张公司对外债权的强制性规定。某公司作为债权人与债务人绥邦公司之间系外部法律关系，原某某公司股东之间系内部法律关系，这两种法律关系互不影响，亦非必要共同之诉。故一审法院根据上述依据与事实，认定罗某某有权主张涉案债权并无不当，本院予以确认。

025. 债权转让未通知债务人，受让人变更为申请执行人是否受阻

◇ **问题**　执行过程中，债权人将债权对外转让但未通知债务人，受让人申请变更为申请执行人，应否被支持

◇ **来源**　最高人民法院（2019）最高法执监424号

◇ **结论**　执行过程中，债权人转让债权未通知债务人，不影响债权转让行为本身的效力，受让人可以申请变更为申请执行人

【基本案情】

杜某雄与武汉治历公司等借款合同纠纷一案执行过程中，杜某雄提出武汉治历公司对山河公司享有4500万元到期债权。黄冈中院遂于2017年5月向山河公司发出协助执行通知，后又于2017年6月裁定冻结上述到期债权，强制执行其中的3900万元。

山河公司不服，向黄冈中院提出执行异议称，被执行人武汉治历公司对山河公司之间的案涉到期债权纠纷已经另案诉讼审结并进入执行程序。该案执行过程中，武汉治历公司已于2016年将案涉债权转让给鼎泰公司。武汉中院已于2017年7月20日向山河公司送达执行裁定和执行通知，要求山河公司向鼎泰公司履行义务。据此，山河公司请求黄冈中院立即终止对其的执行。

黄冈中院裁定驳回山河公司的异议申请。山河公司不服，向湖北高院复议。湖北高院经审查认为，变更申请执行人与债权转让行为的效力无关，裁定撤销黄冈中院的执行裁定和协助执行通知。

申请执行人杜某雄不服，认为山河公司作为债务人并不知道债权转让事实，该债权转让协议对山河公司不发生法律效力，于是向最高人民法院提出申诉。

【争议焦点】

执行法院黄冈中院能否依法继续对次债务人山河公司采取执行措施?

【裁判要点】

《合同法》第80条第1款①规定，债权人转让权利的，应当通知债务人。未经通知，该转让对债务人不发生效力。由此可见，债权人转让债权时，即便是未通知债务人，只是该转让行为对债务人不发生效力，而不是该转让行为本身无效。转让行为本身有效与否，需要根据债权转让的具体情况依法来认定。对此问题，根据查明的事实，2016年3月16日，武汉治历公司与鼎泰公司签订《债权转让协议》，将其对山河公司股权转让合同纠纷的债权（包括从属权益）全部转让给鼎泰公司；2016年3月31日，武汉治历公司向山河公司邮寄的EMS快递单上写明邮寄文件为“债权转让协议”和“债务转让通知书”。武汉治历公司、鼎泰公司共同向武汉中院主张债权已转让，申请变更申请执行人。武汉中院和湖北高院两级法院依法审查后作出（2017）鄂01执异957号裁定和（2017）鄂执复117号执行裁定，认定债权

① 现为《民法典》第546条第1款。

转让主体适格、程序合法，予以认可，变更债权人为鼎泰公司。因此，山河公司的债权人已由武汉治历公司变更为鼎泰公司，被执行人武汉治历公司不再对山河公司享有到期债权。

【相关法律规定】

《民法典》

第五百四十六条　债权人转让债权，未通知债务人的，该转让对债务人不发生效力。

债权转让的通知不得撤销，但是经受让人同意的除外。

《变更、追加规定》

第九条　申请执行人将生效法律文书确定的债权依法转让给第三人，且书面认可第三人取得该债权，该第三人申请变更、追加其为申请执行人的，人民法院应予支持。

【应诉策略】

第一，《民法典》第546条第1款明确规定，债权人转让债权应当通知债务人。但是，实践中经常遇到债权转让通知不到位的情况，如在执行过程中债权转让未通知债务人，是否会影响受让人申请变更为申请执行人?

关于这一问题，司法裁判中存在争议，但实务中大部分法院持如下观点：债务人是否收到通知及知晓债权转让的事实，对债权转让本身并无影响，债权转让是否通知债务人也不属于因债权转让而变更申请执行人案件审查的重点（见本文主文案例及类案裁判观点分析案例一）。

第二，当然也有部分法院认为，通知债务人债权转让的事实属于债权转让合法性要求的事项（见类案裁判观点分析案例二、案例三）。即便如此，法院最终也认为当事人向法院提出异议的事实已表明其知悉债权转让的事实，债权转让应通知相关当事人的实际目的已经达到（见类案裁判观点分析案例三）。

综上，债权转让是否通知债务人并不影响变更申请执行人的判断，即便债权转让通知未通知债务人，在实质上也并不影响变更申请执行人的判断。

【类案裁判观点分析】

案例一：债务人是否收到通知及知晓债权转让的事实，对债权转让本身并无影响，债权转让是否通知债务人亦不属于因债权转让而变更申请执行人案件审查的重点——新疆高院（2022）新执复51号

法律规定债权转让向债务人通知的意义在于，使债务人知晓债权转让的事实，避免债务人重复履行、错误履行或者加重履行债务负担。本案中，金投公司受让农业银行的案涉债权后，金投公司、农业银行共同在《新疆日报》上登报通知债务人及担保人债权转让的事实，参照《最高人民法院关于审理涉及金融资产管理公司收购、管理、处置国有银行不良贷款形成的资产的案件适用法律若干问题的规定》第6条规定，亦可认定债权人履行了对债务人通知的义务，力达公司、牧场公司、西域阳光公司以债权转让未通知到债务人，其对债权转让并不知情为由，否认债权转让的合法性，理由不成立，法院不予支持。本案中，农发行支行向博尔塔拉中院出具证明，同意将案涉债权转让给金投公司，该证明系对债权转让的书面认可。因此，博尔塔拉中院根据金投公司申请，变更金投公司为本案申请执行人，并无不当。

案例二：是否通知债务人债权转让的事实，亦属于债权转让合法性要求的事项——广东高院（2021）粤执监75号

关于债权转让以公告的形式通知被执行人是否违反法律规定的问题。《变更、追加规定》第9条规定："申请执行人将生效法律文书确定的债权依法转让给第三人，且书面认可第三人取得该债权，该第三人申请变更、追加其为申请执行人的，人民法院应予支持。"上述法律规定中的所谓"依法"，即包括转让程序合法，《合同法》第80条第1款①规定："债权人转让权利的，应当通知债务人，未经通知，该转让对债务人不发生法律效力。"因此，通知债务人债权转让的事实亦属于合法性要求的事项。至于债权转让通知的方式，前述法律规定并未有明确要求。因此，债权人既可以直接通知债务人，

① 现为《民法典》第546条第1款。

也可以公告的形式通知债务人。

案例三：通知债务人债权转让的事实属合法性要求，复议申请人对法院的变更裁定提出复议的事实已表明其知悉债权转让的事实，债权转让应通知相关当事人的实际目的已经达到——广东高院（2021）粤执复436号

关于复议申请人所提没有接到通知的问题。《变更、追加规定》第9条规定："申请执行人将生效法律文书确定的债权依法转让给第三人，且书面认可第三人取得该债权，该第三人申请变更、追加其为申请执行人的，人民法院应予支持。"上述法律规定中的所谓"依法"，即包括转让程序合法，《合同法》第80条第1款[①]规定："债权人转让权利的，应当通知债务人。未经通知，该转让对债务人不发生效力。"因此，通知债务人债权转让的事实亦属于合法性要求的事项。至于债权转让通知的方式，前述法律规定并未有明确要求。因此，债权人既可以直接通知债务人，也可以公告或邮寄的形式通知债务人。本案中，腾源公司通过EMS邮寄的方式通知复议申请人债权转让的事由，本院在审查中发现，该邮件按康大供应站住所地地址寄送，后被退回。复议申请人提出，其没有接到任何通知。即便如此，在现阶段，复议申请人对佛山中院的变更裁定提出复议的事实已表明其知悉债权转让的事实，债权转让应通知相关当事人的实际目的已经达到。故该点理由不成立。

三、变更、追加被执行人的常见情形

避免执行措施改变审判结果，执行程序中追加、变更被执行人必须严格按照法定追加、变更条件实施。《变更、追加规定》第1条首先规定，执行过程中，申请执行人或其继承人、权利承受人可以向人民法院申请变更、追加当事人。申请符合法定条件的，人民法院应予支持，即在执行程序中变更、追加执行当事人应当严格限定于法律、司法解释明确规定的可以追加为被执

① 现为《民法典》第546条第1款。

行人的情形。通俗地讲，主要是指现实需求迫切、法律关系简单、易于审查判断的情形。基于审执分离原则以及保障当事人程序权利的需要，并非所有对被执行人的债务承担清偿、赔偿等义务的第三人均可在执行程序中被追加为被执行人。执行依据的效力仅及于执行依据确定的当事人，而追加被执行人则允许将执行依据的执行力扩张至对被执行人的债务负有清偿、赔偿等义务的第三人。因此，追加、变更被执行人需要有法律、司法解释的明确规定。本版块内容即是针对执行实务中，债权人在何种情形下可以追加、变更被执行人，以及不能追加、变更等情形，结合典型实战案例进行系统阐释、分析，以帮助读者在执行实务中明晰追加、变更被执行人的实务要点。

026. 公司财产不足以清偿债务，可否追加瑕疵出资股东为被执行人

◇ **问题** 公司财产不足以清偿债务，可否追加未缴纳或未足额缴纳出资的股东为被执行人

◇ **来源** 河南高院（2022）豫民终339号

◇ **结论** 同时满足公司财产不足以清偿生效法律文书确定的债务和股东未足额缴纳出资两个条件，可以追加未缴纳或未足额缴纳出资的股东为被执行人

【基本案情】

中原银行郑州某支行与龙润公司等金融借款合同纠纷一案，经中原银行郑州某支行申请，法院依法立案执行。2019年6月20日，因龙润公司无财产可供执行，法院裁定终结本次执行程序。2020年6月2日，天翔公司变更为该案申请执行人。

经天翔公司申请，法院裁定追加龙润公司股东现任股东施某某、裘某某以及原股东张某某为被执行人。施某某、裘某某、张某某不服该裁定，遂提起本案执行异议之诉。

【争议焦点】

施某某、裘某某、张某某作为龙润公司的股东是否完全履行了出资义务？应否被追加为被执行人？

【裁判要点】

第一，追加股东为被执行人的前提条件，是公司财产不足以清偿生效法律文书确定的债务。本案中，虽然上诉人称被执行人龙润公司还有对外债权可以作为被执行的财产，但其未提交充分证据证明被执行人对第三人享有真实、合法、已届履行期限的债权且具备可执行性。且郑州中院分别于 2018 年 11 月 29 日、2019 年 6 月 20 日查明被执行人名下无可供执行的财产，先后两次裁定终结本次执行程序，表明被执行人龙润公司已无财产可供执行，故本案具备追加股东为被执行人的前提条件。

第二，本案中，根据天翔公司提交的龙润公司工商登记档案材料，以及湖北仙桃法院 2017 年 9 月 15 日作出的（2017）鄂 9004 执异 21 号执行裁定等证据，可以证实龙润公司 2 亿元注册资本尚有 5000 万元未缴纳。根据《最高人民法院关于适用〈中华人民共和国公司法〉若干问题的规定（三）》第 20 条的规定，施某某、裘某某、张某某作为龙润公司的股东，应就其已履行剩余 5000 万元出资义务承担举证证明责任。对此，施某某、裘某某、张某某主张龙润公司已于 2018 年 12 月 15 日召开股东会议将公司资本公积金 2000 万元转为各股东的实缴注册资本，同时将案外人裘某凤、张某科、宣城市某金属材料有限公司对龙润公司享有的债权转为代各股东缴纳 3000 万元注册资本，三人已履行了剩余 5000 万元的出资义务，并提交了龙润公司 2018 年 12 月 25 日的股东会决议、龙润公司资产负债表、实收资本核查表、其他应付款转资本公积金明细表、代缴注册资本通知书、转账凭证、国家企业信用信息公示系统查询信息、河南某会计师事务所有限公司的审计报告、安徽省宣城市某会计师事务所的专项审计报告等，但其提交的龙润公司 2018 年 12 月 25 日的股东会决议仅有股东签名，没有龙润公司印章，而龙润公司工商登记档案留存的历次股东会决议均有公司印章，故 2018 年 12 月 25 日的股东会决议真实性存疑；其提交的安徽宣城某会计师事务所的专项审计报告系单方委托，审计依据仅有龙润公司提供的“四表”，无相关基础性材料，无法判断龙润公司提供的“四表”的真实性和完整性，故对该专项审计报告的证明效力，法院不予认可，且上述证据中均未显示龙润公司2000万元资本公积金转入的时间、资金的来源、转入过程等，其也未提交2000万元转为公司资本公积金时的财务审计资料，不足以证实在2018年12月25日之前龙润公司真实存在2000万元的资本公积金；其提交的案外人裘某凤、张某科、宣城市某金属材料有限公司出具的3份《代缴注册资本通知书》载明的对龙润公司享有的债权数额与其提交的转账凭证显示的金额不一致，且上述转账凭证显示的转款时间均为2012年并注明系“借款”，而非代缴出资款。施某某、裘某某、张某某庭审中称三人将案外人对公司享有的借款债权转为自己对公司的出资，且案外人的借款由三人偿还，但至今未提交三人代公司偿还案外人借款的相关证据，不足以证明案外人代三人缴纳3000万元注册资本的真实性。

综上，上诉人施某某、裘某某作为被执行人龙润公司的股东未足额缴纳出资，上诉人张某某未足额履行出资义务即转让股权，三人情形符合《变更、追加规定》第17条、第19条的规定，依法应被追加为（2017）豫01执326号案件的被执行人，分别在各自未实缴出资范围内对龙润公司不能清偿的债务承担责任。

【相关法律规定】

《变更、追加规定》

第十七条 作为被执行人的营利法人，财产不足以清偿生效法律文书确定的债务，申请执行人申请变更、追加未缴纳或未足额缴纳出资的股东、出资人或依公司法规定对该出资承担连带责任的发起人为被执行人，在尚未缴纳出资的范围内依法承担责任的，人民法院应予支持。

《最高人民法院关于适用〈中华人民共和国公司法〉若干问题的规定（三）》

第十三条第二款 公司债权人请求未履行或者未全面履行出资义务的股

东在未出资本息范围内对公司债务不能清偿的部分承担补充赔偿责任的，人民法院应予支持；未履行或者未全面履行出资义务的股东已经承担上述责任，其他债权人提出相同请求的，人民法院不予支持。

第十八条 有限责任公司的股东未履行或者未全面履行出资义务即转让股权，受让人对此知道或者应当知道，公司请求该股东履行出资义务、受让人对此承担连带责任的，人民法院应予支持；公司债权人依照本规定第十三条第二款向该股东提起诉讼，同时请求前述受让人对此承担连带责任的，人民法院应予支持。

受让人根据前款规定承担责任后，向该未履行或者未全面履行出资义务的股东追偿的，人民法院应予支持。但是，当事人另有约定的除外。

第二十条 当事人之间对是否已履行出资义务发生争议，原告提供对股东履行出资义务产生合理怀疑证据的，被告股东应当就其已履行出资义务承担举证责任。

【应诉策略】

1. 如何证明"法人财产不足以清偿债务"

申请执行人要证明判断法人财产不足以清偿债务，最直接的方式就是提供执行法院因被执行人暂无可供执行的财产作出的终结本次执行程序的裁定。

作为被追加的股东，则要提供证据证明公司尚有财产，从而避免自己被追加为被执行人。具体来说，要证明以下两点：一是证明公司享有对外债权。如果是法院生效文书确认的债权，必须是法院作出追加被执行人裁定前就已经确定的债权。而关于该债权是否必须到期的问题，法律并无统一规定，但实践中法院更倾向于只有到期债权才能成为被执行人有效的偿债资产。因此，被追加股东以法院追加裁定作出后确定的债权主张公司尚有财产可以清偿债务的，法院将不予支持（见类案裁判观点分析案例一）。二是证明公司尚有有价值的财产。公司的所有动产、不动产、知识产权等，只要有变现价值的，都可以算作公司资产，应先予执行。

2. 如何证明"股东未缴纳或未足额缴纳出资"

关于股东未足额缴纳出资问题，申请执行人只需要提供初步证据证明即可，之后由股东证明已经足额缴纳出资。司法实践中，股东和公司一般会提交验资报告作为出资依据，但验资报告并非公司股东出资到位与否的唯一依据，仅凭验资报告不能达到证明目的，还应当综合公司股东会议记录、股东出资证明书、转账凭证等证据综合判断（见类案裁判观点分析案例二、案例四）。

3. 何种类型的股东不能被追加为被执行人

（1）出资期限尚未届满的股东：如果股东认缴出资的期限尚未届满，则原则上该股东不应被追加为被执行人。在某些特殊情况下，如股东出资期限尚未届满即转让股权，转让股权时案涉债务已经产生、公司处于资不抵债的情况等，可判定该股东有逃避出资义务的主观意图，可以追加该股东为被执行人（详见本书《能否追加未届出资期限的股东为被执行人》一文）。

（2）债权形成后通过增资进入公司的新股东：债权人对公司责任能力的判断应以案涉债权形成时该公司的注册资金，以及当时的股东出资情况为依据。因此，追加股东应以债权形成时公司的责任财产状况及股东情况为限。如债权形成后公司又通过增资吸收新股东，债权人申请追加该新股东为被执行人，法院将不予支持（见类案裁判观点分析案例三）。

4. 如何确认股东承担的责任类型和范围

根据《最高人民法院关于适用〈中华人民共和国公司法〉若干问题的规定（三）》第13条第2款的规定，未履行或者未全面履行出资义务的股东在未出资本息范围内对公司债务不能清偿的部分承担补充赔偿责任，且该责任不能重复承担。也就是说，法院裁定追加股东为被执行人后，该股东承担的是补充赔偿责任，需首先执行公司财产，公司无财产可供执行后才可以执行股东个人的财产，且股东承担还款责任的范围以“未出资本息”为限，超过这个限额法院不予支持。此外，如该股东已经在另案承担过补充赔偿责任的，其他债权人不得再重复要求。

5. 申请执行人提交初步的证据证明，并以被执行企业的股东存在未足额缴纳出资为由申请追加其为被执行人，但认为充分证据已被股东所控制，举证责任该如何分配

当事人对自己提出的追加变更执行主体所依据的事实或者反驳对方追加

申请所依据的事实，有责任提供证据加以证明。没有证据或者证据不足以证明当事人的事实主张的，由负有举证责任的当事人承担不利后果。一方当事人控制证据无正当理由拒不提交，对待证事实负有举证责任的当事人主张该证据的内容不利于控制人的，可以认定该主张成立。可以参见《最高人民法院关于民事诉讼证据的若干规定》第1条、第95条的规定。

【类案裁判观点分析】

案例一：法院作出追加未足额出资股东为被执行人裁定时，公司对外债权尚未确定，尚不属于该公司财产，不能据此认定法院追加执行人裁定错误——新疆高院（2022）新民再56号

建城公司主张其享有的对巴音郭楞某建材有限公司的185,000元债权是否属于该公司财产问题。2019年7月9日巴音郭楞中院作出（2019）新28民终1066号民事判决，判令巴音郭楞某建材有限公司向建城公司支付工程款185,000元。在该案执行阶段，建城公司与巴音郭楞某建材有限公司达成执行和解，约定于2022年5月22日支付工程款187,000元。巴音郭楞某建材有限公司至本案开庭时仍未履行该债务。本案执行程序启动的时间为2016年8月8日，因建城公司无财产可供执行终结执行程序后，巴音郭楞轮台法院依据巴音郭楞中院指令执行，其追加李某某等股东为被执行人的时间为2019年4月2日。建城公司对巴音郭楞某建材有限公司享有确定债权的时间为2019年7月9日。因此，巴音郭楞轮台法院作出追加被执行人裁定时，建城公司对巴音郭楞某建材有限公司的债权尚未确定，尚不属于该公司财产，且巴音郭楞某建材有限公司至今并未履行其与建城公司之间达成的执行和解，故建城公司主张其享有对外的债权足以清偿案涉债务缺乏事实依据。

案例二：验资报告并非公司股东出资到位与否的唯一依据，还应当综合股东出资证明、转账凭证等证据综合判断——新疆高院（2022）新民再56号

本案中，虽然巴音郭楞某会计师事务所出具验资报告载明建城公司原始股东第一期货币出资到位，但验资报告并非公司股东出资到位与否的唯一依据，还应当综合股东出资证明、转账凭证等证据综合判断。李某某自认其支付了35%股权的对价350,000元，其受让股权价格明显低于股东出资，且其未提供证据证明其支付了对价。其认可股权交割后，发现转让人未足额缴纳出资，其并未补足出资，因此李某某实际上无偿取得了案涉公司股权。李某某在受让股权、公司章程变更出资额仍为3,500,000元的情况下，其亦未履行出资的义务。《最高人民法院关于适用〈中华人民共和国公司法〉若干问题的规定（三）》第13条第2款规定："公司债权人请求未履行或者未全面履行出资义务的股东在未出资本息范围内对公司债务不能清偿的部分承担补充赔偿责任的，人民法院应予支持；未履行或者未全面履行出资义务的股东已经承担上述责任，其他债权人提出相同请求的，人民法院不予支持。"第18条第1款规定："有限责任公司的股东未履行或者未全面履行出资义务即转让股权，受让人对此知道或者应当知道，公司请求该股东履行出资义务、受让人对此承担连带责任的，人民法院应予支持；公司债权人依照本规定第十三条第二款向该股东提起诉讼，同时请求前述受让人对此承担连带责任的，人民法院应予支持。"根据上述规定，股东应当在未出资范围内承担补足责任。李某某作为受让股东，没有依法履行或者没有全面履行出资义务，其属于《变更、追加规定》第17条中"未缴纳或未足额缴纳出资的股东"的情形。因此，盛友公司在建城公司财产不足以清偿案涉债务的情况下，追加未足额缴纳出资的股东李某某作为被执行人，符合法律规定。

案例三：执行程序中，不能追加债权形成后通过增资加入的新股东为被执行人——最高人民法院（2021）最高法民申6260号

2014年3月6日，森茂公司形成股东会决议，同意吸收朱某某等为公司股东，将公司注册资本从40,476,190元增至122,917,838元，但森茂公司资产负债表显示，增资各股东认缴的资本金并未实际缴纳。本案黄某某、冯某对森茂公司的债权形成于森茂公司进行上述增资注册之前。二审法院考虑黄某某、冯某作为债权人对森茂公司责任能力的判断应以案涉债权形成时该公司的注册资金以及当时的股东出资情况为依据，判令不得追加朱某某为南通中院（2014）通中民初字第00088号案件的被执行人，并无不当。黄某某、冯某申请再审新提交的证明，不足以证实朱某某在增资时自愿对森茂公司增资前的负债承担责任，不足以推翻原判决，不属于《民事诉讼法》第200条第1项①规定的新的证据。

案例四：公司以股东会决议形式认可股东实际出资并出具股东出资证明书，可以据此认定股东已经履行了出资义务，除验资报告外还有其他证据材料可以证明股东履行了出资义务——最高人民法院（2021）最高法民申2467号

首先，2014年4月5日某农业公司股东会决议记载："……在本公司工商注册成立前后，股东姜某个人已经用于本公司创办而实际产生的个人现金货币支出，可直接作为该股东实缴到位的注册资金，按其实缴比例以现金做账分批入账。"据此，可以证明在某农业公司设立前后，姜某为该公司的设立及经营提供了资金，某农业公司以股东会决议形式认可姜某的上述支出作为其对某农业公司的部分出资。其次，一审期间，姜某及某农业公司共同举证2013年至2014年某农业公司明细账与财务凭证，证明在某农业公司成立前后，姜某共支付400万元，并有某农业公司2014年12月31日的股东出资证明书载明："姜某于2013年9月1日至2014年12月31日向本公司缴纳出资900万元。"这份证明书可为佐证。虽然部分记账内容仅附有银行凭证或付款说明，但是可以反映姜某以个人资金为某农业公司付款的事实。结合2014年4月5日某农业公司股东会决议和2014年12月31日的股东出资证明书内容，本院确认此组证据与本案审查的焦点问题存在关联性，应作为本案认定事实的依据。经核，2013年9月至2014年4月，姜某以个人资金为某农业公司支付各类款项共计4,014,044.2元。本院确认姜某已足额履行了剩余400万元的出资义务。

---

① 现为《民事诉讼法》第207条第1项。

027. 瑕疵出资股东转让股权后，能否直接追加受让股东为被执行人

◇ **问题** 被执行人无财产可供执行，那么在瑕疵出资股东转让股权后，申请执行人能否在执行程序中直接追加受让股东为被执行人

◇ **来源** 河南高院（2022）豫民终110号

◇ **结论** 根据《变更、追加规定》第17条、第19条的规定，允许被追加为被执行人的公司股东为未缴或未足额缴纳出资的股东、出资人，即原始股东，但并不包括原始股东将股权转让之后的受让股东

【基本案情】

建设公司与科赢公司建设工程施工合同纠纷一案，仲裁委员会作出的裁决书已生效，经建设公司申请，法院立案执行。在执行过程中，法院以“经穷尽财产调查措施，未发现被执行人有可供执行的财产，被执行人暂无财产可供执行”为由，裁定“终结本次执行程序”。建设公司申请追加科赢公司的原始股东刘某茂、刘某和受让股东赵某某、祝某某为被执行人，被法院裁定驳回。建设公司不服，遂引发本案诉讼。

经查，科赢公司成立于2016年11月16日，注册资本600万元，其中刘某茂认缴出资420万元，刘某认缴出资180万元，出资期限均为2046年11月14日前。2017年5月24日，股东刘某茂、刘某分别与赵某某签订股权转让协议，刘某茂将其持有的360万元、刘某持有的全部股权转让给赵某某，转让后公司股东变更为刘某茂、赵某某，其中刘某茂认缴出资60万元，赵某某认缴出资540万元，出资期限均为2046年11月14日前。2021年4月7日，股东赵某某与祝某某签订股权转让协议，赵某某将持有的全部股权转让给祝某某。公司股东变更为刘某茂、祝某某，其中刘某茂认缴出资60万元，祝某某认缴出资540万元，出资期限变更为2051年3月1日前。

【争议焦点】

应否追加刘某茂、刘某、赵某某、祝某某为被执行人，在其未缴纳出资范围内对科赢公司不能清偿的债务承担责任？

【裁判要点】

执行程序中追加被执行人，系直接通过执行程序确定由生效法律文书列明的被执行人以外的人承担实体责任，对各方当事人的实体和程序权利将产生极大影响，故追加被执行人必须严格遵循法定主义原则，即追加被执行人应当严格限定于法律、司法解释明确规定的情形，不能超出法定情形追加。根据《变更、追加规定》第 17 条、第 19 条的规定，允许被追加为被执行人的公司股东范围未缴或未足额缴纳出资的股东、出资人，即原始股东，而不包括原始股东将股权转让之后的受让股东。

本案中，根据工商登记档案信息显示，刘某茂、刘某为原始股东，赵某某、祝某某为受让股东，根据《最高人民法院关于适用〈中华人民共和国公司法〉若干问题的规定（三）》第 13 条、第 18 条的规定，公司债权人可以请求未履行或者未全面履行出资义务的股东在未出资本息范围内对公司债务不能清偿的部分承担补充赔偿责任，并在受让股东知道或应当知道转让股权未出资或未足额缴纳出资的情形下，可诉讼请求上述原始股东、受让股东承担补充赔偿责任和连带责任。因此，公司债权人要求上述原始股东、受让股东承担民事责任，属于实体责任争议，应通过民事诉讼方式解决，建设公司申请在民事执行程序中追加刘某、赵某某、祝某某为被执行人缺乏法律依据，如建设公司认为刘某、赵某某、祝某某等人应承担相应的民事责任可通过普通民事诉讼方式另行主张权利。

【相关法律规定】

《变更、追加规定》

第十七条　作为被执行人的营利法人，财产不足以清偿生效法律文书确定的债务，申请执行人申请变更、追加未缴纳或未足额缴纳出资的股东、出资人或依公司法规定对该出资承担连带责任的发起人为被执行人，在尚未缴纳出资的范围内依法承担责任的，人民法院应予支持。

第十九条 作为被执行人的公司，财产不足以清偿生效法律文书确定的债务，其股东未依法履行出资义务即转让股权，申请执行人申请变更、追加该原股东或依公司法规定对该出资承担连带责任的发起人为被执行人，在未依法出资的范围内承担责任的，人民法院应予支持。

《最高人民法院关于适用〈中华人民共和国公司法〉若干问题的规定（三）》

第十三条第二款 公司债权人请求未履行或者未全面履行出资义务的股东在未出资本息范围内对公司债务不能清偿的部分承担补充赔偿责任的，人民法院应予支持；未履行或者未全面履行出资义务的股东已经承担上述责任，其他债权人提出相同请求的，人民法院不予支持。

第十八条 有限责任公司的股东未履行或者未全面履行出资义务即转让股权，受让人对此知道或者应当知道，公司请求该股东履行出资义务、受让人对此承担连带责任的，人民法院应予支持；公司债权人依照本规定第十三条第二款向该股东提起诉讼，同时请求前述受让人对此承担连带责任的，人民法院应予支持。

受让人根据前款规定承担责任后，向该未履行或者未全面履行出资义务的股东追偿的，人民法院应予支持。但是，当事人另有约定的除外。

【应诉策略】

1. 关于能否在执行程序中追加受让股东为被执行人的问题

第一，在法律规定上因《变更、追加规定》第19条特别列出“股东未依法履行出资义务即转让股权”这一情形，规定可以追加“原股东”为被执行人，而第17条仅规定可以追加瑕疵出资“股东”为被执行人，并未明确区分原始股东还是受让股东。本文主文所引案例中，法院更是直接表示允许被追加为被执行人的公司股东为仅限原始股东，而不包括受让股东。

第二，因执行程序需要兼顾效率，为避免执行程序中对实体权利义务判断与当事人之间的实际法律关系出现明显背离，因此，执行法院在执行程序中追加股东为被执行人，应当以股东承担责任的事实具有外观上的明显性为基础，否则应另外提起诉讼经实体审理作出判断。

第三，根据《最高人民法院关于适用〈中华人民共和国公司法〉若干问题的规定（三）》第 13 条、第 18 条的规定，受让股东应承担连带补充赔偿责任的前提是“受让股东对此知道或者应当知道”原始未履行或者未全面履行出资义务即转让股权，这一前提包含主观判断，通常不具有外观上的明显性，因此，对于申请人来讲一般不容易举出证据证明。

综上，关于能否在执行程序中追加受让股东为被执行人的问题，可以从受让股东在实体上是否应当承担责任这一本质出发进行判断：

（1）如果现有证据存在疑点，不能确认受让股东的责任状态，则应告知当事人另行提起诉讼，通过普通民事诉讼方式另行主张权利。

（2）在某些例外情况下，如果已经查明的案件事实能够明确受让股东应当承担责任，如经另案生效裁判文书确认，则可以直接追加受让股东为被执行人（见类案裁判观点分析案例一）。

2. 执行程序中申请执行人要求受让股东承担相应的责任需另行通过诉讼程序予以解决

执行法院追加变更执行当事人的程序性法律依据一般均出自《变更、追加规定》，该规定中并未规定可以追加受让股东为被执行人的情形。申请执行人主张对被执行公司的受让股东为被执行人，是受让股东责任的认定问题，涉及实体责任认定。因此，执行程序中申请执行人要求受让股东承担相应的责任，需另行通过诉讼程序予以解决，不宜在执行程序中予以直接追加。

【类案裁判观点分析】

案例一：一般不宜直接在执行程序中依据《变更、追加规定》第 17 条的规定，由执行法院裁定追加受让股东为被执行人，但受让股东应承担补充赔偿责任有明显事实依据的除外——最高人民法院（2021）最高法民再 218 号

根据《最高人民法院关于适用〈中华人民共和国公司法〉若干问题的规定（三）》第 13 条、第 18 条的规定，有限责任公司的股东未履行或者未全面履行出资义务即转让股权，受让股东对此知道或者应当知道的，受让人应当与转让人就公司债务不能清偿部分向债权人连带承担补充赔偿责任。由于受让人是否知道或者应当知道转让股东未履行或者未全面履行出资义务这一事实，通常不具有外观上的明显性，因此一般不宜在执行程序中依据《变更、追加规定》第17条的规定，由执行法院裁定追加受让股东为被执行人。

但是，本案存在特殊情况：煤电公司应承担补充赔偿责任的有关事实有工商档案材料佐证且已经有生效裁判确认，执行法院依据外观上具有明显性的事实，在申请执行人债权未能及时获得清偿的情况下，追加煤电公司为被执行人，驳回其异议，执行程序并无明显不当。

案例二：根据《变更、追加规定》第19条的规定追加为被执行人的股东应为原股东或对该出资承担连带责任的发起人，不包括债权发生之后的受让股东——河南高院（2022）豫民终339号

针对在张某军已将股权转让给张某且张某至今亦未补缴出资款的情况下，应如何追加被执行人的问题，根据《变更、追加规定》第19条的规定："作为被执行人的公司，财产不足以清偿生效法律文书确定的债务，其股东未依法履行出资义务即转让股权，申请执行人申请变更、追加该原股东或依公司法规定对该出资承担连带责任的发起人为被执行人，在未依法出资的范围内承担责任的，人民法院应予支持。"由该条规定可知，追加为被执行人的法定条件有三项：一是被执行人公司的财产不足以清偿债务，二是被执行人公司的股东未出资即转让股权，三是追加原股东或对该出资承担连带责任的发起人为被执行人。具体到本案中，因张某并非被执行人龙润公司案涉股权的原股东，亦非发起人，且天翔公司申请执行的案涉债权发生在2015年4月29日，明显在张某于2015年7月13日从张某军处受让案涉股权之前，故天翔公司要求追加张某为被执行人的请求，缺乏事实和法律依据，法院不予支持。

案例三：《变更、追加规定》第19条明确追加原股东，把受让股东排除在外——河南高院（2022）豫民终319号

《公司法》第71条第2款规定有限责任公司的股东可以向股东以外的人转让股权。对未到认缴出资期限的股东转让股权，《公司法》未做限制性规定。在注册资本认缴制下，股东享有期限利益，原股东在认缴出资期限届满前转让出资，并非未依法履行出资义务即转让股权，亦不符合《变更、追加规定》第19条追加原股东为被执行人的情形。且《变更、追加规定》第19条明确追加原股东，把受让股东排除在外。结合本案，平某某、张某某在注册资本认缴期限届满前将股权转让，并非未按期缴纳出资，未依法履行出资义务即转让股权，不能依据《变更、追加规定》第17条、第19条追加平某某、张某某为被执行人。张某为受让股东，且认缴期满前已转让股权，亦不能依据《变更、追加规定》第17条、第19条追加为被执行人。

案例四：申请执行人要求受让股东承担相应的责任，一般应通过诉讼程序解决，不宜在执行程序中予以直接追加——河南高院（2022）豫民申1687号

《变更、追加规定》主要解决的是执行程序中变更、追加当事人问题，是执行法院追加、变更执行当事人的程序性法律依据。而申请执行人主张被执行法人的受让股东为被执行人，是实体责任认定问题。因此，申请执行人要求受让股东承担相应的责任，一般应通过诉讼程序解决，不宜在执行程序中予以直接追加。《变更、追加规定》第19条规定，作为被执行人的公司，财产不足以清偿生效法律文书确定的债务，其股东未依法履行出资义务即转让股权，申请执行人申请变更、追加该原股东或依公司法规定对该出资承担连带责任的发起人为被执行人，在未依法出资的范围内承担责任的，人民法院应予支持。该条明确规定只有符合条件的“该原股东”或“发起人”在作为被执行人的公司财产不足以清偿生效法律文书确定的债务时，才能在执行程序中予以追加。本案中，某材料公司请求追加何某为被执行人，根据原审查明事实，何某是有巢公司的受让股东，并非被执行人有巢公司原始股东，二审判决以此为由，认为在本案民事执行程序中追加何某为被执行人缺乏法律依据，认定准确。另外，关于马某承担责任的范围问题。马某系有巢公司的原始股东，但其首次认缴出资为900万元，虽然之后其又继受了1080万股权，该部分并非其作为原始股东认缴的部分。因此，二审判决认为马某应在尚未出资的900万元范围内承担责任，并无不当。

028. 执行程序中追加受让股东为被执行人的例外情形

◇ **问题** 是否可以在执行程序中追加受让股东为被执行人以及有何例外情形

◇ **来源** 最高人民法院（2021）最高法民再218号

◇ **结论** 一般不宜在执行程序中依据《变更、追加规定》第17条，由执行法院裁定追加受让股东为被执行人，但若有相关明显事实（工商信息、生效判决确认等）能证明受让股东应承担补充赔偿责任的，执行法院可裁定追加受让股东为被执行人

【基本案情】

刘某、贾某与宋某、能源公司民间借贷纠纷一案，一审法院于2009年4月22日作出判决。后因宋某、能源公司未在判决规定的履行期限内还清欠款，刘某、贾某向一审法院申请强制执行。

执行过程中，一审法院作出执行裁定：追加煤电公司为被执行人，在注册资金不实的范围内对申请执行人刘某、贾某承担责任。煤电公司提出异议被裁定驳回，遂提起本案执行异议之诉。

经查，在本案诉讼之前，已有另案生效裁判文书认定：煤电公司系本案被执行人能源公司股东，应对能源公司的债务在其未出资范围内承担补充赔偿责任。

【争议焦点】

是否可以在执行程序中追加煤电公司为被执行人？

【裁判要点】

关于是否可以在执行程序中追加煤电公司为被执行人。根据《最高人民法院关于适用〈中华人民共和国公司法〉若干问题的规定（三）》第13条、

第 18 条的规定，有限责任公司的股东未履行或者未全面履行出资义务即转让股权，受让股东对此知道或者应当知道的，受让人应当与转让人就公司债务不能清偿部分向债权人连带承担补充赔偿责任。由于受让人是否知道或者应当知道转让股东未履行或者未全面履行出资义务这一事实，通常不具有外观上的明显性，因此，一般不宜在执行程序中依据《变更、追加规定》第 17 条的规定，由执行法院裁定追加受让股东为被执行人。

但是，本案存在特殊情况：煤电公司应承担补充赔偿责任的有关事实有工商档案材料佐证且已经有生效裁判确认，执行法院依据外观上具有明显性的事实，在申请执行人债权未能及时获得清偿的情况下，追加煤电公司为被执行人，驳回其异议，执行程序并无明显不当。

【相关法律规定】

《变更、追加规定》

第十七条 作为被执行人的营利法人，财产不足以清偿生效法律文书确定的债务，申请执行人申请变更、追加未缴纳或未足额缴纳出资的股东、出资人或依公司法规定对该出资承担连带责任的发起人为被执行人，在尚未缴纳出资的范围内依法承担责任的，人民法院应予支持。

第十九条 作为被执行人的公司，财产不足以清偿生效法律文书确定的债务，其股东未依法履行出资义务即转让股权，申请执行人申请变更、追加该原股东或依公司法规定对该出资承担连带责任的发起人为被执行人，在未依法出资的范围内承担责任的，人民法院应予支持。

第三十二条 被申请人或申请人对执行法院依据本规定第十四条第二款、第十七条至第二十一条规定作出的变更、追加裁定或驳回申请裁定不服的，可以自裁定书送达之日起十五日内，向执行法院提起执行异议之诉。

被申请人提起执行异议之诉的，以申请人为被告。申请人提起执行异议之诉的，以被申请人为被告。

【应诉策略】

第一，执行程序中，追加被执行人系直接通过执行程序确定由生效法律文书列明的被执行人以外的人承担实体责任，对各方当事人的实体和程序权利将产生极大影响，因此，对于执行程序中直接追加当事人，应严格限于符合法律规定，且没有争议或疑点的情形。

根据《变更、追加规定》第 17 条、第 19 条的规定，允许被追加为被执行人的公司股东的范围为未缴纳或未足额缴纳出资的股东、出资人，即原始股东，是否包括受让股东并不明确。此外，执行异议之诉案件的审理，旨在解决人民法院在追加被执行人的法定理由和程序是否合法的问题，而公司债权人要求受让股东承担民事责任属于实体责任争议，应通过民事诉讼方式解决。综合以上两点，是否追加受让股东为被执行人，一般不属于执行异议之诉的审理范围，更不宜直接在执行异议之诉中直接作出裁定判断（见类案裁判观点分析案例）。

第二，法院依据《变更、追加规定》第 17 条的规定裁定追加股东为被执行人的，股东应承担的责任为补充责任，公司仍应当以其独立人格承担责任为先。只有在穷尽公司财产后仍不能偿清债务的情况下，股东才承担补充责任，且责任范围以其出资不实或抽逃出资范围为限。

因此，在执行程序中，被追加为被执行人的股东可以主动查找公司财产，公司名下所有可以流通变现的财物，均属于可以被执行的公司财产，如能证明公司还有其他可供执行的财产，则股东可以以此抗辩，向执行法院要求应由公司先承担清偿责任或相应缩减股东自身承担责任的范围。

第三，被追加为被执行人的股东提出执行异议之诉后，申请执行人应当对变更、追加被执行人是否存在出资不实、人格混同、未进行清算等事实承担初步的举证责任，如提交企业工商登记信息、验资证明、企业吊销证明等证据，初步证明被申请人应当承担偿债责任。申请执行人提交上述证据后，举证责任转到被申请人，由被申请人证明其已经向公司履行相应义务。因此，在该类争议中关于股东是否履行出资责任以及出资真实与否的证据材料将尤为重要，需要原告提前搜集。

【类案裁判观点分析】

案例：执行程序中追加被执行人必须严格遵循法定主义原则，法律允许被追加为被执行人的公司股东不包括受让股东，是否可以追加受让股东为被执行人，不宜在执行异议之诉中裁定判断——河南高院（2022）豫民终110号

法院指出，根据《变更、追加规定》第17条、第19条的规定，允许被追加为被执行人的公司股东的范围为未缴纳或未足额缴纳出资的股东、出资人，即原始股东，而不包括原始股东将股权转让之后的受让股东。

029. 股东抽逃出资，能否在执行程序中直接追加其为被执行人

◇ **问题** 公司财产不足以清偿债务，能否在执行程序中追加抽逃出资的股东为被执行人

◇ **来源** 河南高院（2022）豫民终541号

◇ **结论** 作为被执行人的公司财产不足以清偿生效法律文书确定的债务，公司股东存在抽逃出资行为的，可以追加为被执行人，在抽逃出资的范围内承担责任

【基本案情】

马某某与泰达公司民间借贷纠纷一案，仲裁委员会于2016年10月14日作出仲裁裁决，后马某某向郑州中院申请执行。2018年7月18日，该院作出（2016）豫01执1402号之执行裁定，裁定终结本次执行程序。马某某以抽逃出资为由向法院申请追加股东秦某某为被执行人，被法院裁定驳回，马某某遂提起本案诉讼。

经查，泰达公司成立于2012年1月17日，股东秦某某认缴出资200万元，持股比例20%，实缴出资200万元，出资时间为2012年1月16日前。2012年1月16日，股东秦某某出资200万元。2012年1月17日至2012年1

月 18 日，上述出资款又分 12 笔陆续从公司账户转出。

【争议焦点】

股东秦某某是否构成抽逃出资？应否在其抽逃出资范围内对泰达公司不能清偿的债务承担责任？

【裁判要点】

首先，追加股东为被执行人的前提条件是公司财产不足以清偿生效法律文书确定的债务。本案中，虽然上诉人庭审中称郑州中院还查封了被执行人史某某名下在北京市的一套房产，可以作为被执行的财产，但根据庭审查明的事实，该套房产上存在抵押权，郑州中院已将处置权移交给抵押权执行法院，该套房产是史某某的唯一住房，目前尚未处置。除此之外，秦某某未能提交被执行人名下有其他可供执行的财产线索，且郑州中院已于 2018 年 7 月 18 日查明经穷尽财产调查措施暂未发现被执行人名下有其他可供执行的财产，并裁定终结本次执行程序，表明被执行人泰达公司已无财产可供执行，故本案具备追加股东为被执行人的前提条件。

其次，本案中，泰达公司成立于 2012 年 1 月 17 日，股东秦某某认缴出资 200 万元，并于 2012 年 1 月 16 日向泰达公司实缴出资 200 万元。但申请执行人马某某提供证据证明上述出资款在 2012 年 1 月 17 日至 18 日分 12 笔陆续从公司账户转出。在债权人已初步举证证明股东在出资后短时间内即从公司账户转出后，举证责任即应转移至股东秦某某，秦某某应提供证据证明该转出款项的行为系公司正常经营行为或有其他合理、正当依据，而非抽逃出资的行为。但是，秦某某并未提供相关证据证明该款项的转出系公司的正常经营行为或有其他合理、正当依据，可以认定其构成抽逃出资，应在抽逃出资范围内对泰达公司不能清偿的债务承担责任。

综上，上诉人秦某某作为被执行人泰达公司的股东抽逃出资，符合《变更、追加规定》第 18 条的规定，依法应被追加为本案的被执行人。

【相关法律规定】

《变更、追加规定》

第十八条　作为被执行人的营利法人，财产不足以清偿生效法律文书确定的债务，申请执行人申请变更、追加抽逃出资的股东、出资人为被执行人，在抽逃出资的范围内承担责任的，人民法院应予支持。

【应诉策略】

第一，关于追加抽逃出资股东为被执行人，其难点在于证明被执行人股东存在抽逃出资行为，若能提出初步证据证明被执行人股东存在抽逃出资行为，则后续被执行人股东是否真的存在抽逃出资，则需要由被执行人股东提出有效证据予以反证。一般此种情形下，被执行股东会提出出资凭证、验资报告、股东会决议、汇款凭证等证据予以证明。

第二，对于申请执行人而言，若能证明作为被执行人的公司财产不足以清偿债务，且被执行人公司股东存在抽逃出资情形，则大概率均可直接依据《变更、追加规定》第 18 条的规定追加该股东为被执行人（见类案裁判观点分析案例一）。

第三，实践中，若存在被执行人股东在出资完成验资后又很短时间将出资款转走的情形，此种状况因存在隐秘性，对于申请执行人来讲举证证明被执行人股东存在抽逃出资行为有一定的困难。此时，申请执行人需要综合全案证据及所有线索举证证明被执行人股东存在抽逃出资行为，如被执行人公司与股东个人或股东亲属之间的财务往来是否合法、合理等角度（见类案裁判观点分析案例四）。

第四，如果被执行人公司股东在抽逃出资后，又将股权对外完成转让的，此时作为原股东，其转让行为明显存在逃避债务的嫌疑，若无明确相反证据证明被执行人股东的转让行为存在合法、合理程序，则依据《变更、追加规定》第 19 条的规定，申请执行人大概率可成功追加该原股东为被执行人（见类案裁判观点分析案例二、案例三）。

【类案裁判观点分析】

案例一：股东完成出资后，无正当理由在短时间内即将全部出资额转出，构成抽逃出资，可追加为被执行人——河南高院（2022）豫民申2644号

本院经审查认为，《变更、追加规定》第18条规定："作为被执行人的营利法人，财产不足以清偿生效法律文书确定的债务，申请执行人申请变更、追加抽逃出资的股东、出资人为被执行人，在抽逃出资的范围内承担责任的，人民法院应予支持。"本案被执行人许昌某实业公司成立于2013年3月18日，其股东孙某某、某商贸公司完成出资后，在短时间内即将全部出资额转出，孙某某主张上述转款系其向许昌某实业公司的借款，后续用于该公司的业务支出，但并未提供证据予以证明，也不能作出合理解释说明，原审认定其构成抽逃出资并依据《变更、追加规定》追加孙某某、许昌某商贸公司为被执行人承担相应责任，认定事实清楚，适用法律正确。

案例二：在债权人已初步举证证明股东在出资后短时间内即从公司账户转出后，如股东不能提供相关证据证明该款项的转出系公司的正常经营行为，可认定其行为构成抽逃出资，可追加为被执行人——河南高院（2022）豫民终247号

《变更、追加规定》第18条规定，作为被执行人的营利法人，财产不足以清偿生效法律文书确定的债务，申请执行人申请变更、追加抽逃出资的股东、出资人为被执行人，在抽逃出资的范围内承担责任的，人民法院应予以支持。本案中，在2013年8月15日，孙某、赵某分别向泰信公司出资104万元、96万元，但申请执行人张某梅提供证据证明上述出资款分别在2013年8月26日、8月27日分两笔以支付劳务费的名义从公司转出至第三人阮某某账户。在债权人已初步举证证明股东在出资后短时间内即从公司账户将出资款转出后，举证责任应转移至股东孙某、赵某，孙某、赵某应提供证据证明该转出款项的行为系公司正常经营行为而非抽逃出资的行为。但是，孙某、赵某并未提供相关证据证明该款项的转出系公司的正常经营行为，故孙某、赵某的行为构成抽逃出资，应在其抽逃出资范围内对泰信公司不能清偿的债务承担责任。

案例三：股东抽逃出资后又将股权全部对外转让，仍可以追加该原股东为被执行人，在抽逃出资范围内承担责任——河南高院（2022）豫民申1669号

本院经审查认为，《变更、追加规定》第18条规定："作为被执行人的营利法人，财产不足以清偿生效法律文书确定的债务，申请执行人申请变更、追加抽逃出资的股东、出资人为被执行人，在抽逃出资的范围内承担责任的，人民法院应予支持。"《最高人民法院关于适用〈中华人民共和国公司法〉若干问题的规定（三）》第12条规定："公司成立后，公司、股东或公司债权人以相关股东的行为符合下列情形之一且损害公司权益为由，请求认定该股东抽逃出资的，人民法院应予支持：……（四）其他未经法定程序将出资抽回的行为。"本案中，刘某某作为被执行人泓阳公司的原始股东，于2014年7月1日出资525万元，但其于同日将该出资款项从泓阳公司账户转出，该事实已被河南沈丘法院在（2018）豫1624民初716号民事判决书中认定为抽逃出资。刘某某的抽逃出资行为发生在其2016年9月7日转让泓阳公司股权之前，故刘某某以其已将泓阳公司股权转让、不具备股东身份为由主张其非抽逃出资的适格主体的理由不能成立。现被执行人泓阳公司不能清偿生效法律文书确定的债务，申请执行人向法院申请追加刘某某在抽逃出资范围内承担责任，符合法律规定，并无不当。

案例四：被执行人公司股东个人与股东亲属之间的财务往来不合理合法，后又将股权转让，符合《变更、追加规定》第19条[①]的情形——天津高院（2020）津民终524号

首先，尹某磊于2011年12月6日将货币出资的60万元打入坤磊公司农业银行尾号为10699的账户后，又于同年12月13日将其中59.9万元转出至尹某鹏个人银行卡中；于2014年5月26日将增资900万元打入前述账户后，又于同年5月27日将其中867万元转出至岳某某个人账户。上述两次出资均

---

① 该规定在该司法解释2020年修正时未做改动。

是在出资资本金转入坤磊公司农业银行尾号为10699的账户后短期内又转出至与其具有亲属关系的个人账户，该行为均未经法定程序，已经构成尹某磊是否出资到位的合理怀疑。故依照《最高人民法院关于适用〈中华人民共和国公司法〉若干问题的规定（三）》第20条“当事人之间对是否已履行出资义务发生争议，原告提供对股东履行出资义务产生合理怀疑证据的，被告股东应当就其已履行出资义务承担举证责任”的规定，尹某磊应就其完成出资义务承担举证责任。其次，尹某磊主张其与其亲属向坤磊公司打款的金额多于坤磊公司向其及其亲属打款的金额，以此来证明其已完成出资义务。而从坤磊公司农业银行尾号为10699的账户、建设银行尾号为07836的账户、中国银行尾号70253的账户以及河北省霸州农村商业银行的账户来看，坤磊公司虽与尹某磊、尹某鹏、尹某成、岳某某个人有频繁的账户往来，但无法明确认定作为尹某磊出资资本金的款项，故不足以证明尹某磊已完成出资义务。最后，从尹某磊两次出资后又将出资资本金大部分转出及转款后公司账户余额看，尹某磊的行为已经实质削弱了坤磊公司履约、偿债等能力，构成对坤磊公司权益的损害。故尹某磊作为坤磊公司的股东未依法履行出资义务即转让股权，符合《变更、追加规定》第19条的情形，应对被执行人坤磊公司的债务在未依法履行出资义务范围内承担责任。

030. 股东违法注销公司，应否追加该股东为被执行人

◇ **问题** 公司组成清算组，在未通知已知债权人的情况下进行清算并注销公司，能否追加公司股东为被执行人

◇ **来源** 最高人民法院（2021）最高法民申997号

◇ **结论** 公司清算仅在形式上履行了相应程序，但未依法通知已知债权人，清算程序实质上不符合法律规定，可以追加公司股东为被执行人

【基本案情】

佳丽公司与金成公司等财产损害赔偿纠纷一案，佳丽公司于2015年5月7日向一审法院申请对金成公司等强制执行。执行过程中，法院以金成公司的股东郭某某、朱某某办理注销登记时向行政主管部门提交的清算报告的内容与实际情况严重不符，属虚假清算为由，裁定追加郭某某、朱某某为被执行人。郭某某不服，遂提起本案诉讼。

另查明，2016年2月23日，金成公司召开由股东朱某某、郭某某参加的股东会，决定公司解散，成立公司清算组并发布了公司解散和进行清算的公告。2016年4月19日，金成公司申请注销公司登记，《清算报告》载明："清算公司债务0元，剩余财产0元。"同年4月21日，行政主管部门核准金成公司注销登记。

【争议焦点】

追加股东郭某某为被执行人是否有事实及法律依据？是否应停止对股东郭某某财产的执行？

【裁判要点】

《变更、追加规定》第21条规定，作为被执行人的公司，未经清算即办理注销登记，导致公司无法进行清算，申请执行人申请变更、追加有限责任公司的股东、股份有限公司的董事和控股股东为被执行人，对公司债务承担连带清偿责任的，人民法院应予支持。2016年2月23日，金成公司成立清算组，由金成公司股东、法定代表人、总经理兼执行董事朱某某担任清算组负责人，股东郭某某为清算组成员，在未通知已知债权人佳丽公司的情况下进行清算并注销公司。金成公司虽在形式上履行了相应程序，但因未依法通知已知债权人佳丽公司，清算程序实质上不符合法律规定。郭某某申请再审提交的清算报告复印件显示仅对金成公司2014年至2015两年财务状况进行审核，不能如实全面反映金成公司财务状况，亦不足以证明金成公司尚能再次进行清算。况且，在金成公司财务资料不够完整齐备且已办理注销登记的情况下，所谓再行清算客观上并无实现的可能。因此，原审法院以金成公司未经清算办理注销登记导致公司无法进行清算为由，将郭某某追加为被执行人，符合法律规定。

【相关法律规定】

《变更、追加规定》

第二十一条 作为被执行人的公司，未经清算即办理注销登记，导致公司无法进行清算，申请执行人申请变更、追加有限责任公司的股东、股份有限公司的董事和控股股东为被执行人，对公司债务承担连带清偿责任的，人民法院应予支持。

第二十三条 作为被执行人的法人或非法人组织，未经依法清算即办理注销登记，在登记机关办理注销登记时，第三人书面承诺对被执行人的债务承担清偿责任，申请执行人申请变更、追加该第三人为被执行人，在承诺范围内承担清偿责任的，人民法院应予支持。

《最高人民法院关于适用〈中华人民共和国公司法〉若干问题的规定（二）》

第十一条 公司清算时，清算组应当按照公司法第一百八十五条的规定，将公司解散清算事宜书面通知全体已知债权人，并根据公司规模和营业地域范围在全国或者公司注册登记地省级有影响的报纸上进行公告。

清算组未按照前款规定履行通知和公告义务，导致债权人未及时申报债权而未获清偿，债权人主张清算组成员对因此造成的损失承担赔偿责任的，人民法院应依法予以支持。

第十九条 有限责任公司的股东、股份有限公司的董事和控股股东，以及公司的实际控制人在公司解散后，恶意处置公司财产给债权人造成损失，或者未经依法清算，以虚假的清算报告骗取公司登记机关办理法人注销登记，债权人主张其对公司债务承担相应赔偿责任的，人民法院应依法予以支持。

第二十条 公司解散应当在依法清算完毕后，申请办理注销登记。公司未经清算即办理注销登记，导致公司无法进行清算，债权人主张有限责任公司的股东、股份有限公司的董事和控股股东，以及公司的实际控制人对公司债务承担清偿责任的，人民法院应依法予以支持。

公司未经依法清算即办理注销登记，股东或者第三人在公司登记机关办理注销登记时承诺对公司债务承担责任，债权人主张其对公司债务承担相应民事责任的，人民法院应依法予以支持。

【应诉策略】

1. 法律意义上的“未经清算”是否包括“未经依法清算”

关于作为被执行人的公司未经清算即办理注销登记，《变更、追加规定》中有两条相关规定。第21条的表述为“未经清算即办理注销登记”，第23条的表述为“未经依法清算即办理注销登记”。据此，有些法院认为未经清算与未经依法清算是不同概念，《变更、追加规定》第21条所称未经清算仅指未经形式上的清算，股东违反法律规定的程序进行清算不属于该条规定的情形，申请执行人不能申请追加未经依法清算即注销公司的股东为被执行人（见类案裁判观点分析案例三）。实务中，多数法院更倾向于认为，股东虽然经过清算程序注销公司，但清算程序不合法，即属于《变更、追加规定》第21条规定的情形，可以被追加为被执行人（见类案裁判观点分析案例一、案例二）。笔者更赞同第二种观点，清算是公司注销、终止的前置程序，《公司法》及其司法解释对公司清算设置了严格的法定流程，是为了保护债权人利益，仅形式上履行了清算程序但事实上没有通知债权人、清偿债务的“未经依法清算”行为，与“未经清算”本质上没有区别，因此无论从目的解释还是文义解释的角度，“未经清算”应包括“未经依法清算”的情形。

2. 实践中也有股东未经清算即注销公司，后出于各种原因又申请撤销该注销登记，这种情形下，股东还应否对公司债务承担责任

实务判例中，有些法院认为，即便注销登记被撤销，也不能改变作为被执行人的公司未经清算即办理注销登记、导致公司无法进行清算的事实，该公司股东仍应被追加为被执行人（见类案裁判观点分析案例四）。也有法院认为，《变更、追加规定》第21条以“公司无法进行清算”为前提条件，如果注销登记被撤销，公司仍可以重新清算，则不应再追加股东为被执行人（见类案裁判观点分析案例五）。笔者认为，这个问题的重点在于公司注销登

记是否“导致公司无法进行清算”，公司注销登记被撤销后，如果公司还能恢复营业状态，可以重新进行清算程序，则不应追加股东为被执行人。反之，如果公司注销已经是不可逆的状态，即便撤销登记也不能再进行实质清算，则相关股东应承担相应责任。

还有以下两点值得注意：第一，对于申请执行人来说，被执行人公司的股东未经清算即注销公司，除了依据《变更、追加规定》第21条请求追加股东为被执行人，还可以依据《最高人民法院关于适用〈中华人民共和国公司法〉若干问题的规定（二）》第19条的规定，向法院提起诉讼要求公司及股东承担连带清偿责任。第二，在目前实施简易注销的背景下，如果股东在办理注销登记时承诺对公司债务承担责任，而实际上未依法清算即办理公司注销登记，根据《最高人民法院关于适用〈中华人民共和国公司法〉若干问题的规定（二）》第20条第2款的规定，股东需对公司债务承担清偿责任。在执行程序中，作出承诺的股东也可被追加为被执行人，对公司债务承担连带清偿责任。

【类案裁判观点分析】

案例一：公司股东在自行清算过程中，在明知公司财产不足以清偿债务的情况下，以虚假的清算报告办理简易注销登记，属清算程序不合法，该股东应对公司债务承担连带清偿责任——山东高院（2022）鲁民申2680号

《公司法》第20条第3款规定：“公司股东滥用公司法人独立地位和股东有限责任，逃避债务，严重损害公司债权人利益的，应当对公司债务承担连带责任。”《变更、追加规定》第21条规定：“作为被执行人的公司，未经清算即办理注销登记，导致公司无法进行清算，申请执行人申请变更、追加有限责任公司的股东、股份有限公司的董事和控股股东为被执行人，对公司债务承担连带清偿责任的，人民法院应予支持。”本案中，鸟王公司在明知申请执行人债权未获清偿的情形下，办理简易注销登记并出具公司债务为零的虚假清算报告，明显属于违法清算行为，原审认定鸟王公司未依法清算，并无不当。申请人作为鸟王公司的股东及清算组成员，在自行清算过程中，明知公司财产不足以清偿奥蒙公司债务的情况下，未通知债权人申报债权，亦未向法院申请进行破产清算，反而以虚假的清算报告办理简易注销登记，其行为损害了债权人奥蒙公司的利益，应对公司债务承担连带清偿责任。

案例二：股东以虚假的清算报告进行清算并注销公司，申请执行人可以追加该股东为被执行人——江苏高院（2020）苏民申1742号

《变更、追加规定》第21条规定，作为被执行人的公司，未经清算即办理注销登记，导致公司无法进行清算，申请执行人申请变更、追加有限责任公司的股东、股份有限公司的董事和控股股东为被执行人，对公司债务承担连带清偿责任的，人民法院应予支持。上述条文规定的目的是追加违规注销公司的清算责任人为被执行人，对其逃避、规避行为进行规制。被执行人尚书坊公司的股东为张某某（法定代表人）、陈某某，两股东为该公司清算组主要成员。尚书坊公司清算时，张某某、陈某某明知本案所涉尚书坊公司尚欠广融公司的执行债务尚未清偿，未依法将清算事宜书面通知广融公司，未将该已知债务纳入清算范围，却在清算报告中称已通知所有债权人，对债权债务已清理完毕，并报请行政主管部门对尚书坊公司核准注销。但是，尚书坊公司尚欠广融公司的债务并未清理，该清算报告为虚假的清算报告，对债权人广融公司不产生清算的法律效力。现尚书坊公司已注销，其法人主体资格已不存在，该公司股东张某某、陈某某作为违规注销公司的清算责任人，对案涉债务应承担连带清偿责任，执行法院追加其为被执行人于法有据。张某某、陈某某主张本案不符合法定追加被执行人情形，本院不予支持。

案例三：未经清算与未经依法清算是不同概念，股东未依法清算不属于《变更、追加规定》第21条的情形，申请执行人可依据《公司法》及其司法解释的规定另行主张权利——新疆高院（2021）新民终131号

依据《变更、追加规定》第21条的规定，若恒远公司未清算即办理注销登记，导致公司无法清算的，高远公司可通过变更、追加恒远公司的股东为被执行人对公司债务承担连带清偿责任的方式救济其权利。本案中，恒远公司系经过清算程序，并获得行政主管部门核准办理注销登记，高远公司要求追加恒远公司股东吕某、李某某、窦某某、郝某某四人为被执行人，不符合《变更、追加规定》第21条规定的情形，一审法院适用法律有误，本院予以纠正。吕某、李某某、窦某某、郝某某关于不得追加其为被执行人的异议成立，本院予以支持。

《最高人民法院关于适用〈中华人民共和国公司法〉若干问题的规定(二)》第11条规定："公司清算时，清算组应当按照公司法第一百八十五条的规定，将公司解散清算事宜书面通知全体已知债权人，并根据公司规模和营业地域范围在全国或者公司注册登记地省级有影响的报纸上进行公告。清算组未按照前款规定履行通知和公告义务，导致债权人未及时申报债权而未获清偿，债权人主张清算组成员对因此造成的损失承担赔偿责任的，人民法院应依法予以支持。"第19条规定："有限责任公司的股东、股份有限公司的董事和控股股东，以及公司的实际控制人在公司解散后，恶意处置公司财产给债权人造成损失，或者未经依法清算，以虚假的清算报告骗取公司登记机关办理法人注销登记，债权人主张其对公司债务承担相应赔偿责任的，人民法院应依法予以支持。"据此，若清算组成员未经依法清算，债权人可要求清算组成员承担相应赔偿责任。未经清算与未经依法清算是不同概念，连带清偿责任与赔偿责任亦不相同。清算组成员或者有限责任公司的股东等未经依法清算所应承担的赔偿责任范围需经审判程序予以确认。高远公司若认为吕某、李某某、窦某某、郝某某未依法履行清算义务，对其造成了损失，可依据《公司法》及其司法解释的规定另行主张权利。另外，根据《变更、追加规定》第33条第1款"被申请人提起的执行异议之诉，人民法院经审理，按照下列情形分别处理：（一）理由成立的，判决不得变更、追加被申请人为被执行人或者判决变更责任范围；（二）理由不成立的，判决驳回诉讼请求"的规定，吕某、李某某、窦某某、郝某某关于撤销（2020）新01执异262号执行裁定的诉讼请求，不应在本案中处理。

案例四：即便注销登记被撤销，也不能改变作为被执行人的公司未经清算即办理注销登记，导致公司无法进行清算的事实，该公司股东仍应被追加为被执行人——山东高院（2022）鲁民申1906号

本案中，嘉丰源公司系其与美亚公司买卖合同纠纷一案的被执行人。在该案执行过程中，嘉丰源公司股东赵某某、李某某在签署了《全体投资人承诺书》的情况下，未经过清算即将该公司注销，导致公司无法进行清算，损害了美亚公司的合法权益，故美亚公司依据法律规定在执行过程中申请追加嘉丰源公司股东赵某某、李某某为被执行人对公司债务承担连带清偿责任，原审法院依据《变更、追加规定》第21条的规定和在案证据判决予以支持并无不当。虽然李某某申请再审时提交了《山东省枣庄市市中区行政审批服务局关于撤销枣庄市嘉丰源贸易有限公司注销登记的决定书》，证明该局撤销了2020年12月28日嘉丰源公司的企业注销登记，但该撤销企业注销登记的行为不能改变作为被执行人的嘉丰源公司未经清算即办理注销登记、导致公司无法进行清算的事实，且嘉丰源公司被注销登记后至撤销注销登记时已近一年，其间作为公司股东的赵某某、李某某也并未举证证明对公司注销前所负债务进行清算。因此，李某某在本案中所提交的新证据并不足以推翻原审判决。另外，根据《民事诉讼法司法解释》第393条的规定，《山东省枣庄市市中区行政审批服务局关于撤销枣庄市嘉丰源贸易有限公司注销登记的决定书》不属于《民事诉讼法》第207条第12项所规定的法律文书。

案例五：公司注销登记已被撤销，企业状态为在营，不符合《变更、追加规定》第21条规定的可以追加股东为被执行人的法定条件——山东高院(2021)鲁民申7284号

本院经审查认为，鑫源公司依据《变更、追加规定》第21条的规定向法院申请追加海能公司的股东孟某某为被执行人，须同时符合以下条件：(1)作为被执行人的海能公司办理了注销登记；(2)海能公司未能进行清算；(3)海能公司因注销而无法再进行清算。本案中，海能公司于2017年6月7日的注销登记已被撤销，企业状态为在营，故不符合《变更、追加规定》第21条规定的可以追加股东为被执行人的法定条件，原审法院据此判决不得追加孟某某为被执行人并无不当。

031. 执行过程中可否直接追加减资股东为被执行人

◇ **问题** 作为被执行人的公司违反法律规定减资，申请执行人能否申请追加减资股东为被执行人

◇ **来源** 浙江高院（2021）浙民终1757号

◇ **结论** 《变更、追加规定》第18条规定的可以追加公司股东为被执行人的抽逃出资行为并不包括瑕疵减资行为

【基本案情】

李某某与长信公司等民间借贷纠纷一案，李某某向法院申请强制执行。2016年8月23日，该案以终本执行方式结案。

2021年2月，李某某以长信公司违法减资为由申请追加长信公司的股东陈某某、徐某某、维尼公司、刘某、朱某为被执行人，并要求比照瑕疵出资规定对申请执行人李某某未获清偿的债权承担补充赔偿责任。法院于2021年2月24日作出执行裁定，认为长信公司减资程序合法，且公司减资行为不属于法定可以追加被执行人的情形，裁定驳回李某某的申请。李某某不服该执行裁定，提起本案追加被执行人异议之诉。

经查，长信公司2011年订立的公司章程约定：股东第二期出资于2013年4月10日缴纳。2013年1月28日，长信公司作出股东会决议：减少注册资本30,000万元，决定对股东未缴纳的第二期出资不再缴纳。2013年2月4日，长信公司在当地报纸上进行了减资公告，但未直接通知债权人李某某。2013年4月9日，长信公司办理了减少注册资本的工商变更登记。

【争议焦点】

执行过程中是否可以直接追加瑕疵减资股东为被执行人？

【裁判要点】

首先，执行程序中追加被执行人应当符合法定条件。基于审执分离原则以及保障当事人程序权利的需要，并非依实体法规定应当对被执行人的债务承担清偿、赔偿等义务的所有第三人均可在执行程序中被追加为被执行人。根据《变更、追加规定》第 1 条的规定，在执行程序中变更、追加执行当事人应当严格限定于法律、司法解释明确规定的可以追加为被执行人的情形，通俗而言主要是指现实需求迫切、法律关系简单、易于审查判断的情形。

其次，《变更、追加规定》第 18 条规定的可以追加公司股东为被执行人的抽逃出资行为并不包括瑕疵减资行为。根据《最高人民法院关于适用〈中华人民共和国公司法〉若干问题的规定（三)》第 12 条的规定，公司成立后，公司、股东或者公司债权人以相关股东的行为符合下列情形之一且损害公司权益为由，请求认定该股东抽逃出资的，人民法院应予支持：（1）制作虚假财务会计报表虚增利润进行分配；（2）通过虚构债权债务关系将其出资转出；（3）利用关联交易将出资转出；（4）其他未经法定程序将出资抽回的行为。因此，抽逃出资是指公司成立后，股东非经法定程序，从公司抽回已缴纳的出资财产但继续持有原出资额的公司股份的行为。而减少注册资本是指公司根据《公司法》的规定，按照法定程序减少公司资本的行为。公司减少注册资本（包括认缴出资）应按照法律规定的程序进行。《公司法》第 177 条规定，公司需要减少注册资本时，必须编制资产负债表及财产清单。公司应当自作出减少注册资本决议之日起 10 日内通知债权人，并于 30 日内在报纸上公告。债权人自接到通知书之日起 30 日内，未接到通知书的自公告之日起 45 日内，有权要求公司清偿债务或者提供相应的担保。因此，公司及其股东减少注册资本（认缴出资）违反法定程序的，应承担相应的法律后果，但不属于《最高人民法院关于适用〈中华人民共和国公司法〉若干问题的规定（三)》第 12 条第 4 项规定的“未经法定程序将出资抽回的”的抽逃出资情形。本案中，长信公司 2011 年 3 月 30 日订立的公司章程约定股东第二期出资于 2013 年 4 月 10 日缴纳，长信公司股东会于 2013 年 1 月 28 日决议减少注册资本 30, 000 万元，决定对股东未缴纳的第二期出资不再缴纳。长信公司应当知道债权人李某某的联系地址及电话信息，却在公司进行减资时，未直接通知债权人李某某，于2013年2月4日只在当地报纸上进行了减资公告，于2013年4月9日办理了工商变更登记减少注册资本30,000万元。长信公司的上述减资行为程序上存在瑕疵，应承担相应的法律责任，但该行为与股东抽逃出资有别，特别是在股东会决议减资时，公司章程约定的股东认缴第二期出资的期限尚未届至，股东并未实施撤回出资的行为，不能依照《变更、追加规定》第18条的规定追加公司股东为被执行人。

【相关法律规定】

《变更、追加规定》

第十八条 作为被执行人的营利法人，财产不足以清偿生效法律文书确定的债务，申请执行人申请变更、追加抽逃出资的股东、出资人为被执行人，在抽逃出资的范围内承担责任的，人民法院应予支持。

《公司法》

第一百七十七条 公司需要减少注册资本时，必须编制资产负债表及财产清单。

公司应当自作出减少注册资本决议之日起十日内通知债权人，并于三十日内在报纸上公告。债权人自接到通知书之日起三十日内，未接到通知书的自公告之日起四十五日内，有权要求公司清偿债务或者提供相应的担保。

《最高人民法院关于适用〈中华人民共和国公司法〉若干问题的规定(三)》

第十二条 公司成立后，公司、股东或者公司债权人以相关股东的行为符合下列情形之一且损害公司权益为由，请求认定该股东抽逃出资的，人民法院应予支持：

（一）制作虚假财务会计报表虚增利润进行分配；

（二）通过虚构债权债务关系将其出资转出；

（三）利用关联交易将出资转出；

（四）其他未经法定程序将出资抽回的行为。

【应诉策略】

1. 公司违法的形式上减资行为不等同于股东抽逃出资

根据公司的净资产是否因减资而产生实质的变动，减资可分为形式上减资和实质性减资。形式上的减资只降低注册资本，但股东并未实际从公司取回出资，因而不导致公司实际资产的减少。这种情形常常发生在公司亏损时，公司通过注销部分股权或者减少每股的金额，用以减轻股东的压力，但并不造成公司净资产减少，所以并不会降低公司的清偿能力。形式上减资的责任主体是公司，且股东并未通过减资程序实际从公司取回资金，因此不能要求股东就公司债务不能清偿的部分承担责任，不能追加股东为被执行人（见类案裁判观点分析案例一）。

但是，如果公司违法减资，而股东已经通过违法的减资程序实际抽回了出资，则公司的减资行为就是实质性减资，公司责任财产减少，这种情形下构成公司违法减资和股东抽逃出资的竞合，则股东应在其减资范围内对公司不能清偿的债务承担补充赔偿责任。

综上，公司在减资过程中存在程序违法情形与股东利用公司减资而抽逃出资是两个不同的问题，违法减资的责任主体是公司，抽逃出资的责任主体是股东，故不能仅因公司减资程序违法就认定股东抽逃出资。判断股东是否有抽逃出资的行为要看股东本人是否存在侵犯公司财产权的行为，是否导致公司责任财产减少。如果公司减资过程中股东并未实际抽回资金，则属于形式上的减资，即公司登记的注册资本虽然减少，但公司责任财产并未发生变化，不能认定股东抽逃出资，不能在执行程序中追加该股东为被执行人。

2. 公司违法减资对出资期限未届满股东的责任有何影响

股东先于公司减资前将股权全部转让，该股东仍应对转让前的瑕疵出资承担民事责任（见类案裁判观点分析案例五）。但是，关于公司违法减资后，股东是否还享有出资期限利益，能否对瑕疵减资股东类推适用抽逃出资进行追加处理，实践中存在争议。有些法院认为，公司违法减资不影响股东的出资期限利益，不能将出资期限尚未届满的股东认定为抽逃出资股东（见类案裁判观点分析案例三）；也有法院认为，若公司违法减资情形下，股东出资应加速到期，不再享有出资期限利益（见类案裁判观点分析案例四）。笔者认为，正如前文所述，在注册资本认缴制背景下，如股东初期期限尚未到期，则公司违法的形式上减资仅是对股东未来出资的减资，因此时出资尚未实际到账，并不属于公司资本，减资并不会导致公司责任财产减少或损失，因此不能认定股东具有抽逃出资的行为。

至于股东是否应继续享有出资期限利益，即公司违法减资能否导致股东出资加速到期，最高人民法院对股东出资加速到期的态度一直是采取严格的限缩解释的，必须限制于法律明文规定的情形，也就是以下三种情形：

（1）《企业破产法》第35条、《最高人民法院关于适用〈中华人民共和国公司法〉若干问题的规定（二）》第22条规定的公司破产清算的情形。

（2）《九民纪要》第6条第1项规定的公司具备破产原因但不申请破产的情形。

（3）《九民纪要》第6条第2项规定的公司债务产生后又延长股东出资期限的情形。

综上，公司违法减资并不应是法律规定的可以导致股东出资期限加速到期的情形。

3. 追加减资股东为被执行人的条件

通过上述分析，违法减资的责任主体是公司，不能追加减资股东为被执行人。但是，如果债权设立在减资之前，股东减资系为逃离偿债责任，或股东利用公司减资实际抽回资本、导致公司责任财产减少，则该股东的行为就构成抽逃出资，可以依据《变更、追加规定》第18条的规定，追加该股东为被执行人。

【类案裁判观点分析】

案例一：公司违反法律规定的减资程序减少注册资本，但其减资股东并未利用减资实施抽回出资的行为，公司资产总量并未减少、偿债能力亦未降低，该股东不存在抽逃出资的行为，不应当被追加为被执行人——最高人民法院（2019）最高法民再144号

本院认为，根据《变更、追加规定》第18条①的规定，作为被执行人的

① 该规定在该司法解释2020年修正时只做了表述上的修改。

企业法人，财产不足以清偿生效法律文书确定的债务，申请执行人申请变更、追加抽逃出资的股东、出资人为被执行人，在抽逃出资的范围内承担责任的，人民法院应予支持。本案中，黑土集团在减少注册资本过程中，存在先发布减资公告后召开股东会、变更登记时提供虚假材料等违反《公司法》关于公司减资程序规定的情形，但作为黑土集团股东的省农资公司并未利用黑土集团减资实际实施抽回出资的行为。省农资公司虽将其登记出资由5000万元减至3000万元，但黑土集团的权益并未因省农资公司的行为受到损害，资产总量并未因此而减少、偿债能力亦未因此而降低。省农资公司的行为不属于《最高人民法院关于适用〈中华人民共和国公司法〉若干问题的规定（三）》第12条规定的情形，不存在抽逃出资的行为，不应当被追加为被执行人。二审法院判决不得追加省农资公司为被执行人，并无不当。

案例二：仲裁期间违法减资，致使公司不能清偿债务，此时股东的未履行出资及抽逃出资行为对于债权人利益的侵害在本质上并无不同，可以追加减资股东为被执行人，在减资范围内对公司债务承担补充赔偿责任——北京高院（2021）京民终987号

本院认为，根据《公司法》的规定，有限责任公司的股东应按其认缴的出资额履行足额出资义务，股东认缴的出资未经法定程序不得抽回、减少。本案中，鹰链公司在北京仲裁委员会就该公司与港湾公司因房屋租赁合同纠纷进行仲裁期间，且在港湾公司已经提出反请求的情况下，进行减资行为，使公司的偿还能力大大降低。根据查明的事实可知，在港湾公司根据仲裁裁决申请对鹰链公司进行强制执行时，变更后的鹰链公司无财产可供执行，不能履行仲裁所确认的债务。可见，鹰链公司及其股东的减资行为具有明显的恶意。而且，编制资产负债表和财产清单、通知债权人是公司履行减资程序时的法定义务。而鹰链公司于2020年5月减少注册资本时，未履行编制资产负债表及财产清单、通知债权人等法定义务，免除了股东的绝大部分出资义务，违反了公司资本不变和资本维持的原则，与股东未履行出资及抽逃出资对于债权人利益的侵害在本质上并无不同。一审法院根据相关规定，判决追加范某为被执行人并在对其减资范围内对公司债务承担补充赔偿责任，具有相应的事实和法律依据，并无不当。本院二审予以维持。

案例三：公司减资违反法定程序，但是公司减资时股东认缴增资部分的出资期限尚未届至，股东也未实施撤回出资的行为，不属于《变更、追加规定》第18条规定的抽逃出资行为——浙江高院（2021）浙民终859号

抽逃出资，是指公司成立后，股东非经法定程序，从公司抽回已缴纳的出资财产但继续持有原出资额的公司股份的行为。而减少注册资本，是指公司根据《公司法》的规定，按照法定程序减少公司资本的行为。《公司法》第177条规定，公司需要减少注册资本时，必须编制资产负债表及财产清单。公司应当自作出减少注册资本决议之日起10日内通知债权人，并于30日内在报纸上公告。债权人自接到通知书之日起30日内，未接到通知书的自公告之日起45日内，有权要求公司清偿债务或者提供相应的担保。本案中，海运公司股东会于2015年4月20日决议增加注册资本4988万元，增资部分在2020年4月20日前完成实收，后又于2018年12月12日决议减少注册资本4988万元。虽然海运公司在明知某船厂公司系债权人且可以点对点直接通知的债权人的情况下，未依法通知某船厂公司即于2019年2月1日径行减少注册资本4988万元，违反法定程序。但是，当时林某某作为股东，其认缴增资部分的出资期限尚未届至，其亦未在公司减资过程中实施了撤回出资的行为，故不符合《最高人民法院关于适用〈中华人民共和国公司法〉若干问题的规定（三）》第12条第4项规定的“未经法定程序将出资抽回的”情形，不属于《变更、追加规定》第18条规定的抽逃出资行为。某船厂公司以林某某抽逃出资为由，根据该规定在执行程序中申请追加林某某为（2020）浙72执590号案件的被执行人，一审判决未予支持并无不当。至于海运公司是否得以减资对抗未被通知的债权人，以及此类债权人是否仍可在公司原注册资本范围内对公司主张权利，减资股东是否仍应在其应缴或认缴的注册资本范围内对此类债权人承担民事责任，可另行理直。

案例四：公司于债权设立后违法减资，后公司不能清偿债务，减资前各股东仍应按照公司原注册资本数额承担责任，且不再享有出资期限利益——北京高院（2021）京民终907号

本案中，安捷公司与立合公司于2017年6月21日，即在安捷公司作出减资决议之前就签订了《国内有追索权保理合同》，双方之间形成了债权债务关系；安捷公司在2017年7月25日作出了减资股东会决议；立合公司分别于2017年8月1日、2017年8月28日向安捷公司转账支付了共计200万元，从而对安捷公司实际享有了相应的债权。后来，安捷公司向行政主管部门出具《安捷公司减资说明》称，安捷公司“因资金不到位，股东决定申请由5150万元减少到150万元，已于2017年7月26日在《北京晨报》上刊登了减资公告，至2017年9月11日止债权债务清偿处理完毕，无任何单位或个人向本公司提出清偿债务或提供相应的担保请求。至此，本公司债务已清理完毕，对外也无任何担保行为，如有遗留问题，由各股东按原来注册资本数额承担责任”。现安捷公司未提供证据证明其在作出减少注册资本决议之日起10日内向原债权人立合公司进行了通知，且在安捷公司减资前，公司股东已对包括或有债务在内的未清偿债务的“遗留问题”作出了债务清偿或担保的承诺，故安捷公司自其减资且对于未清理债务作出承诺并留存行政管理部门备查时起，即负有以原公司注册资本承担公司债务的责任。一旦债权出现并确认，安捷公司应以减资前注册资本作为责任财产承担债务清偿责任，减资前各股东应按照公司原注册资本数额承担责任，不再享有出资期限利益，且股东戴某某并未举出确实充分的证据证明其已对安捷公司进行了实际出资，故磋磨资产公司请求追加股东戴某某为（2018）京03执566号案件的被执行人符合法律规定，应当予以支持。

案例五：股东未全面履行出资义务即对外转让股权，后公司进行减少注册资本变更登记，该原股东仍应对转让前的瑕疵出资承担民事责任，可被追加为被执行人——最高人民法院（2020）最高法民申5154号

2002年9月，中银公司将其在建威公司的全部出资及按合同约定的分利以2万元的价格全部转让给威海市某纺织公司，中银公司退出建威公司。同年10月，建威公司在山东省威海市有关行政主管部门变更注册资本为2078.6万元。建威公司2002年变更为增资前的注册资本并不能免除中银公司先前应当依照法律、法规的规定和合作合同约定所应承担的缴纳增资的义务。中银公司未全面履行出资义务，仍应对转让前的瑕疵出资承担民事责任。

原判决适用《变更、追加规定》第 17 条、第 18 条的规定，认定中银公司系神娃公司申请追加的未足额缴纳出资的出资人，应当在尚未缴纳出资的范围内依法承担责任是正确的。

032. 能否追加未届出资期限的股东为被执行人

◇ **问题** 未履行出资义务的股东未届出资期限即转让股权，公司不能清偿到期债务，能否追加该股东为被执行人

◇ **来源** 最高人民法院（2021）最高法民申 6423 号

◇ **结论** 在注册资本认缴制下，股东享有期限利益，除非该股东具有逃避债务的恶意或公司已具备破产原因但不申请破产的，否则原股东在认缴出资期限届满前转让出资的行为，不符合《变更、追加规定》第 19 条追加原股东为被执行人的情形

【基本案情】

投资公司系能源公司股东，认缴出资额 15,000 万元占比 75%，实缴 4500 万元，章程约定剩余出资缴付期限为 2008 年 9 月 30 日。

2008 年 6 月 25 日，投资公司转让股权至建设公司、某置业公司。

2014 年，德厚公司提起仲裁，向能源公司主张支付拖欠的工程款。该案执行过程中，因能源公司无财产可供执行，经德厚公司申请，法院以未依法履行出资义务即转让股权为由，裁定追加投资公司为被执行人。投资公司不服，提起本案诉讼。

【争议焦点】

股东投资公司出资期限未届至即转让股权的，在公司作为被执行人不能清偿债务时，应否追加股东投资公司为被执行人？

【裁判要点】

根据《公司法》第28条第1款“股东应当按期足额缴纳公司章程中规定的各自所认缴的出资额”的规定，在认缴期限届满前，股东享有期限利益，故股东在认缴期限内未缴纳或未全部缴纳出资不属于未履行或未完全履行出资义务。在认缴期限届满前转让股权的股东无须在未出资本息范围内对公司不能清偿的债务承担连带责任，除非该股东具有转让股权以逃废出资义务的恶意，或存在在注册资本不高的情况下零实缴出资并设定超长认缴期等例外情形。

首先，本案中投资公司转让全部股权时，所认缴出资额的出资期限尚未届满。因此，原判决认定投资公司不属于“未依法履行出资义务即转让股权的股东”，并无不当。

其次，2005年《公司法》第26条第1款规定：“有限责任公司的注册资本为在公司登记机关登记的全体股东认缴的出资额。公司全体股东的首次出资额不得低于注册资本的百分之二十，也不得低于法定的注册资本最低限额，其余部分由股东自公司成立之日起两年内缴足；其中，投资公司可以在五年内缴足。”能源公司设立于2006年11月3日，设立时确认股东未缴纳出资的缴付期限为2008年10月30日。投资公司作为发起人于2006年10月25日缴纳了第一期出资1500万元，剩余出资的缴付期限定为2008年9月30日，未违反法律及公司章程的规定。投资公司转让股权至建设公司、某置业公司经过能源公司第六次股东（董事）会决议同意，并于同年7月14日完成工商变更登记。原判决认定投资公司转让股权的行为均依法实施，并无不当。

最后，投资公司于2008年6月25日转让股权时，能源公司尚在正常经营，德厚公司与能源公司签订的建设施工合同亦处于正常履行过程中。直至2014年，德厚公司方向西安仲裁委员会提起仲裁，向能源公司主张支付拖欠的工程款。原判决认定投资公司无逃避债务的主观故意，不存在恶意规避公司债务清偿的情形，并无不当。在与德厚公司签订建设施工合同以及投资公司转让股权时，能源公司1.332亿元注册资本已经实缴到位，陕西高院（2018）陕民终397号生效民事判决最终认定能源公司应向德厚公司支付工程款7,431,489.4元及其利息。就能源公司当时的实缴注册资本而言，德厚公司主张其对能源公司的信赖利益因投资公司未缴纳出资并转让股权而受到损害，明显依据不足。此外，《九民纪要》第6条系关于股东出资应否加速到期的规定，不适用于本案股东已经转让股权的情形。因此，申请执行人德厚公司据此提出投资公司在仅缴付1500万元出资、尚余6000万元出资未到位的情况下转让股权，违反了公司资本充实原则，并对德厚公司的合法权益造成损害的理由不能成立。

【相关法律规定】

《变更、追加规定》

第十九条 作为被执行人的公司，财产不足以清偿生效法律文书确定的债务，其股东未依法履行出资义务即转让股权，申请执行人申请变更、追加该原股东或依公司法规定对该出资承担连带责任的发起人为被执行人，在未依法出资的范围内承担责任的，人民法院应予支持。

《九民纪要》

6.【股东出资应否加速到期】在注册资本认缴制下，股东依法享有期限利益。债权人以公司不能清偿到期债务为由，请求未届出资期限的股东在未出资范围内对公司不能清偿的债务承担补充赔偿责任的，人民法院不予支持。但是，下列情形除外：

（1）公司作为被执行人的案件，人民法院穷尽执行措施无财产可供执行，已具备破产原因，但不申请破产的；

（2）在公司债务产生后，公司股东（大）会决议或以其他方式延长股东出资期限的。

【应诉策略】

注册资本认缴制是2013年全国人民代表大会常务委员会对《公司法》进行修正时设置的规定，《公司法》及相关条例和司法解释将“注册资本”的登记管理从“实缴登记制”调整为“认缴登记制”，并自2014年3月1日起开始施行。因此，在注册资本认缴制下，股东依法享有期限利益，无须对公司不能清偿的债务承担补充赔偿责任，股东在认缴出资期限届满前未缴纳出资不属于未履行出资义务，因此大多数情况下，在执行程序中未届出资期限的股东也不能直接被追加为被执行人（见类案裁判观点分析案例一至案例四），但是以下几种情形例外。

1. 在公司作为被执行人的案件中，人民法院穷尽执行措施无财产可供执行，已具备破产原因但不申请破产的，可以追加未届出资期限的股东为被执行人（见类案裁判观点分析案例七至案例九）。

2. 在公司债务产生后，公司股东（大）会决议或以其他方式延长股东出资期限的。

3. 股东转让股权时虽然未届出资期限，但是通过案件事实查明该股东具有转让股权以逃避债务的恶意的，可以追加该股东为被执行人。可以认定股东恶意转让股权的情形有以下几种：

（1）股东转让股权时案涉债务已经产生、公司处于资不抵债的情况（见类案裁判观点分析案例五）。

（2）股东在公司已进入执行程序且公司财产不足以清偿生效法律文书所确定债务的情况下，转让全部股权的（见类案裁判观点分析案例六）。

（3）公司注册资本不高，股东零实缴出资并设定超长认缴期的。

【类案裁判观点分析】

案例一：未完全履行出资义务的股东转让股权，转让时未届出资期限的，债权人不能要求该股东在未出资范围内承担连带清偿责任——最高人民法院（2021）最高法民申1080号

华夏公司与抚昌实业公司对于偿还该笔债务并无争议，有争议的是：抚昌实业公司的各股东应否对该笔债务承担相应的责任。因抚昌实业公司的股东出资期限为2038年1月26日，目前均未届出资期限，华夏公司没有证据证明抚昌实业公司作为被执行人的案件，人民法院穷尽执行措施无财产可供执行，已具备破产原因，但不申请破产的情形。发生案涉债务后，虽抚昌实业公司股东某投资发展公司和某科技集团公司进行了股权转让及变更，但华夏公司并未举证证明抚昌实业公司以股东（大）会决议或以其他方式延长股东出资期限。因此，抚昌实业公司的股东并不属于《最高人民法院关于适用〈中华人民共和国公司法〉若干问题的规定（三）》第13条第2款、第18条规定的未履行或未全部履行出资义务的股东的情形。二审判决认定华夏公司要求抚昌实业公司股东在未出资范围内承担连带清偿责任缺乏法律依据，不予支持，并无不当。

案例二：在认缴期限届满前转让股权的股东无须在未出资本息范围内对公司不能清偿的债务承担连带责任，除非该股东具有转让股权以逃避债务的恶意，或存在注册资本不高的情况下以零实缴出资并设定超长认缴期等例外情形——河南高院（2022）豫民终247号

在认缴期限届满前，股东应享有期限利益，股东在认缴期限内未缴纳或未全部缴纳出资，不属于未履行或未完全履行出资义务。在认缴期限届满前转让股权的股东，无须在未出资本息范围内对公司不能清偿的债务承担连带责任。本案中，孙某、赵某于2014年2月12日将各自持有的泰信公司的全部股权分别转让给了涂某某和李某某，并于2014年2月18日进行了股权变更登记。但是，二人在泰信公司注册成立时认缴的出资期限为2015年8月14日。孙某、赵某转让全部股权时，所认缴出资额的出资期限尚未届满，因而不属于《变更、追加规定》第19条规定的“未依法履行出资义务即转让股权”的股东，且孙某、赵某二审提交的证据显示，二人2014年2月转让股权时，泰信公司正常经营，并未产生相关诉讼案件，案涉房屋买卖合同纠纷也发生在2016年以后，债权人张某某向郑州仲裁委员会申请仲裁并取得执行依据亦是在2020年，故不能认定孙某、赵某在转让股权时有逃避公司债务的恶意。故股东孙某、赵某不符合《变更、追加规定》第19条规定的应当被追加为被执行人的情形，无须就其未缴纳出资部分对正泰信公司不能清偿的债务承担责任。

案例三：股东在出资期限未届满时将股权全部转让，不属于股东未依法履行出资义务即转让股权的情形，该股东的出资期限利益应当受到保护——北京高院（2022）京民申1406号

本案的焦点问题，在于王某是否符合作为未履行出资义务的股东而被追加为被执行人的情形。经查，圣茂公司企业信用信息公示报告显示，王某认缴出资1979.67万元，认缴出资时间为2057年9月8日。王某在其出资期限未届满时将股权全部转让给张某某，不符合《变更、追加规定》第19条规定的股东未依法履行出资义务即转让股权的情形，王某的出资期限利益应当受到保护。

案例四：在注册资本认缴制下，股东享有期限利益，原股东在认缴出资期限届满前转让出资，并非未依法履行出资义务即转让股权，亦不符合《变更、追加规定》第19条追加原股东为被执行人的情形——河南高院（2022）豫民终319号

《公司法》第28条第1款规定，股东应当按期足额缴纳公司章程中规定的各自所认缴的出资额。在注册资本认缴制下，因出资期限尚未届满，并非股东未按期足额缴纳出资，不能依据《变更、追加规定》第17条以股东未缴纳出资追加其为被执行人。《公司法》第71条第2款规定有限责任公司的股东可以向股东以外的人转让股权。对未到认缴出资期限的股东转让股权，《公司法》未做限制性规定。在注册资本认缴制下，股东享有期限利益，原股东在认缴出资期限届满前转让出资，并非未依法履行出资义务即转让股权，亦不符合《变更、追加规定》第19条追加原股东为被执行人的情形，且《变更、追加规定》第19条明确规定追加原股东，把受让股东排除在外。结合本案，平某某、张某某在注册资本认缴期限届满前将股权转让，并非未按期缴纳出资、未依法履行出资义务即转让股权，不能依据《变更、追加规定》第17条、第19条追加平某某、张某某为被执行人。张某某作为受让股东，且认缴期满前已转让股权，亦不能依据《变更、追加规定》第17条、第19条追加为被执行人。

案例五：股东转让股权时虽然未届出资期限，但如转让股权时案涉债务已经产生、公司处于资不抵债的情况，可以追加该股东为被执行人——浙江高院（2022）浙民终489号

谢某某转让股权时未届出资期限，在杜鲁克公司不能清偿到期债务的情形下，谢某某是否应在未出资范围内承担责任。本院认为，一般情况而言，注册资本认缴制下股东对于认缴的出资依法享有期限利益，股东在认缴出资期限届满前未缴纳出资，不属于未履行出资义务。但本案中，谢某某作为杜鲁克公司的发起股东，出资认缴期限设定为20年，事实上零实缴出资。案涉债务发生于谢某某持股期间，根据2018年9月10日的《个人股东变动情况报告表》，杜鲁克公司账面净资产总额为－129,772.47元，表明谢某某于2018年10月10日转让股权时认可公司存在资不抵债的情况。因此，该情况下的股权转让有逃避公司债务清偿、逃避出资义务之嫌，谢某某应当在未出资范围内对公司不能清偿债务承担补充赔偿责任。

案例六：虽然出资期限尚未届满，但原股东在公司已进入执行程序且公司财产不足以清偿生效法律文书所确定债务的情况下，转让全部股权的行为已实质构成逃废出资义务，应在未实缴资本范围内对公司不能清偿的债务承担补充赔偿责任——北京高院（2021）京民终888号

本案中，根据已查明事实，中国国际经济贸易仲裁委员会于2020年10月12日作出〔2020〕中国贸仲京裁字第1199号裁决书，裁决影业公司向和风公司返还投资款并支付相应利息；和风公司向北京三中院申请强制执行，北京三中院于2020年11月2日立案。直至此时，明月公司始终系影业公司的股东。经北京三中院调查，影业公司名下无可供执行的银行存款、车辆及服务登记信息，无可供执行的对外投资，北京三中院于2020年12月16日作出（2020）京03执1685号之一执行裁定书，终结中国国际经济贸易仲裁委员会〔2020〕中国贸仲京裁字第1199号裁决书的本次执行程序。影业公司自2014年设立以来，除2020年9月9日至10月12日的短暂期间有包括明月公司在内的2名股东外，一直系明月公司持股100%的独资企业，和风公司基于明月公司及影业公司的公示信息产生信赖利益。虽然出资期限尚未届满，但明月公司在影业公司已进入执行程序且公司财产不足以清偿生效法律文书所确定债务的情况下，将全部股权转让给刘某芬的行为已实质构成逃废出资义务，故其仍应在未实缴资本范围内对公司不能清偿的债务承担补充赔偿责任。

案例七：在公司作为被执行人的案件中，人民法院穷尽执行措施无财产可供执行，已具备破产原因但不申请破产的，可以追加未届出资期限的股东为被执行人——北京高院（2021）京民终891号

根据相关规定，在注册资本认缴制下，股东依法享有期限利益。债权人以公司不能清偿到期债务为由，请求未届出资期限的股东在未出资范围内对公司不能清偿的债务承担补充赔偿责任的，人民法院不予支持。但是，在公司作为被执行人的案件中，人民法院穷尽执行措施无财产可供执行，已具备破产原因，但不申请破产的情形除外。对于“已具备破产原因”，《企业破产法》第2条第1款规定：“企业法人不能清偿到期债务，并且资产不足以清偿全部债务或者明显缺乏清偿能力的，依照本法规定清理债务。”《最高人民法院关于适用〈中华人民共和国企业破产法〉若干问题的规定（一）》第1条规定：“债务人不能清偿到期债务并且具有下列情形之一的，人民法院应当认定其具备破产原因：（一）资产不足以清偿全部债务；……”第4条规定：“债务人账面资产虽大于负债，但存在下列情形之一的，人民法院应当认定其明显缺乏清偿能力：（一）因资金严重不足或者财产不能变现等原因，无法清偿债务；……（三）经人民法院强制执行，无法清偿债务；（四）长期亏损且经营扭亏困难，无法清偿债务；……”本案中，上浦公司暂无财产可供执行，北京三中院于2020年11月26日作出（2020）京03执1487号之一执行裁定书，终结北京仲裁委员会作出的（2020）京仲裁字第1781号裁决所对应的本次执行程序，而上浦公司至今未提出破产申请。据此，本案事实符合“公司作为被执行人的案件，人民法院穷尽执行措施无财产可供执行，已具备破产原因，但不申请破产”的情形。在此情形下，债权人红黄蓝公司以作为被执行人的上浦公司财产不足以清偿生效裁决确定的债务，其股东北建公司未依法履行出资义务即转让股权为由，申请追加股东北建公司为被执行人，在其未依法出资的范围内承担补充赔偿责任，有事实依据和法律依据，应予支持。

关于被执行人上浦公司上诉主张其不具备破产原因，上浦公司及其投资各子公司至今仍在正常经营过程中，其注册资本及其所持公司股权价值完全能够证明其有能力偿还红黄蓝公司债务，系红黄蓝公司自愿选择不予处分上浦公司所持相关公司股权，导致红黄蓝公司债务目前尚未清偿一节。本院认为，根据本案已查明事实，上浦公司及案涉被冻结上浦公司所持股权的全资子公司北京某商业公司、北京某物业公司的股东均未实缴出资，明显缺乏清偿债务能力，且上浦公司至今不能清偿到期债务，故一审判决认定上浦公司已经具备破产原因，但上浦公司并不申请破产。据此，上浦公司股东不应享有认缴出资的期限利益，其出资应当加速到期，因此作为上浦公司的股东，北建公司应被追加为被执行人。

案例八：公司作为被执行人的案件，公司具备破产原因又不申请破产的，可以追加未届出资期限的股东为被执行人，在未出资范围内对公司不能清偿的债务承担补充赔偿责任——北京高院（2020）京民终10号

已经具备破产原因，是指符合《企业破产法》第2条第1款的规定，即“企业法人不能清偿到期债务，并且资产不足以清偿全部债务或者明显缺乏清偿能力的”。《最高人民法院关于适用〈中华人民共和国企业破产法〉若干问题的规定（一）》第2条规定，“下列情形同时存在的，人民法院应当认定债务人不能清偿到期债务：（1）债权债务关系依法成立；（2）债务履行期限已经届满；（3）债务人未完全清偿债务。”第3条规定，债务人的资产负债表，或者审计报告、资产评估报告等显示其全部资产不足以偿付全部负债的，人民法院应当认定债务人资产不足以清偿全部债务，但有相反证据足以证明债务人资产能够偿付全部负债的除外。第4条规定，债务人账面资产虽大于负债，但存在下列情形之一的，人民法院应当认定其明显缺乏清偿能力：（1）因资金严重不足或者财产不能变现等原因，无法清偿债务；（2）法定代表人下落不明且无其他人员负责管理财产，无法清偿债务；（3）经人民法院强制执行，无法清偿债务；（4）长期亏损且经营扭亏困难，无法清偿债务；（5）导致债务人丧失清偿能力的其他情形。本案中，保盛公司已经向北京二中院申请了强制执行，但因万众公司暂无财产可供执行，北京二中院于2018年10月29日裁定终结本次执行程序。同时，万众公司法定代表人下落不明，公司亦无人负责管理。以上两点均符合《最高人民法院关于适用〈中华人民共和国企业破产法〉若干问题的规定（一）》的有关规定，可以认定万众公司明显缺乏清偿能力。对于万众公司的股东，虽并未届出资期限，但由于公司作为被执行人的案件，人民法院穷尽执行措施无财产可供执行，已具备破产原因，不申请破产的，均应在未出资范围内对公司不能清偿的债务承担补充赔偿责任。故保盛公司请求追加李某某为被执行人，于法有据，法院予以支持。

案例九：公司已具备破产原因但未申请破产，符合股东出资加速到期的例外规定，债权人请求未届出资期限的股东在未出资范围内对公司不能清偿的债务承担补充赔偿责任，应予支持——北京高院（2020）京民终304号

本案中，债务人今时信合公司未能清偿到期债务，经一审法院强制执行程序，仍无法清偿对张某某所负的债务，且信合公司认可其面临大量诉讼，无能力进行清偿，在信合公司未能提供证据证明其尚具有清偿能力的情况下，一审法院认定信合公司不能清偿到期债务且明显缺乏清偿能力，已具备破产原因，是正确的，且信合公司未申请破产，故已符合股东出资加速到期的上述例外规定，债权人张某某以信合公司不能清偿到期债务为由，请求未届出资期限的股东翟某某在未出资范围内对信合公司不能清偿的债务承担补充赔偿责任，应予支持。翟某某关于其认缴出资期限尚未届满，张某某请求翟某某在未出资范围内承担股东清偿责任不应予以支持的上诉理由，不能成立，法院不予支持。

033. 能否追加被冒名股东为被执行人

◇ **问题** 执行程序中，能否直接追加被冒名股东为被执行人

◇ **来源** 北京高院（2021）京民终248号

◇ **结论** 被冒名登记的公司股东，其股东身份并非法律意义上的股东，不应被追加为被执行人，不应对公司债务承担相应责任

【基本案情】

农商银行与兴达公司等借款合同纠纷一案，因兴达公司等无财产可供执

行，法院裁定终结该次执行程序。此后，申请执行人变更为润木公司。2020年6月，经润木公司申请，法院裁定追加兴达公司股东王某某为被执行人，在未缴纳出资范围内与兴达公司向润木公司承担连带清偿责任。

经查，1998年前后，兴达公司实际控制人唐某某曾向王某某借用身份证原件。案涉《股权协议》及相应股东会决议、公司章程等工商档案中所有涉及王某某的签字经笔迹鉴定均不是王某某本人所签。

【争议焦点】

被冒名登记的王某某是否为被执行人兴达公司的股东？能否追加被冒名股东王某某为本案被执行人？

【裁判要点】

本案二审审理期间，王某某提交有关行政主管部门作出的《撤销北京兴达公司登记（备案）决定书》，写明“本局决定撤销1998年10月27日取得的变更公司投资人王某某（登）记备案”。该证据与一审法院对工商档案中王某某签字所作的鉴定、唐某某的陈述及工商档案中的其他材料等证据证明王某某在自己不知情的情况下被冒名登记为公司股东，故其股东身份并非法律意义上的股东。综合上述事实，一审法院关于王某某为被冒名登记为兴达公司的股东与事实相符，润木公司主张王某某对兴达公司债务承担相应责任，一审法院不予支持的相关认定二审法院予以维持。润木公司的上诉请求二审法院不予支持。润木公司未于本案一审诉讼中列明兴达公司等被执行人为本案当事人，二审法院庭审时亦自认未于一审诉讼中提交追加被执行人申请书，故其关于相关费用由兴达公司和王某某承担的上诉理由，二审法院不予采信。

【相关法律规定】

《最高人民法院关于适用〈中华人民共和国公司法〉若干问题的规定（三）》

第二十八条 冒用他人名义出资并将该他人作为股东在公司登记机关登记的，冒名登记行为人应当承担相应责任；公司、其他股东或者公司债权人以未履行出资义务为由，请求被冒名登记为股东的承担补足出资责任或者对公司债务不能清偿部分的赔偿责任的，人民法院不予支持。

【应诉策略】

1. 相比保护债权人依据商事外观主义原则所产生的信赖利益，法院一般更侧重于保护善良无过错的被冒名股东

《九民纪要》引言部分指出："从现行法律规则看，外观主义是为保护交易安全设置的例外规定，一般适用于因合理信赖权利外观或意思表示外观的交易行为。实际权利人与名义权利人的关系，应注重财产的实质归属，而不单纯地取决于公示外观。总之，审判实务中要准确把握外观主义的适用边界，避免泛化和滥用。"据此，外观主义的适用应更加谨慎，审判中应更加注重所有权的实质归属而非公示的外观。这一观点应用于执行程序中，其结果是如申请执行人申请追加被冒名股东作为被执行人，则相比保护债权人依据商事外观主义原则所产生的信赖利益，法院一般更侧重于保护善良无过错的被冒名股东。

2. 实践中如何完成冒名股东的证明

关于被冒名登记为股东的证明，包括但不限于：（1）工商登记资料非本人签字的鉴定报告；（2）证明身份证曾被相关人员掌控或借用的事实；（3）得知被冒名登记后及时报案主张权利的证据；（4）有关行政主管部门做出撤销工商登记的决定。

实践中更应当注意的是，仅凭笔迹鉴定不足以否认股东资格，受法律保护的冒名股东要求"善良且无过错"，只有不知道自己被冒名登记为股东，且没有实际参与公司经营管理、没有分享利润的民事主体，才能成为法院保护的对象，不满足上述条件的，即便证明签字非本人所签，也不能以自己是冒名股东为由对抗申请执行人（见类案裁判观点分析案例一）。

3. 实践中如何区分借名股东与冒名股东

如上文所说，法院保护冒名股东的前提是其善良无过错，即对被冒名登记为股东一事没有过错且不知情。如果实际出资人借他人名义办理股东登记，名义人对此事知情的，则该名义人为借名股东。借名股东与冒名股东的主要区别，在于对于登记事项是否知情，对于公司不能清偿的债务，借名股东应

与实际出资人一起承担连带责任，可以追加借名股东为被执行人（见类案裁判观点分析案例二）。

【类案裁判观点分析】

案例一：冒名登记应是指将没有出资设立公司、参与公司经营和管理活动、分享利润并承担责任意思表示，且根本不知道其名义被冒用的民事主体登记为公司股东。在公司领取工资并参与经营的股东并非冒名股东，可以被追加为被执行人——陕西高院（2021）陕民申1377号

《最高人民法院关于适用〈中华人民共和国公司法〉若干问题的规定（三）》第28条规定，冒用他人名义出资并将该他人作为股东在公司登记机关登记的，冒名登记行为人应当承担相应责任；公司、其他股东或者公司债权人以未履行出资义务为由，请求被冒名登记为股东的承担补足出资责任或者对公司债务不能清偿部分的赔偿责任的，人民法院不予支持。认定是否为被冒名登记的股东需要从实际股东和该股东之间的关系、该股东是否参与公司经营和管理活动、参与分配公司利润等方面综合加以考量。

本案中，即使《林桦公司股权转让协议》《林桦公司股东会决议》等文件中"周某某"的签字非其本人所签的事实存在，因周某某在一定期间内在林桦公司领取工资并实际参与林桦公司的经营活动，周某某本人对其身份证负有保管义务，其将身份证交予喻某某办理了股东变更登记手续，二审法院认定周某某应当知道其名义被用于林桦公司股东登记，周某某称对喻某某将其变更为林桦公司股东不知情与常理不符。结合本案事实，周某某主张其名义被冒用登记为林桦公司股东的再审申请理由不能成立，本院不予支持。申请执行人中冶公司申请追加出资不到位的股东周某某为被执行人符合法律规定。

案例二：工商档案材料中的签名虽然并非股东亲笔书写，但有证据证明该股东对登记事项知情，则该股东应认定为借名股东而非冒名股东，可以被追加为被执行人，在瑕疵出资范围内承担相应责任——黑龙江高院（2020）黑民终255号

经一审法院委托鉴定，鑫旺公司工商档案材料中的刘某某签名并非刘某某本人亲笔书写，据此可以认定刘某某系被冒名或者借名登记为该公司的股东。所谓冒名登记与借名登记，均是指实际出资人隐瞒自身身份，用他人之名义进行出资，并由实际出资人以他人之名义自己行使股权，名义人并不行使股权。二者的区别在于名义人是否知道实际出资人以其名义进行股权登记。当名义人不知情时，实际出资人的行为为冒名登记；当名义人知情时，实际出资人的行为则为借名登记。对于冒名登记的行为，《最高人民法院关于适用〈中华人民共和国公司法〉若干问题的规定（三）》第28条规定，“冒用他人名义出资并将该他人作为股东在公司登记机关登记的，冒名登记行为人应当承担相应责任；公司、其他股东或者公司债权人以未履行出资义务为由，请求被冒名登记为股东的承担补足出资责任或者对公司债务不能清偿部分的赔偿责任的，人民法院不予支持”。因被冒名人不知情，故其不可能作为公司股东承担相应的出资义务和责任。对于借名登记，在对外法律关系中，由于被借名人为公司文件登记之股东，依据公司法外观主义原则与公示原则，为保护无过错的公司债权人及公司其他股东，被借名人应当与借名人就股东责任对外承担连带责任。因此，刘某某系被冒名登记还是被借名登记为鑫旺公司股东，为其是否应在未出资600万元范围内承担给付责任的关键。

《民事诉讼法司法解释》第90条规定：“当事人对自己提出的诉讼请求所依据的事实或者反驳对方诉讼请求所依据的事实，应当提供证据加以证明，但法律另有规定的除外。在作出判决前，当事人未能提供证据或者证据不足以证明其事实主张的，由负有举证证明责任的当事人承担不利的后果。”第91条规定：“人民法院应当依照下列原则确定举证证明责任的承担，但法律另有规定的除外：……（二）主张法律关系变更、消灭或者权利受到妨害的当事人，应当对该法律关系变更、消灭或者权利受到妨害的基本事实承担举证证明责任。”鉴于刘某某与鑫旺公司的实际投资人李某某系母女关系，刘某某既未举证证明其在李某某将其登记为鑫旺公司股东时并不知情，亦未举证证明其知晓李某某以其名义进行股权登记后曾行使权利予以纠正，如申请登记机构纠正，抑或提起相关民事诉讼、行政诉讼进行权利救济等，结合鑫旺公司股东间的关系及刘某某怠于行使权利的事实，为维护股东登记的公示效力，应认定李某某与刘某某形成借名股权登记关系，股东间内部关系不产生对抗公司债权人的外部效力，刘某某在本案中提出的诉讼请求，证据不足，其应在未实际出资600万元范围内承担相应责任。

案例三：公司工商登记档案材料上非本人签字不能得出被登记的股东非股东的结论，需要结合当事人有无作为公司股东的事实或同意他人利用自己的身份设立公司的事实进行判断——陕西高院（2020）陕民终347号

当事人在公司设立登记等工商登记档案相关材料上签字是证明其作为公司股东的最直接证据之一，如签字并非股东本人所签，经登记的公司股东系被人冒用或盗用身份进行公司登记，应确认其为非公司股东。但是，如该股东同意他人利用自己的身份设立公司的，其关于其非公司股东的主张不应得到支持。综上，公司工商登记档案材料上非本人签字不能得出被登记的股东非股东的结论，需要结合当事人有无作为公司股东的事实或同意他人利用自己的身份设立公司的事实进行判断。需要注意的是，“代签”可以在被代签者明知或默认的情形下发生，并不等同于被“冒用”或“盗用身份”签名。本案中，即使宝通公司工商登记档案材料中“余某”签名均非其本人所签，余某提交的证据并不足以证明“代签者”未经其同意“冒用”或“盗用”其身份信息。另外，余某主张对何某甲在二人婚姻存续期间，使用其身份证将余某登记为宝通公司发起人股东一事并不知情，但所提供的证据并不足以证明。在得知其被注册为公司股东后，亦未及时依法寻求法律救济，且在执行法院另案执行中追加其为被执行人后，没有依法提起执行异议之诉。因此，即使宝通公司工商登记档案材料的签字非余某本人所签，现有证据也不足以证明其身份被冒用。综上，宝通公司的公司章程载明余某为公司发起人股东，宝通公司的工商登记档案材料亦显示余某为宝通公司发起人股东，在没有证据证明余某签名确被他人“冒用”或“盗用”的前提下，余某在工商登记档案材料中的签名即便非本人所签，也不能否定工商登记的公示公信效力。

案例四：签名字迹经鉴定非本人所写并不足以否认工商登记中确认股东身份的效力，该股东仍可被追加为被执行人，至于确认是否被他人冒名虚假注册为公司股东的问题，不应在执行异议之诉中解决——郑州中院（2019）豫01民终3702号

本院认为，根据《变更、追加规定》第18条[①]的规定，马某某系被执行

① 该规定在该司法解释2020年修正时只做了表述上的修改。

人河南传播公司股东，该公司财产不足以清偿债务且股东存在抽逃出资的行为。马某某在工商档案中的签名字迹经鉴定不是马某某本人所写，但这并不足以否认工商登记中确认其股东身份的效力。故田某申请追加该公司股东马某某为被执行人具有事实和法律依据。关于确认是否被他人冒名虚假注册为公司股东的问题，马某某可通过其他途径解决。

034. 被追加股东提起执行异议和复议后，能否再提起执行异议之诉

◇ **问题** 对追加被执行人裁定提出执行异议及复议被驳回后，能否提起执行异议之诉

◇ **来源** 最高人民法院（2021）最高法民申4431号

◇ **结论** 被执行人提起的执行异议被驳回后，有权向人民法院申请复议，但对复议裁定不服的，不能提起执行异议之诉

【基本案情】

申请执行人张某良与被执行人燕龙公司执行纠纷案，执行过程中，经张某良申请，法院裁定追加燕龙公司瑕疵出资股东张某娟为被执行人。

张某娟以其为被冒名股东，并非燕龙公司的真实股东为由，先后提出执行异议和复议，请求撤销追加被执行人的裁定，均被法院裁定驳回。

张某娟提起执行异议之诉，一审法院判决不得追加张某娟为被执行人。张某良不服，提起上诉。内蒙古高院二审以重复异议为由，驳回张某娟的起诉。

张某娟不服，向最高人民法院申请再审。

【争议焦点】

张某娟是否有权提起本案执行异议之诉？

【裁判要点】

最高人民法院经审查认为，执行异议之诉的目的是请求人民法院排除或者继续对特定执行标的的执行行为。提起执行异议之诉的法律依据是《民事诉讼法》第227条①，而《民事诉讼法》第225条②是当事人、利害关系人针对执行行为提出异议的救济，不能成为执行异议之诉的法律依据。本案中，张某娟是对人民法院将其列为被执行人不服，向一审法院起诉请求撤销追加其为被执行人的执行裁定，并请求确认其不是燕龙公司的股东。其提起的执行异议是针对法院的执行行为本身，是基于“其不是股东”的阻却执行的实体理由，而不是因为人民法院强制执行的执行标的错误。故张某娟不服案涉执行裁定有权向人民法院申请复议，但对复议裁定不服的，不能提起执行异议之诉。其提起的确认不是股东的诉讼请求也不是执行异议之诉中对执行标的提起的确权之诉，不属于执行异议之诉审查的范围。张某娟提出的第1～3项再审申请理由属于股权、投资等实体权益争议，并对其被列为被执行人的法院执行行为提出异议，本案不予审查。二审法院裁定评判理由不当，但作出驳回张某娟起诉的裁判结果正确。张某娟提出“法不溯及既往，二审法院错误适用程序规定”的再审申请理由与本案无关联性。

【相关法律规定】

《民事诉讼法》

第二百三十四条 执行过程中，案外人对执行标的提出书面异议的，人民法院应当自收到书面异议之日起十五日内审查，理由成立的，裁定中止对该标的的执行；理由不成立的，裁定驳回。案外人、当事人对裁定不服，认为原判决、裁定错误的，依照审判监督程序办理；与原判决、裁定无关的，可以自裁定送达之日起十五日内向人民法院提起诉讼。

---

① 现为《民事诉讼法》第234条。

② 现为《民事诉讼法》第232条。

《变更、追加规定》

第十七条 作为被执行人的营利法人，财产不足以清偿生效法律文书确定的债务，申请执行人申请变更、追加未缴纳或未足额缴纳出资的股东、出资人或依公司法规定对该出资承担连带责任的发起人为被执行人，在尚未缴纳出资的范围内依法承担责任的，人民法院应予支持。

第三十二条第一款 被申请人或申请人对执行法院依据本规定第十四条第二款、第十七条至第二十一条规定作出的变更、追加裁定或驳回申请裁定不服的，可以自裁定书送达之日起十五日内，向执行法院提起执行异议之诉。

【应诉策略】

第一，本文主文案例中被追加股东按照法律规定有权就追加裁定提起执行异议之诉，但因其此前已经选择执行异议及复议程序进行救济，最高人民法院重点分析了该追加股东的异议请求内容也反映被追加股东的异议对象系执行行为，故驳回被追加股东的执行异议之诉请求。

所谓瑕疵出资股东，包括出资不实、未出资、未全额出资以及抽逃出资等情形，在有限责任公司制度下，股东以出资额为限承担有限责任，根据《变更、追加规定》第32条第1款的规定，瑕疵出资股东被追加为被执行人的，申请人和被申请人均有权对追加被执行人裁定提起执行异议之诉。

本文主文案例中，最高人民法院认为：被追加股东张某娟是对人民法院将其列为被执行人不服，向一审法院起诉请求撤销追加其为被执行人的执行裁定，并请求确认其不是被执行人公司的股东。其提起的执行异议是针对法院的执行行为本身，是基于“其不是股东”的阻却执行的实体理由，而不是因为人民法院强制执行的执行标的错误。

因此，最高人民法院认为被追加股东张某娟不服案涉执行裁定有权向人民法院申请复议，但对复议裁定不服的，不能提起执行异议之诉。此案结论应有待商榷，但足够提醒我们在办理案件时对于诉讼请求内容及所选择的救济途径要审慎对待，避免法院以程序不合法等理由驳回起诉内容。

第二，被追加股东提起执行异议之诉应在收到被追加裁定书之日起15日内，向执行法院提起执行异议之诉。因此，被追加股东提起执行异议之诉有着严格的起诉期限的限制，被追加股东若错过该重要 15 日的期限，则无法提起执行异议之诉。相比执行异议之诉的严格起诉时间限制，执行异议则在执行裁定终结前均可提出，时间限制相对较长和较模糊。

第三，根据《民事诉讼法》第 234 条的规定，案外人对执行标的提出书面异议，主张享有排除执行的权益，一般会引起以下两种结果：

（1）如法院经审查认为理由不成立，裁定驳回案外人的异议，如案外人不服，可以继续提起案外人异议之诉，主张排除对执行标的的强制执行。

（2）法院经审查如认为理由成立，裁定中止对该标的的执行，此时如果申请执行人不服，可以提起执行异议之诉，主张继续执行案涉标的。这种情况下，从程序上来说法院裁定中止执行对被执行人有利，从实体权益上来说该执行裁定也并未涉及对执行标的所有权的确认，不会发生所有权的改变。因此，被执行人对该中止裁定并无诉讼利益，并非案外人异议之诉的适格原告。

035. 能否追加债务人的配偶为被执行人

◇ **问题**　能否在执行程序中追加债务人的配偶为被执行人

◇ **来源**　新疆高院（2021）新执复 39 号

◇ **结论**　是否为夫妻共同债务涉及各方当事人实体权利义务，应当通过审判程序来认定，不能通过执行程序认定。因此，不能在执行程序中追加债务人的配偶为被执行人

【基本案情】

新疆伊力特公司与钱诚烟酒店侵害商标权纠纷一案，昌吉中院作出（2019）新 23 民初 104 号民事判决，判令钱诚烟酒店于本判决生效之日起十日内向新疆伊力特公司赔偿经济损失 34, 388 元。

判决生效后，新疆伊力特公司向昌吉中院申请执行。后新疆伊力特公司提出执行异议，申请追加钱诚烟酒店经营者李某某的配偶蒋某某为被执行人，

法院裁定驳回。新疆伊力特公司不服，向新疆高院申请复议。

【争议焦点】

新疆伊力特公司申请追加被执行人配偶蒋某某为被执行人是否符合法律规定？

【裁判要点】

新疆高院认为，本案审查的主要问题是新疆伊力特公司申请追加蒋某某为被执行人是否符合法律规定。民事诉讼实行“审执分离”原则，审判程序裁决当事人的纠纷，确认当事人实体权利义务；而执行程序是将生效法律文书的内容付诸实施，从而实现胜诉当事人的利益。执行权本质上是公权力，其运行应遵循公权力“法无授权即禁止”的基本原则。是否为夫妻共同债务涉及各方当事人实体权利义务，应当通过审判程序来认定，不能通过执行程序认定。如果夫妻共同债务通过执行程序认定，未参加诉讼的配偶一方将失去通过一审、二审和审判监督程序维护自己合法权益的机会。执行程序中追加被执行人，应当严格按照法律和司法解释明确规定的追加范围来进行。从现行法律规定来看，《变更、追加规定》未规定可以根据夫妻共同债务直接追加被执行人的配偶为被执行人。本案执行依据对案涉债务的性质已明确认定为钱诚烟酒店所负债务，并未认定系钱诚烟酒店经营者李某某与蒋某某的夫妻共同债务。新疆伊力特公司根据《婚姻法》① 及《最高人民法院关于适用〈中华人民共和国婚姻法〉若干问题的解释（二）》② 等实体裁判规则，以李某某前妻蒋某某应当承担其二人婚姻关系存续期间的共同债务为由，请求追加蒋某某为被执行人，所依据的理由及法律规定不属在执行程序中追加蒋某某为被执行人的法定情形。因此，复议申请人新疆伊力特公司的复议请求不能成立，新疆高院不予支持。

---

① 该法现已废止。

② 该司法解释现已废止。

【相关法律规定】

《最高人民法院关于依法妥善审理涉及夫妻债务案件有关问题的通知》

二、保障未具名举债夫妻一方的诉讼权利。在审理以夫妻一方名义举债的案件中，原则上应当传唤夫妻双方本人和案件其他当事人本人到庭；需要证人出庭作证的，除法定事由外，应当通知证人出庭作证。在庭审中，应当按照《民事诉讼法司法解释》的规定，要求有关当事人和证人签署保证书，以保证当事人陈述和证人证言的真实性。未具名举债一方不能提供证据，但能够提供证据线索的，人民法院应当根据当事人的申请进行调查取证；对伪造、隐藏、毁灭证据的要依法予以惩处。未经审判程序，不得要求未举债的夫妻一方承担民事责任。

《最高人民法院关于在执行工作中规范执行行为切实保护各方当事人财产权益的通知》

二、依法准确甄别被执行人财产。只能执行被执行人的财产，是法院强制执行的基本法律原则。各级人民法院在执行过程中，要依法准确甄别被执行人财产，加强对财产登记、权属证书、证明及有关信息的审查，加强与有关财产权属登记部门的沟通合作，推进信息化执行查询机制建设，准确、及时地甄别被执行人财产，避免对案外人等非被执行人的合法财产采取强制执行措施。同时，对确定属于执行人的财产，则应加大执行力度，及时执行到位，确保申请执行人的债权及时兑现。

在财产刑案件执行中，要依法严格区分违法所得和合法财产，对于经过审理不能确认为违法所得的，不得判决追缴或者责令退赔；严格区分个人财产和企业法人财产，处理股东、企业经营管理者等自然人犯罪不得任意牵连企业法人财产，处理企业犯罪不得任意牵连股东、企业经营管理者个人合法财产；严格区分涉案人员个人财产和家庭成员财产，处理涉案人员犯罪不得牵连其家庭成员合法财产。

在执行程序中直接变更、追加被执行人的，应严格限定于法律、司法解释明确规定的情形。各级人民法院应严格依照即将施行的《变更、追加规定》，避免随意扩大变更、追加范围。

【应诉策略】

第一，债权人直接在执行程序中申请追加被执行人的配偶为被执行人，法院不予支持。在执行程序中直接追加当事人，其目的在于提高执行效率，但因该程序系未经诉讼程序，直接以原诉讼结果约束没有参加诉讼的其他人，属于执行力的扩张，应符合《变更、追加规定》第 1 条确定的法定追加原则，在法律规定的特定范围内严格适用。而从现行法律规定来看，《变更、追加规定》未规定可以根据夫妻共同债务直接追加被执行人的配偶为被执行人。此外，执行所涉债务是否为夫妻共同债务涉及当事人实体权利义务，应当通过诉讼程序来认定，否则将剥夺未参加诉讼的配偶一方通过诉讼程序维护自己合法权益的机会。

第二，这里要提醒债权人注意的是，在经济往来中应特别注意债务人的婚姻状况。如果债务人已婚，则债务应由其夫妻双方共同签字确认，或者在事后取得债务人配偶的追认，以此确保债权为夫妻共同债务，扩大责任财产范围。此外，债权人在提起诉讼时，也应将债务人及其配偶共同作为被告，请求夫妻双方对夫妻共同债务承担责任，这样一来，就少了在执行程序中追加当事人的麻烦。

第三，虽然债权人不能要求直接在执行程序中追加债务人的配偶为被执行人，但债权人可以依据《最高人民法院关于人民法院民事执行中查封、扣押、冻结财产的规定》第 12 条的规定，申请对夫妻共有财产采取查封、扣押等强制措施。

第四，《最高人民法院关于依法制裁规避执行行为的若干意见》第 20 条规定："有充分证据证明被执行人通过离婚析产……等方式恶意转移财产规避执行的，执行法院可以通过依法变更追加被执行人或者告知申请执行人通过诉讼程序追回被转移的财产。"有些观点据此认为，如果被执行人通过离婚析产恶意转移财产规避执行的，申请执行人可以申请追加被执行人的原配偶为被执行人。但是，《最高人民法院关于依法制裁规避执行行为的若干意见》第 20 条的规定实际上并未增设执行程序中直接追加被执行人配偶为被执行人的法定情形，执行程序中发现被执行人通过离婚析产恶意转移财产规避执行的，仍应当在符合相关法律规定的前提下，才能直接追加其配偶被执行人（见类案裁判观点分析案例二）。

【类案裁判观点分析】

案例一：在执行程序中依据实体法及相关司法解释的规定，直接确认个人债务为婚姻存续期间所负夫妻共同债务，缺乏程序法规定，裁定追加被执行人配偶为被执行人，亦不属于追加变更被执行人的法定情形——山西高院（2021）晋执复116号

在执行程序中追加被执行人必须遵循法定主义原则，应当限于法律和司法解释明确规定的追加范围，既不能超出法定情形进行追加，也不能直接引用有关实体裁判规则进行追加。《最高人民法院关于适用〈中华人民共和国婚姻法〉若干问题的解释（二）》第24条[①]关于“债权人就婚姻关系存续期间夫妻一方以个人名义所负债务主张权利的，应当按夫妻共同债务处理”的规定，应为诉讼中实体判决的法律依据。在执行程序中依据实体法及相关司法解释的规定，直接认定个人债务为婚姻存续期间所负夫妻共同债务，缺乏程序法规定，裁定追加夫妻另一方为被执行人亦不属于追加变更被执行人的法定情形。所以，复议申请人马某某主张赵某某所负债务为夫妻共同债务并要求给付，应经由诉讼程序确认。复议申请人请求执行法院在执行程序中径行追加被执行人配偶为被执行人，于法无据。

案例二：《最高人民法院关于依法制裁规避执行行为的若干意见》第20条规定并未增设执行程序中直接变更追加被执行人的法定情形，执行程序中发现被执行人通过离婚析产恶意转移财产规避执行的，仍应在符合相关法律规定的前提下，才能直接追加其配偶被执行人——江西高院（2020）赣执复118号

本案的争议焦点是在执行程序中追加被执行人配偶为被执行人是否符合

---

① 目前现行有效的规定中，与此相关的规定为《最高人民法院关于适用〈中华人民共和国民法典〉婚姻家庭编的解释（一）》第33条。该条规定：“债权人就一方婚前所负个人债务向债务人的配偶主张权利的，人民法院不予支持。但债权人能够证明所负债务用于婚后家庭共同生活的除外。”

法律规定。人民法院在民事程序中追加被执行主体，应当符合《民事诉讼法》第223条[1]、《民事诉讼法司法解释》第472～475条[2]、《变更、追加规定》第10～25条[3]规定，以及《最高人民法院关于人民法院执行工作若干问题的规定（试行）》第76～82条[4]规定的情形之一。按照《最高人民法院关于依法制裁规避执行行为的若干意见》第20条规定，被执行人恶意转移财产规避执行的，执行法院可以依法变更或追加被执行人，但并未增设执行程序中直接变更追加被执行人的法定情形，执行程序中发现有充分证据证明被执行人通过离婚析产、不依法清算、改制重组、关联交易、财产混同等方式恶意转移财产规避执行的，仍应当在符合《民事诉讼法》第232条[5]及上述司法解释规定的前提下，才能直接变更、追加被执行主体。本案中，被执行人与复议申请人之间的债权债务关系虽然产生在被执行人杨某与艾某某夫妻关系存续期间，但是复议申请人依照《婚姻法》及其司法解释的规定，申请人民法院直接追加被执行人杨某的配偶艾某某为本案被执行人，不符合上述法律及司法解释规定的民事执行中变更、追加被执行人的情形，缺乏法律依据。

---

① 现为《民事诉讼法》第230条。

② 现为《民事诉讼法司法解释》第470～473条。

③ 该司法解释第10条目前改为："作为被执行人的自然人死亡或被宣告死亡，申请执行人申请变更、追加该自然人的遗产管理人、继承人、受遗赠人或其他因该自然人死亡或被宣告死亡取得遗产的主体为被执行人，在遗产范围内承担责任的，人民法院应予支持。作为被执行人的自然人被宣告失踪，申请执行人申请变更该自然人的财产代管人为被执行人，在代管的财产范围内承担责任的，人民法院应予支持。"第11～25条或只做了表述上的修改，或未做改动。

④ 该司法解释最新版本中已无相关规定。

⑤ 现为《民事诉讼法》第239条。

第三部分

执行异议程序中的程序性权利

一、通过异议程序推进执行的可能

036. 被执行人到期债权无法执行，申请执行人如何救济

◇ **问题**	被执行人对他人享有债权，因该他人提出异议法院不予执行，申请执行人能否通过执行异议程序要求执行被执行人的到期债权
◇ **来源**	最高人民法院（2020）最高法民再103号
◇ **结论**	法院执行被执行人的到期债权过程中，次债务人对债权提出异议的，法院应停止执行。申请执行人若想强制执行该到期债权，可通过代位权诉讼主张权利，不能提起执行异议要求继续执行

【基本案情】

在徐某贵诉兴运公司民间借贷纠纷一案诉讼过程中，许昌中院于2014年11月6日向东风汽车设备厂送达了民事裁定书和协助执行通知书，依法冻结了东风汽车设备厂应付兴运公司的货款182万余元。

该案执行过程中，许昌中院于2015年4月1日向东风汽车设备厂送达协助执行通知书，东风汽车设备厂承诺将法院冻结的182万余元汇至法院账号。东风汽车设备厂实际汇款108万元后，剩余冻结款项未汇。

东风汽车设备厂对到期债权金额及是否到期存在异议，许昌中院以案外人异议程序立案审理并裁定驳回。东风汽车设备厂向许昌中院提起案外人异议之诉，请求排除对到期债权的强制执行。许昌中院一审判决驳回东风汽车设备厂的诉讼请求。

东风汽车设备厂向河南高院提起上诉。河南高院认为，东风汽车设备厂作为被执行人的债务人，在法院采取执行行为后提出了异议，执行法院即应停止执行。最终判决撤销一审判决，法院不得执行被执行人兴运公司的该

182万余元到期债权。

申请执行人徐某贵不服，向最高人民法院申请再审。

【争议焦点】

1. 次债务人对法院执行到期债权有异议的，申请执行人能否请求继续执行？

2. 次债务人就到期债权执行的异议，应通过何种程序进行审查？

【裁判要点】

最高人民法院再审认为，《民事诉讼法司法解释》第501条[①]规定："人民法院执行被执行人对他人的到期债权，可以作出冻结债权的裁定，并通知该他人向申请执行人履行。该他人对到期债权有异议，申请执行人请求对异议部分强制执行的，人民法院不予支持。利害关系人对到期债权有异议的，人民法院应当按照民事诉讼法第二百二十七条[②]规定处理。对生效法律文书确定的到期债权，该他人予以否认的，人民法院不予支持。"东风汽车设备厂作为被执行人的债务人，应当属于上述条文中的"他人"，而非上述条文中的"利害关系人"。本案中，东风汽车设备厂主张与"兴运公司之间不存在到期债权"，并以"其与兴运公司签订的《采购零部件质量协议》中自质保期后才支付货款"的约定作为抗辩理由，不是主张对案涉执行标的"对他人的到期债权"享有实体权利，也不是对案涉执行标的提出排除执行的异议，因而不属于案外人执行异议之诉的审理范围，亦不应通过《民事诉讼法》第227条规定的案外人执行异议之诉程序进行审查。徐某贵如想取得兴运公司对东风汽车设备厂的到期债权利益，可以通过代位权诉讼主张权利。而东风汽车设备厂对到期债权是否存在及履行期限的抗辩异议，则应在执行程序中依法主张。本案执行法院裁定驳回东风汽车设备厂异议后，告知其可

---

① 现为《民事诉讼法司法解释》第499条。

② 现为《民事诉讼法》第234条。

提起执行异议之诉，继而原审法院依照案外人异议之诉的程序予以审理，属告知当事人的权利救济程序不当，最高人民法院依法予以纠正。

【相关法律规定】

《民事诉讼法司法解释》

第四百九十九条　人民法院执行被执行人对他人的到期债权，可以作出冻结债权的裁定，并通知该他人向申请执行人履行。

该他人对到期债权有异议，申请执行人请求对异议部分强制执行的，人民法院不予支持。利害关系人对到期债权有异议的，人民法院应当按照民事诉讼法第二百三十四条规定处理。

对生效法律文书确定的到期债权，该他人予以否认的，人民法院不予支持。

《最高人民法院关于人民法院执行工作若干问题的规定（试行）》

45. 被执行人不能清偿债务，但对本案以外的第三人享有到期债权的，人民法院可以依申请执行人或被执行人的申请，向第三人发出履行到期债务的通知（以下简称履行通知）。履行通知必须直接送达第三人。

履行通知应当包含下列内容：

（1）第三人直接向申请执行人履行其对被执行人所负的债务，不得向被执行人清偿；

（2）第三人应当在收到履行通知后的十五日内向申请执行人履行债务；

（3）第三人对履行到期债权有异议的，应当在收到履行通知后的十五日内向执行法院提出；

（4）第三人违背上述义务的法律后果。

46. 第三人对履行通知的异议一般应当以书面形式提出，口头提出的，执行人员应记入笔录，并由第三人签字或盖章。

47. 第三人在履行通知指定的期间内提出异议的，人民法院不得对第三人强制执行，对提出的异议不进行审查。

48. 第三人提出自己无履行能力或其与申请执行人无直接法律关系，不属于本规定所指的异议。

第三人对债务部分承认、部分有异议的，可以对其承认的部分强制执行。

49. 第三人在履行通知指定的期限内没有提出异议，而又不履行的，执行法院有权裁定对其强制执行。此裁定同时送达第三人和被执行人。

50. 被执行人收到人民法院履行通知后，放弃其对第三人的债权或延缓第三人履行期限的行为无效，人民法院仍可在第三人无异议又不履行的情况下予以强制执行。

51. 第三人收到人民法院要求其履行到期债务的通知后，擅自向被执行人履行，造成已向被执行人履行的财产不能追回的，除在已履行的财产范围内与被执行人承担连带清偿责任外，可以追究其妨害执行的责任。

52. 在对第三人作出强制执行裁定后，第三人确无财产可供执行的，不得就第三人对他人享有的到期债权强制执行。

53. 第三人按照人民法院履行通知向申请执行人履行了债务或已被强制执行后，人民法院应当出具有关证明。

【应诉策略】

1. 次债务人对法院执行被执行人债权有异议的，所提异议系对债权本身的抗辩，不属于案外人异议及执行异议之诉的审理范围

被执行人对他人享有到期债权，法院裁定冻结该债权、强制执行的，如果被执行人的债务人有异议，可以向执行法院提出书面异议，法院在收到异议后对该部分债权不予执行，法院未停止执行的，次债务人可以向上一级法院申请复议。此“书面异议”和“申请复议”并非执行异议和复议程序，仅是执行中的一种纠错程序。《民事诉讼法司法解释》第499条第2款规定的“利害关系人对到期债权有异议的，人民法院应当按照民事诉讼法第二百三十四条规定处理”中所谓“利害关系人”，应指被执行人的债务人以外的其他人，对法院裁定冻结债权有异议的，可以作为案外人提起案外人异议。而被执行人的债务人作为次债务人，无权就执行标的提起案外人异议，其异议应在执行程序中提出（见类案裁判观点分析案例五）。

2. 次债务人提出异议的，法院应当停止执行

被执行人到期债权的执行过程中，如果次债务人提出异议，则各方当事人的争议内容为被执行人是否享有到期债权、债权是否到期、债权数额多少等，该争议涉及实体权利义务关系，应当通过审判程序来解决，如直接在执行程序中解决，无疑是对当事人诉讼程序权利的剥夺。因此，对执行法院来说，只要次债务人提出异议，法院应当立即裁定停止执行，且对于次债务人的异议内容不予审查（见类案裁判观点分析案例二、案例四）。

3. 即便次债务人超出异议期对债权本身提出异议的，执行法院也应停止对到期债权的执行

法院发出履行通知并指定异议期间，次债务人没有在指定的期间内提出异议的，法院将直接裁定对该债权采取强制措施。但是，异议权不因超过指定期间而丧失，次债务人没有及时提出异议也不意味着对债权的默认。在法院采取强制措施后，次债务人仍有权提出异议，法院收到异议后仍应立即停止执行（见类案裁判观点分析案例三）。

4. 对于法院的停止执行到期债权的裁定，申请执行人只能另行提起代位权诉讼，不能提起执行异议或执行异议之诉

申请执行人对被执行人的债务人所提异议有异议的，只能另行提起代位权诉讼，而不能直接在执行程序中提起执行异议或执行异议之诉，即向人民法院请求以自己的名义代位行使被执行人的债权（见类案裁判观点分析案例一）。

5. 对于第三人占有的被执行人的财产，申请执行人可以请求法院对该部分财产采取强制措施

根据《最高人民法院关于人民法院民事执行中查封、扣押、冻结财产的规定》第 13 条第 1 款、第 2 款的规定，对第三人为被执行人的利益占有的被执行人的财产，人民法院可以采取查封、扣押、冻结等措施。如果第三人是为自己的利益依法占有的被执行人的财产（无偿借用除外），人民法院也可以查封、扣押、冻结，但第三人可以继续占有和使用该财产，只是不得将其交付给被执行人（见类案裁判观点分析案例八）。

【类案裁判观点分析】

案例一：人民法院执行被执行人享有的到期债权，被执行债权的债务人提出异议，申请执行人对该异议有异议的，不能提起执行异议之诉，只能提起代位权诉讼——最高人民法院（2020）最高法民申1099号

根据《民事诉讼法司法解释》第501条第1款、第2款[①]的规定，人民法院执行被执行人对他人即被执行人的债务人享有的到期债权，如果被执行人的债务人提出异议，申请执行人请求对异议部分强制执行的，人民法院不予支持。这种情况下，各方当事人的争议是被执行人对其债务人是否享有到期债权，而不是被执行人的债务人对执行标的是否享有足以排除强制执行的民事权益。因此，申请执行人不能提起执行异议之诉，只能提起代位权诉讼，即向人民法院请求以自己的名义代位行使被执行人的债权。

本案中，在人民法院执行作为实际施工人的被执行人对发包人享有的到期债权的情况下，各转包人、违法分包人亦有权作为被执行债权的债务人提出异议，属于《民事诉讼法司法解释》第501条第2款规定的“该他人”，而非“利害关系人”。申请执行人对转包人、违法分包人的异议有异议的，应当提起代位权诉讼而非执行异议之诉。因此，对于债权人郭某虎、郭某提起的申请执行人异议之诉，人民法院不应受理；已经受理的，应当驳回起诉。

案例二：执行法院在次债务人对债权执行提出异议的情况下，直接裁定冻结、扣划次债务人的资金，违反司法解释的相关规定——最高人民法院（2020）最高法执监123号

本案中，北京二中院向纪元公司发出协助执行通知书、执行裁定，要求其协助冻结对上地兴达公司的拆迁补偿款，待补偿数额确定后将相应款项支付至法院，虽然没有根据有关规定发出履行通知书，但实质上仍然属于对被执行人享有债权的执行。纪元公司于2018年5月24日向北京二中院回函，

---

① 现为《民事诉讼法司法解释》第499条第1款、第2款。

称其尚未与上地兴达公司签订拆迁补偿协议，相关资产及房屋的暂估价未经审计公司认可，暂估价可能涉及东小口村的相关利益，故难以在要求时间内划款。根据该回函内容，可以认定纪元公司对债权执行提出了异议，认为拆迁补偿款的金额及权利主体未确定，补偿款的支付条件尚未成就，被执行人兴达公司对纪元公司的债权还不属于到期债权。2018 年 7 月 27 日，纪元公司向北京二中院提供《关于账户信息的更正函》，更正了《关于协助执行拆迁补偿款的函》中有关账户的信息，但并没有改变《关于协助执行拆迁补偿款的函》中对债权提出的异议。根据《最高人民法院关于人民法院执行工作若干问题的规定（试行）》第 63 条①的规定，人民法院对纪元公司的异议不予审查，亦不得对纪元公司强制执行。因此，北京二中院在纪元公司对债权执行提出异议的情况下，直接裁定冻结、扣划纪元公司账户内的资金，违反司法解释的相关规定。

案例三：次债务人没有在履行通知指定的期限内提出异议，并不意味着发生承认债务存在的效力。在法院采取执行措施后，次债务人仍有权向执行法院提出异议——最高人民法院（2021）最高法民再 257 号

根据《最高人民法院关于人民法院执行工作若干问题的规定（试行）》第 61 ~ 65 条②的规定，在执行被执行人对次债务人享有到期债权时，人民法院应当在履行到期债务通知中告知当事人异议期限，次债务人在履行通知指定的期限内提出异议的，人民法院不得对其强制执行；次债务人在履行通知指定的期限内没有提出异议，而又不履行的，执行法院虽有权裁定对其强制执行，但次债务人没有在履行通知指定的期限内提出异议，并不意味着发生承认债务存在的效力。如果次债务人超过期限才提出不存在到期债权等异议，执行法院一般应当根据《民事诉讼法》第 225 条③的规定，对该到期债权是否存在以及到期债权的具体数额进行实质审查，而不是适用《民事诉讼法》第 227 条④的规定并引导案外人提起异议之诉。就本案而言，执行法院在向宏

① 现为《最高人民法院关于人民法院执行工作若干问题的规定（试行）》第 47 条。
② 现为《最高人民法院关于人民法院执行工作若干问题的规定（试行）》第 45 ~ 49 条。
③ 现为《民事诉讼法》第 232 条。
④ 现为《民事诉讼法》第 234 条。

达公司送达履行通知后，宏达公司虽未在法定期限内提出异议，也未按照履行通知的要求履行债务，在执行法院采取执行措施后，宏达公司仍有权向执行法院提出异议，对异议裁定不服，可依法申请复议。

案例四：关于被执行人与第三人之间是否存在债权、债权是否到期等问题，不宜通过执行程序解决——最高人民法院（2021）最高法执监45号

本案中，太原中院强制执行的款项系被执行人张某栓可能在郝庄社区居委会享有的拆迁补偿款，性质上应属于被执行人可能存在的未经诉讼程序确认的债权。太原中院的强制提取行为，是一种处分行为，实质是要求郝庄社区居委会履行其对被执行人可能负有的支付拆迁补偿款的债务。而利害关系人郝庄社区居委会否认被执行人张某栓在其处享有拆迁补偿款的债权，对人民法院的强制提取行为提出异议。《最高人民法院关于人民法院执行工作若干问题的规定（试行）》第47条规定："第三人在履行通知指定的期间内提出异议的，人民法院不得对第三人强制执行，对提出的异议不进行审查。"《民事诉讼法司法解释》第501条[①]规定："人民法院执行被执行人对他人的到期债权，可以作出冻结债权的裁定，并通知该他人向申请执行人履行。该他人对到期债权有异议，申请执行人请求对异议部分强制执行的，人民法院不予支持。利害关系人对到期债权有异议的，人民法院应当按照民事诉讼法第二百二十七条规定处理。对生效法律文书确定的到期债权，该他人予以否认的，人民法院不予支持。"依照上述规定，关于被执行人与第三人之间是否存在债权、债权是否到期等问题，如果第三人在收到人民法院履行通知或裁定之后的指定期限内提出异议的，因涉及被执行人和第三人之间的实体争议，不宜通过执行程序解决。

案例五：法院裁定冻结被执行人的到期债权，被执行人的债务人有异议的，应提出书面异议以及向上一级人民法院申请复议，无权提起执行异议之诉——河南高院（2020）豫民再381号

本案中，王某珂是邱某泉的债权人，其申请一审法院对邱某泉强制执行。

---

① 现为《民事诉讼法司法解释》第499条。

一审法院在执行过程中，认为邱某泉对郑某朝享有到期债权，裁定冻结、划拨、扣留、提取郑某朝在金融机构存款160万元或查封、扣押同等价值的财产。结合上述情况，根据《民事诉讼法司法解释》第501条第2款①的规定，如果在该执行过程中有异议，有权利提起执行异议之诉的主体是除郑某朝之外的其他人，郑某朝并无权利提起本案执行异议之诉。郑某朝如果在执行过程中有异议，可以根据《民事诉讼法》第225条②的规定，对一审法院的执行行为提出书面异议以及向上一级人民法院申请复议。因此，郑某朝提起本案诉讼不符合《民事诉讼法司法解释》第501条规定的执行异议之诉的受理条件，一审法院受理其起诉并作出裁判，程序不当，适用法律错误，予以纠正。

案例六：对被执行人到期债权的冻结，其前提是被执行人享有对第三人的到期债权，且冻结措施的对象只能是对被执行人负有到期债务的该第三人——最高人民法院（2019）最高法执监407号

本案中，唐山中院在一审审理过程中于2013年5月3日、16日分别向文投公司送达该院（2013）唐民初字第861号、第134号民事裁定及协助执行通知书，分别查封华宸公司在文投公司应得工程款1500万元、2200万元，未经唐山中院允许，所查封的工程款不得向华宸公司支付。显然，此系针对被执行人对第三人的到期债权采取的冻结措施，在执行法院对到期债权采取冻结措施后，该第三人不得对被执行人进行清偿。但是，既然是对被执行人到期债权的冻结，其前提是被执行人享有对第三人的到期债权，且冻结措施的对象只能是对被执行人负有到期债务的该第三人。而根据查明事实，文投公司与华宸公司虽然签订有两份BT投资建设合同，曾经有过债权债务关系，但在2011年5月6日，文投公司、华宸公司、南湖公司即已签订了《合同主体变更协议》，约定由南湖公司概括承受文投公司在前述合同中的权利义务。因此，自该合同签订生效之后，文投公司与华宸公司之间已经没有债权债务关系，华宸公司对文投公司不再享有债权。故唐山中院在2013年5月3日、

① 现为《民事诉讼法司法解释》第499条第2款。
② 现为《民事诉讼法》第232条。

16日分别查封华宸公司在文投公司应得工程款1500万元、2200万元的事实前提已经不复存在，该院对文投公司采取冻结到期债权的执行措施属于对象错误。

案例七：被执行人到期债权执行程序中也应优先保障农民工工资——最高人民法院（2021）最高法执监62号

在执行程序中，亦应当优先保护农民工工资的支付，在需要建设单位垫付、拨付农民工工资的情况发生时，建设单位应向执行法院说明情况，执行法院审查属实的，应当同意。本案中，执行法院已向新兴公司发出（2017）川01执1634号通知及履行到期债务通知书，因案涉到期债权经绵阳中院（2018）川07民终2025号生效民事判决确认，新兴公司提出执行异议，以劳动监察部门指令支付民工工资为由抗辩，执行法院应当对案涉争议款项是否确属用于支付农民工工资进行审查。经审查，如果新兴公司支付的案涉款项确属农民工工资的部分，即不应再依据《最高人民法院关于人民法院执行工作若干问题的规定（试行）》第44条、第67条的规定要求新兴公司承担责任；若经审查，不是用于支付农民工工资的，依照规定新兴公司应承担相应责任。应当指出的是，在执行法院裁定冻结案涉到期债权的情况下，新兴公司支付农民工资，应在支付款项之前向执行法院提出申请说明理由，经审查同意后方可支付，而未经准许擅自支付冻结案款的行为违法。

案例八：申请执行人主张被执行人财产被第三人占有，请求直接对第三人手中的被执行人财产采取强制执行措施的，如无充分证据证明，法院将不予支持——北京高院（2022）京执复162号

本案中，融信公司在向本院提交的复议申请书中主张，其是以第三人海南公司为被执行人，北京某大厦的利益占有属于北京某大厦的1.47亿元拆迁补偿款为由，请求北京二中院针对第三人海南公司占有的1.47亿元拆迁补偿款采取强制执行措施。根据查明的事实，上述1.47亿元拆迁补偿款在2007年9月24日汇入海南公司银行账户后，又于同日从海南公司银行账户转出；且融信公司亦未提供证据证明海南公司目前仍占有上述1.47亿元拆迁补偿款。融信公司的上述请求不符合上述司法解释规定的条件，北京二中院不同意其上述请求的执行行为并无不当。融信公司如认为北京某大厦与海南公司对上述1.47亿元拆迁补偿款的处置影响其合法权益，可依法另行解决。

037. 被执行人公司法定代表人变更后，对原法定代表人的限制消费应否解除

◇ **问题** 法定代表人因公司失信而被限制消费，公司变更法定代表人后，对原法定代表人的限制消费措施是否应予解除

◇ **来源** 最高人民法院（2020）最高法执监102号

◇ **结论** 在执行过程中，被执行人的法定代表人发生变化时，如原法定代表人是公司主要负责人或者影响债务履行的直接责任人员，则不应解除对原法定代表人采取的限制消费措施

【基本案情】

2015年，因科技公司未履行生效法律文书所确定的义务，木业公司向唐山中院申请强制执行。在执行过程中，法院作出限制消费令，禁止科技公司及其法定代表人徐某支付高消费的行为。

2018年9月5日，徐某将其持有的科技公司62%股份全部转让给王某，公司法定代表人变更为王某，法院因此撤销了对徐某的限制消费令。

木业公司认为撤销对徐某的限制消费令有失公平，先后向唐山中院、河北高院提出执行异议和复议，要求恢复对徐某的限制消费措施，均被驳回。

2019年9月13日，徐某与王某签订的股权转让合同经法院判决确认无效，木业公司据此向最高人民法院申诉，请求撤销执行异议及复议裁定，继续对徐某采取限制消费措施。

最高人民法院经审查，认为木业公司的申诉请求成立，裁定撤销唐山中院、河北高院的执行裁定。

【争议焦点】

徐某作为被执行人——科技公司的法定代表人，在被限制消费后，由于被执行人科技公司变更法定代表人，对其是否应解除限制消费措施?

【裁判要点】

根据《最高人民法院关于限制被执行人高消费及有关消费的若干规定》第3条第2款的规定，在执行过程中，被执行人的法定代表人发生变化时，要判断原法定代表人是否为被执行人的主要负责人或者影响债务履行的直接责任人员。

本案中，徐某系被执行人的原法定代表人，在被执行人法定代表人已变更为王某且徐某已将62%股权进行转让的情况下，法院解除对徐某的限制消费措施本无不当。

但是，根据木业公司提交的新证据唐山中院（2019）冀02民终6365号民事判决，可知徐某与王某于2018年10月26日签订的科技公司股权转让合同系双方恶意串通，应为无效合同，故唐山中院执行异议、河北高院复议裁定书中认定的“徐某已不是科技公司的法定代表人，且其持有的股份已全部转让给现法定代表人王某”的裁定依据已发生变化。因此，执行异议及复议裁定驳回木业公司的异议、复议请求确有不当，应予撤销。执行法院应根据案件执行情况，决定对徐某是否继续采取限制消费措施。

【相关法律规定】

《最高人民法院关于在执行工作中进一步强化善意文明执行理念的意见》

17. 解除限制消费措施的几类情形。人民法院在对被执行人采取限制消费措施后，被执行人及其有关人员申请解除或暂时解除的，按照下列情形分别处理：

……

（2）单位被执行人被限制消费后，其法定代表人、主要负责人确因经营管理需要发生变更，原法定代表人、主要负责人申请解除对其本人的限制消费措施的，应举证证明其并非单位的实际控制人、影响债务履行的直接责任人员。人民法院经审查属实的，应予准许，并对变更后的法定代表人、主要负责人依法采取限制消费措施。

……

《最高人民法院关于公布失信被执行人名单信息的若干规定》

第十二条　公民、法人或其他组织对被纳入失信被执行人名单申请纠正的，执行法院应当自收到书面纠正申请之日起十五日内审查，理由成立的，应当在三个工作日内纠正；理由不成立的，决定驳回。公民、法人或其他组织对驳回决定不服的，可以自决定书送达之日起十日内向上一级人民法院申请复议。上一级人民法院应当自收到复议申请之日起十五日内作出决定。

复议期间，不停止原决定的执行。

【应诉策略】

1. 公司变更法定代表人，原法定代表人只有在作为实际控制人或影响债务履行的直接责任人员的情形下才可依法继续对其采取限制消费措施

公司变更法定代表人后，对原法定代表人的限制消费措施应予解除，申请执行人对解除提出异议的，应当举证证明原法定代表人系公司实际控制人，或系影响债务履行的直接责任人员，公司变更法定代表人是为了逃避债务。所谓“影响债务履行的直接责任人员”，是指虽不具有法定代表人、主要负责人等特定身份，但能够通过其行为直接对单位的经营活动产生重要影响的人员。申请执行人不能证明上述情况的，其提出执行异议要求恢复对原公司法定代表人的强制措施，法院将不予支持（见类案裁判观点分析案例一～案例五）。

2. 被执行人申请纠正限制消费措施不能通过执行异议和复议程序处理

需要注意的是，虽然被执行人对法院采取的限制消费措施提出异议后，法院一般会立“执异”案号。但是，这种纠正程序不等同于执行异议和复议程序。限制消费措施本质上是为执行法院为推进执行程序作出的惩戒措施，不属于《民事诉讼法》第232条所涵盖的执行行为，所以也不属于执行异议和复议审理的范围。

公司法定代表人变更后，如果原法定代表人对法院继续对自己实施限制

消费措施有异议的，不应通过执行异议、复议程序处理，而应直接向法院执行部门申请纠正，并举证证明其并非公司的实际控制人、影响债务履行的直接责任人员。法院执行部门在收到申请后直接对其申请进行审查，理由成立的，予以纠正，并对符合法定条件的人员采取限制消费措施；理由不成立的，裁定驳回（见类案裁判观点分析案例六、案例七）。

【类案裁判观点分析】

案例一：申请执行人无证据证明公司原法定代表人实际控制公司或恶意逃避债务，请求恢复对原法定代表人的限制消费惩戒措施缺少事实根据和法律依据，应予驳回——北京高院（2021）京执复274号

本院认为，采取纳入失信名单及限制消费措施，必须严格依照《民事诉讼法》《最高人民法院关于公布失信被执行人名单信息的若干规定》《最高人民法院关于限制被执行人高消费及有关消费的若干规定》等法律文件规定的条件和程序进行。对于不符合法定条件的被执行人，不得采取纳入失信名单及限制消费等惩戒措施。本案中，关于复议申请人马某丽对孙某采取纳入失信名单惩戒措施的请求，由于信用惩戒在执行程序中系对被执行人采取的执行措施，孙某只是被执行人的原法定代表人，主张对其采取信用惩戒措施于法无据。关于马某丽对孙某采取恢复限制消费惩戒措施的请求，目前法律并没有明文规定禁止被执行人单位限制消费后变更法定代表人或主要负责人，被执行人文化公司变更法定代表人后，执行法院已对其新的法定代表人李某华采取限制消费惩戒措施。考虑到孙某已不是被执行人的法定代表人，与被执行人不再存在投资或间接持股关系，现有证据尚不足以证明孙某实际控制公司或恶意逃避债务，复议申请人马某丽请求对孙某采取恢复限制消费惩戒措施缺少事实根据和法律依据，对马某丽的复议申请，应予驳回。

案例二：原法定代表人未履行认缴出资义务无偿转让股权，其行为构成规避执行，系故意逃避债务，法院对其继续采取限制消费措施并无不当——广西高院（2021）桂执复162号

本院认为，本案重点审查的问题是张某作为被执行人新源公司的法定代表人被限制消费后，由于被执行人新源公司变更法定代表人，对其是否应解除限制消费措施。根据《最高人民法院关于限制被执行人高消费及有关消费的若干规定》第3条第2款的规定："被执行人为单位的，被采取限制消费措施后，被执行人及其法定代表人、主要负责人、影响债务履行的直接责任人员、实际控制人不得实施前款规定的行为。因私消费以个人财产实施前款规定行为的，可以向执行法院提出申请。执行法院审查属实的，应予准许。"也就是说，在执行过程中，被执行人的法定代表人发生变化时，要判断原法定代表人是否为被执行人的主要负责人或者影响债务履行的直接责任人员。在本案执行过程中，被执行人新源公司的法定代表人虽然由张某已经变更为黄某结，但张某在公司设立时作为新源公司的股东，持有新源吉公司50%的股权，却没有根据《公司法》和公司章程的规定履行认缴出资义务，导致新源公司无法履行生效判决确定的义务。张某在执行法院将其列入限制消费人员名单后，无偿转让其持有的股权，变更公司的法定代表人，其行为构成规避执行，系故意逃避债务。尽管张某提供证据证实其已不是新源公司法定代表人，但没有提供证据证实其已履行认缴出资义务，严重影响新源公司债务的履行。因此，崇左中院对张某采取限制消费措施，并无不当。

案例三：公司的原法定代表人，仅在作为实际控制人和影响债务履行的直接责任人员的情形下，才可依法继续对其采取限制消费措施——四川高院(2021)川执监72号

在被执行人不履行法律文书确定的义务的情况下，人民法院经审查认为确有必要的，可以对被执行人及其法定代表人、主要负责人或者影响债务履行的直接责任人员和实际控制人采取限制消费措施。其中，影响债务履行的直接责任人员是指虽不具有法定代表人、主要负责人等特定身份，但能够通过其行为直接对单位的经营活动产生重要影响的人员。本案中，许某已不具有法定代表人的特定身份，其作为被执行人立得公司的原法定代表人，仅在作为实际控制人和影响债务履行的直接责任人员的情形下，可依法对其采取限制消费措施，但本案尚无证据证明许某为被执行人立得公司的实际控制人及影响债务履行的直接责任人员。成都中院裁定认为许某目前虽然不再担任立得公司的法定代表人，但仍是影响债务履行的直接责任人员，对其采取限制消费措施并无不当的认定，与上述司法解释的规定不符，该案执行程序中对许某采取限制消费的执行措施不当，应予撤销。该案执行过程中，如另发现许某作为直接责任人影响债务履行，可依法对其采取相应执行措施。

案例四：原法定代表人申请解除限制消费措施，法院应审查原法定代表人是否系公司的实际控制人或影响债务履行的直接责任人员等事实——湖北高院（2020）鄂执复739号

本院认为，本案争议焦点为武汉海事法院解除对李某霖采取的限制消费措施是否符合规定。《最高人民法院关于在执行工作中进一步强化善意文明执行理念的意见》第17条第1款第2项规定："单位被执行人被限制消费后，其法定代表人、主要负责人确因经营管理需要发生变更，原法定代表人、主要负责人申请解除对其本人的限制消费措施的，应举证证明其并非单位的实际控制人、影响债务履行的直接责任人员。人民法院经审查属实的，应予准许，并对变更后的法定代表人、主要负责人依法采取限制消费措施。"本案中，由于佳轮公司收到武汉海事法院的执行通知书后未履行生效法律文书确定的义务，武汉海事法院根据《最高人民法院关于限制被执行人高消费及有关消费的若干规定》，对佳轮公司及其时任法定代表人李某霖限制消费措施，并无不当。现李某霖申请解除武汉海事法院对其采取的限制消费措施。武汉海事法院应审查李某霖是否并非佳轮公司的实际控制人、影响债务履行的直接责任人员等事实。武汉海事法院在仅查明李某霖不再担任佳轮公司法定代表人、股东的情形下，即作出决定书径行解除对李某霖采取的限制消费措施，缺乏法律依据，本院依法予以撤销。

案例五：即使原法定代表人曾参加涉案合同的签订、履行及诉讼，但现有证据不能证明原法定代表人系被执行公司的实际控制人、影响债务履行的直接责任人员，对原法定代表人的限制消费措施应予解除——四川高院（2020）川执监89号

本案争议焦点为执行法院对西岱公司原法定代表人王某琦实施限制消费措施是否合法。因西岱公司未履行生效法律文书确定的义务，执行法院根据

《最高人民法院关于限制被执行人高消费及有关消费的若干规定》第2条、第3条第2款的规定，对西岱公司及其原法定代表人王某琦实施限制消费措施。但是，本案存在以下情形：第一，在执行法院对西岱公司实施限制消费措施时，王某琦并非西岱公司的法定代表人。虽然本执行案件受理时间为2018年10月30日，但在2018年11月15日经西岱公司股东会决议，其法定代表人由王某琦变更为邓某，并已完成工商变更登记。在执行法院于2019年1月22日发出（2018）川0903执2708号限制消费令时，王某琦系西岱公司原法定代表人。第二，王某琦诉西岱公司民间借贷纠纷案件，执行法院于2017年4月15日作出（2017）川0903民初846号民事判决，判令西岱公司偿还王某琦34,000元及利息，但西岱公司至今未履行该判决内容，表明王某琦在担任西岱公司法定代表人期间亦不能影响西岱公司债务的履行。第三，执行异议、执行复议裁定认定王某琦以西岱公司法定代表人身份参加执行法院于2019年3月12日、19日组织的博创公司与西岱公司执行和解，积极提出和解方案。但是，在（2018）川0903执2708号执行电子卷宗内未查到笔录或其他资料，故现有证据不能证明王某琦辞去西岱公司法定代表人后，仍以西岱公司法定代表人的名义履行职务。第四，根据《最高人民法院关于在执行工作中进一步强化善意文明执行理念的意见》第五部分"严格规范纳入失信名单和限制消费措施"第17条第1款第2项"单位被执行人被限制消费后，其法定代表人、主要负责人确因经营管理需要发生变更，原法定代表人、主要负责人申请解除对其本人的限制消费措施的，应举证证明其并非单位的实际控制人、影响债务履行的直接责任人员。人民法院经审查属实的，应予准许，并对变更后的法定代表人、主要负责人依法采取限制消费措施"的规定，王某琦实际持有西岱公司20%的股权，持股比例在所有股东中居第三位，该持股比例不能证明王某琦系实际控制人。因此，即使王某琦曾参加涉案装饰装修合同的签订、履行及诉讼，但现有证据不能证明王某琦系西岱公司的实际控制人、影响债务履行的直接责任人员，故执行异议、执行复议裁定认定案件事实的主要证据不足，其未解除对王某琦限制消费措施不当，本院予以纠正。

案例六：被执行人对被采取限制消费措施申请纠正，不应通过执行异议、复议程序处理——山东高院（2021）鲁执复110号

本院认为，本案审查的焦点问题为张某东对被采取限制消费措施申请纠正，应否通过执行异议、复议程序处理。《最高人民法院关于在执行程序中进一步强化善意文明执行理念的意见》第18条规定：“畅通惩戒措施救济渠道。自然人、法人或其他组织对被纳入失信名单申请纠正的，人民法院应当依照失信名单规定第十二条规定的程序和时限及时审查并作出处理决定。对被采取限制消费措施申请纠正的，参照失信名单规定第十二条规定办理。”《最高人民法院关于公布失信被执行人名单信息的若干规定》第12条规定：“公民、法人或其他组织对被纳入失信被执行人名单申请纠正的，执行法院应当自收到书面纠正申请之日起十五日内审查，理由成立的，应当在三个工作日内纠正；理由不成立的，决定驳回。公民、法人或其他组织对驳回决定不服的，可以自决定书送达之日起十日内向上一级人民法院申请复议。上一级人民法院应当自收到复议申请之日起十五日内作出决定。复议期间，不停止原决定的执行。”依照上述规定，张某东对被采取限制消费措施申请纠正的，不应通过执行异议、复议程序处理。济宁中院执行部门应直接对其申请进行审查，理由成立的，予以纠正，并对符合法定条件的人员采取限制消费措施；理由不成立的，决定驳回。张某东对限制消费措施提出纠正申请，济宁中院以执行异议案件立案审查并裁定驳回异议，不符合上述规定，程序不当。

案例七：限制消费措施为执行法院依法作出的惩戒措施，被执行人对限制消费措施有异议的，应通过向执行法院申请纠正的途径解决——山西高院（2021）晋执复152号

关于限制被执行人及相关人员消费惩戒措施的救济途径问题。根据《最高人民法院关于公布失信被执行人名单信息的若干规定》第12条、《最高人民法院关于在执行工作中进一步强化善意文明执行理念的意见》第18条的规定，自然人、法人或其他组织认为采取限制消费措施存在错误并申请纠正，应由执行法院审查并作出决定，自然人、法人或其他组织对决定不服的，可以向上一级人民法院申请复议。执行法院不得将申请纠正限制消费措施作为执行异议，依据《民事诉讼法》第225条[①]的规定进行审查并作出裁定。

关于王某提出解除限制消费措施的审查程序问题。王某向长治中院提出异议称，本案的被执行人是新能公司，自2012年起其已不是该公司的法定代表人、公司股东、高级管理人员等，也不是实际控制人，将其列入限制消费范围无相关事实和法律依据，请求长治中院撤销对其作出的限制消费令。王某虽提出书面执行异议，但结合王某解除限制消费措施的理由和请求，可以认定王某系认为长治中院（2021）晋04执恢4号限制消费令存在错误并申请纠正。长治中院应参照《最高人民法院关于公布失信被执行人名单信息的若干规定》第12条的规定，对王某申请纠正限制消费措施的请求进行审查。根据上述法律条文规定，王某应通过向执行法院申请纠正的途径解决。执行机构应根据异议人的申请，启动纠正程序审查作出决定，当事人对该决定不服的，可以自决定书送达之日起10日内向上一级人民法院申请复议。故而，长治中院适用《民事诉讼法》第232条的规定按照执行行为异议进行审查，适用法律错误，本院予以纠正。

038. 执行法院不作为、消极执行，申请执行人能否提起执行异议和复议

◇ **问题** 申请执行人能否对法院的不作为行为申请执行异议

◇ **来源** 广东高院（2019）粤执复439号

◇ **结论** 当事人认为执行法院消极执行、执行不力，不符合执行异议的审查范围，不能提起执行行为异议救济程序

① 现为《民事诉讼法》第232条。

【基本案情】

佛山中院在执行申请执行人兰某明与被执行人陈某芬等侵害专利权纠纷一案中，兰某明对该院未执行登记在何某基名下的夫妻共同财产中归属于陈某芬部分的财产的行为不服，向该院提出书面异议。

佛山中院认为，异议人提出异议的对象应为积极执行行为，消极执行行为不属于执行异议的审理范围，裁定驳回兰某明的异议请求。

兰某明不服，向广东高院申请复议。

【争议焦点】

申请执行人认为执行法院消极执行、执行不力，能否提起执行异议？

【裁判要点】

广东高院认为，复议申请人所提请求及理由，其实质是反映执行法院有消极执行、执行不力的情况。而《民事诉讼法》第225条①“当事人、利害关系人认为执行行为违反法律规定的，可以向负责执行的人民法院提出书面异议”中的“执行行为”，是指执行法院在执行实施过程中采取的具体执行措施和应当遵守的具体法定程序。《执行异议和复议规定》第7条②所列当事人、利害关系人提出执行异议所针对的对象，也明确为执行过程中或者执行保全、先予执行裁定过程中的具体执行措施和执行程序。具体到本案，复议申请人并未对执行法院的具体执行行为提出异议，所以佛山中院异议裁定认为“其申请不符合执行异议的审查范围，应予驳回”的结论正确。对于兰某明所提执行法院应执行陈某芬夫妻共同财产中相应份额的问题，申请执行人应主动向执行法院提供财产线索，对于不是被执行人的财产，执行法院不能执行。

---

① 现为《民事诉讼法》第232条。

② 该规定在该司法解释2020年修正时未做改动。

【相关法律规定】

《民事诉讼法》

第二百三十二条　当事人、利害关系人认为执行行为违反法律规定的，可以向负责执行的人民法院提出书面异议。当事人、利害关系人提出书面异议的，人民法院应当自收到书面异议之日起十五日内审查，理由成立的，裁定撤销或者改正；理由不成立的，裁定驳回。当事人、利害关系人对裁定不服的，可以自裁定送达之日起十日内向上一级人民法院申请复议。

第二百三十三条　人民法院自收到申请执行书之日起超过六个月未执行的，申请执行人可以向上一级人民法院申请执行。上一级人民法院经审查，可以责令原人民法院在一定期限内执行，也可以决定由本院执行或者指令其他人民法院执行。

《执行异议和复议规定》

第七条　当事人、利害关系人认为执行过程中或者执行保全、先予执行裁定过程中的下列行为违法提出异议的，人民法院应当依照民事诉讼法第二百二十五条①规定进行审查：

（一）查封、扣押、冻结、拍卖、变卖、以物抵债、暂缓执行、中止执行、终结执行等执行措施；

（二）执行的期间、顺序等应当遵守的法定程序；

（三）人民法院作出的侵害当事人、利害关系人合法权益的其他行为。

被执行人以债权消灭、丧失强制执行效力等执行依据生效之后的实体事由提出排除执行异议的，人民法院应当参照民事诉讼法第二百二十五条规定进行审查。

除本规定第十九条规定的情形外，被执行人以执行依据生效之前的实体事由提出排除执行异议的，人民法院应当告知其依法申请再审或者通过其他程序解决。

---

①　现为《民事诉讼法》第232条。

【应诉策略】

1. 当事人仅以执行法院不作为、消极执行为由，提出执行异议，法院不予受理，但法院通过具体执行行为表示“不作为”的意思除外

执行异议的审查对象是法院的执行行为，但并非对人民法院在执行中作出的所有行为均可以提出异议。当事人认为执行法院存在消极执行、不作为的情形，虽然该情形也会损害当事人合法权益，但因其不存在具体执行行为，故不属于执行异议和复议的审查范围（见类案裁判观点分析案例二）。

但是，如果执行法院通过作出具体执行行为表示“不作为”的意思，则当事人可以针对该不作为行为提出执行异议。例如，执行法院以“谈话笔录”的形式明确告知申请执行人不能发放执行案款，则此时法院的不作为就表现为具体的执行行为，申请执行人可以对该不作为行为提出执行异议和复议（见类案裁判观点分析案例一）。

2. 执行法院消极执行、怠于执行，可以向上一级法院申请督促执行

根据《民事诉讼法》第 232 条的规定：“人民法院自收到申请执行书之日起超过六个月未执行的，申请执行人可以向上一级人民法院申请执行。上一级人民法院经审查，可以责令原人民法院在一定期限内执行，也可以决定由本院执行或者指令其他人民法院执行。”据此，申请执行人如对法院的执行措施或执行程序无异议，只是认为执行法院执行不力、消极执行的，可以向上一级法院申请督促执行，适用督促执行程序予以救济（见类案裁判观点分析案例三）。

【类案裁判观点分析】

案例一：“执行行为”并未限定为执行法院在执行程序中的积极作为，若法院的不作为行为通过执行裁定等有形表现出来，当事人认为执行法院裁定中的不作为侵害其合法权益，当事人可以提起执行异议和复议程序进行权利救济——最高人民法院（2017）最高法执复 58 号

《民事诉讼法》第 225 条[①]规定：“当事人、利害关系人认为执行行为违

---

① 现为《民事诉讼法》第 225 条。

反法律规定的，可以向负责执行的人民法院提出书面异议。”该规定中的“执行行为”并未限定为执行法院在执行程序中的积极作为。《执行异议和复议规定》第 7 条①进一步规定，当事人、利害关系人对“人民法院作出的侵害当事人、利害关系人合法权益的其他行为”提出异议的，人民法院应当依照《民事诉讼法》第 225 条②规定进行审查。本案中，执行法院海南高院在收到被执行人宁波银行北京分行应付的 4 亿元执行款后，以“谈话笔录”的形式明确告知申请执行人民生银行三亚分行，该执行款由于有关公安机关请求协助冻结而不能向其发放。民生银行三亚分行认为海南高院在收到执行款后不予及时发放的不作为行为，侵害了其合法权益，并提出执行异议，符合前述法律和司法解释规定精神，海南高院以民生银行三亚分行系针对执行法院的不作为提出异议，不能依照《民事诉讼法》第 225 条规定的执行异议、复议程序进行审查的认定不妥，应予纠正。

案例二：执行法院不分配剩余执行案款的不作为行为，不属于执行异议案件的审查范围——陕西高院（2021）陕执复 171 号

本院认为，本案争议的焦点问题是复议申请人华融资产某分公司请求对执行案款继续分配的申请是否属于执行异议案件的审查范围，西安中院应否予以受理。《执行异议和复议规定》第 5 条规定：“有下列情形之一的，当事人以外的公民、法人和其他组织，可以作为利害关系人提出执行行为异议：（一）认为人民法院的执行行为违法，妨碍其轮候查封、扣押、冻结的债权受偿的；（二）认为人民法院的拍卖措施违法，妨碍其参与公平竞价的；（三）认为人民法院的拍卖、变卖或者以物抵债措施违法，侵害其对执行标的的优先购买权的；（四）认为人民法院要求协助执行的事项超出其协助范围或者违反法律规定的；（五）认为其他合法权益受到人民法院违法执行行为侵害的。”该规定赋予利害关系人就法院的执行行为提出异议的权利，并明确了执行异议所指向的对象应是人民法院的执行措施、实施执行措施的

---

① 该规定在该司法解释 2020 年修正时未做改动。

② 现为《民事诉讼法》第 232 条。

方式、方法、期间、顺序等程序性事项，不包括法院在执行过程中的不作为情形。本案中，复议申请人华融资产某分公司并非就西安中院的执行措施提出异议，其所提异议指向的对象是西安中院不分配剩余执行案款，该异议不符合上述司法解释规定的情形，不属于执行异议案件的审查范围，西安中院对该异议不予受理并无不当。

案例三：申请执行人认为执行法院执行不力、消极执行可申请上一级法院督促执行，不能以执行异议程序审查——河南高院（2021）豫执复124号

本院认为，关于能否以执行异议程序审查执行不力、消极执行的问题，《民事诉讼法》第225条[①]规定了当事人、利害关系人可以对违法执行行为提出异议。具体而言，主要可以针对两类执行行为提出异议：一是查封、扣押、冻结、拍卖、变卖、以物抵债、暂缓执行、中止执行、终结执行等执行措施；二是执行的顺序、期间等应当遵守的法定程序。执行法院作出的其他侵害当事人、利害关系人合法权益的行为也属于违法执行行为的范畴。但是，并非对人民法院在执行中作出的所有行为均可以提出异议。《民事诉讼法》第226条[②]规定了执行法院在法定期限内未执行的，申请执行人可申请上一级法院督促执行，督促事由是执行法院消极执行、怠于执行。本案中，尹某翔对于执行法院具体执行措施或程序并未提出异议，而是认为执行法院消极执行，请求执行法院尽快采取相应的执行措施，将本案执行完毕。从其主张来看，应适用督促执行程序予以救济，通过上一级法院督促执行才是正当的救济途径。信阳中院驳回尹某翔的申请，符合法律及司法解释的规定。

---

① 现为《民事诉讼法》第232条。
② 现为《民事诉讼法》第233条。

二、执行程序中不同身份主体的程序性权利

039. 执行异议中，如何区分利害关系人与案外人

◇ **问题**　执行异议中，如何区分异议人是案外人还是利害关系人

◇ **来源**　最高人民法院（2021）最高法执监240号

◇ **结论**　区分异议人是案外人还是利害关系人，应以异议人所主张的权利基础及异议请求加以判断：主张对执行标的享有所有权等实体权利并据此请求排除执行的为案外人；主张因执行行为程序违法、侵犯其合法权益，请求对执行行为依法予以纠正的为利害关系人

【基本案情】

九台农商行某支行与被执行人凯陆公司、范某武、范某借款合同纠纷一案，吉林高院于2016年3月18日作出（2016）吉民终55号民事判决。后九台农商行某支行向吉林中院申请强制执行。

在执行过程中，法院依九台农商行某支行申请，对被执行人已经办理抵押的财产进行评估并拍卖。2020年7月7日，该案执行完毕。

2020年7月21日，魏某杰提起执行异议，主张其对被拍卖抵押物中的车梁部分拥有所有权，请求将拍卖的被执行人抵押物里面的车梁部分重新评估作价后优先把剩余款返还给魏某杰。

吉林中院、吉林高院均认为魏某杰提出异议时执行程序已经终结，裁定驳回魏某杰的异议申请。

魏某杰认为其为利害关系人而非案外人，提出异议的时间应为自知道或者应当知道人民法院终结执行之日起60日，故向最高人民法院申诉。

【争议焦点】

1. 魏某杰为何种主体身份?
2. 魏某杰提出执行异议是否已超过法定期限?

【裁判要点】

关于魏某杰的主体身份问题。执行案件当事人以外的主体提出的执行异议，主要包括案外人提出的异议和利害关系人提出的异议两种类型。两种异议均由执行案件当事人以外的主体提出，且均指向执行行为。在此情形下，界定异议性质是案外人异议还是执行行为异议，应以异议所主张的权利基础及异议请求加以判断。如果异议主张的是对执行标的的所有权等实体权利并据此请求排除执行的，构成案外人异议；如果异议主张的是因执行行为程序违法侵犯其合法权益并请求对执行行为依法予以纠正的，则构成执行行为异议。本案中，魏某杰明确主张其对案涉天车梁享有所有权，并以此为由请求排除吉林中院的强制执行行为，该异议属案外人异议，原裁定将其主体认定为案外人并无不当。魏某杰申请执行监督主张其为本案利害关系人，并应适用《最高人民法院关于对人民法院终结执行行为提出执行异议期限问题的批复》的规定，理据不足，不能成立。

【相关法律规定】

《民事诉讼法》

第二百三十二条　当事人、利害关系人认为执行行为违反法律规定的，可以向负责执行的人民法院提出书面异议。当事人、利害关系人提出书面异议的，人民法院应当自收到书面异议之日起十五日内审查，理由成立的，裁定撤销或者改正；理由不成立的，裁定驳回。当事人、利害关系人对裁定不服的，可以自裁定送达之日起十日内向上一级人民法院申请复议。

第二百三十四条　执行过程中，案外人对执行标的提出书面异议的，人民法院应当自收到书面异议之日起十五日内审查，理由成立的，裁定中止对该标的的执行；理由不成立的，裁定驳回。案外人、当事人对裁定不服，认为原判决、裁定错误的，依照审判监督程序办理；与原判决、裁定无关的，可以自裁定送达之日起十五日内向人民法院提起诉讼。

《执行异议和复议规定》

第五条 有下列情形之一的，当事人以外的自然人、法人和非法人组织，可以作为利害关系人提出执行行为异议：

（一）认为人民法院的执行行为违法，妨碍其轮候查封、扣押、冻结的债权受偿的；

（二）认为人民法院的拍卖措施违法，妨碍其参与公平竞价的；

（三）认为人民法院的拍卖、变卖或者以物抵债措施违法，侵害其对执行标的的优先购买权的；

（四）认为人民法院要求协助执行的事项超出其协助范围或者违反法律规定的；

（五）认为其他合法权益受到人民法院违法执行行为侵害的。

第八条 案外人基于实体权利既对执行标的提出排除执行异议又作为利害关系人提出执行行为异议的，人民法院应当依照民事诉讼法第二百二十七条①规定进行审查。

案外人既基于实体权利对执行标的提出排除执行异议又作为利害关系人提出与实体权利无关的执行行为异议的，人民法院应当分别依照民事诉讼法第二百二十七条和第二百二十五条②规定进行审查。

【应诉策略】

1. 当事人或利害关系人异议与案外人异议的区别

《民事诉讼法》第232条和第234条分别规定了当事人、利害关系人异议和案外人异议。二者在程序上有很大区别。

（1）审查程序：对当事人、利害关系人异议，通过执行异议和复议程序来进行审查；对案外人异议，通过执行异议和执行异议之诉（或审判监督）程序来审查。

---

① 现为《民事诉讼法》第234条。
② 现为《民事诉讼法》第232条。

（2）异议提出期限：当事人、利害关系人提出异议，应当在执行程序终结之前提出（对终结执行措施的异议除外）；案外人提出异议，应当在异议指向的执行标的执行终结之前提出。

2. 实务中，异议人如何自行做案外人和利害关系人的区分

执行程序中的当事人比较明确，即申请执行人和被执行人。但是，案外人和利害关系人的识别，则比较模糊。司法实践中，一般倾向于通过请求权基础及异议请求事项对二者进行区分。

（1）案外人的识别：主张对执行标的享有所有权等实体权利并据此请求排除执行的为案外人。

（2）利害关系人的识别：主张因执行行为程序违法、侵犯其合法权益，请求对执行行为依法予以纠正的为利害关系人（见类案裁判观点分析案例二）。

综上，简单来说，可以针对执行标的提出异议的主体为案外人，可以针对执行行为本身提出异议的主体为利害关系人。

3. 实务中利害关系人的主体范围

《执行异议和复议规定》第 5 条对“利害关系人”主体的范围采取列举方式进行了明确，即轮候查封的债权人、竞买人、优先购买权人、协助义务人之外的其他人，以及认为其他合法权益受到人民法院违法执行行为侵害的人。此处所谓“其他合法权益”，是指程序性权益和不能排除执行的实体权益，如果是能够排除执行的实体权益，则据此提出执行异议的主体身份应为案外人。

4. 利害关系人和案外人主体身份发生竞合时的处理

若案外人既针对执行标的提出排除执行的异议，又针对执行行为提出执行行为异议，法院应如何审查？

根据《执行异议和复议规定》第 8 条第 1 款的规定：“案外人基于实体权利既对执行标的提出排除执行异议又作为利害关系人提出执行行为异议的，人民法院应当依照民事诉讼法第二百二十七条[①]规定进行审查。”即按照案外人异议程序进行审查。第 2 款规定：“案外人既基于实体权利对执行标

① 现为《民事诉讼法》第 234 条。

的提出排除执行异议又作为利害关系人提出与实体权利无关的执行行为异议的，人民法院应当分别依照民事诉讼法第二百二十七条和第二百二十五条[①]规定进行审查。”也就是说，分别按照案外人异议和利害关系人异议程序处理。

【类案裁判观点分析】

案例一：当事人、利害关系人执行行为异议的依据是其程序权利受到了侵害，目的是纠正违法的执行行为；案外人异议所依据的基础权利是其实体权利受到了侵害，这种实体权利能够产生排除执行效力——最高人民法院（2021）最高法执复36号

《民事诉讼法》第225条、第227条[②]分别确立了当事人、利害关系人执行行为异议和案外人异议两类异议。一般认为，上述两类异议的主要区别在于提起异议依据的基础权利和目的不同。《民事诉讼法》第225条规定的当事人、利害关系人执行行为异议的依据是其程序权利受到了侵害，目的是纠正违法的执行行为；而《民事诉讼法》第227条规定的案外人异议所依据的基础权利是其实体权利受到了侵害，这种实体权利不是一般的权利，是能够产生排除执行效力的权利，即其所提异议依据的是所有权或者其他足以阻止执行标的物转让、交付的实体权利。从本案来看，复议申请人周某茹认为，其与恒润公司之间签订的《收益权转让及回购协议》《股票质押合同》依法有效，依法对恒润公司持有的“天润数娱”（股票代码002113）76,395,412股股票以及孳息享有质权并足以排除执行，所以本案应适用《民事诉讼法》第227条进行审查。但是，根据浙江高院查明的事实，周某茹与恒润公司于2018年1月10日签订《股票质押合同》，该时间晚于本案申请执行人梁某与被执行人恒润公司签订《股票质押合同》的时间（2017年12月13日）。而且，与梁某不同，周某茹在与恒润公司签订《股票质押合同》之后，并未到证券登记机构办理股票质押登记手续。根据《民法典》第443条第1款，以

① 现为《民事诉讼法》第232条。

② 现为《民事诉讼法》第232条、第234条。

股权出质的，质权自办理出质登记时设立。因此，周某茹对案涉股权不享有质权，不具有优先受偿的权利。退一步讲，即便其质权成立，因质权为担保物权，仅享有就标的物拍卖变卖的所得款项优先受偿的权利，即受偿顺序优先的权利，但该权利本身并不能产生排除人民法院执行的效力。

此外，识别当事人的异议属于何种性质并决定适用相应程序属于法院的职责。本案中，周某茹的异议请求为停止对“天润数娱”（股票代码002113）76,395,412股股票以及孳息的执行，并解除相应冻结、查封、拍卖措施，根据《执行异议和复议规定》第5条，应视为周某茹作为利害关系人提出的执行行为异议。因此，浙江高院经审查认为周某茹并不享有案涉股权质权，不能阻却浙江高院依据生效判决对标的股票执行时，适用2017年《民事诉讼法》第225条而不适用第227条进行审查并无不妥。

案例二：区分案外人异议和利害关系人异议，应以异议所主张的权利基础及异议请求加以判断。因执行行为程序违法侵犯其合法权益并请求对执行行为依法予以纠正的，应认定为利害关系人执行行为异议——青海高院（2022）青执复51号

执行案件当事人以外的主体提出执行异议，主要包括案外人异议和利害关系人异议两种类型。区分案外人异议和利害关系人异议，应以异议所主张的权利基础及异议请求加以判断。如果异议主张的是对执行标的的所有权等实体权利并据此请求排除执行的，构成案外人异议；如果异议主张的是因执行行为程序违法侵犯其合法权益并请求对执行行为依法予以纠正的，则构成执行行为异议。本案中，春发公司是对西宁中院以物抵债的执行行为提出执行异议，西宁中院（2022）青01执异78号裁定将春发公司认定为利害关系人是正确的。

根据《最高人民法院关于对人民法院终结执行行为提出执行异议期限问题的批复》的规定：“当事人、利害关系人依照民事诉讼法第二百二十五条[①]规定对终结执行行为提出异议的，应当自收到终结执行法律文书之日起六十

① 现为《民事诉讼法》第232条。

日内提出；未收到法律文书的，应当自知道或者应当知道人民法院终结执行之日起六十日内提出。”可以提出执行异议的执行行为，包括执行完毕、终结执行、驳回执行申请等。利害关系人，可自知道或者应当知道人民法院终结执行行为之日起60日内提出执行异议。本案中，春发公司的异议请求为依法确认西宁中院将案涉商铺的使用权以物抵债的执行行为违法，并依法撤销该执行行为。审查该异议主张必然涉及执行法院终结案涉商铺处分和对案件以执行完毕方式结案的执行行为妥当性问题，是对人民法院终结执行行为提出执行异议。因（2020）青01执恢175号结案通知书不向春发公司送达，春发公司知道或者应当知道西宁中院终结执行行为之日可自提起执行异议之日确定起算。

案例三：次债务人对协助执行通知提出异议，主张不存在到期债权的，应在执行程序中依法主张，该次债务人不属于利害关系人，也并非案外人——最高人民法院（2020）最高法民再103号

根据《民事诉讼法司法解释》第501条①的规定，在本案中，东风汽车设备厂主张与“兴运公司之间不存在到期债权”，并以“其与兴运公司签订的《采购零部件质量协议》中自质保期后才支付货款”的约定作为抗辩理由，不是主张对案涉执行标的“对他人的到期债权”享有实体权利，也不是对案涉执行标的提出排除执行的异议，因而不属于案外人执行异议之诉的审理范围，亦不应通过《民事诉讼法》规定的案外人执行异议之诉程序进行审查。

案例四：案外人异议所依据的基础权利为实体权利，利害关系异议所依据的基础权利为程序权利——河北高院（2022）冀执复126号

执行当事人之外的第三人提出异议，有以下两种提出的方式：一是以案外人身份基于实体权利对执行标的或执行行为提出；二是作为利害关系人对与实体权利无关的执行行为提出。本案中复议申请人是以何种身份、提出的何种异议，如何处理，具体评判如下。

① 现为《民事诉讼法司法解释》第499条。

首先，对于本案的执行标的——案涉房产，复议申请人主张案涉房产的真正权利人为交化公司等三家单位，那么对于查封拍卖案涉房产的执行行为，有权利请求阻却排除执行的主体应该是案涉房产的实体权利人，其可以以案外人的身份提出执行异议。对此，复议申请人在异议和复议阶段均主张其并非有真正实体权利的案外人，而且其以案外人身份对案涉房产主张实体权利所引发的执行异议之诉，已经（2020）冀民终564号民事判决审结，并认定复议申请人于某等并无足以排除执行的实体权利。可见，于某等已不能基于实体权利以案外人身份提出执行异议（包括以案外人身份对执行行为提出异议）。

其次，《执行异议和复议规定》第5条对利害关系人的范围进行了界定。从该条的规定内容看，利害关系人应是指执行当事人以外，对法院执行行为提出程序性异议的第三人，其所提异议指向的一般不是执行标的所涉及的实体权利本身，而是执行程序。换言之，利害关系异议所依据的基础权利为程序权利。本案中，复议申请人于某本次提出查封、拍卖案涉房产的执行行为错误，请求解除对该案涉房产的执行。该异议虽以利害关系人的名义针对执行行为提出，但本次异议及其理由实际上仍是针对案涉房产这一执行标的权利属性来展开的，仍是基于实体权利对同一执行标的、同一执行行为提出的，实质上并未涉及执行行为的程序性问题，故复议申请人于某等以利害关系人的名义提出异议也不符合《执行异议和复议规定》第5条关于利害关系人的适格条件和范围。

040. 执行财产的优先权人，能否通过案外人异议排除执行

◇ **问题**　执行程序中，能否支持优先权、担保物权人中止、排除执行的请求

◇ **来源**　北京高院（2022）京执复217号

◇ **结论**　案外人以其对案涉股权享有质押权为由，要求排除案涉股权的执行措施，其实质是主张对案涉股权享有优先受偿权，该主张依法可以直接在执行实施程序中提出，不构成法律意义上的执行异议，不属于案外人异议审查范围

【基本案情】

申请执行人依据生效的仲裁裁决向北京三中院申请执行被执行人万德公司资产，北京三中院于2021年8月11日立案执行，并于2021年11月22日冻结被执行人万德公司持有的浙江天睿祥公司的100%股权（案涉股权），冻结期限自2021年11月22日始至2024年11月21日止。

当北京三中院正在对案涉股权进行评估处置时，案外人北京睿祥公司向该院提出书面异议，以其对万德公司在浙江天睿祥公司的股份享有质权为由，请求该院中止执行。北京三中院立案审查，裁定驳回案外人北京睿祥公司的异议。

北京睿祥公司向北京高院提出复议，北京高院裁定驳回其复议。

【争议焦点】

案外人以对案涉股权享有质权为由请求中止执行的，应否支持？

【裁判要点】

案涉股权登记在被执行人万德公司名下，北京三中院有权依申请执行人王某哲的申请，依法对该案涉股权采取执行措施。北京睿祥公司主张其对案涉股权享有质权，可以在执行实施程序中直接向执行法院申请参与分配、主张优先受偿，其主张中止执行的请求于法无据，北京高院应予驳回；北京三中院执行裁定结果正确，应予维持。

【相关法律法规】

《执行异议和复议规定》

第二十五条第一款　对案外人的异议，人民法院应当按照下列标准判断其是否系权利人：

（一）已登记的不动产，按照不动产登记簿判断；未登记的建筑物、构筑物及其附属设施，按照土地使用权登记簿、建设工程规划许可、施工许可等相关证据判断；

（二）已登记的机动车、船舶、航空器等特定动产，按照相关管理部门的登记判断；未登记的特定动产和其他动产，按照实际占有情况判断；

（三）银行存款和存管在金融机构的有价证券，按照金融机构和登记结算机构登记的账户名称判断；有价证券由具备合法经营资质的托管机构名义持有的，按照该机构登记的实际出资人账户名称判断；

（四）股权按照工商行政管理机关的登记和企业信用信息公示系统公示的信息判断；

（五）其他财产和权利，有登记的，按照登记机构的登记判断；无登记的，按照合同等证明财产权属或者权利人的证据判断。

《民事诉讼法》

第二百三十四条 执行过程中，案外人对执行标的提出书面异议的，人民法院应当自收到书面异议之日起十五日内审查，理由成立的，裁定中止对该标的的执行；理由不成立的，裁定驳回。案外人、当事人对裁定不服，认为原判决、裁定错误的，依照审判监督程序办理；与原判决、裁定无关的，可以自裁定送达之日起十五日内向人民法院提起诉讼。

【应诉策略】

第一，案外人异议指向对象为执行标的物，且所依据的基础权利为所有权或者有其他足以阻止执行标的转让、交付的实体权利，而如本文主文案例中的质权、建设工程优先受偿权等，因该类权利可以在执行程序中申请优先分配，故无法阻止执行程序。

根据《民事诉讼法司法解释》第506条的规定，被执行人为公民或者其他组织，在执行程序开始后，被执行人的其他已经取得执行依据的债权人发现被执行人的财产不能清偿所有债权的，可以向人民法院申请参与分配。对人民法院查封、扣押、冻结的财产有优先权、担保物权的债权人，可以直接申请参与分配，主张优先受偿权。根据该司法解释第508条的规定，参与分配执行中，执行所得价款扣除执行费用，并清偿应当优先受偿的债权后，对于普通债权，原则上按照其占全部申请参与分配债权数额的比例受偿。

因此，案外人以对案涉财产享有优先权或担保物权（如质权、抵押权），请求中止执行或排除执行措施的，法院一般不予支持，而是向该案外人释明可向执行法院申请参与分配。

第二，对于被执行人系企业法人的案件，若遇到优先权债权人以案外人身份提出案外人异议的，因优先权无论在执行程序中还是在破产程序中均能获得优先保障，因此相应处理原则也是优先权无法排除执行措施。

第三，案外人以优先权申请参与分配，若对分配方案有异议的，可以就分配方案提出异议。根据《民事诉讼法司法解释》第509条、第510条的规定，若参与分配的债权人对执行法院的分配方案有异议的，可以在收到分配方案之日起15日内向执行法院提出书面异议。债权人或者被执行人对分配方案提出书面异议的，执行法院应当通知未提出异议的债权人、被执行人，并根据异议情况作出如下处理：

（1）若未提出异议的债权人、被执行人自收到通知之日起15日内未提出反对意见的，执行法院依异议人的意见对分配方案审查修正后进行分配。

（2）若提出反对意见的，应当通知异议人。异议人可以自收到通知之日起15日内，以提出反对意见的债权人、被执行人为被告，向执行法院提起诉讼。

（3）若提出反对意见，异议人逾期未提起诉讼的，执行法院按照原分配方案进行分配。

（4）诉讼期间进行分配的，执行法院应当提存与争议债权数额相应的款项。

第四，案外人以其对债权转让享有优先购买权为由，以案外人身份依据《民事诉讼法》第234条提起案外人异议的，因案外人主张的优先购买权不是基于对执行标的提出的异议，因此不属于案外人异议审查范围。

【类案裁判观点分析】

案例一：因建设工程价款优先权可以在执行实施程序中直接向执行法院申请参与分配、主张优先受偿，故案外人以其对案涉财产享有建设工程优先受偿权为由请求执行法院排除执行措施的，法院不予支持——北京高院（2022）京执复219号

本院认为，案涉不动产登记在被执行人燕莎公司名下，北京三中院有权依申请执行人兴业银行某支行的申请，依法对该不动产采取各种执行措施。苏中公司主张其对案涉不动产的相关地上物享有建设工程价款优先权，可以在执行实施程序中直接向执行法院申请参与分配、主张优先受偿，其主张撤销北京三中院强制执行裁定、排除执行的请求于法无据，本院予以驳回。

案例二：案外人认为对案涉标的享有建设工程价款优先受偿权，所提异议不属于案外人异议审查范围——北京高院（2022）京执复186号

本院认为，中国建筑公司认为其对案涉标的享有建设工程价款优先受偿权，可依法向北京三中院提出优先受偿申请；其申请能否获得支持，由北京三中院在执行实施程序中根据相关规定依法审查认定。中国建筑公司的复议请求缺乏事实和法律依据，本院予以驳回。

案例三：对被执行财产享有优先受偿权的债权人可以直接向法院申请参与分配，不能阻止法院对案涉财产的强制措施——辽宁高院（2022）辽执复368号

关于利害关系人对执行标的享有优先受偿权的执行问题，《民事诉讼法司法解释》第506条第2款规定："对人民法院查封、扣押、冻结的财产有优先权、担保物权的债权人，可以直接申请参与分配，主张优先受偿权。"据此，复议申请人认为其对案涉股票享有优先受偿权，可以直接向大连中院申请参与分配，大连中院异议裁定以无论金玉满堂公司是否对案涉股票享有抵押权，均无权阻止该院对案涉股票的冻结为由，驳回其异议请求并无不当。

案例四：案外人以其对债权转让享有优先购买权为由，以案外人身份依据《民事诉讼法》第227条①提起案外人异议的，因案外人主张的优先购买权不是基于对执行标的提出的异议，因此不属于案外人异议审查范围——四川高院（2019）川执复182号

本院认为，本案争议的主要问题是案外人自贡市原住建局所提异议是否符合执行异议受理条件。案外人对执行标的主张所有权或者有其他足以阻止执行标的的转让、交付的实体权利的，可以依照《民事诉讼法》第227条的规

① 现为《民事诉讼法》第234条。

定，向执行法院提出案外人异议。案外人异议指向对象为执行标的物，且所依据的基础权利为所有权或者有其他足以阻止执行标的转让、交付的实体权利。本案中，被执行人自贡市第一建筑公司债权转让优先购买权，不是本案的执行标的，案外人自贡市原住建局提出因自贡市第一建筑公司系国有企业，对其债权转让享有优先购买权，不是基于对执行标的提出的异议，因此不属于案外人异议审查范围。

041. 追加被执行人的另案债权人，能否就追加裁定提出执行异议

◇ **问题**　执行法院作出追加被执行人的裁定，该被执行人的另案债权人能否作为利害关系人就法院追加裁定提出执行异议

◇ **来源**　四川高院（2019）川执复240号

◇ **结论**　追加被执行人的执行行为与被执行人的另案债权人无法律上的利害关系，该另案债权人不能作为利害关系人对追加被执行人的裁定提出执行异议

【基本案情】

申请执行人黄某申请强制执行被执行人旷某燕离婚后财产纠纷一案执行过程中，执行法院德阳中院查明登记在何某名下的案涉房屋的实际出资人系旷某燕，遂裁定追加何某为有执行义务的第三人，并对案涉房屋进行变价处置。

赵某联对德阳中院作出的追加何某为被执行人的行为不服，向该院提起执行异议。经查，赵某联与何某、旷某燕等借款合同纠纷一案法院生效判决确认，旷某燕及何某依法应当向赵某联偿还借款本金2000万元及利息等。该案已进入强制执行阶段。

德阳中院认为，赵某联不属于黄某执行案的当事人，因此也不属于《变更、追加规定》规定的异议主体，裁定驳回赵某联的异议申请。

赵某联不服，认为其有权作为利害关系人提出执行异议，遂向四川高院

申请复议。

【争议焦点】

赵某联对德阳中院追加何某为被执行人的执行行为是否享有利害关系人执行异议主体资格？即是否符合执行异议案件受理条件？

【裁判要点】

根据《民事诉讼法》第225条[①]的规定，认为法院执行行为违反法律规定，有权提出执行行为异议的主体只有当事人或利害关系人，即当事人执行异议和利害关系人执行异议。根据本案查明的事实，在德阳中院执行黄某与旷某燕一案中，赵某联既不是该执行案件的申请执行人，也不是被执行人，显然不具备当事人执行异议主体资格。赵某联关于其有权作为利害关系人提出执行异议、执行法院应对其异议进行审查的复议事由，法院对此认为，德阳中院在执行黄某与旷某燕一案过程中，作出追加何某为被执行人的执行裁定，对何某产生法律后果，属于具体执行行为，依法应由何某自行决定是否寻求救济，该执行行为与另案债权人赵某联并无法律上的利害关系，事实上成都高新区法院已作出对黄某不予分配剩余款项的决定，亦不存在侵害赵某联程序性权益的客观后果。所以，赵某联对德阳中院的执行行为不享有利害关系人执行行为异议的主体资格，其异议不符合执行异议案件受理的法定条件，依法应当裁定不予受理或驳回申请。执行法院裁定驳回赵某联异议申请，符合法律规定。赵某联可另寻法律途径解决。

【相关法律规定】

《民事诉讼法》

第二百三十二条 当事人、利害关系人认为执行行为违反法律规定的，可以向负责执行的人民法院提出书面异议。当事人、利害关系人提出书面异议的，人民法院应当自收到书面异议之日起十五日内审查，理由成立的，裁

① 现为《民事诉讼法》第232条。

定撤销或者改正；理由不成立的，裁定驳回。当事人、利害关系人对裁定不服的，可以自裁定送达之日起十日内向上一级人民法院申请复议。

《执行异议和复议规定》

第五条　有下列情形之一的，当事人以外的自然人、法人和非法人组织，可以作为利害关系人提出执行行为异议：

（一）认为人民法院的执行行为违法，妨碍其轮候查封、扣押、冻结的债权受偿的；

（二）认为人民法院的拍卖措施违法，妨碍其参与公平竞价的；

（三）认为人民法院的拍卖、变卖或者以物抵债措施违法，侵害其对执行标的的优先购买权的；

（四）认为人民法院要求协助执行的事项超出其协助范围或者违反法律规定的；

（五）认为其他合法权益受到人民法院违法执行行为侵害的。

【应诉策略】

1. 追加被执行人的执行行为与被执行人的另案债权人无法律上的利害关系

执行法院作出追加被执行人裁定的性质为法院的执行行为，而根据《民事诉讼法》第232条的规定，认为法院执行行为违反法律规定，有权提出执行行为异议的主体应为当事人或利害关系人。该被追加的被执行人的另案债权人显然并非案件当事人，因此这种另案债权人往往以利害关系人的身份对追加被执行人的行为提出执行异议。

但是，上述法律规定中的利害关系，是指与执行行为存在的利害关系，且通常是指法律上的利害关系。而被追加的被执行人的另案债权人与本案的追加行为之间实质上并不存在法律上的利害关系，因此这种另案债权人也不能作为利害关系人提起执行异议。在被执行人财产不足以清偿全部债务的情况下，该另案债权人可以根据《民事诉讼法司法解释》第506条的规定申请参与分配，对本案执行价款主张权利，以此维护自身合法权益。

2. 被执行人的另案债权人可以作为案外人对执行标的提执行异议

如前所述，被执行人的另案债权人与本案的执行行为之间没有法律上的利害关系，不能对追加行为提出执行异议。但是，如果放任执行法院对被执行人资产进行处置，客观上确实会导致被执行人责任财产的减少。因此，在被执行人不提出执行异议的情况下，该另案债权人可以案外人的身份对执行标的提出执行异议，以防止被执行人的责任财产不当减少，保障自身债权的实现（见类案裁判观点分析案例）。

【类案裁判观点分析】

案例：被执行人的另案债权人可以作为案外人对执行标的提出执行异议——最高人民法院（2017）最高法执监135号

在评估鉴定阶段，虽然鉴定委托书并无对争议财产进行确权的法律效力，但由于两份鉴定委托书均明确将委托评估财产表述为“谊德公司所有”，因而重庆高院具有将其作为谊德公司财产进行处置的明显可能性，案外人对执行标的有异议的，有权及时主张权利，以防止权利被侵害。本案中，虽然南丁公司并未就执行标的提出异议，但申烨公司作为南丁公司的债权人，其债权已经有生效的民事调解书予以确定，为防止南丁公司的责任财产不当减少，保障其债权实现，允许其提出异议为宜。

042. 公司工商登记被冻结，股东能否作为利害关系人提出执行异议

◇ **问题** 法院裁定冻结公司工商登记，公司股东能否以利害关系人身份就执行提出异议

◇ **来源** 最高人民法院（2018）最高法执监69号

◇ **结论** 法院冻结公司工商登记的执行行为对公司股东的权益可能造成实质影响，股东权益与法院执行行为之间可能存在直接的利害关系，公司股东可以作为利害关系人对冻结行为提出执行异议

【基本案情】

申请执行人石某与被执行人巨龙公司、顺天公司民间借贷纠纷一案执行过程中，枣庄中院于2016年12月19日作出执行裁定，冻结了被执行人巨龙公司的工商登记，冻结期限为三年，冻结期间不得办理转让、过户、抵押、变更等一切相关手续，次日向行政主管部门送达了上述裁定书及协助执行通知书。

巨龙公司股东顺天公司提出异议称，法院冻结巨龙公司的工商登记行为已影响顺天公司、巨龙公司的生产经营，请求撤销有关执行裁定。

枣庄中院认为，本案冻结的是被执行人巨龙公司的工商登记，被执行人顺天公司对法院冻结巨龙公司工商登记的行为提出异议属异议主体不适格，裁定驳回异议申请。

顺天公司向山东高院申请复议称，顺天公司持有巨龙公司100%的股权，系巨龙公司的唯一股东，理应有权提起本案异议。

山东高院同样以主体不适格为由驳回其异议申请。顺天公司遂向最高人民法院申诉。

【争议焦点】

本案中顺天公司提出执行异议的主体资格是否适格？

【裁判要点】

根据《民事诉讼法》第225条①的规定，当事人、利害关系人认为执行行为违反法律规定的，可以向负责执行的人民法院提出书面异议。首先，顺天公司是执行案件的被执行人，系执行案件的当事人。巨龙公司对案涉债务承担连带清偿责任，与顺天公司同属被执行人。其次，据工商登记显示，顺天公司持有巨龙公司100%股权，为后者的唯一股东。而枣庄中院在执行过程中，冻结巨龙公司工商登记的执行行为对顺天公司的权益可能造成实质影

---

① 现为《民事诉讼法》第232条。

响。也就是说，顺天公司的权益与法院执行行为之间可能存在直接的利害关系，故顺天公司就枣庄中院冻结巨龙公司工商登记的执行行为而言，其法律地位亦为利害关系人，故顺天公司有权根据《民事诉讼法》第 225 条的规定，在列明具体异议事实和理由的情况下，对执行法院的执行行为提出执行异议。

【相关法律规定】

《执行异议和复议规定》

第五条 有下列情形之一的，当事人以外的自然人、法人和非法人组织，可以作为利害关系人提出执行行为异议：

（一）认为人民法院的执行行为违法，妨碍其轮候查封、扣押、冻结的债权受偿的；

（二）认为人民法院的拍卖措施违法，妨碍其参与公平竞价的；

（三）认为人民法院的拍卖、变卖或者以物抵债措施违法，侵害其对执行标的的优先购买权的；

（四）认为人民法院要求协助执行的事项超出其协助范围或者违反法律规定的；

（五）认为其他合法权益受到人民法院违法执行行为侵害的。

【应诉策略】

第一，所谓"利害关系人"，是指执行案件当事人以外，与法院执行行为有利害关系的自然人、法人和其他组织。

第二，其中的利害关系，司法实践中一般认为是指法律上的利害关系，如本文案例中，法院在执行过程中对作为被执行人的公司采取强制措施，冻结公司工商登记账簿，将导致公司变更、备案、注销等相关业务不能正常办理，对公司股东权益的行使也造成障碍，客观上产生了查封股东股权的效果。因此，法院冻结公司工商登记账簿的行为与股东权益存在利害关系。

第三，公司股东就法院冻结公司工商登记的执行行为而言，其法律地位为利害关系人，有权对执行行为提出利害关系人执行异议（见类案裁判观点分析案例一）。

第四，法院对公司股东持有的股权进行评估的行为与公司无法律上的利害关系，公司无权以利害关系人的身份提出执行异议（见类案裁判观点分析案例二）。

【类案裁判观点分析】

案例一：公司的变更、备案、注销等业务被冻结导致股东行使股东权利产生障碍，公司股东可作为利害关系人提起执行异议——青海高院（2022）青执复39号

在金钱给付执行案件中，采取冻结查封等执行措施，旨在控制被执行人的财产，通过司法程序实现申请执行人根据生效法律文书所确定的债权。海东中院委托西安长安法院查封（冻结）雄峰公司的变更、备案、注销等相关业务，并不能直接起到控制被执行人财产、通过司法程序实现申请执行人根据生效法律文书所确定债权的目的，在客观上却产生了查封了非被执行人的公司股东孟某天股权的效果，对公司股东孟某天依法行使股东权利产生了一定障碍，故股东孟某天可作为利害关系人提起执行异议。

案例二：法院对公司股东持有的股权进行评估的行为与公司无法律上的利害关系，公司无权以利害关系人的身份提出执行异议——江苏高院（2020）苏执异114号

本院根据生效判决对刘某春持有的豪布公司93.5%的股权进行评估拍卖，豪布公司对本院的评估行为不服提出异议，其提出异议应符合法律、司法解释关于利害关系人执行异议的主体资格。根据《执行异议和复议规定》第5条[①]的规定，提出执行异议的利害关系人应当与执行行为有法律上的直接利害关系。诉的利益是当事人行使诉讼权利的基本要件，上述司法解释规定的利害关系是诉的利益原则在执行审查程序中的体现。本案执行过程中，评估行为的标的是刘某春持有的豪布公司93.5%的股权，本院对刘某春持有

① 该规定在该司法解释2020年修正时未做改动。

的豪布公司93.5%的股权的评估行为与豪布公司无法律上的直接利害关系，豪布公司无权以利害关系人的身份提出执行异议。

043. 就不动产的估值，被执行人的其他债权人能否以利害关系人身份提出执行异议

◇ **问题** 被执行人的其他债权人认为据以拍卖房地产的评估报告的估价过低，能否以利害关系人身份向法院提出执行异议和复议

◇ **来源** 最高人民法院（2020）最高法执复122号

◇ **结论** 对评估价格有异议不等同于对执行行为的异议，不属于执行异议和复议的审理范围

【基本案情】

重庆高院在办理置业公司与文化公司等借款合同纠纷执行一案中，于2019年10月23日裁定对被执行人文化公司名下17套房屋、土地使用权及在建工程进行评估、拍卖。

建设公司作为被执行人的其他债权人，就上述裁定提出书面执行异议，主张：据以拍卖的房地产评估报告人为降低标的物评估价值，不能作为拍卖计价依据。

经查，案涉评估报告的价值时点为2018年12月12日，作出的时间为2019年10月28日，有效期一年。申请执行人与被执行人对评估结果均无异议。

重庆高院裁定驳回执行异议。建设公司不服，向最高人民法院申请复议。最高人民法院经审理裁定驳回其复议申请。

【争议焦点】

建设公司能否以利害关系人身份对评估价格提出异议？

【裁判要点】

当事人针对评估报告提出的异议，根据异议内容的不同在救济程序上也有所区别。本案中，建设公司提出评估价格过低的主张，属于对评估结果等提出的异议，应根据《最高人民法院关于人民法院确定财产处置参考价若干问题的规定》第23条第1款的规定，在收到评估报告后5日内向法院提出书面异议，由法院交由专业机构处理。因此，该异议不属于《民事诉讼法》第225条①规定的对执行行为的异议，故亦不属于本案复议审查的情形。

【相关法律规定】

《最高人民法院关于人民法院确定财产处置参考价若干问题的规定》

第二十二条 当事人、利害关系人认为网络询价报告或者评估报告具有下列情形之一的，可以在收到报告后五日内提出书面异议：

（一）财产基本信息错误；

（二）超出财产范围或者遗漏财产；

（三）评估机构或者评估人员不具备相应评估资质；

（四）评估程序严重违法。

对当事人、利害关系人依据前款规定提出的书面异议，人民法院应当参照民事诉讼法第二百二十五条②的规定处理。

第二十三条 当事人、利害关系人收到评估报告后五日内对评估报告的参照标准、计算方法或者评估结果等提出书面异议的，人民法院应当在三日内交评估机构予以书面说明。评估机构在五日内未作说明或者当事人、利害关系人对作出的说明仍有异议的，人民法院应当交由相关行业协会在指定期限内组织专业技术评审，并根据专业技术评审出具的结论认定评估结果或者责令原评估机构予以补正。

---

① 现为《民事诉讼法》第232条。

② 现为《民事诉讼法》第232条。

当事人、利害关系人提出前款异议，同时涉及本规定第二十二条第一款第一、二项情形的，按照前款规定处理；同时涉及本规定第二十二条第一款第三、四项情形的，按照本规定第二十二条第二款先对第三、四项情形审查，异议成立的，应当通知评估机构三日内将人民法院委托评估时移交的材料退回，另行委托下一顺序的评估机构重新进行评估；异议不成立的，按照前款规定处理。

【应诉策略】

1. 当事人认为评估价值过低，不能提执行异议或复议，只能在提交书面异议后由专业机构处理

根据《最高人民法院关于人民法院确定财产处置参考价若干问题的规定》第22条、第23条的规定，当事人、利害关系人如对评估报告有异议，应根据具体异议内容分别处理：

（1）认为评估报告有财产基本信息错误、超出财产范围或者遗漏财产、评估机构或者评估人员不具备相应评估资质、评估程序严重违法这四种情形的，应在收到报告后5日内向法院提出书面异议，法院将参照《民事诉讼法》第232条关于执行异议和复议的规定处理。

（2）认为评估报告的参照标准、计算方法或者评估结果有误的，应在收到报告后5日内向法院提出书面异议，由法院交由评估机构，要求评估机构予以书面说明；评估机构未说明或当事人仍有异议的，法院交由相关行业协会组织专业技术评审来判定是否需要补正。

简言之，法院只处理法律问题或程序性问题，而对于具体的评估方式或评估结果，则属于专业评估机构的职责范围，应当通过交评估机构作出说明以及交相关行业协会组织专业技术评审等方式来进行救济。

2. 提交书面异议的法定期间

需要注意：书面异议要在收到报告后5日内提交，超过这个法定期间，则法院将不予受理。

【类案裁判观点分析】

案例：当事人针对评估报告的参照标准、计算方法或者评估结果等提出的异议，不属于执行行为异议，应当通过交评估机构作出说明以及交相关行业协会组织专业技术评审等方式来进行救济——最高人民法院（2019）最高法执监391号

本案争议焦点是，唐某山等对评估价格提出的异议应该通过何种程序救济。根据《最高人民法院关于人民法院确定财产处置参考价若干问题的规定》第22条、第23条第1款的相关规定，当事人针对评估报告提出的异议，根据异议内容的不同在救济程序上也有所区别。本案中，唐某山等提出评估价格过高的主张，属于对参照标准、计算方法或者评估结果等提出的异议，不属于《民事诉讼法》第225条[①]规定的执行行为异议，应当通过交评估机构作出说明以及交相关行业协会组织专业技术评审等方式来进行救济。

044. 执行双方互负到期债务，能否先抵销再执行

◇ **问题**　执行双方互负生效法律文书确认的到期金钱债务且均已进入执行程序，但确认被执行人享有债权的案件已进入再审程序，此时被执行人提出抵销债务，法院能否支持

◇ **来源**　广东高院（2021）粤执复676号

◇ **结论**　当事人互负到期债务，两案债务性质相同，且均已经生效法律文书确定，符合相互抵销的法律规定。即便一方当事人就生效判决申请再审的，不应停止生效判决的执行，也不影响被执行人主张债务抵销

① 现为《民事诉讼法》第232条。

【基本案情】

深圳中院在竣达公司与裕富公司合同纠纷一案执行过程中［执行依据为(2020）海仲案字第1385号仲裁裁决］，被执行人裕富公司提出异议称：裕富公司与竣达公司另有一宗建设工程设计合同纠纷案件，该案案号为(2020）琼02民终479号，该案判决竣达公司应返还裕富公司设计费、律师费等，该判决于2021年3月5日送达，现已在强制执行阶段。据此，请求裁定两案执行金额进行抵销，并终止本案的执行程序。

深圳中院裁定对两案执行标的金额进行抵销。竣达公司不服，向广东高院申请复议，称（2020）琼02民终479号判决认定事实、适用法律错误，竣达公司已经申请再审且已被受理，由于该案件存在不确定性且该案法院已经出具终结执行裁定，本案应待该案再审审查终结后再确定是否可以抵销。

【争议焦点】

（2020）海仲案字第1385号仲裁裁决书和（2020）琼02民终479号民事判决书认定的债务是否符合相互抵销的法律要件？

【裁判要点】

本案中，（2020）海仲案字第1385号仲裁裁决书裁决的是裕富公司向竣达公司支付工程款、违约金、律师费，（2020）琼02民终479号民事判决书判决的是竣达公司向裕富公司支付设计费、律师费，两案债务性质相同，均属于以金钱给付为内容的债务，且均已经生效法律文书确定，故根据以上法律规定，符合相互抵销的法律规定。因两个案件均已立案执行，具体抵销金额由执行实施部门根据相关执行依据和执行情况予以核算。

至于竣达公司认为法院已经立案受理其申请的再审（2020）琼02民终479号案件，应停止案件执行的主张。根据《民事诉讼法》第206条的规定，当事人申请再审的，不停止判决、裁定的执行。本案中，虽然竣达公司申请再审的案件已经法院立案受理，但按照以上法律规定，当事人申请再审的，不应停止生效判决的执行，故竣达公司以案件再审要求停止案件执行的主张，依法无据，法院不予支持。

【相关法律规定】

《民事诉讼法》

第二百零六条　当事人对已经发生法律效力的判决、裁定，认为有错误的，可以向上一级人民法院申请再审；当事人一方人数众多或者当事人双方为公民的案件，也可以向原审人民法院申请再审。当事人申请再审的，不停止判决、裁定的执行。

《民法典》

第五百六十八条　当事人互负债务，该债务的标的物种类、品质相同的，任何一方可以将自己的债务与对方的到期债务抵销；但是，根据债务性质、按照当事人约定或者依照法律规定不得抵销的除外。

当事人主张抵销的，应当通知对方。通知自到达对方时生效。抵销不得附条件或者附期限。

《执行异议和复议规定》

第十九条　当事人互负到期债务，被执行人请求抵销，请求抵销的债务符合下列情形的，除依照法律规定或者按照债务性质不得抵销的以外，人民法院应予支持：

（一）已经生效法律文书确定或者经申请执行人认可；

（二）与被执行人所负债务的标的物种类、品质相同。

【应诉策略】

1. 执行过程中，被执行人在满足法定条件的前提下，可以当事人互负到期债务为由主张抵销执行案款

执行过程中，当事人互负到期债务，被执行人请求抵销的，需要满足以下两个条件：

（1）抵销债权（或称主动债权）已经生效法律文书确定，或者得到申请执行人认可。这里需要注意，所谓“生效法律文书”即一审上诉期满当事人未提起上诉的一审文书，或者二审法院作出的终审文书，被执行人请求抵销

的债权尚在诉讼或仲裁程序中、未取得生效法律文书的，无法抵销（见类案裁判观点分析案例三）。

（2）两个债权标的物种类、品质相同。当事人虽然互负到期债务，但是履行义务的性质不同，如一个是特定物交付义务，另一个是金钱给付义务，二者给付性质不用，则无法相互抵销。

2. 若被执行人一方债权未生效，或正在申请再审，被执行人可结束案件进展并提供相应担保申请暂缓执行

《民事诉讼法》第206条规定，当事人申请再审的，不停止判决、裁定的执行。据此，当事人申请再审的，不应停止生效判决的执行，也不影响被执行人主张债务抵销。申请人以案件尚在再审程序中为由，主张不得抵销的，法院也将不予支持。以上两种情况下，被执行人也可以向法院提供担保并申请暂缓执行，待正在进行的诉讼或仲裁程序有了确定的结果后，再另行主张权利。

3. 被执行人主张抵销权不得损害对方当事人或第三人的合法权益

司法实践中，有些被执行人会主动在申请执行人的债权人处受让取得对申请执行人的债权，以此主张抵销权。特别是在申请执行人同时又是多个执行案件的被执行人、且存在无财产可供执行的情况时，被执行人往往很容易以低价取得对申请执行人的债权。但是，这种以购买申请执行人债权的方式抵销债务的做法，在客观上会造成申请执行人的原债权人的债权得到优先受偿的法律效果，进而损害其他债权人的利益。因此，此种情况下被申请人主张抵销权法院将不予支持（见类案裁判观点分析案例一、案例四、案例五），被执行人受让的债权仍应在相应的执行案件中依法参与分配。

【类案裁判观点分析】

案例一：执行过程中，次债务人受让被执行人的债权后主张抵销债务，因损害第三人利益法院不予支持——最高人民法院（2018）最高法执监125号

本案的争议焦点为：在多个债权人保全刘某财执行案款的情况下，被执行人兰某标能否通过债权受让方式取得对刘某财的债权用来抵销其债务。

抵销权作为合同法规定的一项实体权利，债务人可通过行使抵销权免除自己的债务，实现自己的债权。但是，抵销权的行使，不得损害第三人的合

法权益。为此，我国企业破产法在承认抵销权的同时，又对用来抵销的主动债权进行了限制，特别是规定了债务人的债务人在破产申请受理后取得他人对债务人的债权，或者已知债务人有不能清偿到期债务或者破产申请的事实而对债务人取得债权的，不允许抵销。该制度的主要目的在于防止债务人在资不抵债时，债务人的债务人通过新取得债权来主张抵销，使自己的新取得债权得到优先清偿、使自己的债务得以免除，而损害其他债权人利益。同样，在我国目前没有自然人破产法的现状下，在执行程序中，出现个人债务人不能清偿到期债务的情况时，为防止损害第三人特别是个人债务人的其他债权人的合法权益，抵销权的行使亦应受到一定限制。执行程序中，人民法院在对债权抵销进行审查时，除要符合《执行异议和复议规定》第 19 条之规定①，还应审查用于抵销的主动债权取得情况，是否损害第三人利益。

本案中，如果允许兰某标通过购买纪某昌债权的方式抵销其债务，将使该债权优先于其他债权得到清偿，势必损害其他债权人的利益，不利于平等保护众多债权人的权利。因此，赣州中院、江西高院认定兰某标受让的债权不能在本案中直接抵销其债务，并无不当。

案例二：被执行人提出的抵销主张，由法院执行部门进行形式审查；只有在现有证据明确表明具备法定条件的情况下，方能支持被执行人的抵销请求——北京高院（2022）京执复 144 号

本院认为，依据《执行异议和复议规定》第 19 条的规定，对于被执行人提出的抵销主张，由法院执行部门进行形式审查；只有在现有证据明确表明具备法定条件的情况下，方能支持被执行人的抵销请求；无论执行部门的审查结果如何均不影响双方当事人另行提起诉讼并最终确定权利义务。本案中，飞模公司依据《最高人民法院关于适用〈中华人民共和国企业破产法〉若干问题的规定（二）》第 46 条关于债务人股东因滥用股东权利损害公司利益对债务人所负的债务不得主张抵销的规定，对刘某飞的抵销请求提出异议，具有相当的可信度，故本院难以确认刘某飞的前述请求具备法定要件，对其

① 该规定在该司法解释 2020 年修正时未做改动。

复议请求不予支持。刘某飞可待正在进行的破产抵销权诉讼形成确定结果后，依法另行主张权利。在此之前，刘某飞可依据《最高人民法院关于正确适用暂缓执行措施若干问题的规定》向北京一中院提供担保并申请暂缓执行，但无权要求终止并解除（2022）京01执292号执行案件的执行措施。综上，（2022）京01执异137号执行裁定结果正确，应予维持。

案例三：被执行人请求抵销的债务尚在仲裁程序中，法院将不予支持——湖南高院（2022）湘执复120号

本院认为，关于九华经投公司与安石公司、健晖公司借款合同纠纷一案，湘潭仲裁委员会于2019年4月10日作出（2018）潭仲裁字第243－1号裁决。后因安石公司、健晖公司向湘潭中院申请撤销上述裁决，该案已进入重新仲裁程序，尚未作出生效的仲裁裁决。按照《执行异议和复议规定》第19条的规定，复议申请人九华经投公司现要求在湘潭中院执行（2018）潭仲裁字第24－1号裁决一案中，抵销健晖公司所欠其借款债务，并要求湘潭中院撤销相关执行措施，不符合上述关于执行程序中债务抵销情形的规定，本院不予支持。

案例四：被执行人主张抵销权的，不得损害对方当事人、第三人的合法权益和社会公共利益——云南高院（2022）云执复8号

本院认为，抵销权作为法律规定的一项实体权利，被执行人在执行程序中可以行使。被执行人受让债权后主张抵销的，不得损害对方当事人、第三人的合法权益和社会公共利益。首先，三亚公司在本院2021年3月18日作出的（2021）云民终56号民事判决书中明确其在抽逃出资1580万元范围内对章某清承担补充赔偿责任后，即于2021年6月3日向刘某受让了部分对章某清的债权，并申请进行抵销。在本院给予的期限内，三亚公司未对债权受让支付的对价情况等作出合理解释。其次，现章某清有其他债权人在执行程序中未获清偿，三亚公司受让的债权在执行程序中能否实现以及能够实现多少，应根据相关法律规定在执行程序中予以确定。如直接进行债务抵销，则意味着优先于章某清的其他债权人进行了受偿，可能会损害章某清其他债权人的合法权益。玉溪中院直接裁定三亚公司对章某清的债务以其受让的对章某清的债权同数抵销确有不当，本院依法予以纠正。

案例五：当债权人同时为多个执行案件的被执行人且无实际财产可供清偿他人债务时，债务人以受让申请执行人对债权人享有的执行债权，主张抵销债权人债权的，人民法院不予支持。债务人受让的执行债权仍应当在债权人作为被执行人的执行案件中以参与分配的方式实现——最高人民法院（2019）最高法民终218号

抵销权的行使不应损害第三人的合法权益。为此，《企业破产法》在承认抵销权的同时，又对用来抵销的主动债权进行了限制。该制度的主要目的，在于防止债务人资不抵债时，债务人的债务人通过新取得债权来主张抵销，使自己的新取得债权得到优先清偿、使自己的债务得以免除，进而损害其他债权人利益。

与此同理，在我国目前没有自然人破产的法律规定，在诉讼审理程序和执行程序存在关联的情形下，如果出现个人债务人不能清偿到期债务的情况，我们应当重点防范损害第三人特别是个人债务人的其他债权人的合法权益的情形出现。由于黄某已是多起执行案件的被执行人，这些案件中的债权均因黄某缺乏可供执行财产而未得到清偿，若在本案中径行准予陈某玲以受让的债权抵销债务，将导致黄某的可供执行财产的直接减损，并损害涉及黄某的其他执行案件中的其他债权人的合法利益。

三、异议程序中需准确界定时效及审理范围问题

045. 案外人在执行终结后提出异议，法院能否受理

◇ **问题**　案外人在执行程序终结后提出执行异议，法院能否受理

◇ **来源**　最高人民法院（2020）最高法执复44号

◇ **结论**　案外人针对案涉房产提出执行异议时，本案执行程序已经终结，案外人所提执行异议已超过法定期限，不能通过执行异议程序受理审查

【基本案情】

申请执行人北大荒公司与被执行人鑫都公司企业借贷纠纷一案，黑龙江高院立案执行。2018 年 8 月 22 日，黑龙江高院对鑫都公司所有的案涉在建工程进行拍卖。流拍后，北大荒公司同意按流拍价格接受案涉在建工程抵偿债务，黑龙江高院裁定将该在建工程作价 39,541 万余元，交付北大荒公司，抵偿鑫都公司所欠债务。

2018 年 10 月 19 日，黑龙江高院确认，按照北大荒公司的申请，该案已全部执行完毕，以（2016）黑执 30 号结案通知书对该案作结案处理。

2019 年 8 月 4 日，呼伦贝尔农商行向黑龙江高院提出异议称，该院（2016）黑执 30－7 号执行裁定处分的案涉在建工程，包括了呼伦贝尔农商行使用的 G6－105 号房产，该房产系呼伦贝尔农商行从案外人天顺公司合法购买取得，请求：黑龙江高院中止对其所有的异议房产的执行。

黑龙江高院以案外人提出异议超过法定期限为由，裁定驳回异议请求。呼伦贝尔农商行向最高人民法院申请复议。

【争议焦点】

案外人呼伦贝尔农商行提出执行异议是否已超过法定期限？

【裁判要点】

根据《执行异议和复议规定》第 6 条第 2 款①的规定："案外人依照民事诉讼法第二百二十七条②规定提出异议的，应当在异议指向的执行标的执行终结之前提出；执行标的由当事人受让的，应当在执行程序终结之前提出。"根据本案已查明的事实，在黑龙江高院于 2018 年 10 月 17 日作出（2016）黑执 30－7 号以物抵债裁定，将案涉在建工程作价 39,541 万余元，交付北大荒公司抵偿鑫都公司所欠债务后，该院已于同年 10 月 19 日作出（2016）黑执

---

① 该规定在该司法解释 2020 年修正时未做改动。

② 现为《民事诉讼法》第 234 条。

30 号结案通知书，以按照北大荒公司的申请，以本案已全部执行完毕为由，对本案作结案处理，即在呼伦贝尔农商行于 2019 年 8 月 4 日针对案涉房产向黑龙江高院提出执行异议时，本案执行程序已经终结。此情形下，黑龙江高院认为呼伦贝尔农商行所提执行异议已超过法定期限，本案依法不能通过执行异议程序受理审查，有事实和法律依据。如呼伦贝尔农商行认为执行法院在案件执行过程中存在错误，可另行通过申请执行监督等其他合法途径救济。

【相关法律规定】

《执行异议和复议规定》

第六条第二款　案外人依照民事诉讼法第二百二十七条①规定提出异议的，应当在异议指向的执行标的执行终结之前提出；执行标的由当事人受让的，应当在执行程序终结之前提出。

【应诉策略】

1. 案外人对执行标的提出异议的，应当在执行标的执行终结之前提出

案外人对执行标的提出异议的，应当在异议指向的执行标的执行终结之前提出；执行标的由当事人受让的，应当在执行程序终结之前提出（见类案裁判观点分析案例一、案例二）。该期限为法定期限，不因任何因素而中止、中断或延长，超过该期限提出异议的，法院不予以受理，案外人只能申请执行监督或者另行起诉，通过诉讼程序寻求救济。

案外人异议是在执行标的物执行终结前提出，如拍卖房产，待房产拍卖、拍卖款分配完毕即视为该标的物执行终结，案外人就该房产提出异议的时间应在执行案款分配完前提出。但是，因一般情况下执行标的物拍卖执行完，整个执行程序也会执行终结，因此很多人在办理案件时容易忽略案外人与执行当事人或利害关系人提出异议的时间其实有所区别。

① 现为《民事诉讼法》第 234 条。

2. “执行程序终结”是指申请执行人请求强制执行的权利已得到全部实现，执行程序已经完全终结

《执行异议和复议规定》第6条规定的“执行程序终结”，是指生效法律文书确定的债权实现后执行程序完全终结，申请执行人请求强制执行的权利已得到全部实现。例如，执行标的经拍卖或变卖处理的，拍卖、变卖程序虽然结束，但相关款项尚未分配完毕，可认定执行程序尚未终结，案外人提出异议仍在法定期限内（见类案裁判观点分析案例四）；反之，如果执行案款已经发放给申请执行人，则生效法律文书确定的内容全部执行完毕，案外人此时再提出执行异议就超过法定期限（见类案裁判观点分析案例五）。

3. 法院裁定终结本次执行程序后，因“终结本次执行程序”不等于执行程序终结，案外人提出执行异议仍在法定期限内

所谓终结本次执行程序，是指人民法院已穷尽一切执行措施，未发现被执行人有可供执行的财产或者发现的财产不能处置的，将暂时中止执行程序并作出结案处理，待发现可供执行财产后继续恢复执行。这种情况下，执行程序只是暂时停止，并未真正结束，故案外人提出执行异议未超过法定期限（见类案裁判观点分析案例三）。

【类案裁判观点分析】

案例一：案外人向执行法院提出异议时，涉案土地使用权及地上建筑物已经拍卖结束被第三人竞得，并已办理了土地证，指向该执行标的的执行程序已终结，法院裁定驳回案外人的异议申请和复议申请，符合法律规定——最高人民法院（2019）最高法执监423号

本案的焦点问题是，隆鑫科技公司所提案外人异议是否超过了异议审查的法定期限。本院认为，申诉人隆鑫科技公司主张法院执行的财产应属于其所有，系主张其对执行标的享有实体权利足以排除执行，该异议应属于《民事诉讼法》第227条[①]规定的案外人对执行标的提出异议的情形。《执行异议

① 现为《民事诉讼法》第234条。

和复议规定》第6条第2款[①]规定："案外人依照民事诉讼法第二百二十七条规定提出异议的，应当在异议指向的执行标的执行终结之前提出；执行标的由当事人受让的，应当在执行程序终结之前提出。"本案中，根据驻马店中院查明的情况，2018年11月20日隆鑫科技公司向驻马店中院提出异议时，涉案土地使用权及地上建筑物已裁定归华美实业公司所有，并已办理了土地证，指向该执行标的的执行程序已终结，驻马店中院和河南高院驳回隆鑫科技公司的异议申请和复议申请，符合异议复议审查期间的法律规定。

本案中，在涉案土地使用权及地上建筑物已通过司法拍卖由竞买人取得的情况下，如果申诉人认为其与被执行人隆丰建材公司之间存在租赁、投资或者土地使用权转让等方面的协议未能履行致其利益受损，可以通过其他救济途径向被执行人隆丰建材公司主张。

案例二：案外人提出执行异议时执行程序已终结，则执行异议已超过法定期限，不符合法律规定的执行异议案件受理条件——最高人民法院(2021)最高法执监240号

关于魏某杰提出异议的时间问题。魏某杰申诉主张，其在本案执行程序终结前已提出异议，但未提交充分有效证据加以证实。况且，从魏某杰申诉时提交的吉林中院2020年8月5日询问笔录和吉林高院2020年10月12日听证笔录所载内容看，其均明确认可是在2020年7月20日提出执行异议。在吉林高院复议案件卷宗所附魏某杰2020年8月20日执行异议申请书中，魏某杰亦明确"于2020年7月20日向吉林中院提交执行异议申请"。而吉林中院已于2020年7月7日作出结案通知书，明确全案执行完毕，剩余价款交接完毕，作结案处理，并于同年7月18日前将该通知书送达全部案件当事人。本案即便按照魏某杰自认的提出执行异议的时间，亦晚于本案执行程序终结时间。魏某杰的该项主张缺乏事实依据，不能成立。

---

① 该规定在该司法解释2020年修正时未做改动。

案例三：一审法院虽裁定终结本次执行程序，但案涉执行程序尚未终结，故案外人提出执行异议未超过法定期限——最高人民法院（2021）最高法民再190号

本案中，作为执行标的的案涉房屋已经被执行给于某振，故无论石某是依照《民事诉讼法》第225条①还是第227条②提出执行异议，其提出异议是否超过法定期限均取决于案涉执行程序是否已经终结。《执行异议和复议规定》第6条规定的“执行程序终结”，是指生效法律文书确定的债权实现后执行程序完全终结。也就是说，执行程序终结代表着申请执行人请求强制执行的权利已得到全部实现，执行程序已经完全终结。而终结本次执行程序，是指人民法院已穷尽一切执行措施，未发现被执行人有可供执行的财产或者发现的财产不能处置的，将暂时中止执行程序并作结案处理，待发现可供执行财产后继续恢复执行。终结本次执行程序中，申请执行人权利尚未全部实现，发现被执行人有财产的，可以依申请执行人的申请或依职权恢复执行。同时，于某振亦未能办理案涉房屋的产权变更登记，其债权尚未得到完全清偿。因此，一审法院虽裁定终结本次执行程序，但案涉执行程序尚未终结，故案外人石某提出执行异议未超过法定期限。

案例四：案涉房产虽已被拍卖成交，但相应拍卖款尚未分配完毕，即拍卖款并未执行终结，案外人仍有权对拍卖款提起执行异议——最高人民法院（2021）最高法民申7339号

本院认为，关于孙某华提出执行异议是否超过法律规定的期限。根据《执行异议和复议规定》第6条第2款的规定：“案外人依照民事诉讼法第二百二十七条③规定提出异议的，应当在异议指向的执行标的执行终结之前提出；执行标的由当事人受让的，应当在执行程序终结之前提出。”本案中，案涉房产虽已被拍卖成交，但相应拍卖款尚未分配完毕，即案涉房产的拍卖款并未执行终结，孙某华对案涉房产所享有的权益已转化为对拍卖所得款项

① 现为《民事诉讼法》第232条。
② 现为《民事诉讼法》第234条。
③ 现为《民事诉讼法》第234条。

享有权益，故孙某华有权对拍卖款以其享有的份额提起异议、主张权利。原审法院认为孙某华作为案外人有权提出异议及执行异议之诉并无不当。

案例五：案涉房屋已被变卖，执行案款已经发放给申请执行人，可认定生效法律文书确定的内容全部执行完毕，案外人提出执行异议超过法定期限——最高人民法院（2021）最高法执监262号

《执行异议和复议规定》第6条第2款规定："案外人依照民事诉讼法第二百二十七条[①]规定提出异议的，应当在异议指向的执行标的执行终结之前提出；执行标的由当事人受让的，应当在执行程序终结之前提出。"根据延边林区中院、吉林高院查明，案涉房屋已通过变卖程序被买受人方某昊、唐某兵、李某分别购买，并且延边林区中院已作出变卖成交的裁定，执行案款已经发放给申请执行人盛海公司、马某双，生效法律文书确定的内容全部执行完毕。刘某于2020年9月对案涉房屋提出执行异议，不符合上述法律规定，超出法定期限，应不予受理。

046. 当事人、利害关系人在执行终结后多久提出异议，不算超过法定期限

◇ **问题** 当事人对终结执行行为有异议，在收到结案通知书后不断向执行法院催问要求处理，执行法院一年后作出答复，当事人又正式提出执行异议，该异议是否超过法定期限

◇ **来源** 最高人民法院（2021）最高法执监76号

◇ **结论** 当事人对终结执行行为有异议，应于收到结案通知书60日内向执行法院提出，超过法定期限提出异议的，法院不予受理

【基本案情】

申请执行人何某与被申请人安谱公司合同纠纷执行一案，泸州中院于

① 现为《民事诉讼法》第234条。

2019年3月28日结案，并作出结案通知书。

2020年8月31日，异议人安谱公司对该院未将网络司法拍卖竞买人悔拍后的保证金用于冲抵其债务不服，向泸州中院提出书面异议。

泸州中院以提出执行异议超过法定期限为由，裁定驳回异议申请。安谱公司向四川高院申请复议，被以同样理由裁定驳回。

安谱公司向最高人民法院申诉称，安谱公司收悉结案通知书后，认为该案并没有真正结案，并在收到结案通知书后不断向泸州中院催问，请求处理。泸州中院于2020年5月作出决定并口头回复安谱公司“经本院审判委员会决定予以没收”。据此，异议人提出执行异议并未超过法定期限。最高人民法院经审理认为安谱公司的异议提出意见已超过法定期限，故不应受理。

【争议焦点】

安谱公司所提执行异议是否超过法定期限？法院应否受理？

【裁判要点】

本案主要应审查的问题是对于安谱公司所提执行异议，人民法院应否受理。《执行异议和复议规定》第6条规定，当事人、利害关系人依照《民事诉讼法》第225条[①]规定提出异议的，应当在执行程序终结之前提出，但对终结执行措施提出异议的除外。案外人依照《民事诉讼法》第227条[②]规定提出异议的，应当在异议指向的执行标的执行终结之前提出；执行标的由当事人受让的，应当在执行程序终结之前提出。《最高人民法院关于对人民法院终结执行行为提出执行异议期限问题的批复》规定，当事人、利害关系人依照《民事诉讼法》第225条规定对终结执行行为提出异议的，应当自收到终结执行法律文书之日起60日内提出；未收到法律文书的，应当自知道或者应当知道人民法院终结执行之日起60日内提出。

根据查明的事实，泸州中院执行案件结案时间为2019年3月28日。对

① 现为《民事诉讼法》第232条。
② 现为《民事诉讼法》第234条。

此，安谱公司如对该终结执行行为提出异议，则应于收到结案通知书60日内向泸州中院提出。而根据安谱公司在本案申诉书中所陈述的事实，其在收悉结案通知书之后选择不断向泸州中院催问，请求依法处理并书面回复，直到2020年经过长达一年多的多次催问，泸州中院才告知已经对100万元保证金予以没收。对此，2020年8月31日安谱公司才向泸州中院提交执行异议书，该执行异议系在执行程序终结之后一年之后才提出，已经超过上述司法解释所规定的提出执行异议的期间，故泸州中院对安谱公司所提执行异议不予受理，符合本案实际与法律规定。

【相关法律规定】

《执行异议和复议规定》

第六条第一款 当事人、利害关系人依照民事诉讼法第二百二十五条[①]规定提出异议的，应当在执行程序终结之前提出，但对终结执行措施提出异议的除外。

《最高人民法院关于对人民法院终结执行行为提出执行异议期限问题的批复》

……

当事人、利害关系人依照民事诉讼法第二百二十五条规定对终结执行行为提出异议的，应当自收到终结执行法律文书之日起六十日内提出；未收到法律文书的，应当自知道或者应当知道人民法院终结执行之日起六十日内提出。批复发布前终结执行的，自批复发布之日起六十日内提出。超出该期限提出执行异议的，人民法院不予受理。

此复。

【应诉策略】

第一，当事人、利害关系人对法院执行行为有异议的，应当在执行程序终结之前提出。但是，对终结执行措施提出异议的，应当自收到终结执行法律文书

① 现为《民事诉讼法》第232条。

书之日或知道终结执行行为之日起60日内提出（见类案裁判观点分析案例一）。

第二，若相关人员对执行终结裁定有异议的，应注意提出异议的时间限制，且要书面向法院提出异议，因此，需要注意：（1）提出异议的方式应为书面异议；（2）仅口头催问不能产生提出执行异议的法律效果。

第三，利害关系人对终结执行措施提出异议，法院应当审查利害关系人何时知道或者应当知道终结执行，据此判断异议提出是否超出法定期限（见类案裁判观点分析案例二）。

第四，申请执行人接受以物抵债，则以物抵债的执行行为和执行程序终结合为一体，利害关系人有权在法定期限内同时对以物抵债裁定和执行程序终结提出执行异议（见类案裁判观点分析案例三）。

【类案裁判观点分析】

案例一：利害关系人应当在执行程序终结之前提出，但对终结执行措施提出异议的除外——最高人民法院（2021）最高法执监63号

关于薛某文提出执行异议是否超出法律规定期限的问题。薛某文作为张某平、夏某在另案中的申请执行人，在董某申请执行张某平一案中，主张案涉三套房屋中夏某享有份额应由其受偿，认为本案执行程序中将所有款项全部支付给董某，未预留夏某的份额，导致其作为申请执行人的案件未能从该三套房屋的变价款中受偿。从其异议内容来看，系对本案执行行为不服，并非主张其自身对案涉三套房屋享有实体权益，故应当认定其为利害关系人。

根据《执行异议和复议规定》第6条的规定，本案中，董某申请执行的案件，于2018年9月12日终结本次执行程序。2019年3月11日薛某文向太原中院提出执行异议时，执行程序并未终结，故其有权作为利害关系人向执行法院提出执行异议。综上，申诉人董某主张薛某文提出执行异议已超法定期限的主张，不能成立。

案例二：利害关系人对终结执行措施提出异议，法院应当审查利害关系人何时知道或者应当知道终结执行，据此判断异议提出是否超出法定期限——最高人民法院（2020）最高法执复51号

童某、庆兴煤业公司复议理由中提到“至今案争庆兴煤矿采矿权仍登记在美升公司名下，（2017）黔执27号没有执行完毕”，可见童某、庆兴煤业公司对于贵州高院终结执行这一措施也提出了异议。《最高人民法院关于对人民法院终结执行行为提出执行异议期限问题的批复》规定，当事人、利害关系人依照《民事诉讼法》第225条①的规定对终结执行行为提出异议的，应当自收到终结执行法律文书之日起60日内提出。据此，要认定童某、庆兴煤业公司对贵州高院终结执行措施提出异议，是否超出法定期限，应当审查童某方何时知道或者应当知道贵州高院终结执行（2017）黔执27号案件。但是，异议法院对这一问题未予审查，亦属于基本事实认定不清。

案例三：申请执行人接受以物抵债，则以物抵债的执行行为和执行程序终结合为一体，利害关系人有权在法定期限内同时对以物抵债裁定和执行程序终结提出执行异议——最高人民法院（2018）最高法执监43号

本案的焦点问题是，胜利银行请求撤销东营中院作出的以物抵债裁定是否超过法定期限。

第一，根据《执行异议和复议规定》第6条②的规定，当事人、利害关系人依照《民事诉讼法》第225条③提出执行异议的，应当在执行程序终结前提出，但对终结执行措施提出异议的除外。本案申请执行人自愿以拍卖标的物流拍价格抵付全部债务，参照《最高人民法院关于人民法院民事执行中拍卖、变卖财产的规定》第29条④，东营中院作出以物抵债裁定并送达相关当事人及协助执行人之后，涉案土地使用权即发生权属转移，本案申请执行人债权全部得到受偿，执行程序终结。胜利银行主张，其异议的指向始终是终结执行的行为，也就是以物抵债的执行行为侵害其合法权益，因本案的特殊性在于，以物抵债裁定的作出及送达后，申请执行人的全部债权得到了满足，即宣告执行程序终结，此时以物抵债的执行行为和执行程序终结合为一体，如因程序完毕即不允许胜利银行对以物抵债裁定提出异议，相当于胜利银行完全不可能在执行程序终结前对执行行为提出异议。因此，将胜利银行

---

① 现为《民事诉讼法》第232条。

② 该规定在该司法解释2020年修正时未做改动。

③ 现为《民事诉讼法》第232条。

④ 现为《最高人民法院关于人民法院民事执行中拍卖、变卖财产的规定》第26条。

对以物抵债裁定行为提出的异议同时涵盖对执行程序终结本身提出异议，对于利害关系人较为公允，从而使其程序权利得到保障。因此，本案中胜利银行有权对以物抵债裁定和执行程序终结同时提出执行异议。

第二，胜利银行应当在法定期限内对涉案以物抵债裁定提出异议。本案中，东营中院未作出终结执行裁定，胜利银行应自知道或者应当知道东营中院作出以物抵债裁定之日起60日内提出执行异议。现有证据材料无法直接证明胜利银行于何时应当知道以物抵债裁定作出，但东营区法院于2016年9月23日作出的（2016）鲁0502民初1648号民事判决支持胜利银行对涉案土地享有抵押权，该行自收到判决后，即应向东营中院主张权利，而胜利银行在对其有利的判决作出近7个月后才提出执行异议，难以认定其异议在知道或者应当知道以物抵债裁定作出的60日内提出。因此，胜利银行对东营中院终结执行措施提出执行异议的请求，未在法定期限内提出，本院依法不予审查。

047. 针对同一执行行为，撤回执行异议后能否再次提起异议

◇ **问题** 当事人对执行行为提出异议后又主动撤回异议申请，后又再次针对同一执行行为提出执行异议，法院应否予以审查

◇ **来源** 最高人民法院（2021）最高法执监347号

◇ **结论** 当事人提出执行异议后又撤回异议申请，再次针对同一执行行为提出执行异议的，法院不予受理

【基本案情】

西宁中院在执行王某勇与奥康公司、金某兰借款合同纠纷一案中，奥康公司、金某兰针对（2018）青01执恢6号执行裁定提出异议，以拍卖程序严重违法为由请求撤销2018年12月28日司法拍卖。

经查明，奥康公司、金某兰曾于2018年11月20日就（2018）青01执恢6号执行裁定提出异议，请求撤销拍卖裁定，依法暂缓或中止执行。但是，

在该异议审查过程中，其申请撤回异议。

西宁中院认为，撤回异议后再次就该执行行为提出异议，西宁中院不应受理。遂裁定对奥康公司、金某兰提出的与前案异议事由相同的异议理由不予审查。

奥康公司、金某兰向青海高院申请复议，青海高院裁定驳回复议申请。

奥康公司、金某兰向最高人民法院申诉，称申诉人撤销前案异议是因为执行法院的诱导，不是申诉人的真实意愿。

【争议焦点】

当事人、利害关系人撤回异议申请后再次提起的异议，法院应否予以审查？

【裁判要点】

根据《执行异议和复议规定》第 15 条第 1 款的规定，当事人、利害关系人对同一执行行为有多个异议事由，但未在异议审查过程中一并提出，撤回异议或者被裁定驳回异议后，再次就该执行行为提出异议的，人民法院不予受理。本案中，申诉人曾于 2018 年 11 月 20 日就（2018）青 01 执恢 6 号执行裁定提出异议，请求撤销拍卖裁定，依法暂缓或中止执行；但在该异议审查过程中，其申请撤回异议，西宁中院裁定准予撤回异议申请。现其针对（2018）青 01 执恢 6 号执行裁定再次提出书面异议，按照前述规定，其此次就该拍卖行为提出异议，应不予受理，受理后无论其所提理由是否与前次理由相同，均不应再予审查。因此，故青海高院及西宁中院对申诉人相关异议请求不予审查并无不当，最高人民法院予以支持。

【相关法律规定】

《执行异议和复议规定》

第十五条　当事人、利害关系人对同一执行行为有多个异议事由，但未在异议审查过程中一并提出，撤回异议或者被裁定驳回异议后，再次就该执行行为提出异议的，人民法院不予受理。

案外人撤回异议或者被裁定驳回异议后，再次就同一执行标的提出异议的，人民法院不予受理。

【应诉策略】

根据《执行异议和复议规定》第15条第1款的规定："当事人、利害关系人对同一执行行为有多个异议事由，但未在异议审查过程中一并提出，撤回异议或者被裁定驳回异议后，再次就该执行行为提出异议的，人民法院不予受理。"这一规定应包含以下两个方面的意思。

第一，同一当事人、利害关系人针对同一执行行为有多个异议事由的，应当在异议申请书中一次性提出，或者至少在同一异议审查程序中一并提出。异议申请被执行法院驳回或者当事人、利害关系人主动撤回异议申请后，异议审查程序即宣告结束，针对同一执行行为不得再提出异议（见类案裁判观点分析案例一、案例二、案例四）。异议审查程序结束后，针对同一执行行为，即便当事人再提出理由不同、请求不同的异议申请，法院也不予以受理。

第二，不同当事人对同一执行行为的多个异议事由，也应当在同一异议审查程序中一并提出。同案当事人或利害关系人已经针对执行行为提出过执行异议，该异议审查程序结束后，其他当事人或利害关系人又针对同一执行行为提出异议的，即便异议理由和请求不同，法院也不予以受理审查（见类案裁判观点分析案例三）。

【类案裁判观点分析】

案例一：当事人不能就同一异议请求再次提起执行异议程序——最高人民法院（2021）最高法执监165号

本院认为，本案审查的重点问题是大连中院及辽宁高院应否就孙某革本次提出的异议及复议请求进行立案审查。孙某革在向大连中院提出撤销（2019）辽02执恢192号之二执行裁定的异议请求后，又分别向大连中院提出包含本案在内的两次异议请求。其中，本案"请求立即执行（2019）辽02执恢192号执行裁定"的请求与孙某革在（2020）辽02执异111号案件中提出的异议请求实质相同，系就同一异议请求再次提出异议，不符合《执行异议和复议规定》第 15 条第 1 款的规定，故辽宁高院及大连中院裁定驳回孙某革的异议及复议申请并无不当。

案例二：被执行人就执行法院对案涉房产查封的执行行为提出执行异议并被裁定驳回后，再次对同一执行行为提出异议的，不应受理——最高人民法院（2021）最高法执监 266 号

本院认为，本案审查的焦点问题是朱某浩针对执行法院对案涉房产查封的执行行为提出执行异议并被裁定驳回后，再次对同一执行行为提出异议应否受理的问题。根据湖北高院查明的情况，朱某浩针对武汉中院（2018）鄂 01 执 665 号执行裁定对案涉房产查封的执行行为曾提出执行异议，武汉中院作出（2019）鄂 01 执异 542 号执行裁定驳回其异议申请，湖北高院作出（2019）鄂执复 282 执行裁定驳回其复议申请。现朱某浩再次提出执行异议，针对的仍是对案涉房产的查封行为，请求仍为撤销（2018）鄂 01 执 665 号执行裁定。武汉中院、湖北高院依照《执行异议和复议规定》第 15 条第 1 款的规定，裁定驳回朱某浩异议申请，具有法律依据，并无不当。

案例三：不同当事人对同一执行行为的多个异议事由，应当在同一异议审查程序中一并提出——最高人民法院（2019）最高法执监 503 号

本院归纳本案焦点为：谭某提出的异议是否符合受理条件。本院认为，《执行异议和复议规定》第 15 条第 1 款[①]规定，当事人、利害关系人对同一执行行为有多个异议事由，但未在异议审查过程中一并提出，撤回异议或者被裁定驳回异议后，再次就该执行行为提出异议的，人民法院不予受理。这一规定主要包含了两个方面意思：一是同一当事人应当一并提出多个异议事由；二是不同当事人对同一执行行为的多个异议事由，应当在同一异议审查程序中一并提出。这样规定的目的，是在充分保障当事人异议权利的同时，保障执行程序效率，避免多次因同一执行行为提出异议而导致执行行为效力长期处于不稳定状态。谭某富对执行法院拍卖诉争房产及土地的行为提出异议，请求撤销（2016）川 01 执 1357 号、1358 号执行裁定，该诉讼请求已经

① 该规定在该司法解释 2020 年修正时未做改动。

被裁定予以驳回。因此，谭某又对执行法院的同一拍卖房产及土地的行为提出异议，系对同一执行行为重复提出异议。法院认定其异议申请不符合执行异议案件的受理条件正确。

案例四：当事人、利害关系人对同一执行行为有多个异议事由，应当一次性一并提出——辽宁高院（2022）辽执复338号

本院认为，《执行异议和复议规定》第15条第1款规定，当事人、利害关系人对同一执行行为有多个异议事由，但未在异议审查过程中一并提出，撤回异议或者被裁定驳回异议后，再次就该执行行为提出异议的，人民法院不予受理。本案中，复议申请人盛世汽车销售服公司、爱工汽车销售公司曾对沈阳中院（2021）辽01执恢59号恢复执行立案及“拆除地上建筑物”的公告向沈阳中院提出异议，被沈阳中院裁定驳回异议申请，其再次对上述执行行为提出异议，不应予以受理。受理后发现的，应当驳回申请。因此，沈阳中院异议裁定驳回盛世汽车销售公司、爱工汽车销售公司异议申请的处理结果，并无不当。

048. 执行行为异议的审理范围应如何界定

◇ **问题**　当事人能否对作为执行依据的生效法律文书内容提出执行异议

◇ **来源**　最高人民法院（2021）最高法执监124号

◇ **结论**　人民法院在执行异议或复议审查过程中，审查的对象是执行行为是否违反法律规定，或者应否裁定中止对执行标的的执行，并不涉及据以执行的生效法律文书正确与否及相应诉讼程序合法与否等问题

【基本案情】

盐城中院在执行申请执行人盐城农商行与被执行人盛福公司、陈某达等金融借款合同纠纷一案过程中，陈某达于2019年12月20日提交执行异议申

请书，以作出执行依据的（2016）苏0902民初1242号案件审判程序违法为由，提出执行异议，请求裁定中止执行程序。

盐城中院认为，陈某达对原生效判决有异议不属于执行异议审查范围，其可以另行依法主张权利，裁定驳回陈某达的异议请求。

陈某达向江苏高院申请复议，复议申请被裁定驳回后，又向最高人民法院申诉。

【争议焦点】

原审判决错误是否属于执行异议的审查范围？

【裁判要点】

最高人民法院的主要观点如下：其一，关于申诉人提出的执行依据错误问题。根据《民事诉讼法》第225条、第227条①的规定，执行异议是当事人、利害关系人认为执行行为违反法律规定而向负责执行的人民法院提出的书面异议，或者案外人对执行标的提出的书面异议。人民法院在执行异议或复议审查过程中，审查的对象亦为执行行为是否违反法律规定，或者应否裁定中止对执行标的的执行，并不涉及据以执行的生效法律文书正确与否及相应诉讼程序合法与否等问题。从陈某达申请执行监督事由看，其认为本案据以执行的盐城亭湖法院（2016）苏0902民初1242号判决错误，请求再审该案。陈某达可依法通过在法定期限内申请审判监督等合法途径寻求权利救济，而非通过申请执行监督程序解决。其二，关于执行异议立案审查问题。根据原审已查明的事实，陈某达于2019年12月20日向盐城亭湖法院所提执行异议事由，主要表现在审判和执行程序违法两个方面。虽然盐城亭湖法院对该异议未及时立案审查，程序存有不当，但盐城中院在提级执行后已对该异议事由进行了审查认定，相关程序问题尚不足以导致案涉评估、拍卖行为的撤销。

① 现为《民事诉讼法》第232条、第234条。

【相关法律规定】

《民事诉讼法》

第二百三十二条 当事人、利害关系人认为执行行为违反法律规定的，可以向负责执行的人民法院提出书面异议。当事人、利害关系人提出书面异议的，人民法院应当自收到书面异议之日起十五日内审查，理由成立的，裁定撤销或者改正；理由不成立的，裁定驳回。当事人、利害关系人对裁定不服的，可以自裁定送达之日起十日内向上一级人民法院申请复议。

第二百三十四条 执行过程中，案外人对执行标的提出书面异议的，人民法院应当自收到书面异议之日起十五日内审查，理由成立的，裁定中止对该标的的执行；理由不成立的，裁定驳回。案外人、当事人对裁定不服，认为原判决、裁定错误的，依照审判监督程序办理；与原判决、裁定无关的，可以自裁定送达之日起十五日内向人民法院提起诉讼。

《执行异议和复议规定》

第七条第二款 被执行人以债权消灭、丧失强制执行效力等执行依据生效之后的实体事由提出排除执行异议的，人民法院应当参照民事诉讼法第二百二十五条①规定进行审查。

第七条第三款 除本规定第十九条规定的情形外，被执行人以执行依据生效之前的实体事由提出排除执行异议的，人民法院应当告知其依法申请再审或者通过其他程序解决。

第十九条 当事人互负到期债务，被执行人请求抵销，请求抵销的债务符合下列情形的，除依照法律规定或者按照债务性质不得抵销的以外，人民法院应予支持：

（一）已经生效法律文书确定或者经申请执行人认可；

（二）与被执行人所负债务的标的物种类、品质相同。

① 现为《民事诉讼法》第232条。

【应诉策略】

1. 执行异议的审理范围不包括据以执行的生效法律文书是否正确

执行异议的审理对象为执行行为是否违反法律规定或者对执行标的是否应当裁定中止执行，据以执行的生效法律文书是否正确、诉讼程序是否合法等问题并不属于执行异议的审查范围（见类案裁判观点分析案例一～案例三）。被执行人认为据以执行的裁判文书错误，可依法通过在法定期限内申请审判监督等合法途径寻求权利救济。

2. 案外人主张优先受偿权，不属于执行异议的审理范围

司法实践中，有些案外人在执行过程中主张对执行标的享有优先受偿权，并据此提出执行异议。但是，案外人异议所依据的权利为对执行标的物权，即对执行标的主张所有权、用益物权等，而优先受偿权实质上是一种债权的清偿顺序。因此，以优先受偿权提出执行异议，不属于执行异议的审理范围（见类案裁判观点分析案例四）。

3. 被执行人以其他实体事由提出执行异议，是否属于执行异议审理范围，应视实体事由发生时间而定

被执行人以执行依据生效之后发生的实体事由提出排除执行异议，如次债务人以被执行人的债权已经清偿为由，提出排除执行的，属于执行异议的审查范围，虽非案外人但法院可参照案外人异议的规定进行审查。相反，被执行人以执行依据生效之前发生的实体事由提出执行异议的，因该事由通常涉及执行依据的内容，执行法院不应在执行程序中受理审查，被执行人应申请再审或者通过其他诉讼程序解决。

【类案裁判观点分析】

案例一：执行过程中，当事人、利害关系人提出异议，如果该异议指向的是生效法律文书确定的内容是否合法，不属于执行异议的审查范围——北京高院（2022）京执复199号

本案中，（2018）京01刑初69号刑事判决确定将涉案账户内的钱款发还中国民生银行某分行，北京一中院依据上述刑事判决确定的内容对涉案账户

采取扣划措施，符合法律规定。封某提出的异议系针对（2018）京01刑初69号刑事判决确定的内容，不属于执行异议的审查范围，对于其提出的异议，应当从程序上予以驳回。

案例二：人民法院在执行异议或执行复议审查过程中，并不会对执行依据进行审查——辽宁高院（2022）辽执复368号

关于对执行依据异议的审查问题。根据《民事诉讼法》第232条和第234条的规定，执行异议是当事人、利害关系人认为执行行为违反法律规定或案外人对执行标的主张实体权利提出的异议，人民法院在执行异议或执行复议审查过程中，并不涉及对执行依据的审查问题。大连中院异议裁定以金玉公司关于本案的执行依据系胁迫案外人所签的主张，系对本案的执行依据存有异议，该院不予审查，并无不当。

案例三：对生效判决确认的事实不服，不属于执行程序审查的事项——湖南高院（2022）湘执复74号

本院认为，根据《执行异议和复议规定》第19条的规定，当事人互负到期债务，被执行人请求抵销，请求抵销的债务符合相关情形的，人民法院应予支持。宏一公司的执行异议请求为李某生实际领取的利润款项不是生效判决（2021）湘民终945号民事判决认定的500万元，而是35,006,800元，应在本案应当执行的款项中进行扣减，并非该公司作为被执行人与申请执行人李某生之间存在互负到期债务要求抵销。宏一公司异议请求系对生效判决确认的事实不服，不属于执行程序审查的事项，也不属于法律规定的债权债务抵销的情形。永州中院作出驳回宏一公司异议请求的处理，并无不当。

案例四：案外人提出的优先受偿请求不属于《民事诉讼法》第232条规定的异议程序审查范畴——辽宁高院（2022）辽执复285号

本案系复议申请人宝顺公司认为其对大连海事法院拍卖的财产具有优先受偿权请求优先受偿的申请。对于宝顺公司是否具有优先受偿权及优先受偿权如何实现，宝顺公司应依据有关法律规定向执行实施部门提出，其所提出的优先受偿的请求不属于《民事诉讼法》第232条规定的异议程序审查范畴，大连海事法院异议裁定驳回其异议申请符合法律规定。

案例五：在执行过程中，被执行人以债权消灭等执行依据生效之后的实体事由提出排除执行异议的，人民法院应当参照《民事诉讼法》第225条[①]的规定对执行依据履行情况进行实质审查——最高人民法院（2019）最高法执监531号

本院认为，本案的争议焦点为申诉人是否偿还了本案执行依据确定的400万元欠款。根据《执行异议和复议规定》第7条第2款[②]的规定，在执行过程中，被执行人以债权消灭等执行依据生效之后的实体事由提出排除执行异议的，人民法院应当参照《民事诉讼法》第225条[③]的规定对执行依据履行情况进行实质审查。本案执行依据为洛阳中院作出的（2014）洛民三初字第163号民事调解书，该民事调解书确定查某山欠邢某海借款本金900万元及相应利息。对于查某山主张的其已偿还400万元问题，邢某海在向本院提交的答辩状中称，2015年5月20日其与查某山、王某玲就2015年2月8日《款项往来说明》中400万元还款的有关事项进行算账，经算账，查某山、王某玲均认可并确认还欠邢某海本金657.896万元，并向其出具了借条。根据该借条确定的金额加上其又替查某山偿还信用卡的50万元以及相应利息，查某山仍欠其798.4012万元，故其向法院申请执行该笔款项并无不妥。洛阳中院在异议审查程序中，对该借条确定的金额系双方当事人对（2014）洛民三初字第163号民事调解书履行情况的确认，还是双方当事人新成立的债权债务关系等基本情况没有查清。河南高院在复议审查程序中，仅以借条确定的金额系当事人对（2014）洛民三初字第163号民事调解书的自我处分行为为由，认为执行法院据此执行并无不当。本案执行依据为（2014）洛民三初字第163号民事调解书，在双方当事人对（2014）洛民三初字第163号民事调解书履行情况存在重大争议的情况下，河南高院的审查结论亦属适用法律不当。

---

① 现为《民事诉讼法》第232条。

② 该规定在该司法解释2020年修正时未做改动。

③ 现为《民事诉讼法》第232条。

四、拍卖程序中的程序性权利

049. 拍卖被执行人房产时，房屋抵押权人能否叫停拍卖

◇ **问题** 执行过程中，法院裁定拍卖被执行人名下房产，案外人以对该房产享有抵押权为由，请求停止拍卖，法院如何处理

◇ **来源** 最高人民法院（2019）最高法执复129号

◇ **结论** 对第三人享有抵押权的被执行人所有的财产，人民法院可以采取查封、扣押、拍卖、变卖等处分措施，案外人以对案涉房产享有抵押权为由不能阻却对案涉房产的执行

【基本案情】

申请执行人万城公司与被执行人盛世公司建筑工程施工合同纠纷一案执行过程中，兰州铁路中院于2019年3月20日发布执行公告，对盛世公司名下的239套房产及商铺进行评估拍卖。

2019年3月25日，利害关系人信通公司向甘肃高院提出书面异议，请求解除对盛世公司抵押在该公司的案涉房产的查封，并停止对以上房产的拍卖程序。

经查，信通公司于2013年2月7日取得案涉房产的抵押权并办理了抵押权登记。2017年7月13日，因万城公司申请财产保全，甘肃高院裁定查封盛世公司名下的239套房产及商铺，其中包括抵押给信通公司的案涉房产。

甘肃高院经审查认为，信通公司异议所依据的基础权利是抵押权，该权利并不能阻止案涉房产的拍卖，最终裁定驳回信通公司的异议请求。信通公司不服，向最高人民法院申请复议。

【争议焦点】

抵押权人信通公司解除查封、停止拍卖的异议请求是否成立？

【裁判要点】

《民事诉讼法司法解释》第508条第2款[①]规定："对人民法院查封、扣押、冻结的财产有优先权、担保物权的债权人可以直接申请参与分配，主张优先受偿权。"《最高人民法院关于人民法院执行工作若干问题的规定（试行）》第40条[②]规定："人民法院对被执行人所有的其他人享有抵押权、质押权或留置权的财产，可以采取查封、扣押措施。财产拍卖、变卖后所得价款，应当在抵押权人、质押权人或留置权人优先受偿后，其余额部分用于清偿申请执行人的债权。"也就是说，对第三人享有抵押权的被执行人所有的财产，无论抵押担保的债权是否到期，人民法院均可以采取查封、扣押、拍卖、变卖等处分措施，在清偿时应当注意保护抵押权人的优先受偿权。所以，信通公司以对案涉房产享有抵押权为由不能阻却对案涉房产的执行。

【相关法律规定】

《最高人民法院关于人民法院执行工作若干问题的规定（试行）》

31. 人民法院对被执行人所有的其他人享有抵押权、质押权或留置权的财产，可以采取查封、扣押措施。财产拍卖、变卖后所得价款，应当在抵押权人、质押权人或留置权人优先受偿后，其余额部分用于清偿申请执行人的债权。

《民事诉讼法司法解释》

第五百零六条第二款　对人民法院查封、扣押、冻结的财产有优先权、担保物权的债权人，可以直接申请参与分配，主张优先受偿权。

---

① 现为《民事诉讼法司法解释》第506条第2款。

② 现为《最高人民法院关于人民法院执行工作若干问题的规定（试行）》第31条。

【应诉策略】

第一，对执行标的享有抵押权的权利人不能依据抵押权要求停止拍卖。对于其他人享有抵押权的被执行人财产，人民法院可以采取强制执行措施，此时抵押权人不能排除强制执行，但可以通过对拍卖变卖的价款参与分配、主张优先受偿维护自己的合法权益。

第二，同样，租赁权也不能阻却执行法院对案涉房屋评估、拍卖的执行行为（见类案裁判观点分析案例二）。但是，拍卖作为一种房屋买卖的方式，同样应遵守“买卖不破租赁”的基本规则，即房产在租赁期间发生所有权变动，并不影响租赁合同的效力。房屋被拍卖的，承租人有权主张“买卖不破租赁”继续履行租赁合同，不予腾房。但是，在两种特殊情况下，承租人不能主张继续履行合同，房屋经拍卖程序卖出后，承租人应腾退房屋：

（1）房屋在出租前已设立抵押权，强制执行申请人即为抵押权人的。

（2）法院采取强制措施在前，房屋出租在后的。

【类案裁判观点分析】

案例一：案外人主张对案涉房屋享有抵押权，并不构成要求法院停止拍卖程序的正当理由——北京高院（2022）京执复218号

本院认为，案涉房屋登记在被执行人杨某红名下，在杨某红未履行生效仲裁裁决确定义务的情况下，北京三中院有权依据华德石油公司的申请依法对案涉房屋采取各类执行措施。宏佳公司主张其对案涉房屋享有抵押权，并不构成要求北京三中院停止拍卖程序的正当理由。至于拍卖保留价如何确定，宏佳公司可以事先向北京三中院执行部门发表意见；如果对该院的处理结果不服，该公司可以另行提出异议。

案例二：案涉房屋的承租人，无权以其具有对案涉房屋的租赁权阻却执行法院对案涉房屋的评估、拍卖的执行行为——辽宁高院（2022）辽执复294号

本院认为，大连中院依据本案执行依据确认的抵押权，对案涉房屋依法进行评估、拍卖的执行行为并无不当。复议申请人盛乾公司作为对案涉房屋的承租人，无权以其具有对案涉房屋的租赁权阻却执行法院对案涉房屋的评估、拍卖的执行行为。至于复议申请人盛乾公司提出租赁期满前有权继续承租及确认对案涉房屋有优先购买权的主张，大连中院作出不属于执行行为异议审查范围的判定符合法律规定，本院予以支持。

050. 就拍卖评估价过低，能否提出执行异议和复议进行救济

◇ **问题**　被执行人的其他债权人认为拟拍卖房地产的评估价格过低，能否向法院提出执行异议和复议

◇ **来源**　最高人民法院（2020）最高法执复122号

◇ **结论**　对评估价格有异议不等同于对执行行为的异议，不属于执行异议和复议的审理范围

【基本案情】

重庆高院在办理置业公司与文化公司等借款合同纠纷执行一案中，于2019年10月23日裁定对被执行人文化公司名下17套房屋、土地使用权及在建工程进行评估、拍卖。

建设公司作为被执行人的其他债权人，就上述裁定提出书面执行异议，主张：据以拍卖的房地产评估报告人为降低标的物评估价值，不能作为拍卖计价依据。

经查，案涉评估报告的价值时点为2018年12月12日，作出的时间为2019年10月28日，有效期一年。申请执行人与被执行人对评估结果均无异议。

重庆高院裁定驳回执行异议。建设公司不服，向最高人民法院申请复议。最高人民法院经审理裁定驳回其复议申请。

【争议焦点】

建设公司对评估价格的异议是否属于执行异议复议审查的情形?

【裁判要点】

当事人针对评估报告提出的异议，根据异议内容的不同在救济程序上也有所区别。本案中，建设公司提出评估价格过低的主张，属于对评估结果等提出的异议，应根据《最高人民法院关于人民法院确定财产处置参考价若干问题的规定》第23条第1款的规定，在收到评估报告后5日内向法院提出书面异议，由法院交由专业机构处理。因此，该异议不属于《民事诉讼法》第225条①规定的对执行行为的异议，故亦不属于本案复议审查的情形。

【相关法律规定】

《最高人民法院关于人民法院确定财产处置参考价若干问题的规定》

第二条 人民法院确定财产处置参考价，可以采取当事人议价、定向询价、网络询价、委托评估等方式。

第三条 人民法院确定参考价前，应当查明财产的权属、权利负担、占有使用、欠缴税费、质量瑕疵等事项。

人民法院查明前款规定事项需要当事人、有关单位或者个人提供相关资料的，可以通知其提交；拒不提交的，可以强制提取；对妨碍强制提取的，参照民事诉讼法第一百一十一条、第一百一十四条②的规定处理。

查明本条第一款规定事项需要审计、鉴定的，人民法院可以先行审计、鉴定。

第四条 采取当事人议价方式确定参考价的，除一方当事人拒绝议价或者下落不明外，人民法院应当以适当的方式通知或者组织当事人进行协商，

---

① 现为《民事诉讼法》第232条。
② 现为《民事诉讼法》第114条、第117条。

当事人应当在指定期限内提交议价结果。

双方当事人提交的议价结果一致，且不损害他人合法权益的，议价结果为参考价。

第五条　当事人议价不能或者不成，且财产有计税基准价、政府定价或者政府指导价的，人民法院应当向确定参考价时财产所在地的有关机构进行定向询价。

双方当事人一致要求直接进行定向询价，且财产有计税基准价、政府定价或者政府指导价的，人民法院应当准许。

第六条　采取定向询价方式确定参考价的，人民法院应当向有关机构出具询价函，询价函应当载明询价要求、完成期限等内容。

接受定向询价的机构在指定期限内出具的询价结果为参考价。

第七条　定向询价不能或者不成，财产无需由专业人员现场勘验或者鉴定，且具备网络询价条件的，人民法院应当通过司法网络询价平台进行网络询价。

双方当事人一致要求或者同意直接进行网络询价，财产无需由专业人员现场勘验或者鉴定，且具备网络询价条件的，人民法院应当准许。

第二十三条　当事人、利害关系人收到评估报告后五日内对评估报告的参照标准、计算方法或者评估结果等提出书面异议的，人民法院应当在三日内交评估机构予以书面说明。评估机构在五日内未作说明或者当事人、利害关系人对作出的说明仍有异议的，人民法院应当交由相关行业协会在指定期限内组织专业技术评审，并根据专业技术评审出具的结论认定评估结果或者责令原评估机构予以补正。

当事人、利害关系人提出前款异议，同时涉及本规定第二十二条第一款第一、二项情形的，按照前款规定处理；同时涉及本规定第二十二条第一款第三、四项情形的，按照本规定第二十二条第二款先对第三、四项情形审查，异议成立的，应当通知评估机构三日内将人民法院委托评估时移交的材料退回，另行委托下一顺序的评估机构重新进行评估；异议不成立的，按照前款规定处理。

第二十四条　当事人、利害关系人未在本规定第二十二条、第二十三条规定的期限内提出异议或者对网络询价平台、评估机构、行业协会按照本规定第二十二条、第二十三条所作的补正说明、专业技术评审结论提出异议的，人民法院不予受理。

当事人、利害关系人对议价或者定向询价提出异议的，人民法院不予受理。

《最高人民法院关于人民法院网络司法拍卖若干问题的规定》

第十条 网络司法拍卖应当确定保留价，拍卖保留价即为起拍价。

起拍价由人民法院参照评估价确定；未作评估的，参照市价确定，并征询当事人意见。起拍价不得低于评估价或者市价的百分之七十。

【应诉策略】

1. 财产处置参考价、评估价、起拍价、保留价之间的关系

(1) 以评估方式确定财产处置参考价时评估价即为财产处置参考价

《最高人民法院关于人民法院确定财产处置参考价若干问题的规定》第2条规定："人民法院确定财产处置参考价，可以采取当事人议价、定向询价、网络询价、委托评估等方式。"由此可见，委托评估是确定财产处置参考价的方式之一，所得的评估价即为财产处置参考价。

(2) 通常情况下评估价即为第一次拍卖的保留价

《最高人民法院关于人民法院民事执行中拍卖、变卖财产的规定》第5条规定："拍卖应当确定保留价。拍卖财产经过评估的，评估价即为第一次拍卖的保留价……如果出现流拍，再行拍卖时，可以酌情降低保留价，但每次降低的数额不得超过前次保留价的百分之二十。"据此，通常情况下，评估价即为第一次拍卖的保留价，首次拍卖流拍后，二次拍卖保留价不得低于评估价的80%。

(3) 网络司法拍卖时起拍价（保留价）按照评估价的70%确定

在网络司法拍卖方面，就拍卖标的物的起拍价（保留价）进行了特别规定，根据《最高人民法院关于人民法院网络司法拍卖若干问题的规定》第10条第1款的规定："网络司法拍卖应当确定保留价，拍卖保留价即为起拍价。"据此，保留价即为起拍价。该条第2款规定："起拍价由人民法院参照

评估价确定；未作评估的，参照市价确定，并征询当事人意见。起拍价不得低于评估价或者市价的百分之七十。”也就是说，网络司法拍卖起拍价的确定不同于一般程序的拍卖，首次拍卖起拍价可按照评估价的70%确定，二次拍卖起拍价可按照第一次拍卖保留价的80%确定。

2. 当事人、利害关系人如对评估价有异议应根据具体异议内容分别处理

根据《最高人民法院关于人民法院确定财产处置参考价若干问题的规定》第22条、第23条的规定，当事人、利害关系人如对评估报告有异议，应根据具体异议内容分别处理。具体而言，分为以下几种情形。

（1）认为评估报告有财产基本信息错误、超出财产范围或者遗漏财产、评估机构或者评估人员不具备相应评估资质、评估程序严重违法这四种情形的，应在收到报告后5日内向法院提出书面异议，法院将参照《民事诉讼法》第232条关于执行异议和复议的规定处理。

（2）认为评估报告的参照标准、计算方法或者评估结果有误的，应在收到报告后5日内向法院提出书面异议，由法院交由评估机构，要求评估机构予以书面说明；评估机构未说明或当事人仍有异议的，法院交由相关行业协会组织专业技术评审来判定是否需要补正。

（3）书面异议要在收到报告后5日内提交，超过这个法定期间，法院将不予受理。

综上所述，法院只处理法律问题或程序性问题，而对于具体的评估方式或评估结果，则属于专业评估机构的职责范围。因此，当事人认为评估价值过低，不能提出执行异议或复议，只能在提交书面异议后由专业机构处理。

【类案裁判观点分析】

案例一：被执行人对案涉房屋评估报告的评估结果提出异议，不属于执行异议审查的范围——北京高院（2022）京执复167号

本案中，杨某红对案涉房屋评估报告的评估结果提出异议。根据《最高人民法院关于人民法院确定财产处置参考价若干问题的规定》第23条第1款的规定，杨某红提出的上述异议应当由执行法院在执行程序中交评估机构予以书面说明，或者交由相关行业协会以专业技术评审的方式处理；北京三中

院认定杨某红提出的上述异议不属于执行异议审查的范围，并无不当。杨某红向本院申请复议的第一项理由为执行法院在案涉房屋评估过程中，未向其通知也未告知其救济途径，程序违法；因杨某红未在执行异议程序中提出该项主张，本院复议审查对此不予处理。杨某红向本院申请复议的第二项理由实质是其在收到评估机构《关于评估报告异议的回复》后，对评估机构作出的说明仍有异议。对此，杨某红可再次向执行法院提出，由执行法院在执行程序中交由相关行业协会在指定期限内组织专业技术评审。综上，北京三中院（2022）京03执异271号执行裁定结果正确，本院予以维持。杨某红的复议申请于法无据，应予驳回。

案例二：当事人、利害关系人对评估价有异议的，应在收到评估报告后5日内提出书面异议——北京高院（2022）京执复152号

《最高人民法院关于人民法院确定财产处置参考价若干问题的规定》第23条规定，当事人、利害关系人收到评估报告后5日内对评估报告的参照标准、计算方法或者评估结果等提出书面异议的，人民法院应当在3日内交评估机构予以书面说明。评估机构在5日内未作说明或者当事人、利害关系人对作出的说明仍有异议的，人民法院应当交由相关行业协会在指定期限内组织专业技术评审，并根据专业技术评审出具的结论认定评估结果或者责令原评估机构予以补正。本案中，北京二中院于2022年1月28日向朱某邮寄送达案涉评估报告及异议通知，EMS法院专递邮件详单显示此件于1月29日签收。朱某未在收到评估报告后5日内提出书面异议，又以案涉评估报告载明的评估基准日前后存在明显不一致，从而导致案涉评估报告的基本数据、评估结果亦出现严重错误为由主张撤销网络司法拍卖，北京二中院对此不予审查，符合司法解释的规定。

案例三：在当事人无法就案涉股票处置参考价进行议价、定向询价和网络询价的情况下，采用委托评估的方式确定财产处置参考价，并以评估价格的70%作为起拍价，符合法律规定——北京高院（2022）京执复152号

《最高人民法院关于人民法院确定财产处置参考价若干问题的规定》第2条规定，人民法院确定财产处置参考价，可以采取当事人议价、定向询价、网络询价、委托评估等方式。第 14 条规定，法律、行政法规规定必须委托评估、双方当事人要求委托评估或者网络询价不能或不成的，人民法院应当委托评估机构进行评估。《最高人民法院关于人民法院网络司法拍卖若干问题的规定》第 10 条第 2 款规定，起拍价由人民法院参照评估价确定；未作评估的，参照市价确定，并征询当事人意见。起拍价不得低于评估价或者市价的 70%。本案中，案涉股票系被执行人朱某持有的上市公司限售流通股，北京二中院在双方当事人无法就案涉股票处置参考价进行议价、定向询价和网络询价的情况下，采用委托评估的方式确定财产处置参考价，并以评估价格的 70% 作为起拍价，符合上述司法解释的规定。另外，案涉股票在网络司法拍卖过程中，其成交价系通过公开的市场竞价程序形成。朱某以案涉评估报告确定的评估价过低、以该评估价的 70% 确定的起拍价过低及最终成交价严重背离了拍卖日案涉股票的真实价值、明显有失公允为由，主张撤销对案涉股票的网络司法拍卖，缺乏事实根据和法律依据，本院不予支持。

051. 拍卖公告暗含法院不负责移交，成交价格过低，应否撤销拍卖

◇ **问题**　拍卖说明中注明“该房屋由他人居住不易交付”，造成成交价格过低，被执行人以拍卖成交价过低为由提出执行异议，要求撤销拍卖、重新拍卖应否支持

◇ **来源**　江苏高院（2018）苏执监 791 号

◇ **结论**　被执行人以拍卖成交价过低为由提出执行异议，如经审查，该拍卖行为存在《最高人民法院关于人民法院网络司法拍卖若干问题的规定》第 31 条规定的应当予以撤销本次网络司法拍卖的情形，则拍卖行为应予撤销，案涉房产应重新拍卖

【基本案情】

海洋公司与徐某、尹某娇借款合同纠纷一案，法院判决徐某、尹某娇给付海洋公司借款本金40万元及利息，海洋公司有权从抵押在徐某和尹某娇名下的案涉房产的折价、拍卖或变卖价款在40万元的范围内享有优先受偿的权利。

该案执行过程中，连云港市有关行政主管部门于2016年9月30日就案涉房屋出具询价意见书，案涉房产鉴证价格为548,500元。

2017年6月5日，连云港连云法院对案涉房产第一次网络拍卖时，竞拍人刘某以553,950元竞拍成交，后因案涉房产实际建筑面积132.02平方米与公示的评估面积相差7平方米，刘某要求减价7万元，但抵押权人海洋公司不同意，刘某遂放弃本次拍卖。

2017年10月7日，连云港连云法院重新对案涉房屋进行拍卖，起拍为383,950元，并在拍卖标的情况说明表中注明：该房屋由他人居住不易交付。最终，竞买人贾某杰以起拍价竞得。

海洋公司对上述司法拍卖行为提出执行异议，认为：案涉房产成交价低于贷款本金，请求对涉案房产予以重新拍卖。

连云港连云法院审查认为，案涉房产拍卖时确定的保留价低于申请执行人优先债权及强制执行费用的总额，违反相关法律规定，遂裁定撤销上述拍卖行为，对案涉房产重新拍卖。竞买人贾某杰申请复议，连云港中院裁定驳回。贾某杰遂向江苏高院申诉。

【争议焦点】

连云港连云法院对案涉房产的拍卖行为应否被撤销？

【裁判要点】

根据《最高人民法院关于人民法院民事执行中拍卖、变卖财产的规定》

第30条[①]的规定，人民法院裁定拍卖成交或者以流拍的财产抵债后，除有依法不能移交的情形外，应当于裁定送达后15日内，将拍卖的财产移交买受人或者承受人。因此，人民法院对于拍卖成交的动产，不动产等需要交付买受人的财产，除法律另规定外，一般均应负责交付买受人。而连云港连云法院在重新拍卖案涉房产时，在拍卖标的情况说明表中注明：该房屋由他人居住不易交付。众所周知，司法网络拍卖的目的，就是通过更多的竞买人的充分竞争，进而实现拍卖标的价值的最大化。连云港连云法院的上述说明暗含其无法交付或不负责交付的可能，误导潜在的竞买人产生即使竞买成功也无法实际交付该房屋的问题，从而影响拍卖标的网络拍卖的充分竞争，进而也影响实现拍卖标的价值的最大化。其最终结果表明，该次拍卖仅有贾某杰一人报名且只有他一人参与竞拍，最终以保留价成交。该成交价不但远低于第一次拍卖时的拍卖价格，也远低于案涉房屋正常的市场价格。因此，执行法院在拍卖标的情况说明表中的错误说明，损害了申请执行人及被执行人的利益，符合《最高人民法院关于人民法院网络司法拍卖若干问题的规定》第31条第6项规定的应当予以网络司法拍卖的情形。

【相关法律规定】

《最高人民法院关于人民法院网络司法拍卖若干问题的规定》

第三十一条　当事人、利害关系人提出异议请求撤销网络司法拍卖，符合下列情形之一的，人民法院应当支持：

（一）由于拍卖财产的文字说明、视频或者照片展示以及瑕疵说明严重失实，致使买受人产生重大误解，购买目的无法实现的，但拍卖时的技术水平不能发现或者已经就相关瑕疵以及责任承担予以公示说明的除外；

（二）由于系统故障、病毒入侵、黑客攻击、数据错误等原因致使拍卖结果错误，严重损害当事人或者其他竞买人利益的；

（三）竞买人之间，竞买人与网络司法拍卖服务提供者之间恶意串通，损害当事人或者其他竞买人利益的；

---

① 现为《最高人民法院关于人民法院民事执行中拍卖、变卖财产的规定》第27条。

（四）买受人不具备法律、行政法规和司法解释规定的竞买资格的；

（五）违法限制竞买人参加竞买或者对享有同等权利的竞买人规定不同竞买条件的；

（六）其他严重违反网络司法拍卖程序且损害当事人或者竞买人利益的情形。

《最高人民法院关于人民法院民事执行中拍卖、变卖财产的规定》

第二十七条 人民法院裁定拍卖成交或者以流拍的财产抵债后，除有依法不能移交的情形外，应当于裁定送达后十五日内，将拍卖的财产移交买受人或者承受人。被执行人或者第三人占有拍卖财产应当移交而拒不移交的，强制执行。

【应诉策略】

1. 被执行人以拍卖成交价过低为由提出异议请求撤销网络司法拍卖的，需要符合特定情形

《最高人民法院关于人民法院网络司法拍卖若干问题的规定》第31条规定了应当撤销拍卖的如下几种法定情形：

（1）由于拍卖财产的文字说明、视频或者照片展示以及瑕疵说明严重失实，致使买受人产生重大误解，购买目的无法实现的。

（2）由于拍卖系统原因致使拍卖结果错误的。

（3）竞买人之间，竞买人与网络司法拍卖服务提供者之间恶意串通，损害当事人或者其他竞买人利益的。

（4）买受人不具备竞买资格的。

（5）违法限制竞买人参加竞买或者对享有同等权利的竞买人规定不同竞买条件的。

（6）其他严重违反网络司法拍卖程序且损害当事人或者竞买人利益的情形。

被执行人以拍卖成交价过低为由提出异议请求撤销拍卖的，如果符合上述情形之一，法院将裁定撤销拍卖，择期重新拍卖。

2. 本文主文案例中法院之所以最终撤销拍卖程序是因为法院拍卖公告中的错误误导导致拍卖程序未能充分竞价

拍卖说明中关于“该房屋由他人居住不易交付”，暗含拍卖标的物无法交付或法院不负责交付的可能。如此，就有可能导致潜在的竞买人产生即使竞买成功也无法实际交付该房屋的问题。因此，法院才撤销该次拍卖，并择期重新拍卖。

3. 最终决定成交价的仍是市场，如果被执行人单纯以成交价格过低为由提出执行异议，法院一般不予支持

拍卖价格最重要的决定因素是市场，如果法院的拍卖行为不存在应撤销情形，即便拍卖价格过低，被执行人单纯以拍卖价格过低为由提出异议要求重新拍卖，法院也不予支持。同理，当事人如以经评估或询价等方式确定的保留价过低导致拍卖成交价偏低为由，请求重新确定保留价的，法院也不予支持。

【类案裁判观点分析】

案例：拍卖成交价格由市场检验而非由询价的结果所决定，被执行人以询价所得估价过低为由提出执行异议的，法院不予支持——广东高院(2019)粤执复494号

关于房产拍卖价格过低的问题。《最高人民法院关于人民法院网络司法拍卖若干问题的规定》第10条第2款规定：“起拍价由人民法院参照评估价确定；未作评估的，参照市价确定，并征询当事人意见。起拍价不得低于评估价或者市价的百分之七十。”本案中，执行法院以询价的70%作为网络司法拍卖的起拍价，符合上述规定。且需要明确的是，通过询价所得的估价只是辅助执行法院确定拍卖保留价的手段，最后成交价格仍需由市场决定而非由询价的结果所决定，被执行人如认为价格过低，可以在拍卖前履行法律文书确定的义务或者参与竞买。因此，复议申请人以执行法院通过“房产评估价格查询系统”所查询到的涉案房产价格低于其所了解的市场价、损害其合法权益的复议理由不成立。

五、执行分配程序中的程序性权利

052. 债权人申请参与分配，申请的截止时间和债权范围如何界定

◇ **问题** 债权人在被执行房产拍卖成交后申请参与分配，申请是否逾期。其申请参与分配的债权部分享有抵押权，参与分配的债权范围如何界定

◇ **来源** 最高人民法院（2020）最高法执监105号

◇ **结论** 在被执行人财产被拍卖后，拍卖款在法院账户未分配处置完毕之前，债权人可以申请参与分配。参与分配的具体数额由执行法院根据生效法律文书的内容依法确定

【基本案情】

雷某昌等诉陈某等股权转让纠纷一案，重庆五中院作出民事判决，由陈某等向雷某昌等支付股权转让款3008万元及逾期付款违约金。

该案执行过程中，重庆五中院依法对被执行人陈某名下的14套商业用房进行公开拍卖。经两次拍卖，最终竞买人以1222.284万元竞得上述房产并付清全部价款。2018年7月3日，执行法院向不动产登记中心送达执行裁定和协助执行通知书，该中心于次日签收。

2018年11月23日，杨某维向重庆五中院提交参与分配申请书，申请债权共计2550万元。该院执行人员口头告知其不符合参与分配的条件。理由如下：（1）杨某维的申请时间已经逾期。（2）杨某维的债权享有抵押优先受偿权，其参与分配明显侵害其他当事人的合法权益。

杨某维对此不服，提出执行异议。重庆五中院认为杨某维作为参与分配的申请人，在拍卖案款还未支付给债权人之前申请参与分配符合司法解释的

期限规定。但是，其主张的2550万元债权中部分债权享有抵押权，综上，作出如下的执行裁定：（1）杨某维在无担保的550万元普通债权（含借款本金及利息）范围内有权申请参与分配。（2）驳回杨某维的其他异议请求。

杨某维不服，向重庆高院申请复议。重庆高院认为，被执行人的财产为不动产的，申请参与分配的截止时间确定为过户裁定依法送达相关权属登记机关的前一日，杨某维于2018年11月23日提出参与分配申请，超过规定期限。重庆高院作出（2019）渝执复38号执行裁定：驳回杨某维的异议请求。

杨某维不服，向最高人民法院申诉。最高人民法院经审查，裁定撤销重庆高院（2019）渝执复38号执行裁定；维持重庆五中院（2019）渝05执异62号执行裁定第二项，变更第一项为杨某维有权申请参与分配。

【争议焦点】

债权人申请参与分配的截止时间和债权范围如何界定？

【裁判要点】

参与分配申请应当在执行程序开始后、被执行人的财产执行终结前提出。按照目前参与分配的规定，参与分配制度是被执行人在没有其他财产的情况下同意按比例受偿的制度设计，实际上是具有破产的功能；案涉不动产裁定过户会发生所有权的转移，但并不意味着执行程序终结，变成价款后下一步清偿分配，也是执行的一个阶段；分配的目的就是从价款中受偿，不能说不动产所有权转移，执行就终结了，只要执行价款还在，执行程序就不能终结，即在被执行人财产未分配处置完毕之前，债权人可以申请参与分配。

就本案来看，根据查明的事实，执行法院因案涉14套商业用房拍卖成交，于2018年7月3日裁定过户，此种情形属于将不动产变为金钱，不是属于被执行人财产。只是财产形式发生了转化，并不是财产处理完毕。杨某维于2018年11月23日提出参与分配申请时，不动产变现的金钱还在执行法院账户，还未执行终结，其提出的参与分配申请应当得到支持。参与分配的具体数额由执行法院根据生效法律文书的内容依法确定，当事人对分配方案确定的具体数额不服，可以通过分配方案异议及分配方案异议之诉解决。

【相关法律规定】

《民事诉讼法司法解释》

第五百零六条第一款 被执行人为公民或者其他组织，在执行程序开始后，被执行人的其他已经取得执行依据的债权人发现被执行人的财产不能清偿所有债权的，可以向人民法院申请参与分配。

第五百零七条 申请参与分配，申请人应当提交申请书。申请书应当写明参与分配和被执行人不能清偿所有债权的事实、理由，并附有执行依据。

参与分配申请应当在执行程序开始后，被执行人的财产执行终结前提出。

【应诉策略】

1. 被执行人的其他债权人申请参与分配，应在被执行人财产分配处置完毕之前提出

《民事诉讼法司法解释》第 507 条第 2 款规定："参与分配申请应当在执行程序开始后，被执行人的财产执行终结前提出。"据此，法律明确规定了申请参与分配的截止时间为"财产执行终结"之日。所谓财产执行终结，是指执行程序完全终结，包括执行标的的拍卖、变卖程序及执行案款的分配程序的终结。本文主文案例中，案涉房屋虽然已经拍卖程序将拍卖房产过户给竞买人，但拍卖所得价款尚未分配完毕，可认定执行程序尚未终结，法院据此认定异议人申请参与分配没有超过法定期限。

2. 参与分配的具体数额以及对具体数额不服的解决方式

债权人可以申请参与分配，参与分配的具体数额由执行法院根据生效法律文书的内容依法确定，判决确定的金额包括本金及保全费亦应属于参与分配的债权范围。当事人对分配方案确定的具体数额不服，可以通过分配方案异议及分配方案异议之诉解决。

3. 申请参与分配的对象只能是被执行人为公民或者其他组织的案件，而对于企业法人为被执行人的案件，若被执行人资产不抵负债，则按照执行转破产程序或按照采取查封等措施的先后顺序进行清偿

依据现行规定，被执行人无论是法人还是公民抑或其他组织，其多个债

权人（享有担保物权或者其他法定优先权的除外，下同）在通常情形下按照执行法院采取执行措施的先后顺序受偿，即适用优先主义原则；而在被执行人财产不足以清偿全部债务的情形下，则其多个债权人对于法人通过破产程序、对于公民或者其他组织通过执行中的参与分配程序，按照各自债权的数额比例受偿，即适用平等主义原则。

因债权债务关系仅存在于特定主体之间，通常不具有公示性，而法律不以权利成立先后、发生原因、标的类型、金额大小等因素区分优劣，而是赋予各债权人以平等地位，以此督促其积极寻求保障、尽快实现自身权利，从而提高社会经济活动的效率；但与此同时，债权毕竟属于一种民事权利，同样受到民法平等原则的调整，如果一概实行“先到先得”的优先主义原则，则会在特殊情形下发生部分债权人获得完全清偿而其他债权人完全不能获得清偿的不公平现象。因此，为了兼顾效率与公平，“债权平等原则”的内容既包含通常情形下的顺序优先受偿原则，也包含特殊情形下的比例平等受偿原则。

因此，对于企业法人为被执行人的案件，若其资产大于负债，则按照采取查封等措施的先后顺序进行清偿，若资产不抵负债，此时则鼓励进入破产程序，以破产程序公平对待所有债权人。

【类案裁判观点分析】

案例一：在被执行人是企业法人的案件中，其他债权人不能申请参与分配，可申请执行转破产程序——最高人民法院（2019）最高法执监409号

根据《民事诉讼法司法解释》第508条第1款①的规定，被执行人为公民或者其他组织，在执行程序开始后，被执行人的其他已经取得执行依据的债权人发现被执行人的财产不能清偿所有债权的，可以向人民法院申请参与分配。本条明确规定当作为被执行人的公民、其他组织的财产不能清偿所有债权时，相关债权人可以申请参与分配，排除了被执行人为企业法人时适用参与分配的空间。作为被执行人的企业法人财产不能清偿所有债权的，申诉

① 现为《民事诉讼法司法解释》第506条第1款。

人作为债权人可以向人民法院提出对该被执行人进行破产清算，通过破产程序受偿。本案中，被执行人为企业法人，申诉人申请在赣州中院执行程序中参与分配于法无据，本院不予支持。

案例二：对资管计划中的财产也可适用比例平等受偿原则，债权人可以申请参与分配——北京高院（2022）京执复150号

在资管计划中的财产不足以清偿自身全部债务的情况下，其多个债权人是按照采取执行措施的先后顺序受偿，还是按照比例原则平等受偿，现行法律和司法解释未作规定。在此情况下，人民法院应当参照最相类似的规定以及其中体现的法律原则，尽力探究立法本意，进而对个案纠纷作出公平合理的解决。依据现行规定，被执行人无论是法人还是公民或者其他组织，其多个债权人（享有担保物权或者其他法定优先权的除外，下同）在通常情形下按照执行法院采取执行措施的先后顺序受偿，即适用优先主义原则；而在被执行人财产不足以清偿全部债务的情形下，则其多个债权人对于法人可通过破产程序、对于公民或者其他组织可通过执行中的参与分配程序，按照各自债权的数额比例受偿，即适用平等主义原则。前述规则的法理依据在于民法上的“债权平等原则”。债权债务关系仅存在于特定主体之间，通常不具有公示性，因而法律不以权利成立先后、发生原因、标的类型、金额大小等因素区分优劣，而是赋予各债权人以平等地位，以此督促其积极寻求保障、尽快实现自身权利，从而提高社会经济活动的效率；但与此同时，债权毕竟属于一种民事权利，同样受到民法平等原则的调整，如果一概实行“先到先得”的优先主义原则，则会在特殊情形下发生部分债权人获得完全清偿而其他债权人完全不能获得清偿的不公平现象。因此，为了兼顾效率与公平，“债权平等原则”的内容既包含通常情形下的顺序优先受偿原则，也包含特殊情形下的比例平等受偿原则。资管计划在我国尚属一种新型的经济现象，相关法律制度不可避免地具有滞后性，现行法律虽然确立了资管计划财产及其债务的独立性，但并未就资管计划财产不足以清偿其全部债务的情形作出应对。考虑在责任财产不足的类似情形下，现行法律为了实现公平，就法人制定了破产程序，就公民或者其他组织制定了执行中的参与分配程序，故并无充足理由认定对资管计划财产即应一概适用顺序优先清偿原则，而不能适用比例平等受偿原则。本案中，案涉资管计划名下财产明显不足以清偿其全部债务，北京一中院仅以法无明文规定为由驳回招商证券公司的参与分配请求，未能体现上述法律原则，尤其剥夺了该公司通过诉讼程序澄清法律争议、维护自身权益的机会，有欠妥当。

案例三：参与分配的债权应当包括利息和保全费——最高人民法院（2021）最高法民再295号

蔡某晓的债权为普通债权，依法应按照其债权占案涉9个申请参与分配债权数额的比例受偿。蔡某晓主张按照采取执行措施的先后顺序由其优先足额受偿，与法律规定不符，本院不予采纳。关于参与分配的债权是否还应包括利息和保全费。《最高人民法院关于执行程序中计算迟延履行期间的债务利息适用法律若干问题的解释》第4条规定："被执行人的财产不足以清偿全部债务的，应当先清偿生效法律文书确定的金钱债务，再清偿加倍部分债务利息，但当事人对清偿顺序另有约定的除外。"根据该规定，在执行程序中参与分配的普通债权应当系生效法律文书确定的金钱债务，包括本金和一般债务利息。本案中，蔡某晓等部分债权人依据的生效法律文书确定的金钱债务包括本金和利息，厦门中院所作执行分配方案仅计入各债权本金，而未将一般债务利息一并计入债权数额按比例参与分配，该分配方案存在错误，应予撤销。

053. 执行依据未确认抵押权，债权人能否在执行分配中主张抵押债权优先受偿

◇ **问题**　据以执行的生效法律文书并未确认债权人享有抵押权，债权人能否在执行程序中直接主张抵押债权优先受偿

◇ **来源**　最高人民法院（2020）最高法民再123号

◇ **结论**　债权人未在诉讼中同时请求确认抵押权的，其在执行过程中直接主张抵押债权优先受偿，不违反法律规定

【基本案情】

石某东诉王某华等民间借贷纠纷一案，镇江中院作出（2014）镇民初字第67号判决：王某华偿还石某东借款795.58万元及利息250.7144万元。后石某东申请强制执行。执行过程中，法院对王某华名下案涉地产进行公开拍卖，成交价为742万元。

周某以经生效判决确认对王某华享有991.5万元债权为由，申请参与分配。2016年7月5日，法院作出（2014）镇执字253号分配方案，载明：因石某东系案涉地产的抵押权人，抵押登记的债权数额为800万元，该房地产拍卖价款不足以清偿优先受偿的债权，故无剩余价值可供普通债权人分配。各债权人的具体分配数额为：（1）石某东742万元（优先受偿）；（2）周某0元。

周某遂提起本案执行分配方案异议之诉，认为石某东未在（2014）镇民初字第67号判决中确认其享有抵押权，却在执行过程中直接主张抵押权，有违常理。请求撤销（2014）镇执字253号分配方案。

本案经两级法院审理，均未支持周某的诉讼请求。周某遂向最高人民法院申请再审。

【争议焦点】

生效法律文书中未确认债权人享有抵押权，债权人能否在执行程序中直接主张抵押债权优先受偿？

【裁判要点】

关于周某申请再审主张石某东未在（2014）镇民初字第67号案中确认其享有案涉房产的抵押权而直接在执行过程中主张优先受偿权的问题，《民事诉讼法司法解释》第508条第2款①规定："对人民法院查封、扣押、冻结的财产有优先权、担保物权的债权人，可以直接申请参与分配，主张优先受偿权。"据此，石某东在办理案涉房产的抵押权登记后提起（2014）镇民初字第67号案诉讼，但未同时请求确认抵押权，而在执行过程中直接主张优先

① 现为《民事诉讼法司法解释》第506条第2款。

受偿权，不违反前述法律规定。至于周某主张案涉借款有“套路贷”嫌疑，石某东系以出借800万元骗取房产抵押，未提供合法有效证据予以证明，最高人民法院不予支持。

【相关法律规定】

《民事诉讼法司法解释》

第五百零六条 被执行人为公民或者其他组织，在执行程序开始后，被执行人的其他已经取得执行依据的债权人发现被执行人的财产不能清偿所有债权的，可以向人民法院申请参与分配。

对人民法院查封、扣押、冻结的财产有优先权、担保物权的债权人，可以直接申请参与分配，主张优先受偿权。

第五百零七条 申请参与分配，申请人应当提交申请书。申请书应当写明参与分配和被执行人不能清偿所有债权的事实、理由，并附有执行依据。

参与分配申请应当在执行程序开始后，被执行人的财产执行终结前提出。

第五百零八条 参与分配执行中，执行所得价款扣除执行费用，并清偿应当优先受偿的债权后，对于普通债权，原则上按照其占全部申请参与分配债权数额的比例受偿。清偿后的剩余债务，被执行人应当继续清偿。债权人发现被执行人有其他财产的，可以随时请求人民法院执行。

第五百零九条 多个债权人对执行财产申请参与分配的，执行法院应当制作财产分配方案，并送达各债权人和被执行人。债权人或者被执行人对分配方案有异议的，应当自收到分配方案之日起十五日内向执行法院提出书面异议。

【应诉策略】

1. 享有优先权、担保物权的债权人，即使作为执行依据的生效法律文书未确认其享有优先权及担保物权，也有权直接在执行阶段主张

《民事诉讼法司法解释》第506条第2款规定：“对人民法院查封、扣押、冻结的财产有优先权、担保物权的债权人，可以直接申请参与分配，主张优先受偿权。”此处“直接申请参与分配”与该条第1款规定的一般债权人“向人民法院申请参与分配”不同，即享有优先权、担保物权的债权人不需要取得生效判决，也可直接申请参与分配。

同理，生效法律文书中只确认债权金额，并未确认该债权人是否享有优先权、担保物权的，该债权人也可以直接在执行过程中主张权利。被执行人的其他债权人以生效法律文书中并未确认其权利为由提出异议的，法院将不予支持。

2. 享有优先权、担保物权的债权人直接申请参与分配，其他债权人、被执行人如对分配方案不服的，可通过提起分配方案异议之诉进行权利救济

享有优先权、担保物权的债权人直接申请参与分配，如果被执行人或其他债权人对其债权真实性、债权金额等有异议的，可以通过提起分配方案异议、分配方案异议之诉予以救济。

【类案裁判观点分析】

案例一：对被执行财产享有优先受偿权的债权人可以直接向法院申请参与分配，不能阻止法院对案涉财产的强制执行措施——辽宁高院（2022）辽执复368号

本院认为，关于利害关系人对执行标的享有优先受偿权的执行问题，《民事诉讼法司法解释》第506条第2款规定："对人民法院查封、扣押、冻结的财产有优先权、担保物权的债权人，可以直接申请参与分配，主张优先受偿权。"据此，复议申请人认为其对案涉股票享有优先受偿权，可以据此直接向大连中院申请参与分配，大连中院异议裁定以无论金玉满堂公司是否对案涉股票享有抵押权，均无权阻止该院对案涉股票的冻结为由，驳回其异议请求并无不当。

案例二：建设工程价款优先受偿权并非必须通过诉讼程序确认才能成立，优先受偿权人可以直接向法院执行部门提出参与分配的主张——最高人民法院（2019）最高法民申5070号

根据《合同法》第286条①的规定，建设工程价款优先受偿权是一种法定优先权，自其符合相应法定条件时设立。承包人可以与发包人协议就工程折价或申请法院拍卖工程的方式行使其权利。根据《民事诉讼法司法解释》第508条第2款②的规定，建设工程价款优先受偿权并非必须通过诉讼程序确

① 现为《民法典》第807条。

② 现为《民事诉讼法司法解释》第506条第2款。

认才能成立，优先受偿权人可以直接向法院执行部门提出主张。

案例三：首先查封的普通债权人不享有优先权，申请参与分配应按比例清偿——最高人民法院（2018）最高法民申2923号

本案再审审查的焦点问题是：李某英对益维牧场拍卖款是否享有优先受偿权。优先受偿权是法定权利，应有法律明确规定，如建设工程价款优先受偿权、担保物权等。根据《最高人民法院关于人民法院执行工作若干问题的规定（试行）》第88条第1款①的规定，无担保物权的债权人应按法院采取执行措施的先后顺序受偿，并不能因此认定在先申请保全的普通债权人享有优先受偿的权利。根据《民事诉讼法司法解释》第508条②、《最高人民法院关于人民法院执行工作若干问题的规定（试行）》第94条③的规定，在被执行人（公民或者其他组织）的财产不足以清偿所有债务时，适用参与分配制度。享有优先权、担保权的债权人有优先受偿权，其他债权人按债权比例进行分配。本案中，李某英虽是首先申请财产保全的债权人，但其享有的仅是普通债权，其并非享有优先权、担保物权的债权人，故不能优先受偿。

054. 承包人未在诉讼中主张建设工程价款的优先受偿权，能否在参与分配中主张优先受偿

◇ **问题**　承包人在诉讼过程中并未主张建设工程价款优先受偿权，生效法律文书中对优先权也未予确认，该承包人能否在参与分配程序中主张债权优先受偿

◇ **来源**　最高人民法院（2019）最高法民终698号

◇ **结论**　承包人在法定期限内未主张建设工程价款优先受偿权的，不能在执行参与分配程序中直接要求优先受偿

---

① 现为《最高人民法院关于人民法院执行工作若干问题的规定（试行）》第55条第1款。

② 现为《民事诉讼法司法解释》第506条。

③ 现为《民事诉讼法司法解释》第506条第2款。

【基本案情】

2013年11月5日，法院判决：明丰公司向华融某分公司偿还债务重组本金1.26亿元及截至清偿完毕之日的债务重组费、违约金，华融某分公司对抵押物变价款优先受偿。因华融某分公司将案涉债权转让给聚天公司，法院裁定变更聚天公司为申请执行人。

2016年4月，何源公司起诉要求明丰公司支付项目消防工程款及逾期付款违约金，法院判决确认明丰公司向何源公司支付工程款及利息等费用，判决生效后，何源公司申请强制执行。

法院在对聚天公司作为申请执行人的案件强制执行过程中，对被执行人明丰公司名下的房屋和车位进行拍卖，拍卖所得价款为788.3万元。

何源公司针对该拍卖款主张工程价款优先受偿，法院审查后作出分配方案：（1）本案可分配案款总计为7,882,100元；（2）聚天公司受偿7,882,100元；（3）何源公司的请求不成立。

何源公司遂提起本案执行分配方案异议之诉，请求撤销原分配方案，改判何源公司对明丰公司享有建设工程价款优先受偿权并优先于其他债权。

云南高院一审以何源公司主张优先受偿权超过法定期间为由，判决驳回诉讼请求。何源公司不服，向最高人民法院提起上诉。

【争议焦点】

何源公司对案涉执行案款是否享有优先于聚天公司的受偿权利?

【裁判要点】

建设工程价款优先受偿权作为一项法定优先权，无须对外公示即已存在，承包人在案件审理及执行程序中均可依法行使。《最高人民法院关于审理建设工程施工合同纠纷案件适用法律问题的解释（二）》[①] 第22条规定：“承包人行使建设工程价款优先受偿权的期限为六个月，自发包人应当给付建设工

① 该司法解释现已废止。

程价款之日起算。”本案中，何源公司系案涉房地产项目消防工程的承包人。根据何源公司与明丰公司于2015年1月5日签订的《结算协议书》第1条第1款、第4条第4款约定，明丰公司欠付工程款金额为3,345,653.71元；何源公司应按约定完成该消防工程的竣工验收，并取得《建设工程消防验收合格意见书》；明丰公司应在取得《建设工程消防验收合格意见书》后3个月内（总计90天内）向何源公司付清全部工程款；付款期届满，若明丰公司筹款困难的，何源公司自愿给予30天的宽限期，在宽限期内不主张违约金及赔偿责任。何源公司于2015年10月26日签收了云南省昆明市公安消防支队出具的署期为2015年10月10日的《建设工程消防验收合格意见书》。明丰公司依约应于90天内支付工程价款，且何源公司自愿给予30天宽限期，故明丰公司支付工程款的期限于2016年2月23日届满，何源公司建设工程价款优先受偿权的行使期限应自2016年2月24日起至2016年8月23日届满。在此期间，何源公司虽于2016年4月25日在昆明西山法院提起了（2016）云0112民初字第2551号诉明丰公司建设工程施工合同纠纷一案，但何源公司在该案中的诉讼请求为判令明丰公司支付案涉房地产项目消防工程款3,345,653.71元及逾期付款违约金、诉讼费、律师费，并未主张行使建设工程价款优先受偿权。何源公司在其于2018年8月7日向一审法院提交的本案起诉状中自认，该公司于2016年12月9日分别向昆明西山法院及云南高院提出参与分配明丰公司执行案款的申请，要求行使建设工程价款优先受偿权。然而，该提出参与分配的时间已经超出了建设工程价款优先受偿权行使的法定6个月期限。据此，何源公司主张对案涉执行案款优先于聚天公司受偿并请求撤销有关分配方案，缺乏事实和法律依据。一审法院未予支持并无不当，最高人民法院予以维持。

【相关法律规定】

《民法典》

第八百零七条 发包人未按照约定支付价款的，承包人可以催告发包人在合理期限内支付价款。发包人逾期不支付的，除根据建设工程的性质不宜折价、拍卖外，承包人可以与发包人协议将该工程折价，也可以请求人民法院将该工程依法拍卖。建设工程的价款就该工程折价或者拍卖的价款优先受偿。

《最高人民法院关于审理建设工程施工合同纠纷案件适用法律问题的解释（一）》

第四十一条 承包人应当在合理期限内行使建设工程价款优先受偿权，但最长不得超过十八个月，自发包人应当给付建设工程价款之日起算。

【应诉策略】

1. 取得工程款债权并不意味着同时取得了工程款优先受偿权

工程款优先受偿权属于他物权范畴，虽然是法定的优先权，但施工方仍应在法律规定的期限内主张优先权，否则不能产生优先受偿的法律效果。也就是说，取得工程款债权并不意味着同时取得了工程款优先受偿权，施工方在起诉要求支付工程款的同时，还应主张优先受偿权，或者在执行程序中主张权利。

关于优先受偿权的行使期间，2018 年发布的《最高人民法院关于审理建设工程施工合同纠纷案件适用法律问题的解释（二）》第 22 条规定："承包人行使建设工程价款优先受偿权的期限为六个月，自发包人应当给付建设工程价款之日起算。"据此，承包人主张优先受偿权的法定期间为 6 个月。《最高人民法院关于审理建设工程施工合同纠纷案件适用法律问题的解释（一）》第 41 条规定："承包人应当在合理期限内行使建设工程价款优先受偿权，但最长不得超过十八个月，自发包人应当给付建设工程价款之日起算。"据此，法律对承包人行使优先受偿权的期限进一步放宽，只要求在"合理期限内"，当然，法律不保护躺在权利上睡觉的人，该条规定也对优先受偿权规定了最长保护期为 18 个月。因此，在 2021 年 1 月 1 日之后，只要承包人在 18 个月内主张优先受偿权，都可以认定是在"合理期限"内。

2. 承包人未在法定期间内主张工程款的优先受偿权，不能在参与分配中主张优先受偿

前文述及，承包人应在法律规定的期限内主张优先权，否则不能产生优先受偿的法律效果。承包人在执行程序中如想得到优先受偿，应积极行使权

利，方式包括以下两种：

（1）在诉讼、仲裁过程中明确主张优先受偿权，取得确认优先权的法律文书，据此申请强制执行。

（2）直接申请对建设工程变价款的参与分配，并同时主张优先受偿权。

【类案裁判观点分析】

案例：承包人是否享有优先受偿权，需要依法对权利主张的期限等进行审查，并非只要是工程款债权就当然享有工程款优先受偿权——最高人民法院（2020）最高法民终491号

工程款优先受偿权属于他物权范畴，工程款债权与工程款优先受偿权是两种不同性质的权利。《最高人民法院关于审理建设工程施工合同纠纷案件适用法律问题的解释（二）》第22条对承包人行使建设工程价款优先受偿权的期限及起算时间进行了规定，该司法解释自2019年2月1日起施行。在本案的相关案件执行中该司法解释并未得到适用，因此执行案件中对于优先受偿权的审查应当适用《最高人民法院关于建设工程价款优先受偿权问题的批复》①。该批复第4条“建设工程承包人行使优先权的期限为六个月，自建设工程竣工之日或者建设工程合同约定的竣工之日起计算”的规定，明确了工程款优先受偿权行使期限为6个月，该期间为除斥期间，当事人逾期行使该权利导致权利消灭。该批复第1条规定，“人民法院在审理房地产纠纷案件和办理执行案件中，应当依照《中华人民共和国合同法》第二百八十六条的规定，认定建筑工程的承包人的优先受偿权优于抵押权和其他债权”，故承包人有权在取得执行依据的情况下，在执行程序中申请执行财产分配，主张优先受偿权。但是，承包人是否享有优先受偿权，需要依法对权利主张的期限等进行审查，并非只要是工程款债权就当然享有工程款优先受偿权。一审判决未对三公司工程款优先受偿权的行使是否超出6个月的行使期间进行审查，直接认定三公司享有工程款优先受偿权，适用法律错误，本院予以纠正。

---

①　该司法解释现已废止。

055. 分配方案以外的被执行人的债权人，能否提起分配方案异议之诉

◇ **问题** 分配方案范围以外的被执行人的其他债权人，能否就分配方案提起执行分配方案异议之诉并要求参与分配

◇ **来源** 最高人民法院（2020）最高法民申2511号

◇ **结论** 只有债权人或者被执行人有权提起执行分配方案异议之诉，分配方案范围以外的被执行人其他债权人，对执行案款分配方案提出异议之诉，不符合受理条件

【基本案情】

申请执行人张某兴向泰安中院申请强制执行名嘉公司资产，执行法院泰安中院裁定拍卖名嘉公司名下的427套房地产，拍卖款1.39亿元。

2018年12月4日，泰安中院作出分配方案，载明：上述1.39亿元拍卖款清偿给张某兴后余款为2171万元。该余款全部分配给轮候查封债权人济南汇晨公司。

2018年12月16日，康鸿公司就上述分配方案提出异议，要求对案涉拍卖款优先受偿，济南汇晨公司提出反对意见。康鸿公司遂提起本案执行分配方案异议之诉。经两级法院审理，法院均以康鸿公司提起的诉讼不符合执行分配方案异议之诉的受理条件，裁定驳回起诉。康鸿公司仍不服，向最高人民法院申请再审。

经查，康鸿公司主张优先受偿所依据的另案执行财产分配方案已经法院生效裁判文书确认有误，认定康鸿公司不存在优先受偿权。

【争议焦点】

康鸿公司是否有权提起本案执行分配方案异议之诉?

【裁判要点】

参与分配程序适用于被执行人为公民或者其他组织的情况，名嘉公司为企业法人，非公民或其他组织，康鸿公司不适用参与分配程序，且康鸿公司经生效判决确认其对名嘉公司房地产享有债权，不存在优先受偿权，亦不符合有权直接申请参与财产分配方案的情形。而根据《民事诉讼法司法解释》第512条[①]的规定，只有债权人或者被执行人有权提起执行分配方案异议之诉。本案中，康鸿公司是针对泰安中院的执行案款分配方案提起的诉讼，该分配方案确定的是济南汇晨公司对拍卖的名嘉公司427套房地产在价值21,628,034.05元范围内的优先受偿权，济南汇晨公司为该笔债权的唯一受偿人和首先查封人，康鸿公司并不是该执行案款分配方案范围内的受偿人。因此，康鸿公司对案涉执行案款分配方案提出异议之诉，不符合法律规定的执行分配方案异议之诉的受理条件，原审法院据此驳回康鸿公司的起诉，适用法律并无不当。

【相关法律规定】

《民事诉讼法司法解释》

第五百零九条　多个债权人对执行财产申请参与分配的，执行法院应当制作财产分配方案，并送达各债权人和被执行人。债权人或者被执行人对分配方案有异议的，应当自收到分配方案之日起十五日内向执行法院提出书面异议。

第五百一十条　债权人或者被执行人对分配方案提出书面异议的，执行法院应当通知未提出异议的债权人、被执行人。

未提出异议的债权人、被执行人自收到通知之日起十五日内未提出反对意见的，执行法院依异议人的意见对分配方案审查修正后进行分配；提出反对意见的，应当通知异议人。异议人可以自收到通知之日起十五日内，以提出反对意见的债权人、被执行人为被告，向执行法院提起诉讼；异议人逾期

① 现为《民事诉讼法司法解释》第510条。

未提起诉讼的，执行法院按照原分配方案进行分配。

诉讼期间进行分配的，执行法院应当提存与争议债权数额相应的款项。

【应诉策略】

1. 只有债权人或者被执行人有权提起执行分配方案异议之诉

执行财产分配方案是执行法院为解决数个债权人对同一债务人财产不足偿还时，制作的各债权就执行所得应分得具体财产金额的方案。参与分配的具体数额由执行法院根据生效法律文书确认的内容或者申请人提供的证明材料依法确定，分配方案所涉债权人及被执行人如对分配方案不服，可以提起执行分配方案异议之诉。而被执行人的其他债权人，如并未纳入执行分配方案的受偿范围内，则其应当通过申请参与分配的途径予以救济，待执行法院重新作出分配方案后，如对分配方案中所涉分配金额及顺位等有异议，才能提起执行分配方案异议之诉。

2. 被执行人为企业法人时申请执行人仍有权提起执行分配方案异议之诉

《民事诉讼法司法解释》第506条第1款将债权人申请参与分配的前提条件限制为“被执行人为公民或者其他组织”，有些观点认为此限制同样适用于执行分配方案异议之诉。实际上，法律并未限制对被执行人为企业法人的执行分配方案提起异议之诉，企业法人和公民或者其他组织作为被执行人的不同点在于分配方案的清偿顺序，即被执行人是公民或者其他组织的，按照债权比例受偿；而被执行人是企业法人的，按照采取强制执行措施的顺序进行清偿。企业法人的债权人对分配方案有异议的，仍可以提起执行分配方案异议之诉（见类案裁判观点分析案例二）。

3. 执行分配方案异议之诉必须经过前置程序才能提起

提起执行分配方案异议之诉具有前置程序：债权人向执行法院提出书面异议，执行法院将该异议通知其他债权人、被执行人；其他债权人、被执行人在法定期限内对异议提出反对意见的，法院通知异议人，异议人才能提起执行分配方案异议之诉。不经前置程序直接提起诉讼的，法院将不予受理（见类案裁判观点分析案例三）。

【类案裁判观点分析】

案例一：对执行行为提出的异议，不属于执行分配方案异议之诉的审理范围——最高人民法院（2020）最高法民申4203号

一般认为，执行财产分配方案是执行法院为解决数个债权人对同一债务人财产不足偿还时，制作的各债权就执行所得应分得具体财产金额的方案。相较于诉讼程序，执行程序更侧重效率原则，为能尽快实现当事人经生效法律文书确定的债权，执行法院经核实会将具有一定关联性的案件合并执行。执行异议指向的是人民法院的执行程序，目的是纠正违法的执行行为。而执行分配方案异议之诉的审查对象具有双重性，即分配方案异议人主张的实体法律关系能否成立以及所涉分配方案是否应予修改的问题。显然，邓某成关于合并执行行为、从执行所得款中扣除土地出让金、司法拍卖、果品批发市场房地产拍卖款分配等行为均违法的主张，系对执行行为提出的异议，不属于执行分配方案异议之诉的审理范围，原审法院据此驳回邓某成的起诉，理据充分，本院予以认可。

案例二：被执行人为企业法人时，申请执行人仍有权提起执行分配方案异议之诉——最高人民法院（2019）最高法民再146号

本院再审认为，《民事诉讼法司法解释》第513条①并未限制被执行人为企业法人时申请执行人提起执行分配方案异议之诉的诉权，对于执行法院作出的执行分配方案，债权人有异议时应当赋予其提起异议之诉的权利，以维护其合法权益。本案被执行人仁寿公司为企业法人，中集物流公司作为债权人有权提起债权分配方案异议之诉。重庆高院认为“被执行人为企业法人时不适用执行分配方案异议之诉”没有法律依据，以此为由裁定驳回中集物流公司的起诉，适用法律错误，应当予以纠正。

① 现为《民事诉讼法司法解释》第511条。

案例三：执行分配方案异议之诉的提起需要法定前置条件——最高人民法院（2021）最高法民申3244号

本院经审查认为，依据《民事诉讼法司法解释》第511条、第512条[①]的规定，提起执行分配方案异议之诉具有前置程序。债权人应向执行法院提出书面异议，执行法院将该异议通知其他债权人、被执行人；其他债权人、被执行人在法定期限内对异议提出反对意见的，法院通知异议人，异议人才能提起执行分配方案异议之诉。而本案中，上海一中院执行部门出具的通知实质系预分配方案，吕某白、付某华均未经前置程序径直向法院提起本案诉讼，不具备执行分配方案异议之诉的受理条件。另外，申请人主张另案生效裁判错误不属于执行分配方案异议之诉的审理范围。因此，原审裁定驳回起诉并无不当。

六、轮候查封债权人的相应合法权利

关于轮候查封的效力问题，根据于2022年4月14日发布实施的《最高人民法院关于正确处理轮候查封效力相关问题的通知》的相关内容，可知轮候查封有以下几点作用：第一，轮候查封具有确保轮候查封债权人能够取得首先查封债权人从查封物变价款受偿后剩余部分的作用；第二，轮候查封对于首先查封处置法院有约束力；第三，首先查封处置法院在明知拍卖标的物有轮候查封的情况下，违反上述义务，径行将剩余变价款退还被执行人的，构成执行错误，可依法予以纠正。本版块内容主要是就轮候查封债权人的相关权益进行阐述说明，具体如下。

① 现为《民事诉讼法司法解释》第509条、第510条。

056. 股权冻结中，首先冻结和轮候冻结应如何确认

◇ **问题**　股权被多家法院冻结时，应如何确认股权冻结的顺序

◇ **来源**　最高人民法院（2020）最高法执复139号

◇ **结论**　确定的股权冻结规则：若仅有一家人民法院冻结被执行人对他人享有的股权时，在程序上需要向股权所在市场主体送达冻结裁定，并要求市场监督管理部门协助公示。在存在多家法院冻结的情况下，则需要通过判断各家法院向市场监督管理部门送达协助公示通知书的先后顺序而确定冻结顺位

【基本案情】

山西高院在执行信达某分公司申请执行普大公司等借款合同纠纷执行一案中，应太原中院的商请移送申请，将普大公司持有的晋商银行的1.53%的股权及相应孳息（案涉股权）移送太原中院执行。

平安银行某分行不服山西高院上述移送执行的执行行为，向该院提出异议，请求：（1）确认山东高院对案涉股权的查封是第一顺序查封；（2）撤销将案涉股权移送太原中院执行的法律文书；（3）将本案执行异议情况告知太原中院，要求其停止并撤销对案涉股权采取的拍卖措施。

山西高院查明：2015年3月12日，其作出（2015）晋商初字第5号民事裁定，向市场监督管理部门送达（2015）晋执保商字第5号协助执行通知书，要求协助冻结案涉股权，后依法续封。2015年4月26日，山东高院保全查封案涉股权，查封文书送达晋商银行，后依法续封。晋商银行向山西高院出具案涉股权质押、冻结情况说明，确认以下情况：第一，案涉股权于2014年8月25日质押给飞行俱乐部公司；第二，首先冻结法院为山西高院，二封法院为山东高院。

山西高院经审理，认为案涉股权的首先冻结法院应为山西高院，裁定驳回了平安银行某分行异议请求。

平安银行某分行不服该裁定，向最高人民法院申请复议。

【争议焦点】

如何判断是山西高院还是山东高院对案涉股权作出了在先冻结？

【裁判要点】

最高人民法院认为，《最高人民法院、国家工商总局[①]关于加强信息合作规范执行与协助执行的通知》第11条第1款规定："人民法院冻结股权、其他投资权益时，应当向被执行人及其股权、其他投资权益所在市场主体送达冻结裁定，并要求工商行政管理机关协助公示。"第13条规定："工商行政管理机关在多家法院要求冻结同一股权、其他投资权益的情况下，应当将所有冻结要求全部公示。首先送达协助公示通知书的执行法院的冻结为生效冻结。送达在后的冻结为轮候冻结。有效的冻结解除的，轮候的冻结中，送达在先的自动生效。"根据上述规定确定的股权冻结规则，一家人民法院冻结被执行人对他人享有的股权时，在程序上需要向股权所在市场主体送达冻结裁定，并要求市场监督管理部门协助公示；而在存在多家法院冻结的情况下，则需要通过判断各家法院向市场监督管理部门送达协助公示通知书的先后顺序而确定冻结顺位。本案中，山西高院没有查明山东高院是否向市场监督管理部门送达过协助公示通知书，以及如果有，该送达时间与山西高院的协助公示通知书送达时间孰先孰后的问题，而是直接将山西高院的协助公示通知书的送达时间与山东高院向晋商银行送达查封文书的时间进行比较，进而认定山西高院对案涉股权的冻结为在先冻结，混淆了比较的时点对象，导致基本事实认定不清，依法应发回山西高院重新审查。同时，平安银行某分行另提出冻结数额争议问题，山西高院对此亦应一并审查。另外，鉴于太原中院是优先债权执行法院，而无论是山东高院还是山西高院，其对案涉股权采取查封措施均超过了60日且未采取发布拍卖公告或者变卖措施，故依照《最高人民法院关于首先查封法院与优先债权执行法院处分查封财产有关问题的批

① 该国务院直属机构现已撤销。

复》第1条、第2条之规定，现在由太原中院对案涉股权予以执行，并无不当。

【相关法律规定】

《最高人民法院关于首先查封法院与优先债权执行法院处分查封财产有关问题的批复》

一、执行过程中，应当由首先查封、扣押、冻结（以下简称查封）法院负责处分查封财产。但已进入其他法院执行程序的债权对查封财产有顺位在先的担保物权、优先权（该债权以下简称优先债权），自首先查封之日起已超过60日，且首先查封法院就该查封财产尚未发布拍卖公告或者进入变卖程序的，优先债权执行法院可以要求将该查封财产移送执行。

二、优先债权执行法院要求首先查封法院将查封财产移送执行的，应当出具商请移送执行函，并附确认优先债权的生效法律文书及案件情况说明。

首先查封法院应当在收到优先债权执行法院商请移送执行函之日起15日内出具移送执行函，将查封财产移送优先债权执行法院执行，并告知当事人。

移送执行函应当载明将查封财产移送执行及首先查封债权的相关情况等内容。

《最高人民法院、国家工商总局关于加强信息合作规范执行与协助执行的通知》

11. 人民法院冻结股权、其他投资权益时，应当向被执行人及其股权、其他投资权益所在市场主体送达冻结裁定，并要求工商行政管理机关协助公示。

人民法院要求协助公示冻结股权、其他投资权益时，执行人员应当出示工作证或者执行公务证，向被冻结股权、其他投资权益所在市场主体登记的工商行政管理机关送达执行裁定书、协助公示通知书和协助公示执行信息需求书。

协助公示通知书应当载明被执行人姓名（名称），执行依据，被冻结的股权、其他投资权益所在市场主体的姓名（名称），股权、其他投资权益数额，冻结期限，人民法院经办人员的姓名和电话等内容。

工商行政管理机关应当在收到通知后三个工作日内通过企业信用信息公

示系统公示。

13. 工商行政管理机关在多家法院要求冻结同一股权、其他投资权益的情况下，应当将所有冻结要求全部公示。

首先送达协助公示通知书的执行法院的冻结为生效冻结。送达在后的冻结为轮候冻结。有效的冻结解除的，轮候的冻结中，送达在先的自动生效。

【应诉策略】

1. 关于如何操作才是有效股权冻结的问题

根据《最高人民法院、国家工商总局关于加强信息合作规范执行与协助执行的通知》第 11 条第 1 款的规定，法院冻结股权应该向被执行人及其股权所在市场主体送达冻结裁定，并要求工商行政管理机关协助公示。因此，冻结股权时应注意向股权对应的单位送达冻结裁定，并向股权对应单位所在市场监督管理部门发送协助协助公示通知书，要求其协助公示股权冻结信息。

2. 在多家法院均对同一股权采取冻结措施时，确认冻结顺位以协助公示通知书时间为准

根据《最高人民法院、国家工商总局关于加强信息合作规范执行与协助执行的通知》第 13 条的规定，工商行政管理机关在多家法院要求冻结同一股权的情况下，应当将所有冻结要求全部公示。首先送达协助公示通知书的执行法院的冻结为生效冻结。送达在后的冻结为轮候冻结。有效的冻结解除的，轮候的冻结中，送达在先的自动生效。因此，若存在多家法院冻结同一股权的情况下，需要通过判断各家法院向市场监督管理部门送达协助公示通知书的先后顺序而确定冻结顺位。送达时间在先的为首先冻结，时间在后的为轮候冻结，待首先冻结解除的，轮候冻结自动生效。

3. 首先冻结法院未及时处置股权的，优先债权执行法院有权对首先冻结法院提请商请移送函，将案涉股权的执行处分权由首先冻结法院交由优先债权执行法院

根据《最高人民法院关于首先查封法院与优先债权执行法院处分查封财产有关问题的批复》第 1 条的规定，执行过程中，应当由首先冻结股权的法院负责处分冻结的股权，但已进入其他法院执行程序的债权对冻结股权有顺

位在先的优先权，自首先冻结之日起已超过 60 日，且首先冻结法院就该冻结股权尚未发布拍卖公告或者进入变卖程序的，优先债权执行法院可以要求将该冻结股权移送交该优先债权执行法院执行。

057. 首先查封债权人怠于执行，轮候债权人应如何救济

◇ **问题**　保全查封债权人在取得首先查封后怠于执行的，轮候查封的优先债权法院可否商请移送案涉财产的执行处分权

◇ **来源**　最高人民法院（2017）最高法执协 34 号

◇ **结论**　首先查封法院负责处分查封财产是一般规则，但若首先查封债权人通过保全查封取得首先查封债权人身份，又怠于申请强制执行的，法院可根据实际情况，将案涉财产的执行处分权决定移送至优先债权的轮候查封法院

【基本案情】

广州天河法院在渤海银行诉永胜公司借款合同纠纷一案中，于 2014 年 6 月 24 日首先保全冻结了永胜公司持有的涉案采矿权。西安中院在执行过程中，轮候查封了该涉案采矿权。

2015 年 10 月 9 日，广州天河法院作出民事调解书，确认永胜公司应在 2016 年 10 月 16 日前对当事人借款本金 6000 万元和利息履行完毕。调解书生效后，渤海银行并未申请强制执行。2016 年 6 月 21 日，广州天河法院对涉案采矿权进行了续冻结。2016 年 10 月 12 日，渤海银行和永胜公司就调解书确认的债权签订展期协议，展期至 2018 年 4 月 16 日。截至陕西高院报请协调前，广州天河法院有关诉讼案件未进入执行程序。

陕西高院协调意见：本案移送西安中院执行后，西安中院可从处置涉案标的所得价款中优先保障广州天河法院案件债权人渤海银行所享有的债权。

广东高院协调意见：涉案财产是否移交西安中院执行，请最高人民法院审查决定。

最高人民法院于2017年12月14日组织两地法院进行了视频协调沟通后，决定：将案涉采矿权，移送西安中院执行。

【争议焦点】

广州天河法院办理的渤海银行申请执行永胜公司一案中的涉案采矿权应否移送西安中院执行？

【裁判要点】

《最高人民法院关于人民法院办理财产保全案件若干问题的规定》第21条①规定，保全法院在首先采取查封、扣押、冻结措施后超过一年未对被保全财产进行处分的，除被保全财产系争议标的外，在先轮候查封、扣押、冻结的执行法院可以商请保全法院将被保全财产移送执行。但是，司法解释另有特别规定的，适用其规定。保全法院与在先轮候查封、扣押、冻结的执行法院就移送被保全财产发生争议的，可以逐级报请共同的上级法院指定该财产的执行法院。共同的上级法院应当根据被保全财产的种类及所在地、各债权数额与被保全财产价值之间的关系等案件具体情况指定执行法院，并督促其在指定期限内处分被保全财产。根据上述规定分析如下：

第一，被保全财产的种类及所在地。本案中，被保全财产为采矿权，且不在两家产生执行争议的法院所属省份。因此，无论是哪家法院执行，其执行难度、执行消耗并无太大差别。

第二，各债权数额与被保全财产价值之间的关系。《最高人民法院关于人民法院办理财产保全案件若干问题的规定》对此并未做明确规定，但《〈关于首先查封法院与优先债权执行法院处分查封财产有关问题的批复〉的理解与适用》在分析上级法院协调时应考虑的因素时，对此有所论述，即优先债权数额占查封财产价值的比例越高，则移送的必要性越强。如果比例极低，比如优先债权100万元，查封财产5000万元，则移送的必要性不大；只要比例相当，原则上就应予以移送；如果比例超过了100%，则除非案件极

① 该规定在该司法解释2020年修正时未做改动。

为特殊，应一律移送。上述论述系针对优先债权占被保全财产价值的关系而言，但对于分析本案亦有一定的参照价值。本案中，两执行案件申请执行人的债权本金为5000万元和6000万元，相差不大。经咨询广东高院，其表示不能确定涉案采矿权价值，而陕西高院表示，估算涉案采矿权价值足以清偿两笔债权；陕西高院还表示，无论处置涉案标的所得价款是否足以清偿，均可由广州天河法院执行案件债权人优先受偿。

第三，目前渤海银行虽已申请执行，但鉴于其与永胜公司存在展期协议，永胜公司仍有可能会以此为由提出执行异议、复议等，执行程序仍然会被继续拖延。

综上所述，最高人民法院认为，首先查封法院负责处分查封财产是一般规则，优点是可以调动申请执行人的积极性，及时控制财产并实现法律文书确定的债权，有利于债权人权利的维护和执行程序的推进。本案中，鉴于陕西高院及西安中院已承诺可优先保障广州天河法院案件中申请执行人债权，经综合考虑两地法院执行案件的实际情况，为公平保障各方权益，尽快推进执行程序，涉案采矿权宜移送西安中院执行。

【相关法律规定】

《最高人民法院关于人民法院办理财产保全案件若干问题的规定》

第二十一条　保全法院在首先采取查封、扣押、冻结措施后超过一年未对被保全财产进行处分的，除被保全财产系争议标的外，在先轮候查封、扣押、冻结的执行法院可以商请保全法院将被保全财产移送执行。但司法解释另有特别规定的，适用其规定。

保全法院与在先轮候查封、扣押、冻结的执行法院就移送被保全财产发生争议的，可以逐级报请共同的上级法院指定该财产的执行法院。

共同的上级法院应当根据被保全财产的种类及所在地、各债权数额与被保全财产价值之间的关系等案件具体情况指定执行法院，并督促其在指定期限内处分被保全财产。

《民事诉讼法司法解释》

第一百六十三条　法律文书生效后，进入执行程序前，债权人因对方当事人转移财产等紧急情况，不申请保全将可能导致生效法律文书不能执行或者难以执行的，可以向执行法院申请采取保全措施。债权人在法律文书指定的履行期间届满后五日内不申请执行的，人民法院应当解除保全。

【应诉策略】

1. 商请移送执行处分权可有效避免其他债权人出于不同目的强占首先查封地位后怠于执行的情形

如本文主文案例，首先查封债权的债权人通过保全措施对案涉不动产进行了首先查封，后即便在其取得生效法律文书后亦未向首先查封法院申请强制强制执行，导致案涉不动产被查封多年未进行处分，查封期间不动产在逐渐贬值。因此，此时的轮候查封债权的债权人（本案为抵押权人）就极有必要积极推进执行，请求执行法院从首先查封法院处将案涉不动产商请移送至执行法院。

2. 应否同意商请移送由上级法院决定，决定的依据围绕便宜执行的角度进行考量

保全法院与在先轮候查封、扣押、冻结的执行法院就移送被保全财产发生争议的，可以逐级报请共同的上级法院指定该财产的执行法院。共同的上级法院应当根据被保全财产的种类及所在地、各债权数额与被保全财产价值之间的关系等案件具体情况指定执行法院，并督促其在指定期限内处分被保全财产。

其中，关于各债权数额与被保全财产价值之间的关系问题，可以做如下理解：优先债权数额占查封财产价值的比例越高，则移送的必要性越强，如果比例极低，比如优先债权100万元，查封财产5000万元，则移送的必要性不大；只要比例相当，原则上就应予以移送；如果比例超过了100%，则除非案件极为特殊，应一律移送。

3. 决定将案涉资产的执行处分权由首先查封法院移送至轮候的优先债权查封法院对相应债权人将产生何种影响

决定将案涉资产的执行处分权由首先查封法院移送至轮候的优先债权查封法院，对相应债权人可能产生以下几种影响。

（1）首先查封法院应当在收到优先债权执行法院商请移送执行函之日起

15 日内出具移送执行函，将查封财产移送优先债权执行法院执行，并告知当事人。

（2）财产移送执行后，优先债权执行法院在处分或继续查封该财产时，可以持首先查封法院移送执行函办理相关手续。

（3）优先债权执行法院对移送的财产变价后，应当按照法律规定的清偿顺序分配，并将相关情况告知首先查封法院。

（4）首先查封债权尚未经生效法律文书确认的，应当按照首先查封债权的清偿顺位，预留相应份额。

4. 首先查封的执行处分权亦适用于保全程序中的查封、扣押、冻结措施

关于首先查封的执行处分权问题，不仅包括执行过程中的查封、扣押、冻结等措施，也包括保全程序中的查封、扣押、冻结措施。因此，在诉讼中有很多债权人为了强对特定资产的执行处分优势，也会抢先完成查封、扣押、冻结的保全申请，目的就是得到首先查封优势。

【类案裁判观点分析】

案例：首先查封包括了诉讼保全过程中的查封，首先查封债权人在生效法律文书作出后超过 1 年时间未申请执行，且查封的不动产在轮候查封的优先债权法院管辖范围内，所以轮候查封法院可经商请移送程序主动取得对案涉不动产的处分权——最高人民法院（2016）最高法执协 5 号

《最高人民法院关于首先查封法院与优先债权执行法院处分查封财产有关问题的批复》第 1 条规定：“……已进入其他法院执行程序的债权对查封财产有顺位在先的担保物权、优先权，自首先查封之日起已超过 60 日，且首先查封法院就该查封财产尚未发布拍卖公告或者进入变卖程序的，优先债权执行法院可以要求将该查封财产移送执行。”其中，首先查封包括了诉讼保全过程中的查封。本案中，根据执行法院查明的事实和该批复的规定，工行海口新华支行对案涉房地产项目土地使用权及所附建筑物的优先债权为生效法律文书所确认且已进入执行程序。首先查封法院办理案件的债权人华夏银行某分行在生效法律文书作出后始终未申请强制执行，已经超过一年时间。海南高院办理案件已经进入执行程序，申请执行人工行某支行系争议不动产

的抵押权人，对案涉房地产项目土地使用权及所附建筑物的变价款享有优先受偿的权利。而且，查封财产位于海南省内，所以由海南高院负责对两地法院争议不动产的执行，更为妥当。

058. 首先查封法院收到商请移送函后未办理移送，如何应对

◇ **问题** 保全查封取得首先查封的，首先查封法院在收到商请移送函不久首先查封债权人即申请强制执行的，首先查封法院是否须向轮候查封法院移送查封财产

◇ **来源** 最高人民法院（2020）最高法执复6号

◇ **结论** 因保全查封债权人怠于申请执行，首先查封法院在收到轮候查封法院的商请移送函不久，首先查封债权人随即申请强制执行。在此情况下，为保护首先查封债权人的权利，首先查封法院可以拒绝将查封财产移送轮候查封法院

【基本案情】

德兴公司与春天公司企业借贷合同纠纷一案，金盛公司以德兴公司将其在该案中对春天公司的债权转让给了该公司为由，申请加入该案诉讼程序，四川高院追加金盛公司作为该案第三人参加诉讼，并于2016年6月21日作出（2014）川民初字第74号民事判决，判令春天公司向德兴公司偿还借款本金14,952万元及利息。判决生效后，金盛公司以债权受让人身份向四川高院申请强制执行，该院立案受理后，于2018年4月3日裁定该案由成都中院执行。

异议人郑某信因其与德兴公司等民间借贷纠纷一案，已在牡丹江中院进行强制执行，牡丹江中院于2015年5月4日裁定冻结了德兴公司对春天公司享有的22,028万元到期债权。牡丹江中院在金盛公司申请执行春天公司立案执行之前已向四川高院作出书面函件，要求四川高院将德兴公司与春天公司的案件移送牡丹江中院执行，但四川高院没有按法律规定移交案件，一直拖到四川高院为金盛公司立案执行后也没有结果。如果四川高院在金盛公司申

请执行立案之前将案件移交牡丹江中院，现郑某信的利益已得到保护，四川高院为金盛公司立案执行，损害郑某信利益。因此，郑某信对四川高院的执行行为提起执行异议被驳回后，向最高人民法院提出复议。

【争议焦点】

四川高院未将涉案地块移送给牡丹江中院是否错误?

【裁判要点】

经查，牡丹江中院于2018年1月26日将商请移送函寄给四川高院。商请移送函中称：因四川高院（2014）川民初字第74号民事判决已生效一年多，德兴公司未申请执行，商请将春天公司部分地块土地使用权移送牡丹江中院执行。四川高院对此未予答复。2018年2月7日，四川高院根据金盛公司的申请立案执行。依照相关规定，牡丹江中院提出的相关问题可以通过法院之间的协调程序解决。四川高院在收到商请移送函不久，金盛公司随即申请执行（2014）川民初字第74号判决。在此情况下，为保护金盛公司的权利，四川高院未将查封财产移送牡丹江中院并无不当。

【相关法律规定】

《最高人民法院关于首先查封法院与优先债权执行法院处分查封财产有关问题的批复》

一、执行过程中，应当由首先查封、扣押、冻结（以下简称查封）法院负责处分查封财产。但已进入其他法院执行程序的债权对查封财产有顺位在先的担保物权、优先权（该债权以下简称优先债权），自首先查封之日起已超过60日，且首先查封法院就该查封财产尚未发布拍卖公告或者进入变卖程序的，优先债权执行法院可以要求将该查封财产移送执行。

二、优先债权执行法院要求首先查封法院将查封财产移送执行的，应当出具商请移送执行函，并附确认优先债权的生效法律文书及案件情况说明。

首先查封法院应当在收到优先债权执行法院商请移送执行函之日起15日内出具移送执行函，将查封财产移送优先债权执行法院执行，并告知当事人。

移送执行函应当载明将查封财产移送执行及首先查封债权的相关情况等内容。

【应诉策略】

1. 关于查封财产的执行处分权应否必然移送的问题

首先查封法院与优先债权执行法院就移送查封财产发生争议的，可以逐级报请双方共同的上级法院指定该财产的执行法院。共同的上级法院根据首先查封债权所处的诉讼阶段、查封财产的种类及所在地、各债权数额与查封财产价值之间的关系等案件具体情况，认为由首先查封法院执行更为妥当的，也可以决定由首先查封法院继续执行，但应当督促其在指定期限内处分查封财产。因此，即便轮候查封法院向首先查封法院发送商请移送函，首先查封法院也非必然要将查封财产移送给轮候查封法院。

2. 若首先查封法院拒绝移送轮候查封债权人能否提出执行异议

不能。因财产处置权的商请移送执行的问题，是法院之间的内部协调事项，并非法定程序，财产处置权是否移送的争议不属于执行异议案件的审查范围。即便如此，轮候查封债权人仍需积极推进执行法院获得案涉财产的执行处分权，以便后续评估、拍卖程序以及财产分配受偿程序中占有优势地位。同时提醒债权人，案涉财产的首先查封优势不容忽视。

3. 被执行资产不抵负债时，由首先查封法院进行执行分配，首先查封优势不容忽视

根据《最高人民法院关于人民法院执行工作若干问题的规定（试行）》第56条第1款的规定，对参与被执行人财产的具体分配，应当由首先查封、扣押或冻结的法院主持进行。首先查封、扣押、冻结的法院所采取的执行措施如系为执行财产保全裁定，具体分配应当在该院案件审理终结后进行。

【类案裁判观点分析】

案例：财产处置权的商请移送执行不属于执行异议案件的审查范围——北京高院（2022）京执复161号

本院认为，当事人、利害关系人认为人民法院的执行行为违反法律规定

的，可以向负责执行的人民法院提出书面异议。本案中，江阴华中公司所提异议涉及的财产处置权商请移送执行问题系法院之间的内部协调事项，并非法定程序，其据此提出的主张不属于执行异议案件的审查范围。

七、执行监督程序的启动、审查范围及与其他程序的衔接问题

059. 执行监督的审查范围能否超出执行异议请求内容

◇ **问题**　执行监督程序中，当事人能否在执行异议和复议请求的基础上增加新的诉求

◇ **来源**　广东高院（2019）粤执监 123 号

◇ **结论**　执行监督的审查范围应以执行异议请求范围为基础，申请人不能增加新的诉讼请求内容

【基本案情】

申请执行人精彩公司与被执行人王某等金融借款合同纠纷一案中，佛山禅城法院于 2017 年 12 月 6 日发出协助执行通知书，要求相关部门协助精彩公司办理王某名下涉案商铺转移登记手续。2017 年 12 月 29 日，涉案商铺登记至精彩公司名下。

被执行人王某提出异议称，该案据以执行的调解书中约定的王某以案涉商铺抵债是有条件的，现条件尚并未达成，精彩公司不能申请强制执行。要求：（1）撤销有关协助执行通知书；（2）佛山禅城法院帮助其办理房产证；（3）精彩公司赔偿冒用王某名字贷款给王某造成的损失等。

佛山禅城法院经审查认为，王某关于以物抵债条件尚未达成的主张成立，其他主张不属于执行异议的处理范围。作出（2018）粤 0604 执异重 4 号执行裁定：撤销协助执行通知书，驳回申请执行人精彩公司的执行申请。

精彩公司、王某均不服该裁定，向佛山中院申请复议。精彩公司请求：撤销（2018）粤0604执异重4号执行裁定书，驳回王某的异议申请。王某请求：（1）撤销权属人登记为精彩公司的涉案商铺的产权证，将涉案商铺执行回转给王某。（2）按购买涉案商铺时设计图纸复原第三层全部公共通道。（3）将精彩公司代王某已还清欠款2,284,460.46元更正为707,070元。

佛山中院经审查认为，王某提出的执行异议没有事实和法律依据，应不予支持。作出（2019）粤06执复26号执行裁定：（1）撤销佛山禅城法院（2018）粤0604执异重4号执行裁定；（2）驳回复议申请人王某提出的异议请求。

王某不服，向广东高院申诉。请求：（1）撤销佛山中院（2019）粤06执复26号执行裁定；（2）维持佛山禅城法院（2018）粤0604执异重4号裁定主文；（3）将王某的商铺执行回转；（4）要求复原此商铺和复原此第三层的全部公共通道。

【争议焦点】

佛山禅城法院对精彩公司的执行申请予以立案执行是否合法？

【裁判要点】

关于本案的审查范围问题。依据《民事诉讼法》第225条[①]的规定，当事人和利害关系人认为人民法院执行行为违法时，可以提出执行异议请求纠正；不服执行异议裁定，可以向上一级法院申请复议。因此，人民法院审查执行异议案件时，应当围绕异议请求审查执行行为的违法性。执行复议作为执行异议的复审程序，亦应在执行异议案件的审查范围内依法审查。而执行监督系对执行复议案件进行监督审查，亦须以执行异议请求为基础进行审查。在执行监督程序中，申诉人超出执行异议的请求而增加请求撤销、变更或纠正其他执行行为，因未经执行异议或执行复议审查，不应纳入执行监督审查范围。否则，执行监督直接越过异议、复议程序作出审查结论，形成事实上

① 现为《民事诉讼法》第232条。

的一裁终局，违背民事诉讼法的渐进层级的执行救济制度。本案申诉人向广东高院提出了4项申诉请求，第三项、第四项申诉请求系申诉人在异议请求中并未提出，故不属于本案执行监督审查范围。

【相关法律规定】

《民事诉讼法》

第二百三十二条 当事人、利害关系人认为执行行为违反法律规定的，可以向负责执行的人民法院提出书面异议。当事人、利害关系人提出书面异议的，人民法院应当自收到书面异议之日起十五日内审查，理由成立的，裁定撤销或者改正；理由不成立的，裁定驳回。当事人、利害关系人对裁定不服的，可以自裁定送达之日起十日内向上一级人民法院申请复议。

第二百三十四条 执行过程中，案外人对执行标的提出书面异议的，人民法院应当自收到书面异议之日起十五日内审查，理由成立的，裁定中止对该标的的执行；理由不成立的，裁定驳回。案外人、当事人对裁定不服，认为原判决、裁定错误的，依照审判监督程序办理；与原判决、裁定无关的，可以自裁定送达之日起十五日内向人民法院提起诉讼。

《最高人民法院关于人民法院执行工作若干问题的规定（试行）》

75. 上级法院在监督、指导、协调下级法院执行案件中，发现据以执行的生效法律文书确有错误的，应当书面通知下级法院暂缓执行，并按照审判监督程序处理。

【应诉策略】

1. 执行监督作为执行异议和复议的纠错程序，其审查范围不应超过执行异议和复议的审查范围

当事人认为法院执行行为或程序侵害其合法权益，可提起执行异议；对法院处理异议结果不服的，可提起执行复议；对复议结果仍然不服的，可以申请执行监督。可见，执行程序中的异议、复议、执行监督相当于诉讼程序中的一审、二审、再审程序，执行监督系对执行复议案件的监督审查。因此，同再审程序一样，执行监督的审查范围应限于原异议、复议案件的审查范围

和请求事项（见类案裁判观点分析案例二、案例三）。当事人在执行监督程序中提出超过原复议请求的新主张的，法院应不予审查。

2. 不属于执行异议和复议审理范围的事项也不能在执行监督程序中提起

不属于执行异议和复议审理范围的事项，同样也不能在执行监督程序中提起。例如，认为执行依据错误、请求确定执行标的物所有权等请求，因涉及实体争议，需要经过审判程序予以确定，当事人直接在执行监督程序中提出，法院将不予审理（见类案裁判观点分析案例一、案例四）。

【类案裁判观点分析】

案例一：执行依据错误不属于执行监督的审查范围，当事人认为执行依据存在错误，可通过在法定期限内申请审判监督等合法途径寻求权利救济——最高人民法院（2021）最高法执监124号

本院认为，关于申诉人提出的执行依据错误问题，根据《民事诉讼法》第225条、第227条[①]的规定，执行异议是当事人、利害关系人认为执行行为违反法律规定而向负责执行的人民法院提出的书面异议，或者案外人对执行标的提出的书面异议。人民法院在执行异议或复议审查过程中，审查的对象亦为执行行为是否违反法律规定，或者应否裁定中止对执行标的的执行，并不涉及据以执行的生效法律文书正确与否及相应诉讼程序合法与否等问题。从陈某达申请执行监督事由看，其认为本案据以执行的盐城亭湖法院（2016）苏0902民初1242号判决错误，请求再审该案。陈某达可依法通过在法定期限内申请审判监督等合法途径寻求权利救济，而非通过申请执行监督程序解决。

案例二：执行监督的审查范围不应超出执行异议、执行复议的审查范围——山东高院（2021）鲁执监144号

本院认为，从申诉人提交的执行异议申请书看，其已指出本案异议的焦点，而该问题涉及执行依据对相关争议事实及责任的认定，不属于执行异议

① 现为《民事诉讼法》第232条、第234条。

审查范围，申诉人可以通过其他法律途径救济权利。经向宋某淮询问，关于其所提出的主要异议之外的异议中，对于申请执行金额的异议，系认为因原审判决对贴息没有查清导致执行金额不明，故其关于基本事实、政策贴息以及申请执行金额问题的异议均不属于本案执行异议审查范围。申诉人所称的案外冻结问题，其在执行异议申请书中系要求了解作出（2014）市中民初字第1651号协助执行通知书的制作主体、送达主体、执行主体，系对有关信息的了解，而没有对执行行为提出异议。故申诉人的异议申请应予驳回，枣庄市中法院异议裁定理由虽有不当，但枣庄中院已经通过复议裁定纠正。申诉人反映的涉嫌合同诈骗犯罪等刑事案件立案侦查问题，不属于执行监督审查范围，可依法向有权机关反映。

案例三：人民法院办理执行监督案件，应当限于原异议、复议案件审查范围，并主要针对申诉人的申诉请求进行审查——广东高院（2021）粤执监156号

本案是因雪纳公司不服深圳中院（2019）粤03执监7号执行裁定，向本院申诉后由本院立案监督的，且本院生效的（2017）粤执监109号之一执行裁定已驳回圳宝公司的申诉请求，故本案现在应重点围绕雪纳公司的申诉请求进行审查，即深圳中院涉案拍卖行为是否损害雪纳公司合法权益，该院是否应中止对涉案房地产开发项目中55%权益的执行。

案例四：当事人关于认定执行标的物的所有权以及诉讼费用由被申请人承担的请求，不属于执行监督案件的审查范围——最高人民法院（2021）最高法执监198号

本案中，遵义中院于2016年12月13日依据该院（2016）黔03财保37号民事裁定，查封了案涉31套房产，依照《民事诉讼法司法解释》第487条[①]关于“查封不动产、冻结其他财产权的期限不得超过三年”的规定，遵义中院对案涉31套房产诉前保全的效力可持续至2019年12月12日。本案于2019年12月12日前已立案执行，根据前述规定，遵义中院于诉讼前对案

① 现为《民事诉讼法司法解释》第485条。

涉31套房产的查封，已自动转为执行中的查封。商会公司在诉前保全阶段即针对本案执行标的即案涉31套房产提出书面异议，经遵义中院异议审查后，又经执行异议之诉一审、二审，判决准许执行对案涉31套房产的查封。现商会公司针对同一执行标的以相同理由提出执行异议主张排除执行，属于《执行异议和复议规定》第15条第2款规定的“案外人撤回异议或者被裁定驳回异议后，再次就同一执行标的提出异议的”情形，应当裁定不予受理，已经受理的，应当裁定驳回异议申请。据此，遵义中院裁定驳回其异议申请、贵州高院裁定驳回其复议申请并无不当。另外，商会公司关于认定案涉房产属于该公司所有以及诉讼费用由被申请人承担的请求，不属于执行监督案件的审查范围，对此本院不予审查。

060. 就法院的消极执行，能否启动执行监督程序

◇ **问题** 申请执行人认为执行法院执行不力、消极执行，能否启动执行监督程序

◇ **来源** 最高人民法院（2015）执申字第50号

◇ **结论** 执行法院的消极执行，应通过执行监督程序督促执行以寻求救济

【基本案情】

申请执行人东源公司与被执行人圣发公司合作建房合同纠纷一案，淄博中院于2010年4月15日立案执行。

执行过程中，东源公司向淄博中院提出执行异议，反映该院消极执行。淄博中院认为，东源公司反映的不作为的情形不属于执行异议的审理范围，裁定驳回东源公司的异议。

东源公司不服，向山东高院申请执行复议称：淄博中院没有针对本案被执行人行为义务进行执行，没有依法采取强制执行措施，违反法律规定；淄博中院的不作为是严重的违法行为，给申请执行人造成重大损失，也给社会安定造成隐患。山东高院以同样理由裁定驳回东源公司的复议申请。

东源公司仍不服，向最高人民法院申诉。

【争议焦点】

申请执行人认为执行法院执行不力、消极执行，应如何维护自身合法权益？

【裁判要点】

《民事诉讼法》第225条、第226条①的规定赋予执行当事人不同的救济途径，其中，第225条是对于执行行为异议程序的规定，其异议事由主要包括执行法院采取的具体执行措施和执行过程中应当遵守的具体法定程序。当事人、利害关系人认为具体执行措施或程序违反法律规定，并对其合法权益造成侵害的，可以依照第225条的规定提起执行异议。而第226条是对于督促执行程序的规定，执行法院在法定期限内未执行的，申请执行人可申请上一级法院督促执行，督促事由是执行法院消极执行、怠于执行。本案中，东源公司对于执行法院具体执行措施或程序并未提出异议，而是认为执行法院消极执行，请求执行法院尽快采取相应的执行措施，将本案执行完毕。从其主张来看，应适用督促执行程序予以救济。另外，从救济方式来看，执行法院依照《民事诉讼法》第225条启动执行异议审查程序后，认定具体执行措施或程序违反法律规定的，应采取裁定撤销或更正的方式进行纠错。上一级法院依照《民事诉讼法》第226条启动督促执行程序的，认定执行法院存在消极执行、怠于执行的情形，可采取限期执行、提级执行或指令执行的方式进行监督。本案中，东源公司的诉求是尽快执行，并无撤销或更正的具体对象，通过上一级法院督促执行才是正当的救济途径。综上，申诉人东源公司关于执行法院消极执行，其有权依照《民事诉讼法》第225条提出执行异议的申诉理由，缺乏事实和法律依据，理据不足，最高人民法院不予支持。

---

① 现为《民事诉讼法》第232条、第233条。

【相关法律规定】

《民事诉讼法》

第二百三十二条 当事人、利害关系人认为执行行为违反法律规定的，可以向负责执行的人民法院提出书面异议。当事人、利害关系人提出书面异议的，人民法院应当自收到书面异议之日起十五日内审查，理由成立的，裁定撤销或者改正；理由不成立的，裁定驳回。当事人、利害关系人对裁定不服的，可以自裁定送达之日起十日内向上一级人民法院申请复议。

第二百三十三条 人民法院自收到申请执行书之日起超过六个月未执行的，申请执行人可以向上一级人民法院申请执行。上一级人民法院经审查，可以责令原人民法院在一定期限内执行，也可以决定由本院执行或者指令其他人民法院执行。

《最高人民法院关于适用〈中华人民共和国民事诉讼法〉执行程序若干问题的解释》

第十条 依照民事诉讼法第二百二十六条①的规定，有下列情形之一的，上一级人民法院可以根据申请执行人的申请，责令执行法院限期执行或者变更执行法院：

（一）债权人申请执行时被执行人有可供执行的财产，执行法院自收到申请执行书之日起超过六个月对该财产未执行完结的；

（二）执行过程中发现被执行人可供执行的财产，执行法院自发现财产之日起超过六个月对该财产未执行完结的；

（三）对法律文书确定的行为义务的执行，执行法院自收到申请执行书之日起超过六个月未依法采取相应执行措施的；

（四）其他有条件执行超过六个月未执行的。

《最高人民法院关于进一步完善执行权制约机制加强执行监督的意见》

28. 纠正错误执行，防止消极执行。上级人民法院发现下级人民法院错误的执行裁定以及违法、失当、失范执行行为的，应函告下级人民法院自行

---

① 现为《民事诉讼法》第233条。

纠正，或者直接下达裁定、决定予以纠正；对存在消极执行或者疑难重大复杂的案件，上级人民法院应充分运用民事诉讼法第二百二十六条规定，及时督促执行、提级执行或者指令其他法院执行；指令其他法院执行必须坚持有利于及时公正执行标准，严禁以“指令其他法院执行”之名，行消极执行、拖延执行之实。

《人民检察院民事诉讼监督规则》

第十九条　有下列情形之一的，当事人可以向人民检察院申请监督：

（一）已经发生法律效力的民事判决、裁定、调解书符合《中华人民共和国民事诉讼法》第二百零九条第一款①规定的；

（二）认为民事审判程序中审判人员存在违法行为的；

（三）认为民事执行活动存在违法情形的。

第一百零六条　人民检察院发现人民法院在执行活动中有下列情形之一的，应当向同级人民法院提出检察建议：

（一）决定是否受理、执行管辖权的移转以及审查和处理执行异议、复议、申诉等执行审查活动存在违法、错误情形的；

（二）实施财产调查、控制、处分、交付和分配以及罚款、拘留、信用惩戒措施等执行实施活动存在违法、错误情形的；

（三）存在消极执行、拖延执行等情形的；

（四）其他执行违法、错误情形。

【应诉策略】

1. 执行法院的不作为不属于执行异议和复议的审理范围，当事人认为执行法院不作为损害自身权益的，应通过执行监督程序申请督促执行

根据《民事诉讼法》第 232 条的规定，当事人认为执行法院的执行行为违反法律规定，可以提起执行异议和复议。该规定中所谓“执行行为”，是指具体的执行措施或执行程序等积极的执行行为，即作为。当事人认为执行法院消极执行、怠于执行、拖延执行等不作为行为违反法律规定的，应适用

① 现为《民事诉讼法》第 216 条。

《民事诉讼法》第233条的规定，向上一级法院申请督促执行。

2. 申请督促执行的性质及结果

当事人申请督促执行是针对法院不作为的一种执行监督措施，属于执行监督的一种。上一级人民法院经审查认为当事人申请理由成立，可以通过以下三种方式督促执行：

（1）发出督促令，责令原受理案件的人民法院在一定期限内执行。

（2）发出提级执行裁定：决定由本院执行。

（3）发出指定执行裁定：指令其他人民法院执行。

3. 可以申请督促执行的情形

《最高人民法院关于适用〈中华人民共和国民事诉讼法〉执行程序若干问题的解释》第10条规定了以下几种可以申请督促执行的情形：

（1）债权人申请执行时被执行人有可供执行的财产，执行法院自收到申请执行书之日起超过6个月对该财产未执行完结的。

（2）执行过程中发现被执行人可供执行的财产，执行法院自发现财产之日起超过6个月对该财产未执行完结的。

（3）对法律文书确定的行为义务的执行，执行法院自收到申请执行书之日起超过6个月未依法采取相应执行措施的。

（4）其他有条件执行超过6个月未执行的。

总而言之，执行法院在有条件能够执行的情况下，没有正当理由超过6个月期限未执行的，当事人即可申请督促执行。反之，如果执行法院不采取执行措施有被执行人无财产可供执行等合法原因，或者没有超过6个月的执行期限，当事人均不得申请督促执行（见类案裁判观点分析案例一）。

【类案裁判观点分析】

案例一：自执行法院开始执行到当事人申请督促执行期间不超过6个月，不符合指定执行的条件——新疆高院（2021）新执监82号

本院认为，本案审查重点是王某顺指定执行的请求是否成立。《民事诉讼法》第226条[①]规定："人民法院自收到申请执行书之日起超过六个月未执

① 现为《民事诉讼法》第233条。

行的，申请执行人可以向上一级人民法院申请执行。上一级人民法院经审查，可以责令原人民法院在一定期限内执行，也可以决定由本院执行或者指令其他人民法院执行。”《最高人民法院关于适用〈中华人民共和国民事诉讼法〉执行程序若干问题的解释》第10条的规定，依照《民事诉讼法》第226条的规定，有下列情形之一的，上一级人民法院可以根据申请执行人的申请，责令执行法院限期执行或者变更执行法院：（1）债权人申请执行时被执行人有可供执行的财产，执行法院自收到申请执行书之日起超过六个月对该财产未执行完结的；（2）执行过程中发现被执行人可供执行的财产，执行法院自发现财产之日起超过六个月对该财产未执行完结的；（3）对法律文书确定的行为义务的执行，执行法院自收到申请执行书之日起超过六个月未依法采取相应执行措施的；（4）其他有条件执行超过六个月未执行的。昌吉木垒法院根据王某顺的强制执行申请于2021年7月2日立案执行该案，该院自开始执行到王某顺申请新疆高院指定执行期间不超过1个月，不符合指定执行的条件。因此，王某顺请求指定执行的理由不成立。

案例二：当事人认为消极执行行为损害了其合法权益，应适用督促执行程序予以救济——山东高院（2020）鲁执复239号

本案中，复议申请人中弘公司提起复议称：“东营中院至今未强制工行某支行依照追回案款通知书退还案款的行为，属于消极执行行为。针对消极执行行为提出异议，属于执行行为异议，应纳入异议、复议程序予以审查。”对此，本院认为，《民事诉讼法》第225条①规定：“当事人、利害关系人认为执行行为违反法律规定的，可以向负责执行的人民法院提出书面异议。当事人、利害关系人提出书面异议的，人民法院应当自收到书面异议之日起十五日内审查，理由成立的，裁定撤销或者改正；理由不成立的，裁定驳回。当事人、利害关系人对裁定不服的，可以自裁定送达之日起十日内向上一级人民法院申请复议。”《民事诉讼法》第226条②规定：“人民法院自收到申请执行书之日起超过六个月未执行的，申请执行人可以向上一级人民法院申请

① 现为《民事诉讼法》第232条。

② 现为《民事诉讼法》第233条。

执行。上一级人民法院经审查，可以责令原人民法院在一定期限内执行，也可以决定由本院执行或者指令其他人民法院执行。”本案中，复议申请人中弘公司主张东营中院至今未强制工行某支行依照追回案款通知书退还案款的行为属于消极执行行为，损害了其合法权益。从其主张来看，本案应适用《民事诉讼法》第226条之规定予以救济。

案例三：原执行法院超过6个月未执结，上一级法院裁定提级并指定其他法院执行该案符合法律规定——湖北高院（2020）鄂委赔监2号

本院赔偿委员会认为，根据《民事诉讼法》第203条①的规定，人民法院自收到申请执行书之日起超过6个月未执行的，申请执行人可以向上一级人民法院申请执行。上一级人民法院经审查，可以责令原人民法院在一定期限内执行，也可以决定由本院执行或者指令其他人民法院执行。鉴于杨寨公司依随州中院（2006）随民终字第193号民事判决向湖北广水法院申请执行东黄日化厂支付建筑工程款一案超过6个月未执结的具体执行情况，2009年4月24日，随州中院裁定提级并指定随州曾都法院执行该案符合法律规定，随州曾都法院依法对该案享有执行权。

061. 就不予执行仲裁裁决的裁定，能否启动执行监督程序

◇ **问题** 法院裁定不予执行仲裁裁决，申请执行人能否启动执行监督程序

◇ **来源** 最高人民法院（2021）最高法执监12号

◇ **结论** 根据《民事诉讼法司法解释》的规定，当事人对不予执行仲裁裁决的裁定提出执行异议或者复议的，人民法院不予受理。但是，该规定并未禁止人民法院对该类裁定依法启动执行监督程序，当事人有权向上一级法院申诉

① 现为《民事诉讼法》第233条。

【基本案情】

百兴公司与圣峰药业公司等股权回购合同纠纷案，武汉仲裁委员会于2015年4月17日作出（2014）武仲裁字第0001458号裁决书。上述裁决书生效后，百兴公司向恩施中院申请执行。

2017年5月18日，被执行人圣峰药业公司等以（2014）武仲裁字第0001458号裁决书严重违反法律规定为由，向恩施中院申请不予执行该裁决。

恩施中院审查认为，武汉仲裁委员会违反了法律规定，无权裁定圣峰药业公司承担回购公司股权的义务。作出（2017）鄂28执9号执行裁定，裁定不予执行（2014）武仲裁字第0001458号裁决书。

百兴公司不服，向湖北高院申诉。湖北高院经审查认为，百兴公司的部分申诉理由成立，作出（2019）鄂执监16号执行裁定，撤销恩施中院（2017）鄂28执9号执行裁定。

圣峰药业公司等不服，向最高人民法院申诉称：人民法院裁定不予执行仲裁裁决后，当事人对该裁定提出执行异议或者复议的，人民法院应不予受理。据此，湖北高院无权受理百兴公司不服恩施中院（2017）鄂28执9号执行裁定提起的申诉。

【争议焦点】

湖北高院能否对百兴公司就不予执行仲裁裁决裁定的申诉请求进行监督？

【裁判要点】

《民事诉讼法》第237条第5款①规定，仲裁裁决被人民法院裁定不予执行的，当事人可以根据双方达成的书面仲裁协议重新申请仲裁，也可以向人民法院起诉。《民事诉讼法司法解释》第478条②规定："依照民事诉讼法第二百三十七条第二款、第三款规定，人民法院裁定不予执行仲裁裁决后，当事人

---

① 现为《民事诉讼法》第244条第5款。

② 现为《民事诉讼法司法解释》第476条。

对该裁定提出执行异议或者复议的，人民法院不予受理。当事人可以就该民事纠纷重新达成书面仲裁协议申请仲裁，也可以向人民法院起诉。”上述规定只是规定当事人对不予执行仲裁裁决的裁定提出执行异议或者复议，人民法院不予受理，但并未禁止人民法院对该类裁定依法启动执行监督程序。本案中，百兴公司对恩施中院（2017）鄂28执9号执行裁定提起的是申诉而非执行异议或复议，湖北高院彼时也是依照2008年《最高人民法院关于人民法院执行工作若干问题的规定（试行）》第129条规定①的执行监督程序作出（2019）鄂执监16号执行裁定，在程序上并不违反上述司法解释的规定。圣峰药业、郭某南、袁某添关于湖北高院无权受理百兴公司不服恩施中院（2017）鄂28执9号执行裁定提起的申诉的主张，不能成立。

【相关法律规定】

《民事诉讼法》

第二百四十四条第五款　仲裁裁决被人民法院裁定不予执行的，当事人可以根据双方达成的书面仲裁协议重新申请仲裁，也可以向人民法院起诉。

《民事诉讼法司法解释》

第四百七十六条　依照民事诉讼法第二百四十四条第二款、第三款规定，人民法院裁定不予执行仲裁裁决后，当事人对该裁定提出执行异议或者复议的，人民法院不予受理。当事人可以就该民事纠纷重新达成书面仲裁协议申请仲裁，也可以向人民法院起诉。

《最高人民法院执行工作办公室关于执行监督程序中裁定不予执行仲裁裁决几个问题请示案的复函》

三、关于上级法院执行部门是否有权监督下级法院作出的不予执行仲裁裁决裁定，是否适用法复（1996）8号批复的问题。

本院《关于人民法院执行工作若干问题的规定（试行）》（以下简称《执行规定》）第一百三十条第一款②规定：“上级法院发现下级法院在执行中

① 现为《最高人民法院关于人民法院执行工作若干问题的规定（试行）》第71条。
② 现为《最高人民法院关于人民法院执行工作若干问题的规定（试行）》第72条第1款。

作出的裁定、决定、通知或具体执行行为不当或有错误的，应当及时指令下级法院纠正，并可以通知有关法院暂缓执行”。该条规定赋予了上级法院对下级法院在执行中作出的不当或错误裁定的监督权。上级法院的执行部门代表人民法院行使职权，有权依据《执行规定》第一百三十条监督纠正下级法院作出的不予执行仲裁裁决的裁定。而最高人民法院法复（1996）8号批复是针对当事人申请再审而言的，并不影响上级法院对下级法院执行工作的监督权。

【应诉策略】

《民事诉讼法司法解释》第476条规定，当事人对不予执行仲裁裁决的裁定提出执行异议或者复议的，人民法院不予受理。

该规定只是禁止当事人对不予执行仲裁裁决提出执行异议或复议，但向上一级法院申诉属于执行监督程序，我国现有法律规定并未禁止人民法院对该类裁定依法启动执行监督程序，当事人不服该裁定有权向上一级法院申诉。

062. 被执行人进入破产程序，其管理人是否有权启动执行监督程序

◇ **问题** 被执行人进入破产程序，其管理人是否有权启动执行监督程序

◇ **来源** 最高人民法院（2019）最高法执监207号

◇ **结论** 被执行人进入破产程序后，其指定管理人发现执行裁定违反法律规定的，可以向法院申诉提起执行监督程序。执行法院经审查发现该裁定确有错误，可启动执行监督程序，由院长提交审判委员会讨论决定作出撤销裁定

【基本案情】

河南投资集团申请执行安阳公司、棉纺厂、棉纺公司借款担保合同纠纷

一案中，河南高院于2009年7月7日作出（2007）豫法执字第82号执行裁定，将棉纺厂资产和划拨土地裁定到姚某平等人名下。

2014年6月20日，安阳中院依法裁定宣告棉纺厂破产，同时指定了管理人。

棉纺厂职工医院负责人姚某平等人以持有（2007）豫法执字第82号执行裁定书为由，拒绝向管理人移交相关资产。棉纺厂管理人认为，河南高院未经法定程序直接将国有资产和国有划拨土地裁定到案外人个人名下，违反法律禁止性规定，向河南高院提出申诉。

河南高院经审查作出（2016）豫执监22号执行裁定：撤销（2007）豫法执字第82号执行裁定书第2项，即将案涉资产和土地归姚某平等人所有和使用的裁定。

姚某平等人不服，向最高人民法院申诉称棉纺厂管理人无权对（2007）豫法执字第82号执行裁定提起申诉，河南高院启动执行监督程序不符合法律规定。

【争议焦点】

河南高院启动执行监督程序是否符合法律规定？

【裁判要点】

第一，关于棉纺厂管理人是否有权对河南高院（2007）豫法执字第82号执行裁定提出申诉的问题。《企业破产法》第25条第1款规定，管理人履行代表债务人参加诉讼、仲裁或者其他法律程序的职责。本案中，被执行人棉纺厂已被人民法院裁定受理破产申请，棉纺厂管理人有权代表棉纺厂就河南高院（2007）豫法执字第82号执行裁定的问题提出申诉。

第二，关于河南高院启动执行监督程序是否符合规定的问题。《最高人民法院关于人民法院发现本院作出的诉前保全裁定和在执行程序中作出的裁定确有错误以及人民检察院对人民法院作出的诉前保全裁定提出抗诉人民法院应当如何处理的批复》中明确提出，人民法院院长对本院已经发生法律效力的诉前保全裁定和在执行程序中作出的裁定，发现确有错误，认为需要撤销的，应当提交审判委员会讨论决定后，裁定撤销原裁定。本案中，（2007）豫法执字第82号执行裁定系河南高院在执行程序中作出，经对棉纺厂管理人申诉反映问题的审查，发现该裁定确有错误，认为需要撤销，河南高院启动执行监督程序，由院长提交审判委员会讨论决定，作出（2016）豫执监22号裁定，程序合法，并无不当。

【相关法律规定】

《最高人民法院关于人民法院执行工作若干问题的规定（试行）》

71. 上级人民法院依法监督下级人民法院的执行工作。最高人民法院依法监督地方各级人民法院和专门法院的执行工作。

72. 上级法院发现下级法院在执行中作出的裁定、决定、通知或具体执行行为不当或有错误的，应当及时指令下级法院纠正，并可以通知有关法院暂缓执行。

下级法院收到上级法院的指令后必须立即纠正。如果认为上级法院的指令有错误，可以在收到该指令后五日内请求上级法院复议。

上级法院认为请求复议的理由不成立，而下级法院仍不纠正的，上级法院可直接作出裁定或决定予以纠正，送达有关法院及当事人，并可直接向有关单位发出协助执行通知书。

73. 上级法院发现下级法院执行的非诉讼生效法律文书有不予执行事由，应当依法作出不予执行裁定而不制作的，可以责令下级法院在指定时限内作出裁定，必要时可直接裁定不予执行。

74. 上级法院发现下级法院的执行案件（包括受委托执行的案件）在规定的期限内未能执行结案的，应当作出裁定、决定、通知而不制作的，或应当依法实施具体执行行为而不实施的，应当督促下级法院限期执行，及时作出有关裁定等法律文书，或采取相应措施。

对下级法院长期未能执结的案件，确有必要的，上级法院可以决定由本院执行或与下级法院共同执行，也可以指定本辖区其他法院执行。

75. 上级法院在监督、指导、协调下级法院执行案件中，发现据以执行的生效法律文书确有错误的，应当书面通知下级法院暂缓执行，并按照审判监督程序处理。

《最高人民法院关于高级人民法院统一管理执行工作若干问题的规定》

五、高级人民法院有权对下级人民法院的违法、错误的执行裁定、执行行为函告下级法院自行纠正或直接下达裁定、决定予以纠正。

《最高人民法院关于执行案件督办工作的规定（试行）》

第一条 最高人民法院对地方各级人民法院执行案件进行监督。高级人民法院、中级人民法院对本辖区内人民法院执行案件进行监督。

第二条 当事人反映下级法院有消极执行或者案件长期不能执结，上级法院认为情况属实的，应当督促下级法院及时采取执行措施，或者在指定期限内办结。

《最高人民法院关于执行案件立案、结案若干问题的意见》

第二十六条 执行监督案件的结案方式包括：

（一）准许撤回申请，即当事人撤回监督申请的；

（二）驳回申请，即监督申请不成立的；

（三）限期改正，即监督申请成立，指定执行法院在一定期限内改正的；

（四）撤销并改正，即监督申请成立，撤销执行法院的裁定直接改正的；

（五）提级执行，即监督申请成立，上级人民法院决定提级自行执行的；

（六）指定执行，即监督申请成立，上级人民法院决定指定其他法院执行的；

（七）其他，即其他可以报结的情形。

【应诉策略】

第一，执行监督是人民法院内部的一种监督和纠错制度，有权提起执行监督的主体包括以下几类：

（1）当事人、利害关系人、案外人，可以向作出裁定的法院或其上级法院、作出裁定的法院的同级检察机关申诉，也可以向上级法院信访，提起执行监督。

（2）执行法院院长发现本院执行裁定有误，可以提请审判委员会讨论决定启动执行监督程序（见类案裁判观点分析案例三）。

（3）执行法院或其上级人民法院主动发现执行错误，可以启动执行监督（见类案裁判观点分析案例二）。

（4）检察机关基于监督职权，发现有执行错误的，可以向法院发出监督意见书启动执行监督程序。

第二，执行监督不同于执行异议和复议，当事人、利害关系人在其中的作用较小，其申诉并不必然产生启动执行监督程序的法律效果，最终作出执行监督决定及具体实施的主体仍是不同层级的人民法院。

第三，执行监督和执行复议是两种相互独立的纠错程序，当事人在复议请求中直接要求启动执行监督，法院将不予支持（见类案裁判观点分析案例一）。

【类案裁判观点分析】

案例一：当事人不能在复议程序中提出启动执行监督程序——湖北高院（2021）鄂执复345号

本院认为：（1）当事人、利害关系人认为人民法院的执行行为违反法律规定的，可以向负责执行的人民法院提出书面异议。当事人、利害关系人对人民法院作出的异议裁定不服的，可以向上一级人民法院申请复议。当事人、利害关系人向人民法院申请复议的，应当在原异议请求事项的范围内提出复议请求。陈某中在复议中提出的启动执行监督程序、撤销武汉中院（2019）鄂01执异244号执行裁定和本院（2019）鄂执复130号执行裁定，超出了原异议请求的事项，不属于本案的审查范围，陈某中可以另行主张权利。（2）《最高人民法院关于执行工作中正确适用修改后民事诉讼法第202条、第204条①规定的通知》第1条规定："当事人、利害关系人根据民事诉讼法第202条的规定，提出异议或申请复议，只适用于发生在2008年4月1日后作出的执行行为；对于2008年4月1日前发生的执行行为，当事人、利害关系人可以依法提起申诉，按监督案件处理。"武汉中院（1999）武执字第260号案件的结案形式为执行完毕，结案日期为1999年12月23日，故陈某中请求撤销上

① 现为《民事诉讼法》第232条、第234条。

述终结执行行为，只能依法提起申诉，而不能在本案的执行异议和复议程序中解决。

案例二：执行法院发现执行部门执行行为存在错误，可以启动执行监督程序，撤销错误执行裁定——湖北高院（2021）鄂执复219号

本院认为，本院（2016）鄂民终841号民事判决虽有给付内容，但该判决不能直接产生涉案房产的物权变动效果。涉案房产发生物权变动的时间为2018年9月湖北省荆州市不动产登记交易中心办理变更过户登记时，而荆州中院受理长丰公司破产的时间系2018年7月13日，此时涉案房产尚未发生物权变动，荆州中院应当中止执行，将涉案房产移送至受理破产的审判庭处置，由审判部门依据相关法律规定对涉案房产是否属于破产财产作出认定。荆州中院在发现执行部门未及时中止执行，且（2018）鄂10执恢2号执行裁定及（2018）鄂10执恢2号、（2018）鄂10执恢2号之一协助执行通知书还存在擅自修改楼层的瑕疵后，启动执行监督程序作出（2020）鄂10执监6号执行裁定，撤销荆州中院（2018）鄂10执恢2号执行裁定及（2018）鄂10执恢2号、（2018）鄂10执恢2号之一协助执行通知书，将涉案房产所有权及所占土地使用权恢复登记到长丰公司名下，并无不当。

案例三：执行法院院长发现本院作出的执行裁定执行不能，可以启动执行监督程序纠正错误裁定——广西高院（2020）桂执监52号

关于防城港中院启动执行监督程序是否合法的问题。《最高人民法院关于人民法院发现本院作出的诉前保全裁定和在执行程序中作出的裁定确有错误以及人民检察院对人民法院作出的诉前保全裁定提出抗诉人民法院应当如何处理的批复》第1条规定："人民法院院长对本院已经发生法律效力的诉前保全裁定和在执行程序中作出的裁定，发现确有错误，认为需要撤销的，应当提交审判委员会讨论决定后，裁定撤销原裁定。"据此，防城港中院依法有权纠正错误裁定。本案中，防城港中院时任院长发现原以地抵债裁定无法办理过户，执行不能，启动执行监督程序于法有据。

063. 当事人不服执行监督裁定，能否提起执行异议或执行异议之诉

◇ **问题**　当事人不服执行监督裁定，能否提起执行异议或执行异议之诉
◇ **来源**　新疆高院（2021）新执复64号
◇ **结论**　当事人、利害关系人如对执行监督行为不服，应另行通过执行监督程序予以解决，不能提起执行异议或执行异议之诉

【基本案情】

申请执行人王某与被执行人五洲公司建设工程施工合同纠纷一案执行过程中，王某向乌鲁木齐中院申请追加仓储公司为本案被执行人。乌鲁木齐中院作出（2012）乌中执监字第208号裁定驳回王某的请求。

王某向新疆高院申请复议，新疆高院作出（2013）新执二监字第81号执行裁定，追加仓储公司为本案被执行人。乌鲁木齐中院依据该裁定执行仓储公司名下的土地使用权及房产，进行拍卖并作出（2014）乌中执恢字第36－1号执行裁定。

2019年12月31日，最高人民法院作出（2019）最高法执监114号执行裁定，裁定：（1）撤销新疆高院（2013）新执二监字第81号执行裁定；（2）本案由新疆高院重新审查。

2020年11月19日，新疆高院经重新审查作出（2020）新执监94号执行裁定，裁定：（1）驳回王某的复议申请；（2）维持乌鲁木齐中院（2012）乌中执监字第208号执行裁定；（3）驳回王某要求追加仓储公司为本案被执行人的请求。

乌鲁木齐中院审判委员会认为：该院作出的（2014）乌中执恢字第36－1号执行裁定所依据的新疆高院81号裁定已经被最高人民法院裁定撤销，因此，（2014）乌中执恢字第36－1号执行裁定也应予以撤销。遂作出（2020）新01执监401号执行裁定：撤销（2014）乌中执恢字第36－1号执行裁定，解除对仓储公司名下的土地使用权及房产的查封措施。

王某对（2020）新01执监401号执行裁定不服，向乌鲁木齐中院提出执行异议。乌鲁木齐中院以（2020）新01执监401号执行裁定属于执行监督行为，不能提出执行异议为由，裁定驳回王某的异议申请。王某不服，向新疆高院申诉。

【争议焦点】

本案是否符合执行异议案件的受理条件？

【裁判要点】

本院认为，根据《执行异议和复议规定》第7条第1款的规定，当事人或利害关系人并非对人民法院在执行中作出的所有行为可以提出异议。王某申请撤销的（2020）新01执监401号执行裁定系乌鲁木齐中院依据（2020）新执监94号执行裁定进行执行监督而作出。执行监督与当事人、利害关系人提出执行异议等执行救济是两个不同程序，是作为两种不同的纠错机制同时存在的。执行监督行为并不属于《民事诉讼法》第225条[①]所规定的执行行为，当事人、利害关系人如对执行监督行为不服，不应再行通过提出执行异议的方式予以救济，否则将导致程序的循环往复。王某如对执行监督行为不服，可依据《最高人民法院关于人民法院执行工作若干问题的规定（试行）》第71条、第72条的规定，另行通过执行监督程序予以解决。本案中，王某对执行监督行为提出异议，不符合执行异议案件的受理条件。

【相关法律规定】

《执行异议和复议规定》

第七条 当事人、利害关系人认为执行过程中或者执行保全、先予执行裁定过程中的下列行为违法提出异议的，人民法院应当依照民事诉讼法第二百二十五条[②]规定进行审查：

（一）查封、扣押、冻结、拍卖、变卖、以物抵债、暂缓执行、中止执

① 现为《民事诉讼法》第232条。

② 现为《民事诉讼法》第232条。

行、终结执行等执行措施；

（二）执行的期间、顺序等应当遵守的法定程序；

（三）人民法院作出的侵害当事人、利害关系人合法权益的其他行为。

被执行人以债权消灭、丧失强制执行效力等执行依据生效之后的实体事由提出排除执行异议的，人民法院应当参照民事诉讼法第二百二十五条规定进行审查。

除本规定第十九条规定的情形外，被执行人以执行依据生效之前的实体事由提出排除执行异议的，人民法院应当告知其依法申请再审或者通过其他程序解决。

《最高人民法院关于人民法院执行工作若干问题的规定（试行）》

71. 上级人民法院依法监督下级人民法院的执行工作。最高人民法院依法监督地方各级人民法院和专门法院的执行工作。

72. 上级法院发现下级法院在执行中作出的裁定、决定、通知或具体执行行为不当或有错误的，应当及时指令下级法院纠正，并可以通知有关法院暂缓执行。

下级法院收到上级法院的指令后必须立即纠正。如果认为上级法院的指令有错误，可以在收到该指令后五日内请求上级法院复议。

上级法院认为请求复议的理由不成立，而下级法院仍不纠正的，上级法院可直接作出裁定或决定予以纠正，送达有关法院及当事人，并可直接向有关单位发出协助执行通知书。

《广东省高级人民法院关于办理执行监督案件的指引》

第三十条　对本院自行监督所作的纠错执行监督裁定不服，原案为可以提起执行异议、申请复议或者提起执行异议诉讼救济的，当事人仍享有原案的执行救济权利；原案裁定为执行复议裁定的，可以向上一级法院申诉。

依前款可以对执行监督裁定提起执行异议、申请复议或者提起执行异议诉讼的，应当在执行监督裁定中书面告知当事人。

【应诉策略】

对于当事人如不服执行监督裁定应如何救济的问题，目前我国法律并未对此问题作出明确规定。一般来说，对于当事人、利害关系人申诉启动的执行监督程序，法院可作出以下几类裁定：

（1）驳回申请。

（2）指令执行法院限期改正。

（3）撤销执行法院的裁定并直接改正。

（4）由上级人民法院决定提级自行执行。

（5）由上级人民法院决定指定其他法院执行。

上述情形中除第3类裁定外，其他几种处理结果均不会对原裁定作出实质性改变。这种情况下，如果允许当事人再对执行监督裁定提出执行异议和复议，实质是对原裁定行为的二次审理，显然没有必要。通过相关案例检索我们也发现，司法实践中，如当事人不服执行监督裁定提出执行异议或执行异议之诉，法院将以避免执行程序循环往复为由，裁定不予受理。但是，当事人仍可另行通过执行监督程序予以解决，即向作出执行监督裁定法院的上一级人民法院继续提出申诉。

当事人如因不服上述第3类“撤销执行法院的裁定并直接改正”的执行监督裁定，进而提起执行异议，法院会依据该执行裁定是否会对当事人的权益产生实质影响来判断是否受理（详见本书《法院在执行监督程序中撤销以物抵债裁定，当事人能否提起执行异议和复议》一文）。

【类案裁判观点分析】

案例一：当事人、利害关系人如对执行监督行为不服，可通过执行监督程序解决，不能再提起执行异议或执行异议之诉——最高人民法院（2015）执复字第31号

关于能否以执行异议程序审查执行监督行为的问题。《民事诉讼法》第225条[①]规定了当事人、利害关系人可以对违法执行行为提出异议。具体而言，主要可以针对以下两类执行行为提出异议：一是查封、扣押、冻结、拍卖、变卖、以物抵债、暂缓执行、中止执行、终结执行等执行措施；二是执行的顺序、期间等应当遵守的法定程序。执行法院作出的其他侵害当事人、利害关系人合法权益的行为也属于违法执行行为的范畴。但是，并非对人民

① 现为《民事诉讼法》第232条。

法院在执行中作出的所有行为均可以提出异议。就本案所涉的执行监督行为而言，执行监督与当事人、利害关系人提出执行异议等执行救济是两个不同的概念，是作为两种不同的纠错机制同时存在的。执行监督行为并不属于《民事诉讼法》第225条所规定的执行行为，当事人、利害关系人如对执行监督行为不服，不应再行通过提出执行异议的方式予以救济。当然，当事人、利害关系人如对执行监督行为不服，仍可另行通过执行监督程序予以解决。

案例二：当事人对执行监督行为不服，可按照执行监督程序主张自己的权利，而不应当再提起执行异议之诉——最高人民法院（2019）最高法民申5680号

对于本案而言，在原执行行为发生在确立执行异议审查制度之前，而且已经启动了执行监督的情况下，当事人对执行监督行为仍不服的，可按照执行监督程序主张自己的权利，而不应当再通过执行异议之诉进行救济，否则将导致程序的循环往复。二审裁定认为本案的执行监督行为不属于《民事诉讼法》第225条、第227条①所规定的执行行为以及本案不符合执行异议之诉的受案条件，并无错误。

064. 法院在执行监督程序中撤销以物抵债裁定，当事人能否提起执行异议和复议

◇ **问题**　法院在执行程序中作出以物抵债裁定后，法院院长发现以物抵债裁定有误，通过执行监督程序予以撤销，当事人对撤销裁定不服，能否提起执行异议和复议

◇ **来源**　最高人民法院（2019）最高法执监374号

◇ **结论**　法院院长发现本院执行裁定有误，通过执行监督方式予以撤销，实际上是作出了新的执行行为，当事人可以通过异议和复议程序救济其权利

①　现为《民事诉讼法》第232条、第234条。

【基本案情】

执行申请执行人吴某阳与被执行人吕某、三亚旭诚公司民间借贷纠纷一案执行过程中，执行法院洛阳中院院长发现据以执行的案涉以物抵债裁定书确有错误，经该院审判委员会讨论决定，作出（2019）豫执复108号执行裁定：撤销案涉以物抵债裁定。

吴某阳对洛阳中院（2019）豫执复108号执行裁定不服，提出执行异议。洛阳中院经审查作出（2019）豫03执异98号执行裁定：驳回吴某阳的异议请求。

吴某阳仍不服，向河南高院申请复议。河南高院认为，当事人不能针对执行监督行为提出执行异议，裁定撤销洛阳中院（2019）豫03执异98号执行裁定，驳回吴某阳的异议申请。

吴某阳不服，向最高人民法院申诉。

【争议焦点】

河南高院复议裁定认为，本案洛阳中院的监督行为并非执行行为，当事人不能提出异议是否正确？

【裁判要点】

根据《执行异议和复议规定》第7条第1款①的规定，洛阳中院在以物抵债裁定作出后，又撤销该以物抵债裁定，并中止案件执行，尽管这些行为是以本院院长发现后启动的执行监督方式处理的，但实际上是作出了新的执行行为，故当事人可以通过异议和复议程序救济其权利。在洛阳中院对本案相关异议请求作出审查并裁定后，河南高院以洛阳中院撤销以物抵债裁定系监督行为而非执行行为，不应通过异议、复议程序审查为由，驳回吴某阳异议申请系适用法律错误，最高人民法院予以纠正。

---

① 该规定在该司法解释2020年修正时未做改动。

【相关法律规定】

《执行异议和复议规定》

第七条第一款 当事人、利害关系人认为执行过程中或者执行保全、先予执行裁定过程中的下列行为违法提出异议的，人民法院应当依照民事诉讼法第二百二十五条①规定进行审查：

（一）查封、扣押、冻结、拍卖、变卖、以物抵债、暂缓执行、中止执行、终结执行等执行措施；

（二）执行的期间、顺序等应当遵守的法定程序；

（三）人民法院作出的侵害当事人、利害关系人合法权益的其他行为。

【应诉策略】

执行异议和复议是针对法院执行行为的纠错程序，当事人认为执行法院的执行行为不符合法律规定的，可以提起执行异议和复议予以救济。而执行监督同样属于对法院错误的执行行为的救济途径，其在作用和效力上与执行异议和复议相当，在程序上应为执行异议和复议的兜底制度。因而，通常情况下，当事人对于法院的执行监督行为有异议的，不能通过执行异议和复议来解决，只能继续向上一级法院申请执行监督。

但是，如果法院在执行监督程序中直接裁定撤销原执行裁定，或者直接以执行监督裁定的方式对原裁定的错误进行改正，则该执行监督裁定将对当事人的实体权利产生实质影响，实际上相当于作出一个新的执行行为，在这种情形下，当事人就可以对执行监督行为提起执行异议或复议。

① 现为《民事诉讼法》第232条。

第四部分

案外人可通过异议之诉排除执行和确权

一、购房人请求排除执行的常见情形

065. 购房人排除执行时，如何认定在“法院查封之前”已经签订房屋买卖合同

◇ **问题**　在法院发出协助执行通知书当日签订商品买卖合同，能否认定购房人符合“在人民法院查封之前已签订合法有效的书面买卖合同”的情形

◇ **来源**　最高人民法院（2021）最高法民终987号

◇ **结论**　法院查封日期应为实际查封之日，不以协助执行通知书日期为准

【基本案情】

2012年5月，被执行人宏缘公司为向银行借款，以案涉房产提供抵押担保并办理了登记。后因宏缘公司不能偿还借款，银行提起诉讼。

2014年10月23日，因银行申请保全，法院发出协助执行通知书，请房产局协助查封案涉房屋。同日，张某为购买案涉房屋与宏缘公司签订《商品房买卖合同》。

2019年11月11日，张某对一审法院裁定查封案涉房屋提出书面异议，法院裁定中止对案涉房屋的执行，银行遂提起本案执行异议之诉。

【争议焦点】

1. 能否认定张某在人民法院查封之前已签订合法有效的书面买卖合同？

2. 张某作为案外人就执行标的是否享有足以排除强制执行的民事权益？

【裁判要点】

关于合同签订情况。宏缘公司与张某签订《商品房买卖合同》的落款日期为2014年10月23日，同日执行法院出具（2014）辽民二初字第54号协助执行通知书，请行政主管部门协助预查封包括案涉房屋在内的宏缘公司634套房产。在行政主管部门收到该协助执行通知书并查封案涉房屋之前，客观上并不能对外产生公示效力。经最高人民法院查询，案涉房屋在行政主管部门预查封日期为2014年10月29日，应以该日期作为人民法院查封案涉房屋的日期，可以认定宏缘公司与张某在人民法院查封之前签订了合法有效的书面买卖合同。

【相关法律规定】

《最高人民法院关于人民法院民事执行中查封、扣押、冻结财产的规定》

第一条 人民法院查封、扣押、冻结被执行人的动产、不动产及其他财产权，应当作出裁定，并送达被执行人和申请执行人。

采取查封、扣押、冻结措施需要有关单位或者个人协助的，人民法院应当制作协助执行通知书，连同裁定书副本一并送达协助执行人。查封、扣押、冻结裁定书和协助执行通知书送达时发生法律效力。

第七条 查封不动产的，人民法院应当张贴封条或者公告，并可以提取保存有关财产权证照。

查封、扣押、冻结已登记的不动产、特定动产及其他财产权，应当通知有关登记机关办理登记手续。未办理登记手续的，不得对抗其他已经办理了登记手续的查封、扣押、冻结行为。

《最高人民法院关于人民法院办理财产保全案件若干问题的规定》

第十六条 人民法院在财产保全中采取查封、扣押、冻结措施，需要有关单位协助办理登记手续的，有关单位应当在裁定书和协助执行通知书送达后立即办理。针对同一财产有多个裁定书和协助执行通知书的，应当按照送达的时间先后办理登记手续。

《民法典》

第二百一十四条　不动产物权的设立、变更、转让和消灭，依照法律规定应当登记的，自记载于不动产登记簿时发生效力。

第二百一十六条第一款　不动产登记簿是物权归属和内容的根据。

【应诉策略】

第一，在执行异议审查中，如果购房人援引《执行异议和复议规定》第28条、第29条的规定主张排除强制执行，如何确定法院的查封时间将会影响购房人能否成功排除法院的强制执行措施。关于查封时间的确定，虽然法律规定有关单位应当在裁定书和协助执行通知书送达后立即办理，但实践中仍然存在协助执行通知书送达回证上所载时间与行政主管部门实际进行查封登记时间不一致的情形。如本文主文案例中的观点，认为法院发出协助执行通知书不具有客观上的公示力，法院查封日期应为实际查封之日。但也有案例认为，法院发出协助执行通知书具有公示效力，查封时间以法院作出并送达协助执行通知书时间为准（见类案裁判观点分析案例四）。

实际上，这两种观点是从两种不同主体角度出发考虑问题：

（1）从被执行人角度来看，应以送达回证上签收的时间作为执行裁定书及协助执行通知书查封的生效时间（见类案裁判观点分析案例一）。

（2）而从案外人角度来看，从保护市场交易安全下善意第三人的角度考虑，查封日期应以不动产登记簿登记日期为准。相比而言，购房人在签署房屋买卖合同时若能证明已经尽到了审查义务，即能证明已到行政主管部门查询房屋查封情况，则法院会更倾向于保护善意购房人，以法院查封日期应为实际查封之日为准。

第二，《执行异议和复议规定》第28条、第29条的规定未对查封是否为执行中的查封进行界定，且根据《最高人民法院关于人民法院民事执行中查封、扣押、冻结财产的规定》第4条[①]的规定，保全中的查封在进入执行程序后自动转为执行中的查封，因此无论是诉讼中的保全查封还是执行中的查

① 该司法解释最新版本中已无相关规定。

封，均具有公示效力，均符合本条的规定。

第三，预查封的效力等同于正式查封，签订在预查封之后的房屋买卖合同权利人不能排除强制执行（见类案裁判观点分析案例三）。

第四，轮候查封不能产生正式查封的效力，轮候查封需要等首先查封失效后轮候查封才正式生效。然而，轮候查封时间以首先查封时间为准还是以现行有效的查封为准？这个问题在实务中往往会成为异议焦点。笔者认为，鉴于查封状态的持续性，可将首先查封时间认定为轮候查封的时间（见类案裁判观点分析案例五）。也就是说，只要签订房屋买卖合同时房屋处于查封状态，那么在执行异议之诉中，无论申请执行人是首先查封权利人还是轮候查封人，在判断房屋买卖合同与法院查封先后顺序时，均应以首先查封时间作为查封时间。因此，建议购房人在签署购房合同前一定要先查询房屋查封情况。

第五，若购房人援引《执行异议和复议规定》第 28 条、第 29 条的规定提出执行异议，因为登记机构迟延登记造成法院认定购房人签订买卖合同在法院查封之前，由此异议成立给申请执行人造成损失的，申请人的该损失可向协助义务人的登记机关主张。

【类案裁判观点分析】

案例一：执行裁定书及协助执行通知书查封的生效时间以在送达回证上签收为准，协助单位未能办理协助登记，并不影响该查封时间的效力——最高人民法院（2019）最高法执监 524 号

依据唐山中院查明的事实，唐山路北法院依据张某莉的申请，于 2015 年 12 月 11 日作出执行裁定及协助执行通知书，要求唐山市有关行政主管部门协助查封案涉房产，依法向唐山市有关行政主管部门送达后，由该局工作人员在送达回证上签字签收。依据《最高人民法院关于人民法院民事执行中查封、扣押、冻结财产的规定》第 1 条第 2 款①的规定，唐山路北法院关于查封案涉房产的查封裁定和协助执行通知书已经于送达唐山市有关行政主管部门时发生法律效力。

① 该规定在该司法解释 2020 年修正时未做改动。

关于申诉人张某提出的依据《最高人民法院关于人民法院民事执行中查封、扣押、冻结财产的规定》第9条①，未办理登记手续的，不得对抗其他已经办理了登记手续的查封、扣押、冻结行为的理由，本院认为，依据唐山中院查明的事实，并非唐山路北法院未去办理登记手续，而是因为唐山市有关行政主管部门的原因导致当时未能予以登记。但之后，唐山市有关行政主管部门已经在查明相关情况的基础上进行了更正登记。鉴于本案张某和张某莉均为执行程序中的申请执行人，并不涉及保护市场交易安全下善意第三人的问题。因此，本案应从实事求是的原则出发，按照不同法院查封裁定、协助执行通知书的实际送达生效时间确定查封顺位。申诉人张某关于其应为本案涉案房产首先查封权利人的理由，本院不予支持。

案例二：异议人对案涉房屋的占有行为发生在轮后查封之后的，其即不符合“在人民法院查封之前已合法占有该不动产”的情形——最高人民法院（2021）最高法民申1519号

案涉房屋查封即使属于轮候查封，但轮候查封系人民法院依据生效的执行裁定实施的强制执行措施，在依法自动产生查封效力前并非不产生法律效力，而是产生预查封的法律效力。户某祥再审申请中提交新证据证明其于2017年1月领取了案涉房屋的入住通知单，占有案涉房屋，即使该证据能够证明其主张，因户某祥对案涉房屋的占有行为发生在案涉房屋查封之后，原判决认定户某祥不符合《执行异议和复议规定》第28条第2项规定的“在人民法院查封之前已合法占有该不动产”的情形，认定事实及适用法律并无不当。户某祥不符合《执行异议和复议规定》第28条第2项的情形，不能排除强制执行。

案例三：预查封的效力等同于正式查封——最高人民法院（2021）最高法民终1298号

《最高人民法院、国土资源部②、建设部③关于依法规范人民法院执行和

① 现为《最高人民法院关于人民法院民事执行中查封、扣押、冻结财产的规定》第7条。

② 现为自然资源部。

③ 现为住房和城乡建设部。

国土资源房地产管理部门协助执行若干问题的通知》第18条规定，预查封的效力等同于正式查封。因此，无论预查封与正式查封在具体实施阶段系采取何种形式实现，两者在限制标的物转让的法律效力上是相同的，即执行标的一旦被人民法院查封（包括预查封、正式查封），非经人民法院允许，任何人不得对其进行毁损变动、设定权利负担等有违查封目的的处分行为。所以，无论肖某是否全额或者部分支付案涉房款，由于案涉购房合同系在人民法院查封之后签订，本案情形不符合《执行异议和复议规定》中关于可以排除强制执行的认定标准。肖某以《执行异议和复议规定》第29条规定的“查封”指的是严格意义上的正式查封，本案情形符合《执行异议和复议规定》第29条的规定，可以排除强制执行为由提出不得执行肖某购买的案涉房屋，并解除对该房屋的查封，终止对该房屋的拍卖的诉讼请求，理据不足，本院不予支持。

案例四：法院发出协助执行通知书具有公示效力，查封时间以法院作出并送达协助执行通知书的时间为准——最高人民法院（2019）最高法民申1796号

郴州中院向宜章县房产管理部门、宜章县国土资源管理部门发出协助执行通知书的行为，即是向不动产登记机构办理不动产查封登记、限制不动产交易的公示行为，具有法定的公示效力，张贴封条或者公告与否，并不影响不动产查封登记的公示效力。因此，华冠建材公司主张本案查封没有张贴封条或者公告，不具有公示效力，是其对相关法律及司法解释的曲解，本院不予支持。

案例五：轮候查封权利人享有建设工程价款优先受偿权，可以主张以首先查封时间作为查封日期——最高人民法院（2021）最高法民终988号

2014年10月23日，一审法院作出（2014）辽民二初字第54号民事裁定，预查封了包括案涉房产在内的多套房产。经本院查询，案涉房产在沈阳市有关行政主管部门预查封日期为2014年10月29日，应以该日期作为人民法院查封案涉房产的日期。虽然北方建设公司对案涉房产轮候查封的时间为2017年3月10日，晚于赵某朴与宏缘公司签订《商品房买卖合同》的日期，但北方建设公司享有的建设工程价款优先受偿权属于法定优先权的范畴，其本质是以建设工程的交换价值担保工程款债权的实现，该权利优于农商行大东支行对案涉房产享有的抵押权和其他债权。并且，由于本案一审法院已先行于2014年10月29日预查封案涉房产，2017年5月16日一审法院已依法同意沈阳中院对北方建设公司享有优先受偿权部分的房产予以处分，北方建设公司可以在本案中主张以2014年10月29日为案涉房产首次查封时间。而赵某朴与宏缘公司签订《商品房买卖合同》的日期为2014年10月31日，晚于人民法院对案涉房产的查封时间，故赵某朴不符合《执行异议和复议规定》第29条第1项的情形，就本案执行标的不享有足以排除强制执行的民事权益。

066. 次买受人能否承继先买受人的签约时间，认定其在法院查封前已签署买卖合同

◇ **问题** 先买受人在房屋被查封前与开发商签订房屋买卖合同，房屋被查封后，买房人将房产转卖，次买受人与开发商补签房屋买卖合同，次买受人能否主张“在法院查封之前签订书面买卖合同”

◇ **来源** 最高人民法院（2021）最高法民终998号

◇ **结论** 房屋被查封之前先买受人购买房屋，并于查封后将房屋转卖，次买受人与开发商补签的《商品房买卖合同》可以视为符合《执行异议和复议规定》第29条第1项规定的情形

【基本案情】

2012年7月16日，张某与开发商签订《产权认购协议书》，约定购买案涉房屋。协议签订后，张某支付了全部购房款并缴纳了水费、燃气使用费等房屋使用费用。2016年1月4日，法院查封案涉房屋。

2016年6月20日，李某为购买案涉房屋与张某签订《房屋买卖协议书》并支付了全部购房款。开发商与李某补签了《商品房买卖合同》，并将《产权认购协议书》的买方变更为李某。同日，开发商向李某开具《入住通知单》。后李某居住至今。

案涉房屋被法院强制执行，李某遂提起本案执行异议之诉。

【争议焦点】

次买受人李某对案涉房屋是否享有足以排除强制执行的民事权益?

【裁判要点】

本案中，就案涉房屋，李某与开发商补签的《商品房买卖合同》的签订日期虽在一审法院对案涉房屋查封之后，但鉴于李某并非直接向开发商购房，而是向案外人张某购买，再与开发商补签买卖合同，而张某在案涉房屋查封前已与开发商签订了买卖合同，支付了房款，且在查封前已占有了案涉房屋。一审法院据此将李某与开发商补签的《商品房买卖合同》视为符合《执行异议和复议规定》第29条第1项规定情形并无不当，最高人民法院予以维持。李某与张某的房屋交易行为发生在案涉房屋被查封之后，该行为虽不为法律所鼓励，但本案作为案外人执行异议之诉，审查重点在李某对案涉房屋是否享有排除执行的民事权益。申请执行人以张某、李某的房屋交易行为发生在案涉房屋被查封后为由，主张一审法院适用法律错误依据不足，最高人民法院不予采信。

【相关法律规定】

《执行异议和复议规定》

第二十九条 金钱债权执行中，买受人对登记在被执行的房地产开发企业名下的商品房提出异议，符合下列情形且其权利能够排除执行的，人民法院应予支持:

(一) 在人民法院查封之前已签订合法有效的书面买卖合同;

(二) 所购商品房系用于居住且买受人名下无其他用于居住的房屋;

(三) 已支付的价款超过合同约定总价款的百分之五十。

【应诉策略】

第一，在先买受人的权利符合法律规定的排除强制执行要件时，是否可当然得出次买受人的权利也可排除强制执行的结论？关于这个问题，本文主文案例仅回答了一部分，即先买受人购买房屋后房屋被法院查封，次买受人在查封后与开发商补签房屋买卖合同，可以视为符合《执行异议和复议规定》第 29 条第 1 项规定的情形。至于次买受人能否直接承继先买受人排除强制执行的权利，并不在该案例讨论范围。

第二，然而，本案的结论也存在一定争议，在最高人民法院（2021）最高法民终 991 号案件的判决中就给出完全相反的观点，法院认为次买受人是否在法院查封之前签订房屋买卖合同应以实际情况为准，与先买受人签订合同的时间无关（见类案裁判观点分析案例三）。

第三，若实践中遇到次买受人未与开发商重新补签合同的情形，即与本案主文案例存在一定差异的情况下，次买受人能否承继先买受人的合同签订时间？这个问题也存在一定争议。比如，有案例认为先买受人将房产转卖，在法律上可定性为债权转让，即次买受人受让先买受人对开发商享有的债权。此种情形下，如先买受人享有排除强制执行的权利，除非相关当事人明确约定排除，则次买受人受让的债权理应也包含该项权利，因此应认定次买受人也具备排除执行的权利（见类案裁判观点分析案例一、案例四）。但是，上述结论并非主流观点，如（2020）最高法民申 3442 号裁定书（见类案裁判观点分析案例二）中，法院就认为，次买受人是否能够主张排他性权利，还要依据其自身对案涉房屋的权利是否足以排除强制执行进行判断。该案中，先买受人购买房屋时案涉房屋上无抵押权、无查封，而次买受人购买房屋时房屋上已设抵押权，法院因此认为次买受人所继受的该房屋权利的完整性较弱，次买受人应当对案涉房屋是否存在权利瑕疵负有更重的审查注意义务。因此，对于案涉房屋无法完成权属转移登记的情况，次买受人应当自负其责。最终，法院认定买受人不符合《执行异议和复议规定》第 28 条规定的情形，不能主张排除强制执行。因此，现在更多的裁判观点认为：先买受人对案涉房屋享有的权益是否能够排除强制执行，对于判断次买受人是否能否排除强制执行，并不具有可参考性。

第四，最高人民法院司伟法官在《房屋次买受人权益排除出卖人的债权人强制执行的审查规则》一文中也指出："案外人执行异议之诉本质上是通过对案外人和申请执行人权利的比对，判断哪一方的权利更应受到保护。在该案中，对案外人是否享有足以排除强制执行的民事权益的评判，是建立在相对性原则之上的，无论案外人的权益是否达到足以排除强制执行的程度，都不具有如物权一般的绝对性或对世效力，对于此评判框架之外的其他第三人也不具有普遍适用的效力，更不能推断得出在效力上可以承继的结论。”①

综上，笔者认为，虽然房屋转卖行为可以认定为债权转让，次买受人可承继先买受人的相应权利，但基于合同的相对性，该债权及其附属权利都只能对抗合同相对方，即开发商。而至于次买受人的权益能否排除强制执行，是开发商的债权人的权利与次买受人的权利之间的比较与权衡的问题，需要从次买受人自身角度重新考量，而不能仅因先买受人符合排除强制执行的条件而认定次买受人也当然具有此项权利。

据此，笔者提醒购房者，在购买二手房时要特别谨慎，尤其是房产尚登记在开发商名下，先买受人不经办理权属转移登记就直接转卖时，作为次买受人更要擦亮眼睛，谨慎核查房产商是否存在抵押、查封等权属负担，否则很容易钱房两空。

【类案裁判观点分析】

案例一：如先买受人依法具有排除执行的权利，则可以认定次买受人承继先买受人权利，次买受人也具有排除执行的权利——最高人民法院（2017）最高法民再140号

根据本案事实，毛某符合在法院查封之前签订购房合同，支付全部价款，并实际占有房屋等条件。关于其是否属于非因买受人自身原因未办理过户的问题，经查，案涉房屋在毛某购买之前，已经抵押给银行；开发商证明，在销售时该公司与银行协商的是销售一套解封一套。由此，毛某在购买房屋时，对于银行解封并办理过户有一定的合理预期。案涉房产未及时办理过户，主

① 司伟：《房屋次买受人权益排除出卖人的债权人强制执行的审查规则》，载《人民法院报》2021年2月4日，第7版。

要原因在开发商。综合以上，根据《执行异议和复议规定》第 29 条①的规定，应当认定毛某具有排除执行的权利。史某某系从毛某处购买该房屋，法律上实质为债权转让，即受让毛某对开发商享有的债权。排除执行的权利是毛某原有债权当然包含的内容。在相关当事人未明确约定排除受让人的此项权利时，不能否定史某某同时承继该权利，故应当认定史某某也具备排除执行的权利。

案例二：先买受人对案涉房屋享有的权益是否能够排除强制执行，对于判断次买受人能否排除强制执行，并不具有可参考性——最高人民法院（2020）最高法民申 3442 号

本案中，案涉房屋系开发商用于抵偿对王某某所负债务，闫某某是从王某某处购买该房屋。因此，王某某对案涉房屋所享有的权益是否能够排除债权人的强制执行，并不能够适用于对于闫某某的权益与债权人强制执行之间的评判。

而且，根据《物权法》② 有关规定的精神，即使源于非基于法律行为而取得物权的人，在办理登记前处分该不动产的行为，也不发生物权效力。可见，在未办理权属登记的情况下，因其公示性的缺失，法律对物权人处分不动产的效力进行了减损性的规定。举重以明轻，尚未完成法律规定要件而成为物权的买受人的合同权利在被处分的过程中，也必然无法将其具有类物权属性的效力传递给次买受人。何况在闫某某在受让案涉房屋时，该房屋上的权利状态与王某某接收该房屋时并不相同。因此，王某某对案涉房屋享有的权益是否能够排除债权人的强制执行，对于闫某某的权益是否能够排除债权人的强制执行，并不具有可参考性。

案例三：次买受人是否在法院查封之前签订房屋买卖合同应以实际情况为准，与先买受人签订合同的时间无关——最高人民法院（2021）最高法民终 991 号

孙某某所购案涉房屋系二手房。2016 年 5 月 27 日，孙某某与王某某签

---

① 该规定在该司法解释 2020 年修正时未做改动。

② 该法现已废止。

订房屋买卖合同，购买王某某住房，房款25.5万元。同日，王某某与妻子向孙某某出具收房款25.5万元的收款证明。孙某某提供的开发商2014年12月15日的购房款收款收据，是在将原王某某妻子的收款收据上交款人划改为孙某某后出具。山西瑞明会计师事务所有限公司出具的《开发商公司财务审计报告》显示，案涉房屋系抵账房，抵账人为王某某，实际缴款或开票日期为2014年12月15日，付款人为孙某某。根据已查明的孙某某向王某某购买案涉房屋的相关事实，孙某某与开发商签订《商品房买卖合同》为倒签，实际签订时间应在2016年5月27日之后。2016年1月4日人民法院查封案涉房屋，故孙某某未在查封之前与开发商签订合法有效的书面合同。

案例四：次买受人与开发商另行签订房屋买卖合同在查封之后，可认定次买受人继承先买受人的合同权利，可以排除强制执行——最高人民法院(2021)最高法民终601号

本案中，余某1在2014年12月22日与开发商签订《商品房购销合同》。在案涉房屋查封之前，余某的父亲余某祥支付了全部购房款289,610元。之后，经家庭成员共同决定，余某1将案涉房屋赠与余某2。虽然余某2就案涉房屋与开发商另行签订《商品房购销合同》在案涉房屋查封之后，但因案涉房屋在查封前即已出售给余某1，余某2系承继余某1的合同权利，且结合购房款系由余某1、余某2之父亲交纳及云南省威信县不动产登记中心证明余某1、余某2及其各自配偶名下均无其他用于居住的房屋的情况，余某1将案涉房屋赠与余某2并非为了逃避对案涉房屋的强制执行。即使在余某1未将案涉房屋赠与余某2的情况下，余某1对案涉房屋的强制执行提出执行异议，本身也符合《执行异议和复议规定》第29条规定的情形。因此，一审法院适用《执行异议和复议规定》第29条规定，认定余某2对于案涉房屋享有物权期待权、可以排除强制执行并无不妥。

067. 查封前签订《商品房认购书》可否认定为已签订“合法有效的书面买卖合同”

◇ **问题** 查封前签订《商品房认购书》并支付购房款，法院查封后又补签《商品房买卖合同》的，购房人能否主张排除强制执行

◇ **来源** 最高人民法院（2021）最高法民终936号

◇ **结论** 查封前签订的《商品房认购书》具备商品房买卖合同的主要内容，并且出卖人已经按照约定收受购房款的，可以认定购房人在法院查封之前签订了书面买卖合同

【基本案情】

法院在审理建设公司诉开发商建设工程施工合同纠纷一案过程中，依据建设公司诉讼保全申请，于2015年12月18日裁定查封开发商名下508套房屋（含案涉房屋）。该案执行期间，案外人张某提出执行异议，法院裁定中止对案涉房屋的执行，建设公司对中止执行裁定不服，向法院提起本案执行异议之诉。

经查，2014年9月15日（查封前），张某与开发商签订《商品房认购书》，约定张某购买案涉房屋，并对房屋参考建筑面积、房屋总价款、付款方式等作出约定，张某已交付全部购房款。2016年6月20日（查封后），张某与开发商就案涉房屋签订《商品房买卖合同书》。

【争议焦点】

1. 张某与开发商在人民法院查封之前是否签订合法有效的书面买卖合同？

2. 张某对案涉房屋是否享有足以排除强制执行的民事权益？

【裁判要点】

一审中，张某提交了与开发商于2014年9月15日签订的《商品房认购书》，早于案涉房屋被查封的日期。虽然双方直到2016年6月20日才就案涉房屋签订《商品房买卖合同书》，但《商品房认购书》具备《商品房买卖合同书》需要具备的房屋位置、面积、价款等主要内容，且开发商为张某开具了购房款收据。根据《最高人民法院关于审理商品房买卖合同纠纷案件适用法律若干问题的解释》第5条“商品房的认购、订购、预订等协议具备《商品房销售管理办法》第十六条规定的商品房买卖合同的主要内容，并且出卖人已经按照约定收受购房款的，该协议应当认定为商品房买卖合同”的规定，应认定张某与开发商在人民法院查封之前签订了合法有效的书面买卖合同。

一审中，张某提交的证据能够证明所购房屋系用于生活居住。且一审法院已查明，张某在本行政区域内没有用于居住的房屋。本案可以认定张某所购商品房用于居住且其名下无其他用于居住的房屋。《商品房认购书》签订后，张某已向开发商交付全部购房款，开发商为其开具了收据和发票。综上，可以认定张某对案涉房屋享有足以排除强制执行的民事权益。

【相关法律规定】

《执行异议和复议规定》

第二十八条 金钱债权执行中，买受人对登记在被执行人名下的不动产提出异议，符合下列情形且其权利能够排除执行的，人民法院应予支持：

（一）在人民法院查封之前已签订合法有效的书面买卖合同；

（二）在人民法院查封之前已合法占有该不动产；

（三）已支付全部价款，或者已按照合同约定支付部分价款且将剩余价款按照人民法院的要求交付执行；

（四）非因买受人自身原因未办理过户登记。

第二十九条　金钱债权执行中，买受人对登记在被执行的房地产开发企业名下的商品房提出异议，符合下列情形且其权利能够排除执行的，人民法院应予支持：

（一）在人民法院查封之前已签订合法有效的书面买卖合同；

（二）所购商品房系用于居住且买受人名下无其他用于居住的房屋；

（三）已支付的价款超过合同约定总价款的百分之五十。

《城市房地产管理法》

第四十一条　房地产转让，应当签订书面转让合同，合同中应当载明土地使用权取得的方式。

《最高人民法院关于审理商品房买卖合同纠纷案件适用法律若干问题的解释》

第五条　商品房的认购、订购、预订等协议具备《商品房销售管理办法》第十六条规定的商品房买卖合同的主要内容，并且出卖人已经按照约定收受购房款的，该协议应当认定为商品房买卖合同。

《商品房销售管理办法》

第十六条　商品房销售时，房地产开发企业和买受人应当订立书面商品房买卖合同。

商品房买卖合同应当明确以下主要内容：

（一）当事人名称或者姓名和住所；

（二）商品房基本状况；

（三）商品房的销售方式；

（四）商品房价款的确定方式及总价款、付款方式、付款时间；

（五）交付使用条件及日期；

（六）装饰、设备标准承诺；

（七）供水、供电、供热、燃气、通讯、道路、绿化等配套基础设施和公共设施的交付承诺和有关权益、责任；

（八）公共配套建筑的产权归属；

（九）面积差异的处理方式；

（十）办理产权登记有关事宜；

（十一）解决争议的方法；

（十二）违约责任；

（十三）双方约定的其他事项。

【应诉策略】

第一，房产被执行时，案外人提出执行异议常援引《执行异议和复议规定》第28条、第29条作为法律依据，这两个条款均以“在人民法院查封之前已签订合法有效的书面买卖合同”作为第一项条件，何谓“在人民法院查封之前”已在前文探讨过，那么“合法有效的书面买卖合同”又该如何理解呢？

关于“合法有效”的判断比较明确，法院通常会从以下三个方面考虑：

（1）房屋买卖意思表示是否真实，是否存在恶意串通逃避执行的可能。

（2）合同名义上是为了房屋买卖实际有抵偿债务等其他目的。

（3）房屋买卖合同内容真实且不违反法律、行政法规的强制性规定。

第二，需要着重强调的一点是，房屋买卖合同签订时房地产公司未取得商品房预售许可证的，如在异议人提起执行异议之诉前仍未取得，则不能认定所签房屋买卖合同“合法有效”（见类案裁判观点分析案例三、案例四）。但是，房地产公司如果在提起诉讼前取得商品房预售许可证的，可以认定买受人已签订合法有效的书面买卖合同（见类案裁判观点分析案例五、案例六）。

第三，关于“书面买卖合同”的认定一般较为复杂，需要综合全案证据进行判断。若认购、订购、预订等协议，具备《商品房销售管理办法》第16条规定的商品房买卖合同的主要内容，并且出卖人已经按照约定收受购房款的，可以认定为商品房买卖合同（见类案裁判观点分析案例一、案例二）。

第四，购房时一般都会遇到房屋网签，房屋网签备案的时间是最直接和客观反映购房合同签署的时间，但“合法有效的买卖合同”不以网签、备案为前提，比如认购、订购、预订等协议实际发生时间都会早于网签备案时间，若能证明符合房屋买卖合同要件，则购房人依然有权请求排除司法执行措施。若仅办理网签未签订纸质房屋买卖合同，网签合同仍属于“已签订合法有效的书面买卖合同”。

【类案裁判观点分析】

案例一：房地产转让是法定的要式法律行为，一般应当签订房产管理部门发放的制式商品房买卖合同，或是签订商品房认购、订购、预订等协议且符合司法解释规定的情形——最高人民法院（2021）最高法民终1214号

对于合法有效书面买卖合同的认定，房地产转让作为法定要式法律行为，应当签订具备物权变动内容或合意的书面合同，一般应当具有房产管理部门发放的制式商品房买卖合同，或是签订商品房认购、订购、预订等协议且符合《最高人民法院关于审理商品房买卖合同纠纷案件适用法律若干问题的解释》第5条规定的情形。现刘某某提供的《预收款专用票据》虽载明案涉房屋坐落位置、建筑面积、价款等内容，但作为一般财务信息载体尚不具备前述书面合同法定要件。刘某某的异议请求不符合《执行异议和复议规定》第29条第1项规定的情形，其对案涉房屋不享有足以排除强制执行的民事权益。

案例二：商品房的认购、订购、预订等协议具备《商品房销售管理办法》第16条规定的商品房买卖合同的主要内容，并且出卖人已经按照约定收受购房款的，该协议应当认定为商品房买卖合同——最高人民法院（2020）最高法民申6503号

关于案涉商品房买卖合同的签订时间问题，诉讼中，刘某某提供了《商品房认购书》一份，落款时间为2011年9月8日。结合刘某某已支付案涉购房款的事实、《商品房认购书》的主要内容以及案涉房屋的查封时间，根据《最高人民法院关于审理商品房买卖合同纠纷案件适用法律问题的解释》第5条有关“商品房的认购、订购、预订等协议具备《商品房销售管理办法》第十六条规定的商品房买卖合同的主要内容，并且出卖人已经按照约定收受购房款的，该协议应当认定为商品房买卖合同”的规定，二审判决认定案涉

《商品房认购书》为商品房买卖合同，刘某某已在案涉房屋被查封前签订合法有效的书面买卖合同并无不妥。

案例三：案涉房屋未取得商品房预售许可证，房屋买卖合同无效，买受人不符合《执行异议和复议规定》第28条第1项和第29条第1项“在人民法院查封之前已签订合法有效的书面买卖合同”的规定——最高人民法院(2021)最高法民终626号

案涉房屋至今未取得商品房预售许可证。《最高人民法院关于审理商品房买卖合同纠纷案件适用法律若干问题的解释》第2条规定：“出卖人未取得商品房预售许可证明，与买受人订立的商品房预售合同，应当认定无效，但是在起诉前取得商品房预售许可证明的，可以认定有效。”根据该条规定，杨某就案涉房屋签订的《商品房买卖合同》无效，不符合《执行异议和复议规定》第28条第1项和第29条第1项的规定。

案例四：开发商至案件审理期间仍未取得商品房预售许可证，案涉《购房协议书》应为无效——最高人民法院（2021）最高法民申4692号

《最高人民法院关于审理商品房买卖合同纠纷案件适用法律若干问题的解释》第2条规定：“出卖人未取得商品房预售许可证明，与买受人订立的商品房预售合同，应当认定无效，但是在起诉前取得商品房预售许可证明的，可以认定有效。”本案中，董某某、赵某某与开发商签订的《购房协议书》为商品房预售合同。根据查明事实，直至二审审理期间，开发商仍未取得商品房预售许可证，故《购房协议书》应为无效。

案例五：签署时未取得商品房预售许可证，起诉时已经取得商品房预售许可证的，商品房买卖合同有效——辽宁高院（2020）辽民终472号

关于债权人（申请执行人）提出案涉《商品房预售合同》签署时，开发商未取得商品房预售许可证且未办理备案登记，合同应属无效。法院认为，开发商于2011年7月取得案涉房屋项目的商品房预售许可证，债权人于2019年3月14日提起本案诉讼时，案涉房屋已经取得商品房预售许可证。根据法律规定，债权人主张案涉《商品房预售合同》无效，不予支持。是否办理备案登记，应系房地产管理部门对开发商出售商品房的行政管理要求，不能以此认定合同无效。

案例六：起诉前取得商品房预售许可证的，可以认定《商品房预订协议书》有效——最高人民法院（2020）最高法民申5997号

案涉房屋查封时间为2014年1月21日，雷某与开发商在查封前即2012年9月19日签订了《商品房预订协议书》。2013年4月4日，开发商就案涉商品房取得预售许可证。《最高人民法院关于审理商品房买卖合同纠纷案件适用法律若干问题的解释》第2条规定："出卖人未取得商品房预售许可证明，与买受人订立的商品房预售合同，应当认定无效，但是在起诉前取得商品房预售许可证明的，可以认定有效。"原审法院认定雷某与开发商在案涉房屋查封前已经签订了合法有效的商品房买卖合同并不缺乏理据。

068. 购房人排除执行，如何认定已合法"占有"房屋

◇ **问题** 购房人与出卖人协议约定，将所购房屋回租给出卖人，出卖人租用房产视为交付，出卖人也实际交付租金的，能否认定购房人已实际占有

◇ **来源** 最高人民法院（2021）最高法民再313号

◇ **结论** 所谓"占有"，是指对不动产事实上的管理和支配，系买受人为取得物权对外所进行的一种公示。买受人直接将房产回租，而未对案涉不动产形成事实上的管理、控制的，不足以认定其已构成实际占有

【基本案情】

2017年1月12日，购房人海川公司与出售方华昌公司签订《回租、回购协议书》，约定购房人收购出售方名下的案涉房产，并在收购后再出租给出售方，租金由购房人收取。关于案涉房产的交付，该协议约定："由于收

购之前，本协议房地产由华昌公司实际占有和使用，所以在华昌公司租用本协议房地产时，视为海川公司已实际取得该房地产产权并已将本协议房地产移交给华昌公司实际使用。”

2018 年，因出售方华昌公司涉诉，法院裁定查封华昌公司名下的不动产，其中便包括本案所涉的不动产。2019 年 12 月 25 日，购房人海川公司就上述查封标的提出执行异议，法院裁定中止执行。申请执行人银行不服中止裁定，遂提起本案执行异议之诉。

【争议焦点】

1. 购房人是否在人民法院查封之前已合法占有案涉不动产？
2. 购房人对案涉不动产是否享有足以排除强制执行的民事权益？

【裁判要点】

购房人海川公司主张，在未办理过户情况下将案涉不动产回租给出售方华昌公司使用，且实际交付租金，说明案涉不动产被一审法院查封前已转由海川公司实际控制和占有使用。

法院认为，《执行异议和复议规定》第 28 条规定的“占有”是指对不动产事实上的管理和支配，系买受人为取得物权对外所进行的一种公示。本案中，根据《回租、回购协议书》的约定，协议书签订后，案涉不动产仍由华昌公司实际占有和使用，并向海川公司支付租金。此外，根据已查明的事实，海川公司与华昌公司在协议履行过程中未办理案涉不动产交接手续，亦未通过留存案涉房屋钥匙等方式对案涉不动产进行管理。可见，在外在表现形式上华昌公司仍是案涉不动产的所有权人和实际占有、使用权人，海川公司并未对案涉不动产形成事实上的管理、控制，故不足以认定其已构成实际占有。

【相关法律规定】

《执行异议和复议规定》

第二十八条 金钱债权执行中，买受人对登记在被执行人名下的不动产提出异议，符合下列情形且其权利能够排除执行的，人民法院应予支持：

（一）在人民法院查封之前已签订合法有效的书面买卖合同；

（二）在人民法院查封之前已合法占有该不动产；

（三）已支付全部价款，或者已按照合同约定支付部分价款且将剩余价款按照人民法院的要求交付执行；

（四）非因买受人自身原因未办理过户登记。

【应诉策略】

第一，《执行异议和复议规定》第28条规定的“占有”并非限定于实际入住或使用，只要求案涉财产处于权利人实际管控之中即可。实践中，取得房屋准住通知单或房屋钥匙，缴纳物业费，缴纳供暖费、水电费、配套费、维修基金等费用均可以作为认定实际占有的证据。购房人符合以上条件并举证证明的，可依据《执行异议和复议规定》第28条的规定主张对房屋享有物权期待权，并以此排除强制执行。

第二，占有是一种支配管理状态，与房屋状态无关，房屋尚未办理竣工验收手续、工程处于停工闲置甚至烂尾状态等均不影响占有的认定，但会影响购房人的举证难度。只要购房人能提供上述证据证明案涉房产受自己实际控制，就可以主张已经占有房产（见类案裁判观点分析案例二、案例三）。

【类案裁判观点分析】

案例一：“合法占有”应以买受人实际控制房屋为标准，其是否实际入住或使用则不是对房屋合法占有的必要条件——最高人民法院（2019）最高法民申2261号

某村村委会主张李某并未合法占有案涉房屋，其主要是认为李某并未实际入住。法院认为，开发商已于2010年10月8日向李某出具了《准住通知》，表示已交付房屋；李某又与物业公司签订了《服务协议》《装饰装修管理协议》《住宅小区管理规定》等书面协议，表示其接受物业公司提供的服务，且在对案涉房屋进行管理和使用时将遵守相关管理规定。能够说明李某在2010年已经对案涉房屋进行了实际控制和管理，而房屋的合法占有，应以实际控制为标准，购房人是否实际入住则不是房屋占有的必要条件。并且，《执行异议和复议规定》第28条第2项[①]中关于“在人民法院查封之前已合法占有该不动产”的规定，仅要求买受人“合法占有”，并未以必须实际入住或使用为占有的唯一必需要件。

案例二：占有是指对不动产的支配和管理，应以是否实际控制不动产为标准，实际入住或使用并非占有的必要条件，即便未办理竣工验收手续也可认定为实际占有——最高人民法院（2020）最高法民终858号

本案中，张某已就案涉房屋办理完毕相关手续，请物业管理公司予以交房，并交纳了案涉房屋2015年1月29日至2017年12月31日的物业管理费，故原审认定张某在案涉房屋被查封之前已合法占有并无不当。此外，案涉房屋及车位虽未办理竣工验收手续，但张某基于合法有效的《认购协议》有权要求开发商交付案涉房屋及车位，且根据开发商的交房通知办理了接房手续，债权人银行未提供证据证明张某接房时案涉房屋及车位不具备入住及使用条件，故原审认定张某在人民法院查封之前已合法占有案涉房屋及车位并无不当。银行的上诉理由不能成立。

案例三：当事人如果能够提供房屋准住通知单及房屋钥匙等证据，即可证明其已实际占有案涉房屋，而无论该房屋是否存在属于在建工程且尚未办理竣工验收等情形——最高人民法院（2018）最高法民申2187号

申请执行人举示了某评估公司出具的《房地产估价结果报告》，拟证明案涉房屋所在工程处于停工闲置烂尾状态，根本不具备居住条件，购房人未实际占有房屋。法院认为：法律上的实际占有并非限定于实际使用，只要案涉财产处于权利人实际管控之中即可。本案中，购房人徐某某提供了准住通知单及房屋钥匙等证据证明其已实际占有案涉房屋。

---

① 该规定在该司法解释2020年修正时未做改动。

069. 购房人排除执行，如何认定“唯一住房”

◇ **问题**　购房者名下已有房产，但不能满足基本居住需要，此种情形下另外购置小面积房屋，是否符合《执行异议和复议规定》第29条第2项规定的“所购商品房系用于居住且买受人名下无其他用于居住的房屋”，能否排除法院的强制执行

◇ **来源**　最高人民法院（2021）最高法民申1341号

◇ **结论**　名下虽有一套房屋，但不能满足基本居住需要，购买的房屋在面积上仍然属于满足基本居住需要的，可以理解为符合《执行异议和复议规定》第29条第2项“所购商品房系用于居住且买受人名下无其他用于居住的房屋”的规定，据此可排除法院的强制执行措施

【基本案情】

2008年8月，开发商与张某签订《协议书》，约定出售案涉房屋。协议签订后，张某交付全部购房款并占有使用案涉房屋，但未过户。

2018年1月，法院确认担保公司对案涉房屋享有优先受偿权。2019年5月，法院裁定拍卖涉案房屋。张某提出执行异议被该院驳回，张某向法院提起执行异议之诉，请求解除对案涉房产的强制执行措施。经查，案涉房屋面积为18.32平方米，张某名下已有一套房产，面积为58.79平方米，其妻子及儿子名下无房产。该案经一审、二审及最高人民法院再审，最终裁定支持购房人张某停止对案涉房屋执行的请求。

【争议焦点】

购房人2处以上的小面积房产是否符合法律规定的“名下无其他用于居住的房屋”？是否享有足以排除强制执行的权利？

【裁判要点】

第一，开发商与张某于2008年已签订《协议书》，时间在案涉房产被查封前。第二，张某已经支付全部购房款。第三，张某名下虽有一套房屋，但面积仅为58.79平方米，因不能满足基本居住需要，张某才购买了案涉房产中面积为18.32平方米的一间以改善居住条件。根据《九民纪要》第125条的规定，商品房消费者名下虽然已有1套房屋，但购买的房屋在面积上仍然属于满足基本居住需要的，可以理解为符合“买受人名下无其他用于居住的房屋”。综上，本案情形符合《执行异议和复议规定》第29条规定的条件，张某享有对涉案房产的物权期待权，据此也享有足以排除执行的民事权益，其执行异议请求成立。

【相关法律规定】

《九民纪要》

125.【案外人系商品房消费者】实践中，商品房消费者向房地产开发企业购买商品房，往往没有及时办理房地产过户手续。房地产开发企业因欠债而被强制执行，人民法院在对尚登记在房地产开发企业名下但已出卖给消费者的商品房采取执行措施时，商品房消费者往往会提出执行异议，以排除强制执行。对此，《执行异议和复议规定》第29条规定，符合下列情形的，应当支持商品房消费者的诉讼请求：一是在人民法院查封之前已签订合法有效的书面买卖合同；二是所购商品房系用于居住且买受人名下无其他用于居住的房屋；三是已支付的价款超过合同约定总价款的百分之五十。人民法院在审理执行异议之诉案件时，可参照适用此条款。

问题是，对于其中“所购商品房系用于居住且买受人名下无其他用于居住的房屋”如何理解，审判实践中掌握的标准不一。“买受人名下无其他用于居住的房屋”，可以理解为在案涉房屋同一设区的市或者县级市范围内商品房消费者名下没有用于居住的房屋。商品房消费者名下虽然已有1套房屋，但购买的房屋在面积上仍然属于满足基本居住需要的，可以理解为符合该规定的精神。

对于其中"已支付的价款超过合同约定总价款的百分之五十"如何理解，审判实践中掌握的标准也不一致。如果商品房消费者支付的价款接近于百分之五十，且已按照合同约定将剩余价款支付给申请执行人或者按照人民法院的要求交付执行的，可以理解为符合该规定的精神。

《江苏省高级人民法院执行异议及执行异议之诉案件办理工作指引(二)》

9. 金钱债权执行中，执行法院对被执行人为房地产开发企业名下的商品房采取强制执行措施，商品房买受人（仅限自然人）以其系消费者为由提起案外人异议及由此引发执行异议之诉，同时符合以下条件的，应予支持：

（1）案外人与被执行人在案涉房屋被查封之前已签订合法有效的书面买卖合同（含网签）且已办理商品房预售登记；

（2）案外人签订房屋买卖合同的相对方为房地产开发企业；

（3）案外人所购商品房系用于居住且其名下无其他用于居住的房屋；

（4）案外人已支付的价款超过合同约定的总价款的百分之五十，或者已支付价款接近总价款的百分之五十且已按照合同约定将剩余价款支付给申请执行人或者按照人民法院的要求交付执行。

案外人主张其名下无其他用于居住的房屋，同时具有下列情形的，应支持其该主张：

（1）案外人及其配偶、未成年子女名下在执行标的查封时至执行异议之诉案件判决作出时均无用于居住的房屋；

（2）案外人为未成年人的，其监护人名下无用于居住的房屋；

（3）上述两种情形仅限于案外人长期居住生活所在地或者被执行房屋所在地的（县）市或设区的市区范围内。

《浙江省高级人民法院关于执行程序中执行"一处住房"相关问题的解答》

二、执行程序中不能被认定为"一处住房"的情形有哪些？

人民法院在执行程序中查明有下列情形之一的，不能认定被执行人仅有"一处住房"，应当予以执行：

1. 一审诉讼、仲裁案件立案受理后，被执行人因转让其他住房而形成一处住房的；

2. 被执行人在城镇虽只有一处住房，但在当地（县级的市、县、区）农村有宅基地并自建住房的；

3. 被执行人的一处住房用于出租、出借的；

4. 被执行人及其所扶养家属连续一年以上未居住的；

5. 一处住房系执行案件债务所指向的标的物的；

6. 其他不宜认定为“一处住房”的情形。

【应诉策略】

1. 实践中对唯一住房的认定

实践中关于唯一住房的认定，《执行异议和复议规定》第29条第2项仅规定“所购商品房系用于居住且买受人名下无其他用于居住的房屋”，对于时间节点并未做明确规定。

实践中对该时间节点存在不同观点：（1）购买房屋时名下无其他住房（见类案裁判观点分析案例六）；（2）提出执行异议时名下无其他住房（见类案裁判观点分析案例七）；（3）在涉案房屋被查封时及提起执行异议时名下均无其他住房（见类案裁判观点分析案例一）；（4）在执行标的查封时至执行异议之诉案件判决作出时均无用于居住的房屋（见本文相关法律规定部分《江苏省高级人民法院执行异议及执行异议之诉案件办理工作指引（二）》第9条）。

可见，关于“唯一住房”时间节点的认定，实践中并无统一结论。笔者认为，关于观点（1），在不违反限购政策等限定性政策的前提下，购买多套房屋是民事主体的合法权利，因此如要求购房人在购买房屋时名下无其他住房，未免过于严苛。关于观点（2），如仅要求提起执行异议时名下无住房，则可能会导致买受人为了成功提起执行异议并排除强制执行，在涉案房屋被查封后提出执行异议前，故意将名下其他住房转卖或者变更登记至他人名下，对申请执行人来说有失公平。

因此，观点（3）和观点（4）更为合理。《执行异议和复议规定》第29条的初衷是保护消费者购房人的生存权，如将该时间节点放在购房人权益受到侵害之时，即涉案房屋“被查封时”，此时购房人的生存权才真正受到侵害，法律作出特别规定予以优先保护更符合立法目的。当然，此两种观点的区别在于观点（4）的要求更为严格，要求购房人名下无合租房状态一直保持至“执行异议之诉案件判决作出时”。因此，实践中应注意在执行标的查封时至执行异议之诉案件判决作出时这段时间内无用于居住的房屋，并统筹全案证据进行说明和论证购房人的生存权利应得到法律保护。

2. 如何认定房屋系用于居住

关于如何认定房屋系用于居住，主要有以下两个方面。

（1）房屋本身的性质：《执行异议和复议规定》第29条第2项中规定的“用于居住”，其标准是有关行政主管部门规划批准的该房屋的使用性质（见类案裁判观点分析案例三）。至于商住两用性质的房屋，也不能一概认定不能用于居住。无论是单纯的居住房还是商住两用住房，只要是有居住功能的，即应视为用于居住的房屋（见类案裁判观点分析案例四）。但是，如房屋性质为商业用房，即便当事人主张实际是商住两用，也不能认定为用于居住（见类案裁判观点分析案例五）。

（2）合同约定的购房用途：如买卖双方在合同中约定购房用于为办公，则该购房人不能主张自己是商品房消费者（见类案裁判观点分析案例二）。

3. “唯一住房”的数量要求

关于“唯一住房”的数量要求，是数量上的唯一但也存在例外情形。根据《九民纪要》第125条的规定，商品房消费者名下虽然已有1套房屋，但购买的房屋在面积上仍然属于满足基本居住需要的，可以理解为符合该规定的精神。正如本文主文案例，购房人名下虽有一套房屋，但不能满足基本居住需要，购买的房屋在面积上仍然属于满足基本居住需要的，也可以理解为符合《执行异议和复议规定》第29条第2项“所购商品房系用于居住且买受人名下无其他用于居住的房屋”的规定。

4. “买受人名下”是否仅包括买受人本人

实践中，关于“买受人名下”是否仅包括买受人本人一直存在很大争议，具体包括以下两类：（1）认为买受人仅包括买受人本人（见类案裁判观点分析案例八）；（2）认为买受人还包括买受人的配偶及子女（见类案裁判观点分析案例九）。

实践中，这一问题并无统一答案，法院一般是从保护商品房消费者基本生存权利角度出发，结合个案情况具体分析：如果购房人与家庭成员共同居住，那么家庭成员名下有其他房产、可以满足购房人日常居住的，可以认定购房人不符合《执行异议和复议规定》第 29 条的规定。反之，如果购房人独自居住，或者居住地、工作地离其他家庭成员较远的，则购房人本人名下无其他房产时即为符合《执行异议和复议规定》第 29 条的规定（见类案裁判观点分析案例十一）。

5. 关于唯一住房的认定

关于唯一住房的认定，是在省一级、市一级还是区一级认定是否有其他住房？关于这一问题，《九民纪要》第 125 条已有明确规定："买受人名下无其他用于居住的房屋"，可以理解为在案涉房屋同一设区的市或者县级市范围内商品房消费者名下没有用于居住的房屋（见类案裁判观点分析案例十二）。

【类案裁判观点分析】

案例一：案涉房屋查封及提起执行异议时，买房人名下尚有其他可用于居住的住房的，不能认定案涉房屋系唯一住房——最高人民法院（2021）最高法民终 1017 号

关于案涉房屋是否系桑某良用于居住的唯一住房的问题。桑某良虽然提供了其与妻子韩某在辽宁省盘锦市范围内无房屋所有权登记记录的不动产登记资料查询结果，但根据申请执行人二审提交的《不动产登记信息》及《房屋买卖合同》，2019 年 11 月 12 日即本案第一次二审期间，桑某良、韩某将其名下位于辽宁省盘锦市大洼区的住房出售给桑某云，并办理了变更登记。桑某良原审中提交的无房屋所有权登记记录的不动产登记资料查询结果系桑某良将其名下住房变更登记至桑某云名下之后调取的，即桑某良在案涉房屋查封及提起本案执行异议时，其名下尚有其他可用于居住的住房，只是在本案诉讼过程中变更登记至桑某云名下。原审判决认定案涉房屋系桑某良唯一住房不当，本院予以纠正，本案不符合《执行异议和复议规定》第 29 条第 2 项关于唯一住房的规定。

案例二：买卖合同约定的房屋用途为“办公”，则不能认定买受人为消费者购房人——最高人民法院（2021）最高法民终1265号

本案中，田某某与开发商于2013年10月3日签订《商品房买卖合同》，该合同约定商品房的用途为公寓，买受人的房屋仅作为办公使用，田某某虽然主张合同中的“办公”字样系由开发商单方填写，但其作为完全民事行为能力人，对于其签订的合同内容应属明知，故不符合《执行异议和复议规定》第29条有关所购买的房屋系用于居住这一要件，一审判决据此驳回其诉讼请求于法有据。

案例三：《执行异议和复议规定》第29条第2项[①]中规定的“用于居住”，其标准需是政府规划主管部门批准的房屋使用性质，与是否实际居住无关——最高人民法院（2018）最高法民申4883号

经查，王某某所购房屋性质为居住用房。故按照《执行异议和复议规定》第29条第2项的规定，申请执行人银行提出的王某某无法证明案涉房屋已交付、已居住、已占有使用等理由，均不能否定王某某所购房屋的性质为居住用房。

案例四：无论是单纯的居住房还是商住两用住房，只要是有居住功能，即应视为用于居住的房屋——最高人民法院（2018）最高法民终545号

《执行异议和复议规定》第29条[②]系针对房屋消费者物权期待权的保护条件所做的规定，该条规定的“所购商品房系用于居住”应当做宽泛理解，不管是单纯的居住房还是商住两用住房，只要是有居住功能的，即应视为用于居住的房屋。本案中，案涉房屋系商品住宅，具有居住功能，符合“所购商品房系用于居住”的要求。虽然案涉房屋目前被出租，但不能以此否定该房屋系用于居住的房屋性质。申请执行人以案涉房屋用于经营而未实际居住为由，主张案涉房屋不符合“所购商品房系用于居住”的条件，依据尚不充分。

---

① 该规定在该司法解释2020年修正时未做改动。

② 该规定在该司法解释2020年修正时未做改动。

案例五：案涉房屋为商服性质，不符合“所购商品房系用于居住”情形——最高人民法院（2018）最高法民终1083号

本案中，案涉房屋为商服性质，不符合《执行异议和复议规定》第29条第2项[①]“所购商品房系用于居住”的条件。虽然购房人于某某自认其购房用于开超市且商住两用，但申请执行人对于居住用途不予认可，于某某提供证据证明力不足，本院不予认可。

案例六：《执行异议和复议规定》第29条第2项[②]应限定为买受人“购买争议房屋时”无其他用于居住的房屋——最高人民法院（2019）最高法民申1476号

虽然吉某某于2012年12月3日经公证出售了其名下原有住房，但《执行异议和复议规定》第29条第2项并没有限定“买受人名下无其他用于居住的房屋”条件的时间节点，该条件应包括买受人购买争议房屋时无其他用于居住的房屋的情形。吉某某购买案涉房屋时，名下有用于居住的房屋，不符合《执行异议和复议规定》第29条第2项规定的条件。

案例七：购房人在提出异议时，名下无其他用于居住的房屋，即可认定符合《执行异议和复议规定》第29条第2项[③]的规定——最高人民法院（2020）最高法民终735号

刘某某于2019年7月8日提出执行异议时，其名下并无其他可用于居住的房屋。故刘某某符合《执行异议和复议规定》第29条第2项关于“所购商品房系用于居住且买受人名下无其他用于居住的房屋”的情形。

案例八：《执行异议和复议规定》第29条第2项[④]中规定的“无其他用于居住的房屋”，系买受人在被执行房屋所在地名下无其他用于居住的房屋——最高人民法院（2018）最高法民申4872号

申请执行人再审申请提出，《执行异议和复议规定》第29条第2项规定

① 该规定在该司法解释2020年修正时未做改动。
② 该规定在该司法解释2020年修正时未做改动。
③ 该规定在该司法解释2020年修正时未做改动。
④ 该规定在该司法解释2020年修正时未做改动。

的“其名下无其他用于居住的房屋”，不仅包括购房者本人，还应包括购房者的配偶、子女名下也都没有其他用于居住的房屋。该理由没有法律依据，最高人民法院不予支持。

案例九：买受人的范围包括了买受人本人、配偶及未成年子女——最高人民法院（2021）最高法民申6975号

《执行异议和复议规定》第29条第2项中关于“买受人名下无其他用于居住的房屋”包括了买受人本人、配偶及未成年子女。本案中，彭某某仅提交了其本人名下无住房的不动产登记查询结果，对于其配偶名下是否无住房未提交证据证明，且在本院询问中彭某某自述，其妻子王某某在同一行政区域内已有一套住房。因此，彭某某请求排除对案涉房屋的强制执行，不符合上述法律规定，不予以支持。

案例十：对于“买受人名下无其他用于居住的房屋”的认定，还需考虑夫妻共有房产的情况——最高人民法院（2020）最高法民终1127号

对于“买受人名下无其他用于居住的房屋”的认定，一审法院根据所购房屋系商品房的性质以及宁夏回族自治区永宁县房产交易管理中心出具的永宁县范围内无住房证明等证据，综合认定哈某某名下在案涉房屋同一县级行政区无其他用于居住的房屋，该认定未考虑哈某某夫妻共有房产情况，未将哈某某在银川市内已有住房的情况考虑在内，存在不妥。本院根据二审中查明的哈某某配偶名下在银川市已有居住房屋且哈某某与其配偶共同居住的事实，对一审认定予以纠正。

案例十一：买受人配偶名下虽有房产，但距离较远，不能满足日常居住需要，可以认定买受人符合《执行异议和复议规定》第29条第2项的规定——最高人民法院（2021）最高法民终944号

申请执行人担保公司另主张周某某配偶名下在成都市辖区简阳市另有一套住房，其关于排除强制执行的请求不应予以支持。法院认为，《执行异议和复议规定》第29条第2项关于“买受人名下无其他用于居住的房屋”的规定是为了保障买受人生存权，周某某配偶名下房屋位于简阳市乡镇，距离成都市城区较远，并不能满足周某某在成都市的日常居住生活需要。本院对其主张不予支持。

案例十二：《执行异议和复议规定》第29条第2项[①]中规定的“无其他用于居住的房屋”，系买受人在被执行房屋所在地的范围内无其他用于居住的房屋——最高人民法院（2018）最高法民申4872号

关于马某名下是否还有其他房屋的问题。西安市有关行政主管部门出具的《财产查询反馈信息表》显示，马某名下未登记其他房屋。申请人交行陕西分行认为，马某仅能证明其在西安市内无其他用于居住的房屋，而不能证明其在全国范围内再无其他用于居住的房屋，马某亦未提供证据证明其配偶、子女名下均无其他用于居住的房屋。法院认为，《执行异议和复议规定》第29条第2项中规定的“无其他用于居住的房屋”，系买受人在被执行房屋所在地的范围内无其他用于居住的房屋，而不是在全国范围内无其他用于居住的房屋。二审法院已查明马某在西安市内无其他房产，故认定马某名下无其他用于居住的房屋，并无不当。

070. 申请执行人对房屋享有抵押权，购房人可否依据《执行异议和复议规定》第28条的规定排除执行

◇ **问题** 申请执行人对房屋享有抵押权，购房人能否主张以《执行异议和复议规定》第28条的规定排除强制执行

◇ **来源** 最高人民法院（2021）最高法民终1245号

◇ **结论** 《执行异议和复议规定》第27条规定的“除外”内容包括第29条，但不包括第28条，即消费者购房人的消费者生存权优先于申请执行人对房屋享有的抵押权，消费者购房人有权排除抵押权人的强制执行措施

【基本案情】

担保公司对案涉房屋享有抵押权，抵押期间为2012年10月10日至2018

① 该规定在该司法解释于2020年修正时未做改动。

年4月9日。后经法院生效判决，确认担保公司就案涉房屋及土地使用权享有优先受偿权。该案执行程序中，法院查封了案涉房屋并裁定拍卖。张某向法院提出执行异议被驳回，张某不服，遂提起本案诉讼。

经查，2011年7月至2014年8月，被执行人与案外人陈某等人分别签订《房屋买卖合同》共9份，根据陈某等人出具《情况说明》证明：张某为案涉房屋的实际所有人，付款方式为以房抵债。

【争议焦点】

购房人张某能否排除抵押权人对房屋申请的强制执行措施?

【裁判要点】

《执行异议和复议规定》第28条和第29条分别规定了案外人的“物权期待权”和“消费者生存权”成立的条件，但对上述第27条“除外”的具体指向，需要比较执行标的物上存在的不同类型权利的效力顺位，此为执行异议之诉的本质所在。就本案所涉实体权利优先顺位而言，“消费者生存权”最优，担保物权次之，“物权期待权”虽被赋予“物权”名义，但毕竟不是既得的物权，本质上仍属于债权请求权，故虽优先于普通债权，但应劣后于担保物权。也就是说，《执行异议和复议规定》第27条规定的“除外”内容包括第29条，但不包括第28条。本案中，根据生效判决确认担保公司对案涉房屋享有抵押权，张某主张以《执行异议和复议规定》第28条规定排除担保公司债权执行的请求，本院不予支持。根据本案查明事实，即便陈某、何某、杨某等9人出具的《情况说明》证实张某实际购买了案涉房屋情况属实，但张某主张权利的房屋多达7套，并不符合《执行异议和复议规定》第29条规定的情形。因此，房屋买受人张某对案涉房屋不享有足以排除强制执行的民事权益。

【相关法律规定】

《执行异议和复议规定》

第二十七条　申请执行人对执行标的依法享有对抗案外人的担保物权等

优先受偿权，人民法院对案外人提出的排除执行异议不予支持，但法律、司法解释另有规定的除外。

第二十九条 金钱债权执行中，买受人对登记在被执行的房地产开发企业名下的商品房提出异议，符合下列情形且其权利能够排除执行的，人民法院应予支持：

（一）在人民法院查封之前已签订合法有效的书面买卖合同；

（二）所购商品房系用于居住且买受人名下无其他用于居住的房屋；

（三）已支付的价款超过合同约定总价款的百分之五十。

《九民纪要》

126.【商品房消费者的权利与抵押权的关系】根据《最高人民法院关于建设工程价款优先受偿权问题的批复》第 1 条、第 2 条的规定，交付全部或者大部分款项的商品房消费者的权利优先于抵押权人的抵押权，故抵押权人申请执行登记在房地产开发企业名下但已销售给消费者的商品房，消费者提出执行异议的，人民法院依法予以支持。但应当特别注意的是，此情况是针对实践中存在的商品房预售不规范现象为保护消费者生存权而作出的例外规定，必须严格把握条件，避免扩大范围，以免动摇抵押权具有优先性的基本原则。因此，这里的商品房消费者应当仅限于符合本纪要第 125 条规定的商品房消费者。买受人不是本纪要第 125 条规定的商品房消费者，而是一般的房屋买卖合同的买受人，不适用上述处理规则。

【应诉策略】

1.《执行异议和复议规定》第 27 条关于案外人不能排除担保物权权利人执行措施规定的例外情形

具体包括：《执行异议和复议规定》第 29 条规定的消费者购房人的消费者生存权，以及《民法典》第 807 条规定的建设工程价款优先受偿权。此前《最高人民法院关于建设工程价款优先受偿权问题的批复》第 2 条也曾明确规定“消费者购房人的物权期待权优先于建设工程价款优先受偿权”。现根据《执行异议和复议规定》第 29 条的规定，消费者购房人也可以请求排除担保物权权利人的执行措施。

2. 二手房买卖中的一般购房者的物权期待权能否对抗抵押权

关于二手房买卖中的一般购房者的物权期待权能否对抗抵押权，即《执行异议和复议规定》第28条的规定是否属于《执行异议和复议规定》第27条规定的例外情形，司法实践中的主流观点认为不能①。因此，二手房买卖中购房人在购房时需要事先查明房屋是否负担抵押登记。

3. 房屋执行中权利的优先层级

关于房屋的执行，就各类权利的优先层级，我们可以排出如下的顺位：（1）消费者购房人的消费者生存权；（2）建设工程价款优先受偿权；（3）担保物权；（4）一般购房者（包括二手房购房人和非唯一住房购房人）的物权期待权；（5）普通债权。

【类案裁判观点分析】

案例一：债权人作为抵押权人申请执行登记在被执行房地产企业名下房产时，消费者购房人可以依据《执行异议和复议规定》第29条的规定请求排除执行——最高人民法院（2022）最高法民终15号

根据《执行异议和复议规定》第27条的规定，在开发银行作为抵押权人申请执行登记在房产公司名下的案涉房产时，消费者购房人提出执行异议请求排除执行的，仅能适用《执行异议和复议规定》第29条予以认定。本案中，根据现有证据，可以认定合同签订时间在人民法院查封之前，宋某一审提供的建筑公司与房产公司之间的抵顶工程款商品房拨付申请等材料载明了工程内容、工程价款、审批结算信息及双方以房抵顶工程款的合意，可以认定以房抵债的事实以及建筑公司实际支付了案涉房屋的购房款。现建筑公司同意将权利让渡给宋某，房产公司亦为宋某开具房款收据予以确认，应视为宋某已交付了全部购房款。另经查明，宋某名下无其他用于居住的房屋。综上，宋某的情形符合《执行异议和复议规定》第29条的规定，其对案涉房屋享有足以排除人民法院执行的民事权益。

---

① 参见王毓莹：《不动产买受人提起的执行异议之诉的处理》，载《人民法院报》2019年2月21日，第7版。

案例二：《执行异议和复议规定》第29条[①]属于第27条[②]规定中的“法律、司法解释另有规定”，消费者购房人想排除抵押权人的执行措施，应参照适用《执行异议和复议规定》第29条的规定——海南高院（2019）琼民终74号

根据《执行异议和复议规定》第29条的规定，在金钱债权执行中，买受人对登记在被执行的房地产开发企业名下的商品房提出执行异议时，获得人民法院支持应同时满足三个要件，即在人民法院查封之前已签订合法有效的书面买卖合同、所购商品房系用于居住且买受人名下无其他用于居住的房屋，以及支付的价款超过合同约定总价款的50%。该规定基于对消费者生存权的维护，赋予消费者买受房屋的物权期待权以排除执行的效力。又因为根据《最高人民法院关于建设工程价款优先受偿权问题的批复》的规定，购买房产的消费者的权益优先于担保物权，《执行异议和复议规定》第29条规定与该规定是一脉相承的。因此，《执行异议和复议规定》第29条的规定属于《执行异议和复议规定》第27条规定中的“法律、司法解释另有规定”，购房人可排除执行措施。

案例三：一般房屋买受人对于所买受不动产的民事权益并不能够排除申请执行人基于在先成立的抵押权的强制执行——最高人民法院（2019）最高法民申1684号

李某与物业公司于2015年7月25日签订《房屋买卖合同》，但早在案涉房屋买卖合同签订的两年多前，2013年8月5日银行已就案涉房屋办理了抵押登记因而享有抵押权，李某在本案中亦未提交有关其在购买案涉房屋时申请查询房屋权利状态的情况、物业公司销售案涉房屋时所持有的证照情况、签订房屋买卖合同时当地有关行政主管部门对于已经设定抵押的房屋销售许可管理制度及具体操作情况等证据。因此，从本案查明的事实看，李某作为房屋买受人，在签订房屋买卖合同时未能尽到合理的注意义务，从而因案涉房屋上存在他人抵押权而导致其无法办理房屋所有权转移登记，此系李某自身原因所致，故购房人主张不符合《执行异议复议规定》

① 该规定在该司法解释2020年修正时未做改动。
② 该规定在该司法解释2020年修正时未做改动。

第 28 条[①]规定的要件，不能排除法院强制执行。

案例四：即使申请执行人享有抵押权，只要案外人异议符合《执行异议和复议规定》第 29 条规定的条件，均可以支持购房人排除执行的主张——最高人民法院（2021）最高法民终 987 号

《执行异议和复议规定》第 29 条的规定，是对消费者购房人的特别保护，即使申请执行人享有抵押权，只要案外人异议符合该条规定条件，均可以支持其排除执行的主张。郭某某的主张需符合上述规定，方可排除贷款银行对案涉房屋的强制执行。

案例五：申请执行人对案涉房产享有抵押权、建设工程价款优先受偿权的，购房者主张排除强制执行的，应适用《执行异议和复议规定》第 29 条的规定——最高人民法院（2021）最高法民终 988 号

本案二审的焦点问题，为赵某某作为案外人就执行标的是否享有足以排除强制执行的民事权益。本案中，申请执行人贷款银行对案涉房产享有抵押权，申请执行人建设公司对案涉房产享有工程价款优先受偿权，赵某某如主张其作为商品房购买者就本案争议执行标的享有足以排除强制执行的权利，应适用《执行异议和复议规定》第 29 条规定，以此审核购房人能否排除法院对房屋采取的强制执行措施。

案例六：商品房消费者的权利优先于抵押权人的抵押权——最高人民法院（2021）最高法民申 1341 号

根据《最高人民法院关于建设工程价款优先受偿权问题的批复》第 1 条、第 2 条的规定，交付全部或者大部分款项的商品房消费者的权利优先于抵押权人的抵押权。故作为抵押权人，担保公司申请执行案涉房屋，作为商品房消费者的购房人胡某提出执行异议的，法院依法予以支持。

案例七：相对于抵押权和金钱债权等权利，工程价款优先受偿权处于优先顺位，但劣后于商品房消费者生存权——最高人民法院（2021）最高法民终 601 号

债权人认为其对案涉房屋享有建筑工程价款优先受偿权，应优先保护，

① 该规定在该司法解释 2020 年修正时未做改动。

但最高人民法院认为，相对于抵押权和金钱债权等权利，工程价款优先受偿权处于优先顺位，但劣后于商品房消费者生存权。《最高人民法院关于建设工程价款优先受偿权问题的批复》第1条规定："人民法院在审理房地产纠纷案件和办理执行案件中，应当依照《中华人民共和国合同法》第二百八十六条的规定，认定建筑工程的承包人的优先受偿权优于抵押权和其他债权。"第2条规定："消费者交付购买商品房的全部或者大部分款项后，承包人就该商品房享有的工程价款优先受偿权不得对抗买受人。"上述规定体现了商品房消费者的生存权优先保护原则。《执行异议和复议规定》第29条对于商品房买受人物权期待权的保护是对消费者生存权优先保护的进一步细化。《执行异议和复议规定》第27条规定："申请执行人对执行标的依法享有对抗案外人的担保物权等优先受偿权，人民法院对案外人提出的排除执行异议不予支持，但法律、司法解释另有规定的除外。"因此，《执行异议和复议规定》第29条本身也属于第27条规定的除外规定。根据上述规定，在已经支付全部或者大部分购房款的商品房消费者的生存权与建设工程价款优先受偿权发生冲突时，应优先保护商品房消费者的生存权。本案中，案涉房屋用途为住宅，余某购买案涉房屋系用于个人居住，属于上述规定中的商品房消费者，其对案涉房屋所享有的民事权益能够对抗债权人基于建设工程价款优先受偿权而对案涉房屋开展的强制执行。

071. 房屋买卖合同的签约方与实际履行方不同，消费者购房人可否排除执行

◇ **问题** 消费者购房人与投资商签订购房合同购买开发商名下房产，后因开发商涉诉，该房产被法院查封，购房人能否主张排除强制执行

◇ **来源** 最高人民法院（2021）最高法民再315号

◇ **结论** 虽然签订房屋买卖合同的相对方并非被执行人，但有证据证明合同实际由被执行人履行的，也可以认定购房者在查封之前签订了书面买卖合同

【基本案情】

2014 年 1 月，王某与明珠公司签订《内部预留房认购合同书》，购买案涉房屋。总房款 27 万元。截至 2015 年 9 月 13 日，王某累计交纳房款 24.6 万元。该房屋尚未交付使用。

2018 年 11 月，因案涉房屋的开发商光信地产涉诉，法院裁定查封开发商包括案涉房屋在内的 129 套房产。王某提起执行异议及异议之诉，请求解除查封。经查，明珠公司系案涉地产项目的投资商，投资商明珠公司与开发商光信地产的法定代表人相同。

【争议焦点】

王某对案涉房屋是否享有足以排除强制执行的民事权益？

【裁判要点】

王某与明珠公司于2014 年 1 月签订的《内部预留房认购合同书》明确约定了当事人的姓名和商品房的基本状况、付款方式以及总房价等主要内容，有明珠公司盖章、法定代表人名章及经办人李某签字，该合同已包含商品房买卖合同的主要内容。虽然明珠公司与光信地产为不同的民事主体，但王某提交的案涉房屋置业计划书上显示“开发商：光信地产，投资商：明珠地产”，光信地产与《内部预留房认购合同书》上的明珠公司法定代表人相同。王某所提交的商品房销售收据上显示，首期交纳购房款的收据上盖有明珠公司财务章，后四期收款收据上盖有光信地产财务章，且五份收据上显示的商品房坐落位置及房款金额与《内部预留房认购合同书》所约定的分期付款金额基本一致。结合上述案件实际情况，可认定王某与明珠公司之间签订的《内部预留房认购合同书》实际由开发商履行。故从利益平衡的角度考虑，尽管案涉《内部预留房认购合同书》上显示的相对人明珠公司并非被执行人，仍应当认定王某已经举证证明了其在人民法院查封之前签订了书面买卖合同。王某名下山西省在运城市无其他用于居住的房屋。王某提交的收款收据、银行转账单以及 POS 机刷卡小票等可互相印证，证明已交款项超过了总价款的50%。因此，王某对案涉房屋主张的民事权益符合《执行异议和复议规定》第29条规定的情形，可以排除新翔公司对案涉房屋的强制执行。

【相关法律规定】

《执行异议和复议规定》

第二十九条 金钱债权执行中，买受人对登记在被执行的房地产开发企业名下的商品房提出异议，符合下列情形且其权利能够排除执行的，人民法院应予支持：

（一）在人民法院查封之前已签订合法有效的书面买卖合同；

（二）所购商品房系用于居住且买受人名下无其他用于居住的房屋；

（三）已支付的价款超过合同约定总价款的百分之五十。

【应诉策略】

第一，商品房作为高价值消费品，相关纠纷直接影响着老百姓的基本生活，因此才有法律上基于消费者生存权的考量拟设出的物权期待权。若房地产开发企业“暴雷”，使未建成项目烂尾、已建成项目无法办理产权过户，此种情况下银行等债权人会涌出，并请求法院查封、处分开发商名下的所有资产，购房人如何保住资产将是紧迫难题。

因此，购房人在签署合同支付购房款时要注意合同相对方是否为楼盘的开发商，要注意留存所有支付凭证以及物业缴费凭证，以便能排除开发商其他债权的强制执行。

第二，诉讼中，若遇到开发商与合同签署人非同一人时，如本案，购房人需要着重组织证据证明开发商实际收了购房款，以便在法律意义上证明出购房人在法院查封之前已经签订了合法有效的书面购房合同。

第三，对于企业内部福利房的认购，若遇到开发商资不抵债且房屋未办理过户时，开发商的债权人银行和建设工程施工公司都会紧盯着房子进行分配。因此，此种情况下如何守得住房子避免被法院拍卖？其重点在于是否符合案外人排除执行的主体身份，即需要发放福利房的企业与开发商之间的合同及支付凭证以及购房人与企业或购房人直接与开发商之间的购房合同以及支付凭证，再结合唯一住房证明以及实际占有使用的证据，一般可以排除法院的强制执行措施。

【类案裁判观点分析】

案例：登记在公司指定人名下的员工福利房被法院查封，该员工可基于房屋所有权主张排除强制执行——最高人民法院（2019）最高法民终370号

法院认为，从相关各方对于案涉房屋权利的性质看，虽然《劳动合同补充协议》明确案涉房屋与王某志的劳动报酬和正常的福利待遇无关，但《劳动合同补充协议》同时也明确服饰店提供的案涉房屋系“作为福利”，并将此项待遇称为“是服饰店额外的、有条件的为王某志提供的特殊待遇”。从当事人的约定以及劳动合同的履行看，案涉房屋将因王某志履行了劳动合同约定的义务而归属王某志所有，因此其中显然包含了一定的劳动对价因素，在某种程度上而言，王某志对案涉房屋享有的权利实际上凝结着其为用人单位工作十年的相当一部分劳动付出，应属于广义的劳动报酬的范畴。而且，案涉房屋目前绝大部分房款均由王某志实际支付，王某志已于2011年装修完毕入住至今。这种情况下，在本案针对的对于案涉房屋的强制执行程序中，相较于成都农商行某支行基于何某应当履行保证责任而享有的保证债权，对王某志对于案涉房屋的权利予以优先保护，符合法律保障劳动者获得劳动报酬权利的基本精神，因而亦具有相当的正当性和合理性。

072. 购房人能否基于让予担保性质的《商品房买卖合同》排除执行

◇ **问题**　债权人为担保债权的实现与债务人签订《商品房买卖合同》并办理预告登记，案涉房屋被法院查封，债权人能否排除强制执行

◇ **来源**　最高人民法院（2019）最高法民申6881号

◇ **结论**　预告登记权利人为了担保债权得以实现而办理预告登记的，因其目的并非实现物权转移，故并不享有物权期待权，此种情形下办理的预告登记不足以排除法院的强制执行

【基本案情】

2011 年 7 月至 2012 年 8 月，投资公司分别以交纳保证金、支付投资款、借款等方式，向土地拍卖中心、房产公司等转账，共计 5500 万元。

2012 年 11 月，房产公司与投资公司签订《商品房买卖合同》，约定房产公司将案涉房屋出卖给投资公司，投资公司以承担债务的方式向房产公司支付购房款，共计 5500 万元。2012 年 11 月 29 日，投资公司取得预告登记证书。

2014 年 12 月 16 日，一审法院作出民事调解书，确认房产公司向建设公司支付工程款及利息 8368.5585 万元，建设公司对包含案涉房屋在内的多栋建设工程享有优先受偿权。

2014 年 12 月 17 日，房产公司与投资公司签订交房协议，约定房产公司按照房屋现状交付给投资公司，未完成的施工内容由投资公司组织施工。后案涉房屋由投资公司实际占有。

2015 年 3 月，建设公司申请强制执行，案涉房屋被法院裁定查封。后因投资公司提出执行异议，法院裁定中止执行。建设公司遂向一审法院提起本案执行异议之诉，请求法院判决对案涉房屋继续执行。一审法院判决驳回诉讼请求，二审法院改判准予执行案涉房屋。投资公司不服，向最高人民法院申请再审。

【争议焦点】

1. 投资公司与房产公司在人民法院查封之前是否签订了合法有效的《商品房买卖合同》?

2. 投资公司对案涉房屋是否享有足以排除执行的民事权益?

【裁判要点】

关于第 1 个争议焦点：对合同性质的认定，应当以签订合同时当事人的意思表示为准。本案中，案涉《商品房买卖合同》签订时，双方的真实意思表示是通过订立房屋买卖合同确保房产公司能够归还 5500 万元借款及利息，实际构成让与担保协议。

投资公司主张双方已通过《交房协议》变成了真实的商品房买卖合同关系，但该协议签订时，房屋并未完工，且签订该协议的前一天一审法院才刚出具调解书，确认建设公司的债权及优先受偿权，《交房协议》明显不具有善意。同时，从协议的内容看，双方并没有对借款本息进行结算、转化为以房抵债协议的意思表示。因此，房屋转移占有的事实也不能改变原《商品房买卖合同》让与担保的性质。综上，投资公司与房产公司在人民法院查封之前未签订合法有效的商品房买卖合同。

关于第2个争议焦点：投资公司与房产公司签订《商品房买卖合同》的真实目的是为借款提供担保，双方并未建立真实的房屋买卖合同关系。投资公司办理预告登记也是为了担保债权得以实现，并非为了实现物权转移，故投资公司不享有物权期待权，其为了担保而办理的预告登记不足以排除执行。

【相关法律法规】

《执行异议和复议规定》

第二十八条　金钱债权执行中，买受人对登记在被执行人名下的不动产提出异议，符合下列情形且其权利能够排除执行的，人民法院应予支持：

（一）在人民法院查封之前已签订合法有效的书面买卖合同；

（二）在人民法院查封之前已合法占有该不动产；

（三）已支付全部价款，或者已按照合同约定支付部分价款且将剩余价款按照人民法院的要求交付执行；

（四）非因买受人自身原因未办理过户登记。

第三十条　金钱债权执行中，对被查封的办理了受让物权预告登记的不动产，受让人提出停止处分异议的，人民法院应予支持；符合物权登记条件，受让人提出排除执行异议的，应予支持。

【应诉策略】

第一，实践中，关于“在人民法院查封之前已签订合法有效的书面买卖合同”的认定经常成为能否排除执行措施的焦点问题，且该合法优先合同的认定也是《执行异议和复议规定》第 28 条、第 29 条规定的可以排除强制执行的共同条件，需特别注意此处“买卖合同”要求双方在签订合同时（至少在法院查封前）具有买卖房产的真实意思。

第二，关于预告登记能否排除强制执行，实践中，预告登记权利人多援引《执行异议和复议规定》第 30 条的规定主张排除强制执行，但该规定中的有权排除执行异议的“受让人”仅限于符合办理登记条件成熟时的本登记条件的房屋买受人，其他非买受人（如抵押权人）的预告登记权利人可能只有要求中止执行进行权利明确的权利，而不能排除后续强制执行程序。

综上所述，需要注意的是，在对办理了预告登记的不动产被查封时，预告登记权利人应区分以下两种情况提出不同主张：

（1）如预告登记权利人是房屋买受人，且在请求解除查封时已经符合办理本登记的条件的，则可以请求排除强制执行。

（2）如预告登记权利人是除房屋买受人之外的其他权利人，则仅有权主张停止对房屋的处分，是否予以支持由法院判断。对此类预告登记权利人，建议尽早办理抵押登记，并在执行程序中申请参与分配，以保障己方权利。

【类案裁判观点分析】

案例：为提供担保而签订《商品房买卖合同》，双方并不具有买卖房屋的真实意思表示，不能排除强制执行——最高人民法院（2021）最高法民终 1076 号

北亚公司与华风开发公司签订的《协议书》约定，华风开发公司对外借款，北亚公司为提供担保，以将华风开发公司名下房产（包含案涉房屋）分别与债权人签订《商品房销售合同》的形式办理了抵押。2007 年 4 月 28 日，华佳公司与北亚公司达成的《备忘录》亦载明，为保证华佳公司借款资金的安全，北亚公司同意以商品房销售给华佳公司的形式为上述资金提供担保，为此签订了《商品房销售合同》并办理了预售联机备案手续。上述《协议书》及《备忘录》证明，案涉房屋《商品房买卖合同》系为华佳公司借款资金提供的担保。综合本案事实，华佳公司与北亚公司虽签订案涉房屋《商品房买卖合同》，但双方在案涉房屋被查封前并不具有买卖房屋的真实意思表示，故华佳公司的主张不能成立。

073. 不符合限购政策的购房人能否排除执行

◇ **问题** 不符合限购政策的购房人能否排除法院的强制执行

◇ **来源** 最高人民法院（2021）最高法民终1298号

◇ **结论** 不符合限购政策的购房人无法办理产权过户手续，其购买房屋的行为不能产生物权变动的结果，故其无法享有案涉房屋的物权期待权，对案涉房屋所享有的合同权利不足以对抗申请执行人的金钱债权

【基本案情】

2015年8月，因重庆建工公司与开发商建设工程施工合同纠纷一案，海南高院裁定预查封开发商名下的案涉房屋。

2018年5月8日，肖某与开发商签订《商品房认购协议书》，并支付定金20万元。5日后，双方又签订《商品房买卖合同》，肖某支付了全部购房款。

2018年7月，因开发商未能履行生效法律文书确定的全部义务，重庆建工公司向法院申请执行。2019年7月，法院发布执行公告，对案涉房屋进行评估、拍卖。肖某遂提起本案案外人执行异议之诉，请求解除对案涉房屋的查封并终止拍卖。

经查，2018年4月22日发布了《中共海南省委办公厅、海南省人民政府办公厅关于进一步稳定房地产市场的通知》，根据该通知，肖某不符合限购政策，无购房资格。

【争议焦点】

购房人肖某对案涉房屋是否享有足以排除强制执行的民事权益？

【裁判要点】

根据原审查明的事实，案涉房屋登记在开发商名下，而肖某与开发商签订案涉购房合同是在海南高院预查封案涉房屋之后。肖某签订《商品房买卖合同》以及支付购房款，均是在《中共海南省委办公厅、海南省人民政府办公厅关于进一步稳定房地产市场的通知》发布之后。根据该通知要求，肖某不符合限购政策。《九民纪要》第126条指出，《最高人民法院关于建设工程价款优先受偿权问题的批复》第1条、第2条的规定是针对实践中存在的商品房预售不规范现象为保护消费者生存权而作出的例外规定，必须严格把握条件，避免扩大适用范围。经查，肖某在购买案涉房屋时系明知其不符合海南省相关商品房限购政策，尽管其与开发商就案涉房屋签订《商品房买卖合同》，但根据海南省当前的商品房限购政策，肖某无法办理案涉房屋的网签手续，亦不能依据案涉购房合同以及对该合同的履行，通过办理过户登记获得案涉房屋的物权。肖某关于其对案涉房屋权利的合理期待应予保护的主张，缺乏事实和法律依据，法院不予支持。

肖某以限购政策属于管理性的行政规范、案涉购房合同合法有效、肖某已支付相应购房款并实际入住，其购买案涉房屋并未损害国家利益、社会公共利益，亦不具有违法性或者不当性，不具有法律上的可责难性等为由主张其物权期待权应当得到保护，理据不足，法院不予支持。

而根据一般生活经验，购房人交易前了解当地商品房限购政策以及案涉房屋查封保全情况并不需要特殊的专业知识或者能力。因此，肖某基于对网站信息的信任且未见案涉房屋的查封公告、封条等，认为其不可能知道案涉房屋已被预查封的情况，且在购房中已尽到充分的注意义务，故不存主观故意和过错的理由，不能成立，法院不予支持。

【相关法律规定】

《执行异议和复议规定》

第二十九条 金钱债权执行中，买受人对登记在被执行的房地产开发企业名下的商品房提出异议，符合下列情形且其权利能够排除执行的，人民法院应予支持：

（一）在人民法院查封之前已签订合法有效的书面买卖合同；

（二）所购商品房系用于居住且买受人名下无其他用于居住的房屋；

（三）已支付的价款超过合同约定总价款的百分之五十。

《九民纪要》

125.【案外人系商品房消费者】实践中，商品房消费者向房地产开发企业购买商品房，往往没有及时办理房地产过户手续。房地产开发企业因欠债而被强制执行，人民法院在对尚登记在房地产开发企业名下但已出卖给消费者的商品房采取执行措施时，商品房消费者往往会提出执行异议，以排除强制执行。对此，《执行异议和复议规定》第29条规定，符合下列情形的，应当支持商品房消费者的诉讼请求：一是在人民法院查封之前已签订合法有效的书面买卖合同；二是所购商品房系用于居住且买受人名下无其他用于居住的房屋；三是已支付的价款超过合同约定总价款的百分之五十。人民法院在审理执行异议之诉案件时，可参照适用此条款。

问题是，对于其中“所购商品房系用于居住且买受人名下无其他用于居住的房屋”如何理解，审判实践中掌握的标准不一。“买受人名下无其他用于居住的房屋”，可以理解为在案涉房屋同一设区的市或者县级市范围内商品房消费者名下没有用于居住的房屋。商品房消费者名下虽然已有1套房屋，但购买的房屋在面积上仍然属于满足基本居住需要的，可以理解为符合该规定的精神。

对于其中“已支付的价款超过合同约定总价款的百分之五十”如何理解，审判实践中掌握的标准也不一致。如果商品房消费者支付的价款接近于百分之五十，且已按照合同约定将剩余价款支付给申请执行人或者按照人民法院的要求交付执行的，可以理解为符合该规定的精神。

126.【商品房消费者的权利与抵押权的关系】根据《最高人民法院关于建设工程价款优先受偿权问题的批复》第1条、第2条的规定，交付全部或者大部分款项的商品房消费者的权利优先于抵押权人的抵押权，故抵押权人申请执行登记在房地产开发企业名下但已销售给消费者的商品房，消费者提出执行异议的，人民法院依法予以支持。但应当特别注意的是，此情况是针对实践中存在的商品房预售不规范现象为保护消费者生存权而作出的例外规定，必须严格把握条件，避免扩大范围，以免动摇抵押权具有优先性的基本原则。因此，这里的商品房消费者应当仅限于符合本纪要第125条规定的商品房消费者。买受人不是本纪要第125条规定的商品房消费者，而是一般的房屋买卖合同的买受人，不适用上述处理规则。

【应诉策略】

第一，对购房人来说，在签订房屋买卖合同前应当充分了解当地房屋限购政策以及房屋查封保全情况，购房人不能偏听偏信，以现在信息的公开程度，查询拟购买房屋的抵押情况、查封情况以及购房当地的限购政策并非难事。因此，购房人交易前也应当了解当地商品房限购政策及房屋登记状况。

第二，司法实践中一般认为，《执行异议和复议规定》第28条所涉物权期待权，是指执行案外人对案涉房屋虽不享有物权法意义上的物权（所有权），但因具备了物权的实质性要素，依法可以合理预期通过办理不动产登记将该物权期待权转化为物权法意义上的物权（所有权），即对不动产所有权登记至其名下的期待。法律为了保护该合理期待利益，以及出于对消费者生存权的保护，才规定了消费者购房人排除执行的权利。因此，实践中法院对于是否符合条件审查较严格，购房人在接触该类纠纷时需要厘清诉讼要点，然后根据诉讼要点梳理并提交有效证据。

【类案裁判观点分析】

案例：购房人购买案涉房屋不符合当地商品房限购政策，不能产生物权变动的结果，购房人对案涉房屋没有物权期待权——最高人民法院（2020）最高法民申1864号

《执行异议和复议规定》第28条、第29条[①]的规定中所涉物权期待权，是指案外人对案涉房屋虽尚不享有物权法意义上的物权（所有权），但因具

① 这些规定在该司法解释2020年修正时未做改动。

备了物权的实质性要素，依法可以合理预期通过办理不动产登记将该物权期待权转化为物权法意义上的物权（所有权），即对不动产所有权登记至其名下的期待。这显然与田某某所称对有关商品房限购政策改变的期待，或等待取得购房资格的内涵不同。根据原审法院查明的事实，尽管田某某与开发商就案涉房屋签订《文昌市商品房买卖合同》，但因其购买案涉房屋不符合当地商品房限购政策，故田某某关于其对案涉房屋享有的物权期待权应优先于房产调控行政管理需要的主张，于法无据，法院不予支持。

原审法院以田某某购买案涉房屋的行为不能产生物权变动的结果，无法请求出卖人开发商为其办理不动产转让登记为由，认定田某某对案涉房屋没有物权期待权，并无不当，法院予以认可。

此外，根据一般生活经验，购房人交易前了解当地商品房限购政策并不需要特殊的法律专业知识。因此，田某某认为其在购房过程中已尽到充分的注意义务，不存过错的主张，不能成立。田某某还主张银行监管存在过错，但其并未提供证据予以证明，法院不予支持。

二、基于抵债协议请求排除执行的常见情形

074. 以房抵债的购房人在何种情形下能排除法院执行

◇ **问题**　以房抵债的购房人能否依据《执行异议和复议规定》第28条的规定主张排除强制执行

◇ **来源**　最高人民法院（2021）最高法民终345号

◇ **结论**　以房抵债的购房人原则上不能视为一般不动产买受人，但是在特殊情况下，如果当事人不存在规避执行或逃避债务等情形，经审慎认定，可参照《执行异议和复议规定》第28条的规定予以支持

【基本案情】

2016 年 11 月 25 日，园尚公司向文旅公司出具《购房抵款申请》《委托付款书》，约定由园尚公司认购案涉房屋，用于冲抵其欠付禹某某的工程款 386,456 元。2018 年 10 月 11 日，文旅公司向开发商出具《情况说明》，以案涉房屋冲抵文旅公司与开发商之间债权债务，不做实际支付。当日，开发商向禹某某出具收据，载明：禹某某交来房款 386,456 元。

2019 年 4 月 9 日，因国基公司提出以开发商为被告的诉讼财产保全申请，法院裁定：查封登记在开发商名下的包括案涉房屋在内的 243 套房屋。

2020 年 4 月 21 日，禹某某对查封案涉房屋提出书面异议，法院作出裁定中止对案涉房屋的执行。国基公司不服，提起本案执行异议之诉。经查，已经生效的另案（2019）宁 0121 民初 1663 号民事判决认定：博冠公司按照收据约定已经通过顶账方式收取了禹某某的购房款 386,456 元，应当履行商品房出卖人的法定义务，及时与禹某某签订商品房买卖合同并交付房屋。

【争议焦点】

禹某某对案涉房屋是否享有足以排除强制执行的民事权益?

【裁判要点】

《执行异议和复议规定》第 28 条规定了对一般不动产买受人针对金钱债权提起执行异议之诉的处理。以房抵债的目的并非购买案涉不动产，而是实现债务的清偿，故原则上不能视为一般不动产买受人。但是，在特殊情况下，如果当事人在债务履行期限届满后达成合法有效的以房抵债协议，旧债清算完毕变更为新债，不存在规避执行或逃避债务等情形，应当尊重当事人因社会经济生活的复杂性对其交易内容所进行的合意变更，符合上述规定的，并经审慎认定，可参照本条规定予以支持。本案中，禹某某提交开发商出具的案涉房屋的房款收据，并不能证明其与开发商在法院查封之前就案涉房屋已签订合法有效的书面买卖合同，且禹某某认可至今未占有案涉房屋。因此，禹某某并不符合上述规定，对案涉房屋不享有排除强制执行的民事权益。

【相关法律规定】

《执行异议和复议规定》

第二十八条　金钱债权执行中，买受人对登记在被执行人名下的不动产提出异议，符合下列情形且其权利能够排除执行的，人民法院应予支持：

（一）在人民法院查封之前已签订合法有效的书面买卖合同；

（二）在人民法院查封之前已合法占有该不动产；

（三）已支付全部价款，或者已按照合同约定支付部分价款且将剩余价款按照人民法院的要求交付执行；

（四）非因买受人自身原因未办理过户登记。

《最高人民法院关于审理商品房买卖合同纠纷案件适用法律若干问题的解释》

第五条　商品房的认购、订购、预订等协议具备《商品房销售管理办法》第十六条规定的商品房买卖合同的主要内容，并且出卖人已经按照约定收受购房款的，该协议应当认定为商品房买卖合同。

【应诉策略】

第一，关于在执行程序中，案外人能否依据以房抵债协议排除法院的强制执行的问题，其核心在于如何认定以房抵债协议的性质。如认定相关合同具有房屋买卖合同的性质，协议双方的真实意图是以债权支付购房款，从而消灭旧的债权债务关系、建立新的房屋买卖关系，则在符合法律规定的其他情形的情况下，可以排除强制执行；但如果认定购房人签订以房抵债协议的主要目的是消灭债权而非支付购房款，则案外人的诉求很难得到支持。

第二，在司法实践中，根据笔者的总结，以房抵债符合下列条件的，法院会更倾向于认定具有房屋买卖性质：（1）以房抵债协议签订于债务履行期限届满后，案涉房屋被法院查封之前；（2）双方在协议中有表明“已到期的债权债务关系消灭，变更为房屋买卖关系，到期债权用于支付购房款”的相关约定；（3）债权人（购房人）已经实际占有使用案涉房屋。

第三，从以往法院的裁判规则来看，单纯凭借以房抵债协议排除强制执行有难度。因此，债权人应在签署以房抵债协议同时签订房屋买卖合同，明确将双方权利义务关系转化为房屋买卖关系。

综上所述，债权人需要注意，以房抵债协议如果没有实际履行（办理过户手续），债权人并不能取得房屋所有权，即便符合上述条件且被法院认可，也仅具有物权期待权，房产仍然有被采取强制措施的可能。因此，为避免涉诉风险，尽早办理过户登记，取得房屋所有权才是最保险的方式。

【类案裁判观点分析】

案例一：购房人与开发商签订房屋买卖合同，约定通过实际施工人对开发商的工程款抵扣购房款的，不能认定该房屋买卖合同性质为以物抵债协议——最高人民法院（2021）最高法民终1196号

申请执行人认为购房人田某、文某某与开发商签订的《商品房买卖合同》为以物抵债协议，不应适用《执行异议和复议规定》第29条规定。本案中，甲方开发商，乙方田某、文某某，丙方谢某某于2017年1月12日签订的《商品房定购协议》明确约定，谢某某自愿将对开发商的工程款78万元用于支付田某、文某某购买案涉房屋的房款。因此，田某、文某某通过谢某某对开发商的工程款抵扣田某、文某某的购房款，而非由谢某某以工程款抵扣的方式购买案涉房屋。申请执行人关于田某、文某某与开发商签订的房屋买卖合同为以物抵债协议的上诉理由，与事实不符，不予支持。综合本案证据，田某、文某某购买案涉房屋符合《执行异议和复议规定》第29条的规定，可以认定对案涉房屋享有足以阻却人民法院查封的民事权益。

案例二：基于以物抵债而拟受让不动产的受让人，在完成不动产法定登记之前，不享有针对案涉房屋的物权期待权，不能排除强制执行——辽宁高院（2021）辽民申8363号

本案中，在案涉房屋办理房屋登记之前，辽宁门窗公司继受取得的法定公示要件尚未达成，因此案涉房屋的物权并未发生变动，辽宁门窗公司对案涉房屋不享有所有权。辽宁门窗公司并未向开发商实际支付房款，案涉房屋只是以物抵债的标的物，以物抵债首先以消灭金钱债务为目的，而物的交付仅为以物抵债的实际履行方式，其与《执行异议和复议规定》所规定的基于买卖而产生的物权期待权具有本质区别。因此，基于以物抵债而拟受让不动产的受让人，在完成不动产法定登记之前，亦不享有针对案涉房屋的物权期待权。因此，辽宁门窗公司在本案中的民事权益仍属债权范畴，并未产生任何物权范畴的民事权益。该公司对案涉房屋既无所有权又无物权期待权，就案涉房屋不享有足以排除强制执行的民事权益，原审事实清楚，适用法律正确，再审申请人辽宁门窗公司的申请再审理由不能成立。

案例三：以房抵债情况下，房屋买受人的目的并不是购买不动产，而是实现债务的清偿，基于债的平等性，作为债权人的房屋买受人不享有足以排除强制执行的民事权益——最高人民法院（2021）最高法民申 1177 号

首先，案涉房屋尚未竣工，不具备交付条件，不能认定周某在查封之前已经合法占有案涉房屋。其次，周某主张其取得权利的价格远低于案涉房屋的合同价格，不能认定其已经支付全部价款。最后，从周某所签案涉《合同权利转让协议书》《协议书》来看，该系列合同的真实意思表示为以房抵债，即周某签订该合同的目的并非实现债务的清偿，而不是购买案涉不动产。基于债的平等性，周某所享有的债权并不较本案所涉执行债权更具有优先实现的价值利益。综上，原审法院认定周某就案涉房屋不享有足以排除强制执行的民事权益并无不当。

075. 以工程款折抵购房款的施工方能否排除对抵债房屋的执行

◇ **问题**　施工方与开发商约定以工程款折抵房款购买房屋，施工方能否排除强制执行

◇ **来源**　最高人民法院（2020）最高法民再 352 号

◇ **结论**　施工方以冲抵工程款的方式购买房屋，其实质是实现建设工程价款优先受偿权，案涉房屋系工程款债权的物化载体，施工方就案涉房屋享有的权利可排除普通债权人的强制执行

【基本案情】

2013 年 7 月 11 日，开发商与施工方签订《协议书》，约定开发商以案涉房屋抵偿欠付工程款，并明确了房屋的房号、面积和价格等事项。

2018 年 5 月 21 日，因投资公司在与开发商等借款合同纠纷一案中申请诉讼财产保全，成都中院裁定对包括案涉 13 套房屋在内的房产予以查封。施工方提出执行异议，法院裁定中止执行。投资公司不服，提起执行异议之诉。本案最终经最高人民法院再审改判驳回投资公司的诉讼请求。

【争议焦点】

1. 施工方与开发商签订的以房抵债的《协议书》是否属于实现建设工程价款优先受偿权的方式？

2. 施工方与开发商签订的以房抵债的《协议书》是否能排除投资公司的强制执行？

【裁判要点】

最高人民法院认为，发包人逾期不支付工程价款，承包人可以通过协商的方式将建设工程折价抵偿。本案开发商欠付施工方工程款，双方签订案涉《协议书》及《商品房买卖合同》，施工方以冲抵工程款的方式购买案涉房屋，其实质是通过协商折价抵偿实现施工方就案涉项目房屋所享有的建设工程价款优先受偿权。

《最高人民法院关于建设工程价款优先受偿权问题的批复》第 1 条规定，建筑工程的承包人的优先受偿权优于抵押权和其他债权。投资公司对开发商享有的是普通借贷债权，而施工方作为案涉工程项目的承包人对案涉房屋享有建设工程价款优先受偿权，施工方工程款债权优先于投资公司的普通债权得到受偿，案涉房屋系工程款债权的物化载体，本案不适用《执行异议和复议规定》第 28 条①，施工方就案涉房屋享有的权利足以排除投资公司的强制执行。

---

① 该规定在该司法解释 2020 年修正时未做改动。

【相关法律规定】

《民法典》

第八百零七条　发包人未按照约定支付价款的，承包人可以催告发包人在合理期限内支付价款。发包人逾期不支付的，除根据建设工程的性质不宜折价、拍卖外，承包人可以与发包人协议将该工程折价，也可以请求人民法院将该工程依法拍卖。建设工程的价款就该工程折价或者拍卖的价款优先受偿。

【应诉策略】

第一，施工方或实际施工人以工程款折抵房款购买房屋，如该房屋被法院查封、拍卖，施工方可以主张以折价抵扣房款的形式实现建设工程价款优先受偿权，据此可以排除法院的强制执行。因此，施工方能够排除其他债权人的强制执行措施的要点在于法律对建设工程优先受偿权的保护。

此外，因建设工程价款优先受偿权限于施工人所建设的工程，施工方购买的房屋须与其实际施工范围对应，方能主张排除强制执行（见类案裁判观点分析案例一）。

第二，需要注意的是，施工方不属于“购房者”，更不属于“消费者”，不享有消费者期待权，如援引《执行异议和复议规定》第28条或第29条的规定主张排除执行，法院将可能不予支持。例如，本文主文案例的一审、二审法院认为：“施工方的根本目的是处置抵偿的房屋以实现其工程款债权，其本意并非购买案涉房屋，与前述法律规定的保护对象范围不相符，故本案不能参照《执行异议和复议规定》第28条的规定进行处理。”据此，一审、二审法院均认为本案施工方的执行异议不成立。因此，施工方就抵债房屋主张权利排除强制执行措施时，需要结合在案优势证据，选择正确的诉讼策略，否则依然可能面临败诉风险。

【类案裁判观点分析】

案例一：施工人的优先受偿权应限于施工人所建设的工程——江西高院(2019) 赣民终71号

肖某富主张排除执行的房屋，源于利达公司所欠工程款，但该工程款已被吉安仲裁委员会裁决，即涉案工程款已被井冈山建设公司通过仲裁程序进行了权利救济。仲裁裁决书虽然确认了井冈山建设公司对欠付的工程款具有优先受偿权，但一方面，肖某富并非井冈山建设集团有限公司，不是本案权利主体；另一方面，施工人的优先受偿权限于施工人所建设的工程，本案肖某富陈述其施工的是7号、8号楼，肖某富对涉案9号楼的房屋并不具有优先受偿权，综上，肖某富诉讼请求排除执行，不应予以支持。

案例二：施工方与开发商约定以房抵顶工程款的实质是实现建设工程价款，基于建设工程价款的优先受偿权，施工方有权排除普通债权人对案涉房屋的强制执行——山东高院（2021）鲁民再329号

高山公司、祎城公司、李某以房抵顶工程款的实质，是通过协商以案涉房屋折价抵偿工程款的方式实现李某因建设案涉房屋相应的工程而形成的工程款，而张某江对毕某武、祎城公司享有的债权系因租赁合同产生的租赁费，依据《最高人民法院关于建设工程价款优先受偿权问题的批复》的规定，建设工程价款优先受偿，李某的工程款应优先于张某江租赁费。因此，本院认为，无论是基于抵顶房源证明产生的有权占有还是基于建设工程价款的优先受偿权，李某均享有足以排除对涉案房屋强制执行的民事权益，张某江要求对涉案房屋许可执行的诉讼请求，本院不予支持。

076. 开发商以房抵顶工程款，施工人能否以保护消费者购房人的法律法规排除执行

◇ **问题** 施工方与开发商约定以房抵债并签订房屋买卖合同，登记在开发商名下的涉案房屋被法院查封，施工方能否依据《执行异议和复议规定》第29条的规定，排除法院的强制执行

◇ **来源** 最高人民法院（2021）最高法民终1222号

◇ **结论** 施工方与开发商在房屋被查封前签订房屋买卖合同并约定以房抵顶工程款，可以据此视为施工方已交付了全部购房款，施工方可以依据《执行异议和复议规定》第29条的规定，主张排除法院的强制执行

【基本案情】

2018 年 3 月 26 日，因国家开发银行对地产公司享有债权并提起诉讼，法院裁定查封地产公司包括案涉房屋在内的 257 套房屋。该案执行期间，魏某以案外人身份提出执行异议被法院裁定驳回，魏某不服，提起本案诉讼。

经查，地产公司与某施工公司于 2016 年签订《施工合同》及《补充协议》，约定地产公司将其开发建设的含案涉房屋在内的 3 套房屋拨付给施工公司抵付工程款。

2018 年 3 月 13 日，实际垫资施工人魏某与地产公司签订案涉房屋的《商品房买卖合同》，付款方式为工程款抵顶房款，地产公司为魏某开具了案涉房屋金额为 1, 116, 160 元的收据。

【争议焦点】

魏某能否依据《执行异议和复议规定》第 29 条之规定，排除人民法院的强制执行？

【法院观点】

首先，案涉《商品房买卖合同》合法有效，合同是否在有关行政主管部门联机备案不影响其效力。该《商品房买卖合同》虽未明确签订时间，但魏某提供的收据载明房屋坐落及金额，且地产公司法定代表人于 2018 年 3 月 13 日在收据上签字，应认定魏某已于此时与地产公司形成了房屋买卖合同关系。因此，魏某对案涉房屋提出的异议满足“在人民法院查封之前已签订合法有效的书面买卖合同”的要件。

其次，魏某提供的施工公司与地产公司之间的施工合同等材料，可以认定以房抵债的事实以及施工公司实际支付了案涉房屋的购房款。现施工公司同意将权利让渡给实际垫资施工人魏某，地产公司亦为魏某开具房款收据予以确认，应视为魏某已交付了全部购房款。

综上所述，虽然魏某购房系通过以房抵款的方式实现，但并不影响其对登记在被执行的房地产开发企业名下的商品房提出执行或执行异议之诉异议的权利。经查询，魏某名下并无用于居住的房屋，故其对案涉房屋提出的异议符合《执行异议和复议规定》第 29 条的规定，应认定其对案涉房屋享有消费者物权期待权，足以排除强制执行。

【相关法律规定】

《执行异议和复议规定》

第二十九条 金钱债权执行中，买受人对登记在被执行的房地产开发企业名下的商品房提出异议，符合下列情形且其权利能够排除执行的，人民法院应予支持：

（一）在人民法院查封之前已签订合法有效的书面买卖合同；

（二）所购商品房系用于居住且买受人名下无其他用于居住的房屋；

（三）已支付的价款超过合同约定总价款的百分之五十。

【应诉策略】

第一，开发商与施工方约定以房抵顶工程款的，必须签订正式的书面房屋买卖合同，仅有以房抵款协议的，施工方不能排除强制执行（见类案裁判观点分析案例一）。双方签订的认购、订购、抵债等协议如果具备《商品房销售管理办法》第 16 条规定的商品房买卖合同的主要内容的，也可以认定双方签订了买卖合同。

第二，工程款优先受偿权是为保障建设工程农民工工资而设，不能转让。因此，实际施工人与开发商约定以房抵顶工程款，又将工程款债权转让给买受人的，买受人对开发商享有的权利为普通债权，不优于其他金钱指之债（见类案裁判观点分析案例三）。

【类案裁判观点分析】

案例一：以房抵顶工程款协议不能代替房屋买卖合同，施工方未签正式买卖合同不能要求排除法院的强制执行——最高人民法院（2021）最高法民再 221 号

虽然案涉房产先由开发商抵付工程款给建设公司，后由建设公司抵付工程款给黄某某，但是案涉房产始终登记被执行人——开发商的名下。尽管建设公司与黄某某在《协议书》第2条约定："经建设公司与开发商沟通协调，开发商同意直接为黄某某办理商品房相关手续，包括签订《商品房买卖合同》、开具销售不动产发票、代为办理商品房产权证等。"但是，该项条款并没有实际履行，开发商始终未与黄某某签订书面的房屋买卖合同，也未为黄某某开具销售房屋发票。建设公司仅为案涉房屋的承建商，黄某某与建设公司之间签订的《维修工程内部承包协议书》以及《协议书》不能代替合法有效的书面买卖合同。对于房屋买受人是否构成法律规定的查封前签订书面买卖合同的情形，应当要求书面文件具备物权变动的内容和合意，或符合《最高人民法院关于审理商品房买卖合同纠纷案件适用法律若干问题的解释》第5条规定的情形，但不应突破书面合同这一形式要件。本案中，黄某某没有与开发商签订书面合同，不符合买受人签订合法有效书面买卖合同的要件。在尚不具备开发商与购房人签订有书面买卖房屋合同之条件的情况下，黄某某提供的占有该房屋的证据并不充分，且至今该房屋也未办理竣工验收手续，尚不具备交付条件。综上，黄某某不符合《执行异议和复议规定》第28条规定的条件，对案涉房屋不享有足以排除强制执行的民事权益。

案例二：双方当事人签订房屋买卖合同并约定以房抵顶工程款，可以认定以房抵债的事实以及购房人已经实际支付了案涉房屋的购房款——最高人民法院（2022）最高法民终17号

本案中，于某某与开发商在人民法院查封前签订了《商品房买卖合同书》，且案涉《商品房买卖合同书》合法有效，合同是否在房产部门联机备案不影响其效力。于某某一审提供的李某某与开发商之间的抵顶工程款商品房拨付申请等材料载明了工程内容、工程价款、审批结算信息及双方以房抵顶工程款的合意，可以认定其间以房抵债的事实以及李某某实际支付了案涉房屋的购房款。现李某某同意将权利让渡给于某某，开发商亦为于某某开具《哈尔滨市商品房销售预收款专用票据》予以确认，应视为于某某已交付了全部购房款。另经原审查明，于某某名下无其他用于居住的房屋。因此，于某某排除法院强制执行的请求于法有据应予支持。

案例三：程款优先受偿权为保障建设工程农民工工资而设，不能转让——最高人民法院（2021）最高法民终869号

张某对案涉房屋的权利不能优于债权人银行的金钱之债。案涉房屋登记在开发商名下，张某虽然占有使用该房屋，但民事法律行为下的不动产物权变动以登记为要件，故其并不享有房屋所有权。张某主张其与开发商形成房屋买卖关系，其取得对开发商的债权源于亚泰公司对开发商的工程款债权，大部分房款通过其对开发商的债权予以抵销完成支付。然而，这一过程本质上仍为以房抵债，而且没有证据证明亚泰公司享有该工程款优先受偿权。退一步说，设立工程款优先受偿权是为了保障建设工程农民工工资，也不能将其转让。因此，张某对开发商享有的权利仍为普通债权。进而，开发商将案涉房屋抵债给张某，在该房屋尚未办理权属变更登记的情形下，张某对房屋仅享有债权请求权，其权利也不能优于银行的金钱之债。

三、开发商解除合同请求排除执行的常见情形

077. 被执行人购买的房产仅预告登记但未过户，开发商解除买卖合同后，能否排除对房产的执行

◇ **问题** 预告登记在被执行人名下的房屋被法院预查封，开发商另诉解除买卖合同后，能否要求解除预查封并停止执行

◇ **来源** 吉林高院（2021）吉民再212号

◇ **结论** 开发商因合法建造原始取得案涉房屋所有权，在解除买卖合同后，开发商对案涉房屋的所有权恢复完满状态，可以对抗法院的强制执行

【基本案情】

2018 年，因刘某某与王某某民间借贷纠纷一案，法院依据刘某某申请，保全查封（预查封）了预告登记在王某某名下的案涉房屋。

执行过程中，开发商提出异议，称其已经起诉解除房屋买卖合同，请求法院停止执行，法院裁定驳回异议请求。开发商提起本案执行异议之诉。

经查，2012 年 11 月 13 日，王某某与开发商签订《商品房买卖合同》，约定开发商将案涉房屋出售给王某某，并办理了预告登记。2019 年 10 月 24 日，《商品房买卖合同》经法院生效判决文书判决解除。

【争议焦点】

开发商对案涉房屋是否享有所有权？是否足以排除强制执行？

【裁判要点】

本案中，王某某向开发商购买案涉房屋，并办理了房屋预告登记，法院预查封了案涉房屋，该查封的效力限制的是王某某处分该房屋，并不当然限制开发商、王某某关于案涉房屋买卖的合同权利。案涉《商品房买卖合同》及补充协议约定了开发商享有合同解除权的条件，非法定事由不能剥夺开发商的合同解除权。开发商起诉解除与王某某签订的房屋买卖合同，长春南关法院作出（2019）吉 0102 民初 762 号民事判决予以确认。在上述判决未被撤销的前提下，王某某对诉争房屋的物权变动请求权因合同解除而消灭，相应的对诉争房屋的预告登记亦归于失效。

《执行异议和复议规定》第 25 条确立了案外人执行异议形式审查的原则，而第 26 条则是形式审查原则的例外规定。本案中，当事人争议的是不动产，故应当首先参照适用上述司法解释第 25 条第 1 款第 1 项的规定。而开发商提交的解除合同判决并未对案涉房屋的所有权归属进行确认，故并未触发上述司法解释第 26 条的适用。故案涉《商品房买卖合同》已经解除的事实能够作为本案认定事实的前提和基础。开发商提交了国有土地使用权证、建设工程规划许可证、建筑工程施工许可证等相关证据，因合法建造原始取得案涉房屋所有权。在与王某某解除《商品房买卖合同》后，开发商对案涉房屋的所有权恢复完满状态，并得据房屋所有权对抗债权人刘某某之执行。

【相关法律规定】

《民法典》

第二百二十一条 当事人签订买卖房屋的协议或者签订其他不动产物权的协议，为保障将来实现物权，按照约定可以向登记机构申请预告登记。预告登记后，未经预告登记的权利人同意，处分该不动产的，不发生物权效力。

预告登记后，债权消灭或者自能够进行不动产登记之日起九十日内未申请登记的，预告登记失效。

《最高人民法院、国土资源部、建设部关于依法规范人民法院执行和国土资源房地产管理部门协助执行若干问题的通知》

十五、下列房屋虽未进行房屋所有权登记，人民法院也可以进行预查封：

（一）作为被执行人的房地产开发企业，已办理了商品房预售许可证且尚未出售的房屋；

（二）被执行人购买的已由房地产开发企业办理了房屋权属初始登记的房屋；

（三）被执行人购买的办理了商品房预售合同登记备案手续或者商品房预告登记的房屋。

十八、预查封的效力等同于正式查封。预查封期限届满之日，人民法院未办理预查封续封手续的，预查封的效力消灭。

《执行异议和复议规定》

第二十五条 对案外人的异议，人民法院应当按照下列标准判断其是否系权利人：

（一）已登记的不动产，按照不动产登记簿判断；未登记的建筑物、构筑物及其附属设施，按照土地使用权登记簿、建设工程规划许可、施工许可等相关证据判断；

（二）已登记的机动车、船舶、航空器等特定动产，按照相关管理部门的登记判断；未登记的特定动产和其他动产，按照实际占有情况判断；

（三）银行存款和存管在金融机构的有价证券，按照金融机构和登记结算机构登记的账户名称判断；有价证券由具备合法经营资质的托管机构名义持有的，按照该机构登记的实际出资人账户名称判断；

（四）股权按照工商行政管理机关的登记和企业信用信息公示系统公示的信息判断；

（五）其他财产和权利，有登记的，按照登记机构的登记判断；无登记的，按照合同等证明财产权属或者权利人的证据判断。

案外人依据另案生效法律文书提出排除执行异议，该法律文书认定的执行标的权利人与依照前款规定得出的判断不一致的，依照本规定第二十六条规定处理。

第二十六条　金钱债权执行中，案外人依据执行标的被查封、扣押、冻结前作出的另案生效法律文书提出排除执行异议，人民法院应当按照下列情形，分别处理：

（一）该法律文书系就案外人与被执行人之间的权属纠纷以及租赁、借用、保管等不以转移财产权属为目的的合同纠纷，判决、裁决执行标的归属于案外人或者向其返还执行标的且其权利能够排除执行的，应予支持；

（二）该法律文书系就案外人与被执行人之间除前项所列合同之外的债权纠纷，判决、裁决执行标的归属于案外人或者向其交付、返还执行标的的，不予支持。

（三）该法律文书系案外人受让执行标的的拍卖、变卖成交裁定或者以物抵债裁定且其权利能够排除执行的，应予支持。

金钱债权执行中，案外人依据执行标的被查封、扣押、冻结后作出的另案生效法律文书提出排除执行异议的，人民法院不予支持。

非金钱债权执行中，案外人依据另案生效法律文书提出排除执行异议，该法律文书对执行标的权属作出不同认定的，人民法院应当告知案外人依法申请再审或者通过其他程序解决。

申请执行人或者案外人不服人民法院依照本条第一、二款规定作出的裁定，可以依照民事诉讼法第二百二十七条[①]规定提起执行异议之诉。

【应诉策略】

1. 预告登记与预查封的区别

预告登记有别于预查封。房屋预告登记的作用在于限制预告登记义务人处分房产，而预查封的效力为“冻结登记簿”，限制预告登记权利人处分房产。预查封的执行效果取决于预告登记能否符合本登记的条件，当预告登记符合条件而进行了本登记时，预查封相应转为正式查封。

2. 购房人所购买的期房，虽然未实际交付也未办理权属登记，但法院有权对该房产进行预查封，预查封的效力等同于查封

根据《最高人民法院、国土资源部、建设部关于依法规范人民法院执行和国土资源房地产管理部门协助执行若干问题的通知》第15条的规定，法院有权对被执行人购买并办理了商品房预售合同登记备案手续的房屋进行预查封，待房屋权属登记后自动转为查封登记。根据该通知第18条的规定，预查封和查封在限制标的物转让的效力上相同，均是禁止被执行人处分财产。

3. 期房被预查封后，开发商作为出卖人依然可以解除房屋买卖合同

预查封的效力仅限于限制标的物处分，但并未限制交易关系合同相对人与被执行人就被查封物行使权利。也就是说，预查封虽然对物权变动有绝对的限制效力，但不能影响当事人之间关于合同权利义务的分配和履行，即便房屋被预查封，出卖人也可以起诉要求解除房屋买卖合同。据此，开发商在签署商品房预售合同时可以预先约定购房人违约的情形，并约定己方的单方解除权，以排除房屋在未交付前被查封而给己方造成的处分权限制的可能性。

4. 执行程序中，房屋被预查封后，出卖人解除合同后能否主张排除强制执行，要分情况讨论

主要分为以下两种情形。

（1）如当事人自行协商或调解解除合同，因这种解除方式往往会兼顾申

---

① 现为《民事诉讼法》第234条。

请执行人的利益，所以法院可以直接支持出卖人的诉讼请求。

（2）如经法院另案生效裁判文书或仲裁文书解除合同，则实践中存在争议。多数法院认为，出卖人在解除合同后，还需返还购房款，才能排除法院的强制执行（见类案裁判观点分析案例一、案例二）。但是，司法实践中有些法院则认为，只要出卖人不是为了阻碍执行而恶意解除买卖合同，买卖合同解除，出卖人即对案涉房屋享有完整的所有权，可以直接据此主张排除强制执行，而无须考虑出卖人是否返还购房款（见类案裁判观点分析案例三）。因此，在处理这类案件时需要考量解除后出卖人有无退还购房款等解除后的履行行为，以便在排除执行的诉讼中获得更有利的胜诉优势。

如果案涉房产已经被拍卖变价，开发商再提起执行异议就没有意义了。而开发商对被执行房屋享有物权，在效力上优先于申请执行人享有的债权。因此，若案涉房产被拍卖变价，开发商可基于物上请求权，主张对房屋的拍卖价款优先于申请执行人受偿，以最大限度减免损失（见类案裁判观点分析案例四）。

【类案裁判观点分析】

案例一：房屋被预查封，出卖人解除买卖合同并返还购房款后，可以排除普通债权人的强制执行——河南高院（2021）豫民申1021号

乔某某与开发商签订《商品房买卖合同》，并通过支付首付款和银行按揭贷款的方式支付了购房款，办理了商品房预告登记，虽然尚未取得涉案房屋的所有权，但对涉案房屋享有取得物权的期待权利。根据《最高人民法院、国土资源部、建设部关于依法规范人民法院执行和国土资源房地产管理部门协助执行若干问题的通知》第15条的规定，执行法院可以对被执行人乔某某购买的涉案房屋采取预查封措施，预查封的效力等同于正式查封。新乡牧野法院于2018年9月20日作出（2018）豫0711民初1061号民事判决，解除开发商与乔某某于2015年6月15日签订的商品房买卖合同，该判决作出时间在法院预查封涉案房屋之后，开发商不能仅依据该判决对抗对涉案房屋在先执行的申请执行人。在商品房买卖合同解除的情况下，双方互负返还义务，在案外人未返还价款的情况下，如果允许其排除金钱债权的执行，将会使申请执行人既执行不到被执行人名下的财产，又执行不到本应返还给被执行人的价款，显然有失公允。为平衡各方当事人的利益，只有在案外人已经返还价款的情况下，才能排除普通债权人的执行。反之，案外人未返还价款的，不能排除执行。本案中，作为双务合同的商品房买卖合同解除后，双方互负返还义务，开发商未将乔某某已经支付的首付款以及偿还的银行按揭款等部分交付执行法院，在此情况下，原二审法院认为开发商对涉案房屋不能排除执行，并无不当。

案例二：商品房买卖合同被另案判决解除后，在出卖人未返还房款的情况下，不能排除对房屋的执行——沈阳中院（2021）辽01民终5251号

本案中，孙某某系基于法院根据其与刘某某民间借贷纠纷一案而作出的（2018）辽0104民初9545号民事判决而请求查封的案涉房产，而开发商是基于业已生效的（2019）辽0114民初496号民事判决而提起本案执行异议之诉，且（2019）辽0114民初496号民事判决只判令解除案涉《商品房买卖合同》及补充协议并责令刘某某协助备案，并未判令案涉房产归开发商所有，亦未判令开发商向刘某某返还房屋价款。在此种情况下，如果允许开发商排除上述金钱债权的执行，将会使作为申请执行人的孙某既执行不到被执行人刘某某名下的财产，又执行不到本应返还给被执行人刘某某的价款，有失公允，故参照《〈全国法院民商事审判工作会议纪要〉理解与适用》的相关内容，开发商对案涉房屋不享有足以排除强制执行的民事权益，一审法院驳回开发商的诉讼请求并无不当。

案例三：案涉《商品房买卖合同》经仲裁裁决书确认解除后，作为案涉房屋所有权人的出卖人请求解除法院对案涉房屋的查封，法院应予以支持——陕西高院（2020）陕民再184号

本案中，开发商依据案涉房屋被查封后作出的仲裁裁决排除王某某的执行申请的主张，应否得到支持？首先，从《执行异议和复议规定》第25条、第26条[①]的规定来看，第25条确立了案外人执行异议形式审查的原则，而第

① 这些规定在该司法解释2020年修正时未做改动。

26 条则是形式审查原则的例外规定。适用第 26 条的前提条件是存在案外人依据另案生效法律文书提出的排除执行异议，该法律文书认定的执行标的权利人与依照前款规定得出的判断不一致的，即上述两个条文应当同时适用，且以第 25 条为先。而第 26 条的目的是防止在人民法院作出查封等执行措施之后，当事人再通过另案裁判确认新的物权归属，架空人民法院的查封措施的效力，同时敦促案外人在向作出查封措施的人民法院提出执行异议之诉时进行物权确认，而不是另寻其他法院或者其他路径解决，以避免生效裁判之间既判力的相互矛盾。本案中，当事人争议的是不动产，故应当首先适用上述司法解释第 25 条。而龙湖公司提交的案涉西安仲裁委员会的仲裁裁决书并未对案涉房屋的所有权归属进行确认，故并未触发上述司法解释第 26 条的适用。案涉仲裁裁决的内容是确认解除案涉《商品房买卖合同》，并未确认案涉房产的所有权归属。故案涉《商品房买卖合同》已经解除的事实能够作为本案事实认定的前提和基础。其次，开发商提交了房屋登记簿，能够证明案涉房屋仍登记在开发商名下。在案涉仲裁裁决书确认开发商与张某某之间的《商品房买卖合同》解除后，作为案涉房屋所有权人的开发商请求解除人民法院对案涉房屋的查封，应予以支持。

案例四：被执行人购买的尚未办理产权登记的房屋已经被拍卖，开发商可以请求对执行案款优先受偿——最高人民法院（2020）最高法民终 690 号

第一，根据《物权法》第 14 条的规定，案涉房屋仍登记在开发商名下，该房屋从物权归属上讲仍然为开发商所有的财产。开发商通过与苏某某签订《商品房买卖合同》将案涉房屋出售给苏某某，虽然案涉房屋已办理了预告登记，但预告登记的目的在于防止开发商一房多卖，预告登记具有公示作用但不具有转移所有权的效力。开发商具有基于案涉房屋所有权而请求排除执行或就拍卖价款优先受偿的权利。

第二，银行基于法院生效文书取得对苏某某的债权，申请人民法院查封了苏某某购买的房屋。本案中，案涉房屋的所有权尚未登记转移至苏某某，但根据银行的申请，法院查封并已将案涉房屋进行了拍卖，客观上导致开发商提起执行异议之目的不能达成，即本案已无停止对案涉房屋执行的可能。

但是，开发商基于物上请求权主张对房屋拍卖价款优先受偿的权利并未消灭，其请求人民法院将已拍卖案涉房屋的价款得以优先受偿，虽有退而求其次的目的，但开发商对案涉房屋的权利之基础是物权，效力上优先于银行的权利基础是对苏某某享有的债权。

鉴于本案已执行，开发商的诉讼请求亦表达了优先受偿执行案款的意愿，一审法院对开发商的诉讼请求予以支持，并无不当。

078. 被执行人购买的房产，已合同备案，开发商能否解除合同排除对房产的执行

◇ **问题** 买卖双方就未办理产权登记的房屋签订房屋买卖合同并办理备案登记，购房人未支付购房款也未占有房屋，案涉房屋因购房人涉诉被预查封，出卖人能否要求停止执行

◇ **来源** 最高人民法院（2021）最高法民再179号

◇ **结论** 办理房屋买卖合同备案登记不发生物权变动的法律效果，不能据此认定购房人享有物权，开发商作为房屋所有权人，可以要求停止执行

【基本案情】

2014年6月至2016年1月，何某某与开发商先后签订案涉5份《商品房销售合同》，并办理了登记备案手续。合同签订后，何某某未支付购付房款也未实际占有房屋。

2016年6月，何某某涉诉，经债权人小贷公司的保全申请，昆明中院预查封了案涉5套商铺。

开发商向昆明中院提出执行异议，昆明中院裁定驳回异议请求。开发商不服，提起本案诉讼，法院查明：案涉房屋一直未办理产权登记，案涉5份《商品房销售合同》于2017年5月10日被法院生效判决确认解除。

【争议焦点】

开发商要求停止对案涉5套商铺的执行，并申请解除对案涉5套商铺的查封的主张是否成立?

【裁判要点】

首先，根据开发商提交的《石林县国有土地出让成交确认书》《国有建设用地使用权出让合同》《建设工程施工合同》，以及国有土地使用权证、建设用地规划许可证、建设工程规划许可证、建设工程施工许可证、商品房预售许可证等证据，可以证明开发商开发建设案涉5套商铺，且双方均认可，案涉5套商铺尚未办理产权登记，故可以认定开发商系案涉5套商铺的权利人。

其次，本案何某某与开发商签订了《商品房销售合同》，但只办理了合同备案登记，并未办理产权登记手续。而合同备案登记，并不是发生物权变动的法定事由。因此，不能因何某某办理了《商品房销售合同》的备案登记，而认定何某某对案涉5套商铺享有物权。

最后，从本案的现有证据来看，何某某与开发商签订《商品房销售合同》，系为购买开发商的案涉5套商铺。何某某、开发商均认可何某某未支付购房款，且未实际占有案涉5套商铺，亦未办理产权登记手续。依照有关规定，不得将案涉5套商铺作为何某某的财产予以查封。

综上所述，开发商要求停止对案涉5套商铺执行的主张成立，最高人民法院予以支持。

【相关法律规定】

《执行异议和复议规定》

第二十五条　对案外人的异议，人民法院应当按照下列标准判断其是否系权利人：

（一）已登记的不动产，按照不动产登记簿判断；未登记的建筑物、构筑物及其附属设施，按照土地使用权登记簿、建设工程规划许可、施工许可等相关证据判断；

（二）已登记的机动车、船舶、航空器等特定动产，按照相关管理部门的登记判断；未登记的特定动产和其他动产，按照实际占有情况判断；

（三）银行存款和存管在金融机构的有价证券，按照金融机构和登记结算机构登记的账户名称判断；有价证券由具备合法经营资质的托管机构名义持有的，按照该机构登记的实际出资人账户名称判断；

（四）股权按照工商行政管理机关的登记和企业信用信息公示系统公示的信息判断；

（五）其他财产和权利，有登记的，按照登记机构的登记判断；无登记的，按照合同等证明财产权属或者权利人的证据判断。

案外人依据另案生效法律文书提出排除执行异议，该法律文书认定的执行标的权利人与依照前款规定得出的判断不一致的，依照本规定第二十六条规定处理。

《民法典》

第二百零九条 不动产物权的设立、变更、转让和消灭，经依法登记，发生效力；未经登记，不发生效力，但是法律另有规定的除外。

依法属于国家所有的自然资源，所有权可以不登记。

《最高人民法院关于人民法院民事执行中查封、扣押、冻结财产的规定》

第十七条 被执行人购买需要办理过户登记的第三人的财产，已经支付部分或者全部价款并实际占有该财产，虽未办理产权过户登记手续，但申请执行人已向第三人支付剩余价款或者第三人同意剩余价款从该财产变价款中优先支付的，人民法院可以查封、扣押、冻结。

【应诉策略】

第一，商品房合同备案登记，又称“网签”，只是一种行政管理行为，不产生物权变动的法律效力。办理网签后，购房人享有的仍是债权，且其债权请求权并不优先于一般债权。因此，购房人在签订购买合同之后应当及时办理产权变更登记或预告登记手续。

第二，签订房屋买卖合同后没有办法立即办理产权登记的，买受人应积极支付房款并取得占有。此处的“占有”并非限定于实际使用，只要案涉财产处于权利人实际管控之中即可。实践中，取得房屋准住通知单或房屋钥匙，缴纳物业费，缴纳供暖费、水电费、配套费、维修基金等费用均可以作为认定实际占有的证据。买受人符合以上条件的，可以依据《执行异议和复议规定》第28条的规定主张对房屋享有物权期待权，以此排除强制执行。

第三，若对案涉房屋的查封是由一审法院作出的保全裁定措施，那么是否解除对案涉房屋的查封，应当由一审法院依据案件的处理结果依法作出裁决，故开发商主张解除对案涉房屋的查封，不属于执行异议之诉案件的审理范围。

【类案裁判观点分析】

案例一：商品房合同备案登记只是行政机关的一种行政管理行为，并非物权登记行为或预登记行为，不产生物权变动的法律效力——最高人民法院（2019）最高法民申3875号

李某某与开发商签订的商品房买卖合同，虽然经过备案登记，但备案登记不能产生物权效力。参照《执行异议和复议规定》第28条[①]的规定，本案中，李某某提交的维修基金发票、商品房备案单、商品房包销合同等证据，只能证明李某某与开发商在案涉26套房屋被查封前存在以房抵债的执行和解行为，因李某某并未办理入住手续，亦未缴纳水费、暖气费、电费和物业费等费用，原审法院认定李某某并未占有案涉房屋，不予支持李某某对案涉26套房屋排除强制执行的诉讼请求并无不当。

案例二：商品房合同备案登记不发生物权变动，不能使购房人的债权请求权优于一般债权——最高人民法院（2018）最高法民申429号

本案中，虽然海为公司与骏高公司就涉案房产签订《商品房买卖合同》并办理了网签备案手续，但房产所有权仍登记在骏高公司名下。前述网签备案行为不属法律规定的变动物权行为，不改变海为公司作为合同当事人仅享

① 该规定在该司法解释2020年修正时未做改动。

有请求交付之债权的客观事实，其债权亦不因合同办理网签备案而优于一般债权。

四、相应优先权人请求排除执行的情形

079. 银行保证金专户资金的质权人能否排除强制执行

◇ **问题** 被执行人为设立质押担保，将资金存放于银行保证金专户，作为质权人的银行能否排除强制执行

◇ **来源** 最高人民法院（2020）最高法民再32号

◇ **结论** 如质权人主张行使质权，则被执行人对保证金专户款项上的权利存在权利负担，在该负担涤除前，查封在后的普通债权人不得申请对案涉款项进行强制执行

【基本案情】

冯某与许某某、华瑞公司民间借贷纠纷一案执行过程中，法院裁定冻结华瑞公司在保定农商行的保证金账户存款652万元。保定农商行提出执行异议被驳回，遂提起本案执行异议之诉，请求：确认保定农商行对华瑞公司在保定农商行处开设的保证金账户内652万元资金享有质权，人民法院对该账户内资金停止强制执行。

经查，保定农商行与华瑞公司于2014年10月签订了《担保合作协议书》，约定：（1）当借款人向保定农商行借款时，华瑞公司为借款人提供担保，以保证金专户内的资金向保定农商行设立质押担保。（2）被担保人不能按照约定期限清偿贷款本息时，华瑞公司应履行代偿责任，其未主动代偿的，保定农商行有权直接扣划华瑞公司任一账户资金用于偿还被担保人的到期债务，扣划不足部分由华瑞公司继续按保证合同约定履行保证责任。

设立该保证金专用账户后，由华瑞公司担保，保定农商行先后提供了总额约为保证金 7 倍之多的借款，至今未得到相应清偿。

【争议焦点】

1. 银行的质权范围应当如何认定?

2. 银行对华瑞公司在保证金账户中的保证金 652 万元是否享有足以排除强制执行的民事权益?

【裁判要点】

本案争议是由一审法院在另案中对华瑞担保公司强制执行而引发，强制执行应当以被执行人的责任财产为限：若系争执行标的物属于被执行人的责任财产，则应继续强制执行；若系争执行标的物不属于被执行人的责任财产，则应排除强制执行。本案作为执行异议之诉，审理重点应当围绕着系争执行标的物是否属于被执行人的责任财产而展开，并在确定保定农商行的质权担保范围的基础上判断系争资金能否强制执行。根据民法基本原理，责任财产由当事人所有的具有金钱价值的各种权利的总体所构成，义务并不属于责任财产的范围。本案中，冯某作为华瑞公司的查封债权人，其对被执行人华瑞公司案涉账户内的款项依法所能主张的权利，不得大于华瑞公司自身对案涉款项依法所能主张的权利。据此，保证金账户内的资金能否继续执行，取决于华瑞公司对案涉账户资金是否拥有实体性的民事权利。根据原审查明的事实，在 2015 年 11 月 12 日一审法院冻结涉案保证金账户之日前，华瑞公司所担保的、保定农商行发放的贷款中逾期未清偿的一笔，为某服饰有限公司 2015 年 2 月 3 日向保定农商行的贷款 200 万元，2016 年 2 月 3 日到期后借款人某服饰有限公司未偿还保定农商行贷款，根据《担保合作协议书》的约定，保定农商行可以扣划账户内全部资金用于清偿该笔债务。因保定农商行请求在本案中行使质权，华瑞公司对案涉账户内的款项的权利即存在权利负担，在该负担涤除前，冯某不得申请对案涉款项进行强制执行，故应当解除对相应部分保证金 200 万元的冻结措施。二审判决将该质权的担保范围限定在 200 万元借款所缴存的 14.3% 的保证金比例范围内，并无相应的事实和法律依据，最高人民法院予以纠正。保定农商行在本案中还主张其对某纸业有限公司2016年3月11日续贷借款640万元、对某肥料制造有限公司2016年3月4日续贷借款1500万元均应纳入质权担保范围。由于上述借款均发生于一审法院查封之后，二审判决依据《最高人民法院关于人民法院民事执行中查封、扣押、冻结财产的规定》第26条之规定未予支持并无不妥，最高人民法院予以维持。综上，申请人保定农商行的申请理由成立，最高人民法院予以支持。

【相关法律规定】

《最高人民法院关于人民法院民事执行中查封、扣押、冻结财产的规定》

第二十六条 对已被人民法院查封、扣押、冻结的财产，其他人民法院可以进行轮候查封、扣押、冻结。查封、扣押、冻结解除的，登记在先的轮候查封、扣押、冻结即自动生效。

其他人民法院对已登记的财产进行轮候查封、扣押、冻结的，应当通知有关登记机关协助进行轮候登记，实施查封、扣押、冻结的人民法院应当允许其他人民法院查阅有关文书和记录。

其他人民法院对没有登记的财产进行轮候查封、扣押、冻结的，应当制作笔录，并经实施查封、扣押、冻结的人民法院执行人员及被执行人签字，或者书面通知实施查封、扣押、冻结的人民法院。

【应诉策略】

第一，法律规定的保证金必须具有“特定化”的属性，即能区分出保证金专户的资金与被执行人其他账户的不同，质权人才能享有优先受偿权。保证金账户的特定化需要符合如下要求：

（1）从保证金账户的资金转入方面，出质人不得将其作为对外收款账户，接受第三人资金转入。

（2）从资金转出方面，出质人不得将该账户作为对外付款的结算账户，向第三人转款。

换言之，保证金账户资金进出只能与担保业务有关。通过账户资金转入、转出的特定用途控制，使得保证金账户符合特定化要求。

第二，货币属于种类物，占有即所有，资金专户名义是被执行人名下，经U盾、密钥、密码等对账户内资金数额进行操作，被执行人对账户的实际控制实际是被执行人与银行之间的债权请求权的行使。在保证金账户内，资金质权人与被执行人债权人的权益冲突时，保证金账户内资金是否独立结算、能否独立于被执行人其他账户将会是质权是否有效设立的衡量指标，也是质权人能否排除执行的重要事实依据。

【类案裁判观点分析】

案例：质权人对保证金账户享有排除强制执行的民事权益——最高人民法院（2018）最高法民终507号

账号尾数为0055、0086、0090的3个账户系冠科公司基于向银行申请开立案涉不可撤销保函/备用信用证而开立的保证金账户，账户中的资金为保函保证金，自款项进入账户后一直由银行占有和控制。原审判决基于上述情形，认定上述账户中的款项属于质押物，银行在对外垫付了案涉不可撤销保函/备用信用证项下的款项后，对该质押款项享有优先受偿权，足以排除陈某某与冠科公司执行案件的强制执行，并无不当。

080. 施工方能否依据建设工程优先受偿权排除强制执行

◇ **问题**　执行过程中，施工方以对执行标的享有建设工程价款优先受偿权为由，请求排除强制执行，法院能否支持

◇ **来源**　最高人民法院（2019）最高法民申3207号

◇ **结论**　建设工程价款优先受偿权本质上属于债权，不能阻止对标的物的强制执行。施工方以案外人身份提起执行异议之诉，属起诉主体不适格，法院应不予受理

【基本案情】

贺某妙与刘某、裕丰公司民间借贷一案，河南高院作出终审判决，判令裕丰公司对刘某所借贺某妙1100万元本金及利息承担连带清偿责任。该案执行过程中，法院裁定查封、扣押、冻结被执行人裕丰公司等银行存款1100万元或者同等价值的其他财产。

2016年12月15日，国安公司以案外人身份对上述执行裁定提出执行异议，主张对案涉执行标的享有建设工程价款优先受偿权，请求排除强制执行。南阳中院经审查认为，国安公司的异议实质上是主张工程款的优先受偿权，不宜在执行程序判断和认定，裁定驳回其异议。

国安公司不服，提起本案案外人执行异议之诉。南阳中院一审认为优先受偿权问题应当在建设工程合同纠纷中予以解决，与案外人执行异议之诉不是同一法律关系，判决驳回国安公司的诉讼请求。

国安公司提起上诉，河南高院二审认为，国安公司如想实现建设工程价款优先受偿权，可以申请参与分配，不应以案外人身份提起执行异议之诉，裁定驳回国安公司的起诉。后该案又向最高人民法院申请再审，形成本案诉讼纠纷。

【争议焦点】

二审法院裁定驳回国安公司案外人执行异议之诉的起诉，适用法律是否正确?

【裁判要点】

案外人执行异议之诉，是指案外人就执行标的享有足以排除强制执行的权利，请求法院不再对执行标的实施执行的诉讼。建设工程价款优先受偿权的权利基础从本质上讲属于债权，只是相对于普通债权而言具有优先性而已，因此该权利并不足以排除强制执行，也不应作为当事人提起案外人执行异议之诉的权利基础。建设工程价款优先受偿权属于法定优先权，承包人可以申请到执行程序中主张对执行标的物享有优先受偿权。本案中，裕丰公司拖欠国安公司的建设工程价款已经为生效判决所确认，如该公司对执行标的享有建设工程价款优先受偿权并在法定期间内主张，该公司可以申请参与到执行程序中并主张对标的物优先分配，而不应以案外人身份提起执行异议之诉。因此，二审法院依据裁定驳回国安公司的起诉，并指引国安公司申请参与到执行程序中，适用法律并无不当。

【相关法律规定】

《民事诉讼法》

第二百三十四条　执行过程中，案外人对执行标的提出书面异议的，人民法院应当自收到书面异议之日起十五日内审查，理由成立的，裁定中止对该标的的执行；理由不成立的，裁定驳回。案外人、当事人对裁定不服，认为原判决、裁定错误的，依照审判监督程序办理；与原判决、裁定无关的，可以自裁定送达之日起十五日内向人民法院提起诉讼。

《民事诉讼法司法解释》

第五百零六条第一款　被执行人为公民或者其他组织，在执行程序开始后，被执行人的其他已经取得执行依据的债权人发现被执行人的财产不能清偿所有债权的，可以向人民法院申请参与分配。

【应诉策略】

第一，案外人执行异议之诉的目的是排除对执行标的采取的强制执行措施，权利基础是对执行标的物享有的实体权利，足以排除强制执行的权益范围，应当为“所有权或者有其他足以阻止执行标的转让、交付的实体权利”。因此，案外人只有依据对执行标的所享有的实体权利，才可以作为执行异议之诉的原告提起执行异议之诉。

第二，然而，建设工程价款优先受偿权仅是法定的优先权，本质上属于债权，只是在受偿顺位上具有优先效力，不能阻止对标的物的强制执行。因此，施工方不能依据建设工程价款优先受偿权仅提起案外人执行异议之诉。施工方可以通过《民事诉讼法司法解释》第 506 条的规定申请参与分配并同时主张建设工程价款优先受偿权。

【类案裁判观点分析】

案例一：建设工程价款优先受偿权属于法定优先权，不是实体权利，不能阻止执行标的的转让、交付——最高人民法院（2017）最高法民申5098号

建设工程价款优先受偿权是承包人就建设工程折价或者拍卖的价款优先受偿的权利，属于法定优先权的范畴。优先受偿权是债权优先得到清偿的权利，这种权利不是所有权等实体权利，不能阻止执行标的的转让、交付。因此，主张建设工程价款优先受偿权的人，不能依照《民事诉讼法》第227条①的规定提出异议。案外人对人民法院正在执行的财产主张享有建设工程价款优先受偿权的，应当根据《民事诉讼法司法解释》第508条②的规定申请参与分配。

案例二：建设工程价款优先受偿权在法定优先权的范畴内，不能阻止执行标的的转让、交付——湖南高院（2021）湘民终81号

根据《执行异议和复议规定》第25条第1款的规定，承包人对建设工程折价或者拍卖的价款享有的优先受偿权不属于对建设工程享有物权及其相关权利的实体权利，该权利并非其对其承建的建设工程享有当然的所有权，而是法律赋予的承包人对建设工程折价或者拍卖后的价款享有在其应收工程款范围内先于其他债权优先受偿顺位的实体权利，该优先权不具有阻却人民法院强制执行程序的法律属性。对于该优先受偿权，航天公司可依据《民事诉讼法司法解释》第508条③的规定在执行程序中主张。

案例三：承包人的建设工程价款优先受偿权只是优于抵押权和其他债权受偿，属于债权范畴，不是对建设工程的所有权或者其他足以阻止建设工程转让、交付的实体权利，不能排除法院强制执行——甘肃高院（2020）甘执复247号

甘肃高院认为，建设工程承包人行使建设工程价款优先受偿权，是通过

---

① 现为《民事诉讼法》第234条。

② 现为《民事诉讼法司法解释》第506条。

③ 现为《民事诉讼法司法解释》第506条。

与发包人协商工程折价或者申请法院依法拍卖价款来受偿，而不能通过承包人自行留置相应工程来实现。承包人的建设工程价款优先受偿权只是优于抵押权和其他债权受偿，属于债权范畴，不是对建设工程的所有权或者其他足以阻止建设工程转让、交付的实体权利，不能排除法院强制执行。所以，即便四川万能建设公司对其建设的工程享有建设价款优先受偿权的诉讼请求成立，该权利也不能阻止法院强制执行。

081. 执行程序中是否适用“买卖不破租赁”原则，承租人能否排除对房屋的执行

◇ **问题**　购房人从开发商处取得房屋后未办理产权证书即将房屋出租，租赁期间内房屋买卖合同被法院判决解除，承租人能否对抗法院的强制执行

◇ **来源**　最高人民法院（2022）最高法民申302号

◇ **结论**　在不违反法律法规的情况下，出租人在合法拥有房产使用权期间发生的租赁关系有效，租赁关系成立后发生的物权变动、合同解除等事实不影响已合法建立的租赁权

【基本案情】

2014年3月20日，刘某与开发商签订《商品房买卖合同》，约定刘某购买案涉房屋。合同签订后，刘某支付部分价款，开发商将案涉房屋交付给刘某占有使用，但双方仅办理预告登记，一直未办理房屋产权过户登记。

2015年4月28日，刘某与王某某签订《房屋租赁合同》，将案涉房屋租赁给王某某用于经营茶餐厅。租赁期限为15年，即2015年5月1日至2030年4月30日。

2018年1月16日，开发商将刘某诉至天水中院。同年12月5日，法院判决：解除《商品房买卖合同》，刘某给开发商返还案涉房屋，开发商给刘某返还购房款。由于刘某逾期不履行已经发生法律效力的上述民事判决书，

开发商申请强制执行。该案执行过程中，承租人王某某提出执行异议，后提起本案案外人执行异议之诉。

【争议焦点】

承租人能否依据其与购房人签订的《房屋租赁合同》在租赁期内，拒绝向开发商移交占有的案涉房屋?

【裁判要点】

关于承租人与刘某签订《房屋租赁合同》的真实性与合法性问题，在另案生效判决已对相关事实作出认定的情况下，原判决综合考虑当前我国房地产领域实行的“预售 + 按揭”模式，购房人往往要间隔相当长的时间内才能通过办理房屋过户登记手续成为法律意义上的所有权人的现实情况，如果在此期间不允许买受人对房屋进行租赁，既不利于社会资源的利用，也与鼓励交易的市场经济基本原则相违背，最终认定《房屋租赁合同》属于刘某、王某某的真实意思表示，不违反法律法规的强制性规定，系合法有效的合同，并无不当。

关于承租人能否在租赁期内阻止向开发商移交案涉房屋占有的问题，根据《执行异议和复议规定》第 31 条第 1 款“承租人请求在租赁期内阻止向受让人移交占有被执行的不动产，在人民法院查封之前已签订合法有效的书面租赁合同并占有使用该不动产的，人民法院应予支持”的规定，在执行程序中同样适用“买卖不破租赁”原则。本案中，刘某与开发商签订《商品房买卖合同》，并针对该合同办理了预告登记。购房合同签订后，刘某已支付 700 余万元购房款，剩余 690 万元购房款在办理银行按揭贷款后亦付至开发商，开发商亦将案涉房屋交付刘某占有使用。王某某在与刘某签订合法有效的《房屋租赁合同》后，在案涉房屋被查封时已经经营茶餐厅 5 年之久。原判决根据以上事实，结合“买卖不破租赁”的本意和公平原则，认定开发商已将案涉房屋的占有、使用权转移给了刘某，刘某的出租行为实质上是向王某某让渡其从开发商所取得的房屋占有、使用权，在刘某合法拥有案涉房产使用权期间发生的租赁关系，且该租赁关系不违反法律法规的情况下，不应当因后发生的物权变动、合同解除等事实而否定或影响已合法建立的租赁权。根据法律规定，承租人不能以其对执行标的享有的租赁权阻却案涉房屋的过户转让，只能阻止在租赁期内向开发商转移占有。

【相关法律规定】

《执行异议和复议规定》

第三十一条 承租人请求在租赁期内阻止向受让人移交占有被执行的不动产，在人民法院查封之前已签订合法有效的书面租赁合同并占有使用该不动产的，人民法院应予支持。

承租人与被执行人恶意串通，以明显不合理的低价承租被执行的不动产或者伪造交付租金证据的，对其提出的阻止移交占有的请求，人民法院不予支持。

《最高人民法院关于人民法院民事执行中查封、扣押、冻结财产的规定》

第二十四条 被执行人就已经查封、扣押、冻结的财产所作的移转、设定权利负担或者其他有碍执行的行为，不得对抗申请执行人。

第三人未经人民法院准许占有查封、扣押、冻结的财产或者实施其他有碍执行的行为的，人民法院可以依据申请执行人的申请或者依职权解除其占有或者排除其妨害。

人民法院的查封、扣押、冻结没有公示的，其效力不得对抗善意第三人。

《最高人民法院执行局关于被执行人擅自出租已查封的财产执行程序中人民法院排除执行妨害能否认定该合同无效或解除租赁合同的答复》

……

在执行程序中被执行人擅自处分法院的查封物，包括本案中以出租的形式妨害查封效果的行为，执行法院有权以裁定形式直接予以处理。根据最高人民法院《关于人民法院执行中查封、扣押、冻结财产的规定》第 26 条，被执行人擅自处分查封物，与第三人签订的租赁合同，并不当然无效，只是不得对抗申请执行人。第三人依据租赁合同占有查封物的，人民法院可以解除其占有，但不应当在裁定中直接宣布租赁合同无效或解除租赁合同，而仅应指出租赁合同不能对抗申请执行人。

《民法典》

第七百二十五条 租赁物在承租人按照租赁合同占有期限内发生所有权变动的，不影响租赁合同的效力。

《刑法》

第三百一十四条 隐藏、转移、变卖、故意毁损已被司法机关查封、扣押、冻结的财产，情节严重的，处三年以下有期徒刑、拘役或者罚金。

【应诉策略】

第一，执行程序中同样适用“买卖不破租赁”原则。租赁房产被法院强制执行时，承租人满足在法院查封之前签订租赁合同，且在法院查封之前占有使用房产这两个条件时，可以主张在租赁期内阻止向受让人移交案涉不动产。

《民法典》第725条规定：“租赁物在承租人按照租赁合同占有期限内发生所有权变动的，不影响租赁合同的效力。”该规定是为保护承租人在租赁期间内顺利、安全地对租赁物使用收益而作出的，即使租赁物的所有权人不再是租赁合同中的出租人，或者出租人在租赁物上设定了抵押等担保物权，并不会造成租赁合同终止，承租人仍然可以继续租赁，对租赁物使用收益，目的是维护租赁关系的稳定性，即“买卖不破租赁”原则。根据《执行异议和复议规定》第31条第1款的规定，承租人在法院查封之前已签订合法有效的书面租赁合同并占有使用案涉被执行的不动产的，有权在租赁期内阻止向受让人移交案涉不动产。据此，在执行程序中同样适用“买卖不破租赁”原则。

第二，对承租人来说，主张在租赁期内阻止案涉房产向买受人移交，需要举证证明：

（1）租赁合同签订在人民法院查封之前。

（2）承租人在法院查封之前已经占有使用案涉房产。

（3）承租人按合同约定支付租金。

如不能提供证据证明以上三点，承租人的诉讼请求将不被法院支持（见类案裁判观点分析案例一）。如租赁合同签订在法院查封之后的，承租人无权阻止法院的强制执行（见类案裁判观点分析案例二），但事先取得申请执行人的书面同意的除外。

第三，所谓“买卖不破租赁”原则，是指承租人依据《执行异议和复议规定》第31条第1款的规定，仅能主张在租赁期内阻止向受让人转移占有的不动产，但不能以其对执行标的享有的租赁权阻却案涉房屋的过户转让。

第四，对被执行人来说，若在法院查封后擅自处分被查封财产，还可能构成非法处置查封、扣押、冻结的财产罪。《刑法》第314条规定：“隐藏、转移、变卖、故意毁损已被司法机关查封、扣押、冻结的财产，情节严重的，处三年以下有期徒刑、拘役或者罚金。”值得注意的是，本罪是情节犯，必须达到“情节严重”这一要件才构成犯罪。多次非法处分、涉及财产数量较大、造成严重损失、致使诉讼活动无法进行等都属于“情节严重”的范畴，构成非法处置查封、扣押、冻结的财产罪。

第五，对申请执行人来说，法院认定承租人无权排除强制执行后，申请执行人可要求房屋占有使用人（承租人）与被执行人（出租人）共同承担侵权责任，赔偿范围包括异议期间承租人使用案涉租赁物的占用费（依据房屋出租后应得的租金收益计算）及其利息损失（见类案裁判观点分析案例三）。

【类案裁判观点分析】

案例一：案外人不能提供证据证明实际占有案涉房产并支付租金，则不能认定租赁关系存在，不能阻止案涉房产向买受人移交——最高人民法院（2021）最高法民申7289号

本案中，承租人主张其有权在租赁期内阻止案涉房产向买受人移交，需要举证证明其与被执行人在人民法院查封之前已就案涉房产签订合法有效的租赁合同并占有使用案涉房产，但现有证据不足以证明其主张。

第一，尽管形式上承租人与被执行人签订了《租赁合同》，但并无案涉房产作为租赁物实际交付的证据，亦无承租人自己或者接收案涉房产后又实际转租他人占有、使用案涉房产的证据。实际上，被执行人的关联公司在人民法院查封时仍在案涉房产办公及存放有机器设备。

第二，就《租赁合同》约定的租金而言，承租人并无实际支付的证据，承租人主张用被执行人房产租赁产生的租金抵偿被执行人对承租人所负欠款，但结合《租赁合同》签订在借款还款期到期之前、张某某在一审法院调查询问时所作陈述等相关事实，承租人主张的租金抵债在性质上更符合被执行人为新沛利公司偿付承租人借款承担担保责任的法律特征，并非法律意义上以获取房屋使用权为目的的租赁合同。

第三，2013年9月15日，被执行人与承租人签署《租赁合同》，而在2013年9月29日，被执行人作为出租人与其法定代表人张某某即向农商银行出具《承诺书》，明确承诺抵押给农商银行的案涉房产上不存在租赁关系，《租赁合同》与《承诺书》存在明显冲突。基于上述分析，并结合案涉房产所占用的土地一直抵押给农商银行，银行对案涉房产抵押登记属于善意相对人，一审、二审判决认定承租人不能证明其与被执行人之间存在真实、合法有效的租赁关系，也不能证明承租人在设立本案抵押权前已合法占有、使用案涉房产，其请求在租赁期内阻止案涉房产向买受人移交，没有事实和法律依据，并无不当。

案例二：被执行人擅自处分查封财产，与第三人签订租赁合同，签订日期在法院查封日期之后的，第三人不能依据租赁合同主张排除法院的强制执行——最高人民法院（2020）陕执复18号

首先，西安中院于2003年7月即裁定查封了案涉房地产，而复议申请人赵某某据以提出异议的租赁合同的签订日期是2014年3月27日，显然是在西安中院查封之后。

其次，本案被执行人系西安中汇发展公司，案涉租赁房地产均登记在西安中汇发展公司名下。而复议申请人赵某某据以提出异议的租赁合同是其与祥和珠宝公司所签订，且其没有提交证据证明西安中院在查封期间许可其对案涉房地产的占有和使用。依据《最高人民法院关于人民法院民事执行中查封、扣押、冻结财产的规定》第26条第1款[1]的规定，被执行人就已经查封、扣押、冻结的财产所作的移转、设定权利负担或者其他有碍执行的行为，

---

① 现为《最高人民法院关于人民法院民事执行中查封、扣押、冻结财产的规定》第24条第1款。

不得对抗申请执行人。第三人未经人民法院准许占有查封、扣押、冻结的财产或者实施其他有碍执行的行为的，人民法院可以依据申请执行人的申请或者依职权解除其占有或者排除其妨害。人民法院的查封、扣押、冻结没有公示的，其效力不得对抗善意第三人。据此，本案中，复议申请人赵某某据以提出异议的租赁合同不得对抗申请执行人，其排除案涉房地产清场交付执行行为的主张不符合法律规定。

最后，本案执行中，西安中院对案涉房地产所采取的查封行为，除依法制作裁定书，向申请执行人和被执行人送达外，还向相关行政主管部门制作并送达了协助执行通知书，查封手续完备，相关行政主管部门均已接收对案涉房地产的协助查封文书，查封行为依法发生公示效力。复议申请人赵某某以西安中院未向其送达查封裁定和协助执行通知书，自己为善意第三人为由，提出西安中院对案涉房地产的查封措施对其并未生效，不得对抗善意第三人的主张不符合法律规定。

案例三：案外人执行异议之诉中，法院认定无权排除强制执行后，房屋实际占有使用人与被执行人共同承担侵权责任，赔偿范围包括占用费（依据房屋出租后应得的租金收益计算）及其利息损失——最高人民法院（2021）最高法民再144号

鑫都公司、腾福公司不交付案涉房屋，继续占用经营，已侵害了宏欣公司的所有权，应当承担相应的侵权责任。其中，鑫都公司直接占有使用案涉房屋，当然应承担侵权责任；腾福公司虽未直接占有使用案涉房屋，但在案涉房屋所有权已发生转移的情况下，其不仅未将案涉房屋交付新所有权人，反而交给鑫都公司占有使用，且在诉讼过程中与鑫都公司共同提出抗辩，故其应共同承担侵权责任。鑫都公司、腾福公司应将案涉房屋腾退交付宏欣公司。

除腾退案涉房屋外，鑫都公司、腾福公司亦应赔偿因其占用案涉房屋给宏欣公司造成的损失。根据湘新星房估字（2013）第0337号评估报告，鑫都公司、腾福公司应赔偿占用宏欣公司房屋的损失1105.19万元［自2010年10月11日开始计算，计算至2013年1月28日止，2013年1月29日至房屋腾退之日的损失按14,025元/天（39.27万元÷28天）另行计算]，此外，还应赔偿占用费的利息损失（其中以98.76万元为基数按同期银行贷款利率自2011年1月1日计算至清偿之日止；以471.58万元为基数按同期银行贷款利率自2012年1月1日计算至清偿之日止；以495.58万元为基数自2013年1月1日计算至清偿之日止；以39.27万元为基数自2013年1月29日计算至清偿之日止）。在诉讼中，宏欣公司主张应按7000元/天的标准计算其经营收益损失，对此本院认为，因为案涉房屋占用费损失的计算依据就是房屋出租后房屋所有权人应得的租金收益，如果再计算经营收益损失则属于重复计算，故应不予支持。在诉讼中，宏欣公司还主张，对于2013年1月29日之后的房屋占用费损失亦应计算利息损失，对此本院认为，2013年1月29日之后的房屋占用费须经人民法院判决始能确定，故不宜计算利息损失。

五、原配偶基于离婚协议请求排除执行的情形

082. 被执行人原配偶基于离婚协议关于财产的约定能否排除执行

◇ **问题** 法院对登记在被执行人名下房产进行强制执行过程中，被执行人原配偶以离婚协议约定房产归其所有为由提出案外人执行异议，能否得到法院支持

◇ **来源** 最高人民法院（2021）最高法民申2847号

◇ **结论** 离婚协议不具有直接导致房屋物权变更的法律效果，被执行人原配偶在对财产进行分割后对未办理房屋所有人变更登记具有主观过错，故不能排除强制执行

【基本案情】

范县农发行与北京国大公司、陈某光、黄某菊等金融借款合同纠纷一案，

法院判决范县国大公司偿还范县农发行借款本金2300万元及利息，陈某光承担连带保证责任。该判决中认定，范县农发行对陈某光的担保债权形成于2016年3月4日，属陈某光的个人债务。

该案执行过程中，法院裁定查封了陈某光名下的涉案房屋。黄某菊（陈某光前妻）申请执行异议，以离婚协议约定案涉房屋归黄某菊所有为由，主张排除强制执行。执行法院裁定中止执行。2020年1月6日，范县农发行提起申请执行人执行异议之诉。诉讼过程中，因债权转让，受让人东方资产某分公司变更为本案诉讼原告。

经法院查明，黄某菊、陈某光于2002年4月13日登记离婚。因离婚时，涉案房屋尚未办理产权登记，仅有陈某光与开发商签订的《商品房买卖合同》，故离婚后涉案房屋仍登记在陈某光名下，之后未变更至黄某菊名下，直至被查封。

一审法院认为，黄某菊对案涉房屋享有足以排除执行的民事权益，判决驳回东方资产河南公司的诉讼请求。

东方资产河南公司提起上诉。河南高院二审认为，离婚协议的约定不能产生物权变动的法律效果，且黄某菊对未变更过户登记存在过错，判决撤销一审判决，准予执行案涉房屋。黄某菊不服，向最高人民法院申请再审。

【争议焦点】

黄某菊对涉案房屋是否享有足以排除执行的民事权益？

【裁判要点】

最高人民法院经审查认为，涉案房屋购买于黄某菊与陈某光二人婚姻关系存续期间，原为二人共有财产。陈某光与黄某菊的离婚协议虽然约定涉案房屋归黄某菊所有，但离婚协议仅系双方内部约定，不具有直接导致房屋物权变更的法律效果。黄某菊系被执行人北京国大公司法定代表人，参与了本案执行债权的形成过程，而且在陈某光所签保证合同上签字同意陈某光提供连带责任保证。前述事实表明，黄某菊明知陈某光负有担保债务，但时至法院查封涉案房屋仍未办理房屋所有人变更登记。原审判决由此认定其主观上具有一定过错，符合实际情况。所以，在涉案房屋仍然登记在陈某光名下的情况下，黄某菊主张其为房屋实际所有人并据以主张排除执行，缺乏事实和法律依据。

【相关法律规定】

《民法典》

第二百零九条 不动产物权的设立、变更、转让和消灭，经依法登记，发生效力；未经登记，不发生效力，但是法律另有规定的除外。

依法属于国家所有的自然资源，所有权可以不登记。

《执行异议和复议规定》

第二十四条 对案外人提出的排除执行异议，人民法院应当审查下列内容：

（一）案外人是否系权利人；

（二）该权利的合法性与真实性；

（三）该权利能否排除执行。

第二十五条第一款 对案外人的异议，人民法院应当按照下列标准判断其是否系权利人：

（一）已登记的不动产，按照不动产登记簿判断；未登记的建筑物、构筑物及其附属设施，按照土地使用权登记簿、建设工程规划许可、施工许可等相关证据判断；

……

第二十八条 金钱债权执行中，买受人对登记在被执行人名下的不动产提出异议，符合下列情形且其权利能够排除执行的，人民法院应予支持：

（一）在人民法院查封之前已签订合法有效的书面买卖合同；

（二）在人民法院查封之前已合法占有该不动产；

（三）已支付全部价款，或者已按照合同约定支付部分价款且将剩余价款按照人民法院的要求交付执行；

（四）非因买受人自身原因未办理过户登记。

【应诉策略】

1. 离婚协议中对房产的分割属内部约定，不能产生物权变动的法律效果

在房产执行过程中，经常会遇到被执行人的原配偶依据离婚协议中关于房产归属的约定对尚未过户的房产提出执行异议。关于此类异议能否阻止法院强制执行，应当明确，离婚协议书中对房屋归属的约定仅为夫妻二人内部约定，不直接产生物权变动的法律效力，案外人仅能据此享有对被执行人的过户登记请求权，不能以自己是房屋“所有权人”主张排除强制执行。因此，离婚协议形成后应及时办理过户登记。

2. 原配偶可以对登记在其名下的执行房产排除执行

若房屋一直登记在案外人名下，离婚协议也约定房屋归案外人所有，则可省去变更登记过程，案外人即对案涉房屋享有所有权（见类案裁判观点分析案例五），在排除恶意离婚逃避执行等因素的情况下，可以排除强制执行。

3. 离婚协议在强制执行中的效力

离婚协议在其性质上也属于合同。实践中，法院会从以下几个方面判断离婚协议在强制执行中的效力问题：

（1）权利的形成时间：主要是比较离婚协议产生的过户登记请求权与作为执行依据的债权的形成时间（也有观点认为只要形成于法院查封之前即可，对此实务中存在一定争议）。

这一比较可以很直观地判断被执行人是否存在利用离婚逃避执行的可能。根据《最高人民法院关于人民法院民事执行中查封、扣押、冻结财产的规定》第24条第1款的规定：“被执行人就已经查封、扣押、冻结的财产所作的移转、设定权利负担或者其他有碍执行的行为，不得对抗申请执行人。”据此，离婚协议签订在法院采取强制措施之后的，不得对抗申请执行人，这一般没有争议。但是，如果离婚协议签订于债权形成之后、法院查封之前，其真实性就存在争议，有些法院认为此种情况原配偶也可以排除强制执行（见类案裁判观点分析案例三）。

（2）权利内容：夫妻一方依据离婚协议享有的变更登记请求权系针对案涉房产，而债权人的债权如仅为金钱之债，则并未指向特定财产。加之离婚

后案外人实际占有使用案涉房屋，原配偶的请求权应优先于一般债权人的金钱债权。

（3）权利性质：一方面，作为执行依据的债权如产生于离婚协议之后，则属于个人债务，且该债权产生时案涉房屋实际已经离婚协议分割归属案外人所有。因此，案涉房屋与被执行人的责任财产无关。另一方面，案涉房屋如用于案外人与未成年子女共居住，则具有了生存保障功能，生存权与金钱债权相比，在伦理上也具有优先性（见类案裁判观点分析案例二）。

（4）主观过错：离婚协议生效后理应及时办理过户登记手续，如因案外人的原因未能及时过户，导致债权人误以为案涉房产系债务人财产进而申请强制执行的，因案外人有主观过错，也不能主张排除执行（见类案裁判观点分析案例四）。

综上所述，要想依据离婚协议排除强制执行，需要满足以下三个条件：

（1）离婚协议生效时间早于债权，排除假借离婚阻碍执行的恶意。

（2）案涉房产离婚后由案外人用于居住。

（3）案外人对未能办理过户登记没有过错。

【类案裁判观点分析】

案例一：案外人基于离婚协议的债权与一般债权人的金钱债权为平等债权，但该平等性并不影响从权利的形成时间、权利内容、权利性质进而对权利优劣作出排序——最高人民法院（2021）最高法民申4533号

关于贺某彭、贺某乐所享有权益是否可以排除强制执行问题。二审法院对贺某彭、贺某乐是否享有足以排除强制执行的民事权益从权利的形成时间、权利内容、权利性质以及权利主体四个方面展开论述，并不违反法律和司法解释规定，符合执行异议之诉制度的基本精神。原审法院对贺某彭、贺某乐所享有权利与大秦公司的权利为平等债权的表述，系根据各自权利形成时间作出贺某崴与彭某梅并无提前预知以及逃避债务的可能性的判断，进而得出案涉权利均应受到法律保护的结论，并不影响继续从前述各个方面展开论述并最终对权利优劣作出排序。故大秦公司关于原审判决认定权利平等又认定其中某一权利可排除强制执行违法的主张并不符合本案情形。

案例二：离婚协议约定房产归子女所有，具有生活保障功能，子女因此取得的变更登记请求权优先于金钱债权——最高人民法院（2021）最高法民申7090号

邓某红与李某于2009年11月30日签订的离婚协议书载明，案涉房屋归儿子李某远所有。离婚协议书中对案涉房屋的约定虽然不直接产生物权变动的法律效力，但案涉房屋作为邓某红与李某原婚姻关系存续期间的夫妻共同财产，双方在婚姻关系解除时约定案涉房屋归儿子李某远所有，具有生活保障功能。李某远享有将案涉房屋的所有权变更登记至其名下的请求权。2016年，顺德丰公司基于金钱债权请求查封案涉房屋。综合比较李某远的请求权与顺德丰公司的金钱债权，李某远的请求权具有特定指向性，且该权利早于顺德丰公司对邓某红所形成的金钱债权，李某远的请求权应当优于顺德丰公司的金钱债权受到保护。

案例三：离婚协议签订于作为执行依据的法律文书生效之后、人民法院查封之前，但真实性存疑，不能排除强制执行——最高人民法院（2020）最高法民申7055号

刘某红作为一审原告提起案外人执行异议之诉，以离婚协议的约定主张其享有足以排除强制执行的民事权益，请求判决不得执行案涉房屋。刘某红排除人民法院的强制执行，应当同时满足离婚协议真实、离婚协议签订于人民法院查封之前，以及非因个人原因未能办理过户等要件。本案中，尽管离婚协议签订于人民法院查封之前，但该离婚协议的真实性存疑，判决驳回刘某红排除人民法院对案涉房屋强制执行的诉讼请求，并无不当。

案例四：子女主张因父母离婚协议取得案涉房产，但由于自身原因未过户的，不能排除强制执行——最高人民法院（2020）最高法民终1226号

根据一审法院查明的事实，刘某邑提交案涉房产档案、离婚协议书、林某军证人证言等证据，用以证明案涉房产在刘某邑父母离婚时约定归刘某邑所有，案涉房产一直未办理过户登记手续，后其委托亲属对案涉房产进行实际管理。刘某邑主张通过父母离婚协议书约定的受赠方式取得案涉房产，但其因自身原因一直未办理过户登记，并未取得案涉房产所有权。刘某邑主张依据离婚协议书已取得案涉房产的所有权，但其仅依据其父母的夫妻内部处分行为排斥对外法定公示物权效力，并无依据。另外，案涉房产用途为商用，并非住宅，总面积达1340平方米，不属于为保障刘某邑最基本生活居住条件用途。因此，刘某邑对案涉房产不享有足以排除强制执行的民事权益。

案例五：案涉房屋一直登记在被执行人原配偶名下，且经离婚协议分割归该配偶所有，被执行人配偶可以排除法院对案涉房屋的强制执行——最高人民法院（2021）最高法民申1530号

作为被执行标的物的涉案房屋，在王某与王某楠协议离婚时，已约定归王某楠所有。因房屋本来就登记在王某楠名下，故无须另行办理产权过户手续，王某楠即对案涉房屋享有所有权。在霍某燕没有提交新的证据证明案涉离婚协议存在恶意串通规避债务的情况下，原审判决判令不得执行案涉房屋并无不当。

六、隐名股东基于约定请求排除执行的情形

083. 隐名股东基于代持关系能否排除对股权的执行

◇ **问题** 显名股东因其未能清偿到期债务而成为被执行人，债权人申请对显名股东代持的股权进行强制执行，隐名股东可否主张排除强制执行

◇ **来源** 河南高院（2022）豫民终106号

◇ **结论** 隐名股东在公司对外关系上不具有公示股东的法律地位，其不能以其与显名股东之间的约定为由对抗外部债权人，当显名股东因其未能清偿到期债务而成为被执行人时，其债权人依据工商登记中记载的股权归属，有权向人民法院申请对该股权强制执行

【基本案情】

2012年9月3日，隐名股东鄢某与显名股东美鑫公司签订《委托持股协议》，委托美鑫公司以其名义代为持有小额贷款公司的30%股权。2013年4月15日，小额贷款公司向鄢某出具出资证明书，证明鄢某于2013年4月12日出资3950万元，享有该公司的股东权。

美鑫公司因另案金融借款合同担保纠纷案成为被执行人，法院裁定冻结美鑫公司持有的小额贷款公司30%股权及其派生权益，期限为3年。鄢某不服，向法院提出异议被裁定驳回。鄢某遂提起本案执行异议之诉。

【争议焦点】

鄢某对涉案股权是否享有足以排除强制执行的民事权益？

【裁判要点】

根据《民事诉讼法司法解释》第311条的规定，案外人或者申请执行人提起执行异议之诉的，案外人应当就其对执行标的享有足以排除强制执行的民事权益承担举证证明责任。本案中，2012年9月3日，鄢某作为甲方与美鑫公司作为乙方签订了《委托持股协议》，约定鄢某委托美鑫公司代为持有小额贷款公司的30%股权。根据上述协议约定，鄢某为隐名投资人，为隐名股东，而美鑫公司为公示的显名股东。股权外观主义原则是判断股权权属的基本原则，《公司法》第32条第3款规定："公司应当将股东的姓名或者名称向公司登记机关登记；登记事项发生变更的，应当办理变更登记。未经登记或者变更登记的，不得对抗第三人。"依法进行登记的股东具有对外公示效力，隐名股东在公司对外关系上不具有公示股东的法律地位，其不能以其与显名股东之间的约定为由对抗外部债权人对显名股东主张的正当权利，当显名股东因其未能清偿到期债务而成为被执行人时，其债权人依据工商登记中记载的股权归属，有权向人民法院申请对该股权强制执行。因此，鄢某与美鑫公司之间的内部约定不能对抗申请执行人李某某对涉案股权的强制执行。

【相关法律规定】

《执行异议和复议规定》

第二十五条第一款 对案外人的异议，人民法院应当按照下列标准判断其是否系权利人：

……

（四）股权按照工商行政管理机关的登记和企业信用信息公示系统公示的信息判断；

……

《公司法》

第三十二条第三款 公司应当将股东的姓名或者名称向公司登记机关登记；登记事项发生变更的，应当办理变更登记。未经登记或者变更登记的，不得对抗第三人。

《民法典》

第六十五条 法人的实际情况与登记的事项不一致的，不得对抗善意相对人。

【应诉策略】

第一，关于隐名股东能否排除强制执行的问题，在最高人民法院民二庭2019年发布的《九民纪要（最高人民法院民二庭向社会公开征求意见稿）》中曾有如下条款："119.【案外人系实际出资人的处理】在金钱债权执行过程中，人民法院针对登记在被执行人名下的房产或者有限责任公司的股权等实施强制执行，案外人有证据证明其系实际出资人，与被执行人存在借名买房、隐名持股等关系，请求阻却执行的，人民法院应予支持。另一种观点：不予支持。"征求意见稿中，就该问题保留了两种完全不同的观点，后在2019年11月8日《九民纪要》正式稿发布时，上述条文直接被全部删除。可见，实践中对这一问题的争议较大，一时间不能得出统一的结论。

第二，从既往法院的判例来看，对于隐名股东提出的案外人执行异议，法院有以下几种考量角度。

（1）从《公司法》善意“第三人”范围上考量。《公司法》第32条第3款规定，未经登记的股东不得对抗第三人。名义股东的债权人往往据此主张对股权登记公示信息享有信赖利益，隐名股东不能对抗作为第三人的债权人申请强制执行。但此处“第三人”应作何理解，是否应限制于“基于股权处分的债权人”？对此，有些法院认为，《公司法》第32条第3款规定的“第三人”不应限缩理解为与登记股东发生股权交易行为的相对人，名义股东的非基于股权处分的债权人亦应属于法律保护的第三人范畴（见类案裁判观点分析案例一、案例二）。也有法院持相反观点，认为上述规定中的“第三人”应是指基于对登记外观信任而作出交易决定的第三人，而金钱债权的执行人并不是以案涉股权为交易标的的相对人（见类案裁判观点分析案例五）。

（2）从股权实际归属角度考量。公司的工商登记对社会具有公示公信效力，善意第三人有权信赖公司登记机关的登记文件，工商登记表现的权利外观应作为认定股权权属的依据。诉争股权登记在被执行人名下，申请执行人有理由信赖公司登记机关的登记文件，隐名股东不能以其与被执行人之间的代持股关系排除人民法院的强制执行行为（见类案裁判观点分析案例三）。

（3）从代为持股与债权产生时间的先后考量。根据权利形成的先后时间，如果代为持股形成在先，则根据商事外观主义，债权人基于对登记公信力的信赖，其权利应当更为优先地得到保护（见类案裁判观点分析案例四）；如果债权形成在先，则债权人在交易时并没有将争议股权作为交易对象的责任财产，也就没有商事外观主义的适用条件，隐名股东的实际权利应当得到更为优先的保护。需注意的是，因仅签订委托持股协议无法产生对世公示效力，此处“代为持股形成时间”应当以名义股东正式登记为股东之时为准。

第三，隐名股东如要想通过案外人异议之诉排除强制执行，笔者建议隐名股东需要在以下几个角度组织证据进行举证证明。

（1）隐名股东是股权的实际权利人。根据《最高人民法院关于适用〈中华人民共和国公司法〉若干问题的规定（三）》第24条，主要需证明以下两点内容：一是隐名股东是实际出资人；二是隐名股东要求显名化已经得到公司其他股东半数以上同意。这里尤其要注意第二点，如仅证明实际出资而未获得其他股东半数以上同意，则隐名股东原则上仅具有债权请求权，无法作为“实际权利人”主张确权进而排除强制执行。

（2）申请执行人不具有应保护的信赖利益。按照上文的分析，此问题可从两个角度论述：一是证明申请执行人属于非基于股权处分的债权人，不符合法律规定的第三人范畴；二是证明申请执行人知道或应当知道股权代持一事，如证明债权形成时间在股权代持之前，则申请执行人丧失信赖基础。

【类案裁判观点分析】

案例一：股权登记具有公示效力，根据商事外观主义原则，第三人对公示所体现的权利外观具有信赖利益，名义股东的非基于股权处分的债权人亦应属于法律保护的第三人范畴——最高人民法院（2019）最高法民申6275号

在公司对外关系上，名义股东具有股东的法律地位，隐名股东不能以其与名义股东之间的内部约定对抗外部第三人对名义股东的正当权利。在联鑫公司与芳绿公司等之间的借贷纠纷诉讼中，联鑫公司作为债权人，基于公示登记对芳绿公司名下的天成公司股权进行保全并通过执行程序变价受偿具有信赖利益，故联鑫公司与芳绿公司之间虽无股权交易关系，但无论众成公司对芳绿公司名下天成公司的股权是否拥有实体权利，众成公司均不能依据其与芳绿公司之间的内部约定对抗联鑫公司。

案例二：《公司法》第32条第3款规定的“第三人”不应限缩理解为与登记股东发生股权交易行为的相对人——最高人民法院（2019）最高法民申4710号

《公司法》第32条第3款规定：“公司应当将股东的姓名或者名称向公司登记机关登记；登记事项发生变更的，应当办理变更登记。未经登记或者变更登记的，不得对抗第三人。”依据该条规定，依法进行登记的股东具有对外公示效力，隐名股东在公司对外关系上不具有公示的法律地位，其不能以其与名义股东的约定对抗外部债权人对名义股东主张正当权利。此外，《公司法》及相关司法解释也并未将此处的“第三人”限缩理解为与登记股东发生股权交易行为的相对人。因此，再审申请人认为本案申请执行人并非针对兴利公司名下的股权从事交易，仅因为债务纠纷而寻查兴利公司的财产还债，不属于《公司法》第32条第3款所规定的“第三人”的理由不成立。

案例三：诉争股权登记在被执行人名下，工商登记表现的权利外观应作为认定股权权属的依据——最高人民法院（2020）最高法民终844号

公司的工商登记对社会具有公示公信效力，善意第三人有权信赖公司登记机关的登记文件，工商登记表现的权利外观应作为认定股权权属的依据。本案中，2016年8月10日，贵州雨田公司与付某签订《代持股协议书》，约定付某代贵州雨田公司持有雨田投资公司10%的股权。雨田投资公司《企业信用信息公示报告》显示，付某持有雨田投资公司10%的股权。贵州雨田公司在二审中提交两组证据，证明其与付某之间存在股权转让关系，贵州雨田公司按照股权转让协议的安排支付了对价。法院认为，该两组证据仅能证明贵州雨田公司与付某之间进行了股权转让，但双方关于股权转让的约定和案涉《代持股协议书》均仅在协议签订双方之间具有法律效力，对外不具有公示效力，不能对抗第三人。在诉争股权仍然登记在付某名下的情形下，申请执行人有理由相信工商行政管理机关的登记和企业信用信息公示系统公示的信息是真实的。因此，不论隐名股东贵州雨田公司是否支付对价，均不能以其与付某之间的代持股关系排除人民法院的强制执行行为。

案例四：如果代为持股形成在先，根据商事外观主义，债权人的权利应当优先得到保护——最高人民法院（2019）最高法民再45号

按照一般的商事裁判规则，动态利益和静态利益之间产生权利冲突时，原则上优先保护动态利益。本案所涉民间借贷关系中债权人皮某享有的利益是动态利益，而黄某鸣、李某俊作为隐名股东享有的利益是静态利益。根据权利形成的先后时间，如果代为持股形成在先，则根据商事外观主义，债权人的权利应当更为优先地得到保护；如果债权形成在先，则没有商事外观主义的适用条件，隐名股东的实际权利应当得到更为优先的保护。因案涉股权代持形成在先，诉争的名义股东蜀川公司名下的股权可被视为债务人的责任财产，债权人皮某的利益应当得到优先保护。

案例五：《公司法》第32条第3款规定中的“第三人”应是指基于对登记外观信任而作出交易决定的第三人——最高人民法院（2019）最高法民申2978号

基于商事外观主义原则，相对人因对登记外观的信任所作出的交易决定，即便该权利外观与实际权利不一致的，亦应推定该权利外观真实有效，以保证相对人的信赖利益，维持交易安全。故《公司法》第32条第3款规定中的“第三人”以及《民法典》第65条规定的“善意相对人”，均应是指基于对登记外观信任而作出交易决定的第三人。本案中，林某青系案涉股票登记权利人吴某雄的金钱债权的执行人，并不是以案涉股票为交易标的的相对人。虽然林某青申请再审称，其是基于对吴某雄持有案涉股票的信赖，才接受吴某雄提供担保，但林某青对此并未提交证据证明，故该项主张不能成立。此外，上市公司隐名持股本身并不为法律、行政法规所明文禁止，林某全作为隐名股东持有山鹰公司股份的权利不能被剥夺。因此，一审、二审判决林某全对案涉股票享有能够排除林某青申请执行的权益，并无不当。

七、案外人可在执行异议之诉中请求的内容

084. 执行依据是否存在错误，是否属于执行异议之诉的审理范围

◇ **问题**　执行依据是否存在错误是否属于案外人执行异议之诉的审理范围

◇ **来源**　最高人民法院（2021）最高法民申3587号

◇ **结论**　案外人执行异议之诉以排除对特定标的物的执行为目的，案外人认为执行依据存在错误的，不属于执行异议之诉的审理范围

【基本案情】

2017年，经深圳仲裁委员会裁决确认，中国银行某支行对登记在黄某某名下的案涉房产享有抵押权，并有权就处分该抵押房产所得价款获得优先受

偿。后银行对案涉房产申请强制执行。

黄某某前夫赖某某向法院提起执行异议之诉，认为黄某某在夫妻关系存续期间无权处理夫妻共同财产，贷款抵押合同应认定为无效。

【争议焦点】

原审法院认为赖某某对案涉房产不享有足以排除强制执行的民事权益并驳回其诉讼请求是否妥当?

【裁判要点】

《九民纪要》第119条指出，案外人执行异议之诉以排除对特定标的物的执行为目的。人民法院对执行异议之诉的审理，一般应当就案外人对执行标的物是否享有权利、享有什么样的权利、权利是否足以排除强制执行进行判断。因此，赖某某虽提出银行不是善意取得、案涉房产抵押无效等主张，但原审法院以“银行对案涉房产的抵押权经生效法律文书确认”以及执行依据是否存在错误并非本案审理范围为由，告知赖某某可另循法律途径解决，理据充分，最高人民法院予以认可。

【相关法律规定】

《民事诉讼法》

第二百三十四条 执行过程中，案外人对执行标的提出书面异议的，人民法院应当自收到书面异议之日起十五日内审查，理由成立的，裁定中止对该标的的执行；理由不成立的，裁定驳回。案外人、当事人对裁定不服，认为原判决、裁定错误的，依照审判监督程序办理；与原判决、裁定无关的，可以自裁定送达之日起十五日内向人民法院提起诉讼。

《民事诉讼法司法解释》

第三百一十条 对案外人提起的执行异议之诉，人民法院经审理，按照下列情形分别处理：

（一）案外人就执行标的享有足以排除强制执行的民事权益的，判决不得执行该执行标的；

（二）案外人就执行标的不享有足以排除强制执行的民事权益的，判决驳回诉讼请求。

案外人同时提出确认其权利的诉讼请求的，人民法院可以在判决中一并作出裁判。

《九民纪要》

119.【案外人执行异议之诉的审理】案外人执行异议之诉以排除对特定标的物的执行为目的，从程序上而言，案外人依据《民事诉讼法》第227条[①]提出执行异议被驳回的，即可向执行人民法院提起执行异议之诉。人民法院对执行异议之诉的审理，一般应当就案外人对执行标的物是否享有权利、享有什么样的权利、权利是否足以排除强制执行进行判断。至于是否作出具体的确权判项，视案外人的诉讼请求而定。案外人未提出确权或者给付诉讼请求的，不作出确权判项，仅在裁判理由中进行分析判断并作出是否排除执行的判项即可。但案外人既提出确权、给付请求，又提出排除执行请求的，人民法院对该请求是否支持、是否排除执行，均应当在具体判项中予以明确。执行异议之诉不以否定作为执行依据的生效裁判为目的，案外人如认为裁判确有错误的，只能通过申请再审或者提起第三人撤销之诉的方式进行救济。

《最高人民法院关于公证债权文书执行若干问题的规定》

第二十四条第一款 有下列情形之一的，债权人、利害关系人可以就公证债权文书涉及的民事权利义务争议直接向有管辖权的人民法院提起诉讼：

（一）公证债权文书载明的民事权利义务关系与事实不符；

（二）经公证的债权文书具有法律规定的无效、可撤销等情形。

【应诉策略】

第一，案外人执行异议之诉的目的是判断异议人对执行标的物是否享有排除强制执行的民事权益，异议人的诉讼请求一般包括：（1）对执行标的主张实体权利，如请求确认执行标的的权属；（2）请求对执行标的停止执行。法院在审理此类案件时，为了确定案外人的权益，一般也会一并审理案外人对于执行标的物的确权请求。而作为执行依据的生效裁判文书、公证债权文

① 现为《民事诉讼法》第234条。

书是否存在错误，关乎申请执行人与被执行人之间的权利义务关系，不在案外人执行异议之诉中进行审查。

第二，案外人如认为据以执行的裁判文书确有错误的，可通过申请再审或者提起第三人撤销之诉的方式进行救济。

第三，实践中，案外人若认为具有强制执行效力的公证债权文书内容确有错误的，可以通过以下途径解决。

（1）依照《公证法》第 39 条、第 40 条的规定，向出具该公证书的公证机构提出复查，或向人民法院提起民事诉讼，请求人民法院判令公证机关撤销公证债权文书。

（2）执行终结前，案外人可以依照《民事诉讼法》第 245 条第 2 款及《公证法》第 37 条的规定，申请执行法院裁定不予执行该公证债权文书。

（3）根据《最高人民法院关于公证债权文书执行若干问题的规定》第 24 条第 1 款的规定，就公证债权文书涉及的民事权利义务争议直接向有管辖权的人民法院提起基础关系诉讼。

【类案裁判观点分析】

案例一：人民法院在执行异议或复议审查过程中，审查的对象并不涉及据以执行的生效法律文书正确与否及相应诉讼程序合法与否等问题——最高人民法院（2021）最高法执监 124 号

根据《民事诉讼法》第 225 条、第 227 条[①]的规定，执行异议是当事人、利害关系人认为执行行为违反法律规定而向负责执行的人民法院提出的书面异议，或者案外人对执行标的提出的书面异议。人民法院在执行异议或复议审查过程中，审查的对象亦为执行行为是否违反法律规定，或者应否裁定中止对执行标的的执行，并不涉及据以执行的生效法律文书正确与否及相应诉讼程序合法与否等问题。从陈某某申请执行监督事由看，其认为本案据以执行的盐城亭湖法院（2016）苏 0902 民初 1242 号判决错误，请求再审该案。陈某某可依法通过在法定期限内申请审判监督等合法途径寻求权利救济，而非通过申请执行监督程序解决。

① 现为《民事诉讼法》第 232 条、第 234 条。

案例二：对作为执行依据的民事调解书不服，不属于执行异议和复议程序审查范围——最高人民法院（2020）最高法执复100号

关于北方渔市公司提出山东信托公司系非法借贷且其对此不知情、其已向债权人支付字画款项等理由，系对作为执行依据的民事调解书不服，不属于本案审查范围，本院不予审查。

案例三：申诉人提出的原判决存在错误的申诉请求与理由，不在执行异议复议审查范围之内——最高人民法院（2019）最高法执监308号

人民法院执行部门应当按照生效判决的裁判主文进行强制执行，虽然本案当事人达成和解协议，但是因执行人未履行相应义务而依法恢复原判决的执行。原判决确定的各方当事人的权利义务明确，江西高院在计算相应款项的分配时，依据生效裁判主文的判项进行计算，纠正了景德镇中院未予计算迟延履行利息的错误，该计算方法并无不当。在恢复原生效法律文书的执行后，申诉人又主张应按照执行和解协议的约定计算相应的款项和利息没有法律依据。另外，申诉人主张的原判决存在错误的申诉请求与理由，不属于执行异议复议的审查范围。

085. 执行异议之诉中能否一并审理其他确认或给付请求

◇ **问题**　案外人执行异议之诉中，当事人要求同时确认案涉合同效力及办理产权登记，能否同时审理

◇ **来源**　最高人民法院（2021）最高法民终1033号

◇ **结论**　除根据法律、司法解释规定，案外人同时提出的确认其权利的诉讼请求因与民事权益的认定密切相关而可在执行异议之诉中一并审理并裁判外，案外人在执行异议之诉中同时提出的要求确认购房合同效力、被执行人协助办理权属登记等诉讼请求不属于案外人执行异议之诉案件的审理范围，也不宜合并审理

【基本案情】

建设银行对开发商享有债权并经法院生效判决确认。2017 年 1 月 9 日，开发商名下案涉房屋被法院保全查封，后银行申请执行。执行过程中，潘某某对案涉房屋提出执行异议，法院裁定驳回异议请求。

潘某某不服，遂提起案外人执行异议之诉，请求：（1）停止对案涉房屋的强制执行，并解除查封；（2）确认潘某某与开发商签订的《哈尔滨市商品房买卖合同书》合法有效、案涉房屋归潘某某所有；（3）判令开发商为潘某某办理产权登记。

经查，2016 年 4 月 30 日，开发商为潘某某出具案涉房屋《哈尔滨市商品房销售预收款专用票据》。2016 年 12 月 8 日，开发商与施工方负责人易某某（潘某某之夫）签订《协议书》，以案涉房屋抵顶开发商与易某某签订的《建设工程施工劳务分包合同》约定的人工费。潘某某与开发商签订《哈尔滨市商品房买卖合同书》，约定交付期限为 2018 年 12 月 31 日前，该合同未注明签订时间。

【争议焦点】

潘某某主张确认案涉购房合同效力以及由开发商协助其办理案涉房屋权属登记的请求能否支持?

【裁判要点】

对于潘某某主张确认案涉购房合同效力以及由开发商协助其办理案涉房屋权属登记的请求，法院认为，根据《民事诉讼法》《民事诉讼法司法解释》中关于执行异议之诉的规定，执行异议之诉所要解决的是相关当事人之间的民事权益在强制执行程序中的冲突问题，案外人根据法律、司法解释规定同时提出的确认其权利的诉讼请求因与民事权益的认定密切相关故而可在执行异议之诉中一并审理并裁判，案外人在执行异议之诉中同时提出的要求确认购房合同效力、被执行人协助办理权属登记等诉讼请求，因与排除强制执行的诉讼目的无关，不属于执行异议之诉案件的审理范围，合并审理亦为不妥。因此，本案潘某某的确认案涉购房合同效力以及由开发商协助其办理案涉房屋权属登记的请求，不属于执行异议之诉案件的审理范围。

【相关法律规定】

《民事诉讼法司法解释》

第三百一十条 对案外人提起的执行异议之诉，人民法院经审理，按照下列情形分别处理：

（一）案外人就执行标的享有足以排除强制执行的民事权益的，判决不得执行该执行标的；

（二）案外人就执行标的不享有足以排除强制执行的民事权益的，判决驳回诉讼请求。

案外人同时提出确认其权利的诉讼请求的，人民法院可以在判决中一并作出裁判。

《执行异议和复议规定》

第二十四条 对案外人提出的排除执行异议，人民法院应当审查下列内容：

（一）案外人是否系权利人；

（二）该权利的合法性与真实性；

（三）该权利能否排除执行。

第二十五条 对案外人的异议，人民法院应当按照下列标准判断其是否系权利人：

（一）已登记的不动产，按照不动产登记簿判断；未登记的建筑物、构筑物及其附属设施，按照土地使用权登记簿、建设工程规划许可、施工许可等相关证据判断；

（二）已登记的机动车、船舶、航空器等特定动产，按照相关管理部门的登记判断；未登记的特定动产和其他动产，按照实际占有情况判断；

（三）银行存款和存管在金融机构的有价证券，按照金融机构和登记结算机构登记的账户名称判断；有价证券由具备合法经营资质的托管机构名义持有的，按照该机构登记的实际出资人账户名称判断；

（四）股权按照工商行政管理机关的登记和企业信用信息公示系统公示的信息判断；

（五）其他财产和权利，有登记的，按照登记机构的登记判断；无登记的，按照合同等证明财产权属或者权利人的证据判断。

案外人依据另案生效法律文书提出排除执行异议，该法律文书认定的执行标的权利人与依照前款规定得出的判断不一致的，依照本规定第二十六条规定处理。

【应诉策略】

1. 关于案外人执行异议之诉的审理范围问题

因案外人执行异议之诉所要解决的是相关当事人之间的民事权益在强制执行程序中的冲突问题，为了判断案外人对执行标的物享有的权益能否排除执行，有时需要一并审查案外人的确权诉求。除此之外的与案外人执行异议之诉目的无关的其他诉讼请求，不能一并审理，当事人可以另行起诉。具体来说：

（1）协助办理过户登记的诉讼请求性质上属于给付之诉，不属于案外人执行异议之诉的审理范围（见类案裁判观点分析案例一）。

（2）被执行人所负债务是否为夫妻共同债务，不属于案外人执行异议之诉的审理范围（见类案裁判观点分析案例二）。

（3）生效裁判文书、公证债权文书等的效力问题不属于案外人执行异议之诉的审理范围（见类案裁判观点分析案例三、案例四）。

综上可知，要求确认股东资格非执行异议之诉案件审理的范围，以及除确认执行标的物上权利之外的其他确权之诉，确权、确认合同效力或者要求被执行人协助办理产权登记等内容均非执行异议之诉审理范围。执行异议之诉的审理仅围绕便宜执行角度的争议展开审理，对于其他实体权属、给付义务等内容应另行通过实体诉讼解决。

2. 案外人执行异议之诉中对执行标的物的确权诉讼要进行实体审查

案外人执行异议之诉中，对执行标的物上权利的确认，是法院权衡案外人和申请执行人的民事权利冲突的基础，可以简单理解为案外人执行异议之诉要分以下两步走：

（1）确权：确认案外人对执行标的物享有的民事权利。

（2）比较：在案外人权利和申请执行人权利之间进行权衡，进而作出裁判。

因此，作为裁量的基础，对执行标的物的确权诉讼要严格依据相关实体法的规定来进行实体审查（见类案裁判观点分析案例五）。即便案外人未提出确权请求，法院也应在裁判理由中对案外人是否享有实体权利，享有何种实体权利进行分析判断，并作出是否排除执行的判项。

【类案裁判观点分析】

案例一：协助办理过户的诉讼请求性质上属于给付之诉，不属于案外人执行异议之诉的审理范围——最高人民法院（2019）最高法民终537号

李某某向一审法院所提诉讼请求第3项为，判决开发商立即协助和配合李某某办理案涉房屋的产权登记。依据《民事诉讼法司法解释》第305条、第312条①的规定，该项诉讼请求不属于案外人执行异议之诉的审理范围，不应在案外人执行异议之诉案件中一并审理。李某某可就该项诉讼请求所涉事项依法另行主张。

案例二：被执行人所负债务属于夫妻共同债务还是个人债务，不属于案外人执行异议之诉的审理范围——最高人民法院（2019）最高法民终1868号

关于陈某某申请执行的案涉债务是否属于夫妻共同债务问题。法院认为，本案章某某提起的系案外人执行异议之诉，请求排除陈某某对自己及配偶名下的房产执行，依法应当按照案外人执行异议之诉的相关规定加以审理，认定案涉执行财产是否足以排除执行，案外人配偶所负的债务属于夫妻共同债务还是属于其个人债务，不属于案外人执行异议之诉的审理范围。故原审法

① 现为《民事诉讼法司法解释》第303条、第310条。

院将案外人配偶的债务是否属于夫妻共同债务加以审理，不妥，本院依法予以纠正。

案例三：公证债权文书的效力问题，不属于案外人执行异议之诉的审理范围——最高人民法院（2020）最高法民申623号

本案中，马某某与开发商并未就案涉房屋签订书面的房屋买卖合同，且马某某亦未实际占有案涉房屋，一审、二审判决认定马某某对案涉房屋不享有足以排除强制执行的合法民事权益，并无不当。马某某申请再审主张申请执行人中信公司对开发商的销售行为疏于监管，知晓、放任隆湖公司的违法售房行为，属自动放弃对案涉房屋的抵押权等申请再审理由，无相关证据予以证明，亦无法律依据，不能成立。另外，关于案涉公证债权文书的效力问题，不属于案外人执行异议之诉的审理范围，本院不予受理。

案例四：公证债权文书的效力问题不在案外人执行异议之诉审理范围之内——北京高院（2019）京民申4798号

本院经审查认为，本案系案外人执行异议之诉，陈某某仅能对涉案房屋的执行问题提出异议，关于公证债权文书的效力问题，不属于本案的审理范围，陈某某可另寻法律途径解决。本案中，陈某某与佟某某之间成立房屋买卖合同关系，已经生效判决确认，但涉案房屋未办理过户登记，佟某某仍是涉案房屋的登记所有权人。郭某对涉案房屋享有抵押权，且经公证债权文书确认，对涉案房屋享有优先受偿权，陈某某对涉案房屋享有的债权不足以对抗担保物权，故其要求不得执行涉案房屋、确认涉案房屋归其所有的请求，缺乏依据。两审法院根据查明的事实并结合相应证据所作判决，并无不当。

案例五：案外人执行异议之诉案件，人民法院对权利归属进行的是实质审查，应依据相关实体法的规定——最高人民法院（2021）最高法民终409号

某华信托公司主张查封某油品公司实际占有的案涉油品，应按照《执行异议和复议规定》第25条第1款的规定，认定某油品公司为案涉油品的所有权人。法院认为，执行异议之诉案件，人民法院对权利归属进行的是实质审查，应依据相关实体法的规定。《物权法》第23条规定："动产物权的设立和转让，自交付时发生效力，但法律另有规定的除外。”依据该规定，动产物权所有权转移不仅要以交付作为公示手段，还必须基于权利人的意思表示。本案中，从某油品公司与某石化公司签订的《仓储中转合同》等协议的内容及目的来看，某石化公司并没有转移所有权的意思表示。原审法院据此认定某油品公司非案涉油品的所有权人，并无不当。因此，案外人某石化公司对案涉油品享有的权益可以排除强制执行。

086. 对于到期债权的执行，次债务人能否提起案外人异议请求排除执行

◇ **问题** 被执行人到期债权的债务人（次债务人）是否具有案外人执行异议之诉原告主体资格

◇ **来源** 最高人民法院（2020）最高法民再3号

◇ **结论** 针对“对他人的到期债权”享有执行异议之诉起诉主体资格的，须是针对执行标的“对他人的到期债权”享有实体权利的人，因此，被执行人的债务人（次债务人）一般不能作为《民事诉讼法》第227条[①]中的“案外人”提出执行异议之诉

【基本案情】

吕梁中院在执行申请执行人李某忠与被执行人张某明民间借贷纠纷一案过程中，向案外人冯某、车某萍发出协助执行通知，并裁定冻结张某明在案外人冯某、车某萍处的到期债权1308万元。

冯某、车某萍提出执行异议及执行异议之诉，认为该债务已经清偿完毕，请求撤销案涉协助执行通知及执行裁定。一审、二审法院均判决驳回冯某、车某萍的诉讼请求。冯某、车某萍不服，向最高人民法院申请再审。

---

① 现为《民事诉讼法》第234条。

【争议焦点】

被执行人到期债权的债务人是否具有案外人执行异议之诉原告主体资格？

【裁判要点】

《民事诉讼法司法解释》第 501 条[①]规定：“人民法院执行被执行人对他人的到期债权，可以作出冻结债权的裁定，并通知该他人向申请执行人履行。该他人对到期债权有异议，申请执行人请求对异议部分强制执行的，人民法院不予支持。利害关系人对到期债权有异议的，人民法院应当按照民事诉讼法第二百二十七条规定处理。对生效法律文书确定的到期债权，该他人予以否认的，人民法院不予支持。”该条文规定了第三人（条文中的“他人”）及相关权利人（条文中的“利害关系人”）的救济，即第三人对其与被执行人之间的债权债务关系提出异议的，执行法院不得继续执行该债权。申请执行人可以通过代位诉讼救济其权利。如果相关权利人对该到期债权有异议的，如主张是到期债权的真实权利人的，可以按照《民事诉讼法》第 227 条的规定进行救济。这里对该条中的“他人”与“利害关系人”做了区分，“利害关系人”并非《民事诉讼法》第 225 条[②]中的“利害关系人”，而是《民事诉讼法》第 227 条中的“案外人”。

同时，针对“对他人的到期债权”享有执行异议之诉起诉主体资格的，须是针对执行标的“对他人的到期债权”享有实体权利的人。案外人提起执行异议之诉，其理由须是针对执行标的享有可以提出异议的实体权利，而不是针对执行行为本身提出异议。如案外人对于执行行为提出异议，只能依照《民事诉讼法》第 225 条的规定，向上一级法院申请复议，不能提起执行异议之诉。

本案中，冯某、车某萍作为被执行人的债务人，也就是《民事诉讼法司法解释》第 501 条中的“他人”，只有“利害关系人”对到期债权有异议的，

---

① 现为《民事诉讼法司法解释》第 499 条。

② 现为《民事诉讼法》第 232 条。

人民法院才按照案外人异议及诉讼规定处理。显然，冯某、车某萍不能作为《民事诉讼法》第227条中的“案外人”提出执行异议之诉。同时，冯某、车某萍主张的并不是对案涉执行标的“对他人的到期债权”享有实体权利，而是主张“与张某明、张某兵之间已经不存在到期债权”，是对法院执行行为提出的异议。因此，本案不可以通过对案外人执行异议之诉进行实体审理从而替代代位权诉讼。

【相关法律规定】

《民事诉讼法》

第二百三十二条 当事人、利害关系人认为执行行为违反法律规定的，可以向负责执行的人民法院提出书面异议。当事人、利害关系人提出书面异议的，人民法院应当自收到书面异议之日起十五日内审查，理由成立的，裁定撤销或者改正；理由不成立的，裁定驳回。当事人、利害关系人对裁定不服的，可以自裁定送达之日起十日内向上一级人民法院申请复议。

第二百三十四条 执行过程中，案外人对执行标的提出书面异议的，人民法院应当自收到书面异议之日起十五日内审查，理由成立的，裁定中止对该标的的执行；理由不成立的，裁定驳回。案外人、当事人对裁定不服，认为原判决、裁定错误的，依照审判监督程序办理；与原判决、裁定无关的，可以自裁定送达之日起十五日内向人民法院提起诉讼。

《民事诉讼法司法解释》

第四百九十九条 人民法院执行被执行人对他人的到期债权，可以作出冻结债权的裁定，并通知该他人向申请执行人履行。

该他人对到期债权有异议，申请执行人请求对异议部分强制执行的，人民法院不予支持。利害关系人对到期债权有异议的，人民法院应当按照民事诉讼法第二百三十四条规定处理。

对生效法律文书确定的到期债权，该他人予以否认的，人民法院不予支持。

《最高人民法院关于依法制裁规避执行行为的若干意见》

12. 依法执行已经生效法律文书确认的被执行人的债权。对于被执行人已经生效法律文书确认的债权，执行法院可以书面通知被执行人在限期内向有管辖权的人民法院申请执行该生效法律文书。限期届满被执行人仍怠于申请执行的，执行法院可以依法强制执行该到期债权。

被执行人已经申请执行的，执行法院可以请求执行该债权的人民法院协助扣留相应的执行款物。

《最高人民法院关于认真贯彻实施民事诉讼法及相关司法解释有关规定的通知》

三、被执行人的债权作为其财产的重要组成部分，是其债务的一般担保，不能豁免执行。但是执行到期债权涉及次债务人的权利保护，法律关系较为复杂，在执行程序中适用《民诉法解释》第五百零一条①时，应当严格遵守法定条件与程序，兼顾相关各方主体的权利保护。

在对到期债权的执行中，应当依法保护次债务人的利益，对于次债务人在法定期限内提出异议的，除到期债权系经生效法律文书确定的外，人民法院对提出的异议不予审查，即应停止对次债务人的执行，债权人可以另行提起代位权诉讼主张权利。对于其他利害关系人提出的异议符合民事诉讼法第二百二十七条②规定的，人民法院应当按照相应程序予以处理。

被执行人有银行存款或者其他能够执行的财产的，人民法院原则上应优先予以执行；对于被执行人未到期的债权，在到期之前，只能冻结，不能责令次债务人履行。

【应诉策略】

1. 执行到期债权时次债务人在执行程序中的主体身份问题

根据《民事诉讼法司法解释》第499条的规定，次债务人就债权本身的抗辩，如债权金额、债权主体、债权履行期限是否到期等事项，次债务人一旦向执行法院提出上述异议的，执行法院应当停止执行该到期债权。申请执行人若想寻求该到期债权利益，可另行提起债权人代为诉讼进行主张，执行

① 现为《民事诉讼法司法解释》第499条。

② 现为《民事诉讼法》第234条。

程序中解决不了。此时，次债务人仅是执行程序的协助义务人。

2. 关于《民事诉讼法司法解释》第499条“利害关系人对到期债权有异议的”的表述中的利害关系人应如何理解的问题

该条文中的“利害关系人”并非《民事诉讼法》第232条中的“利害关系人”，而应是《民事诉讼法》第234条中的“案外人”，该利害关系人是针对案涉执行标的“对他人的到期债权”享有实体权利的人。因此，该利害关系人基于对到期债权享有实体权利（如所有权等），且该权利优先于申请执行人的债权，故该利害关系人可以基于其权利提出明确的排除执行措施的诉讼请求。

3. 实务中次债务人能提起案外人异议之诉的情形非常少见

如本文主文案例中，次债务人在执行程序中主张其与被执行人之间已不存在债权，并为此举证相应调解书以证明次债务人与被执行人之间的债权债务已经发生转移，但法院依然认为次债务的该主张不是对案涉执行标的“对他人的到期债权”享有实体权利而提出，仍是对法院执行到期债权的行为提出异议。因此，一般不认为次债人具有提起案外人异议之诉的主体资格。

上述被执行的到期债权可通过一定程序完成强制执行。对于未到期的债权，在到期之前，执行法院只能冻结，不能责令次债务人履行。此时，次债务人仍仅是协助义务人身份。

4. 申请执行人若想取得次债务人的到期债权利益则可以提起代位权诉讼主张权利

案外人执行异议之诉与债权人代位权诉讼在提起诉讼的主体、审查范围、举证责任分配等方面均存在差别。根据《民事诉讼法司法解释》第309条的规定，案外人或者申请执行人提起执行异议之诉的，案外人应当就其对执行标的享有足以排除强制执行的民事权益承担举证证明责任。因此，对于案外人异议之诉的审理范围，应主要围绕在案外人是否享有足以排除强制执行民事权益的问题上。

保全与执行实务精要（下册）

吴志强　张烨／著

法律出版社
LAW PRESS·CHINA
北京

简　目

下册目录

◇ 第五部分　中止、暂缓、终结本次执行及终结执行的适用 ◇

◇ 第六部分　拒不执行判决、裁定罪认定的裁判要点及其他合法限制措施 ◇

◇ 第七部分　不良资产处置及执行转破产程序所涉执行问题 ◇

◇ 第八部分 诉讼执行一体化
——以便宜执行的角度完善诉讼准备 ◇

第五部分

中止、暂缓、终结本次执行及终结执行的适用

执行过程中，经常会遇到执行法院就执行程序作出中止执行、终结本次执行或终结执行的裁定，或作出暂缓执行的决定。中止执行、暂缓执行、终结本次执行和终结执行程序，均是指在执行程序开始后，人民法院因法定事由的出现，根据不同情形及不同适用条件而作出的相应暂停或停止执行的行为，待相应的中止、暂缓或终结执行事由消失后，再依职权或依申请恢复，或由申请执行人再次申请执行。执行法院在执行程序中的上述暂停或停止执行的行为，往往会给当事人、利害关系人及其他权利人的权益造成实质影响。实务中，上述暂停或停止执行的行为一旦出现，相关权利人必然要向法院提出异议或寻求权利救济。因此，本部分内容围绕上述程序，系统整理相关法律法规，并结合实战案例的裁判观点及实务难点给出应诉建议，以帮助读者理解中止执行、暂缓执行、终结本次执行及终结执行程序的适用情形及相应的救济策略，以及上述程序在执行实务中所涉实务疑难问题。

一、中止执行

（一）中止执行的法律依据及中止执行的适用规则

087. 中止执行的法律依据

根据现行有效的法律法规，笔者梳理出以下这些法院中止执行的法律依据。

《民事诉讼法》

第二百一十三条 按照审判监督程序决定再审的案件，裁定中止原判决、裁定、调解书的执行，但追索赡养费、扶养费、抚养费、抚恤金、医疗费用、劳动报酬等案件，可以不中止执行。

第二百三十四条 执行过程中，案外人对执行标的提出书面异议的，人民法院应当自收到书面异议之日起十五日内审查，理由成立的，裁定中止对该标的的执行；理由不成立的，裁定驳回。案外人、当事人对裁定不服，认为原判决、裁定错误的，依照审判监督程序办理；与原判决、裁定无关的，可以自裁定送达之日起十五日内向人民法院提起诉讼。

第二百六十三条 有下列情形之一的，人民法院应当裁定中止执行：

（一）申请人表示可以延期执行的；

（二）案外人对执行标的提出确有理由的异议的；

（三）作为一方当事人的公民死亡，需要等待继承人继承权利或者承担义务的；

（四）作为一方当事人的法人或者其他组织终止，尚未确定权利义务承受人的；

（五）人民法院认为应当中止执行的其他情形。中止的情形消失后，恢复执行。

《民事诉讼法司法解释》

第二百九十七条 受理第三人撤销之诉案件后，原告提供相应担保，请求中止执行的，人民法院可以准许。

第三百九十四条 人民法院对已经发生法律效力的判决、裁定、调解书依法决定再审，依照民事诉讼法第二百一十三条规定，需要中止执行的，应当在再审裁定中同时写明中止原判决、裁定、调解书的执行；情况紧急的，可以将中止执行裁定口头通知负责执行的人民法院，并在通知后十日内发出裁定书。

第四百六十四条 申请执行人与被执行人达成和解协议后请求中止执行或者撤回执行申请的，人民法院可以裁定中止执行或者终结执行。

第五百一十一条 在执行中，作为被执行人的企业法人符合企业破产法第二条第一款规定情形的，执行法院经申请执行人之一或者被执行人同意，应当裁定中止对该被执行人的执行，将执行案件相关材料移送被执行人住所地人民法院。

《企业破产法》

第十九条 人民法院受理破产申请后，有关债务人财产的保全措施应当解除，执行程序应当中止。

《最高人民法院关于人民法院执行工作若干问题的规定（试行）》

59. 按照审判监督程序提审或再审的案件，执行机构根据上级法院或本院作出的中止执行裁定书中止执行。

《执行异议和复议规定》

第七条第一款 当事人、利害关系人认为执行过程中或者执行保全、先予执行裁定过程中的下列行为违法提出异议的，人民法院应当依照民事诉讼法第二百二十五条[①]规定进行审查：

（一）查封、扣押、冻结、拍卖、变卖、以物抵债、暂缓执行、中止执行、终结执行等执行措施；

……

《最高人民法院关于人民法院办理仲裁裁决执行案件若干问题的规定》

第七条第一款　被执行人申请撤销仲裁裁决并已由人民法院受理的，或者被执行人、案外人对仲裁裁决执行案件提出不予执行申请并提供适当担保的，执行法院应当裁定中止执行。中止执行期间，人民法院应当停止处分性措施，但申请执行人提供充分、有效的担保请求继续执行的除外；执行标的查封、扣押、冻结期限届满前，人民法院可以根据当事人申请或者依职权办理续行查封、扣押、冻结手续。

《仲裁法》

第六十四条第一款　一方当事人申请执行裁决，另一方当事人申请撤销裁决的，人民法院应当裁定中止执行。

《最高人民法院、最高人民检察院、公安部关于办理非法集资刑事案件适用法律若干问题的意见》

第七条　人民法院在审理民事案件或者执行过程中，发现有非法集资犯罪嫌疑的，应当裁定驳回起诉或者中止执行，并及时将有关材料移送公安机关或者检察机关。

《最高人民法院关于审理劳动争议案件适用法律问题的解释（一）》

第二十五条第一款　劳动争议仲裁机构作出终局裁决，劳动者向人民法院申请执行，用人单位向劳动争议仲裁机构所在地的中级人民法院申请撤销的，人民法院应当裁定中止执行。

《最高人民法院关于执行程序中计算迟延履行期间的债务利息适用法律若干问题的解释》

第三条第三款　非因被执行人的申请，对生效法律文书审查而中止或者

---

① 现为《民事诉讼法》第225条。

暂缓执行的期间及再审中止执行的期间，不计算加倍部分债务利息。

088. 中止执行的一般规则

根据有关规定和案例，中止执行的一般规则如下。

1. 中止执行裁定

中止执行应当依法制作裁定书，载明中止执行的事由和依据，并送达当事人。中止执行的裁定，送达当事人后立生效。

2. 中止执行后的恢复执行程序

中止执行的情形消失后，执行法院可以根据当事人的申请依职权审查并决定是否恢复执行。恢复执行应当书面通知当事人。

3. 中止执行期间的续封操作

中止执行期间，因查封、扣押、冻结期限届满需要对执行标的物办理续行查封、扣押、冻结手续的，执行法院应当根据申请执行人的申请办理续行查封、扣押、冻结手续，也可以依职权办理续行查封、扣押、冻结手续。

4. 中止执行期间当事人的变更、追加

中止执行期间，申请执行人或其继承人、权利承受人申请变更、追加执行当事人的，执行法院应当依法审查并作出处理。

5. 中止执行期间异议的处理

中止执行期间，当事人、利害关系人依据《民事诉讼法》第 232 条的规定提出异议，或者案外人依据《民事诉讼法》第 234 条的规定提出异议的，执行法院应当依法进行审查并作出裁定。

6. 中止执行期间不计算迟延履行加倍部分债务利息

非因被执行人的申请，对生效法律文书审查而中止或者暂缓执行的期间及再审中止执行的期间，不计算加倍部分债务利息。

089. 法院应当中止执行的情形

结合上述中止执行的法律依据，笔者整理出如下法院应当中止执行的情形，具体包括：

1. 申请执行人表示可以延期执行的。

2. 案外人对执行标的提出确有理由的异议的。

3. 案外人对于执行标的提出执行异议，人民法院经审查理由成立的。

4. 作为一方当事人的公民死亡，需要等待继承人继承利或者承担义务的。

5. 作为一方当事人的法人或其他组织终止，尚未确认权利义务承受人的。

6. 作为被执行人的营利法人资不抵债的，执行法院经申请执行人之一或者被执行人同意，由执行程序移送进入破产审查程序的。

7. 作为被执行人的营利法人被裁定受理强制清算的。

8. 人民法院裁定受理破产申请的。

9. 仲裁裁决一方申请执行，另一方起诉要求撤销仲裁裁决的。

10. 被执行人申请撤销仲裁裁决并已由人民法院受理的。

11. 被执行人、案外人对仲裁裁决执行案件提出不予执行申请并提供适当担保的。

12. 作为执行依据的法律文书按审判监督程序决定再审的（但追索赡养费、扶养费、抚养费、抚恤金、医疗费用、劳动报酬等案件除外）。

13. 执行过程中发现有非法集资犯罪嫌疑的，或者执行标的物属于公安机关、人民检察院、人民法院侦查、起诉、审理非法集资刑事案件的涉案财物的。

14. 劳动争议仲裁机构作出终局裁决，劳动者向人民法院申请执行，用人单位向劳动争议仲裁机构所在地的中级人民法院申请撤销的。

15. 人民法院认为应当中止执行的其他情形。

090. 法院可酌情裁定中止执行的情形

结合有关法律规定，笔者总结出了法院可酌情裁定中止执行的情形，具体如下：

1. 人民法院受理第三人撤销之诉案件后，该第三人提供相应担保，请求中止原生效判决、裁定、调解书执行的。

2. 申请执行人与被执行人达成和解协议后请求中止执行的。

（二）中止执行纠纷的常见情形

091. 被执行人以申请执行人债权已被另案冻结为由请求中止执行，能否中止

◇ **问题** 被执行人以申请执行人申请执行的债权已被其他法院冻结为由请求中止执行本案执行程序，应否中止执行

◇ **来源** 最高人民法院（2021）最高法执监132号

◇ **结论** 执行过程中，被执行人另案起诉申请执行人并保全冻结被执行人应向申请执行人支付的资产，因上述事由不符合法定中止执行的情形，故被执行人以此请求中止执行的，法院不予支持

【基本案情】

现代城公司欠付兴华公司施工款，经河南高院（2018）豫民终724号判决确认，兴华公司向周口中院申请执行，周口中院以现代城公司为被执行人的执行案件称为本案。

现代城公司以兴华公司为被告提起诉讼并申请保全，周口中院作出保全裁定，并通知现代城公司作为协助义务人停止向兴华公司支付本案工程款。

孙某、曹某等以兴华公司为被告向周口川汇法院提起诉讼，并申请保全冻结了本案兴华公司在现代城公司的工程款（债权）。

周口中院在执行本案过程中，现代城公司认为本案所涉全部工程款均已被保全冻结且冻结金额已超额，本案应中止执行。周口中院认为，执行法院应查清所有与兴华公司有关的案件中要求现代城公司协助执行的具体数额后，再依法予以执行，故裁定中止本案执行。兴华公司向河南高院提起复议，河南高院认为，现代城公司提出的兴华公司债权已被周口中院及周口川汇法院

冻结的请求事由，不符合法定中止执行情形，故裁定继续本案执行。现代城公司向最高人民法院提起申诉，最高人民法院同意河南高院的裁定结果，本案不应中止继续执行符合法律规定。

【争议焦点】

被执行人以应付资产均已被另案法院查封冻结为事由，请求中止执行程序是否符合法律规定？

【裁判要点】

根据本案据以执行的（2018）豫民终724号民事判决确定的执行内容，2020年1月3日周口中院作出（2020）豫16执7号执行通知书，责令现代城公司3日内偿还兴华公司本金30,239,528.98元及利息、迟延履行期间债务利息并承担本案诉讼费、执行费。现代城公司需要对上述债务承担清偿责任。案件执行过程中，现代城公司对兴华公司另案提起诉讼，对案涉债权进行了保全。与此同时，因涉及多宗兴华公司为被执行人的案件，周口川汇法院陆续多次送达保全案涉债权的执行裁定及协助执行通知书，对案涉债权亦予以冻结保全。根据本案执行监督审查期间查明的事实，周口中院已将扣划的现代城公司的700万元案款转至周口川汇法院等待分配，本案亦已指定周口川汇法院执行。综上，本案涉及多个案件就兴华公司对现代城公司享有的经生效法律文书确认的债权进行保全冻结，其实质是就案涉债权应当如何分配的问题，并不影响本案的继续执行，也只有在执行程序中，才能采取进一步的分配措施。现代城公司如对周口川汇法院执行过程中就案款的扣划和分配等执行措施不服，可依法向周口川汇法院提出异议寻求救济。本案并不符合法律规定应当中止执行的情形。

【相关法律规定】

《民事诉讼法》

第二百六十三条　有下列情形之一的，人民法院应当裁定中止执行：

（一）申请人表示可以延期执行的；

（二）案外人对执行标的提出确有理由的异议的；

（三）作为一方当事人的公民死亡，需要等待继承人继承权利或者承担义务的；

（四）作为一方当事人的法人或者其他组织终止，尚未确定权利义务承受人的；

（五）人民法院认为应当中止执行的其他情形。

中止的情形消失后，恢复执行。

《最高人民法院关于人民法院执行工作若干问题的规定（试行）》

71. 上级人民法院依法监督下级人民法院的执行工作。最高人民法院依法监督地方各级人民法院和专门法院的执行工作。

【应诉策略】

1. 被执行人以另案起诉申请执行人主张赔偿为理由请求中止执行，需重点研判另案裁判结果是否与执行案件有关联

2008年《最高人民法院关于人民法院执行工作若干问题的规定（试行）》第102条规定执行的标的物是其他法院或仲裁机构正在审理的案件争议标的物，需要等待该案件审理完毕确定权属的，人民法院应依照《民事诉讼法》的相关规定裁定中止执行。但是，因为该上述法律规定已于2020年12月23日修正，修正后的《最高人民法院关于人民法院执行工作若干问题的规定（试行）》删除了以上条款仅留存第79条内容，且第79条规定："本规定自公布之日起试行。本院以前作出的司法解释与本规定有抵触的，以本规定为准。本规定未尽事宜，按照以前的规定办理。"因此，现有法规规定关于被执行人以另诉主张中止执行的，一般不会被支持。但也有些例外情形（见类案裁判观点分析案例一）。

2. 被执行人提出执行人员存在违纪违法且违纪违法尚未调查结束的法院可裁定中止执行

被执行人以执行人员存在违纪违法且违纪违法调查尚未结束请求中止执行，法院可裁定中止执行（见类案裁判观点分析案例四）。举报执行人员在执行过程中存在违纪违法问题，有关部门正在依法依纪对案件审判并对执行

情况展开核查，未出结果前执行案件应中止执行。

3. 若另案诉讼与执行案件有关联，法院可裁定中止执行

被执行人另诉申请执行案件正在审理中，另案与本执行案件有关联且已申请保全，现被执行人申请中止本执行案件。执行法院为统筹办理两个案件，依法保护各方当事人的合法权益，根据《民事诉讼法》第263条第1款的规定，可以裁定中止执行（见类案裁判观点分析案例一）。

4. 被执行人基于法律规定有权要求申请执行人赔偿，但该赔偿请求未经法律程序判决确认的，则不属于中止执行的法定事由

被执行人认为申请执行人作为质权人因怠于行使质权，根据《物权法》第220条第2款“出质人请求质权人及时行使质权，因质权人怠于行使权利造成损害的，由质权人承担赔偿责任”的规定，申请执行人应对质物价值贬损向被执行人承担赔偿责任，故提起另案诉讼。既然被执行人在未来诉讼中要承担赔偿责任，为避免执行回转及各方诉累，被执行人请求本案执行应先中止执行，待被执行人诉申请执行人赔偿案件审结后，再统一执行。因为上述事由不属于法定中止执行事由，故不予中止执行（见类案裁判观点分析案例三、案例九）。

5. 执行法院就执行复议程序应否必须组织听证，未听证即作出复议裁定是否违法

《执行异议和复议规定》第12条规定：“人民法院对执行异议和复议案件实行书面审查。案情复杂、争议较大的，应当进行听证。”据此，审理执行异议、复议案件，原则上实行书面审查。是否需要听证，由法院根据案件具体情况决定。一般情况下，若案件并不存在复杂的法律关系或者难以确定的事实问题，复议审查法院可以不组织双方到庭进行听证。因此，相关异议人仅以复议程序未组织听证即作出裁定这一事由认定复议裁定错误或违法的，法院一般都不会支持。实践中，若认为复议裁定或程序违法，需再结合其他情形进行认定。

6. 申请再审以及对再审申请审查程序不是法定中止执行的情形

因法定中止执行的情形包括上级法院决定对执行依据决定再审，但没有将申请再审以及对再审申请审查程序列为法定中止执行的情形，因此实务中

经常会出现被执行人以对执行依据申请再审为事由请求中止执行的，该请求事由非法律规定的情形，一般都不会被执行法院采纳（见类案裁判观点分析案例七）。

7. 申请执行人超标的查封或有其他保全错误不属于中止执行的法定情形

被执行人以申请执行人超标的查封或其他保全错误为理由提起损害赔偿诉讼的，并以此诉讼未审结为由请求中止执行的，因无法律依据，执行法院一般也不会支持中止执行的请求（见类案裁判观点分析案例八）。

【类案裁判观点分析】

案例一：被执行人另诉申请执行案件正在审理中，另案与本执行案件有关联且已申请保全，现被执行人申请中止本执行案件。执行法院为统筹办理两个案件，依法保护各方当事人的合法权益，根据《民事诉讼法》第256条第1款[①]的规定，中止执行——湖南高院（2021）湘执复135号

本院认为，根据《最高人民法院关于在执行工作中进一步强化善意文明执行理念的意见》的要求，既要突出执行工作的强制性，持续加大执行力度，及时保障胜诉当事人实现合法权益，又要注意到执行工作对各方当事人影响重大，人民法院在执行过程中也要强化善意文明执行理念，严格规范公正保障各方当事人合法权益。岳阳云溪法院审理中的亚泰公司（被执行人）诉微港公司（申请执行人）建设工程施工合同纠纷一案，与本案具有关联性，该院向岳阳中院送达了财产保全民事裁定书和协助执行通知书。鉴于该案被岳阳中院裁定撤销原审判决，发回重审后，尚在岳阳云溪法院审理中。为统筹办理两个案件，依法保护各方当事人的合法权益，根据《民事诉讼法》第256条第1款的规定，本案以中止执行为宜。岳阳中院应查控案涉房产，防止财产流转，待岳阳云溪法院审理亚泰公司（被执行人）诉微港公司（申请执行人）建设工程施工合同纠纷一案作出生效法律文书后，再恢复本案的执行。

---

① 现为《民事诉讼法》第263条第1款。

案例二：2008 年《最高人民法院关于人民法院执行工作若干问题的规定（试行）》第 102 条第 3 项的规定已于 2020 年 12 月 23 日被修正废止，所以另案对争议标的物未审结的案件已不符合法定中止执行情形——山西高院（2021）晋执复 209 号

本院认为，本案争议的焦点是否应撤销运城中院（2021）晋 08 执 154 号中止执行裁定书。2008 年《最高人民法院关于人民法院执行工作若干问题的规定（试行）》第 102 条第 3 项规定执行的标的物是其他法院或仲裁机构正在审理的案件争议标的物，需要等待该案件审理完毕确定权属的，人民法院应依照《民事诉讼法》第 232 条第 1 款第 5 项①的规定裁定中止执行。2020 年 12 月 23 日修正后的《最高人民法院关于人民法院执行工作若干问题的规定（试行）》删除了以上条款且第 79 条规定："本规定自公布之日起试行。本院以前作出的司法解释与本规定有抵触的，以本规定为准。本规定未尽事宜，按照以前的规定办理。"依据以上规定，本案复议申请人老窑头公司以案外人振兴集团与某煤电公司股权转让协议案件需等待审理完毕确定权属属于应当中止执行情形的法律依据已不存在。

案例三：被执行人认为申请执行人作为质权人应对质物价值贬损向被执行人承担赔偿责任，既然被执行人在未来诉讼中要承担赔偿责任，为避免执行回转及各方诉累，本案执行应先中止执行，待被执行人诉申请执行人赔偿案件审结后，再统一执行。执行法院认为上述事由不符合法定中止执行事由，故不予中止执行——山西高院（2021）晋执复 94 号

本院认为，《民事诉讼法》第 256 条②规定了中止执行的法定情形。本案中，关于天津某海运公司提出长治中院就长治工行和信达资产怠于行使质权，导致质物价值减损的法律效果认定存在错误的复议理由。根据《物权法》第 220 条第 2 款③的规定："出质人请求质权人及时行使质权，因质权人怠于行使权利造成损害的，由质权人承担赔偿责任。"即使申请执行人作为质权人

---

① 现为《民事诉讼法》第 263 条第 1 款第 5 项。

② 现为《民事诉讼法》第 263 条。

③ 现为《民法典》第 437 条第 2 款。

怠于行使质权，造成质物价值减损的，也应由相关权利人另诉质权人对于损失承担赔偿责任，并不符合中止执行的法定情形。长治中院认为质权人怠于行使质权，并不产生中止执行的法律效果，相关权利人可以依法另诉主张损害赔偿。

案例四：举报执行人员在执行过程中存在违纪违法问题，有关部门正在依法依纪对案件审判并对执行情况展开核查，未出结果前执行案件应中止执行——河南高院（2021）豫执异14号

本院认为，《民事诉讼法》第256条[①]规定："有下列情形之一的，人民法院应当裁定中止执行：（一）申请人表示可以延期执行的；（二）案外人对执行标的提出确有理由的异议的；（三）作为一方当事人的公民死亡，需要等待继承人继承权利或者承担义务的；（四）作为一方当事人的法人或者其他组织终止，尚未确定权利义务承受人的；（五）人民法院认为应当中止执行的其他情形。中止的情形消失后，恢复执行。"本案中，本院对案涉两宗土地使用权评估后进行了两次网络司法拍卖，均因无人参与竞买而流拍。在此期间，庆祥公司员工姜某某实名举报有关人员在该案执行过程中存在违纪违法问题，有关部门正在依法依纪对案件审判、执行情况展开核查。鉴于有关人员正在接受调查、尚无结论的情况下，本院作出（2019）豫执42号之三执行裁定，中止本案的执行，符合上述法律规定。

案例五：已另诉确认债权转让协议无效的理由非法定中止执行事由，不予中止执行——北京高院（2020）京执复202号

本院认为，案件执行过程中，存在《民事诉讼法》第256条[②]、2008年《最高人民法院关于人民法院执行工作若干问题的规定（试行）》第102条[③]规定的情形之一的，人民法院应当中止执行。本案中，嘉友公司提供的证据不足以证明存在应当中止执行的法定情形，其提出已另诉确认华融公司、信泽基金之间的债权转让协议无效，不属于2008年《最高人民法院关于人民法院执行

---

① 现为《民事诉讼法》第263条。
② 现为《民事诉讼法》第263条。
③ 该司法解释最新版本中已无相关规定。

工作若干问题的规定（试行）》第102条规定的情形。因此，嘉友公司的异议、复议理由缺少法律依据，对其异议请求、复议申请均应予以驳回。

案例六：陈某1与被执行人苏某4均为被执行人，两人继承的份额均应用于清偿债务，因此，陈某1起诉分割本案的执行标的并不影响执行法院对执行标的处置，不应中止执行——广东高院（2020）粤执复1135号

关于本案执行是否应等待另案审理结果的问题。陈某1作为本案的被执行人，其应依据本案执行依据在继承苏某5的遗产范围内偿还债务。另外，生效的（2019）粤0113民初2337号民事调解书也已确认各继承人的继承份额，陈某1与被执行人苏某4均为被执行人，两人所继承的份额均应用于清偿债务，陈某1起诉分割本案的执行标的并不影响该院对执行标的处置，故广州中院驳回该异议申请，并无不当。

案例七：仅申请再审而再审法院未裁定再审的，不应中止执行程序——广东高院（2020）粤执复985号

《最高人民法院关于审理侵犯专利权纠纷案件应用法律若干问题的解释（二）》第29条规定："宣告专利权无效的决定作出后，当事人根据该决定依法申请再审，请求撤销专利权无效宣告前人民法院作出但未执行的专利侵权的判决、调解书的，人民法院可以裁定中止再审审查，并中止原判决、调解书的执行。专利权人向人民法院提供充分、有效的担保，请求继续执行前款所称判决、调解书的，人民法院应当继续执行；侵权人向人民法院提供充分、有效的反担保，请求中止执行的，人民法院应当准许。人民法院生效裁判未撤销宣告专利权无效的决定的，专利权人应当赔偿因继续执行给对方造成的损失；宣告专利权无效的决定被人民法院生效裁判撤销，专利权仍有效的，人民法院可以依据前款所称判决、调解书直接执行上述反担保财产。"根据上述法律规定，"人民法院可以裁定中止再审审查，并中止原判决、调解书的执行"中的"人民法院"应为受理再审申请的法院。本案中，光速公司是向最高人民法院申请再审审查，则应由最高人民法院审查是否应裁定中止执行。因此，光速公司认为其已向最高人民法院申请再审则广州中院应裁定中止执行的复议理由，没有法律依据，本院不予支持。

案例八：超标的查封不属于中止执行的法定情形，不应以此为由中止执行——湖南高院（2020）湘执复106号

现浩祥公司以衡五建设公司在本案诉讼中存在超标的保全为由向衡阳中院提起财产损害赔偿诉讼，是基于诉中保全查封行为，而非对本案执行依据不服，该案的审理结果并不必然导致衡五建设公司丧失依据生效法律文书向法院申请强制执行的权利。被执行人以诉中保全超标的为由提起财产损害赔偿诉讼亦不符合执行案件应当中止执行的法定情形。待财产损害赔偿诉讼一案审结后，浩祥公司可依据生效法律文书依法主张权利或申请强制执行。浩祥公司向本院申请复议的理由不能成立，对其复议请求，本院不予支持。

案例九：被执行人以另案诉讼胜诉后可能产生执行回转问题为理由，请求中止执行，但是这并不属于法定中止执行的情形——滨州中院（2022）鲁16执复47号

《民事诉讼法》第263条对人民法院应当裁定中止执行的情形进行了列举性规定，宝通公司称其另案诉讼胜诉后可能产生执行回转问题的理由，不属于上述规定中人民法院应中止执行的法定情形，滨州滨城法院（2022）鲁1602执异123号裁定驳回其异议请求并无不当。另需指出的是，《最高人民法院关于人民法院执行工作若干问题的规定（试行）》已于2020年12月29日进行了修正，该规定中的第102条已被删除，滨州滨城法院适用该条规定不当，本院予以指正。

092. 轮候查封债权人或其他利害关系人以未收到拍卖信息为由请求中止执行，能否中止

◇ **问题** 执行法院在收到拟拍卖资产评估报告后未向轮候查封债权人送达该报告，该轮候查封债权人以利害关系人身份提出执行异议并据此请求中止执行的，应否中止执行

◇ **来源** 最高人民法院（2020）最高法执复62号

◇ **结论** 轮候查封债权人未在异议中主张可能影响涉案不动产评估结果的事由，未提出法律规定的中止执行的具体事由，未提出证据证明执行法院拍卖涉案不动产的执行行为对轮候查封债权的受偿产生妨碍。因此，该轮候查封债权人仅以执行法院未向其送达不动产估计报告等文书为由申请中止拍卖，没有事实和法律依据，人民法院不予支持

【基本案情】

海南高院执行申请执行人永泰公司与被执行人乐城公司的案件，于2019年9月8日刊登拍卖案涉土地的公告。林某某系案涉土地轮候查封债权人，就海南高院拍卖公告及案涉土地的执行行为提出异议，请求中止执行。

林某某认为，根据《最高人民法院关于人民法院民事执行中拍卖、变卖财产的规定》第6条①的规定，海南高院评估报告应当在5日内将报告发送当事人及其他利害关系人。林某某系该执行案件的利害关系人，林某某以执行法院未向利害关系人发送评估报告为由认为执行违法，故请求中止执行形成本案诉讼。

【争议焦点】

是否应中止对涉案国有土地使用权的拍卖程序？

【裁判要点】

法院应当着重审查本案是否具备法定的中止执行情形。本案中，海南高院在先查封案涉10处土地使用权并依法启动了评估拍卖程序。林某某作为轮候查封案件申请执行人，通过公告得知海南高院在（2019）琼执11号案件执行过程中，向乐城公司等被执行人公告送达拍卖案涉10处国有土地使用权的执行裁定书以及土地估价报告的情况，林某某未在异议中主张可能影响案

① 该司法解释最新版本中已无相关规定。

涉10处土地使用权评估结果的事由，未提出法律规定的中止执行的具体事由，未提出证据证明海南高院拍卖案涉10处国有土地使用权的执行行为对林某某轮候查封债权的受偿产生妨碍。林某某仅以执行法院未向其送达土地估计报告等文书为由申请中止拍卖，没有事实和法律依据，不予支持。

【相关法律规定】

《民事诉讼法》

第二百六十三条 有下列情形之一的，人民法院应当裁定中止执行：

（一）申请人表示可以延期执行的；

（二）案外人对执行标的提出确有理由的异议的；

（三）作为一方当事人的公民死亡，需要等待继承人继承权利或者承担义务的；

（四）作为一方当事人的法人或者其他组织终止，尚未确定权利义务承受人的；

（五）人民法院认为应当中止执行的其他情形。

中止的情形消失后，恢复执行。

2004年《最高人民法院关于人民法院民事执行中拍卖、变卖财产的规定》

第六条第一款 人民法院收到评估机构作出的评估报告后，应当在五日内将评估报告发送当事人及其他利害关系人。当事人或者其他利害关系人对评估报告有异议的，可以在收到评估报告后十日内以书面形式向人民法院提出。①

【应诉策略】

第一，关于执行法院在收到评估报告后5日内向当事人及其他利害关系人发送的法律规定出现在2004年《最高人民法院关于人民法院民事执行中拍卖、变卖财产的规定》第6条，该规定于2020年12月末被修正，于2021年

① 该司法解释最新版本中已无相关规定。

1月开始实施，新修正的2020年《最高人民法院关于人民法院民事执行中拍卖、变卖财产的规定》中已经删除了原2004年版本中的第6条内容。因此，法律上已经没有强制要求执行法院必须向相关人员发送评估报告的规定，法律依据已被废止。

第二，关于评估程序，因为《最高人民法院关于人民法院确定财产处置参考价若干问题的规定》，就拟拍卖标的物确定财产处置参考价，规定可以采取当事人议价、定向询价、网络询价、委托评估四种方式。此后，关于房产等标的物确定拍卖参考价格的，一般不再使用评估的方式，而是选择更方便的定向询价和网络询价的方式。

第三，关于资产评估报告，实务中经常会出现相关人员因为评估价格过低等因素提起执行异议之诉，请求停止拍卖程序，但如果仅是依据评估价格过低这一事由，无法排除执行或判定执行程序违法。

实务中，法院就相关人员提出的评估价格过低或不实等事由的执行异议，法院一般会先审核评估程序、人员是否违法或有其他严重违法情形，否则，因评估报告只是为辅助执行法院确定拍卖保留价，评估价格并不是最终的交易价格，最终成交价格仍需通过市场竞价形成。因此，评估价格即便不能真实反映标的物的真实价值，但因为最终是市场竞价，标的物价值会得到公允体现，故在评估程序无严重违法的情形下，法院一般不会因为评估报告的评估结果而停止执行程序或否定执行结果。

093. 以申请执行人涉嫌诈骗罪已立案侦查为由请求中止执行，能否中止

◇ **问题**　公安机关以申请执行人在与另一方合作中涉嫌诈骗罪决定立案侦查，被执行人以该事由请求中止执行的，是否符合法定中止情形

◇ **来源**　最高人民法院（2020）最高法执复42号

◇ **结论**　申请执行人涉嫌诈骗罪立案侦查的事由因涉及申请执行人在经营期间与另一法律主体衍生的其他法律关系，与本执行案件并不存

在法律上的直接联系，故不应影响本案执行程序的正常推进，且申请执行人以涉嫌诈骗罪立案侦查并不符合法律条文规定的应当中止执行的情形，因此不予中止执行

【基本案情】

申请执行人荣恩公司与被执行人瑞西公司之间产生执行案件。2019 年 9 月，成都市公安局决定对荣恩公司涉嫌诈骗案立案侦查。2019 年 10 月被执行人瑞西公司以成都市公安局刑事立案为由向执行法院西藏高院申请中止执行，西藏高院口头驳回被执行人瑞西公司的中止执行申请。

瑞西公司向西藏高院提出执行异议，请求中止执行。西藏高院认为，瑞西公司提出的成都市公安局决定对荣恩公司涉嫌诈骗案立案侦查不属于应当中止执行的法定情形，故不支持中止执行。瑞西公司向最高人民法院提起执行复议，形成本案诉讼。

【争议焦点】

公安机关决定对申请执行人荣恩公司以涉嫌诈骗罪立案侦查是否符合中止执行的法定情形?

【裁判要点】

西藏高院在异议裁定中认为，成都市公安局以申请执行人荣恩公司在合作期间非法侵占目标公司顶峰公司相关财产权益等行为，决定对荣恩公司以涉嫌诈骗罪立案侦查的情形，并不符合上述法律条文规定的应当中止执行的情形。对此，被执行人瑞西公司提出，因本案案情复杂，应当适用《民事诉讼法》第 256 条第 1 款第 5 项①“人民法院认为应当中止执行的其他情形”的规定。最高人民法院认为，为保证生效判决的及时履行，中止执行的事由应为法定事由，人民法院在执行过程中不应随意放宽中止执行事由的范围。

① 现为《民事诉讼法》第 263 条第 1 款第 5 项。

就本案而言，本案主要涉及瑞西公司与荣恩公司两个法律主体之间的合同纠纷关系，双方矛盾源于合作投资，在合作协议已被最高人民法院生效判决解除，本案执行依据明确判决由瑞西公司返还荣恩公司相应股权转让款和利息的情况下，执行法院经荣恩公司申请，依法启动执行程序并无不当。而公安机关对荣恩公司（申请执行人）涉嫌诈骗罪立案侦查的事由因涉及荣恩公司在经营期间与另一法律主体顶峰公司衍生的其他法律关系，与本案并不存在法律上的直接联系，可由顶峰公司通过其他途径予以解决，不应影响本案执行程序的正常推进。同时，由于对涉嫌诈骗犯罪的侦查、起诉和审判都需要一定时间，最终结果目前尚不能确定，贸然中止执行将严重影响申请执行人的合法权益。因此，成都市公安局决定对荣恩公司以涉嫌诈骗罪立案侦查并不构成本案中止执行的法定理由。

【相关法律规定】

《民事诉讼法》

第二百一十三条 按照审判监督程序决定再审的案件，裁定中止原判决、裁定、调解书的执行，但追索赡养费、扶养费、抚养费、抚恤金、医疗费用、劳动报酬等案件，可以不中止执行。

第二百六十三条第一款 有下列情形之一的，人民法院应当裁定中止执行：

（一）申请人表示可以延期执行的；

（二）案外人对执行标的提出确有理由的异议的；

（三）作为一方当事人的公民死亡，需要等待继承人继承权利或者承担义务的；

（四）作为一方当事人的法人或者其他组织终止，尚未确定权利义务承受人的；

（五）人民法院认为应当中止执行的其他情形。

《民事诉讼法司法解释》

第五百一十一条 在执行中，作为被执行人的企业法人符合企业破产法第二条第一款规定情形的，执行法院经申请执行人之一或者被执行人同意，应当裁定中止对该被执行人的执行，将执行案件相关材料移送被执行人住所地人民法院。

《最高人民法院、最高人民检察院、公安部关于办理非法集资刑事案件适用法律若干问题的意见》

第七条 人民法院在审理民事案件或者执行过程中，发现有非法集资犯罪嫌疑的，应当裁定驳回起诉或者中止执行，并及时将有关材料移送公安机关或者检察机关。

【应诉策略】

第一，执行程序中，遇到刑民交叉案件，一般会增加执行推进难度。对于刑民交叉案件，审判阶段法院着重在审理判断刑、民案件是否属于同一事实或同一法律关系；而在执行程序中，法院一般侧重审理判断执行标的物是否属于刑事案件涉案财物。

第二，刑民交叉案件的执行程序中若遇到民事执行案件的执行依据与刑事案件属于同一事实及同一法律关系，执行标的物与刑事案件有关联，则法院一般的处理原则是先处理刑事案件再处理民事案件，即“先刑后民”原则。“先刑后民”是司法实践中处理刑民交叉案件的方式之一，“先刑后民”的目的是刑、民程序冲突时进行合理选择，但“先刑后民”的前提是刑事案件的办理足以影响民事案件的结果，刑事案件与民事案件非同一事实及同一法律关系时，不应中止执行程序（见类案裁判观点分析案例四）。

第三，执行过程中，如果公安机关因被执行人涉嫌集资诈骗，函请执行法院暂停对涉案股票及存款的执行，执行法院认为该情形属于“应当中止执行的其他情形”，故裁定中止执行（见类案裁判观点分析案例二）。

第四，执行程序中，并不是所有涉及刑事案件的情况均应中止执行，需要判断刑事案件与民事执行案件及执行的资产是否有直接关联。一般判断是否有关联的方法是执行法院向刑事犯罪立案的公安机关发函询问涉案事项，若公安机关回函认为正在执行的资产系与刑事案件的侦查有关联，则执行法院一般都会裁定中止执行。起决定性的因素是公安机关关于执行标的物是否与刑事案件有关联的研判。若公安机关认为有关联，即便不是法律规定的集资诈骗罪，执行法院收到函件也一般会中止执行（见类案裁判观点分析案例五）。

第五，若执行法院并未收到公安机关要求中止对涉案房产进行处置的法律文书或相关法院对本案执行依据裁定再审和中止执行的法律文书，则即便被执行人以其原法定代表人涉嫌职务侵占罪已被立案侦查以及申请执行人资产属于刑事调查范围为由请求中止执行的，法院一般都不会同意被执行人的中止执行请求（见类案裁判观点分析案例一）。

第六，若被执行人为多人时，多位被执行人相互之间存在连带关系，则即便公安机关对其中一个被执行人因涉嫌刑事犯罪而函告执行法院停止对该人资产的执行，因公安机关公函中仅涉及一个被执行人未涉及其他被执行人，故可以不中止对其他被执行人的执行（见类案裁判观点分析案例三）。

第七，根据2008年《最高人民法院关于人民法院执行工作若干问题的规定（试行）》第102条的规定："有下列情形之一的，人民法院应当依照民事诉讼法第二百三十二条第一款第五项①的规定裁定中止执行：（1）人民法院已受理以被执行人为债务人的破产申请的；（2）被执行人确无财产可供执行的；（3）执行的标的物是其他法院或仲裁机构正在审理的案件争议标的物，需要等待该案件审理完毕确定权属的；（4）一方当事人申请执行仲裁裁决，另一方当事人申请撤销仲裁裁决的；（5）仲裁裁决的被申请执行人依据民事诉讼法第二百一十三条第二款的规定向人民法院提出不予执行请求，并提供适当担保的。"上述法律规定存在一定有利于中止执行的规定内容，但该司法解释已于2020年12月23日被修正，修正后的《最高人民法院关于人民法院执行工作若干问题的规定（试行）》删除了第102条的内容，且第79条规定："本规定自公布之日起试行。本院以前作出的司法解释与本规定有抵触的，以本规定为准。本规定未尽事宜，按照以前的规定办理。"因此，上述司法解释的适用问题，需要结合本书中作者就中止执行整理出来的现行有效的法律法规作为请求中止执行的法律依据。

① 现为《民事诉讼法》第263条第1款第5项。

【类案裁判观点分析】

案例一：执行法院并未收到公安机关要求中止对涉案房产进行处置的法律文书或相关法院对本案执行依据裁定再审和中止执行的法律文书，被执行人以其原法定代表人涉嫌职务侵占罪已被立案侦查以及申请执行人资产属于刑事调查范围为由请求中止执行的，不符合法定中止执行的情形——最高人民法院（2019）最高法执监 317 号

本院认为，《民事诉讼法》第 244 条第 1 款①规定，被执行人未按执行通知履行法律文书确定的义务，人民法院有权查封、扣押、冻结、拍卖、变卖被执行人应当履行义务部分的财产。但应当保留被执行人及其所扶养家属的生活必需品。本案中，被执行人万利公司未履行生效判决确定的义务，福州中院依法查封并裁定拍卖其名下的财产，符合法律规定。《民事诉讼法》第 256 条第 1 款②规定，有下列情形之一的，人民法院应当裁定中止执行：（1）申请人表示可以延期执行的；（2）案外人对执行标的提出确有理由的异议的；（3）作为一方当事人的公民死亡，需要等待继承人继承权利或者承担义务的；（4）作为一方当事人的法人或者其他组织终止，尚未确定权利义务承受人的；（5）人民法院认为应当中止执行的其他情形。本案中，被执行人万利公司以公司原法定代表人赵某某涉嫌在公司履职期间职务侵占向合肥市公安局报案并已正式立案、申请执行人陈某某等人申请执行的资产均在案件审查范围，以及已对执行依据提起再审为由，请求停止对查封财产的执行。现执行法院并未收到公安机关要求中止对涉案房产进行处置的法律文书或相关法院对本案执行依据裁定再审和中止执行的法律文书。因此，被执行人关于中止对涉案房产执行的请求，于法无据，本院不予支持。

案例二：执行过程中，公安机关因被执行人涉嫌集资诈骗，函请执行法院暂停对涉案股票及存款的执行，执行法院认为该情形属于“应当中止执行的其他情形”，故裁定中止执行——广东高院（2021）粤执复 124 号

本院认为，本案的焦点问题为深圳中院对本案中止执行是否于法有据。

---

① 现为《民事诉讼法》第 251 条第 1 款。

② 现为《民事诉讼法》第 263 条第 1 款。

《最高人民法院、最高人民检察院、公安部关于办理非法集资刑事案件适用法律若干问题的意见》第7条规定，人民法院在审理民事案件或者执行过程中，发现有非法集资犯罪嫌疑的，应当裁定驳回起诉或者中止执行，并及时将有关材料移送公安机关或者检察机关。公安机关、人民检察院、人民法院在侦查、起诉、审理非法集资刑事案件中，发现与人民法院正在审理的民事案件属同一事实，或者被申请执行的财物属于涉案财物的，应当及时通报相关人民法院。人民法院经审查认为确属涉嫌犯罪的，依照前款规定处理。根据查明的事实，深圳中院在执行过程中收到杭州市公安局滨江区分局来函，称被执行人夏某因涉嫌集资诈骗，为保障投资人权益，请求该院暂停对涉案股票及存款的执行。深圳中院经审查作出中止执行的决定，符合前述意见所规定的情形，属于《民事诉讼法》第256条第1款第5项①人民法院认为应当中止执行的其他情形。故深圳中院中止执行有事实和法律依据，并无不当。至于复议申请人所述理由，深圳中院在执行过程中已经向相关刑事案件侦查机关予以反映，根据回复意见，案涉股票应待相关刑事案件作出生效裁判后统一协调处置更为适当。综上所述，深圳中院异议裁定认定事实清楚、适用法律正确，应予维持。

案例三：被执行人为多人时，即便公安机关对其中一个被执行人因涉嫌刑事犯罪而函告执行法院停止对该人资产的执行，因公安机关公函仅涉及一个被执行人，故不中止对其他被执行人的执行——陕西高院（2021）陕执复88号

本院认为，《最高人民法院、最高人民检察院、公安部关于办理非法集资刑事案件适用法律若干问题的意见》第7条第2款规定，人民法院在审理民事案件或者执行过程中，发现有非法集资犯罪嫌疑的，应当裁定驳回起诉或者中止执行，并及时将有关材料移送公安机关或者检察机关。第3款规定，公安机关、人民检察院、人民法院在侦查、起诉、审理非法集资刑事案件中，发现与人民法院正在审理的民事案件属同一事实，或者被申请执行的财物属

① 现为《民事诉讼法》第263条第1款第5项。

于涉案财物的，应当及时通报相关人民法院。人民法院经审查认为确属涉嫌犯罪的，依照前款规定处理。按照上述规定，对于刑民交叉案件，审判阶段主要判断是否属于同一事实或同一法律关系，执行阶段则需判断是否属于刑事案件涉案财物。本案中，被执行人包括高某某、党某某等多个主体，而府谷县公安局府公函［2019］270号《关于建议移交你院审理的诉（执行）高某某借款纠纷案的函》中，仅建议将正在审理的诉（执行）高某某借贷纠纷案驳回起诉或中止执行，并未涉及其他被执行人。榆林中院仅以府谷县公安局的公函就中止对其他被执行人的执行，无事实和法律依据，应予纠正。

案例四："先刑后民"是司法实践中处理刑民交叉案件的方式之一，"先刑后民"的目的是在刑、民程序冲突时进行合理选择，但"先刑后民"的前提是刑事案件的办理足以影响民事案件的结果，刑事案件与民事案件非同一事实及同一法律关系时，不应中止执行程序——黑龙江高院（2020）黑执复140号

本院认为，《民事诉讼法》第256条第1款①规定："有下列情形之一的，人民法院应当裁定中止执行：（一）申请人表示可以延期执行的；（二）案外人对执行标的提出确有理由的异议的；（三）作为一方当事人的公民死亡，需要等待继承人继承权利或者承担义务的；（四）作为一方当事人的法人或者其他组织终止，尚未确定权利义务承受人的；（五）人民法院认为应当中止执行的其他情形。"本案并不符合上述应中止执行的情形。根据《最高人民法院关于在审理经济纠纷案件中涉及经济犯罪嫌疑若干问题的规定》，同一公民、法人或非法人组织，因不同的法律事实分别涉及经济纠纷和经济犯罪嫌疑的，经济纠纷案件和经济犯罪嫌疑案件应当分开审理。本案申请执行人李某某涉嫌重大安全事故罪，富锦市公安局立案侦查前，本案执行所依据的建设工程施工合同纠纷的民事判决既已生效，两案并非同一法律关系、同一法律事实，且应否对李某某追究刑事责任，并不影响李某某实现其民事债

① 现为《民事诉讼法》第263条第1款。

权，北方公司应依据生效民事判决向李某某清偿债务。对于“案涉建筑物是否为刑事案件的物证、对该建筑物的执行是否影响刑事案件的侦查”问题，佳木斯中院两次函询富锦市公安局，该局均未回答，且坍塌原因及损失均已作出鉴定。因此，北方公司认为“将案涉建筑交付给犯罪嫌疑人将无法保证建筑现状和完整性，影响物价鉴定和公安机关侦查”的理由不能成立。经查阅《人民法院办理执行案件规范》，该规范第100条应当中止执行的第10种情形为“执行过程中发现有非法集资犯罪嫌疑的，或者执行标的物属于公安机关、人民检察院、人民法院侦查、起诉、审理非法集资刑事案件的涉案财物的，应当中止执行”。根据富锦市公安局的立案决定书及该局对佳木斯中院回函的内容，该刑事案件并不涉及非法集资，因此北方公司认为本案涉嫌非法集资应当中止执行的理由不成立。

案例五：被执行人以执行依据中所涉合同涉嫌合同诈骗罪已向公安机关报案，公安机关函告执行法院被执行人所立刑事案件与执行案件执行依据有关、属同一事实及法律关系，故执行法院认为应属“应当中止执行的其他情形”，应予中止执行——福建高院（2020）闽执复143号

本院认为，本案的争议焦点为福州中院中止执行（2018）杭仲裁字第119号裁决是否符合法律规定。《民事诉讼法》第256条第1款①规定：“有下列情形之一的，人民法院应当裁定中止执行：……（五）人民法院认为应当中止执行的其他情形。”首先，地质医院就本案执行依据所涉《融资租赁合同》及《租赁物买卖合同》涉嫌合同诈骗向福州市公安局经济侦查支队报案，福州市公安局经济侦查支队已于2019年6月7日立案侦查。根据福州市公安局经济侦查支队向福州中院和福建高院的回复函，该队依据地质医院报案相关事实所立刑事案件与本案执行依据（2018）杭仲裁字第119号裁决书所裁决的合同编号为HLA20170162号的《融资租赁合同》相关，该刑事案件与（2018）杭仲裁字第119号裁决属同一事实及法律关系。其次，全国多地医院与某远程视界公司及其关联公司开展融资租赁业务合作，因未能支付租

① 现为《民事诉讼法》第263条第1款。

金、交付设备等原因，导致产生大量纠纷，公安机关已对相关线索开展核查工作。据此，福州中院依据上述司法解释的规定中止对（2018）杭仲裁字第119号裁决书的执行，并无不当。

094. 拍卖款进入法院账户但未分配，被执行人被裁定受理破产的，该拍卖款应否中止支付

◇ **问题** 收到破产受理裁定的执行法院，就破产申请受理前已经划扣到执行法院账户但尚未支付给申请执行人的款项，应否中止支付

◇ **来源** 最高人民法院（2019）最高法执监225号

◇ **结论** 人民法院裁定受理破产申请时已经扣划到执行法院账户但尚未支付给申请人执行的款项，仍属于债务人财产，人民法院裁定受理破产申请后，执行法院应当中止对该财产的执行。执行法院收到破产管理人发送的中止执行告知函后仍继续执行的，应当依法予以纠正

【基本案情】

申请执行人张某某以供热公司为被执行人向葫芦岛中院申请强制执行，执行法院拍卖被执行人供热公司设备，买受人竞买后将拍卖款汇入执行法院账户。张某某于2017年2月10日领取拍卖款本金2085万元，尚有利息未支付。

葫芦岛中院于2017年2月10日作出（2017）辽14民破1号受理破产裁定书，裁定受理申请人葫芦岛某电力公司对供热公司的破产清算申请。2017年2月15日，葫芦岛中院在收到该破产受理裁定后作出中止执行的裁定，申请执行人认为在受理破产裁定送达执行法院前申请执行人即已收到法院的拍卖款本金，故本案不应中止执行，提出执行异议。

申请执行人提出破产受理前已向其支付完毕拍卖款本金，利息属于法定孳息本息应一同给付，葫芦岛中院支持了该观点，裁定撤销中止执行裁定。被执行人及其破产管理人提出复议，辽宁高院裁定中止执行。申请执行人不

服复议结果，向最高人民法院申诉，形成本案诉讼，最高人民法院裁定中止执行，尚未发放的拍卖款应中止发放。

【争议焦点】

1. 在人民法院受理对被执行人的破产清算申请情况下，执行程序是否应予中止？

2. 已执行到法院账户但未发放给申请执行人的拍卖款应否继续支付给申请执行人？

【裁判要点】

执行法院自收到受理破产裁定之日起，对于已经扣划到执行法院账户但尚未支付给申请执行人的款项应中止执行，尚未支付的款项属于被执行人的财产，应由执行法院移交给受理破产案件的法院或破产管理人。从本案来看，葫芦岛中院于2017年2月10日作出（2017）辽14民破1号民事裁定，裁定受理申请人葫芦岛某电力公司对被申请人供热公司的破产清算申请。葫芦岛中院于2017年2月15日作出（2014）葫执恢字第00005号之七执行裁定，中止葫芦岛中院（2013）葫民二初字第00006号民事调解书第1项的执行的做法并不违反法律规定，尚未发放的款项应中止发放。因此，对张某某关于破产受理后执行账户的财产仍为申请执行人的财产，不应中止发放余下款项的理由不予支持。

【相关法律规定】

《民事诉讼法司法解释》

第五百一十一条 在执行中，作为被执行人的企业法人符合企业破产法第二条第一款规定情形的，执行法院经申请执行人之一或者被执行人同意，应当裁定中止对该被执行人的执行，将执行案件相关材料移送被执行人住所地人民法院。

《企业破产法》

第十九条 人民法院受理破产申请后，有关债务人财产的保全措施应当解除，执行程序应当中止。

《最高人民法院关于对重庆高院〈关于破产申请受理前已经划扣到执行法院账户尚未支付给申请执行人的款项是否属于债务人财产及执行法院收到破产管理人中止执行告知函后应否中止执行问题的请示〉的答复函》

……

人民法院裁定受理破产申请时已经扣划到执行法院账户但尚未支付给申请人执行的款项，仍属于债务人财产，人民法院裁定受理破产申请后，执行法院应当中止对该财产的执行。执行法院收到破产管理人发送的中止执行告知函后仍继续执行的，应当根据《最高人民法院关于适用〈中华人民共和国破产法〉若干问题的规定（二）》第五条依法予以纠正……

【应诉策略】

第一，执行程序中，若被执行人被裁定受理破产，则按照法律规定，执行法院应裁定中止执行，故被执行人被裁定受理破产系法定中止执行的情形。那么对于被执行人的关联公司或相关公司被裁定受理破产应否中止执行的问题，应主要审查被执行人与破产事项的相关性。如被执行人为正在破产重整的关联公司或相关公司的下属公司，被执行人以对重整实施有着重大影响为由请求中止执行的，法院一般因为被执行人与破产企之间无直接关联，故认为不属于中止执行的情形（见类案裁判观点分析案例一）。

第二，在债务担保案件的执行程序中，担保人与债务人同为被执行人，债务人若被裁定受理破产，则能否以债务人破产为由中止执行？一般不能。若担保人为连带保证人，则申请执行人有权执行债务人或连带担保责任人任一方的资产。若担保人系一般保证责任，因一般保证责任在执行中享有顺位优势即担保人仅就债务人不能清偿部分承担清偿责任，若一般保证责任人以债务人已被裁定受理破产申请为由请求法院中止执行的，因该事由不符合法定中止情形，一般也不能中止执行（见类案裁判观点分析案例二）。

第三，依据《企业破产法》的相关规定，若债务人被裁定受理破产，债权人请求债务相抵销受相应情形限制，但若被执行人是因为其对申请执行人享有债权，执行程序中被执行人以其与申请执行人存在可能抵销的情形而请求中止执行，被执行人主张抵销的债权是否成立及该债权是否能够与其所负的执行程序的债务抵销需生效判决确认后予以判断。若此时继续执行被执行人已完成清偿，那么如果被执行人对申请执行人的债权经生效判决确定且符合抵销的条件，则执行程序对应的债务所对应的债权部分只能通过被执行人申报破产债权解决，而按比例分配的破产债权很大程度上是不可能得到足额受偿的，被执行人足额清偿其债务而该债务对应的债权部分只能按一定比例受偿，显然对被执行人不公平。因此，会有一部分地区的法院会认为被执行人以其与申请执行人存在可能抵销的情形而请求中止执行符合“应当中止执行的其他情形”，故裁定中止执行（见类案裁判观点分析案例三）。

第四，根据《执行异议和复议规定》第 12 条的规定，人民法院对执行异议和复议案件实行书面审查。案情复杂、争议较大的，应当进行听证。因此，法院在执行异议和复议审查中依据案件情况实行书面审查，未征求执行当事人意见的做法并不违反法律规定。

【类案裁判观点分析】

案例一：被执行人为正在破产重整的关联公司或相关公司的下属公司，以对重整实施有着重大影响为由请求中止执行的，不予支持——北京高院（2022）京执复 181 号

蓝顿公司主张解除对该账户的冻结可以保障其正常经营的前提下提升还款能力，系对各方有利的善意文明执行的复议理由于法无据，本院不予支持。蓝顿公司关于其为正在重整的关联公司或相关公司的重要下属公司，对重整实施有着重大影响，应当中止对本案的执行的复议主张，因该情形并非需要中止执行的法定情况，故不予认定。

案例二：一般保证人在执行中享有顺位优势，但一般保证责任人以债务人已被裁定受理破产申请为由请求法院中止执行的，该事由不符合法定中止情形——湖北高院（2021）鄂执复 132 号

本院认为，根据生效的（2018）鄂民再 264 号民事判决，某湖北分公司对辰泓公司提供抵押的涉案房屋及土地使用权折价、拍卖、变卖后所得价款在淮川公司（被执行人）不能清偿判决所确认债务的6000万元的范围内享有优先受偿权。淮川公司（被执行人）未能履行生效法律文书确定的债务，并已申请破产，襄阳中院也予以受理，说明淮川公司（被执行人）不能清偿生效判决确定的债务。某湖北分公司有权申请执行抵押担保的财产和其他连带清偿责任人的财产。襄阳中院根据某湖北分公司的申请，作出（2017）鄂06执156号通知书恢复本案执行程序，并无不当。辰泓公司请求中止执行没有事实和法律依据。

案例三：申请执行人已被裁定受理破产，被执行人以申请执行人对被执行人享有债权，存在可能抵销的情形而请求中止执行，河北高院认为该事由符合“应当中止执行的其他情形”，故裁定中止执行——河北高院（2020）冀执复557号

本院认为，《企业破产法》第40条规定：“债权人在破产申请受理前对债务人负有债务的，可以向管理人主张抵销。但是，有下列情形之一的，不得抵销：（一）债务人的债务人在破产申请受理后取得他人对债务人的债权的；（二）债权人已知债务人有不能清偿到期债务或者申请破产的事实，对债务人负担债务的；但是，债权人因为法律规定或者有破产申请一年前所发生的原因而负担债务的除外；（三）债务人的债务人已知债务人有不能清偿到期债务或破产申请的事实，对债务人取得债权的；但是，债务人的债务人因为法律规定或者有破产申请一年前所发生的原因而取得债权的除外。”《执行异议和复议规定》第19条[①]规定：“当事人互负到期债务，被执行人请求抵销，请求抵销的债务符合下列情形的，除依照法律规定或者按照债务性质不得抵销的以外，人民法院应予支持：（一）已经生效法律文书确定的或者经申请执行人认可；（二）与被执行人所负债务的标的物种类、品质相同。”因此，除上述规定中不得抵销的情形外，债权人均可以主张抵销。具体到本案，李某某（被执行人）主张其与保定某地毯公司之间存在可能抵销的事由，其主张抵销的债权是否成立及该债权是否能够与其所负的73万元债务抵

① 该规定在该司法解释2020年修正时未做改动。

销需生效判决确认后予以判断。若此时继续执行（2019）冀06民初128号民事判决，那么在李某某（被执行人）已清偿其对保定某地毯公司所负债务的情况下，如果李某某（被执行人）对保定某地毯公司的债权经生效判决确定且符合抵销的条件，则该73万元债务所对应的债权部分只能通过申报破产债权的方式解决，而按比例分配的破产债权很大程度上是不可能得到足额受偿的，李某某（被执行人）足额清偿其债务而该债务对应的债权部分只能按一定比例受偿，显然对李某某（被执行人）不公平。《民事诉讼法》第256条①规定："有下列情形之一的，人民法院应当裁定中止执行：……（五）人民法院认为应当中止执行的其他情形。中止的情形消失后，恢复执行。"因此，保定中院作出（2020）冀06执87号执行裁定，中止对该院（2019）冀06民初128号民事判决的执行，并无不当。李某某（被执行人）并非在本案中主张抵销权，而是以其与保定某地毯公司存在可能抵销的情形请求中止执行，其复议理由成立，本院予以支持。

095. 被执行人无可供执行财产的，自2017年以后应以终结本次执行程序处理而非中止执行

◇ **问题** 被执行人暂无可供执行财产，可否中止执行

◇ **来源** 最高人民法院（2018）最高法执监99号

◇ **结论** 2016年12月1日之前，执行法院对于无财产可供执行案件，依照《民事诉讼法》有关中止执行的规定裁定中止执行是较为普遍的做法，自2016年年末《最高人民法院关于严格规范终结本次执行程序的规定（试行）》实施后，被执行人暂无可供执行的情形均按照终结本次执行程序处理

① 现为《民事诉讼法》第263条。

【基本案情】

申请执行人华联公司以华侨建设公司某分公司、华侨建设公司为被执行人向肇庆中院申请强制执行，执行案号（2001）肇中执字第359号。执行过程中，肇庆中院查明，华侨建设公司某分公司履行了该院之前作出的调解书的第3项义务。而根据调解书第4项的规定，本案只能从华侨建设公司某分公司诉广宁纸浆厂的执行案款中清偿，而不执行华侨建设公司及其下属公司的其他财产。关于华侨建设公司某分公司申请执行广宁纸浆厂一案，执行法院已于2000年11月7日裁定中止执行。2001年12月7日，肇庆中院作出中止（2001）肇中执字第359号执行案的裁定。后申请执行人华联公司以中止执行的情形已不复存在为由提出恢复执行请求，肇庆中院驳回该公司的恢复执行申请。

申请执行人华联公司不服肇庆中院上述裁定，向该院提出执行异议，肇庆中院认为本案中止执行的原因系被执行人无可供执行的资产，故在中止事由未消除前不应恢复执行，故裁定驳回的异议。申请执行人向广东高院申请复议，广东高院认为肇庆中院应当恢复执行，并在恢复执行过程中查明华侨建设公司某分公司从广宁纸浆厂收取工程款的去向，依法强制执行。如上述工程款数额不能满足本案债权的实现，则应当依法强制执行华侨建设公司及其下属公司的其他财产，保护债权人的合法权益。

被执行人华侨建设公司不服广东高院恢复执行裁定，向最高人民法院申诉，形成本案诉讼。

【争议焦点】

1. 能否恢复对本案中调解书的执行？

2. 如恢复执行，除华侨建设公司某分公司从广宁纸浆厂受偿的工程款外，能否执行华侨建设公司及其下属公司的其他财产？

【裁判要点】

关于本案能否恢复对肇庆中院之前作出的调解书的执行问题。根据《民事诉讼法》第256条[①]的规定，如有人民法院认为应当中止执行的其他情形，人民法院应当裁定中止执行。中止的情形消失后，恢复执行。在最高人民法院对因无财产可供执行案件适用的专门程序作出具体规定前，执行法院对于无财产可供执行案件依照《民事诉讼法》前述规定裁定中止执行是较为普遍的做法。在中止执行的情况下，如申请人发现被执行人有可供执行财产或提供了财产线索的，属于中止的情形消失，可以向执行法院申请恢复执行。《最高人民法院关于严格规范终结本次执行程序的规定（试行）》进一步规范了无财产可供执行案件应采取的执行措施及适用的专门程序，即执行法院穷尽执行措施后仍无财产可供执行的案件可以适用终结本次执行程序。同时，该规定第9条也明确规定："终结本次执行程序后，申请执行人发现被执行人有可供执行财产的，可以向执行法院申请恢复执行。申请恢复执行不受申请执行时效期间的限制。执行法院核查属实的，应当恢复执行。"由此可知，虽然根据不同时期法律及规范性文件的规定，对于因被执行人暂无财产可供执行案件可适用中止执行或终结本次执行程序，但只要申请执行人发现被执行人有可供执行财产的，就可以向执行法院申请恢复执行。

关于应否按照肇庆中院之前作出的调解书约定的内容不得执行被执行人的其他资产问题，该调解书第4条应当理解为，华联公司认可本案执行财产的范围仅限于被执行人从广宁纸浆厂获得的执行案款，无论该款项能否清偿本案债务，华联公司已明确同意本案不再执行华侨建设公司及其下属公司的其他财产。因此，广东高院可直接执行华侨建设公司及其下属公司的其他财产的认定，与各方当事人在调解过程中作出的真实意思表示不符，缺乏事实依据，应予纠正。

【相关法律规定】

《最高人民法院关于严格规范终结本次执行程序的规定（试行）》

第一条　人民法院终结本次执行程序，应当同时符合下列条件：

（一）已向被执行人发出执行通知、责令被执行人报告财产；

---

① 现为《民事诉讼法》第263条。

（二）已向被执行人发出限制消费令，并将符合条件的被执行人纳入失信被执行人名单；

（三）已穷尽财产调查措施，未发现被执行人有可供执行的财产或者发现的财产不能处置；

（四）自执行案件立案之日起已超过三个月；

（五）被执行人下落不明的，已依法予以查找；被执行人或者其他人妨害执行的，已依法采取罚款、拘留等强制措施，构成犯罪的，已依法启动刑事责任追究程序。

第九条第一款 终结本次执行程序后，申请执行人发现被执行人有可供执行财产的，可以向执行法院申请恢复执行。申请恢复执行不受申请执行时效期间的限制。执行法院核查属实的，应当恢复执行。

【应诉策略】

本文主文案例中，中止执行后之所以遇到难恢复执行的问题，主要是因为民事调解书中关于可执行资产的范围做了明确限制，执行程序需要严格按照生效法律文书中确定的给付义务进行执行。因此，各方在民事调解中，要注意预先考虑生效的民事调解书在执行中可能遇到的各种情况，并采取相应预防措施，避免出现债权难以执行的局面。

096. 以评估报告过期为由请求中止拍卖的，能否中止

◇ **问题** 被执行人以拍卖超过评估报告有效期为由请求中止执行的，应否中止执行

◇ **来源** 最高人民法院（2017）最高法执监242号

◇ **结论** 被执行人弘兴公司以拍卖超过评估报告有效期为由，要求中止执行，不符合中止执行的法定情形

【基本案情】

营口中院在执行申请执行人旺达公司与被执行人弘兴公司等借贷纠纷一案过程中，对被执行人弘兴公司的房产等财产进行评估、拍卖。经第一次、第二次拍卖后评估报告已经过期，法院组织第三次拍卖，被执行人提出异议，请求停止第三次拍卖、中止执行。

营口中院认为，资产评估报告书所确定的 1 年期限内，评估的资产已进入拍卖程序，故以该评估报告作为拍卖依据符合法律规定，驳回被执行人的请求。被执行人提起复议以及复议后的申诉程序，辽宁高院及最高人民法院均驳回了被执行人的请求。

【争议焦点】

被执行人以拍卖超过评估报告有效期为由请求中止执行，应否支持？

【裁判要点】

《民事诉讼法》第 256 条第 1 款①规定："有下列情形之一的，人民法院应当裁定中止执行：（一）申请人表示可以延期执行的；（二）案外人对执行标的提出确有理由的异议的；（三）作为一方当事人的公民死亡，需要等待继承人继承权利或者承担义务的；（四）作为一方当事人的法人或者其他组织终止，尚未确定权利义务承受人的；（五）人民法院认为应当中止执行的其他情形。"本案中，被执行人弘兴公司以拍卖超过评估报告有效期为由，要求中止执行，不符合中止执行的法定情形，不予支持。

【相关法律规定】

《民事诉讼法》

第二百六十三条第一款 有下列情形之一的，人民法院应当裁定中止执行：

① 现为《民事诉讼法》第 263 条第 1 款。

（一）申请人表示可以延期执行的；

（二）案外人对执行标的提出确有理由的异议的；

（三）作为一方当事人的公民死亡，需要等待继承人继承权利或者承担义务的；

（四）作为一方当事人的法人或者其他组织终止，尚未确定权利义务承受人的；

（五）人民法院认为应当中止执行的其他情形。

【应诉策略】

1. 被执行人在资产评估报告作出后有权就评估内容提出异议

被执行人在资产评估报告作出后有权就评估内容提出异议，评估机构需就相关人员的异议内容进行合理解释。如被执行人拟拍卖房屋为精装修房屋，但评估报告上的房屋为毛坯房，则评估机构需要给出合理解释。另外，评估报告只是为辅助执行法院确定拍卖保留价，评估价格并不是最终的交易价格，最终成交价格仍需通过市场竞价形成。

2. 被执行人提中止执行是否属于执行异议的审查范围

这个问题可以再细化为在案外人未提出执行的情形下，被执行人能否提执行异议及中止执行。根据《民事诉讼法》第 263 条的规定，出现案外人对执行标的提出确有理由的异议等 5 项情形之一的，人民法院应当裁定中止执行。依据该条规定，可以看出裁定中止执行应属于法院职权行为，不是必须以案外人或其他当事人提出中止执行的请求为前提，只要出现案外人对执行标的提出确有理由的异议等 5 项情形之一的，执行法院就应当裁定中止执行。虽然该条规定并未赋予案外人、当事人或其他主体提出中止执行请求的权利，但亦未限定何类主体可以向法院提出中止执行的请求。因此，从该条规定推断不出在案外人对执行标的提出确有理由的异议的情形下，应由案外人请求法院中止执行的结论。事实上，案外人对执行标的提出确有理由的异议这一情形一旦出现，执行法院就应当裁定中止执行。当事人、利害关系人可以根据《民事诉讼法》第 232 条的规定向执行法院提出书面异议，以存在案外人已提出确有理由的异议等情形为由，要求执行法院中止执行。执行法院应对该执行异议进行审查并依法作出异议裁定，当事人、利害关系人对异议裁定不服的，还可依法向上级人民法院申请复议。因此，被执行人以被执行财产属于案外人所有、案外人已提出确有理由的异议等为由，向执行法院提出执行异议并请求中止执行，并不存在主体不适格问题。

【类案裁判观点分析】

案例：被执行人以案涉房产评估后又进行复工、房产现状即价值与评估报告作出时已发生巨大变化，向执行法院申请中止执行，因执行法院及执行异议复议审查法院需要审查案涉房产是否存在评估后价值变化情况，故重审本案——最高人民法院（2017）最高法执监401号

本案中，被执行人李某某、腾飞公司向防城港中院异议请求中止拍卖的事由之一，系认为腾飞公司在案涉房产评估后又进行复工，房产现状及价值发生巨大变化，执行法院应当重新评估。经审查，防城港中院对被执行人李某某、腾飞公司上述事由并未审查认定，已构成《执行异议和复议规定》第23条第1款第4项①所规定的遗漏异议请求。广西高院在复议程序中对李某某、腾飞公司提出的该项事由也未进行审查认定，亦构成遗漏异议请求。因此，由于防城港中院遗漏当事人异议请求，应当发回该院重新审查。防城港中院在重审程序中，应当重点对案涉房产是否存在评估后施工情况、施工对标的物价值是否产生影响以及是否需要重新确定标的物起拍价格等问题进行审查。故裁定重审。

097. 利害关系人以其对执行标的物享有优先受偿权为由请求中止执行的，能否中止

◇ **问题**　利害关系人以对执行标的物享有优先受偿权为由请求中止执行，应否中止执行

① 该规定在该司法解释2020年修正时未做改动。

◇ **来源** 云南高院（2021）云执复68号

◇ **结论** 利害关系人以其对执行标的物享有优先受偿权，进而要求执行法院中止对被执行人名下房产执行，停止对以上财产的评估、折价变卖、拍卖等，不属于法定中止执行的情形

【基本案情】

昆明中院在执行某云南分公司与富民公司等借款合同纠纷案中，利害关系人云南某安装公司认为其对富民公司名下位于云南省富民县的15套房产享有优先受偿权，向昆明中院提出书面异议，请求中止对被执行人富民公司名下案涉15套房产的执行，停止对以上财产的评估、折价变卖、拍卖。

昆明中院认为云南某安装公司主张其对昆明中院执行查封的财产享有优先受偿权，应通过提交参与分配申请书的方式主张权利，但不能以此为由要求昆明中院中止执行。云南某公司向云南高院申请复议，形成本案诉讼，云南高院驳回云南某公司的复议请求。

【争议焦点】

利害关系人以享有优先受偿权为由请求中止执行，应否支持?

【裁判要点】

云南高院认为，根据《民事诉讼法》第256条第1款①的规定“有下列情形之一的，人民法院应当裁定中止执行：（一）申请人表示可以延期执行的；（二）案外人对执行标的提出确有理由的异议的；（三）作为一方当事人的公民死亡，需要等待继承人继承权利或者承担义务的；（四）作为一方当事人的法人或者其他组织终止，尚未确定权利义务承受人的；（五）人民法院认为应当中止执行的其他情形。”云南某安装公司声称其在本案中享有优先受偿权，进而要求昆明中院中止对富民某公司名下位于富民县15套房产执

① 现为《民事诉讼法》第263条第1款。

行，停止对以上财产的评估、折价变卖、拍卖不符合《民事诉讼法》第256条中止执行的情形。

【相关法律规定】

《民事诉讼法》

第二百六十三条第一款　有下列情形之一的，人民法院应当裁定中止执行：

（一）申请人表示可以延期执行的；

（二）案外人对执行标的提出确有理由的异议的；

（三）作为一方当事人的公民死亡，需要等待继承人继承权利或者承担义务的；

（四）作为一方当事人的法人或者其他组织终止，尚未确定权利义务承受人的；

（五）人民法院认为应当中止执行的其他情形。

【应诉策略】

1. 优先债权人如何主张权益

根据《民事诉讼法司法解释》第506条第2款的规定："对人民法院查封、扣押、冻结的财产有优先权、担保物权的债权人，可以直接申请参与分配，主张优先受偿权。"因此，优先债权人可通过参与分配主张权益而不是中止执行程序。

2. 被执行人为企业法人时其他债权人能否申请参与分配

参与分配程序在实务应用中存在广义和狭义之分。《民事诉讼法司法解释》第506条第1款规定："被执行人为公民或者其他组织，在执行程序开始后，被执行人的其他已经取得执行依据的债权人发现被执行人的财产不能清偿所有债权的，可以向人民法院申请参与分配。"该规定规定的是非法人组织、个人资不抵债时的狭义参与分配程序。然而，《最高人民法院关于适用〈中华人民共和国民事诉讼法〉执行程序若干问题的解释》第17条规定："多个债权人对同一被执行人申请执行或者对执行财产申请参与分配的，执行法院应当制作财产分配方案，并送达各债权人和被执行人。债权人或者被执行人对分配方案有异议的，应当自收到分配方案之日起十五日内向执行法院提出书面异议。”该条规定并未限制被执行人的身份性质，属于广义的参与分配程序。

实务中，若对企业法人适用参与分配程序，一般应仅限于企业资产足以清偿全部债务的情况，并按照查封财产的先后顺序对债权进行清偿，不得按比例对多个债权进行清偿。此时，债权人可通过申请被执行企业法人破产程序进行权利救济。

【类案裁判观点分析】

案例：承包人享有的建设工程优先受偿权系法定权利，承包人以保护其优先受偿权为由请求中止拍卖程序的，非法定中止情形，不予支持——福建高院（2019）闽执复171号

关于本案是否存在中止拍卖案涉财产的情形，本案中，扬建公司以被执行的涉案土地使用权上的建筑工程系其公司所建，对建设工程价款享有优先受偿权为理由请求中止执行，不符合法律规定中止执行的情形，本院不予支持。

098. 执行两位被执行人共有房产，其中一人死亡的，应否中止执行

◇ **问题** 执行两位被执行人共有房产，其中一位被执行人死亡的，应否中止对案涉房屋的执行

◇ **来源** 长沙中院（2022）湘01执复191号

◇ **结论** 因案涉房屋系两位被执行人共有，且申请执行人对涉案房产享有优先受偿权，因此，在本案执行中被执行人死亡，无论继承人是否放弃继承，法院均可以执行遗产，以遗产先行偿还债务，如有剩余部分，方可由其继承人最终实际继承，故本案无须中止执行

【基本案情】

农村合作银行某支行以章某某与伍某某为被执行人向长沙天心法院申请执行，执行法院拍卖章某某名下房产，经第一轮流拍、第二轮拍卖再次流拍后，房屋经变卖程序售出，执行法院裁定通知行政主管部门协助将房屋转移登记至买受人名下，被执行人向长沙天心法院提起异议，以被执行房屋共有权人伍某某已死亡请求中止执行。

长沙天心法院认为，共同被执行人伍某某的死亡并不影响对章某某财产的执行，本案不属于上述中止执行的情形。被执行人章某某提出复议，形成本案诉讼。

【争议焦点】

关于被执行人章某某提出涉案房屋系其与伍某某的共同财产，伍某某死亡，请求中止执行的复议请求，应否支持？

【裁判要点】

关于复议申请人章某某提出涉案房产系其与伍某某的共同财产，伍某某死亡，请求中止执行的复议请求，长沙中院认为，根据《民事诉讼法》第239条，作为被执行人的公民死亡的，以其遗产偿还债务。《民事诉讼法司法解释》第473条规定："作为被执行人的公民死亡，其遗产继承人没有放弃继承的，人民法院可以裁定变更被执行人，由该继承人在遗产的范围内偿还债务。继承人放弃继承的，人民法院可以直接执行被执行人的遗产。"本案中，考虑到案涉房屋系章某某与伍某某共同共有，二者均系本案的被执行人，且申请执行人农村合作银行某支行对涉案房产享有优先受偿权，根据上述规定，执行程序中，被执行人死亡，无论继承人是否放弃继承，法院均可以执行遗产。故长沙天心法院基于上述事实，认为本案无须中止执行，符合法律规定，长沙中院予以维持。

【相关法律规定】

《民事诉讼法》

第二百三十九条 作为被执行人的公民死亡的，以其遗产偿还债务。作为被执行人的法人或者其他组织终止的，由其权利义务承受人履行义务。

第二百六十三条第一款 有下列情形之一的，人民法院应当裁定中止执行：

（一）申请人表示可以延期执行的；

（二）案外人对执行标的提出确有理由的异议的；

（三）作为一方当事人的公民死亡，需要等待继承人继承权利或者承担义务的；

（四）作为一方当事人的法人或者其他组织终止，尚未确定权利义务承受人的；

（五）人民法院认为应当中止执行的其他情形。

《民事诉讼法司法解释》

第四百七十三条 作为被执行人的公民死亡，其遗产继承人没有放弃继承的，人民法院可以裁定变更被执行人，由该继承人在遗产的范围内偿还债务。继承人放弃继承的，人民法院可以直接执行被执行人的遗产。

【应诉策略】

1. 被执行人死亡时法院与当事人一般如何应对

执行程序中被执行人死亡的，一般应先中止执行。在执行程序中，被执行人死亡的情形不多，一旦遇到，实务操作难点是法院联系到继承人并征询其是否继承的意见。

若被执行人出现死亡情形，继承人先于法院知道当事人死亡但并不一定知道被继承人存在未结诉讼，即便知道，或因客观不能或因主观不愿，继承人会拖延联系执行法院，因此会造成法院迟延获悉被执行人死亡的消息，也就拖延了执行进度或造成执行僵局。因此，实务中一旦出现被执行人死亡的情况，如果申请执行人可能会更早知情，故申请执行人需要及时向法院反馈所获得的信息，避免后续执行僵局出现，也避免不确定因素给申请执行人带来诉累甚至是造成其他经济损失。

2. 若出现被执行人死亡的情形，继承人应如何参加执行程序或放弃相应权利

根据《民法典》第1124条第1款的规定，继承人放弃继承需要以书面形式作出放弃继承的表示；没有表示的，视为接受继承。实务中，自然人一般不太了解法律程序，也不一定明白如何出具书面材料，因此，此种情形下执行法院一般会对继承人的陈述做执行笔录，写明继承人是否放弃相应权利，并由继承人签字确认，法院以此笔录作为后续法律程序的相应依据。

099. 指定执行或委托执行程序中，被执行人提出中止执行异议的管辖法院，应如何确定

◇ **问题**　中级人民法院受理执行申请后指定基层人民法院执行，被执行人提出中止执行异议的，异议管辖法院应如何确定

◇ **来源**　湖南高院（2021）湘执复103号

◇ **结论**　被执行人对被指定法院的执行行为提出执行异议，管辖法院非原执行法院而是被指定的执行法院

【基本案情】

李某某与曹某某、典当公司民间借贷纠纷一案，经判决确认债权后，李某某向郴州中院申请强制执行，郴州中院于2018年4月10日立案执行。郴州中院在执行过程中，对被执行人曹某某名下房产进行了查封。2018年12月12日，郴州中院作出（2018）湘10执114号之一执行裁定，将本案指定郴州北湖法院执行。

郴州北湖法院执行过程中，被执行人曹某某、典当公司向郴州中院提出书面异议请求中止执行，郴州中院认为被执行人请求中止执行的事由非法定中止事由，故裁定驳回异议请求。被执行人曹某某、典当公司向湖南高院复议，

湖南高院认为本案异议管辖应为被指定执行的郴州北湖法院管辖，郴州中院审理程序错误，应予纠正，故撤销郴州中院裁定，指定郴州北湖法院审查。

【争议焦点】

中级人民法院受理执行申请后指定基层人民法院执行，被执行人提出中止执行异议的，异议管辖法院应如何确定？

【裁判要点】

李某某与曹某某、典当公司民间借贷纠纷执行一案，已由郴州中院指定郴州北湖法院执行。在郴州北湖法院执行过程中，被执行人曹某某、典当公司提出执行异议，要求中止执行郴州北湖法院（2020）湘1002执恢750号执行裁定以及暂缓拍卖曹某某名下的房产。曹某某、典当公司系对郴州北湖法院的执行行为提出的执行异议，应当由案件的执行法院即郴州北湖法院对该执行异议进行审查处理，作为原执行法院的郴州中院对该异议予以审查系程序不当，应予纠正。

【相关法律规定】

《民事诉讼法》

第二百六十三条第一款 有下列情形之一的，人民法院应当裁定中止执行：

（一）申请人表示可以延期执行的；

（二）案外人对执行标的提出确有理由的异议的；

（三）作为一方当事人的公民死亡，需要等待继承人继承权利或者承担义务的；

（四）作为一方当事人的法人或者其他组织终止，尚未确定权利义务承受人的；

（五）人民法院认为应当中止执行的其他情形。

《最高人民法院关于正确适用暂缓执行措施若干问题的规定》

第三条 有下列情形之一的，经当事人或者其他利害关系人申请，人民法院可以决定暂缓执行：

（一）执行措施或者执行程序违反法律规定的；

（二）执行标的物存在权属争议的；

（三）被执行人对申请执行人享有抵销权的。

【应诉策略】

关于中止执行异议管辖法院的确认问题，因执行异议管辖系专属管辖，应由作出具体执行行为的法院管辖处理，因此在指定执行或委托执行程序中，当事人提出执行异议的，应向具体作出执行行为的法院提出书面的执行异议申请。

关于执行异议之诉的管辖问题，根据《民事诉讼法司法解释》第 302 条的规定："根据民事诉讼法第二百三十四条规定，案外人、当事人对执行异议裁定不服，自裁定送达之日起十五日内向人民法院提起执行异议之诉的，由执行法院管辖。"所以，执行异议之诉也应由执行法院专属管辖。

二、暂缓执行

（一）暂缓执行的法律依据及暂缓执行的适用规则

100. 暂缓执行的法律依据

根据笔者的总结，暂缓执行有以下法律依据。

《民事诉讼法》

第二百三十八条 在执行中，被执行人向人民法院提供担保，并经申请执行人同意的，人民法院可以决定暂缓执行及暂缓执行的期限。被执行人逾期仍不履行的，人民法院有权执行被执行人的担保财产或者担保人的财产。

《民事诉讼法司法解释》

第四百六十七条 人民法院依照民事诉讼法第二百三十八条规定决定暂

缓执行的，如果担保是有期限的，暂缓执行的期限应当与担保期限一致，但最长不得超过一年。被执行人或者担保人对担保的财产在暂缓执行期间有转移、隐藏、变卖、毁损等行为的，人民法院可以恢复强制执行。

第四百六十九条 被执行人在人民法院决定暂缓执行的期限届满后仍不履行义务的，人民法院可以直接执行担保财产，或者裁定执行担保人的财产，但执行担保人的财产以担保人应当履行义务部分的财产为限。

《执行异议和复议规定》

第七条第一款 当事人、利害关系人认为执行过程中或者执行保全、先予执行裁定过程中的下列行为违法提出异议的，人民法院应当依照民事诉讼法第二百二十五条①规定进行审查：

（一）查封、扣押、冻结、拍卖、变卖、以物抵债、暂缓执行、中止执行、终结执行等执行措施；

……

《最高人民法院关于正确适用暂缓执行措施若干问题的规定》

第一条 执行程序开始后，人民法院因法定事由，可以决定对某一项或者某几项执行措施在规定的期限内暂缓实施。

执行程序开始后，除法定事由外，人民法院不得决定暂缓执行。

第二条 暂缓执行由执行法院或者其上级人民法院作出决定，由执行机构统一办理。

人民法院决定暂缓执行的，应当制作暂缓执行决定书，并及时送达当事人。

第三条 有下列情形之一的，经当事人或者其他利害关系人申请，人民法院可以决定暂缓执行：

（一）执行措施或者执行程序违反法律规定的；

（二）执行标的物存在权属争议的；

（三）被执行人对申请执行人享有抵销权的。

第四条 人民法院根据本规定第三条决定暂缓执行的，应当同时责令申

---

① 现为《民事诉讼法》第232条。

请暂缓执行的当事人或者其他利害关系人在指定的期限内提供相应的担保。

被执行人或者其他利害关系人提供担保申请暂缓执行，申请执行人提供担保要求继续执行的，执行法院可以继续执行。

第五条 当事人或者其他利害关系人提供财产担保的，应当出具评估机构对担保财产价值的评估证明。

评估机构出具虚假证明给当事人造成损失的，当事人可以对担保人、评估机构另行提起损害赔偿诉讼。

第六条 人民法院在收到暂缓执行申请后，应当在十五日内作出决定，并在作出决定后五日内将决定书发送当事人或者其他利害关系人。

第七条 有下列情形之一的，人民法院可以依职权决定暂缓执行；

（一）上级人民法院已经受理执行争议案件并正在处理的；

（二）人民法院发现据以执行的生效法律文书确有错误，并正在按照审判监督程序进行审查的。

人民法院依照前款规定决定暂缓执行的，一般应由申请执行人或者被执行人提供相应的担保。

第八条 依照本规定第七条第一款第（一）项决定暂缓执行的，由上级人民法院作出决定。依照本规定第七条第一款第（二）项决定暂缓执行的，审判机构应当向本院执行机构发出暂缓执行建议书，执行机构收到建议书后，应当办理暂缓相关执行措施的手续。

第十条 暂缓执行的期间不得超过三个月。因特殊事由需要延长的，可以适当延长，延长的期限不得超过三个月。

暂缓执行的期限从执行法院作出暂缓执行决定之日起计算。暂缓执行的决定由上级人民法院作出的，从执行法院收到暂缓执行决定之日起计算。

第十一条 人民法院对暂缓执行的案件，应当组成合议庭对是否暂缓执行进行审查，必要时应当听取当事人或者其他利害关系人的意见。

第十二条 上级人民法院发现执行法院对不符合暂缓执行条件的案件决定暂缓执行，或者对符合暂缓执行条件的案件未予暂缓执行的，应当作出决定予以纠正。执行法院收到该决定后，应当遵照执行。

第十三条 暂缓执行期限届满后，人民法院应当立即恢复执行。

暂缓执行期限届满前，据以决定暂缓执行的事由消灭的，如果该暂缓执行的决定是由执行法院作出的，执行法院应当立即作出恢复执行的决定；如果该暂缓执行的决定是由执行法院的上级人民法院作出的，执行法院应当将该暂缓执行事由消灭的情况及时报告上级人民法院，该上级人民法院应当在收到报告后十日内审查核实并作出恢复执行的决定。

《最高人民法院关于执行程序中计算迟延履行期间的债务利息适用法律若干问题的解释》

第三条第三款 非因被执行人的申请，对生效法律文书审查而中止或者暂缓执行的期间及再审中止执行的期间，不计算加倍部分债务利息。

《最高人民法院关于执行担保若干问题的规定》

第八条 人民法院决定暂缓执行的，可以暂缓全部执行措施的实施，但担保书另有约定的除外。

第十条 暂缓执行的期限应当与担保书约定一致，但最长不得超过一年。

第十一条 暂缓执行期限届满后被执行人仍不履行义务，或者暂缓执行期间担保人有转移、隐藏、变卖、毁损担保财产等行为的，人民法院可以依申请执行人的申请恢复执行，并直接裁定执行担保财产或者保证人的财产，不得将担保人变更、追加为被执行人。

执行担保财产或者保证人的财产，以担保人应当履行义务部分的财产为限。被执行人有便于执行的现金、银行存款的，应当优先执行该现金、银行存款。

第十二条 担保期间自暂缓执行期限届满之日起计算。

担保书中没有记载担保期间或者记载不明的，担保期间为一年。

101. 暂缓执行的一般规则

根据有关规定和案例，暂缓执行的一般规则如下。

1. 暂缓执行的一般规定

执行程序开始后，人民法院可以因法定事由决定对某一项或者某几项执行措施在规定的期限内暂缓实施。非因法定事由不得决定暂缓执行。

2. 暂缓执行以决定形式的作出

暂缓执行由执行法院或者其上级人民法院执行机构作出决定。人民法院决定暂缓执行的，应当制作暂缓执行决定书，并及时送达当事人。

3. 暂缓执行申请的审查及处理

人民法院在收到暂缓执行申请后，应当在15日内作出决定，并在作出决定后5日内将决定书发送至当事人或者其他利害关系人。

4. 被执行人请求暂缓执行需提供相应担保

人民法院根据《最高人民法院关于正确适用暂缓执行措施若干问题的规定》第3条经当事人或者其他利害关系人申请决定暂缓执行的，应当同时责令申请暂缓执行的当事人或者其他利害关系人在指定的期限内提供相应的担保，且担保财产需要出具评估机构对担保财产价值的评估证明。

5. 可执行担保财产

第三人承诺代债务人履行的债务清偿的，系债的加入，可通过变更、追加被执行人方式承担责任。执行担保则可直接裁定执行担保财产或者保证人的财产，不得将担保人变更、追加为被执行人。既非债的加入又非执行担保的，可以通过诉讼解决。

6. 申请执行人提供担保可优先继续执行

被执行人或者其他利害关系人提供担保申请暂缓执行，申请执行人提供担保要求继续执行的，执行法院可以继续执行。

7. 暂缓执行的期限

暂缓执行的期间不得超过3个月。因特殊事由需要延长的，可以适当延长，延长的期限不得超过3个月。

暂缓执行的期限从执行法院作出暂缓执行决定之日起计算。暂缓执行的决定由上级人民法院作出的，从执行法院收到暂缓执行决定之日起计算。

8. 暂缓执行的审查

人民法院应当组成合议庭对是否暂缓执行进行审查并作出决定，必要时应当听取当事人或者利害关系人的意见。

9. 暂缓执行的监督

上级人民法院发现执行法院对不符合暂缓执行条件的案件决定暂缓执行，

或者对符合暂缓执行条件的案件未予暂缓执行的，应当作出决定予以纠正。执行法院收到该决定后，应当遵照执行。

10. 暂缓执行期限届满后的恢复执行

暂缓执行期限届满后，人民法院应当立即恢复执行。

暂缓执行期限届满前，据以决定暂缓执行的事由消灭的，如果该暂缓执行的决定是由执行法院作出的，执行法院应当立即作出恢复执行的决定；如果该暂缓执行的决定是由执行法院的上级人民法院作出的，执行法院应当将该暂缓执行事由消灭的情况及时报告上级人民法院，该上级人民法院应当在收到报告后10日内审查核实并作出恢复执行的决定。

11. 中止执行期间不计算迟延履行加倍部分债务利息

非因被执行人的申请，对生效法律文书审查而中止或者暂缓执行的期间及再审中止执行的期间，不计算加倍部分债务利息。

102. 暂缓执行的适用情形

根据有关规定和案例，法院适用暂缓执行的情形大致如下。

1. 依申请暂缓执行的情形

有下列情形之一的，经当事人或者其他利害关系人申请，人民法院可以决定暂缓执行：

（1）执行措施或者执行程序违反法律规定的。

（2）执行标的物存在权属争议的。

（3）被执行人对申请执行人享有抵销权的。

2. 依职权暂缓执行的情形

有下列情形之一的，人民法院可以依职权决定暂缓执行，且人民法院依照下列第（1）项、第（2）项规定决定暂缓执行的，一般应由被执行人提供相应的担保，具体如下：

（1）上级人民法院已经受理执行争议案件并正在处理的；

（2）人民法院发现据以执行的生效法律文书确有错误，并正在按照审判监督程序进行审查的；

（3）当事人、利害关系人对网络司法拍卖行为提出异议的，异议、复议期间，人民法院可以决定暂缓拍卖。案外人对网络司法拍卖的标的提出异议的，人民法院应决定暂缓拍卖。

（二）暂缓执行纠纷的常见情形

103. 执行标的物权属不明时，法院驳回暂缓执行申请是否错误

◇ **问题**　执行法院就执行标的物是否存在权属争议未予查明即驳回暂缓执行申请的，应否纠正

◇ **来源**　最高人民法院（2017）最高法执复67号

◇ **结论**　执行案件所涉执行标的权属未明，可能符合暂缓执行的条件，执行法院在异议程序中对该事实未予查明，即作出继续执行的裁定，属于认定基本事实不清、证据不足，应予纠正

【基本案情】

2017年6月20日，青海高院依据已发生法律效力的公证债权文书，作出（2016）青执40号之二执行裁定书，裁定拍卖被执行人越州公司案涉193套房产。越州公司对上述裁定不服，于2017年8月15日向青海高院提出执行异议，认为案涉193套房产中有124套房为拆迁安置房且有部分房产已对外销售，故为避免购房者集体上访等事件，请求暂缓对涉案房屋的执行。

青海高院在异议程序中查明：在该院查封前，越州公司已经处置了部分房产，但未在行政主管部门办理登记备案。青海高院已决定对越州公司已处置的房屋暂缓拍卖，待查实房产状况后决定是否拍卖，对于未处置房屋，该院将继续拍卖。因此，裁定驳回越州公司的异议请求。越州公司向最高人民法院提出复议，形成本案诉讼，最高人民法院裁定撤销青海高院的裁定，发回重审。

【争议焦点】

被执行人所提执行异议事由是否符合《最高人民法院关于正确适用暂缓

执行措施若干问题的规定》第 3 条第 2 项“执行标的物存在权属争议”的规定?

【裁判要点】

本案中，被执行人越州公司提出，在青海高院拟拍卖的住宅中，有 124 套住宅系该公司开发建设的拆迁安置用房，且部分拆迁户已入住。该 124 套住宅可能存在权属争议，即可能属于可以暂缓执行的情形。拆迁安置房，是以确定的价格、套型、面积等向特定的被拆迁人定向销售或补偿的住宅房屋，其类型多样，性质不一。其中，涉及危旧房改造的拆迁安置房多为政府项目，关系民生，权属情况未明。越州公司提出此项理由后，青海高院在未对其所称的拆迁安置房的权属状况进行查明的情况下，直接驳回越州公司的异议，仍拟继续拍卖，系认定基本事实不清、证据不足。

综上，本案所涉执行标的权属未明，可能符合启动暂缓执行程序的有关规定。

【相关法律规定】

《最高人民法院关于正确适用暂缓执行措施若干问题的规定》

第三条 有下列情形之一的，经当事人或者其他利害关系人申请，人民法院可以决定暂缓执行:

（一）执行措施或者执行程序违反法律规定的;

（二）执行标的物存在权属争议的;

（三）被执行人对申请执行人享有抵销权的。

【应诉策略】

第一，本文主文案例中，之所以裁定撤销执行法院继续执行的裁定，是因为执行法院在被执行人提出执行标的物可能存在权属争议后，执行法院未予审查导致裁判结果可能错误，故被最高人民法院裁定撤销。实务中，近几年执行法院关于执行标的物权属争议问题调查得比较清晰，特别在法院与有关行政主管部门总对总联网之后。因此，执行法官会有惯性思维，若相关权利人在就执行标的物是否存在权属争议拿出明确证据，一般会继续推进执行。

第二，执行标的物存在权属争议属于执行法院依申请可以决定暂缓执行的事项，因此被执行人或其他利害关系人认为执行标的物存在权属争议，应着重准备能证明存在权属争议的证据材料，如未结诉讼的起诉状、案件受理通知、传票等，以及有关行政主管部门的权属异议登记等证据。

第三，离婚协议等分家析产协议是否属于标的物权属存在争议的情形？若因离婚协议等分家析产协议约定被执行人名下房产归配偶一方所有，导致执行标的物的登记权利人与实际权利人非同一人，此种情形一般不属于执行标的物权属存在争议。况且，依据离婚协议取得房屋的配偶，一般会根据《民事诉讼法》第234条有关案外人异议的程序，主张法院排除对执行标的物的所有执行措施。因此，离婚协议等分家析产协议一般不涉及标的物权属存在争议而请求暂缓执行的问题。

104. 房产拍卖程序中，抵押权人能否请求暂缓拍卖

◇ **问题** 抵押权人以利害关系人身份就拍卖提出暂缓执行申请，能否组织案涉房产的拍卖

◇ **来源** 最高人民法院（2019）最高法执复107号

◇ **结论** 利害关系人对案涉房产享有抵押权，虽然属于实体权利，但该权利是就案涉房产变价款优先受偿的权利，并不能阻止案涉房产的拍卖，执行案件不能暂停拍卖程序

【基本案情】

万城公司与盛世公司建筑工程施工合同纠纷一案，判决生效后甘肃高院立案执行本案，后裁定：将该案指定由兰州铁路中院执行。兰州铁路中院在执行过程中，于2019年3月20日在《兰州晨报》《兰州晚报》上发布执行公告，并在执行现场张贴执行公告，对盛世公司名下案涉房产及商铺进行评估拍卖。

利害关系人融泰公司与鹏润公司于2019年4月8日向甘肃高院提出书面异议，以对案涉房产及商铺享有抵押权以及拟拍卖房产应与被执行人盛世公司名下其他房产一并评估整体拍卖为由，请求暂停对上述房产的评估拍卖，甘肃高院驳回暂缓执行的异议请求。利害关系人融泰公司与鹏润公司向最高人民法院提出复议，最高人民法院驳回复议。

【争议焦点】

利害关系人融泰公司及鹏润公司申请暂停拍卖的异议请求是否成立？

【裁判要点】

本案中，利害关系人对案涉房产享有抵押权，该权利并不能阻止案涉房产的拍卖。利害关系人所主张的抵押权与案涉房产所有权并不冲突，执行依据也未发生再审审查的事实，不存在《最高人民法院关于正确适用暂缓执行措施若干问题的规定》第3条及第7条所规定的依申请及依职权暂缓执行的法定情形。因此，利害关系人暂停拍卖的异议请求不予支持。依照《民事诉讼法》第225条①及《执行异议和复议规定》第17条第1项②的规定，裁定如下：驳回利害关系人融泰公司和鹏润公司的异议请求。

【相关法律规定】

《最高人民法院关于正确适用暂缓执行措施若干问题的规定》

第三条 有下列情形之一的，经当事人或者其他利害关系人申请，人民法院可以决定暂缓执行：

（一）执行措施或者执行程序违反法律规定的；

（二）执行标的物存在权属争议的；

（三）被执行人对申请执行人享有抵销权的。

第七条 有下列情形之一的，人民法院可以依职权决定暂缓执行；

---

① 现为《民事诉讼法》第232条。

② 该规定在该司法解释2020年修正时未做改动。

（一）上级人民法院已经受理执行争议案件并正在处理的；

（二）人民法院发现据以执行的生效法律文书确有错误，并正在按照审判监督程序进行审查的。

人民法院依照前款规定决定暂缓执行的，一般应由申请执行人或者被执行人提供相应的担保。

【应诉策略】

第一，根据《民事诉讼法》第 232 条和第 234 条的规定，当事人、利害关系人可以就执行行为提出异议，按照第 232 条规定的执行异议及复议程序进行权利救济。若对执行标的提出书面异议的，应按照第 234 条规定的案外人异议、异议之诉程序就行救济。本文主文案例中，抵押权人未对执行标的提出权属异议，仅是请求暂缓拍卖，即对执行法院的拍卖行为提出异议。因此，应当按照执行异议及复议的审查程序进行审理。

第二，执行程序中，法院拟拍卖的标的物上负有抵押登记的，抵押权人以《民事诉讼法》第 234 条规定的案外人异议及案外人异议之诉程序进行救济，请求排除对抵押物的执行措施的，因为房屋拍卖程序并不损害抵押权人的优先受偿权，所以抵押权人就拍卖执行标的物的案外人异议一般都不会被支持。

第三，对于利害关系人以拍卖标的物应整体拍卖为由请求暂缓执行的问题，因为执行法官具有更多的自由裁量权，所以执行法官可以考虑是否等待其他未结案件的进度、标的物是否可分割、整体拍卖与分开拍卖对标的物价值的影响等多种因素，最终综合判定。因此，对于以整体拍卖为由请求暂缓执行的，申请人需要论证清楚整体拍卖或分开拍卖对于标的物价值的贬损影响。

105. 利害关系人就拍卖行为的异议可能影响拍卖结果的，应否暂缓办理买受人的过户手续

◇ **问题**　执行法院以利害关系人就拍卖行为的异议可能影响拍卖结果为由，裁定暂缓办理买受人的产权过户手续，买受人对该暂缓行为

提出异议，法院应否支持

◇ **来源** 广东高院（2021）粤执复103号

◇ **结论** 利害关系人对执行法院的拍卖行为不服，分别就评估程序和拍卖行为提出异议，并请求撤销拍卖。执行法院在暂缓执行的异议裁定中已释明，因前述异议的审查结果可能影响到拍卖的效力，故暂缓办理拍卖买受人办理产权过户的手续，待最终处理结果作出后再采取后再继续协助办理完买受人的产权过户

【基本案情】

肇庆中院在执行被执行人方某刑事财产一案中，通过网络平台拍卖被执行人方某名下的案涉土地使用权。盛扩公司竞得上述土地使用权，并支付了全部价款。2020年5月9日，肇庆中院裁定：案涉土地使用权转归买受人盛扩公司，自本裁定送达盛扩公司时起转移，买受人盛扩公司持本裁定到不动产机构办理相关产权过户登记手续。

2020年7月2日，肇庆中院向盛扩公司发出（2019）粤12执66号之七通知书，告知盛扩公司“由于本案的利害关系人肇庆市某资产管理中心向该院提出暂停上述土地的后续工作，并确认愿意承担因此产生的相应法律责任。肇庆市某资产管理中心已向肇庆中院提出执行异议，现正由肇庆中院审理中。现将上述情况告知你司。建议你司待执行异议程序结束后再进行办理过户手续”。盛扩公司认为本案不应暂缓执行，肇庆中院应继续执行协助盛扩公司办理产权变更，故提出本案异议请求。

肇庆中院裁定驳回盛扩公司的异议请求，盛扩公司提出复议，请求将肇庆中院异议裁定结果变更为“解除对案涉土地使用权的查封”。广东高院驳回盛扩公司的复议申请。

【争议焦点】

执行法院以利害关系人就拍卖行为的异议可能影响拍卖结果为由，裁定暂缓办理买受人的产权过户手续，买受人主张应继续执行，法院应否支持？

【裁判要点】

广东高院认为，肇庆中院通过强制执行程序将案涉土地使用权拍卖，复议申请人通过公开竞价的方式竞得拍卖财产，肇庆中院作出（2019）粤12执66号之二执行裁定。根据裁定内容，案涉土地使用权的不动产权及相应的其他权利自该裁定送达买受人时起转归买受人盛扩公司。肇庆中院异议裁定对本次司法拍卖的法律效力并未否认。复议申请人持上述执行裁定办理不动产变更登记时，因肇庆中院暂未解除对案涉土地的查封，致使盛扩公司暂无法将案涉土地使用权登记在自己名下。而肇庆中院之所以暂未解除查封，其原因在于肇庆市某资产管理中心对肇庆中院的本次拍卖行为不服，分别就评估程序和拍卖行为提出异议，并请求撤销拍卖。肇庆中院在异议裁定中已释明，因前述异议的审查结果可能影响拍卖的效力，故暂时不解除查封，待最终处理结果作出后再采取后续执行措施。肇庆中院暂不解除查封的行为，其实质就是暂缓执行（解除查封）。《最高人民法院关于正确适用暂缓执行措施若干问题的规定》第3条规定："有下列情形之一的，经当事人或者其他利害关系人申请，人民法院可以决定暂缓执行：（一）执行措施或者执行程序违反法律规定的；（二）执行标的物存在权属争议的；（三）被执行人对申请执行人享有抵销权的。"因此，肇庆中院对本案采取的暂不解除查封措施的处理结果并无不当。复议申请人的复议请求及理由并不成立。

【相关法律规定】

《民法典》

第二百二十九条　因人民法院、仲裁机构的法律文书或者人民政府的征收决定等，导致物权设立、变更、转让或者消灭的，自法律文书或者征收决定等生效时发生效力。

《最高人民法院关于正确适用暂缓执行措施若干问题的规定》

第三条　有下列情形之一的，经当事人或者其他利害关系人申请，人民法院可以决定暂缓执行：

（一）执行措施或者执行程序违反法律规定的；

（二）执行标的物存在权属争议的；

（三）被执行人对申请执行人享有抵销权的。

【应诉策略】

1. 利害关系人对执行拍卖中的评估报告提出异议一般不属于执行异议及复议的审查范围

利害关系人就评估报告提出异议，执行法院可责令评估机构就相关人的异议事项进行答复，又因评估报告仅是确定拍卖标的物的起拍价格，经网络竞拍后市场会对执行标的物的价值有客观反映，最终拍卖标的物的成交价格会相对公允。因此，当事人、利害关系人就评估报告提出异议，一般不能中止或暂缓拍卖程序。

2. 利用好财产保全措施的重要性

本案之所以能暂缓办理买受人的过户手续，有以下两点原因：首先，利害关系人分别就评估程序和拍卖行为提出异议，且上述异议并未形成生效裁判文书。其次，因利害关系人已采取保全措施，查封了拍卖标的物，执行法院因为趋于保守的态度，也容易先按兵不动，待事项明确后再行解除查封措施。本案中，买受人请求解除查封措施、完成产权过户手续实质是要求继续执行。因此，权利人在提起诉讼或其他救济程序时，需要利用好财产保全措施，以便有利后续执行程序的相关操作。

106. 被执行人以尚未经判决确认的债权主张抵销，请求暂缓执行的，能否支持

◇ **问题** 被执行人以尚未经生效判决确认的债权主张其与申请执行人互负债务享有抵销权，请求暂缓执行的，应否支持

◇ **来源** 江苏高院（2021）苏执复51号

◇ **结论** 被执行人主张抵销权，但双方另诉案件正在审理中，被执行人有无债务可以抵销、能够抵销的具体金额均需等待生效判决予以明

确，因此双方债务抵销不具备法定条件，被执行人请求暂缓执行的请求不应予以支持

【基本案情】

建设公司与某汽车公司建设工程施工合同纠纷一案，建设公司于2020年6月2日向法院申请强制执行，淮安中院立案执行，并于6月3日向某汽车公司发送执行通知书，责令某汽车公司向该院指定账户缴款74,745,715.90元，并付执行费142,146元，利息以实际计算为准。因某汽车公司未按上述期限履行，建设公司于9月29日向该院递交评估、拍卖申请书，请求对保全查封的372套房屋进行评估并拍卖。10月23日，被执行人某汽车公司向该院提交申请，请求暂缓执行。

另查：在淮安淮阴法院审理的某汽车公司为债权人诉本案申请执行人建设公司施工合同纠纷案中，淮安淮阴法院依保全申请冻结了本案执行案款。同时，某汽车公司不服本案执行依据已向最高人民法院申请再审，案件受理为裁定再审。

淮安中院对于某汽车公司的执行异议，认为焦点问题是案件应否暂缓执行，经审理最终驳回了被执行人某汽车公司的异议请求。某汽车公司提起复议，形成本案诉讼，江苏高院驳回被执行人某汽车公司的复议请求。

【争议焦点】

被执行人以尚未经生效判决确认的债权主张其与申请执行人互负债务享有抵销权，请求暂缓执行的，应否支持？

【裁判要点】

本案被执行人虽然主张享有与本案执行标的额相近的抵销权，但双方存在争议并引发诉讼，正在另案审理之中，有无债务可以抵销、能够抵销的具体金额均需等待生效判决予以明确，双方债务抵销不具备法定条件。而且，另案已诉讼保全本案执行债权，即便另案诉讼确认某汽车公司享有债权，该

案诉讼保全行为也能够保障其可能享有的抵销权的实现。某汽车公司主张对全案停止或暂缓执行，没有事实和法律依据，不予支持。

关于被执行人要求暂缓执行淮安中院（2020）苏 08 执 91 号通知书的问题。《民事诉讼法》第 240 条[①]规定，执行员接到申请执行书或移交执行书，应当向被执行人发出执行通知，并可以立即采取强制执行措施。案涉执行通知书的内容即为通知被执行人按照生效法律文书履行义务并缴纳相应款项至法院账户。本案执行通知载明的内容没有超出法律规定，在执行依据业已生效且不存在中止或暂缓执行事由的情况下，某汽车公司要求暂缓执行案涉通知书，没有法律依据，不予支持。

关于其要求停止评估拍卖案涉房产的问题。本案中，某汽车公司作为被执行人未履行生效法律文书确定的义务，淮安中院对案涉房产进行查封并移送评估拍卖，符合法律规定。某汽车公司请求停止评估拍卖的主要理由为存在抵销或执行依据被改判的可能性，且案涉房产存在质量问题，应当等待另案诉讼结论作出、修缮房屋后再决定是否拍卖。以上理由与前述理由存在重合，不再赘述。另案诉讼尚未审结，以此为由主张房屋质量存在问题、要求停止评估拍卖依据不足，不予采信。

【相关法律规定】

《最高人民法院关于正确适用暂缓执行措施若干问题的规定》

第三条 有下列情形之一的，经当事人或者其他利害关系人申请，人民法院可以决定暂缓执行：

（一）执行措施或者执行程序违反法律规定的；

（二）执行标的物存在权属争议的；

（三）被执行人对申请执行人享有抵销权的。

《民事诉讼法》

第二百四十七条 执行员接到申请执行书或者移交执行书，应当向被执行人发出执行通知，并可以立即采取强制执行措施。

---

① 现为《民事诉讼法》第 247 条。

【应诉策略】

第一，关于被执行人就执行依据提起再审或其他申诉救济程序的问题。再审申请非法定的中止或暂缓执行的事由，法定中止或暂缓的事由是执行依据被裁定再审。因此，被执行人仅以对生效法律文书已经提起再审为由请求暂缓执行的，法院一般不会支持。

第二，执行程序中可以使用的抵销权，一般应是已经明确的债权，即：（1）经生效法律文书确认的债权。（2）经双方确认的债权。若如本案被执行人对申请执行人的债权有无、金额多少还需等另案诉讼审理确认，则法院一般不会同意暂缓执行的请求。此时，被执行人为保障自身权益，可以在另诉案件中采取有效保全措施，冻结本案执行的债权，即货款先到执行法院不发放给申请执行人。当然，被执行人也可寻找其他满足暂缓执行适用条件的证据，继续请求法院暂缓执行进度。

107. 被执行人承担抗击新冠疫情的职能，请求暂缓执行的，能否支持

◇ **问题**　被执行人依据其承担抗击新冠疫情的职能请求暂缓执行的，法院应否支持

◇ **来源**　云南高院（2021）云执复62号

◇ **结论**　根据法律规定，只有在符合法定事由的情况下，被执行人提供担保并经申请执行人同意的，人民法院才能决定暂缓执行

【基本案情】

中国银行某支行与云南山灞公司等借款合同纠纷执行一案中，昆明中院根据中国银行某支行的申请，于2019年6月27日裁定冻结、划拨被执行人云南山灞公司等存款16,443,576.90元及利息，并查封云南山灞公司名下案涉房产。

2019年11月22日，昆明中院在网络平台发布第一次司法拍卖公告。被执行人云南山灞公司提出执行异议请求暂缓拍卖程序，昆明中院未予支持。云南山灞公司向云南高院提出复议，认为其属于国内重点抗击新冠疫情企业，全方位参与了抗击疫情工作，依据最高人民法院的相关通知，应当暂缓或中止本案的执行。云南高院裁定驳回其复议请求。

【争议焦点】

被执行人云南山灞公司是否承担抗击新冠疫情的职能，以及是否可以决定暂缓执行？

【裁判要点】

根据《民事诉讼法》第231条[①]以及相关司法解释的规定，只有在符合法定事由的情况下，被执行人提供担保并经申请执行人同意的，人民法院才能决定暂缓执行。本案中，尽管被执行人云南山灞公司在复议期间补充提供材料，证明其远程服务中心系全国平台运行的服务器所在地和全国远程医疗平台的数据交换中心，但是由于该事实不属于暂缓执行的法定事由，且该公司并未提供担保并经申请执行人同意，因此对该公司提出暂缓执行的请求不予支持。

【相关法律规定】

《民事诉讼法》

第二百三十八条 在执行中，被执行人向人民法院提供担保，并经申请执行人同意的，人民法院可以决定暂缓执行及暂缓执行的期限。被执行人逾期仍不履行的，人民法院有权执行被执行人的担保财产或者担保人的财产。

【应诉策略】

第一，根据《民事诉讼法》第238条的规定，在执行中，被执行人向人

① 现为《民事诉讼法》第238条。

民法院提供担保，并经申请执行人同意的，人民法院可以决定暂缓执行及暂缓执行的期限。执行法院决定暂缓执行的条件是被执行人向执行法院提供担保，且经申请执行人同意。因此，被执行人若想绕过申请执行人同意这一条件而实现暂缓执行的目的，就需要从司法解释规定的几种特定情形中下功夫。

第二，根据《最高人民法院关于正确适用暂缓执行措施若干问题的规定》第 3 条的规定，以下 3 种情形下可以绕过申请执行人同意和提供担保这两个要件，实现执行法院暂缓执行的目的，具体如下：

（1）执行措施或者执行程序违反法律规定的。

（2）执行标的物存在权属争议的。

（3）被执行人对申请执行人享有抵销权的。

第三，根据《最高人民法院关于正确适用暂缓执行措施若干问题的规定》第 7 条的规定，以下 2 种情形可以绕过申请执行人同意，但需被执行人提供相应担保，法院可以决定暂缓执行，具体如下：

（1）上级人民法院已经受理执行争议案件并正在处理的。

（2）人民法院发现据以执行的生效法律文书确有错误，并正在按照审判监督程序进行审查的。

第四，实务中，还存在比较常见的暂缓执行情形是执行异议和案外人异议审查期间，法院可以决定暂缓执行，即当事人、利害关系人对网络司法拍卖行为提出异议的，异议、复议期间，人民法院可以决定暂缓拍卖。案外人对网络司法拍卖的标的提出异议的，人民法院应决定暂缓拍卖。

108. 暂缓执行恢复执行的，已错过法定保证期间，申请执行人还能否申请执行保证人资产

◇ **问题**　暂缓执行恢复执行的，若错过申请执行保证人资产的法定保证期间，则申请执行人能否申请执行保证人资产

◇ **来源**　最高人民法院（2019）最高法执监 229 号

◇ **结论**　暂缓执行的时间最长不应超过一年，而申请执行人以申请执行担

保人财产为由恢复执行时，若申请执行担保人财产的时间已经超过了法定保证期间，属申请执行人未在法定期限内申请执行，因此申请执行人丧失了请求法院强制执行案涉担保财产的权利

【基本案情】

在王某某与刘某某民间借贷纠纷一案的执行过程中，包头中院依据申请执行人王某某的申请于2013年11月19日作出（2013）包执字第2201号执行裁定书，裁定终结本次执行程序。

申请执行人王某某与被执行人刘某某、担保人隆泰稀土公司在执行过程中于2014年2月20日达成执行和解协议，协议约定隆泰稀土公司以其所有的案涉房产及土地，为本案执行提供担保。如被执行人未依照履行和解协议，隆泰稀土公司以该担保土地、房屋及其他全部财产供法院强制执行，以清偿被执行人对申请执行人的债务。

2017年6月1日，申请执行人王某某提出恢复执行申请，包头中院于2017年7月28日作出（2017）内02执恢字170号执行裁定书，裁定查封担保人隆泰稀土公司所有的案涉房产及土地。隆泰稀土公司对此不服，于2017年10月9日向包头中院提出执行异议，法院驳回异议申请。隆泰稀土公司向内蒙古高院申请复议，内蒙古高院认为隆泰稀土公司的担保已超过担保期限，故不应执行担保人隆泰稀土公司资产，裁定撤销包头中院的裁定，申请执行人王某某不服，向最高人民法院申诉，形成本案诉讼。

【争议焦点】

是否应执行隆泰稀土公司的担保财产？

【裁判要点】

《民事诉讼法司法解释》第469条[①]规定，人民法院依照《民事诉讼法》

① 现为《民事诉讼法司法解释》第467条。

第231条[1]的规定，在执行中，被执行人向人民法院提供担保，并经申请执行人同意的，人民法院可以决定暂缓执行及暂缓执行的期限。被执行人逾期仍不履行的，人民法院有权执行被执行人的担保财产或者担保人的财产。按照上述规定决定暂缓执行的，如果担保是有期限的，暂缓执行的期限应当与担保期限一致，但最长不得超过1年。根据本案双方签订的担保书，隆泰稀土公司以案涉财产提供担保的期间为1年，截止时间为2015年2月20日，而申请执行人申请执行担保人财产的时间为2017年6月1日，包头中院立案恢复执行的时间为2017年7月4日，显然已经超过了《担保法》[2]及有关司法解释的规定的两年的最长保证期间。王某某未在法定期限内申请执行，丧失了请求法院强制执行案涉担保财产的权利。

【相关法律规定】

《民事诉讼法》

第二百三十八条　在执行中，被执行人向人民法院提供担保，并经申请执行人同意的，人民法院可以决定暂缓执行及暂缓执行的期限。被执行人逾期仍不履行的，人民法院有权执行被执行人的担保财产或者担保人的财产。

《民事诉讼法司法解释》

第四百六十七条　人民法院依照民事诉讼法第二百三十八条规定决定暂缓执行的，如果担保是有期限的，暂缓执行的期限应当与担保期限一致，但最长不得超过一年。被执行人或者担保人对担保的财产在暂缓执行期间有转移、隐藏、变卖、毁损等行为的，人民法院可以恢复强制执行。

《民法典》

第六百九十二条　保证期间是确定保证人承担保证责任的期间，不发生中止、中断和延长。

债权人与保证人可以约定保证期间，但是约定的保证期间早于主债务履行期限或者与主债务履行期限同时届满的，视为没有约定；没有约定或者约

---

① 现为《民事诉讼法》第238条。

② 该法现已废止。

定不明确的，保证期间为主债务履行期限届满之日起六个月。

债权人与债务人对主债务履行期限没有约定或者约定不明确的，保证期间自债权人请求债务人履行债务的宽限期届满之日起计算。

第六百九十三条 一般保证的债权人未在保证期间对债务人提起诉讼或者申请仲裁的，保证人不再承担保证责任。

连带责任保证的债权人未在保证期间请求保证人承担保证责任的，保证人不再承担保证责任。

《最高人民法院关于执行担保若干问题的规定》

第十一条第一款 暂缓执行期限届满后被执行人仍不履行义务，或者暂缓执行期间担保人有转移、隐藏、变卖、毁损担保财产等行为的，人民法院可以依申请执行人的申请恢复执行，并直接裁定执行担保财产或者保证人的财产，不得将担保人变更、追加为被执行人。

【应诉策略】

1. 如何认定执行担保，即在执行程序中就第三人出具的“担保书”是否为执行担保的认定

根据《最高人民法院关于执行担保若干问题的规定》第1条的规定，执行担保是指担保人依照《民事诉讼法》第238条规定，为担保被执行人履行生效法律文书确定的全部或者部分义务，向人民法院提供的担保。《民事诉讼法》第238条规定：“在执行中，被执行人向人民法院提供担保，并经申请执行人同意的，人民法院可以决定暂缓执行及暂缓执行的期限。被执行人逾期仍不履行的，人民法院有权执行被执行人的担保财产或者担保人的财产。”

关于执行担保的表现形式，根据《最高人民法院关于执行担保若干问题的规定》第4条第1款的规定，担保书中应当载明担保人的基本信息、暂缓执行期限、担保期间、被担保的债权种类及数额、担保范围、担保方式、被执行人于暂缓执行期限届满后仍不履行时担保人自愿接受直接强制执行的承诺等内容。

综上，可以总结为执行担保应当具备以下要件：

第一，担保人要向执行法院而不是向对方当事人提供担保，明确表达被

执行人不能偿还债务时可执行担保人财产的意思表示。

第二，该执行担保不但要取得申请执行人的同意，还应得到执行法院的批准。

第三，如提供财产担保，还应参照有关规定办理相应手续。

2. 暂缓执行中执行担保的法律效果

暂缓执行中执行担保具有如下法律效果：被执行人逾期仍不履行的，人民法院有权执行被执行人的担保财产或者担保人的财产。对于第三人提供担保的情形，可分出以下几种情形及结果：

第一，第三人承诺代履行的，系债的加入，通过变更、追加被执行人方式承担责任。

第二，执行担保可直接裁定执行担保财产或者保证人的财产，不得将担保人变更、追加为被执行人。

第三，既非债的加入又非执行担保的，可以通过诉讼解决。

3. 关于当事人、利害关系人向执行法院申请暂缓案件执行是否属于执行异议复议案件受理范围的问题

实务中，我们会遇到当事人、利害关系人以其对执行法院据以执行的生效判决书申请再审为由请求暂缓案件的执行。对于该请求，其应依照《民事诉讼法》第232条、第238条等规定内容向执行法院提出申请，由执行法院予以审查。执行实务中，有时会遇到执行法院以暂缓执行非异议审查范围而裁定驳回异议申请的情形。因此，在应对该类案件时，可以先向执行法官发函请求暂缓执行。

【类案裁判观点分析】

案例一：被执行人申请暂缓执行需提供相应担保，该担保性质为执行担保，在被执行人不能清偿时，执行法院可追加该执行担保人为被执行人，并执行担保财产——最高人民法院（2018）最高法执监223号

本院认为，《变更、追加规定》第24条[①]规定："执行过程中，第三人向

① 该规定在该司法解释2020年修正时未做改动。

执行法院书面承诺自愿代被执行人履行生效法律文书确定的债务，申请执行人申请变更、追加该第三人为被执行人，在承诺范围内承担责任的，人民法院应予支持。”《民事诉讼法》第231条[①]规定：“在执行中，被执行人向人民法院提供担保，并经申请执行人同意的，人民法院可以决定暂缓执行及暂缓执行的期限。被执行人逾期仍不履行的，人民法院有权执行被执行人的担保财产或者担保人的财产。”《民事诉讼法司法解释》第470条[②]规定，根据《民事诉讼法》的规定向人民法院提供执行担保的，可以由被执行人或者他人提供财产担保，也可以由他人提供保证。担保人应当具有代为履行或者代为承担赔偿责任的能力。他人提供执行保证的，应当向执行法院出具保证书，并将保证书副本送交申请执行人。该案中几方当事人在执行程序中达成了执行和解协议，约定由泰富公司代替振亚公司（被执行人）偿还其所欠长城公司的债务，水利公司、申源公司、宫某军为泰富公司承担的全部债务及利息提供连带保证责任，且水利公司、申源公司、宫某军作为保证人又分别向长城公司（申请执行人）出具了担保函。协议达成后，长城公司于2013年1月27日将该协议及担保函交执行法院备案。该协议可视为泰富公司向执行法院所作出的书面承诺，执行法院未提出不同意见，表明执行法院对泰富公司的债务代偿行为表示认可，而水利公司、申源公司、宫某军出具的担保函，可视为向执行法院出具的保证书，明确表示其愿为泰富公司提供执行担保。因此，在泰富公司未按该协议履行还款义务的情况下，长城公司（申请执行人）追加债务代偿人泰富公司及执行保证人水利公司、申源公司、宫某军为被执行人的申请符合法律规定，应予支持。

案例二：在被执行人未履行义务的情形下，申请执行人应依据《最高人民法院关于执行担保若干问题的规定》第11条，直接申请执行担保人的财产，而不应申请追加担保人为被执行人——湖北高院（2021）鄂执复117号

本院认为，本案争议焦点为应否追加明昌兴公司为本案被执行人。《最高人民法院关于执行担保若干问题的规定》第11条第1款规定：“暂缓执行

① 现为《民事诉讼法》第238条。

② 现为《民事诉讼法司法解释》第468条。

期限届满后被执行人仍不履行义务，或者暂缓执行期间担保人有转移、隐藏、变卖、毁损担保财产等行为的，人民法院可以依申请执行人的申请恢复执行，并直接裁定执行担保财产或者保证人的财产，不得将担保人变更、追加为被执行人。”《民事诉讼法司法解释》第471条[①]规定：“被执行人在人民法院决定暂缓执行的期限届满后仍不履行义务的，人民法院可以直接执行担保财产，或者裁定执行担保人的财产，但执行担保人的财产以担保人应当履行义务部分的财产为限。”本案中，依据王某与丁某某、明昌兴公司自愿达成的《执行和解担保协议》，明昌兴公司对丁某某所欠王某的债务愿意在4200万元范围内承担担保责任，在丁某某未履行义务的情形下，王某可依据《最高人民法院关于执行担保若干问题的规定》第11条直接申请执行明昌兴公司的财产，而不应申请追加明昌兴公司为被执行人。

案例三：第三人承诺代履行的，系债的加入，通过变更、追加被执行人方式承担责任。执行担保可直接裁定执行担保财产或者保证人的财产，不得将担保人变更、追加为被执行人。既非债的加入又非执行担保的，可以通过诉讼解决——河北高院（2021）冀执复159号

本院认为，《变更、追加规定》第24条规定，执行过程中，第三人向执行法院书面承诺自愿代被执行人履行生效法律文书确定的债务，申请执行人申请变更、追加该第三人为被执行人，在承诺范围内承担责任的，人民法院应予支持。《民事诉讼法》第231条[②]规定，在执行中，被执行人向人民法院提供担保，并经申请执行人同意的，人民法院可以决定暂缓执行及暂缓执行的期限。被执行人逾期仍不履行的，人民法院有权执行被执行人的担保财产或者担保人的财产。《民事诉讼法司法解释》第470条第2款[③]规定，他人提供执行保证的，应当向执行法院出具保证书，并将保证书副本送交申请执行人。根据以上规定，第三人承诺代履行的，系债的加入，其承担责任的方式是变更、追加为被执行人。执行担保可直接裁定执行担保财产或

① 现为《民事诉讼法司法解释》第469条。

② 现为《民事诉讼法》第238条。

③ 现为《民事诉讼法司法解释》第468条第2款。

者保证人的财产。

案例四：执行担保是指在执行过程中被执行人或第三人向人民法院提供担保，并经申请执行人同意的，人民法院可以决定暂缓执行及暂缓执行的期限——新疆高院（2021）新执复112号

关于王某某出具的担保书是否为执行担保的问题。《最高人民法院关于执行担保若干问题的规定》第1条规定，执行担保是指担保人依照《民事诉讼法》的相关规定，为担保被执行人履行生效法律文书确定的全部或者部分义务，向人民法院提供的担保。《民事诉讼法》第231条[①]规定："在执行中，被执行人向人民法院提供担保，并经申请执行人同意的，人民法院可以决定暂缓执行及暂缓执行的期限。被执行人逾期仍不履行的，人民法院有权执行被执行人的担保财产或者担保人的财产。"《最高人民法院关于执行担保若干问题的规定》第4条第1款规定："担保书中应当载明担保人的基本信息、暂缓执行期限、担保期间、被担保的债权种类及数额、担保范围、担保方式、被执行人于暂缓执行期限届满后仍不履行时担保人自愿接受直接强制执行的承诺等内容。"执行过程中，被执行人或第三人若向人民法院提供担保，并且只要申请执行人同意，人民法院可以决定暂缓执行及暂缓执行的期限。被执行人逾期仍不履行的，人民法院有权执行被执行人的担保财产或者担保人的财产。本案中，王某某向巴音郭楞中院出具担保书，载明"我自愿为该案担保，并承诺于2017年7月12日之前偿还10万元，2017年7月20日之前偿还20万元，剩余案件款于2017年9月30日之前偿还完毕"。对于王某某向执行法院出具的担保书，认定其是否是执行担保不能仅凭文书名称来判断，当文书名称与内容不相一致时，要按照该文书所表达的真实意思来认定其是否是执行担保。从形式上看，该担保书上无暂缓执行期限、担保期间、被担保债权种类及数额、担保范围、担保方式等内容，不符合执行担保的形式要件。从内容看，该担保书并不符合执行担保所要求的担保人以自己的财产为被执行人担保，并经申请执行人同意，可以暂缓执行，在被执行人不能偿还

① 现为《民事诉讼法》第238条。

债务时再执行担保人财产的意思表示。该担保书从形式上、内容上都不具有执行担保的意思表示，不是执行担保。

三、终结本次执行

（一）终结本次执行的法律依据及终结本次执行的适用规则

109. 终结本次执行的法律依据

根据笔者的总结，终结本次执行主要有以下法律依据。

《民事诉讼法司法解释》

第五百一十七条　经过财产调查未发现可供执行的财产，在申请执行人签字确认或者执行法院组成合议庭审查核实并经院长批准后，可以裁定终结本次执行程序。

依照前款规定终结执行后，申请执行人发现被执行人有可供执行财产的，可以再次申请执行。再次申请不受申请执行时效期间的限制。

《最高人民法院关于严格规范终结本次执行程序的规定（试行）》

第一条　人民法院终结本次执行程序，应当同时符合下列条件：

（一）已向被执行人发出执行通知、责令被执行人报告财产；

（二）已向被执行人发出限制消费令，并将符合条件的被执行人纳入失信被执行人名单；

（三）已穷尽财产调查措施，未发现被执行人有可供执行的财产或者发现的财产不能处置；

（四）自执行案件立案之日起已超过三个月；

（五）被执行人下落不明的，已依法予以查找；被执行人或者其他人妨害执行的，已依法采取罚款、拘留等强制措施，构成犯罪的，已依法启动刑事责任追究程序。

第二条　本规定第一条第一项中的“责令被执行人报告财产”，是指应当完成下列事项：

（一）向被执行人发出报告财产令；

（二）对被执行人报告的财产情况予以核查；

（三）对逾期报告、拒绝报告或者虚假报告的被执行人或者相关人员，依法采取罚款、拘留等强制措施，构成犯罪的，依法启动刑事责任追究程序。

人民法院应当将财产报告、核实及处罚的情况记录入卷。

第三条 本规定第一条第三项中的“已穷尽财产调查措施”，是指应当完成下列调查事项：

（一）对申请执行人或者其他人提供的财产线索进行核查；

（二）通过网络执行查控系统对被执行人的存款、车辆及其他交通运输工具、不动产、有价证券等财产情况进行查询；

（三）无法通过网络执行查控系统查询本款第二项规定的财产情况的，在被执行人住所地或者可能隐匿、转移财产所在地进行必要调查；

（四）被执行人隐匿财产、会计账簿等资料且拒不交出的，依法采取搜查措施；

（五）经申请执行人申请，根据案件实际情况，依法采取审计调查、公告悬赏等调查措施；

（六）法律、司法解释规定的其他财产调查措施。

人民法院应当将财产调查情况记录入卷。

第四条 本规定第一条第三项中的“发现的财产不能处置”，包括下列情形：

（一）被执行人的财产经法定程序拍卖、变卖未成交，申请执行人不接受抵债或者依法不能交付其抵债，又不能对该财产采取强制管理等其他执行措施的；

（二）人民法院在登记机关查封的被执行人车辆、船舶等财产，未能实际扣押的。

第五条 终结本次执行程序前，人民法院应当将案件执行情况、采取的财产调查措施、被执行人的财产情况、终结本次执行程序的依据及法律后果等信息告知申请执行人，并听取其对终结本次执行程序的意见。

人民法院应当将申请执行人的意见记录入卷。

第六条　终结本次执行程序应当制作裁定书，载明下列内容：

（一）申请执行的债权情况；

（二）执行经过及采取的执行措施、强制措施；

（三）查明的被执行人财产情况；

（四）实现的债权情况；

（五）申请执行人享有要求被执行人继续履行债务及依法向人民法院申请恢复执行的权利，被执行人负有继续向申请执行人履行债务的义务。

终结本次执行程序裁定书送达申请执行人后，执行案件可以作结案处理。人民法院进行相关统计时，应当对以终结本次执行程序方式结案的案件与其他方式结案的案件予以区分。

终结本次执行程序裁定书应当依法在互联网上公开。

第七条　当事人、利害关系人认为终结本次执行程序违反法律规定的，可以提出执行异议。人民法院应当依照民事诉讼法第二百二十五条①的规定进行审查。

第八条　终结本次执行程序后，被执行人应当继续履行生效法律文书确定的义务。被执行人自动履行完毕的，当事人应当及时告知执行法院。

第九条　终结本次执行程序后，申请执行人发现被执行人有可供执行财产的，可以向执行法院申请恢复执行。申请恢复执行不受申请执行时效期间的限制。执行法院核查属实的，应当恢复执行。

终结本次执行程序后的五年内，执行法院应当每六个月通过网络执行查控系统查询一次被执行人的财产，并将查询结果告知申请执行人。符合恢复执行条件的，执行法院应当及时恢复执行。

第十条　终结本次执行程序后，发现被执行人有可供执行财产，不立即采取执行措施可能导致财产被转移、隐匿、出卖或者毁损的，执行法院可以依申请执行人申请或依职权立即采取查封、扣押、冻结等控制性措施。

第十一条　案件符合终结本次执行程序条件，又符合移送破产审查相关

---

① 现为《民事诉讼法》第232条。

规定的，执行法院应当在作出终结本次执行程序裁定的同时，将执行案件相关材料移送被执行人住所地人民法院进行破产审查。

第十二条 终结本次执行程序裁定书送达申请执行人以后，执行法院应当在七日内将相关案件信息录入最高人民法院建立的终结本次执行程序案件信息库，并通过该信息库统一向社会公布。

第十三条 终结本次执行程序案件信息库记载的信息应当包括下列内容：

（一）作为被执行人的法人或者其他组织的名称、住所地、组织机构代码及其法定代表人或者负责人的姓名，作为被执行人的自然人的姓名、性别、年龄、身份证件号码和住址；

（二）生效法律文书的制作单位和文号，执行案号、立案时间、执行法院；

（三）生效法律文书确定的义务和被执行人的履行情况；

（四）人民法院认为应当记载的其他事项。

第十四条 当事人、利害关系人认为公布的终结本次执行程序案件信息错误的，可以向执行法院申请更正。执行法院审查属实的，应当在三日内予以更正。

第十五条 终结本次执行程序后，人民法院已对被执行人依法采取的执行措施和强制措施继续有效。

第十六条 终结本次执行程序后，申请执行人申请延长查封、扣押、冻结期限的，人民法院应当依法办理续行查封、扣押、冻结手续。

终结本次执行程序后，当事人、利害关系人申请变更、追加执行当事人，符合法定情形的，人民法院应予支持。变更、追加被执行人后，申请执行人申请恢复执行的，人民法院应予支持。

第十七条 终结本次执行程序后，被执行人或者其他人妨害执行的，人民法院可以依法予以罚款、拘留；构成犯罪的，依法追究刑事责任。

《最高人民法院关于执行案件立案、结案若干问题的意见》

第六条 下列案件，人民法院应当按照恢复执行案件予以立案：

……

（三）执行实施案件以裁定终结本次执行程序方式报结后，如发现被执行人有财产可供执行，申请执行人申请或者人民法院依职权恢复执行的；

……

第十六条　有下列情形之一的，可以以“终结本次执行程序”方式结案：

（一）被执行人确无财产可供执行，申请执行人书面同意人民法院终结本次执行程序的；

（二）因被执行人无财产而中止执行满两年，经查证被执行人确无财产可供执行的；

（三）申请执行人明确表示提供不出被执行人的财产或财产线索，并在人民法院穷尽财产调查措施之后，对人民法院认定被执行人无财产可供执行书面表示认可的；

（四）被执行人的财产无法拍卖变卖，或者动产经两次拍卖、不动产或其他财产权经三次拍卖仍然流拍，申请执行人拒绝接受或者依法不能交付其抵债，经人民法院穷尽财产调查措施，被执行人确无其他财产可供执行的；

（五）经人民法院穷尽财产调查措施，被执行人确无财产可供执行或虽有财产但不宜强制执行，当事人达成分期履行和解协议，且未履行完毕的；

（六）被执行人确无财产可供执行，申请执行人属于特困群体，执行法院已经给予其适当救助的。

人民法院应当依法组成合议庭，就案件是否终结本次执行程序进行合议。

终结本次执行程序应当制作裁定书，送达申请执行人。裁定应当载明案件的执行情况、申请执行人债权已受偿和未受偿的情况、终结本次执行程序的理由，以及发现被执行人有可供执行财产，可以申请恢复执行等内容。

依据本条第一款第（二）（四）（五）（六）项规定的情形裁定终结本次执行程序前，应当告知申请执行人可以在指定的期限内提出异议。申请执行人提出异议的，应当另行组成合议庭组织当事人就被执行人是否有财产可供执行进行听证；申请执行人提供被执行人财产线索的，人民法院应当就其提供的线索重新调查核实，发现被执行人有财产可供执行的，应当继续执行；经听证认定被执行人确无财产可供执行，申请执行人亦不能提供被执行人有可供执行财产的，可以裁定终结本次执行程序。

本条第一款第（三）（四）（五）项中规定的“人民法院穷尽财产调查

措施”，是指至少完成下列调查事项：

（一）被执行人是法人或其他组织的，应当向银行业金融机构查询银行存款，向有关房地产管理部门查询房地产登记，向法人登记机关查询股权，向有关车管部门查询车辆等情况；

（二）被执行人是自然人的，应当向被执行人所在单位及居住地周边群众调查了解被执行人的财产状况或财产线索，包括被执行人的经济收入来源、被执行人到期债权等。如果根据财产线索判断被执行人有较高收入，应当按照对法人或其他组织的调查途径进行调查；

（三）通过最高人民法院的全国法院网络执行查控系统和执行法院所属高级人民法院的“点对点”网络执行查控系统能够完成的调查事项；

（四）法律、司法解释规定必须完成的调查事项。

人民法院裁定终结本次执行程序后，发现被执行人有财产的，可以依申请执行人的申请或依职权恢复执行。申请执行人申请恢复执行的，不受申请执行期限的限制。

第二十二条 恢复执行案件的结案方式包括：

（一）执行完毕；

（二）终结本次执行程序；

（三）终结执行。

《最高人民法院关于进一步规范近期执行工作相关问题的通知》

二、关于终结本次执行程序相关问题

（一）原终结本次执行程序中已发出限制消费令的恢复执行案件，人民法院再次终结本次执行程序的，可无须再根据《终本规定》第一条第二项发出限制消费令。

（二）在严格按照《终本规定》的程序标准和实质标准完成必要的执行措施后，人民法院终结本次执行程序，可不受《终本规定》第一条第四项三个月期限的限制。同时，要严格杜绝随立随结、违规报结等滥用终结本次程序的行为。立案后不满三个月即终结本次执行程序的案件，将作为日常考核和本次巡查、评估工作中重点抽查的案件。

（三）执行法院通过总对总网络执行查控系统查询被执行人财产的，必

须完成对所有已开通查询功能的财产项目的查询，仅查询部分财产项目的，不符合完成网络调查事项的要求。拟终结本次执行程序时距完成前次总对总网络查控已超过三个月的，还应在终结本次程序之前再次通过总对总网络执行查控系统查询被执行人的财产。

（四）根据《终本规定》第五条征求申请执行人意见时，可以采取面谈、电话、邮件、传真、短信、微信等方式，必须将征求意见情况记录入卷为凭；有下列情形之一的，可不再征求申请执行人意见：

1. 执行内容仅为追缴诉讼费或罚款的；

2. 行政非诉执行案件；

3. 刑事财产刑执行案件；

4. 申请执行人申请终结本次执行程序的。

（五）人民法院终结本次执行程序前，应严格执行《最高人民法院关于民事执行中财产调查若干问题的规定》，积极采取现场调查等方式，查明被执行人财产状况和履行义务能力，一般应当完成下列调查事项：

1. 对申请执行人提供的财产线索，必须予以核实，并将核实情况记录入卷；

2. 向被执行人发出报告财产令时，应及时传唤被执行人或其法定代表人、负责人、实际控制人到人民法院接受调查询问；

3. 住房公积金、金融理财产品、收益类保险、股息红利等未实现网络查控的财产，应前往现场调查，并制作调查笔录附卷为凭；

4. 被执行人是自然人的，向被执行人所在单位及居住地周边群众调查了解被执行人生活居住、劳动就业、收入、债权、股权等情况，并制作调查笔录附卷为凭；

5. 被执行人是法人或其他组织的，对其住所地、经营场所进行现场调查；全面核查被执行人企业性质及设立、合并分立、投资经营、债权债务、变更终止等情况，并可依申请进行审计调查。

（六）本辖区中级、基层人民法院机构发生调整的，对此前已裁定终结本次执行程序的案件，高级人民法院应及时指定相关法院负责后续管理。

110. 终结本次执行的一般规则

根据有关规定和案例，终结本次执行程序的一般规则大致如下。

1. 裁定终结本次执行的条件

裁定终结本次执行必须同时满足以下条件：

第一，已向被执行人发出执行通知，责令被执行人报告财产。

第二，已向被执行人发出限制消费令，并将符合条件的被执行人纳入失信被执行人名单。

第三，已穷尽财产调查措施，未发现被执行人有可供执行的财产或者发现的财产不能处置。

第四，自执行案件立案之日起已超过3个月。

第五，被执行人下落不明的，已依法予以查找；被执行人或者其他人妨害执行的，已依法采取罚款、拘留等强制措施，构成犯罪的，已依法启动刑事责任追究程序。

其中，第三项中的“已穷尽财产调查措施”是指应当完成下列调查事项：(1) 对申请执行人或者其他人提供的财产线索进行核查；(2) 通过网络执行查控系统对被执行人的存款、车辆及其他交通运输工具、不动产、有价证券等财产情况进行查询；(3) 无法通过网络执行查控系统查询财产情况的，在被执行人住所地或者可能隐匿、转移财产所在地进行必要调查；(4) 被执行人隐匿财产、会计账簿等资料且拒不交出的，依法采取搜查措施；(5) 经申请执行人申请，根据案件实际情况，依法采取审计调查、公告悬赏等调查措施。

另外，第三项中的“发现的财产不能处置”具体包括以下情形：(1) 被执行人的财产经法定程序拍卖、变卖未成交，申请执行人不接受抵债或者依法不能交付其抵债，又不能对该财产采取强制管理等其他执行措施的；(2) 人民法院在登记机关查封的被执行人车辆、船舶等财产，未能实际扣押的。

2. 征询申请执行人意见

终结本次执行程序前，人民法院应当将案件执行情况、采取的财产调查措施、被执行人的财产情况、终结本次执行程序的依据及法律后果等信息告知申请执行人，并听取其对终结本次执行程序的意见。

3. 制作裁定书并网上公开

终结本次执行程序应当制作裁定书，且该裁定书应当依法在互联网上公开。

4. 终结本次执行裁定的救济

当事人、利害关系人认为终结本次执行程序违反法律规定的，可以提出执行异议。人民法院应当依照《民事诉讼法》第 232 条有关执行行为异议的规定进行审查。

5. 终结本次执行程序后相关执行措施效力不变

第一，终结本次执行程序后人民法院已对被执行人依法采取的执行措施和强制措施继续有效。

第二，申请执行人申请延长查封、扣押、冻结期限的，人民法院应当依法办理续行查封、扣押、冻结手续，如一些财产不能处置的，还应当继续控制。

第三，终结本次执行程序后，当事人、利害关系人申请变更、追加被执行人，符合法定情形的，人民法院应予支持。而且，变更、追加被执行人后，申请执行人申请执行恢复的，人民法院应予支持。因为，变更、追加被执行人后相当于又有了新的可供执行财产，也就符合了恢复执行的条件。

第四，终结本次执行程序后，被执行人或其他相关人员妨害执行的，人民法院仍然可以依法对其予以罚款、拘留；构成犯罪的，依法追究刑事责任。

6. 终结本次执行后恢复执行程序

终结本次执行后的恢复执行程序主要包括两方面，即依申请和依职权：

第一，依申请，是指申请执行人发现被执行人有可供执行财产的，可以向执行法院申请恢复执行。申请恢复执行不受申请执行时效期间的限制。执行法院核查属实的，应当恢复执行。

第二，依职权，是指终结本次执行程序后的 5 年内，执行法院应当每 6 个月通过网络执行查控系统查询一次被执行人的财产，并将查询结果告知申请执行人。符合恢复执行条件的，执行法院应当及时恢复执行。

111. 终结本次执行的适用情形

经笔者总结，法院对于下列情形，可以运用终结本次执行。

1. 被执行人确无财产可供执行，申请执行人书面同意人民法院终结本次执行程序的。

2. 因被执行人无财产而中止执行满两年，经查证被执行人确无财产可供执行的。

3. 申请执行人明确表示提供不出被执行人的财产或财产线索，并在人民法院穷尽财产调查措施之后，对人民法院认定被执行人无财产可供执行书面表示认可的。

4. 被执行人的财产无法拍卖变卖，或者动产经两次拍卖、不动产或其他财产权经三次拍卖仍然流拍，申请执行人拒绝接受或者依法不能交付其抵债，经人民法院穷尽财产调查措施，被执行人确无其他财产可供执行的。

5. 经人民法院穷尽财产调查措施，被执行人确无财产可供执行或虽有财产但不宜强制执行，当事人达成分期履行和解协议，且未履行完毕的。

6. 被执行人确无财产可供执行，申请执行人属于特困群体，执行法院已经给予其适当救助的。

（二）终结本次执行纠纷的常见情形

112. 被执行人无财产，法院可否对立案不足3个月的执行案件裁定终结本次执行程序

◇ **问题** 在被执行人确无财产可供执行的情况下，对于执行立案不足3个月的执行案件，可否裁定终结本次执行程序

◇ **来源** 新疆高院（2021）新执复123号

◇ **结论** 法院通过网络查控了被执行人名下的银行存款、车辆，并实际走访了昊元烟酒店，除已经查控的存款外，均未再发现被执行人有可供执行财产。在被执行人确无财产可供执行的情况下，执行法院于距立案不足3个月裁定终结本次程序并无不当

【基本案情】

乌鲁木齐中院在执行申请执行人伊力特公司与昊元烟酒店侵害商标权纠纷一案中，乌鲁木齐中院于2021年3月24日作出（2021）新01执20号之一执行裁定，终结该案的本次执行程序。

伊力特公司不服乌鲁木齐中院终结本次执行裁定，向该院提出书面异议，该院于2021年6月20日裁定驳回伊力特公司的异议请求。伊力特公司不服，向新疆高院申请复议，形成本案诉讼，新疆高院经审理裁定驳回伊力特公司的复议请求。

【争议焦点】

1. 被执行人是否有财产可供执行？
2. 执行法院裁定终结本次执行是否符合法律规定？

【裁判要点】

人民法院裁定终结本次执行程序，应当符合《最高人民法院关于严格规范终结本次执行程序的规定（试行）》之规定，根据该规定第4条："本规定第一条第三项中的'发现的财产不能处置'，包括下列情形：（一）被执行人的财产经法定程序拍卖、变卖未成交，申请执行人不接受抵债或者依法不能交付其抵债，又不能对该财产采取强制管理等其他执行措施的；（二）人民法院在登记机关查封的被执行人车辆、船舶等财产，未能实际扣押的。"伊力特公司复议称昊元烟酒店内存在烟、酒等商品可供执行，经调查未发现伊力特公司所称位于昊元烟酒店的烟、酒等商品，对于伊力特公司复议称昊元烟酒店有可供执行商品的请求，不予支持。虽然乌鲁木齐中院查封了郭某某

名下案涉车辆，但因目前未实际控制该车辆，符合“发现的财产不能处置”情形，伊力特公司该项请求不予支持。案件执行过程中，乌鲁木齐中院通过网络查控了被执行人名下的银行存款、车辆，并实际走访了昊元烟酒店，除已经查控的5193.51元，均未再发现被执行人可供执行财产。在被执行人确无财产可供执行的情况下，乌鲁木齐中院于距立案不足3个月裁定终结本次程序并无不当。

【相关法律规定】

《民事诉讼法司法解释》

第五百一十七条 经过财产调查未发现可供执行的财产，在申请执行人签字确认或者执行法院组成合议庭审查核实并经院长批准后，可以裁定终结本次执行程序。

依照前款规定终结执行后，申请执行人发现被执行人有可供执行财产的，可以再次申请执行。再次申请不受申请执行时效期间的限制。

《最高人民法院关于严格规范终结本次执行程序的规定（试行）》

第四条 本规定第一条第三项中的“发现的财产不能处置”，包括下列情形：

（一）被执行人的财产经法定程序拍卖、变卖未成交，申请执行人不接受抵债或者依法不能交付其抵债，又不能对该财产采取强制管理等其他执行措施的；

（二）人民法院在登记机关查封的被执行人车辆、船舶等财产，未能实际扣押的。

【应诉策略】

第一，经过财产调查未发现可供执行的财产，法院可以裁定终结本次执行。我们需要明白执行法院终结本次执行在实务中算是常态，一般到年底时执行法官都会联系申请执行人，告知他们被执行人财产的查询情况，并征询是否同意终结本次执行，若申请执行人同意终结本次执行，执行法官可以裁定终结本次执行。

第二，关于终结本次执行案件中最常见的适用条件就是“已穷尽财产调查措施，未发现被执行人有可供执行的财产或者发现的财产不能处置”的情形。该规定中的“已穷尽财产调查措施”，是指执行法院应当完成下列调查事项：

（1）对申请执行人或者其他人提供的财产线索进行核查。

（2）通过网络执行查控系统对被执行人的存款、车辆、不动产、有价证券等财产情况进行查询。

（3）无法通过网络执行查控系统查询被执行人的财产情况的，在被执行人住所地或者可能隐匿、转移财产所在地进行必要调查。

（4）被执行人隐匿财产、会计账簿等资料且拒不交出的，依法采取搜查措施。

（5）经申请执行人申请，根据案件实际情况，依法采取审计调查、公告悬赏等调查措施。

第三，关于终结本次执行程序认定条件中“发现的财产不能处置”的情形，主要是指如下情形：（1）被执行人的财产经法定程序拍卖、变卖未成交，申请执行人不接受抵债或者依法不能交付其抵债，又不能对该财产采取强制管理等其他执行措施的。（2）人民法院在登记机关查封的被执行人车辆、船舶等财产，未能实际扣押的。上述情形中，车辆的查控因存在无法找到车辆藏匿地点且查封需要执行法官配合等情形，一般对于车辆若未提前控制且被执行人不配合执行时，往往不容易查控到案涉车辆。而关于拍卖后流拍申请执行人是否同意以物抵债的问题，一般对于申请人有衡量的空间，在分析被执行人后续履行能力、被执行人现在的负债情况以及拍卖标的物的价值等因素后，由申请执行人自主选择是否同意以物抵债或同意终结本次执行程序。

113. 网拍两次流拍后，既未以物抵债又无其他财产，可否终结本次执行

◇ **问题**　网拍两次流拍后申请执行人不同意以物抵债、被执行人无其他财产可供执行，可否终结本次执行

◇ **来源** 河南高院（2021）豫执复383号

◇ **结论** 执行法院在申请执行人已申请就案涉房产进行变卖的情况下，未依法组织变卖，即在未穷尽财产处置措施的情况下，以两次流拍后申请执行人不同意以物抵债、被执行人无其他财产可供执行为由裁定终结本次执行程序不当，应予撤销

【基本案情】

商丘中院在执行申请执行人信达公司与被执行人源和公司等金融借款合同纠纷一案过程中，于2021年4月2日作出（2019）豫14执78号之十一执行裁定，裁定终结本次执行程序。

信达公司不服，认为其已依法对二拍流拍的房产申请第三次拍卖以及变卖，而商丘中院以无财产可供执行为由作出终结本次执行裁定，违反了法定程序，故向商丘中院提起书面异议，请求撤销终结本次执行裁定，恢复案件的执行程序。

商丘中院认为，执行法院在房产二次流拍后征询过信达公司是否接受以物抵债，在信达公司拒绝以物抵债的情形下执行法院裁定终结本次执行并无错误，故驳回信达公司异议。信达公司向河南高院提起复议，形成本案诉讼，河南高院认为本案不应裁定终结本次执行，故撤销商丘中院裁定及终结本次执行裁定。

【争议焦点】

两次流拍后申请执行人不同意以物抵债、被执行人无其他财产可供执行，可否终结本次执行？

【裁判要点】

河南高院认为，《最高人民法院关于严格规范终结本次执行程序的规定（试行）》第1条规定，人民法院终结本次执行程序，应当同时符合下列条件：（1）已向被执行人发出执行通知、责令被执行人报告财产。（2）已向被

执行人发出限制消费令，并将符合条件的被执行人纳入失信被执行人名单。(3) 已穷尽财产调查措施，未发现被执行人有可供执行的财产或者发现的财产不能处置。(4) 自执行案件立案之日起已超过3个月。(5) 被执行人下落不明的，已依法予以查找；被执行人或者其他人妨害执行的，已依法采取罚款、拘留等强制措施，构成犯罪的，已依法启动刑事责任追究程序。根据上述规定可知，人民法院终结本次执行程序应当同时符合上述五种情形，且应严格把握相关标准。只有当人民法院穷尽了财产调查及执行措施，被执行人确无财产可供执行或者财产不能处置时，才可终结本次执行程序。本案中，虽然商丘中院对查封的案涉房产依法进行评估、拍卖，经过两次司法拍卖，最终均因无人竞买而流拍，但根据《最高人民法院关于人民法院网络司法拍卖若干问题的规定》第26条，人民法院仍可以对案涉房产依法在同一网络司法拍卖平台进行变卖。变卖也是财产处置的一种重要方式。商丘中院在申请执行人信达公司已申请就案涉房产进行变卖的情况下，未依法组织变卖，即在未穷尽财产处置措施的情况下，以两次流拍后申请执行人不同意以物抵债、被执行人无其他财产可供执行为由裁定终结本次执行程序不当，应予撤销。

【相关法律规定】

《最高人民法院关于严格规范终结本次执行程序的规定（试行）》

第一条　人民法院终结本次执行程序，应当同时符合下列条件：

（一）已向被执行人发出执行通知、责令被执行人报告财产；

（二）已向被执行人发出限制消费令，并将符合条件的被执行人纳入失信被执行人名单；

（三）已穷尽财产调查措施，未发现被执行人有可供执行的财产或者发现的财产不能处置；

（四）自执行案件立案之日起已超过三个月；

（五）被执行人下落不明的，已依法予以查找；被执行人或者其他人妨害执行的，已依法采取罚款、拘留等强制措施，构成犯罪的，已依法启动刑事责任追究程序。

《最高人民法院关于人民法院网络司法拍卖若干问题的规定》

第二十六条 网络司法拍卖竞价期间无人出价的，本次拍卖流拍。流拍后应当在三十日内在同一网络司法拍卖平台再次拍卖，拍卖动产的应当在拍卖七日前公告；拍卖不动产或者其他财产权的应当在拍卖十五日前公告。再次拍卖的起拍价降价幅度不得超过前次起拍价的百分之二十。

再次拍卖流拍的，可以依法在同一网络司法拍卖平台变卖。

【应诉策略】

1. 关于拍卖的次数问题，现在的网拍次数只有两次

在《最高人民法院关于人民法院网络司法拍卖若干问题的规定》施行前，原有的2004年《最高人民法院关于人民法院民事执行中拍卖、变卖财产的规定》规定的拍卖次数有三次拍卖，一拍、二拍和三拍，三拍流拍之后还有变卖程序。《最高人民法院关于人民法院网络司法拍卖若干问题的规定》施行后，拍卖的次数变更为两次拍卖，一拍和二拍，二拍流拍后可以申请变卖。

2. 关于以物抵债价格的问题，二拍的保留价可以是最初确认的拍卖参考价的56%

因执行法院可就网拍的每次拍卖保留价格在拍卖参考价的基础上做调整，网络拍卖规定一拍的保留价为确认拍卖参考价的80%，若一拍流拍，二拍的拍卖保留价为一拍保留价基础上的70%，因此二拍的保留价执行法院可以定在拍卖标的物拍卖参考价的56%（80%×70%）。变卖程序是在二拍仍无人竞买流拍后，申请执行人及其他债权人不同意以物抵债，申请执行人申请变卖时启动，变卖价格系二拍流拍价格。

3. 申请执行人要积极采取手段应对执行标的物难处理、难变现的问题

执行法院在确认被执行人是否有可供执行的财产时，需要穷尽所有可能。本文主文案例中，之所以最终认为执行法院未穷尽所有措施是因为在申请执行人请求变卖程序时，执行法院未操作，因此认定执行法院裁定终结本次执行程序错误。因此，申请执行人在面对执行标的物难处置、难变现时，不能放弃一切手段，一拍、二拍结束还应该申请变卖程序，必要时或申请以物抵

债或寻找追加其他被执行人或财产的可能。

114. 抵押房产内存在不易处置的设备，可否以抵押房产不具有处置条件为由终结本次执行程序

◇ **问题**　抵押厂房内存有大型设备，设备非抵押财产且不容易估值，执行法院可否认定该抵押厂房现阶段不具有处置条件，进而终结本次执行程序

◇ **来源**　陕西高院（2021）陕执复5号

◇ **结论**　案涉厂房内有较大生产设备，所以拍卖案涉房产时，应综合考虑被执行财产价值的最大化，但是该情形不能作为执行法院终结本次执行程序的理由

【基本案情】

云尚公司与食品公司等借款合同纠纷一案，由宝鸡中院立案执行。执行中，宝鸡中院于2020年8月14日作出（2019）陕03执284号之一执行裁定书，以案涉房产现不具备处置条件为由，裁定终结本次执行程序。

申请执行人云尚公司不服该裁定向宝鸡中院提出执行异议，认为现无证据显示抵押房产内的设备被其他法院查封，且该设备系与房产可分离的动产不影响对房产的处分，宝鸡中院认为应先协调处理抵押房产内部的设备再行处分房产，裁定终结本次执行无误，故驳回云尚公司的异议请求。

申请执行人云尚公司向陕西高院申请复议，形成本案诉讼，陕西高院审理后裁定撤销宝鸡中院的终结本次执行裁定。

【争议焦点】

宝鸡中院以案涉房产现不具备处置条件为由裁定终结本次执行程序是否符合法律规定？

【裁判要点】

本案已经执行查封的案涉房产属于可供执行且能处置的财产。案涉房产经判决确认，抵押权人可以处分和优先受偿，故在执行中属于能够处置变现的被执行人的可供执行财产。案涉厂房内虽有较大生产设备，但是该情形不能作为执行法院终结本次执行程序的理由。在执行程序中委托评估、拍卖案涉房产时，可以全面披露案涉房产的功能、使用现状等权利负担、瑕疵和风险，但宝鸡中院认定案涉房产暂不能拍卖，不符合案涉房产的抵押登记情况及本案的判决。宝鸡中院裁定本案终结本次执行不符合最高人民法院终结本次执行程序的相关规定。

【相关法律规定】

《民事诉讼法司法解释》

第五百一十七条 经过财产调查未发现可供执行的财产，在申请执行人签字确认或者执行法院组成合议庭审查核实并经院长批准后，可以裁定终结本次执行程序。

依照前款规定终结执行后，申请执行人发现被执行人有可供执行财产的，可以再次申请执行。再次申请不受申请执行时效期间的限制。

《最高人民法院关于执行案件立案、结案若干问题的意见》

第十六条 有下列情形之一的，可以以“终结本次执行程序”方式结案：

……

（五）经人民法院穷尽财产调查措施，被执行人确无财产可供执行或虽有财产但不宜强制执行，当事人达成分期履行和解协议，且未履行完毕的；

……

《最高人民法院关于严格规范终结本次执行程序的规定（试行）》

第四条 本规定第一条第三项中的“发现的财产不能处置”，包括下列情形：

（一）被执行人的财产经法定程序拍卖、变卖未成交，申请执行人不接受抵债或者依法不能交付其抵债，又不能对该财产采取强制管理等其他执行措施的；

（二）人民法院在登记机关查封的被执行人车辆、船舶等财产，未能实际扣押的。

【应诉策略】

第一，执行实务中，若出现房产办理抵押登记但房产内设备未抵押的，此时经常会出现不同案件的债权人分别对房产和设备主张权利，执行法院若遇到这种情况一般是分开处理，若整体难以分开处理或分开处理会严重贬损房产和设备价值的，一般由先行查封的法院处理，并对相应权利人应分配的执行案款进行提存。但需切记，执行法院关于房子或设备认为存在分别查封时，可以请求查封法院协调处理，执行法院对于是否协调也会留有记录材料，以备事后证明是否已穷尽所有执行措施。

第二，执行法院裁定终结本次执行，应制作裁定文书并送达给申请执行人，申请执行人可在指定期限内对终本裁定提出异议。根据《最高人民法院关于执行案件立案、结案若干问题的意见》第16条第4款的规定，因无可供执行财产或财产不宜强制执行的而终结本次执行的，应当先行告知申请执行人可以在指定的期限内提出异议。申请执行人提出异议的，执行法院应当另行组成合议庭组织当事人就被执行人是否有财产可供执行进行听证。

115. 强制处分可能影响居住人基本生活的，可否终结本次执行

◇ **问题** 被执行人一家住在执行标的物内，又因新冠疫情防控导致强制处分可能对被执行人生存造成严重影响的，可否据此裁定终结本次执行程序

◇ **来源** 湖北高院（2020）鄂执复773号

◇ **结论** 本案执行过程中考虑到强制扣押并处置“鑫盛24”轮船可能会对被执行人生存造成严重影响，故仅对该船舶采取查封措施，且经穷尽财产调查措施，在没有其他财产可供执行的情况下，终结本次执行程序并无不当

【基本案情】

金马公司与焦某甲、焦某乙船舶经营管理合同纠纷一案，金马公司向武汉海事法院申请执行，武汉海事法院于2019年5月7日立案执行。2019年5月9日，武汉海事法院查询并冻结了焦某甲、焦某乙的财产，但两被执行人除银行账户有约3000元存款外，再无其他财产可供执行，武汉海事法院也对焦某甲、焦某乙采取了限制消费措施。根据金马公司的申请，查封了登记在金马公司名下，但由焦某甲、焦某乙实际控制和经营的"鑫盛24"轮船所有权。焦某甲一家在"鑫盛24"轮船上生活、居住，且焦某甲曾因心脏病于2006年做过心脏安装支架手术，故为了缓和矛盾，武汉海事法院暂未实际扣押"鑫盛24"轮船。此外，武汉海事法院穷尽财产调查措施，未发现焦某甲、焦某乙有可供执行的银行存款、房产、车辆、船舶等财产或发现的财产不能处置，故本案暂不具备继续执行的条件。2019年11月6日，武汉海事法院裁定终结本案的本次执行程序。

金马公司不服，认为"鑫盛24"轮船属于可强制执行的财产，且双方未达成分期履行和解协议，故向武汉海事法院提出异议，武汉海事法院驳回金马公司异议。金马公司向湖北高院提起复议，认为"鑫盛24"轮船系液化气运输船，不适合长期居住，被执行人焦某甲、焦某乙也未提出居住帮助要求，疫情防控不应作为中止执行的理由，湖北高院经审理驳回金马公司的复议请求。

【争议焦点】

武汉海事法院裁定终结本次执行程序是否符合法律规定？

【裁判要点】

一方面，金马公司与焦某甲、焦某乙之间因"鑫盛24"轮船发生了四起纠纷，其中金马公司作为原告的二案已经判决并进入执行程序，申请执行的标的600余万元，而焦某甲、焦某乙与金马公司船舶经营管理合同纠纷二案诉讼标的1100余万元，焦某甲、焦某乙起诉标的额远大于金马公司申请执行标的额，虽然该二案武汉海事法院仍在审理中，但基于平等保护当事人的合法权益出发，武汉海事法院目前拍卖或变卖“鑫盛24”轮船，显然不利于纠纷的解决。另一方面，焦某甲一家长期在“鑫盛24”轮船上生活、居住，以船为家，没有其他地方居住。焦某甲年近七旬，做过心脏搭桥手术，且目前正值疫情防控的关键时期，在未对焦某甲一家进行妥善安置的情况下，如果强行扣押、拍卖船舶，势必造成双方当事人矛盾更加恶化，不利于纠纷的解决。综上所述，武汉海事法院穷尽财产调查措施，未发现焦某甲、焦某乙有可供执行的银行存款、房产、车辆等财产，且“鑫盛24”轮船目前不宜处置，金马公司也未能提供焦某甲、焦某乙有可供执行的其他财产的线索。因此，武汉海事法院裁定终结本案的本次执行程序并无不当。

最高人民法院认为：武汉海事法院在本案执行过程中考虑到强制扣押并处置“鑫盛24”轮船可能会对被执行人生存造成严重影响，故仅对该船舶采取查封措施，且经穷尽财产调查措施，在没有其他财产可供执行的情况下，终结本次执行程序并无不当。

【相关法律规定】

《最高人民法院关于执行案件立案、结案若干问题的意见》

第十六条第一款　有下列情形之一的，可以以“终结本次执行程序”方式结案：

（一）被执行人确无财产可供执行，申请执行人书面同意人民法院终结本次执行程序的；

（二）因被执行人无财产而中止执行满两年，经查证被执行人确无财产可供执行的；

（三）申请执行人明确表示提供不出被执行人的财产或财产线索，并在人民法院穷尽财产调查措施之后，对人民法院认定被执行人无财产可供执行书面表示认可的；

（四）被执行人的财产无法拍卖变卖，或者动产经两次拍卖、不动产或其他财产权经三次拍卖仍然流拍，申请执行人拒绝接受或者依法不能交付其抵债，经人民法院穷尽财产调查措施，被执行人确无其他财产可供执行的；

（五）经人民法院穷尽财产调查措施，被执行人确无财产可供执行或虽有财产但不宜强制执行，当事人达成分期履行和解协议，且未履行完毕的；

（六）被执行人确无财产可供执行，申请执行人属于特困群体，执行法院已经给予其适当救助的。

【应诉策略】

本文主文案例除执行法院裁定终结本次执行程序外，作为被执行人还可以依据可能存在债务抵销情形为由，请求暂缓执行。

116. 终结本次执行后，债权人申请恢复执行是否受时间限制

◇ **问题** 终结本次执行后，债权人申请恢复执行是否受时间限制

◇ **来源** 最高人民法院（2021）最高法执监190号

◇ **结论** 在终结本次执行程序后，申请执行人发现被执行人有可供执行财产的，可以向执行法院申请恢复执行，且不受申请执行时效期间的限制

【基本案情】

南华公司诉虹云公司、华夏公司、汉润公司金融不良债权追偿纠纷一案，北京二中院于2014年12月16日作出民事调解书，调解书生效后，南华公司依据调解书内容向北京二中院申请强制执行。

北京二中院于2015年5月12日按照调解书确定的给付内容，裁定将登记在虹云公司名下的“公路收费权”相关权益变更登记或交付给南华公司，于同年7月29日向相关部门送达了执行裁定及协助执行通知书，于2015年12月23日裁定终结本次执行程序。

2019年6月，南华公司向北京二中院递交恢复执行申请书，案件恢复执行。2019年10月10日，通过北京二中院执行部门强制执行，“公路收费权”的“收费控制权”已经交付申请执行人南华公司。

南华公司申请恢复执行时，被执行人虹云公司认为本案终结本次执行后再次恢复执行应在2年内申请，南华公司于2019年6月申请恢复执行，已超过申请恢复执行法定期限1年6个月，故请求：对南华公司的恢复执行申请不予准许，终止对虹云公司的一切执行行为。北京二中院裁定驳回被执行的异议请求，被执行人复议至北京高院，北京高院亦裁定驳回其复议。被执行人向最高人民法院申诉，形成本案诉讼，最高人民法院裁定驳回被执行的申诉。

【争议焦点】

终结本次执行后，债权人申请恢复执行是否受时间限制？

【裁判要点】

依照《最高人民法院关于严格规范终结本次执行程序的规定（试行）》等相关规定，人民法院裁定执行案件终结本次执行程序，并将裁定书送达申请执行人后，虽然可以对执行案件作结案处理，但该行为并不消灭债权债务关系和执行依据执行力，亦不代表执行程序的彻底终结，执行案件实际仍处于“执行过程”中。在终结本次执行程序后，申请执行人发现被执行人有可供执行财产的，可以向执行法院申请恢复执行，且不受申请执行时效期间的限制。本案中，在北京二中院裁定终结本次执行程序的情形下，南华公司向北京二中院申请恢复执行，该院予以恢复执行，并无不当。虹云公司关于南华公司申请恢复执行应受申请执行时效期间限制的事由，缺乏法律依据，不能成立。

【相关法律规定】

《最高人民法院关于严格规范终结本次执行程序的规定（试行）》

第九条 终结本次执行程序后，申请执行人发现被执行人有可供执行财产的，可以向执行法院申请恢复执行。申请恢复执行不受申请执行时效期间的限制。执行法院核查属实的，应当恢复执行。

终结本次执行程序后的五年内，执行法院应当每六个月通过网络执行查控系统查询一次被执行人的财产，并将查询结果告知申请执行人。符合恢复执行条件的，执行法院应当及时恢复执行。

【应诉策略】

第一，执行程序被裁定终结本次执行，并不意味着案件彻底终结了，终结本次执行仅是法院内部的一个程序性操作，便于法院对于案件的管理以及对执行法官的考核。终结本次执行后的案件若申请执行人能够提供有效的财产线索或可供执行的资产，法院应依申请恢复执行，且该申请恢复执行不受申请执行时效 2 年期间的限制。

第二，执行法院对案件裁定终结本次执行后，也会继续关注案件，法律要求执行法官对此类案件每隔 6 个月必须通过网络执行查控系统查询一次被执行人的财产，并将查询结果告知申请执行人。若发现被执行人有可供执行的财产，执行法院可以依职权，在无人申请恢复执行的情况下，恢复案件的执行程序。

第三，案件被裁定终结本次执行后，若已被查封、冻结资产需要续封或续冻的，申请执行人在查封、冻结期限届满前，向执行法院申请延长查封、扣押、冻结期限，执行法院都会依法办理续行查封、扣押、冻结手续。根据《民事诉讼法司法解释》第 485 条“人民法院冻结被执行人的银行存款的期限不得超过一年，查封、扣押动产的期限不得超过两年，查封不动产、冻结其他财产权的期限不得超过三年”的规定，查封不动产的期限一般为 3 年，冻结银行账户的期限一般为 1 年。

第四，案件被裁定终结本次执行后，债权人仍可以向执行法院申请变更、追加执行当事人，符合法定情形的，执行法院都会予以办理。因为变更、追加被执行人后，符合恢复执行条件的，申请执行人可申请恢复执行，执行法院一般也都会支持。

四、终结执行

（一）终结执行的法律依据及终结执行的适用规则

117. 终结执行的法律依据

根据笔者的总结，终结执行有以下法律依据。

《民事诉讼法》

第二百六十四条　有下列情形之一的，人民法院裁定终结执行：

（一）申请人撤销申请的；

（二）据以执行的法律文书被撤销的；

（三）作为被执行人的公民死亡，无遗产可供执行，又无义务承担人的；

（四）追索赡养费、扶养费、抚养费案件的权利人死亡的；

（五）作为被执行人的公民因生活困难无力偿还借款，无收入来源，又丧失劳动能力的；

（六）人民法院认为应当终结执行的其他情形。

第二百六十五条　中止和终结执行的裁定，送达当事人后立即生效。

《民事诉讼法司法解释》

第四百六十四条　申请执行人与被执行人达成和解协议后请求中止执行或者撤回执行申请的，人民法院可以裁定中止执行或者终结执行。

第四百九十二条　执行标的物为特定物的，应当执行原物。原物确已毁损或者灭失的，经双方当事人同意，可以折价赔偿。

双方当事人对折价赔偿不能协商一致的，人民法院应当终结执行程序。申请执行人可以另行起诉。

第五百一十七条　经过财产调查未发现可供执行的财产，在申请执行人签字确认或者执行法院组成合议庭审查核实并经院长批准后，可以裁定终结本次执行程序。

依照前款规定终结执行后，申请执行人发现被执行人有可供执行财产的，可以再次申请执行。再次申请不受申请执行时效期间的限制。

第五百一十八条 因撤销申请而终结执行后，当事人在民事诉讼法第二百四十六条规定的申请执行时效期间内再次申请执行的，人民法院应当受理。

《最高人民法院关于对人民法院终结执行行为提出执行异议期限问题的批复》

湖北省高级人民法院：

你院《关于咸宁市广泰置业有限公司与咸宁市枫丹置业有限公司房地产开发经营合同纠纷案的请示》（鄂高法〔2015〕295号）收悉。经研究，批复如下：

当事人、利害关系人依照民事诉讼法第二百二十五条[①]规定对终结执行行为提出异议的，应当自收到终结执行法律文书之日起六十日内提出；未收到法律文书的，应当自知道或者应当知道人民法院终结执行之日起六十日内提出。批复发布前终结执行的，自批复发布之日起六十日内提出。超出该期限提出执行异议的，人民法院不予受理。

此复。

《最高人民法院对天津市高级人民法院关于正在执行的判决是否因专利权被宣告无效而终结执行的请示案的复函》

天津市高级人民法院：

你院津高法［2009］120号《关于专利权在判决后被宣告无效，正在执行的判决是否应终结执行的请示》收悉。经研究，答复如下：

当事人以发生法律效力的宣告专利权全部无权的决定为依据，申请终结执行专利权无效前人民法院作出但尚未执行或者尚未执行完毕的专利侵权的判决，人民法院经审查属实的，应当裁定终结执行。当事人认定原裁判有错误的，依照审判监督程序办理。

《仲裁法》

第六十四条第二款 人民法院裁定撤销裁决的，应当裁定终结执行。撤

① 现为《民事诉讼法》第232条。

销裁决的申请被裁定驳回的，人民法院应当裁定恢复执行。

《最高人民法院关于严格规范终结本次执行程序的规定（试行）》

第十八条　有下列情形之一的，人民法院应当在三日内将案件信息从终结本次执行程序案件信息库中屏蔽：

（一）生效法律文书确定的义务执行完毕的；

（二）依法裁定终结执行的；

（三）依法应予屏蔽的其他情形。

《最高人民法院关于执行案件立案、结案若干问题的意见》

第十七条　有下列情形之一的，可以以“终结执行”方式结案：

（一）申请人撤销申请或者是当事人双方达成执行和解协议，申请执行人撤回执行申请的；

（二）据以执行的法律文书被撤销的；

（三）作为被执行人的公民死亡，无遗产可供执行，又无义务承担人的；

（四）追索赡养费、扶养费、抚育费案件的权利人死亡的；

（五）作为被执行人的公民因生活困难无力偿还借款，无收入来源，又丧失劳动能力的；

（六）作为被执行人的企业法人或其他组织被撤销、注销、吊销营业执照或者歇业、终止后既无财产可供执行，又无义务承受人，也没有能够依法追加变更执行主体的；

（七）依照刑法第五十三条规定免除罚金的；

（八）被执行人被人民法院裁定宣告破产的；

（九）行政执行标的灭失的；

（十）案件被上级人民法院裁定提级执行的；

（十一）案件被上级人民法院裁定指定由其他法院执行的；

（十二）按照《最高人民法院关于委托执行若干问题的规定》，办理了委托执行手续，且收到受托法院立案通知书的；

（十三）人民法院认为应当终结执行的其他情形。

前款除第（十）项、第（十一）项、第（十二）项规定的情形外，终结执行的，应当制作裁定书，送达当事人。

《最高人民法院关于进一步规范近期执行工作相关问题的通知》

三、关于和解长期履行案件的报结问题

当事人达成执行和解协议，需要长期履行的，可以以终结执行方式（选择“和解长期履行”情形）报结。执行案件流程系统须进行相应改造，在终结执行内增加“和解长期履行”作为终结执行的一种情形；同时，对该种情形终结执行的案件在报结时可以不作必须解除强制执行措施的要求。因被执行人不履行和解协议申请执行人申请恢复执行原生效法律文书的，以恢复执行方式立案。对接使用最高人民法院执行案件流程信息管理系统的执行法院，由各高级人民法院负责改造系统；直接使用最高人民法院执行案件流程信息管理系统的执行法院，由我院负责改造系统并进行远程升级。

118. 终结执行的一般规则

根据有关规定和案例，笔者将终结执行程序的一般规则总结如下。

1. 终结执行裁定

终结执行原则上应当依法制作裁定书，但以下三种情形例外：第一，案件被上级人民法院裁定提级执行的；第二，案件被上级人民法院裁定提级执行或者指定由其他法院执行的；第三，按照《最高人民法院关于委托执行若干问题的规定》，办理了委托执行手续，且收到受托法院立案通知书的。

终结执行裁定书应载明终结执行的事由和法律依据，并送达当事人。终结执行的裁定，送达当事人后立即生效。

2. 终结执行裁定的异议救济程序

执行法院在送达终结执行裁定书时应同时告知当事人、利害关系人自收到裁定之日起60日内可以依照《民事诉讼法》第232条对终结执行行为提出异议。当事人、利害关系人未收到法律文书的，应当自知道或者应当知道人民法院终结执行之日起60日内提出。超出期限提出执行异议的，人民法院不予受理。

3. 终结执行后的再次申请执行或恢复执行

依据《民事诉讼法》第264条规定的情形终结执行的案件，在申请执行的条件具备时，申请执行人申请恢复执行的，人民法院应当恢复执行。因被执行人无财产可供执行而被裁定终结执行的，再次申请执行不受申请执行时效期间的限制。

因撤销申请而终结执行后，当事人在《民事诉讼法》第246条规定的申请执行时效期间内再次申请执行的，人民法院应当受理。

因达成和解协议而撤回执行申请的，申请执行人申请恢复原生效法律文书的执行，应符合《民事诉讼法司法解释》第465条的相关规定。

4. 终结执行后有关资产的处理

终结执行后被查封、扣押、冻结的资产可不解除相应限制措施。

5. 执行程序终结后对已执行标的妨害行为的处理

在执行终结6个月内，被执行人或者其他人对已执行的标的有妨害行为的，人民法院可以依申请排除妨害，并可以依照《民事诉讼法》第114条进行处罚。因妨害行为给执行债权人或者其他人造成损失的，受害人可以另行起诉。

119. 终结执行的适用情形

根据有关规定和案例，笔者将法院可以运用终结执行的情形总结如下：

1. 申请人撤销申请或者是当事人双方达成执行和解协议，申请执行人撤回执行申请的。

2. 据以执行的法律文书被撤销的。

3. 作为被执行人的公民死亡，无遗产可供执行，又无义务承担人的。

4. 追索赡养费、扶养费、抚养费案件的权利人死亡的。

5. 作为被执行人的公民因生活困难无力偿还借款，无收入来源，又丧失劳动能力的。

6. 作为被执行人的营利法人或其他组织被撤销、注销、吊销营业执照或者歇业、终止后既无财产可供执行，又无义务承受人，也没有能够依法追加变更执行主体的。

7. 依照《刑法》第53条规定免除罚金的。

8. 被执行人被人民法院裁定宣告破产的。

9. 行政执行标的灭失的。

10. 案件被上级人民法院裁定提级执行的。

11. 案件被上级人民法院裁定指定由其他法院执行的。

12. 按照《最高人民法院关于委托执行若干问题的规定》，办理了委托执行手续，且收到受托法院立案通知书的。

13. 人民法院认为应当终结执行的其他情形。

（二）终结执行纠纷的常见情形

120. 因无财产可供执行被裁定终结执行的案件，可否恢复执行

◇ **问题** 因无财产可供执行被裁定终结执行的案件，可否恢复执行

◇ **来源** 广东高院（2020）粤执监138号

◇ **结论** 关于在判断是否可以恢复执行的问题时，首先需要审查原执行案件终结执行的真实原因是什么。如果符合民事诉讼法关于终结执行规定的情形而终结执行的，除特别情形外一般不能恢复执行。而如果债权人并未明示放弃债权，而是因无财产可供执行而申请终结的，在发现被执行人有可供执行财产或提供了财产线索的，属于终结执行的情形消失，可以向执行法院申请恢复执行

【基本案情】

广东高州法院在执行申请执行人海帆公司申请恢复执行华良公司金融借款合同纠纷一案中，华良公司提出异议称：海帆公司对广东高州法院于2005年1月已裁定终结执行的案件申请恢复执行，根据《广东省高级人民法院关于中止执行案件恢复执行的规定（试行）》第6条“适用本院粤高法发［1999］46号《裁定终结执行几类案件的暂行规定》而裁定终结执行的案件，申请人可以申请恢复执行，但金融机构等申请执行人自行申请终结或其

债权已核销的除外”的规定，该案是由原债权人工商银行某支行自行向法院申请终结执行的案件，依据上述规定，本案不能恢复执行。

广东高州法院认可了被执行人华良公司的异议，裁定不予恢复本案执行。申请执行人海帆公司向茂名中院申请复议，茂名中院驳回海帆公司的复议。海帆公司向广东高院申诉，广东高院审理本案形成本诉讼纠纷，并最终推翻此前裁判，认可了海帆公司恢复执行的申请。

【争议焦点】

因无财产可供执行被裁定终结执行的执行案件，是否可以恢复执行?

【裁判要点】

本案中，2005 年 1 月 5 日，工商银行某支行自行向广东高州法院申请终结执行。2005 年 1 月 8 日，高州法院作出（2005）高法执字第 58 号民事裁定书，终结本案执行。该裁定作出时，对无财产可供执行案件没有专门的程序规定。申请执行人主张其并未放弃债权，原债权人申请终结执行的原因如下：一是因为被执行人当时没有财产可供执行；二是为配合执行法院结案需要。对于广东高州法院 2005 年 1 月 8 日作出（2005）高法执字第 58 号民事裁定书的真实原因，广东高州法院、茂名中院在执行异议、复议审查程序中并未予以查明，其引用《广东省高级人民法院关于中止执行案件恢复执行的规定（试行）》作为不能恢复执行的依据，属于适用法律错误。如前所述，如是由于没有可供执行的财产而裁定终结执行，只要申请执行人发现被执行人有可供执行财产的，就可以向执行法院申请恢复执行。对此，执行法院应当予以查明。此外，该终结裁定作出之时，广东高院已明确对无财产可供执行的案件不能再以终结执行的方式结案，应当以中止执行的方式处理。对此，广东高院于 2021 年 3 月 15 日发布《广东省高级人民法院关于规范我省法院历史遗留的终结执行案件恢复执行工作的通知》。如经过审查，认为可以恢复执行，则应当首先对原终结执行裁定予以纠正。

【相关法律规定】

《民事诉讼法》

第二百六十四条 有下列情形之一的，人民法院裁定终结执行：

（一）申请人撤销申请的；

（二）据以执行的法律文书被撤销的；

（三）作为被执行人的公民死亡，无遗产可供执行，又无义务承担人的；

（四）追索赡养费、扶养费、抚养费案件的权利人死亡的；

（五）作为被执行人的公民因生活困难无力偿还借款，无收入来源，又丧失劳动能力的；

（六）人民法院认为应当终结执行的其他情形。

《最高人民法院关于执行案件立案、结案若干问题的意见》

第六条 下列案件，人民法院应当按照恢复执行案件予以立案：

（一）申请执行人因受欺诈、胁迫与被执行人达成和解协议，申请恢复执行原生效法律文书的；

（二）一方当事人不履行或不完全履行执行和解协议，对方当事人申请恢复执行原生效法律文书的；

（三）执行实施案件以裁定终结本次执行程序方式报结后，如发现被执行人有财产可供执行，申请执行人申请或者人民法院依职权恢复执行的；

（四）执行实施案件因委托执行结案后，确因委托不当被已立案的受托法院退回委托的；

（五）依照民事诉讼法第二百五十七条①的规定而终结执行的案件，申请执行的条件具备时，申请执行人申请恢复执行的。

【应诉策略】

第一，关于终结执行后的恢复执行问题，此前存在很多不规范之处，随着后续有关规定的不断增加和完善，关于终结执行后恢复执行的操作规范才

① 现为《民事诉讼法》第264条。

逐渐变得明确。法律、法规和司法解释中的执行程序性规定，以及广东高院出具的一些规定，在本文主文案例发生时的特定情形下具有一定的创新和指导意义。关于终结执行后恢复执行的法律法规及地方规定的演化过程，笔者总结如下。

1991 年《民事诉讼法》第 235 条规定，有下列情形之一的，人民法院裁定终结执行：（1）申请人撤销申请的；（2）据以执行的法律文书被撤销的；（3）作为被执行人的公民死亡，无遗产可供执行，又无义务承担人的；（4）追索赡养费、扶养费、抚育费案件的权利人死亡的；（5）作为被执行人的公民因生活困难无力偿还借款，无收入来源，又丧失劳动能力的；（6）人民法院认为应当终结执行的其他情形。2008 年、2012 年《民事诉讼法》第 233 条以及第 257 条对上述法律规定全文吸收。综合上述规定，对于出现法定情形而终结执行的案件，原则上不能恢复执行，否则将与中止执行案件相混淆。

但需要指出的是，对于无财产可供执行的案件，在法律未有终结本次执行的明确规定之前，在执行实践中出现过以终结执行方式结案的情形。1999 年 10 月 1 日执行的《广东省法院裁定终结执行几类案件的暂行规定》规定了六类可以裁定终结执行的案件：（1）被执行人确无财产可供执行，已裁定中止执行 2 年（含 2 年）以上的。（2）案件审理中，裁判文书以公告形式送达，案件进入执行程序后，6 个月以上无法找到被执行人和可供执行的财产；申请人又无法提供被执行人有可供执行财产的。（3）被执行人已经停止经营 1 年以上，虽未被行政主管部门注销营业执照，但已 2 年以上（含 2 年）未按规定参加行政主管部门年检，经查又无可供执行财产的。（4）被执行人虽存在，但经过 2 年期间采取必要的强制措施后仍无法找到可供执行的财产，或其财产无法拍卖、变卖，申请人又不愿意以物抵债的。（5）被执行人在境外居住，经查在境内无可供执行的财产，申请人又无法提供被执行人在境内有财产可供执行的证据，人民法院立案执行一年仍无法执行的。（6）经查被执行人无财产可供执行，申请人请求终结执行的。因该规定因与《民事诉讼法》不符，在实践中导致结案方式不规范，广东高院于 2004 年 3 月 26 日发布《广东省高级人民法院关于不再适用〈广东省法院裁定终结执行几类案件的暂行规定〉的通知》，从通知下发之日起，此文不再适用。此外，广东高院另于2008年1月1日发布《广东省高级人民法院关于中止执行案件恢复执行的规定（试行）》，其中在第6条专门指出，“适用本院粤高法发［1999］46号《裁定终结执行几类案件的暂行规定》而裁定终结执行的案件，申请人可以申请恢复执行，但金融机构等申请执行人自行申请终结或其债权已核销的除外”。对于前述“金融机构自行申请终结除外”的规定，广东高院又于2011年4月26日发布《广东省高级人民法院关于修改〈广东省高级人民法院关于中止执行案件恢复执行的规定（试行）〉第六条的通知》，主要内容为：“金融机构核销而豁免债权属于内部管理行为，金融债权核销不等于债权债务消灭，债务人不能因债权核销而豁免偿债义务。将第六条修改为：适用本院《裁定终结执行几类案件的暂行规定》而裁定终结执行的案件，申请人可以申请恢复执行，但裁定终结执行是因为申请人撤销申请或申请人申请终结并明确表示放弃债权的除外。”

综上所述，在判断是否可以恢复执行的问题时，需要先审查原执行案件终结执行的真实原因。如果符合民事诉讼法关于终结执行规定的情形而终结执行的，除特别情形外一般不能恢复执行。而如果债权人并未明示放弃债权，而是因无财产可供执行而申请终结的，在发现被执行人有可供执行财产或提供了财产线索的，属于终结执行的情形消失，可以向执行法院申请恢复执行。此种情形下恢复执行也符合《最高人民法院关于执行案件立案、结案若干问题的意见》第6条的规定，即终结执行的案件，申请执行的条件具备时，申请执行人申请恢复执行的，人民法院应当按照恢复执行案件予以立案。

第二，执行中，法院基于双方达成的和解协议而终结案件执行，后因被执行人未履行和解协议，申请执行人申请恢复执行，法院裁定恢复执行符合法律规定。此时，若被执行人认为执行和解协议已经履行完毕或有其他符合《最高人民法院关于执行和解协议若干问题的规定》第11条的情形，提供充分证据后可要求法院不予恢复执行。

【类案裁判观点分析】

案例一：执行法院依据申请执行人撤回执行的申请，裁定终结民事判决的执行，符合法律规定——河南高院（2021）豫执复42号

本院认为，根据《民事诉讼法》第257条①的规定，申请人撤销申请的，人民法院裁定终结执行。根据《民事诉讼法司法解释》第520条②的规定，因撤销申请而终结执行后，当事人在《民事诉讼法》第239条③规定的申请执行时效期间内再次申请执行的，人民法院应当受理。本案中，申请执行人中旅银行依据已生效的（2017）豫08民初83号民事判决书，于2018年3月13日至2019年5月28日，先后三次向焦作中院申请强制执行，在执行过程中该院依据申请执行人撤回执行的申请，裁定终结执行，符合上述法律规定。而且，申请执行人中旅银行作为具有完全民事行为能力的法人，可以自由处分其权利，中旅银行在第二次之后的强制执行申请中，未要求宏达公司和亚飞公司履行（2017）豫08民初83号民事判决确定的义务，焦作中院在其后的执行通知书中未将宏达公司和亚飞公司列为被执行人并无不当。综上所述，郭某某的复议理由无事实根据及法律依据，本院不予支持。

案例二：执行中，法院基于双方达成的和解协议而终结案件执行，后因被执行人未履行和解协议，申请执行人申请恢复执行，法院裁定恢复执行符合法律规定——陕西高院（2021）陕执复15号

在执行过程中，双方当事人达成执行和解协议，申请执行人撤回执行申请，该院裁定终结执行。执行和解协议履行期限届满后，被执行人未履行，申请执行人申请恢复执行原生效的法律文书，执行法院恢复执行立案，符合《最高人民法院关于执行和解协议若干问题的规定》第9条的规定。被执行人认为申请执行人无权申请恢复执行，执行法院不应恢复执行立案，但没有

---

① 现为《民事诉讼法》第264条。

② 现为《民事诉讼法司法解释》第518条。

③ 现为《民事诉讼法》第246条。

提供前述规定第11条规定情形之一的事实证据，针对执行法院恢复执行立案行为错误的异议理由没有证据支持。

121. 申请执行人撤回申请，法院可以而非应当终结执行

◇ **问题** 在可能损害申请执行人之债权人权益的情况下，面对申请执行人撤回执行申请的行为，执行法院应否终结执行

◇ **来源** 湖北高院（2021）鄂执复237号

◇ **结论** 申请执行人撤回执行申请的行为，可能损害到申请执行人的债权人的合法权益，故执行法院就申请执行人的撤回执行申请可以不裁定终结执行

【基本案情】

申请执行人众一担保公司与被执行人某股权托管公司执行案件，武汉中院立以（2017）鄂01执907号案，即本案。刘某某以个人房产为某股权托管公司债务承担担保责任，因此刘某某也被列为本案被执行人。本案执行中，2018年12月29日，众一担保公司与某股权托管公司达成执行和解协议。

武汉中院于2018年11月19日立案受理华融公司申请执行众一担保公司等人的执行案，并于2020年7月24日依华融公司申请，裁定冻结了众一担保公司在本案的执行案款。

本案执行过程中，众一担保公司于2021年3月向武汉中院提交撤回执行申请书及撤回拍卖申请书，称其自愿撤回执行申请，并鉴于其已向武汉中院撤回该案执行，请求武汉中院撤回对被执行人（担保人）刘某某案涉不动产的拍卖。武汉中院未予准许。因此，被执行人刘某某提起执行异议，以申请执行人以撤案为由，请求终结本案执行及停止对其名下不动产的拍卖，故形成纠纷。

【争议焦点】

申请执行人撤回申请，法院应否必然终结执行？

【裁判要点】

《最高人民法院关于执行案件立案、结案若干问题的意见》第17条规定："有下列情形之一的，可以以'终结执行'方式结案：（一）申请人撤销申请或者是当事人双方达成执行和解协议，申请执行人撤回执行申请的；……"根据该规定，申请执行人撤回申请，法院可以终结执行，而非应当终结执行。本案中，众一担保公司向武汉中院申请撤回执行申请，将损害众一担保公司债权人的合法权益，武汉中院没有依众一担保公司的申请终结本案执行并无不当。

【相关法律规定】

《最高人民法院印发关于执行案件立案、结案若干问题的意见》

第十七条　有下列情形之一的，可以以"终结执行"方式结案：

（一）申请人撤销申请或者是当事人双方达成执行和解协议，申请执行人撤回执行申请的；

（二）据以执行的法律文书被撤销的；

（三）作为被执行人的公民死亡，无遗产可供执行，又无义务承担人的；

（四）追索赡养费、扶养费、抚育费案件的权利人死亡的；

（五）作为被执行人的公民因生活困难无力偿还借款，无收入来源，又丧失劳动能力的；

（六）作为被执行人的企业法人或其他组织被撤销、注销、吊销营业执照或者歇业、终止后既无财产可供执行，又无义务承受人，也没有能够依法追加变更执行主体的；

（七）依照刑法第五十三条规定免除罚金的；

（八）被执行人被人民法院裁定宣告破产的；

（九）行政执行标的灭失的；

（十）案件被上级人民法院裁定提级执行的；

（十一）案件被上级人民法院裁定指定由其他法院执行的；

（十二）按照《最高人民法院关于委托执行若干问题的规定》，办理了委托执行手续，且收到受托法院立案通知书的；

（十三）人民法院认为应当终结执行的其他情形。

前款除第（十）项、第（十一）项、第（十二）项规定的情形外，终结执行的，应当制作裁定书，送达当事人。

【应诉策略】

本文主文案例中，为何法院会不同意被执行人以申请执行人撤案为由申请终结执行？

本案一审法院武汉中院的论述更直接清晰。武汉中院认为：虽然本案申请执行人众一担保公司向武汉中院提交了撤回执行申请书，但因众一担保公司在武汉中院执行的另案中作为被执行人，对该案权利人华融公司负有金钱给付义务，武汉中院据此作出裁定，冻结了众一担保公司在本案中的案款。因此，本案执行不仅涉及众一担保公司利益，还牵涉众一担保公司作为被执行人的关联案件的执行，涉及众一担保公司债权人的利益。在此情况下，众一担保公司向武汉中院申请撤回执行申请，将损害众一担保公司债权人的合法权益，故武汉中院依法未予准许。刘某某以此为由主张终结本案的执行，武汉中院不予支持。

因此，债权人在执行中可以关注债务人的涉诉及涉执行的情况，跟进进度，启动执行程序时对于应受欠款或到期债权应做好保全措施，避免债务人擅自处分行为损害到债权人债权的清偿。

【类案裁判观点分析】

案例：申请执行人同意法院终结执行的行为，在未明示放弃债权的情况下，不代表其自愿放弃剩余债权而终结案件的执行——最高人民法院(2019)最高法执监417号

《最高人民法院关于执行案件立案、结案若干问题的意见》第6条规定：

“下列案件，人民法院应当按照恢复执行案件予以立案：……（五）依照民事诉讼法第二百五十七条①的规定而终结执行的案件，申请执行的条件具备时，申请执行人申请恢复执行的。”根据该规定精神，为保护当事人合法权益，即使案件终结执行，在申请执行的条件具备时，债权人可以依法请求人民法院申请恢复执行。本案中，根据辽阳中院查明的情况，2003 年 7 月 21 日，东街支行委托代理人张某颖称，经过请示上级行，同意终结此案的执行。东街支行同意终结执行的本意，是其自愿放弃剩余债权而彻底终结案件的执行，还是因为考虑到被执行人暂无可供执行的财产而申请执行程序暂时中止，申诉人（被执行人）对其主张应提供相应证据，辽宁高院和辽阳中院应进一步核查。故本案应重新查明案件事实，重审审理。

122. 因撤销申请而终结执行后，债权人能否在法定期限内再次申请执行

◇ **问题** 因撤销申请而终结执行后，当事人在《民事诉讼法》第 239 条②规定的申请执行时效期间内再次申请执行的，人民法院应否受理

◇ **来源** 浙江高院（2020）浙执复 87 号

◇ **结论** 申请执行人虽然提交的是撤回执行申请，但因非属当事人双方达成执行和解情形下作出，其真实意思表示应是撤销执行申请，因撤销申请而终结执行后，当事人在《民事诉讼法》第 239 条规定的申请执行时效期间内再次申请执行的，人民法院应当受理

【基本案情】

浙越公司申请执行安防公司执行案件，2020 年 6 月 29 日，浙越公司向绍兴中院提出申请撤回执行申请，法院作出（2019）浙 06 执 117 号之六执行

① 现为《民事诉讼法》第 264 条。

② 现为《民事诉讼法》第 246 条。

裁定终结执行。7月2日，浙越公司又向该院提出申请，要求恢复对该案的执行。7月3日，该院予以立案，案号为（2020）浙06执恢24号。7月9日，该院向各被执行人发出执行通知书、报告财产令、执行裁定书等法律文书。被执行人安防公司以终结执行裁定适用法律错误、未向被执行人有效送达法律文书等为由向绍兴中院提出执行异议，请求：（1）撤销绍兴中院恢复执行的行为；（2）撤销绍兴中院拍卖被执行人名下地产的行为。

绍兴中院驳回被执行人安防公司的异议请求，安防公司向浙江高院提出复议，浙江高院驳回安防公司的复议。

【争议焦点】

执行法院裁定终结执行是否符合法律规定？

【裁判要点】

关于绍兴中院裁定终结执行是否符合法律规定的问题，《民事诉讼法》第257条①规定："有下列情形之一的，人民法院裁定终结执行：（一）申请人撤销申请的；……"《最高人民法院关于执行案件立案、结案若干问题的意见》第17条规定："有下列情形之一的，可以以'终结执行'方式结案：（一）申请人撤销申请或者是当事人双方达成执行和解协议，申请执行人撤回执行申请的；……"本案申请执行人虽然提交的是撤回执行申请，但因非属当事人双方达成执行和解情形下作出，其真实意思表示应是撤销执行申请，因此绍兴中院根据《民事诉讼法》第257条的规定裁定终结执行符合法律规定。《民事诉讼法司法解释》第520条②规定："因撤销申请而终结执行后，当事人在民事诉讼法第二百三十九条③规定的申请执行时效期间内再次申请执行的，人民法院应当受理。"绍兴中院根据该规定对浙越公司的申请予以受理并立案执行符合上述司法解释的规定。安防公司关于绍兴中院作出终结执行裁定适用法律错误的复议理由不能成立。

---

① 现为《民事诉讼法》第264条。

② 现为《民事诉讼法司法解释》第518条。

③ 现为《民事诉讼法》第246条。

【相关法律规定】

《民事诉讼法》

第二百四十六条　申请执行的期间为二年。申请执行时效的中止、中断，适用法律有关诉讼时效中止、中断的规定。

前款规定的期间，从法律文书规定履行期间的最后一日起计算；法律文书规定分期履行的，从最后一期履行期限届满之日起计算；法律文书未规定履行期间的，从法律文书生效之日起计算。

第二百六十四条　有下列情形之一的，人民法院裁定终结执行：

（一）申请人撤销申请的；

（二）据以执行的法律文书被撤销的；

（三）作为被执行人的公民死亡，无遗产可供执行，又无义务承担人的；

（四）追索赡养费、扶养费、抚养费案件的权利人死亡的；

（五）作为被执行人的公民因生活困难无力偿还借款，无收入来源，又丧失劳动能力的；

（六）人民法院认为应当终结执行的其他情形。

《民事诉讼法司法解释》

第五百一十八条　因撤销申请而终结执行后，当事人在民事诉讼法第二百四十六条规定的申请执行时效期间内再次申请执行的，人民法院应当受理。

《最高人民法院关于执行案件立案、结案若干问题的意见》

第十七条　有下列情形之一的，可以以“终结执行”方式结案：

（一）申请人撤销申请或者是当事人双方达成执行和解协议，申请执行人撤回执行申请的；

（二）据以执行的法律文书被撤销的；

（三）作为被执行人的公民死亡，无遗产可供执行，又无义务承担人的；

（四）追索赡养费、扶养费、抚育费案件的权利人死亡的；

（五）作为被执行人的公民因生活困难无力偿还借款，无收入来源，又丧失劳动能力的；

（六）作为被执行人的企业法人或其他组织被撤销、注销、吊销营业执照或者歇业、终止后既无财产可供执行，又无义务承受人，也没有能够依法追加变更执行主体的；

（七）依照刑法第五十三条规定免除罚金的；

（八）被执行人被人民法院裁定宣告破产的；

（九）行政执行标的灭失的；

（十）案件被上级人民法院裁定提级执行的；

（十一）案件被上级人民法院裁定指定由其他法院执行的；

（十二）按照《最高人民法院关于委托执行若干问题的规定》，办理了委托执行手续，且收到受托法院立案通知书的；

（十三）人民法院认为应当终结执行的其他情形。

前款除第（十）项、第（十一）项、第（十二）项规定的情形外，终结执行的，应当制作裁定书，送达当事人。

【应诉策略】

1. 申请执行人撤回执行申请又马上恢复执行的行为是否属于滥用程序权利

因申请执行人申请撤回执行申请是其法定权利，因此被执行人在执行异议中主张申请执行人撤回执行申请后又马上申请恢复执行的行为，属于滥用程序权利的异议理由一般不能成立。

2. 法律意义上的撤销执行申请与撤回执行申请有何区别

关于撤销执行申请的规定，主要是《民事诉讼法》第264条，按照该条规定，申请人撤销申请的，人民法院应裁定终结执行。此外，《民事诉讼法司法解释》第518条规定：“因撤销申请而终结执行后，当事人在民事诉讼法第二百四十六条规定的申请执行时效期间内再次申请执行的，人民法院应当受理。”

关于撤回执行申请的规定，主要是《最高人民法院关于人民法院民事执行中查封、扣押、冻结财产的规定》第28条第1款第1项。根据该规定，申请执行人撤回执行申请或者放弃债权的，人民法院应当作出解除查封、扣押、冻结裁定。此外，《最高人民法院关于人民法院民事执行中拍卖、变卖财产的规定》第 17 条规定，拍卖开始前，申请执行人及其他执行债权人撤回执行申请的，人民法院应当撤回拍卖委托。《民事诉讼法司法解释》第 464 条规定，申请执行人与被执行人达成和解协议后请求撤回执行申请的，人民法院可以裁定者终结执行。

综上所述，执行程序中，关于撤销执行申请与撤回执行申请，两者最终导致的法律结果都可能是终结执行程序，只是在适用情形上、程序启动后的再执行问题上存在差异。撤回执行申请的，再执行需要以申请恢复执行为启动程序；撤销执行申请的，再执行需以再次申请执行为启动程序，再次申请执行需要考虑申请执行 2 年时效的问题，即在撤销执行而裁定终结执行之日 2 年内再审申请执行，否则过了 2 年时效将无权启动强制执行程序。

123. 法院以执行不能为由终结案件执行的，是否违法

◇ **问题**　执行法院以执行不能为由终结案件执行是否符合法律规定

◇ **来源**　陕西高院（2022）陕执复 3 号

◇ **结论**　执行法院应慎用以执行不能为由而终止执行，应就申请执行人重新提交的财产及财产线索进行调查并确认不存在执行可能时，才能裁定终结执行

【基本案情】

保理公司与航空公司、赵某某、王某等商业保理合同纠纷一案，西安中院受理保理公司的执行申请后，查封了被执行人航空公司、赵某某、王某名下房产，因执行所依据的仲裁裁决中关于保证人赵某某、王某抵押担保的房产未办理抵押登记而函问仲裁委员会，仲裁委员会回函表示抵押虽未办理登记但担保人的担保责任依约需承担，债权人因未办理抵押登记而不能对担保物享有优先受偿权。

执行中，对航空公司名下房产，西安中院依法移送至西安雁塔法院执行；

因保理公司与被执行人达成和解，西安中院解除了对被执行人王某、赵某某名下房产的查封；对次债务人到期债权，保理公司撤回了对该应收账款的执行申请；保理公司所称航空公司名下704,447.09元银行存款，据执行查控信息系统反馈并不存在以上资金。

西安中院因执行中对已查控财产及查实的财产线索已属执行不能，故作出执行终结裁定，申请执行人保理公司不服，提出执行异议：要求撤销终结执行裁定，恢复本案执行。西安中院裁定驳回保理公司异议，保理公司向陕西高院审请复议，陕西高院裁定撤销西安中院终结执行裁定。

【争议焦点】

西安中院以执行不能为由终结案件执行是否符合法律规定？

【裁判要点】

《民事诉讼法》第264条规定："有下列情形之一的，人民法院裁定终结执行：（一）申请人撤销申请的；（二）据以执行的法律文书被撤销的；……（六）人民法院认为应当终结执行的其他情形。"《最高人民法院关于执行案件立案、结案若干问题的意见》第17条对符合"终结执行"的情形进一步细化为13种情形，满足上述情形中的任意一种情形，执行法院可终结执行案件，如当事人达成执行和解、被执行人被宣告破产、被执行人死亡等原因。执行不能，是指案件在执行过程中，法院虽穷尽执行措施，但被执行人客观上确无可供执行的财产，致使案件无法执行的。本案中，西安中院在执行保理公司与航空公司等商业保理纠纷一案中，查封了被执行人航空公司名下房产及保证人赵某某、王某名下房产，因在执行中当事人达成和解协议，申请执行人向西安中院申请解除对案涉房产的查封措施，西安中院遂解除了对航空公司及赵某某、王某名下房产的查封。后因被执行人未按和解协议履行偿还义务，申请执行人保理公司向西安中院申请恢复执行案件。西安中院在恢复案件执行中，因案涉仲裁裁决第4项内容中涉及的抵押物未办理抵押登记手续，该项内容存在重大瑕疵而函询西安仲裁委员会，西安仲裁委员会对此回函该院，表示该项裁决事项符合法律规定，案涉房产虽未办理抵押登记手续，仅是债权人对案涉房屋价款无优先受偿权，不影响债权人对案涉房屋价款享有的权利。据此，西安仲裁委员会已对该仲裁裁决书的第 4 项内容予以说明，西安中院在恢复案件执行中应对抵押人名下案涉房屋采取强制执行措施。对于保证人名下的房屋，因西安中院在首次执行案件中已对其名下房屋采取查封措施，后因当事人达成和解而解除了查封措施，现西安中院已恢复案件执行，亦应对该房产情况调查后进而决定能否采取强制执行措施。基于以上事实，西安中院以执行不能为由终结案件执行缺乏事实依据。

对于申请执行人所提西安中院已冻结了被执行人航空公司名下银行账户共计 70 万余元存款，西安中院应执行该存款的复议理由，因复议申请人所提的该款项涉及的银行反馈查询情况中被执行人航空公司名下却无该存款金额，西安中院亦未实际冻结到该存款，故其所提复议理由不能成立。

【相关法律规定】

《民事诉讼法》

第二百六十四条　有下列情形之一的，人民法院裁定终结执行：

（一）申请人撤销申请的；

（二）据以执行的法律文书被撤销的；

（三）作为被执行人的公民死亡，无遗产可供执行，又无义务承担人的；

（四）追索赡养费、扶养费、抚养费案件的权利人死亡的；

（五）作为被执行人的公民因生活困难无力偿还借款，无收入来源，又丧失劳动能力的；

（六）人民法院认为应当终结执行的其他情形。

《最高人民法院关于执行案件立案、结案若干问题的意见》

第十七条　有下列情形之一的，可以以“终结执行”方式结案：

（一）申请人撤销申请或者是当事人双方达成执行和解协议，申请执行人撤回执行申请的；

（二）据以执行的法律文书被撤销的；

（三）作为被执行人的公民死亡，无遗产可供执行，又无义务承担人的；

（四）追索赡养费、扶养费、抚育费案件的权利人死亡的；

（五）作为被执行人的公民因生活困难无力偿还借款，无收入来源，又丧失劳动能力的；

（六）作为被执行人的企业法人或其他组织被撤销、注销、吊销营业执照或者歇业、终止后既无财产可供执行，又无义务承受人，也没有能够依法追加变更执行主体的；

（七）依照刑法第五十三条规定免除罚金的；

（八）被执行人被人民法院裁定宣告破产的；

（九）行政执行标的灭失的；

（十）案件被上级人民法院裁定提级执行的；

（十一）案件被上级人民法院裁定指定由其他法院执行的；

（十二）按照《最高人民法院关于委托执行若干问题的规定》，办理了委托执行手续，且收到受托法院立案通知书的；

（十三）人民法院认为应当终结执行的其他情形。

【应诉策略】

第一，在执行实务中，对于执行不能的案件一般是适用终结本次执行程序，并纳入“终本案件库”管理，公开接受社会监督，非直接裁定终结执行。后续若发现被执行人有财产可供执行时，法院必须依申请或依职权恢复执行。

第二，所谓执行不能，简单理解就是被执行人确无财产可供执行，或被执行人的财产客观上无法处置，如自然人债务人家徒四壁确无财产，或者法人债务人债台高筑，无力继续经营、濒临破产无可供执行的财产，或者处于无人员、无财产、无办公场所“三无状态”的“僵尸企业”等。因此，债权人在诉讼中就必须要为后续执行案款做好布局，或财产保全或选择合适被告等，避免胜诉后无法执行的窘境。

第三，房产不能办理过户存在多种原因，不一定不能办理过户就是执行不能。房产过户可能存在被其他法院另案查封、暂未办理首次登记以及需要补缴土地出让金等障碍。在执行过程中，申请执行人应帮助执行法院做好情况分析，以推动执行进度，避免法院因客观上确实无法继续执行而终结执行。

【类案裁判观点分析】

案例：在客观上确实无法继续执行时才可终结执行，但仅就本案所述另有其他权利人的情形而言，应通过案外人异议程序进行审查，并不能终结执行——广东高院（2021）粤执复433号

本案的焦点问题是广州中院对本案终结执行是否合法有据。根据查明的事实，本案执行依据（2019）穗仲案字第16296号调解书确定龙津公司应协助陈某将案涉商铺的产权过户登记至陈某名下。复议申请人陈某据此向广州中院申请执行，广州中院在执行过程中向广州市有关行政主管部门发函，该部门回复称，经查核，本案所涉商铺属直管房回迁。广州中院据此作出（2020）粤01执3470号执行裁定，认为被执行人将该房屋售卖给申请执行人属于无权处分行为，申请执行人依据双方在仲裁中达成的生效调解主张过户的合法依据不足，故裁定终结执行。本院认为，广州市有关行政主管部门的回函内容，实质上是认为本案所涉房产的实际权利人并非龙津公司。对此，应当由案外人在执行过程中向执行法院提出，执行法院则通过案外人执行异议的程序进行审查，而仅凭广州市有关行政主管部门的复函并不能排除执行。

124. 据以执行的法律文书被撤销，应终结执行和异议审查

◇ **问题** 整体拍卖裁定被撤销是否属于“据以执行的法律文书被撤销，人民法院裁定终结执行”的情形，执行异议审查案件应否终结审查

◇ **来源** 广东高院（2020）粤执复907号

◇ **结论** 参照《民事诉讼法》第257条[①]关于据以执行的法律文书被撤销、人民法院裁定终结执行的规定，因本复议案件审查的执行行为被撤销，故执行异议审查案件应终结审查

① 现为《民事诉讼法》第264条。

【基本案情】

申请执行人粤泰公司向惠州中院申请强制执行建筑总公司、孙某某案，法院查封了孙某某名下B3地块的国有土地使用权，以及孙某某妻子黄某某名下B4地块的国有土地使用权。

2020年3月27日，惠州中院作出（2018）粤13执恢40号之九执行裁定，认定黄某某系孙某某的妻子，黄某某于2016年6月2日书面同意惠州中院拍卖处置该土地用于清偿所欠债务，两块地上的六层楼房系案外人张某某建造，裁定：整体拍卖孙某某名下B3地块的国有土地使用权、黄某某名下B4地块的国有土地使用权，以及案外人张某某在该两幅地上所建的六层楼房。张某某不服，遂提出本案执行异议。

经查，惠州中院于2020年7月13日作出（2018）粤13执恢40号之二十八执行裁定书，裁定撤销（2018）粤13执恢40号之九整体拍卖的裁定。

广东高院因“据以执行的法律文书被撤销，人民法院裁定终结执行”为由裁定终止执行复议的审查，整体拍卖的执行裁定因此终结执行。

【争议焦点】

整体拍卖裁定被撤销是否属于“据以执行的法律文书被撤销，人民法院裁定终结执行”的情形？案件应否终结执行？

【裁判要点】

本案中，张某某提出执行异议、复议，请求撤销对B3、B4两地块国有土地享有的使用权及张某某在该两块土地上所建六层楼房的拍卖，并解除对B3、B4两地块的查封。经审查，惠州中院于2020年7月13日作出（2018）粤13执恢40号之二十八执行裁定，裁定撤销（2018）粤13执恢40号之九执行裁定书对B3、B4两地块国有土地使用权及地上建筑物的拍卖，并解除该院（2018）粤13执恢40号之六、之八执行裁定书对B3、B4两地块国有土地使用权的查封。由此可知，本复议案件审查的具体执行行为已被惠州中院撤销。参照《民事诉讼法》第264条关于据以执行的法律文书被撤销、人民法院裁定终结执行的规定，因本复议案件审查的执行行为被撤销，故本案应终结审查。

【相关法律规定】

《民事诉讼法》

第二百六十四条　有下列情形之一的，人民法院裁定终结执行：

（一）申请人撤销申请的；

（二）据以执行的法律文书被撤销的；

（三）作为被执行人的公民死亡，无遗产可供执行，又无义务承担人的；

（四）追索赡养费、扶养费、抚养费案件的权利人死亡的；

（五）作为被执行人的公民因生活困难无力偿还借款，无收入来源，又丧失劳动能力的；

（六）人民法院认为应当终结执行的其他情形。

【应诉策略】

第一，据以执行的法律文书被人民法院撤销后，对于竞买人通过拍卖取得的财产，若竞买人善意无过错，且已经支付了拍卖款，则依据善意取得原则，应保护竞买人的合法权益，拍卖取得的财产不予退还，被执行人若有损失，可另行起诉申请执行人进行赔偿，或向法院要求退还拍卖款。

第二，根据《民事诉讼法》第240条的规定，执行完毕后，据以执行的判决、裁定和其他法律文书确有错误，被人民法院撤销的，对已被执行的财产，人民法院应当作出裁定，责令取得财产的人返还；拒不返还的，强制执行。因此，据以执行的法律文书被人民法院撤销后，若申请执行人以物抵债的，对于已经抵债的物品，应依申请或依职权作出执行回转裁定或对拍卖行为进行纠正，责令申请执行人返还已取得的财产及其孳息。

第三，据以执行的法律文书被人民法院撤销后，在地上房屋整体拍卖的情形下，若如本文主文案例一样确认地上房屋非执行标的物的，则尽管申请执行人系通过人民法院的司法拍卖竞得设备公司的土地使用权及地上附着物，但考虑到其系本案申请执行人的特殊地位，且涉案土地使用权及地上附着物被拍卖后，只是办理了产权过户手续，取得了财产所有权，但并未实际占有该财产，因此后续法院一般会撤销拍卖及拍卖成交裁定，并要求已经竞得的申请执行人返还取得土地使用权。

125. 财产已执行完毕的案件，可否就终结执行前的行为提出执行异议

◇ **问题** 已执行完毕的案件，利害关系人可否就执行终结前的执行行为提起执行异议

◇ **来源** 最高人民法院（2020）最高法执复51号

◇ **结论** 当事人、利害关系人依照《民事诉讼法》第225条[①]对终结执行行为提出异议的，应当自收到终结执行法律文书之日起60日内提出；未收到法律文书的，应当自知道或者应当知道人民法院终结执行之日起60日内提出

【基本案情】

童某与美升公司企业出售合同纠纷一案，2016年6月30日，童某向贵阳中院申请执行。贵阳中院以（2016）黔01执428号立案执行，于2016年9月2日，查封了美升公司名下的案涉煤矿。11月30日，贵阳中院终结本次执行程序。2018年10月25日，贵阳中院恢复该案执行，并于2019年8月14日裁定将美升公司案涉煤矿以第一次拍流拍价抵债给童某，采矿权自裁定送达童某时转移，解除查封时，童某可持裁定书到相关部门办理产权登记手续。

在贵阳中院查封案涉煤矿期间，吴某某等以判决案涉煤矿归其所有为由，提出案外人执行异议，请求中止执行，贵阳中院裁定中止执行。童某提起执行异议之诉，贵阳中院于2018年7月3日判决驳回童某的诉讼请求。童某提

① 现为《民事诉讼法》第232条。

起上诉，贵州高院于2019年1月11日判决撤销该上述一审判决，并准许童某继续执行案涉煤矿。吴某某等人向最高人民法院申请再审，最高人民法院认为生效判决判令美升公司将案涉煤矿采矿许可证等证照变更至吴某某名下不属于形成判决，驳回了吴某某等人的再审申请。

【争议焦点】

1. 已执行完毕的案件，利害关系人可否就执行终结前的执行行为提起执行异议？

2. 法院就该异议该如何审查？

【裁判要点】

童某、庆兴煤业公司复议理由中提到“至今案争庆兴煤矿采矿权仍登记在美升公司名下，（2017）黔执27号没有执行完毕”，可见，童某、庆兴煤业公司对于贵州高院终结执行这一措施也提出了异议。《最高人民法院关于对人民法院终结执行行为提出执行异议期限问题的批复》规定，当事人、利害关系人依照《民事诉讼法》第225条对终结执行行为提出异议的，应当自收到终结执行法律文书之日起60日内提出；未收到法律文书的，应当自知道或者应当知道人民法院终结执行之日起60日内提出。据此，要认定童某、庆兴煤业公司对贵州高院终结执行措施提出异议是否超出法定期限，应当审查童某一方何时知道或者应当知道贵州高院终结执行（2017）黔执27号案件。但是，贵州高院对这一问题未予审查，亦属于基本事实认定不清。综上，贵州高院异议裁定认定事实不清，应予撤销。

【相关法律规定】

《民事诉讼法》

第二百三十二条　当事人、利害关系人认为执行行为违反法律规定的，可以向负责执行的人民法院提出书面异议。当事人、利害关系人提出书面异议的，人民法院应当自收到书面异议之日起十五日内审查，理由成立的，裁定撤销或者改正；理由不成立的，裁定驳回。当事人、利害关系人对裁定不服的，可以自裁定送达之日起十日内向上一级人民法院申请复议。

《执行异议和复议规定》

第六条 当事人、利害关系人依照民事诉讼法第二百二十五条[①]规定提出异议的，应当在执行程序终结之前提出，但对终结执行措施提出异议的除外。

案外人依照民事诉讼法第二百二十七条[②]规定提出异议的，应当在异议指向的执行标的执行终结之前提出；执行标的由当事人受让的，应当在执行程序终结之前提出。

《最高人民法院关于对人民法院终结执行行为提出执行异议期限问题的批复》

……

当事人、利害关系人依照民事诉讼法第二百二十五条规定对终结执行行为提出异议的，应当自收到终结执行法律文书之日起六十日内提出；未收到法律文书的，应当自知道或者应当知道人民法院终结执行之日起六十日内提出。批复发布前终结执行的，自批复发布之日起六十日内提出。超出该期限提出执行异议的，人民法院不予受理。

此复。

【应诉策略】

第一，执行程序中，当事人、利害关系人可以对执行行为提出异议，执行异议的提出时间应在执行终结前提出。那么这些主体对于法院的终结执行行为可以采取哪些救济路径？

若当事人、利害关系人对执行法院的终结执行行为有异议的，根据《最高人民法院关于对人民法院终结执行行为提出执行异议期限问题的批复》的内容，应当自收到终结执行法律文书之日起60日内提出。若当事人或利害关系人未收到执行法院的相关法律文书，则当事人、利害关系人应当自知道或

① 现为《民事诉讼法》第232条。
② 现为《民事诉讼法》第234条。

者应当知道人民法院终结执行之日起 60 日内提出。超出该期限提出执行异议的，人民法院不予受理。因此，当事人、利害关系人若对执行法院的终结执行行为存在异议，要在收到终结执行裁定之日或知道终结执行之日起 60 日内向执行法院提出，经执行异议、复议程序完成权利救济，若是过期权利人将丧失相关救济机会，法院也不会受理异议申请。

第二，执行终结一般意味着一个执行案件在程序上宣告结束，执行法院不再司法强制被执行人履行给付责任，一般将不再具有恢复执行的可能，一些例外情形除外，诸如 2015 年 1 月 1 日施行的《最高人民法院关于执行案件立案、结案若干问题的意见》第 6 条规定的情形。

第六部分

拒不执行判决、裁定罪认定的裁判要点及其他合法限制措施

《刑法》第313条规定："对人民法院的判决、裁定有能力执行而拒不执行，情节严重的，处三年以下有期徒刑、拘役或者罚金；情节特别严重的，处三年以上七年以下有期徒刑，并处罚金。单位犯前款罪的，对单位判处罚金，并对其直接负责的主管人员和其他直接责任人员，依照前款的规定处罚。"该条规定了拒不执行判决、裁定罪的基本内容，拒不执行判决、裁定罪可以通过公诉和自诉两种程序进行追诉：（1）公诉程序涉及法院和公安机关之间的衔接，或执行法院将执行案件涉嫌拒不执行判决、裁定罪的线索移送公安，或由申请执行人以拒不执行判决、裁定罪犯罪线索向公安机关报案，并由公安机关侦查，检察院提起公诉，法院最终裁判；（2）自诉程序则是申请执行人依据自行掌握的案件材料向法院提起刑事自诉，法院根据申请执行人的证据最终认定被执行人是否有罪应否刑事处罚。相比公诉程序，自诉程序对申请执行人立案的要求较高。

根据《刑法》第313条，以及《全国人民代表大会常务委员会关于〈中华人民共和国刑法〉第三百一十三条的解释》《最高人民法院关于审理拒不执行判决、裁定刑事案件适用法律若干问题的解释》的相关规定，拒不执行判决、裁定罪的定罪条件一般可归纳为以下情形：

1. 隐匿、转移、毁损财产。被执行人隐藏、转移、故意毁损财产或者无偿转让财产、以明显不合理的低价转让财产，致使判决、裁定无法执行的。

2. 担保人隐匿、转移、毁损担保财产。担保人或者被执行人隐藏、转移、故意毁损或者转让已向人民法院提供担保的财产，致使判决、裁定无法执行的。

3. 协助义务人的拒不协助。协助执行义务人接到人民法院协助执行通知书后，拒不协助执行，致使判决、裁定无法执行的。

4. 利用公职权力妨害执行。被执行人、担保人、协助执行义务人与国家机关工作人员通谋，利用国家机关工作人员的职权妨害执行，致使判决、裁定无法执行的。

5. 违反报告财产、限制消费等措施，被拘留后仍拒不执行。具有拒绝报告或者虚假报告财产情况、违反人民法院限制消费及有关消费令等拒不执行行为，经采取罚款或者拘留等强制措施后仍拒不执行的。

6. 伪造、毁灭证据或影响证人作证。伪造、毁灭有关被执行人履行能力的重要证据，以暴力、威胁、贿买方法阻止他人作证或者指使、贿买、胁迫他人作伪证，妨碍人民法院查明被执行人财产情况，致使判决、裁定无法执行的。

7. 拒不交付、迁出。拒不交付法律文书指定交付的财物、票证或者拒不迁出房屋、退出土地，致使判决、裁定无法执行的。

8. 以虚假诉讼妨害执行。与他人串通，通过虚假诉讼、虚假仲裁、虚假和解等方式妨害执行，致使判决、裁定无法执行的。

9. 以暴力手段妨害执行。以暴力、威胁方法阻碍执行人员进入执行现场或者聚众哄闹、冲击执行现场，致使执行工作无法进行的。

10. 对执行人员采取暴力手段。对执行人员进行侮辱、围攻、扣押、殴打，致使执行工作无法进行的。

11. 就执行设施采取暴力破坏。毁损、抢夺执行案件材料、执行公务车辆和其他执行器械、执行人员服装以及执行公务证件，致使执行工作无法进行的。

12. 致使债权人遭受重大损失。拒不执行法院判决、裁定，致使债权人遭受重大损失的。

本部分结合有关拒不执行判决、裁定罪的相关法律规定及实务判例，就拒不执行判决、裁定罪相关实务问题进行系统分析，并根据结合相关实战案例的裁判观点及实务情况给出应诉建议，以帮助读者理解本部分所涉实务疑难问题。

一、检察院不起诉决定书中常见的不起诉情形

根据《刑事诉讼法》第 16 条、第 175 条、第 177 条、第 182 条、第 282 条的相关规定，检察院不起诉可分为法定不起诉（《刑事诉讼法》第 16 条）、酌定不起诉（《刑事诉讼法》第 177 条第 2 款）、存疑不起诉（《刑事诉讼法》第 175 条第 4 款）、附条件不起诉（《刑事诉讼法》第 282 条）和特定不起诉

（《刑事诉讼法》第182条第2款）五种情形，而关于拒不执行判决、裁定罪的不起诉情形一般是酌定不起诉。本部分内容结合相关法律法规及实战案例的不起诉意见，帮助读者厘清拒不执行判决、裁定罪酌定不起诉的主要情形。

126. 自首+认罪认罚+犯罪情节轻微

◇ **来源** 浙江常山检察院常检刑不诉〔2022〕104号

【决定不起诉理由】

被不起诉人冯某某实施了《刑法》第313条第1款规定的行为，但犯罪情节轻微、社会危害性较小，且认罪、悔罪态度较好，具有自首情节，根据《刑法》第37条、第67条第1款的规定，可以免除处罚。依据《刑事诉讼法》第15条和第177条第2款的规定，决定对冯某某不起诉。

127. 自首+认罪认罚+犯罪情节轻微+与民事债权人达成和解

◇ **来源** 绥化北林检察院绥北检刑不诉〔2022〕66号

【决定不起诉理由】

被不起诉人邹某某实施了《刑法》第313条规定的行为，但犯罪情节轻微，具有自首情节，在侦查阶段就认罪认罚，与民事债权人达成和解，根据《刑法》第37条的规定，不需要判处刑罚。依据《刑事诉讼法》第177条第2款的规定，决定对邹某某不起诉。

128. 自首+认罪认罚+已履行给付义务且未造成严重后果

◇ **来源** 浙江仙居检察院仙检刑不诉〔2021〕20029号

【决定不起诉理由】

王某某实施了《刑法》第313条规定的行为，但犯罪情节轻微，具有以下法定从轻、酌情从轻情节：

1. 犯罪以后自动投案，如实供述自己的罪行，依照《刑法》第67条第1款的规定，可以从轻或减轻处罚。

2. 自愿认罪认罚，依照《刑事诉讼法》第15条的规定，可以从宽处罚。

3. 在立案侦查期间，履行生效判决内容，确有悔改表现且未造成严重后果，酌情可以从轻处罚。

根据《刑法》第37条的规定，不需要判处刑罚。依据《刑事诉讼法》第177条第2款的规定，决定对王某某不起诉。

129. 坦白+认罪认罚+犯罪情节轻微且在审查起诉阶段已履行全部执行义务

◇ **来源** 浙江长兴检察院长检刑不诉〔2022〕132号

【决定不起诉理由】

被不起诉人潘某某对人民法院的判决、裁定有能力执行而拒不执行，情节严重，其行为已触犯《刑法》第313条第1款之规定，构成拒不执行判决、裁定罪。但是，被不起诉人潘某某系初犯，到案后如实交代自己的犯罪事实，自愿认罪认罚，审查起诉阶段已履行全部执行义务，犯罪情节轻微不需要判处刑罚，根据《刑法》第37条的规定，可以免予刑事处罚。根据《刑事诉讼法》第177条第2款的规定，决定对潘某某不起诉。

130. 坦白+认罪认罚+取得申请执行人谅解

◇ **来源** 厦门海沧检察院海检刑不诉〔2022〕59号

【决定不起诉理由】

被不起诉人柯某某对人民法院的判决、裁定有能力执行而拒不执行，情节严重，实施了《刑法》第313条第1款规定的行为，但犯罪情节轻微，具有坦白情节，自愿认罪认罚，且已履行判决，并取得申请执行人谅解，根据《刑法》第67条第3款、第37条的规定，不需要判处刑罚。依照《刑事诉讼法》第15条、第177条第2款的规定，决定对柯某某不起诉。

131. 认罪认罚+达成和解并履行完给付义务

◇ **来源**　邯郸永年检察院永检刑不诉〔2022〕100号

【决定不起诉理由】

犯罪嫌疑人于某某实施了《刑法》第313条规定的行为，涉嫌构成拒不执行判决、裁定罪，但犯罪情节轻微，具有以下情节：于某某无犯罪前科，本人认罪认罚，与申请执行人已达成和解协议并履行完毕民事判决确定的内容，其行为未造成其他严重后果。依据《刑事诉讼法》第177条第2款的规定，决定对于某某不起诉。

132. 认罪认罚+在审查起诉阶段已履行完给付义务

◇ **来源**　甘肃山丹检察院山检刑不诉〔2022〕85号

【决定不起诉理由】

张某甲实施了《刑法》第313条第1款规定的行为，其行为构成拒不执行裁定罪。被不起诉人张某甲如实供述犯罪事实，根据《刑法》第67条第3款的规定，可以从轻处罚；被不起诉人张某甲承认指控的犯罪事实，愿意接受处罚并签署认罪认罚具结书，根据《刑事诉讼法》第15条的规定，可以从宽处理；被不起诉人张某甲在审查起诉阶段将裁定内容全部履行完毕，根据《最高人民法院关于审理拒不执行判决、裁定刑事案件适用法律若干问题的解释》第6条之规定，可以酌情从宽处罚。依据《刑事诉讼法》第177条第2款的规定，决定对张某甲不起诉。

133. 认罪认罚+犯罪情节轻微+作案时年满75周岁+移送审查起诉前全部履行执行义务

◇ **来源** 福建连城检察院连检刑不诉〔2021〕11号

【决定不起诉理由】

余某甲实施了《刑法》第313条第1款规定的行为，但因其自愿认罪认罚，具有自首的从轻减轻处罚情节，具有在移送审查起诉前全部履行执行义务的酌情从轻处罚情节，且作案时系年满75周岁的老人，犯罪情节轻微，根据《刑法》第15条、第16条的规定，不需要判处刑罚。依据《刑事诉讼法》第177条第2款的规定，决定对余某甲不起诉。

二、实务中拒不执行判决、裁定罪的常见构罪条件及定罪情形

关于拒不执行判决、裁定罪的认定，根据《刑法》第313条第1款的规定，对人民法院的判决、裁定有能力执行而拒不执行，情节严重的，处3年以下有期徒刑、拘役或者罚金。根据上述法律规定可知，有能力执行而拒不执行人民法院判决、裁定需达到情节严重的标准，才构成犯罪。《全国人民代表大会常务委员会关于〈中华人民共和国刑法〉第三百一十三条的解释》列有五种属于《刑法》第313条规定的“有能力执行而拒不执行，情节严

重”的情形，而《最高人民法院关于审理拒不执行判决、裁定刑事案件适用法律若干问题的解释》第 2 条又规定了 8 种“其他有能力执行而拒不执行，情节严重的情形”，基于上述法律规定以及如《广东省高级人民法院、广东省人民检察院、广东省公安厅关于办理拒不执行判决、裁定刑事案件的规范指引》《福建省高级人民法院、福建省人民检察院、福建省公安厅关于办理拒不执行判决、裁定刑事案件若干问题的指导意见》等地方司法文件的相关内容，并结合实务判例中法院的裁判观点，帮助读者厘清拒不执行判决、裁定罪关乎定罪及量刑的主要情节。

134. 被执行人强调非故意不履行法院判决，能否减轻刑罚

◇ **问题**　被执行人在拒收法院文书且拒不报告财产的情况下，强调主观非故意不履行法院判决，能否逃脱拒不执行判决、裁定罪的刑事处罚

◇ **来源**　洛阳中院（2022）豫 03 刑终 193 号

◇ **结论**　执行过程中，被执行人拒收法律文书、拒不报告财产状况，且在有履行能力情况下未主动履行，不能证明被执行人不存在主观拒不执行判决的故意，不能逃脱刑事处罚

【基本案情】

对于朱某某与马某某民间借贷纠纷，河南伊川法院于 2017 年 9 月作出（2017）豫 0329 民初 2652 号民事判决：被告朱某某偿还原告马某某借款本金 60, 000 元及利息。该判决于 2017 年 10 月 16 日生效后，被告朱某某未履行判决义务，马某某向法院申请强制执行。

执行法院向朱某某邮寄发出执行通知书、报告财产令、限制消费令，责令朱某某限期履行判决所确定义务，并报告财产情况，被告人拒收上述法律文书，亦未履行判决确定的给付义务及报告财产情况。

另查，在执行过程中，被执行人朱某某名下招商银行卡于 2017 年至

2020年收入69,200余元，支出69,000余元；兴业银行卡于2018年至2019年收入134,935元，支出134,420元。执行法院对被执行人朱某某实施司法拘留措施后，被执行人仍拒不执行。

被执行人朱某某经一审、二审判决确认犯拒不执行判决罪，判处有期徒刑一年。

【争议焦点】

被执行人朱某某提出的其没有故意拒不履行法院判决的意见，应否被采纳？

【裁判要点】

朱某某对人民法院的判决有能力执行而拒不执行，情节严重，其行为已构成拒不执行判决罪。关于朱某某提出其没有故意拒不履行法院判决的意见，经查，在人民法院生效判决执行过程中，朱某某拒收法律文书、拒不报告财产状况，且在有履行能力情况下未主动履行，因此该意见不予采纳。原判认定事实清楚、证据确实充分、定性准确，鉴于朱某某能够积极认罪悔罪，可酌情从轻处罚。

【相关法律规定】

《刑法》

第三百一十三条　对人民法院的判决、裁定有能力执行而拒不执行，情节严重的，处三年以下有期徒刑、拘役或者罚金；情节特别严重的，处三年以上七年以下有期徒刑，并处罚金。

单位犯前款罪的，对单位判处罚金，并对其直接负责的主管人员和其他直接责任人员，依照前款的规定处罚。

《最高人民法院关于审理拒不执行判决、裁定刑事案件适用法律若干问题的解释》

第二条　负有执行义务的人有能力执行而实施下列行为之一的，应当认定为全国人民代表大会常务委员会关于刑法第三百一十三条的解释中规定的

"其他有能力执行而拒不执行，情节严重的情形"：

（一）具有拒绝报告或者虚假报告财产情况、违反人民法院限制高消费及有关消费令等拒不执行行为，经采取罚款或者拘留等强制措施后仍拒不执行的；

……

【应诉策略】

第一，关于拒不执行判决、裁定罪的认定，根据《刑法》第 313 条第 1 款的规定，有能力执行而拒不执行人民法院判决、裁定需达到情节严重的标准，才构成犯罪。本文主文案例中，被执行人朱某某之所以被认定为符合拒不执行判决、裁定的构罪条件，主要是因为被执行人的四个行为：（1）被执行人拒收法院文书；（2）被执行人拒绝报告财产；（3）被执行人在执行过程中存在有履行能力而拒不履行的情形；（4）被执行人已被执行法院因拒不执行法院判决实施司法拘留处罚。被执行人的上述行为足以证明其存在明显故意不履行法院判决的主观恶意，因此被执行人即便强调主观上非故意不履行法院判决，而其实际行为已能证明存在恶意逃避债务责任的主观故意，故被执行人构成拒不执行判决罪。

第二，关于被执行人的刑罚，因被执行人积极认罪、悔罪故予以从轻处罚，这里的积极认罪悔罪其实对于债权人来讲并无实际意义，被执行人能够主动清偿债务、法院判决文书确定的债权得到清偿才是执行程序的最终目的，因此，遇到被执行人可能触犯刑事犯罪的情形，申请执行人应积极参与庭审并坚决追究被执行人的刑事责任。根据《最高人民法院关于审理拒不执行判决、裁定刑事案件适用法律若干问题的解释》第 6 条"拒不执行判决、裁定的被告人在一审宣告判决前，履行全部或部分执行义务的，可以酌情从宽处罚"的规定，被执行人若被定性为刑事犯罪，有助于民事债权得到清偿。

【类案裁判观点分析】

案例一：被执行人既未履行法律文书确定的给付义务，又拒绝报告财产情况，并将已被依法查封的财产出卖且携款外逃，为拒不执行判决、裁定罪情节严重的情形——黑龙江肇东法院（2016）黑1282刑初345号（人民法院依法打击拒不执行判决、裁定罪典型案例案例三）

被告人李某彬作为执行案件的被执行人，在法院向其发出执行通知书和报告财产令后，拒绝报告财产情况，拒不履行生效法律文书确定的义务，还擅自将已被法院依法查封的财产出卖并携款外逃，导致法院生效判决无法执行，符合“有能力执行而拒不执行，情节严重”的情形。法院根据检察机关的起诉，依法作出判决，有力惩治了此类犯罪，对此种抗拒执行犯罪行为起到了较好的警示作用。

案例二：被执行人拒收民事判决，拒不履行生效判决确定的义务，且在财产被查封情况下仍私自转让查封财产，并将转让所得价款用于清偿其他债务和个人消费的，符合拒不执行判决、裁定罪的构罪条件——浙江临安法院（2017）浙0185刑初167号（人民法院依法打击拒不执行判决、裁定罪典型案例案例五）

本案中，被执行人拒收民事判决，拒不履行生效判决确定的义务，在执行法院对其财产采取查封措施的情况下，私自转让查封财产并将转让所得价款用于清偿其他债务和个人消费，致使生效判决无法执行，属于拒不执行生效判决情节严重的行为。公安机关、检察机关、人民法院依法予以侦查、起诉和审判，有效打击了此类犯罪，维护了司法权威。

案例三：被执行人不按要求申报财产情况，经两次被采取拘留措施后仍不履行的，一般已符合拒不执行判决、裁定罪的构罪条件——湘潭中院（2016）湘03刑终206号（人民法院依法打击拒不执行判决、裁定罪典型案例案例四）

执行过程中，被执行人名下银行账户多次发生存取款行为，累计存入金额达13万余元。但是，被执行人对生效判决确定的义务未做任何履行，且不按要求申报财产情况，经两次被采取拘留措施后仍不履行，情节严重，构成拒不执行判决、裁定罪。法院依法受理申请人的刑事自诉并对被告人作出有罪判决，有效惩治了此类犯罪，维护了法律尊严。

135. 执行过程中转移资产或权益，是否构成拒不执行判决、裁定罪

◇ **问题**　执行过程中被执行人将保险受益人变更至子女名下是否构成转移资产，该行为是否构成拒不执行判决、裁定罪

◇ **来源**　玉林中院（2022）桂09刑终17号

◇ **结论**　在执行程序中，将保险受益人变更至子女名下，系为转移资产不履行还款义务，同时导致法院已生效的裁定无法执行，故根据《最高人民法院、最高人民检察院、公安部关于依法严肃查处拒不执行判决裁定和暴力抗拒法院执行犯罪行为有关问题的通知》的规定，符合拒不执行判决、裁定罪的构成要件

【基本案情】

被告人褚某系重工机械公司的实际控制人，玉林中院于2014年4月作出（2013）玉中民二初字第11号民事调解书：褚某与重工机械公司连带偿还6700万余元债务。调解书生效后，褚某未主动履行还款义务，并指使公司财务人员燕某于2014年6月从公司对公账户中转移120万元到燕某个人账户保管。

债权人于2016年3月向玉林中院申请强制执行，2017年2月至2019年5月，褚某从燕某处将留存的115万元取出挪作他用，另5万元转回公司对公账户。

2017年10月至11月，褚某将本人及其妻子名下在太平洋人保购买的21份保险转移至其女儿褚某1名下，该21份保单现金价值共计438万余元。

【争议焦点】

1. 保险受益人变更是否构成转移资产？

2. 已经被转移的保险收益应否被用于清偿被执行人所负债务？

【裁判要点】

2017 年 2 月至 2019 年 5 月，褚某从燕某处将留存的 115 万元取出挪作他用，另 5 万元转回公司对公账户，未履行还款义务，致使法院已生效的裁定无法执行。2017 年 10 月至 11 月，褚某将本人及其妻子名下在太平洋人保购买的 21 份保险转移至其女儿褚某 1 名下，未履行还款义务，致使法院已生效的裁定无法执行。经查实，该 21 份保单现金价值共计 4, 385, 613. 44 元。综上所述，褚某转移的财产共价值 5, 585, 613. 44 元。

褚某对人民法院的判决、裁定有能力执行而拒不执行，转移及无偿转让财产，致使判决、裁定无法执行，情节严重，构成拒不执行判决、裁定罪。褚某归案后，如实供述犯罪事实，属坦白，依法可从轻处罚。对冻结在案的褚某转移至其女儿褚某 1 名下的太平洋人保购买的 21 份保险，应在依法处置后偿还债权人的债务。对于褚某提出原判量刑过重，请求对其适用缓刑，经查，褚某拒不执行判决、裁定，情节严重，依法应处 3 年以下有期徒刑、拘役或者罚金。原判根据褚某犯罪的事实，犯罪的性质、情节及对社会的危害程度，判处其有期徒刑 2 年 6 个月，罪罚相当，并无过重；褚某犯罪情节严重，不符合适用缓刑的条件，不能对其适用缓刑。依照法律规定，褚某拒不执行判决、裁定，情节严重，量刑幅度应为 3 年以下有期徒刑、拘役或者罚金，即法律对在此量刑档次内没有判处罚金的规定，但一审人民法院对褚某并处罚金 50 万元，没有法律依据，是错误的，玉林中院依法予以改判。

【相关法律规定】

《最高人民法院、最高人民检察院、公安部关于依法严肃查处拒不执行判决裁定和暴力抗拒法院执行犯罪行为有关问题的通知》

一、对下列拒不执行判决、裁定的行为，依照刑法第三百一十三条的规定，以拒不执行判决、裁定罪论处。

（一）被执行人隐藏、转移、故意毁损财产或者无偿转让财产、以明显不合理的低价转让财产，致使判决、裁定无法执行的；

……

《最高人民法院关于审理拒不执行判决、裁定刑事案件适用法律若干问题的解释》

第二条　负有执行义务的人有能力执行而实施下列行为之一的，应当认定为全国人民代表大会常务委员会关于刑法第三百一十三条的解释中规定的“其他有能力执行而拒不执行，情节严重的情形”：

……

（八）拒不执行法院判决、裁定，致使债权人遭受重大损失的。

【应诉策略】

第一，《保险法》第23条第3款规定：“任何单位和个人不得非法干预保险人履行赔偿或者给付保险金的义务，也不得限制被保险人或者受益人取得保险金的权利。”该规定内容被不少人认为是保险作为金钱债权执行的“避风港”，认为保险具有司法风险隔离的功能。其实不然，仅有部分保险具有规避司法执行的可能，如专属于被执行自然人的人身保险不能执行，根据《人身保险公司保险条款和保险费率管理办法》第7条“人身保险分为人寿保险、年金保险、健康保险、意外伤害保险”的规定，意外伤害保险和健康保险中的医疗保险属于消费型保险，现金价值低无分红，保险金须优先用于医疗等专属用途，具有“人身专属性”，不能被司法执行。然而，如人寿保险、年金保险和健康保险中的疾病保险（重疾险）等保险一般具有一定现金价值或分红等财产权，则可以被司法执行。因此，关于保险作为司法执行“避风港”的说法，并不必然，且根据本文主文案例执行过程中被执行人在执行程序中转移保险单受益人导致无法清偿债务的，可构成拒不执行判决、裁定罪。

第二，执行过程中，保险单的受益人发生变更，若已经启动刑事立案，则通过刑事追赃可以追回；若未启动刑事立案，则申请执行人可根据财产转移线索请求执行法院查封、扣押进而变价处分该保险资产。若遇到未实现刑事的立案，同时执行法院拒绝执行变更后的被执行人子女名下资产，申请执行人还可以根据《民法典》第538条“债务人以放弃其债权、放弃债权担保、无偿转让财产等方式无偿处分财产权益，或者恶意延长其到期债权的履行期限，影响债权人的债权实现的，债权人可以请求人民法院撤销债务人的行为”的规定，行使债权人撤销权撤销被执行人的变更行为，但该种操作费力且耗时长，因此，建议在遇到被执行人转移资产的情形时，要尽量向执行法院提供有效财产转移线索以求得在执行程序中直接执行被转移资产。

【类案裁判观点分析】

案例一：以和妻子协议离婚的方法，将其名下全部财产转移到妻子名下并私自处分的，符合拒不执行判决、裁定罪的构罪条件——贵州正安法院（2014）正执字第192号（人民法院依法打击拒不执行判决、裁定罪典型案例案例一）

本案被执行人具有履行能力，以和妻子协议离婚的方法，将其名下全部财产转移到妻子名下，并私自将法院查封的房产予以出售，致使判决无法执行，情节严重，构成拒不执行判决、裁定罪。法院将其犯罪线索依法移交公安机关启动刑事追究程序，并依法定罪判刑，有效惩治了此类犯罪，维护了司法权威。同时，促使被执行人的前妻主动帮助被执行人全部履行债务，有效保障了申请执行人的合法权益，法律效果和社会效果良好。

案例二：明知公司账户被法院冻结，指使他人将本应进入公司账户的资金挪作他用，逃避法院强制执行，符合拒不执行判决、裁定罪的构罪条件——重庆合川法院（2017）渝01刑终471号（人民法院依法打击拒不执行判决、裁定罪典型案例案例十）

被执行人蓉泰公司及公司负责人刘某设在法院强制执行过程中，明知公司账户被法院冻结的情况下，指使他人将本应进入公司账户的资金转移至他人账户，挪作他用，隐匿公司财产，逃避法院强制执行，致使法院生效裁判无法执行，情节严重，其行为构成拒不执行判决、裁定罪。本案属于单位构成拒不执行判决、裁定罪的典型案例。法院依法认定被告单位及其直接负责的主管人员构成犯罪并分别判处刑罚，对于作为被执行人的单位具有很好的警示作用。

案例三：被执行人与案外人恶意串通，以虚假交易的方式将自己名下的财产转移至其亲属名下，逃避履行义务，致使法院判决无法执行，符合拒不执行判决、裁定罪的构罪条件——莆田荔城法院（2017）闽0304刑初179号（人民法院依法打击拒不执行判决、裁定罪典型案例案例九）

本案被执行人陈某有履行能力而拒不履行法院生效判决，并与案外人恶意串通，以虚假交易的方式将自己名下的财产转移至其亲属名下，逃避履行义务，致使法院判决无法执行。不仅被执行人的行为构成拒不执行判决、裁定罪，案外人也构成拒不执行判决、裁定罪的共犯。法院依法追究被执行人及案外人拒不执行判决、裁定罪的刑事责任，促使被执行人履行了义务，惩治了此种恶意串通拒不执行生效裁判的行为，起到了很好的教育和警示作用。

136. 拒不执行判决、裁定罪二审期间被执行人取得债权人谅解，可否减轻刑罚

◇ **问题**　一审被定罪判刑后，二审期间被执行人还钱取得债权人谅解，可否有助于减轻一审判决刑罚

◇ **来源**　葫芦岛中院（2021）辽14刑终170号

◇ **结论**　因拒不执行判决、裁定罪一审已被定罪处罚，二审期间被执行人若能通过偿还债务取得申请执行人的谅解，则可最大限度上有利于实现缓刑

【基本案情】

经葫芦岛连山法院（2014）连民三初字第00126号民事判决书，判决董某、孙某某给付葫芦岛某工程机械公司货款25万余元及利息，保证人陈某某承担连带清偿责任。该判决于2014年10月10日生效。判决生效后，执行法院于2016年3月10日对陈某某下达执行通知书、报告财产令。

经查明，在人民法院生效法律文书送达后，被执行人陈某某名下尾号为0878的银行卡有多笔资金存入并转出，数额达30余万元，被执行人陈某某

隐瞒上述财产，拒不偿还债务。

2018 年 10 月，申请执行人与被执行人陈某某达成执行和解协议，但被执行人陈某某未按和解协议约定履行还款义务。

公诉机关指控被执行人陈某某犯拒不执行判决、裁定罪，一审法院判处有期徒刑 8 个月，陈某某上诉，二审期间陈某某偿还债务并取得申请执行人谅解。

【争议焦点】

拒不执行判决、裁定罪二审期间被执行人取得债权人谅解，可否变更为缓刑?

【裁判要点】

在二审审理期间，经双方确认，被执行人陈某某已给付申请执行人 15 万元，双方约定 2022 年 5 月 30 日前由陈某某偿还剩余 5 万元欠款。二审期间，陈某某认罪认罚，申请执行人也表示，如陈某某依约给付剩余欠款，对其予以谅解。因此，二审法院认为：鉴于二审期间，陈某某与葫芦岛某机械工程公司达成和解协议，取得谅解，自愿认罪，经庄河市司法局进行社区调查评估，适用缓刑对陈某某所居住社区没有重大不良影响，可对其可适用缓刑。故二审判决陈某某有期徒刑 8 个月，缓刑 1 年。

【相关法律规定】

《刑法》

第三百一十三条第一款 对人民法院的判决、裁定有能力执行而拒不执行，情节严重的，处三年以下有期徒刑、拘役或者罚金；情节特别严重的，处三年以上七年以下有期徒刑，并处罚金。

《最高人民法院关于审理拒不执行判决、裁定刑事案件适用法律若干问题的解释》

第六条 拒不执行判决、裁定的被告人在一审宣告判决前，履行全部或部分执行义务的，可以酌情从宽处罚。

【应诉策略】

第一，关于被执行人被一审法院认定其行为构成拒不执行判决、裁定罪并已定罪处罚，应该提起上诉程序，在上诉程序中主动联系债权人并取得债权人的谅解，一般情况下，可以争取一审实刑二审缓刑的结果。

第二，对于被执行人来说，因为现在拒不执行判决、裁定罪的立案逐渐趋于保守，一旦被刑事立案，被执行人就需要谨慎处理债务问题，避免民事问题演化为刑事风险，此时的被执行人应尽早偿还债务，最不济也需在一审定罪处罚后，二审期间把债务还清或与债权人达成还款协议，取得申请执行人的谅解，以追求二审改判缓刑。

【类案裁判观点分析】

案例一：被执行人二审期间已将生效的判决、裁定所确定的义务执行完毕，并获得谅解，可酌情从轻处罚——中山中院（2021）粤20刑终364号

本院认为，上诉人许某无视国家法律，对人民法院的判决、裁定有能力执行而拒不执行，情节严重，其行为已构成拒不执行判决、裁定罪，应依法惩处。上诉人许某已将生效的判决、裁定所确定的义务执行完毕，并获得谅解，可酌情从轻处罚。原审判决认定事实清楚，证据确实、充分，审判程序合法，但适用法律及判处罚金不当，本院予以纠正。

案例二：在二审期间，上诉人表示自愿认罪，且与申请执行人就民事债务达成偿还协议，取得申请执行人谅解，可酌情从宽处罚——固原中院（2021）宁04刑终94号

本院认为，上诉人王某某对人民法院依法作出的具有执行内容且已发生法律效力的法律文书，有能力执行而拒不执行，情节严重，其行为构成拒不执行判决、裁定罪。上诉人王某某归案后能如实供述犯罪事实，有坦白情节，可以从轻处罚。在二审期间，上诉人王某某表示自愿认罪，且与申请执行人就民事债务达成偿还协议，取得申请执行人谅解，可酌情从宽处罚。关于上诉人王某某及其辩护人提出上诉人有从轻处罚情节，可以判处缓刑的上诉理由和辩护意见，经查上诉人王某某归案后能够如实供述自己的犯罪事实，有悔罪表现，在二审期间，上诉人王某某就其债务与申请执行人达成和解协议，并取得谅解，可以对上诉人王某某从轻处罚，因此上诉人王某某及其辩护人的该上诉理由和辩护意见成立，本院予以采纳。综上，原审法院认定事实清楚，证据确实、充分，审判程序合法。对于量刑问题，由于在二审期间出现新证据，二审予以改判。

案例三：鉴于被告人积极履行全部还款义务并取得谅解、系初犯、偶犯、认罪悔罪等从轻情节，结合司法局出具的社区调查评估意见，可对其适用缓刑——商丘中院（2021）豫14刑终201号

本院认为，原审认定被告人陈某某构成拒不执行判决、裁定罪的事实清楚，证据确实充分，审判程序合法。鉴于陈某某具有初犯、偶犯、认罪悔罪等从轻情节，并且还积极履行还款义务，取得了申请执行人的谅解，结合深圳市龙岗区司法局出具的社区调查评估意见，可对其适用缓刑。

案例四：偿还债权人钱款并取得债权人的谅解，可酌情从轻处罚，但未适用缓刑依然判处10个月有期徒刑——驻马店中院（2021）豫17刑终224号

关于被执行人盛某某及其辩护人提出的已抵押房屋筹款且取得债权人谅解，原判量刑过重，请求二审法院依法改判的意见，与审理查明的事实相符，该上诉理由和辩护意见成立，本院予以采纳。原判认定事实清楚，适用法律正确，审判程序合法，鉴于二审期间，被执行人盛某某家属偿还周某钱款并取得了债权人周某的谅解，可酌情对被执行人盛某某从轻处罚。

137. 单位犯拒不执行判决、裁定罪，其法定代表人应否承担刑事责任

◇ **问题** 单位犯拒不执行判决、裁定罪，执行过程中变更的新任法定代表人应否承担刑事责任

◇ **来源** 江西黎川法院（2021）赣1022刑初70号

◇ **结论**　单位对人民法院的判决、裁定有能力执行而拒不执行，情节严重的，对单位判处罚金，并对其直接负责的主管人员和其他直接责任人员处3年以下有期徒刑、拘役或者罚金；情节特别严重的，处3年以上7年以下有期徒刑，并处罚金

【基本案情】

2016年、2017年经江西黎川法院两个案件判决，确认：宝德公司负有向债权人熊某和傅某分别偿还400万元及利息和490万元购房款的义务。判决生效进入执行阶段，执行法院于2017年9月查封了宝德公司名下的三处不动产。

2017年11月，被执行人宝德公司法定代表人变更登记为李某某。

2018年2月，被执行单位宝德公司及其法定代表人李某某在收到恢复执行通知书、报告财产令后，未履行法律文书确定的义务，未向执行法院申报财产。2019年1月，因宝德公司拒不执行两判决且不申报财产，执行法院决定对被执行单位法定代表人李某某拘留15日，拘留期满后，宝德公司仍未执行民事判决。

被执行人及其法定代表人涉拒不执行判决、裁定罪案件审理过程中，被执行单位宝德公司与债权人达成执行和解，被执行单位原法定代表人李某1支付了95万元给债权人，被执行人单位及新任法定代表人李某某同意以被执行单位宝德公司的部分房产抵偿剩余债务，但尚未办理房产过户手续。法院一审判决：被执行单位（被告单位）宝德公司犯拒不执行判决、裁定罪，判处罚金5万元，该单位法定代表人李某某犯拒不执行判决、裁定罪，判处有期徒刑1年，缓刑2年。

【争议焦点】

1. 执行过程中变更的新任法定代表人应否构成拒不执行判决、裁定罪？

2. 拒不执行判决、裁定罪案件审理过程中达成执行和解且部分履行的，单位法定代表人能否免予刑事处罚？

【裁判要点】

被告单位宝德公司对人民法院依法作出具有执行内容且已发生法律效力的判决，具有拒绝报告财产情况等拒不执行行为，经对法定代表人采取拘留强制措施后仍拒不执行，应当认定为“其他有能力执行而拒不执行，情节严重的情形”，构成拒不执行判决、裁定罪。被告人李某某作为对其直接负责的主管人员，其行为亦构成拒不执行判决、裁定罪。被告人李某某到案后如实供述所犯罪行，具有坦白情节，被告单位宝德公司亦具有坦白情节，依法可对其从轻处罚；被告人李某某等人已就执行案件与对方达成执行和解协议，且已履行了部分债务，可酌情对其从轻处罚。辩护人提出被告人李某某犯罪情节轻微，建议免予刑事处罚的辩护意见，因本案所涉执行案件执行时间长达4年之久仍未能履行完毕，且至审判时仍未能全部履行，法定代表人李某某对此负直接、主要责任，故对该项辩护意见不予采纳；辩护人提出的其他辩护意见与江西黎川法院查明的事实相符，予以采纳。辉县市社区矫正执行中心经调查评估，认为李某某的社会危险性较小，结合本案犯罪事实及情节，可对李某某适用非监禁刑，适用缓刑。

【相关法律规定】

《刑法》

第三百一十三条 对人民法院的判决、裁定有能力执行而拒不执行，情节严重的，处三年以下有期徒刑、拘役或者罚金；情节特别严重的，处三年以上七年以下有期徒刑，并处罚金。

单位犯前款罪的，对单位判处罚金，并对其直接负责的主管人员和其他直接责任人员，依照前款的规定处罚。

【应诉策略】

第一，关于单位负责人符合拒不执行判决、裁定罪的主体身份问题，已有法律明确规定，但近几年出于维护经济发展、倡导善意执行的考量，对于被执行单位法定代表人的刑事追责也趋于保守，最高人民法院在2018年6月发布的“人民法院打击拒不执行判决、裁定罪典型案例”之案例二：执行法院将被执行人的法定代表人施某某涉嫌犯罪的线索移交公安机关。经公安机关侦查，检察院提起公诉，海南昌江法院依法作出判决，认定被执行单位法定代表人构成拒不执行判决、裁定罪，判处有期徒刑2年。该判决对被执行单位法定代表人定罪并判处实刑，既符合法律规定，又体现了对拒不执行判决、裁定罪的严厉打击，对于在单位犯罪中依法追究自然人的刑事责任也具有一定指导意义。

第二，担任公司法定代表人需谨慎，法定代表人对外代表公司行使权利承担义务，公司负债时虽然不能执行法定代表人的个人财产（可执行未实缴或抽逃出资股东个人财产），但若公司在执行过程中存在拒不执行法院判决、裁定，情节严重，致使判决、裁定无法执行的，该公司法定代表人存在承担刑事实刑的法律风险。因此，要注意以下两点：其一，做不做公司法定代表人需谨慎考虑，享有权利时也需承担相应责任；其二，决定做公司法定代表人，在公司面临债务危机特别是法院强制执行时，需依法按章办事。

【类案裁判观点分析】

案例：单位犯拒不执行判决、裁定罪，法定代表人承担刑事责任——海南二中院（2014）海南二中民三终字第23号（人民法院依法打击拒不执行判决、裁定罪典型案例案例二）

本案中，作为被执行人的昌缘合作社在具有履行能力的情况下，拒绝申报财产，以各种手段逃避执行，而且其法定代表人在被采取司法拘留措施后仍不执行，致使申请执行人遭受较大损失，属于“有能力执行而拒不执行，情节严重”的情形，构成拒不执行判决、裁定罪。同时，本案属于单位犯罪，被告人施某某为单位法定代表人，系直接负责的主管人员，对于单位实施的拒不执行判决、裁定罪应当承担刑事责任。法院依法对施某某定罪并判处实刑，符合法律规定，体现了对拒不执行判决、裁定罪的严厉打击，对于在单位犯罪中依法追究自然人的刑事责任也具有一定指导意义。

138. 跳过公安机关报案程序，自诉人直接向法院提起拒不执行判决、裁定罪刑事自诉，能否立案

◇ **问题** 自诉人未在自诉前以拒不执行判决、裁定罪向公安机关进行报案，是否符合自诉立案条件

◇ **来源** 北京三中院（2020）京03刑终115号

◇ **结论** 自诉人虽未曾向公安机关报案，但“控告”的内涵应结合案件情况而定，不应做形式主义的要求。具体到本案，在案证据显示自诉人以追回涉案车辆为目的，先后向北京市公安局朝阳分局、大兴分局报警，但都未得到进一步处理，虽然当时报的并非拒不执行判决、裁定罪，但均是出于追回涉案车辆的同一事项和目的，故北京三中院认为申请人已经向公安机关提出过控告，但是并未实现追究被告人刑事责任的目的，本案程序上符合拒不执行判决、裁定罪提起自诉的立案条件

【基本案情】

经北京朝阳法院判决确认，于某某负有向陈某交付车辆及使用费用的给付义务，但于某某未履行且经法院强制执行仍未履行，执行期间于某某因拒不履行法院生效法律文书被执行法院处以拘留15日。

申请人执行人陈某以被执行人于某某涉嫌拒不执行判决、裁定罪向北京朝阳法院提起刑事自诉，于某某辩称拒不执行判决、裁定罪为公诉案件，只有在特定条件下方可通过刑事自诉解决，自诉人提交的材料缺乏公安机关前置处理的材料，故本案不应由法院直接受理；对于被执行人有能力履行而拒绝履行，自诉人未提交相关证据；且给付标的物车辆已丧失给付条件，综上，请求对被告人于某某宣告无罪。

北京朝阳法院一审判决被执行人于某某犯拒不执行判决、裁定罪，判处有期徒刑2年，于某某上诉，北京三中院裁定驳回上诉维持原判。

【争议焦点】

1. 程序上，自诉人未在自诉前以拒不执行判决、裁定罪向公安机关进行报案，应否符合自诉立案条件？

2. 实体上，在陈某诉诸民事诉讼之前，于某某已将车辆出售，执行标的已“灭失”的情况是否影响拒不执行判决、裁定罪的成立？

【裁判要点】

第一，针对程序上自诉人未在自诉前以拒不执行判决、裁定罪向公安机关进行报案的问题。

《最高人民法院关于审理拒不执行判决、裁定刑事案件适用法律若干问题的解释》规定了拒不执行判决、裁定罪自诉的立案条件。在申请执行人有证据证明同时具有下列情形，人民法院认为符合《刑事诉讼法》第 204 条第 3 项规定的，以自诉案件立案审理：（1）负有执行义务的人拒不执行判决、裁定，侵犯了申请执行人的人身、财产权利，应当依法追究刑事责任的；（2）申请执行人曾经提出控告，而公安机关或者人民检察院对负有执行义务的人不予追究刑事责任的。本案中，陈某确未曾向公安机关报案，但“控告”的内涵应结合案件情况而定，不应做形式主义的要求。具体到本案，在案证据显示陈某以追回涉案车辆为目的，先后向北京市公安局朝阳分局、大兴分局报警，但都未得到进一步处理，虽然当时报的并非拒不执行判决罪，但均是系出于追回涉案车辆的同一事项和目的，故北京三中院认为申请人已经向公安机关提出过控告，但是并没实现追究被告人刑事责任的目的，本案程序上符合拒不执行判决罪、裁定提起自诉的立案条件。

第二，针对实体上执行标的“灭失”的问题。

根据目前生效的民事判决，被告人于某某私自在质押协议上加注借款履行期限，显非双方当事人真实意思表示，故其处置质物的行为不合法。其所谓车辆已“出售”仅系单方声称，并无相应证据支持（其声称的下家崔某也不承认），法律上也不合法（车辆无法过户）。所谓“出售”只能视为是规避法律的行为，不能谓之标的“灭失”。事实上，车辆仍客观存在并可以查找到下落，被告人于某某如有履行意愿完全可以私下回购或采用其他方式收回车辆以配合执行。

综上，被告人于某某在通过民事诉讼合法解决争端之前就随意处置车辆的行为属于隐藏、转移财产，最终导致不能执行到位，给申请人造成了经济损失，其行为构成拒不执行判决、裁定罪，情节严重，依法应予处罚。被告人于某某虽然对指控事实经过不持异议，但北京三中院对其量刑时重点考虑其借款后即随意处置车辆、长期以来隐藏财产、抗拒执行的行为给自诉人造成的伤害和损失，及其缺乏解决诚意、蔑视司法权威的态度等因素，对其依法处罚。

【相关法律规定】

《刑法》

第三百一十三条　对人民法院的判决、裁定有能力执行而拒不执行，情节严重的，处三年以下有期徒刑、拘役或者罚金；情节特别严重的，处三年以上七年以下有期徒刑，并处罚金。

单位犯前款罪的，对单位判处罚金，并对其直接负责的主管人员和其他直接责任人员，依照前款的规定处罚。

《最高人民法院关于适用〈中华人民共和国刑事诉讼法〉的解释》

第三百二十一条　对已经立案，经审查缺乏罪证的自诉案件，自诉人提不出补充证据的，人民法院应当说服其撤回起诉或者裁定驳回起诉；自诉人撤回起诉或者被驳回起诉后，又提出了新的足以证明被告人有罪的证据，再次提起自诉的，人民法院应当受理。

《最高人民法院关于审理拒不执行判决、裁定刑事案件适用法律若干问题的解释》

第三条　申请执行人有证据证明同时具有下列情形，人民法院认为符合刑事诉讼法第二百一十条第三项规定的，以自诉案件立案审理：

（一）负有执行义务的人拒不执行判决、裁定，侵犯了申请执行人的人身、财产权利，应当依法追究刑事责任的；

（二）申请执行人曾经提出控告，而公安机关或者人民检察院对负有执行义务的人不予追究刑事责任的。

第四条 本解释第三条规定的自诉案件，依照刑事诉讼法第二百一十二条的规定，自诉人在宣告判决前，可以同被告人自行和解或者撤回自诉。

第五条 拒不执行判决、裁定刑事案件，一般由执行法院所在地人民法院管辖。

《最高人民法院关于拒不执行判决、裁定罪自诉案件受理工作有关问题的通知》

一、申请执行人向公安机关控告负有执行义务的人涉嫌拒不执行判决、裁定罪，公安机关不予接受控告材料或者在接受控告材料后60日内不予书面答复，申请执行人有证据证明该拒不执行判决、裁定行为侵犯了其人身、财产权利，应当依法追究刑事责任的，人民法院可以以自诉案件立案审理。

二、人民法院向公安机关移送拒不执行判决、裁定罪线索，公安机关决定不予立案或者在接受案件线索后60日内不予书面答复，或者人民检察院决定不起诉的，人民法院可以向申请执行人释明；申请执行人有证据证明负有执行义务的人拒不执行判决、裁定侵犯了其人身、财产权利，应当依法追究刑事责任的，人民法院可以以自诉案件立案审理。

三、公安机关接受申请执行人的控告材料或者人民法院移送的拒不执行判决、裁定罪线索，经过60日之后又决定立案的，对于申请执行人的自诉，人民法院未受理的，裁定不予受理；已经受理的，可以向自诉人释明让其撤回起诉或者裁定终止审理。此后再出现公安机关或者人民检察院不予追究情形的，申请执行人可以依法重新提起自诉。

《北京市高级人民法院关于刑事自诉案件立案审查规范》

第十八条 【拒执罪案件提起自诉的条件】申请执行人有证据证明同时具有下列情形，可以自收到公安机关或者人民检察院出具的《不予立案通知书》或《不起诉决定书》之日起，向执行法院提起自诉：

（一）负有执行义务的人拒不执行判决、裁定，侵犯了申请执行人的人身、财产权利，应当依法追究刑事责任的；

（二）申请执行人曾经提出控告，而公安机关或者人民检察院对负有执行义务的人不予追究刑事责任的。

申请执行人以被执行人涉嫌拒不执行判决、裁定罪向公安机关、检察机关报案，有证据证明公安机关、检察机关不予接收材料，可以向执行法院提起自诉。

人民法院以涉嫌拒执罪向公安机关移送的案件，公安机关作出不予立案的决定并予以退回，或公安机关侦查结束移送检察机关，检察机关作出不起诉决定的，人民法院可以向申请执行人释明，告知其可以向执行法院提起自诉。

【应诉策略】

第一，关于拒不执行判决、裁定罪自诉的立案申请，根据《刑法》《刑事诉讼法》等相关法律规定，拒不执行判决、裁定罪自诉立案需满足以下条件：

（1）自诉人系债权人或债权受让人，且已是执行程序中的申请执行人，被告须有明确的主体信息，包括姓名、地址、联系方式，若有身份证信息更好。

（2）有证据证明被告对申请执行人负有金钱给付义务，如判决书、裁定书、执行通知书等法律文书。

（3）有证据证明被告存在逃避执行的行为，如隐藏、转移、故意损毁财产或者无偿转让财产，拒绝报告或者虚假报告财产情况，违反人民法院限制消费及有关消费令等，经采取罚款或者拘留等强制措施后仍拒不执行等情形的初步证据材料或线索，即被告可能触犯刑事犯罪的证明材料。

（4）有证据证明被告拒不执行生效法律文书的行为，已造成生效法律文书无法执行的危害结果，如执行法院因被告无财产可供执行终结本次执行裁定，执行立案文书及恢复执行文书等证明执行期限已过多年但债权仍未得到清偿的证明材料。

（5）申请执行人有证据证明自己曾经提出控告，而公安机关或者人民检察院对负有执行义务的人不予追究刑事责任。

第二，拒不执行判决、裁定案件采用自诉方式进行追诉，可以为拒不执行判决、裁定案件的追诉程序提供多一种途径，为执行程序中的申请执行人提供多一个救济选择。

关于在被执行人吃喝享乐不受限制但执行法院仍以无财产可供执行裁定终结本次执行时，申请执行人往往会考虑刑事追责，以倒逼被执行人主动偿还债务并达成和解。申请执行人可请求刑事立案及追责，也可以通过刑事自诉的方法向执行法院请求立刑事自诉案件。因目前拒不执行判决、裁定罪各地的裁量尺度并不统一，且存在越发保守适用的趋势，因此，自诉案件也会遇到裁定不予受理的情形。那么若刑事自诉都被裁定驳回起诉了，申请执行人还能怎么办？

一方面，在被执行法院裁定终结执行后，若申请执行人发现被执行人有可供执行财产的，根据《民事诉讼法司法解释》第 519 条第 2 款的规定，可以再次向执行法院申请执行。

另一方面，即便此次刑事自诉因为被执行人拒不执行判决、裁定罪因证据不足以立案，法院裁定驳回后，若申请执行人发现新的足以证明被执行人有罪的证据，根据《最高人民法院关于适用〈中华人民共和国刑事诉讼法〉的解释》第 321 条的规定，可以再次提起自诉。因此，即便刑事自诉存在证据不足被裁定驳回起诉的情形，也不影响申请执行人继续寻找财产线索追究被执行人的民事及刑事责任的权利。

第三，关于被执行人为国家公职人员时，执行程序相对较容易操作，因国家公职人员若涉嫌犯拒不执行判决、裁定罪，该公职人员存在被单位开除等风险。

《公职人员政务处分法》第 14 条规定，公职人员犯罪，有下列情形之一的，予以开除：（1）因故意犯罪被判处管制、拘役或者有期徒刑以上刑罚（含宣告缓刑）的；（2）因过失犯罪被判处有期徒刑，刑期超过 3 年的。公职人员若因过失犯罪被判处管制、拘役或者 3 年以下有期徒刑的，一般应当予以开除；案件情况特殊，予以撤职更为适当的，可以不予开除，但是应当报请上一级机关批准。公职人员因犯罪被单处罚金，或者犯罪情节轻微，人民检察院依法作出不起诉决定或者人民法院依法免予刑事处罚的，予以撤职；造成不良影响的，予以开除。因此，对于在执行程序中就怕被执行人无钱、无正经工作、无家庭的情况，但凡被执行人存在一定在意事项或者牵挂，都可努力尝试完成债权的清偿。

第四，拒不执行判决、裁定罪自诉案件，申请执行人可以向执行法院所在地的法院起诉，自诉人在宣告判决前，可以同被告人自行和解或者撤回自诉。

【类案裁判观点分析】

案例一：人民法院确认公安机关不予立案的事实后，应依法受理申请执行人自诉，及时审理，并依法判决——北京房山法院（2013）房民初字11987号（人民法院依法打击拒不执行判决、裁定罪典型案例案例八）

被告人藏某稳在明知案件进入执行程序后，隐匿行踪，转移财产，拒不履行判决确定的义务，致使生效裁判无法执行，情节严重，构成拒不执行判决、裁定罪。在申请执行人向公安机关控告时，尽管公安机关没有出具不予立案通知书，但人民法院根据律师见证书等证据确认公安机关不予立案的事实，依法受理申请执行人自诉，及时审理，依法判决，促使被执行人履行了义务，有效惩治了此类犯罪。

案例二：在当事人提起自诉后，执行法院的立案部门、刑事审判部门和执行部门加强沟通协调，迅速立案，及时审理，依法判决，促使被告人偿还欠款。本案自立案执行到自诉刑事案件的审结，在不到6个月的时间内，执行法院充分利用法律手段，依法严厉惩治了拒不执行判决、裁定犯罪行为，有效促进了案件的执行——淄博高新区法院（2015）新刑自初字第1号

淄博高新区法院经审理认为，刘某某实际控制的公司正常经营，月收入两三万元，但在民事判决生效后及本院执行期间，刘某某未与申请执行人积极协商还款事宜，仍存在驾驶高档轿车、使用高档消费品、居住高档住房等行为，特别是在法院主持下与申请执行人达成和解协议后仍不按约履行，应当认定其具有有能力执行而拒不执行的主观故意，鉴于刘某某在法庭庭审过程中与自诉人重新达成和解协议，部分款项已经支付，自诉人同意对其从轻处罚，可依法对其从轻处罚。该院以拒不执行判决、裁定罪判处刘某某有期徒刑6个月，缓刑1年。

三、因拒不执行判决、裁定罪被判刑后对被执行人民事债务责任的影响

关于被执行人因拒不履行生效法律文书确定的给付义务，被判处拒不执行判决、裁定罪并已实际服刑的，该被执行人的民事责任并不因服刑而消灭，被执行人仍需继续偿还债务。实务中，容易存在争议的是对于拒不执行判决、裁定罪服刑人员应否适用司法拘留措施，以及被执行人因犯罪行为所引起的民事关系该如何界定效力等问题，本板块内容帮助读者厘清上述争议问题。

139. 被执行人因拒不执行判决、裁定罪服刑后可否继续对其实施司法拘留

◇ **问题**　被执行人因拒不执行判决、裁定罪服刑后，执行法院以违反财产报告制度为由对被执行人采取拘留15日的处罚，在此情形下执行法院可否在拘留期满当日以妨害执行对被执行人进行连续拘留

◇ **来源**　商丘中院（2019）豫14执复20号

◇ **结论**　因拒不执行判决、裁定罪服刑且刑满释放的被执行人时某某，其人身自由在整个执行过程中一直在被拘留控制，且该被执行人已同意以房抵债的情况下，不足以认定被执行人存在拒不履行生效法律文书确定义务的故意行为，因此，不能以其拒不履行生效法律文书确定的义务为由再次采取连续拘留措施

【基本案情】

法院于2019年3月7日将时某某予以司法拘留15日，2019年3月22日司法拘留届满后，河南柘城法院于2019年3月22日当天又以时某某拒不履行生效的法律文书所确定的义务为由作出（2019）豫1424执124号拘留决

定，将时某某连续予以拘留。该案河南柘城法院以同一行为将复议申请人连续拘留，违反了《民事诉讼法司法解释》第184条的规定，系典型的变相非法拘禁复议申请人。

在债权人陈某某与债务人时某某民间借贷纠纷案中，河南柘城法院于2018年11月判决确认时某某负有向陈某某偿还借款45万元的给付义务，判决生效后，时某某未履行，申请执行人陈某某向河南柘城法院申请强制执行。

执行法院于2019年3月7日以时某某违反财产报告制度为由作出（2019）豫1424执124号拘留决定，拘留15日，又于2019年3月22日以时某某拒不履行生效法律文书确定的义务为由作出（2019）豫1424执124号拘留决定，对时某某拘留15日。

时某某认为，法院的连续司法拘留措施违法，申请执行异议及复议进行救济。

另查明，时某某因拒不执行判决、裁定罪于2017年11月22日由周口中院判处有期徒刑1年零10个月，于2019年3月1日刑满释放。2019年3月7日执行笔录显示：时某某称其有在建12层楼房，并同意以房抵债。

【争议焦点】

1. 被执行人拒不执行判决、裁定罪刑满释放后，可否以妨害执行处以司法拘留？

2. 本案被执行人时某某因上述行为被司法拘留15日后能否连续再被拘留15日？

【裁判要点】

构成妨害执行行为应同时具备以下3个要件：（1）必须有妨害执行的行为；（2）行为人实施妨害执行的行为在客观上造成了妨害执行正常进行的后果；（3）必须是行为人的故意行为。本案中，根据卷宗材料，被执行人时某某在2019年3月7日执行笔录中称其有在建12层楼房并同意以房抵债，对此执行法院应根据其反映出的财产情况及时进行调查并采取相应措施，但执行卷宗中无对上述财产调查核实及采取执行措施的相关材料；本案于2019年

1月21日立案执行，在执行过程中，复议申请人因另案拒不执行判决、裁定被判处其有期徒刑1年零10个月，于2019年3月1日刑满释放，刑满释放后河南柘城法院于2019年3月7日以被执行人违反财产报告制度为由将其拘留15日，首次拘留期限届满的当日即2019年3月22日河南柘城法院再次以被执行人拒不履行生效法律文书确定的义务为由又对其拘留15日，可见被执行人时某某在整个执行过程中其人身自由一直在被控制的状态中。根据上述事实，被执行人时某某在人身被控制并同意以房抵债的情况下，不足以认定其存在拒不履行生效法律文书确定义务的故意行为。故河南柘城法院以其拒不履行生效法律文书确定的义务为由再次采取拘留措施并使用同一案号作出拘留决定明显不当。

【相关法律规定】

《民事诉讼法司法解释》

第一百八十四条　对同一妨害民事诉讼行为的罚款、拘留不得连续适用。发生新的妨害民事诉讼行为的，人民法院可以重新予以罚款、拘留。

《民事诉讼法》

第一百一十九条第一款　拘传、罚款、拘留必须经院长批准。

第二百四十八条　被执行人未按执行通知履行法律文书确定的义务，应当报告当前以及收到执行通知之日前一年的财产情况。被执行人拒绝报告或者虚假报告的，人民法院可以根据情节轻重对被执行人或者其法定代理人、有关单位的主要负责人或者直接责任人员予以罚款、拘留。

【应诉策略】

第一，关于被执行人因拒不执行判决、裁定罪已经服刑且刑满释放后，其民事责任并未减少，该被执行人仍应继续清偿债务。若被执行人因触犯拒不执行判决、裁定罪刑满释放后，仍拒不履行判决义务，或实施藏匿行踪、躲避执行等行为的，执行法院在释法明理和说服教育无效后，仍有权决定对被执行人司法拘留15日。因此，各方需要重视法院的判决，执行法院面对拒不履行法律文书确定义务的被执行人，可根据情节轻重，依法对被执行人采取信用惩戒、限制消费、限制出国、罚款、拘留等强制措施，直至按照拒不执行判决、裁定罪追究其刑事责任。

第二，关于连续拘留问题。连续拘留不能因同一事项作出。实务中，执行法院的第一次拘留会以报告财产问题为理由，第二次拘留会以妨害执行程序为理由，经两次司法拘留共计 30 日后，被执行人还不履行债务，则最后还可以移送公安或向申请执行人释明进行拒不执行判决、裁定罪报案。

第三，关于已经因同一事项被判处拒不执行判决、裁定罪并服刑的，因被执行人不能因同一事项服两次刑，同一执行案号下不能再判处拒不执行判决、裁定罪，但执行法院可根据不同的妨害执行行为处以司法拘留 15 日的措施。

140. 被判拒不执行判决、裁定罪并服刑后，关于交付孩子抚养权等履行责任能否继续强制执行

◇ **问题** 婚姻家庭纠纷案件中，关于交付孩子抚养权的判决内容，被执行人在承担拒不执行判决、裁定罪的刑事处罚后，民事交付抚养权的执行案件能否终结执行

◇ **来源** 广州黄埔法院（2016）粤 0112 执恢 61 号

◇ **结论** 基于本案是对未成年子女的抚养权的执行，为避免对凌某宇造成心理和生理上的伤害，影响其健康成长，不适宜对其人身采取强制措施，且法院已穷尽执行措施，本案暂不具备继续强制执行的条件，故裁定终结执行

【基本案情】

林某诉凌某婚姻家庭纠纷一案，广州中院判决：婚生儿子凌某宇由林某抚养，因凌某未按期履行上述义务，凌某因拒不执行生效判决，已妨碍执行工作，被执行法院决定拘留 15 日。

凌某被拘留后仍不执行生效判决，执行法院遂将案件移送公安机关，经

法院判决凌某犯拒不执行判决、裁定罪，被判有期徒刑6个月。

凌某服刑后依旧拒不将儿子凌某宇交由申请执行人林某抚养，执行法院经全部执行手段及经执行异议及复议程序，最终裁定终结执行，并告知申请执行人林某若发现本案具备可执行的条件，可以再次申请执行。

【争议焦点】

关于交付孩子抚养权的履行责任能否继续强制执行？

【裁判要点】

广州中院作出的（2013）穗中法民一终字第3566号民事判决书已发生法律效力，义务人凌某应严格履行生效法律文书确定的义务。经穷尽执行措施，凌某仍拒不将儿子凌某宇交由申请执行人林某抚养。基于本案是对未成年子女的抚养权的执行，为避免对凌某宇造成心理上和生理上的伤害，影响其健康成长，不宜对其人身采取强制措施。本案暂不具备继续强制执行的条件，故依法终结执行。

【相关法律规定】

《民事诉讼法》

第二百六十四条　有下列情形之一的，人民法院裁定终结执行：

……

（四）追索赡养费、扶养费、抚养费案件的权利人死亡的；

（五）作为被执行人的公民因生活困难无力偿还借款，无收入来源，又丧失劳动能力的；

（六）人民法院认为应当终结执行的其他情形。

《民事诉讼法司法解释》

第五百一十七条　经过财产调查未发现可供执行的财产，在申请执行人签字确认或者执行法院组成合议庭审查核实并经院长批准后，可以裁定终结本次执行程序。

依照前款规定终结执行后，申请执行人发现被执行人有可供执行财产的，可以再次申请执行。再次申请不受申请执行时效期间的限制。

【应诉策略】

本文主文案例是个案，作者引用该案例是为向读者说明非金钱债务执行的极端情形是存在无法执行的可能，但此种个案并非普遍状态。若申请执行人寻找到其他新情况或发现本案具备可执行的条件，申请执行人仍可依据原生效判决，再次向法院申请强制执行。

141. 被执行人因处分财产被判定为拒不执行判决、裁定罪，该财产处分行为应否当然无效

◇ **问题** 被执行人因对案涉财产的抵押及抵押登记行为被判拒不执行判决、裁定罪，则被执行人该抵押及抵押登记的财产处分行为产生的《最高额抵押合同》合同是否有效，以及抵押登记是否有效

◇ **来源** 云南高院（2021）云民再29号

◇ **结论** 被执行人的抵押登记行为需向有关行政主管部门申请，并获得审批，非被执行人单方意思即可完成。因此，因被执行人中浩公司及其法定代表人李某某不履行生效判决确定的过户义务的“拒不执行”行为与抵押行为实则是两个行为，不能以对中浩公司拒不执行生效判决、裁定的行为进行评价的刑事判决而否定抵押合同的效力

【基本案情】

中浩公司与中铁某公司合作建房，中浩公司于2001年年初将案涉综合楼房屋交付中铁某公司使用。中浩公司于2007年办理了案涉综合楼房屋的国有土地使用权证，于2008年办理了案涉综合楼房屋的所有权登记，上述产权登记的所有权人均为中浩公司。中浩公司于2010年以中铁某公司无权占用案涉综合楼房屋为由，起诉中铁某公司腾退房屋。云南高院2012年9月二审判决

确认：中浩公司继续履行合作协议，将案涉综合楼房屋所有权及对应的土地使用权办理至中铁某公司名下。

2013 年 5 月，中铁某公司依据上述判决申请执行，执行法院因查阅到案涉综合楼房屋于 2012 年 9 月已有弥勒农商行为抵押权人的抵押登记，故终结了本次执行程序。中浩公司与弥勒农商行签署《最高额抵押合同》，双方于 2014 年 9 月在昆明市不动产登记中心办理了抵押登记。2015 年 2 月，中铁某公司申请恢复执行，执行法院到昆明市不动产登记中心就案涉综合楼房屋办理首先查封登记。

2020 年 3 月，昆明西山法院作出刑事判决，认定“中浩公司明知自己负有向中铁某公司办理案涉综合楼房屋的所有权及对应的土地使用权变更的义务，仍将前述该房屋用于抵押贷款并办理抵押登记”的事实，判决：中浩公司及其法定代表人李某某犯拒不执行判决、裁定罪，并予以处罚。

中铁某公司依据上述刑事判决书内容，以案涉抵押登记行为系拒不执行判决、裁定罪的犯罪行为，抵押登记应属无效，故提起本案诉讼。昆明中院一审判处抵押合同及抵押登记无效，云南高院二审推翻一审，认为抵押有效，判决抵押权人弥勒农商行就案涉综合楼房屋享有优先受偿权。

【争议焦点】

1. 中浩公司的抵押贷款和抵押登记是否构成拒不执行判决、裁定罪中的犯罪行为？

2. 据以认定拒不执行判决、裁定罪的被执行人向他人办理的抵押登记行为能否排除善意取得？

【裁判要点】

本案的抵押贷款和抵押登记行为是抵押担保人与抵押权人银行之间双方合意的民事行为，是在双方共同达成抵押贷款的合意的前提下委托公证员去登记机构办理的抵押登记；行政机关在负责办理房产抵押登记过程中进行了审批，也有履行必要注意义务的审查职责。弥勒农商行作为抵押权人经昆明市房屋产权管理处审批还取得了权属证书，所以不是中浩公司单方行为就能完成抵押贷款和抵押登记。昆明西山法院（2020）云0112刑初43号刑事判决虽然认定“中浩公司明知自己负有向中铁某公司办理案涉综合楼房屋的所有权及对应的土地使用权变更的义务，仍将前述案涉综合楼房屋用于抵押贷款并办理抵押登记”的事实，但是根据《刑法》第313条第1款“对人民法院的判决、裁定有能力执行而拒不执行，情节严重的，处三年以下有期徒刑、拘役或者罚金；情节特别严重的，处三年以上七年以下有期徒刑，并处罚金”的规定，拒不执行判决、裁定罪的核心是法律结果意义上的“有能力执行而拒不执行”，拒不执行判决、裁定罪损害的客体是“人民法院作出的已发生法律效力的判决、裁定的权威性”。在没有证据证明本案构成提供虚假材料申请登记存在贷款诈骗罪或者骗取贷款罪等犯罪的情况下，因被执行人中浩公司及其法定代表人李某某不履行生效判决确定的过户义务的“拒不执行”行为与抵押行为是两个行为，不能以对中浩公司拒不执行生效裁判的行为进行评价的刑事判决而否定抵押合同的效力。

【相关法律规定】

《物权法》

第二十八条 因人民法院、仲裁委员会的法律文书或者人民政府的征收决定等，导致物权设立、变更、转让或者消灭的，自法律文书或者人民政府的征收决定等生效时发生效力。

《担保法》

第四十一条 当事人以本法第四十二条规定的财产抵押的，应当办理抵押物登记，抵押合同自登记之日起生效。

《最高人民法院关于适用〈中华人民共和国民法典〉有关担保制度的解释》

第三十七条 当事人以所有权、使用权不明或者有争议的财产抵押，经审查构成无权处分的，人民法院应当依照民法典第三百一十一条的规定处理。

当事人以依法被查封或者扣押的财产抵押，抵押权人请求行使抵押权，经审查查封或者扣押措施已经解除的，人民法院应予支持。抵押人以抵押权设立时财产被查封或者扣押为由主张抵押合同无效的，人民法院不予支持。

以依法被监管的财产抵押的，适用前款规定。

第四十六条　不动产抵押合同生效后未办理抵押登记手续，债权人请求抵押人办理抵押登记手续的，人民法院应予支持。

抵押财产因不可归责于抵押人自身的原因灭失或者被征收等导致不能办理抵押登记，债权人请求抵押人在约定的担保范围内承担责任的，人民法院不予支持；但是抵押人已经获得保险金、赔偿金或者补偿金等，债权人请求抵押人在其所获金额范围内承担赔偿责任的，人民法院依法予以支持。

因抵押人转让抵押财产或者其他可归责于抵押人自身的原因导致不能办理抵押登记，债权人请求抵押人在约定的担保范围内承担责任的，人民法院依法予以支持，但是不得超过抵押权能够设立时抵押人应当承担的责任范围。

第四十七条　不动产登记簿就抵押财产、被担保的债权范围等所作的记载与抵押合同约定不一致的，人民法院应当根据登记簿的记载确定抵押财产、被担保的债权范围等事项。

【应诉策略】

第一，关于我国法律体系中的善意取得制度，意在保护善意无过错的交易相对方。如本案中，抵押权人取得抵押权登记时符合善意取得要件，则抵押合同及抵押权设立均系合法有效。

《最高人民法院关于适用〈中华人民共和国民法典〉物权编的解释（一）》第14条规定："受让人受让不动产或者动产时，不知道转让人无处分权，且无重大过失的，应当认定受让人为善意。真实权利人主张受让人不构成善意的，应当承担举证证明责任。"第15条规定："具有下列情形之一的，应当认定不动产受让人知道转让人无处分权：（一）登记簿上存在有效的异议登记；（二）预告登记有效期内，未经预告登记的权利人同意；（三）登记簿上已经记载司法机关或者行政机关依法裁定、决定查封或者以其他形式限制不动产权利的有关事项；（四）受让人知道登记簿上记载的权利主体错误；（五）受让人知道他人已经依法享有不动产物权。真实权利人有证据证明不动产受让人应当知道转让人无处分权的，应当认定受让人具有重大过失。"第17条规定："民法典第三百一十一条第一款第一项所称的'受让人受让该不动产或者动产时'，是指依法完成不动产物权转移登记或者动产交付之时。当事人以民法典第二百二十六条规定的方式交付动产的，转让动产民事法律行为生效时为动产交付之时；当事人以民法典第二百二十七条规定的方式交付动产的，转让人与受让人之间有关转让返还原物请求权的协议生效时为动产交付之时。法律对不动产、动产物权的设立另有规定的，应当按照法律规定的时间认定权利人是否为善意。”我国物权法以不动产物权登记生效主义为不动产物权变动的基本原则。不动产物权以登记为公示方法。物权公示具有公信力，依法定登记方式进行公示的物权，具有使社会一般人信赖其正确的效力，即使公示的物权状况与真实的权利状态不符，法律推定登记簿上记载的人是不动产的权利人，对信赖公示的善意第三人从公示的物权人处所取得的权利仍予以保护。抵押人以不属于自己有处分权的财产设定抵押的，构成无权处分，但是如果抵押权人取得抵押权登记时为善意的，抵押合同及抵押权设立合法有效。

第二，本文主文案例中，一审法院在民事判决中直接认定“中浩公司的抵押及抵押登记行为已经被昆明西山法院生效的刑事判决认定为犯罪行为”不当，云南高院认为被执行人办理抵押登记的行为非单方完成的行为需要向昆明市不动产登记中心进行申请并获得行政主管部门的审批，因此，被执行人中浩公司及其法定代表人李某某不履行生效判决确定的过户义务的“拒不执行”行为与抵押行为是两个行为，不能以对中浩公司拒不执行生效裁判的行为进行评价的刑事判决而否定抵押合同的效力。

第三，关于本案案外人中铁某公司已经获得的胜诉判决中判决被执行人中浩公司将案涉房屋过户至中铁某公司，该胜诉判决中铁某公司取得了什么性质的权利。《民法典》第 229 条规定：“因人民法院、仲裁机构的法律文书或者人民政府的征收决定等，导致物权设立、变更、转让或者消灭的，自法律文书或者征收决定等生效时发生效力。”该条规定是不动产物权变动登记生效要件的例外，是对物权公示的有益补充。但是，《最高人民法院关于适用〈中华人民共和国民法典〉物权编的解释（一)》第 7 条规定：“人民法院、仲裁机构在分割共有不动产或者动产等案件中作出并依法生效的改变原有物权关系的判决书、裁决书、调解书，以及人民法院在执行程序中作出的拍卖成交裁定书、变卖成交裁定书、以物抵债裁定书，应当认定为民法典第二百二十九条所称导致物权设立、变更、转让或者消灭的人民法院、仲裁机构的法律文书。”本案中，中铁某公司获得的判决确认事项是中浩公司将案涉综合楼房屋过户登记至中铁某公司名下，该民事判决不是“分割共有不动产”“拍卖成交”“以物抵债”的法律文书，不具备适用《民法典》第229条之前提条件。由于该生效判决针对的是合同关系下具体的当事人，对当事人以外的第三人来说公示力和公信力很弱，法律规定不动产需要办理登记，如果新权利人未依据生效法律文书办理登记的，要注意保护善意第三人的合法权益。

第四，法律上的所有权是对标的物全面支配的权利，包括占有、使用、收益和处分的权利。根据《民法典》第240条的规定：“所有权人对自己的不动产或者动产，依法享有占有、使用、收益和处分的权利。”本文主文案例中，虽然中铁某公司一直占有使用案涉综合楼房屋，但始终未积极主张办理产权登记。中铁某公司拿到的胜诉判决确认中浩公司应当对中铁某公司承担履行房屋所有权及土地使用权过户的义务，中铁某公司据此享有的是债权性权利。

四、除请求追究刑事责任外申请执行人还可采取的合法措施

142. 责令被执行人报告现有财产

第一，报告财产令的法律依据。根据《民事诉讼法》第248条的规定，被执行人未按执行通知履行法律文书确定的义务，应当报告当前以及收到执行通知之日前一年的财产情况。被执行人拒绝报告或者虚假报告的，人民法院可以根据情节轻重对被执行人或者其法定代理人、有关单位的主要负责人或者直接责任人员予以罚款、拘留。

第二，报告财产的范围。《最高人民法院关于民事执行中财产调查若干

问题的规定》第5条第1款规定："被执行人应当在报告财产令载明的期限内向人民法院书面报告下列财产情况：（一）收入、银行存款、现金、理财产品、有价证券；（二）土地使用权、房屋等不动产；（三）交通运输工具、机器设备、产品、原材料等动产；（四）债权、股权、投资权益、基金份额、信托受益权、知识产权等财产性权利；（五）其他应当报告的财产。"

第三，被执行人的财产已出租、已设立担保物权等权利负担，或者存在共有、权属争议等情形的，应当一并报告；被执行人的动产由第三人占有，被执行人的不动产、特定动产、其他财产权等登记在第三人名下的，也应当一并报告。

143. 传唤（拘传）被执行人接受质询

第一，传唤（拘传）被执行人接受质询的法律依据。根据《民事诉讼法司法解释》第482条第1款的规定，对必须接受调查询问的被执行人、被执行人的法定代表人、负责人或者实际控制人，经依法传唤无正当理由拒不到场的，人民法院可以拘传其到场。

《最高人民法院关于民事执行中财产调查若干问题的规定》第15条规定，为查明被执行人的财产情况和履行义务的能力，可以传唤被执行人或被执行人的法定代表人、负责人、实际控制人、直接责任人员到人民法院接受调查询问。对必须接受调查询问的被执行人、被执行人的法定代表人、负责人或者实际控制人，经依法传唤无正当理由拒不到场的，人民法院可以拘传其到场；上述人员下落不明的，人民法院可以依照相关规定通知有关单位协助查找。

第二，拘传的时间限制。人民法院应当及时对被拘传人进行调查询问，调查询问的时间不得超过8小时；情况复杂，依法可能采取拘留措施的，调查询问的时间不得超过24小时。

第三，异地拘传的相关规定。人民法院在本辖区以外采取拘传措施时，可以将被拘传人拘传到当地人民法院，当地人民法院应予协助。

144. 对被执行人限制消费

第一，限制消费的法律依据。《最高人民法院关于限制被执行人高消费及有关消费的若干规定》第 1 条规定，被执行人未按执行通知书指定的期间履行生效法律文书确定的给付义务的，人民法院可以采取限制消费措施，限制其高消费及非生活或者经营必需的有关消费。

第二，采取限制消费措施前的考量因素。上述司法解释第 2 条规定，人民法院决定采取限制消费措施时，应当考虑被执行人是否有消极履行、规避执行或者抗拒执行的行为以及被执行人的履行能力等因素。

第三，被执行的自然人的消费限制。上述司法解释第 3 条规定，被执行人为自然人的，被采取限制消费措施后，不得有以下高消费及非生活和工作必需的消费行为：（1）乘坐交通工具时，选择飞机、列车软卧、轮船二等以上舱位；（2）在星级以上宾馆、酒店、夜总会、高尔夫球场等场所进行高消费；（3）购买不动产或者新建、扩建、高档装修房屋；（4）租赁高档写字楼、宾馆、公寓等场所办公；（5）购买非经营必需车辆；（6）旅游、度假；（7）子女就读高收费私立学校；（8）支付高额保费购买保险理财产品；（9）乘坐 G 字头动车组列车全部座位、其他动车组列车一等以上座位等其他非生活和工作必需的消费行为。被执行人为单位的，被限制消费后，禁止被执行人及其法定代表人、主要负责人、影响债务履行的直接责任人员以单位财产实施本条第 1 款规定的行为。

第四，限制消费措施可依申请或依职权作出。上述司法解释第 4 条规定，限制消费措施一般由申请执行人提出书面申请，经人民法院审查决定；必要时人民法院可以依职权决定。

第五，限制消费令的程序及内容。上述司法解释第 5 条规定，人民法院决定采取限制消费措施的，应当向被执行人发出限制消费令。限制消费令由人民法院院长签发。限制消费令应当载明限制消费的期间、项目、法律后果等内容。

第六，限制消费措施可要求其他方协助执行。上述司法解释第 6 条规定，人民法院决定采取限制消费措施的，可以根据案件需要和被执行人的情况向有义务协助调查、执行的单位送达协助执行通知书，也可以在相关媒体上进行公告。

第七，限制消费令公告费用的承担。上述司法解释第 7 条规定，限制消费令的公告费用由被执行人负担；申请执行人申请在媒体公告的，应当垫付公告费用。

第八，被限制消费的被执行人的行为限制。上述司法解释第 8 条规定，被限制消费的被执行人因生活或者经营必需而进行本规定禁止的消费活动的，应当向人民法院提出申请，获批准后方可进行。

第九，限制消费令的解除。上述司法解释第 9 条规定，在限制消费期间，被执行人提供确实有效的担保或者经申请执行人同意的，人民法院可以解除限制消费令；被执行人履行完毕生效法律文书确定的义务的，人民法院应当在该司法解释第 6 条通知或者公告的范围内及时以通知或者公告解除限制消费令。

第十，公众对限制消费人员的监督。上述司法解释第 10 条规定，人民法院应当设置举报电话或者邮箱，接受申请执行人和社会公众对被限制消费的被执行人违反该司法解释第 3 条行为的举报，并进行审查认定。

第十一，违反限制消费措施的可追究刑事责任。上述司法解释第 11 条规定，被执行人违反限制消费令进行消费的行为属于拒不履行人民法院已经发生法律效力的判决、裁定的行为，经查证属实的，依照《民事诉讼法》第 114 条的规定，予以拘留、罚款；情节严重，构成犯罪的，追究其刑事责任。有关单位在收到人民法院协助执行通知书后，仍允许被执行人进行高消费及非生活或者经营必需的有关消费的，人民法院可以依照《民事诉讼法》第 117 条的规定，追究其法律责任。

145. 将被执行人纳入失信被执行人名单

第一，将被执行人纳入失信被执行人名单的法律依据。《最高人民法院关于公布失信被执行人名单信息的若干规定》共计 13 条规定。

《民事诉讼法司法解释》第516条规定，被执行人不履行法律文书确定的义务的，人民法院除可以对被执行人予以处罚外，还可以根据情节将其纳入失信被执行人名单，将被执行人不履行或者不完全履行义务的信息向其所在单位、征信机构以及其他相关机构通报。

《最高人民法院关于民事执行中财产调查若干问题的规定》第10条规定，被执行人拒绝报告、虚假报告或者无正当理由逾期报告财产情况的，人民法院应当依照相关规定将其纳入失信被执行人名单。

第二，纳入失信被执行人名单的情形。《最高人民法院关于公布失信被执行人名单信息的若干规定》第1条规定，被执行人未履行生效法律文书确定的义务，并具有下列情形之一的，人民法院应当将其纳入失信被执行人名单，依法对其进行信用惩戒：（1）有履行能力而拒不履行生效法律文书确定义务的；（2）以伪造证据、暴力、威胁等方法妨碍、抗拒执行的；（3）以虚假诉讼、虚假仲裁或者以隐匿、转移财产等方法规避执行的；（4）违反财产报告制度的；（5）违反限制消费令的；（6）无正当理由拒不履行执行和解协议的。

第三，纳入失信被执行人名单的期限。《最高人民法院关于公布失信被执行人名单信息的若干规定》第2条规定，被执行人具有本规定第1条第2~6项规定情形的，纳入失信被执行人名单的期限为2年。被执行人以暴力、威胁方法妨碍、抗拒执行情节严重或具有多项失信行为的，可以延长1~3年。失信被执行人积极履行生效法律文书确定义务或主动纠正失信行为的，人民法院可以决定提前删除失信信息。

第四，不得纳入失信被执行人名单的情形。《最高人民法院关于公布失信被执行人名单信息的若干规定》第3条规定，具有下列情形之一的，人民法院不得依据本规定第1条第1项的规定将被执行人纳入失信被执行人名单：（1）提供了充分有效担保的；（2）已被采取查封、扣押、冻结等措施的财产足以清偿生效法律文书确定债务的；（3）被执行人履行顺序在后，对其依法不应强制执行的；（4）其他不属于有履行能力而拒不履行生效法律文书确定义务的情形。

146. 限制被执行人进行市场经营

限制被执行人进行市场经营，有司法解释的有关规定为依据。根据《最高人民法院关于公布失信被执行人名单信息的若干规定》第8条的规定：

第一，人民法院应当将失信被执行人名单信息，向政府相关部门、金融监管机构、金融机构、承担行政职能的事业单位及行业协会等通报，供相关单位依照法律、法规和有关规定，在政府采购、招标投标、行政审批、政府扶持、融资信贷、市场准入、资质认定等方面，对失信被执行人予以信用惩戒。

第二，国家工作人员、人大代表、政协委员等被纳入失信被执行人名单的，人民法院应当将失信情况通报其所在单位和相关部门。

第三，国家机关、事业单位、国有企业等被纳入失信被执行人名单的，人民法院应当将失信情况通报其上级单位、主管部门或者履行出资人职责的机构。

147. 限制出境

第一，限制出境的法律依据。《民事诉讼法》第262条规定，被执行人不履行法律文书确定的义务的，人民法院可以对其采取或者通知有关单位协助采取限制出境，在征信系统记录、通过媒体公布不履行义务信息以及法律规定的其他措施。

《最高人民法院关于适用〈中华人民共和国民事诉讼法〉执行程序若干问题的解释》第23条规定，依照《民事诉讼法》第255条①的规定对被执行人采取限制出境措施的，应当由申请执行人向执行法院提出书面申请；必要时，执行法院可以依职权决定。

该司法解释第24条规定，被执行人为单位的，可以对其法定代表人、主

---

① 现为《民事诉讼法》第262条。

要负责人或者影响债务履行的直接责任人员限制出境。被执行人为无民事行为能力人或者限制民事行为能力人的，可以对其法定代理人限制出境。

《出境入境管理法》第12条第3项规定，中国公民如具有未了结的民事案件，人民法院决定不准出境的情形，不准出境。

第二，限制出境的解除。《最高人民法院关于适用〈中华人民共和国民事诉讼法〉执行程序若干问题的解释》第25条规定，在限制出境期间，被执行人履行法律文书确定的全部债务的，执行法院应当及时解除限制出境措施；被执行人提供充分、有效的担保或者申请执行人同意的，可以解除限制出境措施。

148. 对被执行人罚款、拘留

根据《民事诉讼法》第248条的规定，被执行人拒绝报告或者虚假报告的，人民法院可以根据情节轻重对被执行人或者其法定代理人、有关单位的主要负责人或者直接责任人员予以罚款、拘留。

《最高人民法院关于依法制裁规避执行行为的若干意见》第15条规定，对规避执行行为加大民事强制措施的适用。被执行人既不履行义务又拒绝报告财产或者进行虚假报告、拒绝交出或者提供虚假财务会计凭证、协助执行义务人拒不协助执行或者妨碍执行、到期债务第三人提出异议后又擅自向被执行人清偿等，给申请执行人造成损失的，应当依法对相关责任人予以罚款、拘留。

149. 对被执行人财产线索发布悬赏公告

第一，对被执行人财产线索发布悬赏公告的法律依据。《最高人民法院关于民事执行中财产调查若干问题的规定》第21条规定，被执行人不履行生效法律文书确定的义务，申请执行人可以向人民法院书面申请发布悬赏公告查找可供执行的财产。申请书应当载明下列事项：（1）悬赏金的数额或计算方法；（2）有关人员提供人民法院尚未掌握的财产线索，使该申请执行人的债权得以全部或部分实现时，自愿支付悬赏金的承诺；（3）悬赏公告的发布方式；（4）其他需要载明的事项。人民法院应当自收到书面申请之日起10日内决定是否准许。

第二，悬赏金由申请执行人支付。《最高人民法院关于民事执行中财产调查若干问题的规定》第24条第2款规定，悬赏金从前款规定的申请执行人应得的执行案款中予以扣减。特定物交付执行或者存在其他无法扣减情形的，悬赏金由该申请执行人另行支付。

150. 将被执行人信息对外进行媒体信息公开

第一，对被执行人信息对外进行媒体信息公开的法律依据。《民事诉讼法》第262条规定，被执行人不履行法律文书确定的义务的，人民法院可以对其通过媒体公布不履行义务信息以及采取法律规定的其他措施。

《最高人民法院关于适用〈中华人民共和国民事诉讼法〉执行程序若干问题的解释》第26条第1款规定，依照《民事诉讼法》第255条[①]的规定，执行法院可以依职权或者依申请执行人的申请，将被执行人不履行法律文书确定义务的信息，通过报纸、广播、电视、互联网等媒体公布。

第二，媒体相关费用由被执行人支付。《最高人民法院关于适用〈中华人民共和国民事诉讼法〉执行程序若干问题的解释》第26条第2款规定，媒体公布的有关费用，由被执行人负担；申请执行人申请在媒体公布的，应当垫付有关费用。

151. 限制被执行人变更法定代表人

第一，限制被执行人变更法定代表人的法律依据。根据《民事诉讼法》第103条第1款有关行为保全的规定，人民法院对于可能因当事人一方的行为或者其他原因，使判决难以执行或者造成当事人其他损害的案件，根据对

① 现为《民事诉讼法》第262条。

方当事人的申请，可以裁定对其财产进行保全、责令其作出一定行为或者禁止其作出一定行为；当事人没有提出申请的，人民法院在必要时也可以裁定采取保全措施。

该法第258条规定，在执行中，需要办理有关财产权证照转移手续的，人民法院可以向有关单位发出协助执行通知书，有关单位必须办理。

《市场主体登记管理条例》第25条规定，公司、非公司企业法人的法定代表人在任职期间发生本条例第12条所列情形之一的，应当向登记机关申请变更登记。

《上海市高级人民法院、上海市市场监督管理局关于进一步规范协助执行机制的会议纪要》第6条规定，市场监督管理部门根据人民法院的协助执行要求，对于已被人民法院纳入失信被执行人名单的公司，应暂停办理变更法定代表人和高级管理人员的业务。

第二，因并无直接明确的法律规定明确限制执行阶段法定代表人的变更，故需要结合实务案例以补充说明申请执行人或法院可在执行阶段限制被执行人法定代表人的变更。例如，在中山中院（2018）粤20执复114号案件中，法院认为，根据《民事诉讼法》第103条第1款"人民法院对于可能因当事人一方的行为或者其他原因，使判决难以执行或者造成当事人其他损害的案件，根据对方当事人的申请，可以裁定对其财产进行保全、责令其作出一定行为或者禁止其作出一定行为；当事人没有提出申请的，人民法院在必要时也可以裁定采取保全措施"的规定，本案被执行人某国旅公司未履行生效法律文书确定的义务，执行法院裁定禁止其作出一定行为，即限制其工商变更登记、注销登记并无不当。又如，北京三中院（2016）京03执复113号案中，法院认为："北京顺义法院为保证案件的顺利执行，限制金运通公司变更工商登记的措施并无不当。"

152. 法定代表人发生变更，可解除对原法定代表人采取的限制消费措施

第一，法定代表人发生变更，可解除对原法定代表人采取的限制消费措

施的法律依据。《最高人民法院关于进一步完善执行权制约机制加强执行监督的意见》第23条第2款规定：被执行人的法定代表人发生变更的，应当依当事人申请及时解除对原法定代表人的限制消费令。该条规定了被执行人法定代表人发生变更的，应解除对原法定代表人的限制消费措施。但同时根据《最高人民法院关于在执行工作中进一步强化善意文明执行理念的意见》第17条第1款第2项："单位被执行人被限制消费后，其法定代表人、主要负责人确因经营管理需要发生变更，原法定代表人、主要负责人申请解除对其本人的限制消费措施的，应举证证明其并非单位的实际控制人、影响债务履行的直接责任人员。人民法院经审查属实的，应予准许，并对变更后的法定代表人、主要负责人依法采取限制消费措施。"该条文系最高人民法院、最高人民检察院在《最高人民法院关于进一步完善执行权制约机制加强执行监督的意见》出台前施行的司法解释文件，该条文内容意在明确原法定代表人申请解除限制消费措施的举证证明责任，即需要证明原法定代表人非单位实际控制人或影响债务履行的直接责任人员。因此，暂不论原法定代表人如何举证问题，至少两部司法解释均明确在执行期间若发生法定代表人变更的，原则上可解除对原法定代表人的限制消费措施。

第二，关于如何举证证明原法定代表人是否为实际控制人或影响债务履行的直接责任人员问题。对此，申请执行人与原法定代表人均具有证明责任，可结合被执行单位的工商档案材料、股东会董事会决议等公司文件，并结合债务产生时原法定代表人是否任职，是否持股以及持股比例是否影响公司决策，是否受其他股东委托担任法定代表人（如原法定代表人系股东的员工），对内是否在公司担任重要职位并参与公司经营管理，对外是否代表公司签订合同、收取利益、履行债务、参加民事程序等事实，综合判断原法定代表人是否为实际控制人或者影响债务履行的直接责任人员。

第三，关于原法定代表人请求解除限制消费措施的实务判例。在最高人民法院（2020）最高法执监420号案中，法院认为：本案纠纷发生时，债权债务尚处于审查确定期间，原法定代表人在仲裁过程中向益衔公司等转让股权、变更法定代表人的行为并非法律禁止的行为，在无其他相应证据证实的情况下，不能视为执行中逃避债务的行为。另外，根据《公司法》第216条第3项“实际控制人，是指虽不是公司的股东，但通过投资关系、协议或者其他安排，能够实际支配公司行为的人”的规定，如果认为原法定代表人在转让股权后，仍能够通过投资关系、协议或者其他安排，实际支配公司行为，需要举证证明。现申请执行人仅以原法定代表人作为《酒店合作经营协议》签订、履行及发生争议时的被执行人的法定代表人，认为其为实际控制人或者影响本案债务履行的直接责任人依据不足。

153. 被执行人以虚假诉讼逃避执行同时构成拒不执行判决、裁定罪和虚假诉讼罪的处理

第一，拒不执行判决、裁定罪与虚假诉讼罪的竞合，一般是指被执行人与案外人串通，借助虚假诉讼变相转移被执行人财产致使无法执行，此种情形既满足拒不执行判决、裁定罪的构罪条件也符合《刑法》第307条之一虚假诉讼罪的构罪条件。根据《刑法》第307条之一第3款的规定，实施虚假诉讼犯罪行为，非法占有他人财产或者逃避合法债务，又构成其他犯罪的，依照处罚较重的规定定罪从重处罚。因此，被执行人的同一行为同时触犯两个罪名的，应以处罚较重的罪名。

第二，若被执行人以虚假诉讼为手段，实施逃避执行之行为的，按照拒不执行判决、裁定罪定罪处罚。此种情形多是因虚假诉讼行为尚不符合构罪条件时，根据《最高人民法院关于审理拒不执行判决、裁定刑事案件适用法律若干问题的解释》第2条“与他人串通，通过虚假诉讼、虚假仲裁、虚假和解等方式妨害执行，致使判决、裁定无法执行的”的规定，被执行人实施该虚假诉讼行为的，符合《全国人民代表大会常务委员会关于〈中华人民共和国刑法〉第三百一十三条的解释》有关“其他有能力执行而拒不执行，情节严重的情形”的规定，因此，按照拒不执行判决、裁定罪定罪处罚。

第七部分

不良资产处置及执行转破产程序所涉执行问题

该部分内容主要涉及执行程序与其他知识领域的关联问题，如不良资产处置程序中涉及的执行程序的相关问题，以及执行程序与破产程序的衔接的相关问题。

一、不良资产处置程序中所涉执行相关问题

根据《金融资产管理公司不良资产处置考核办法（试行）》的规定，不良资产是指资产公司按照国家规定的条件和范围依法收购的资产，其中资产公司指中国华融、长城、东方、信达四家国有独资金融资产管理公司。现在的不良资产处置公司的范围除上述四家资产公司以外，还有各省级资产管理公司（AMC）。在不良资产处置的业务模块中，司法处置占有一定比重，司法处置又包括保全、诉讼和执行，因此，执行程序是不良资产司法处置退出程序中最重要的变现程序。不良资产处置的司法强制执行程序又可以详细地拆分出法院判决文书、仲裁裁决、公证债权文书的执行立案，实现担保物权的程序启动，债权人受让取得债权后在执行程序中如何变更为新的申请执行人，财产调查程序，启动相应执行措施（详见第六部分内容），到期债权、应收账款的执行，不动产的估值拍卖，参与执行分配，以及被拖进破产清算和重组程序等。本版块内容围绕上述程序及实务问题，通过对实务案例的分析，以及相关法律法规的梳理和律师实战经验的总结，以期帮助读者理解不良资产处置程序中所涉强制执行的实务疑难问题。

（一）公证债权文书申请执行的法律规定及知识要点

司法强制执行程序是债权人债权变现的重要程序，其在不良资产处置业务的变现退出过程中扮演着举足轻重的作用，强制执行的执行依据包括生效判决书、调解书、仲裁裁决书以及赋予强制执行效力的公证债权文书。关于判决书、调解书及仲裁裁决的执行问题在前文中已有说明，本部分主要阐述金融不良资产处置执行所涉公证债权文书的申请执行问题。

有关公证债权文书执行问题，主要涉及的是债权人以赋予强制执行效力的公证债权文书直接向法院申请强制执行过程中所遇问题。赋予强制执行效力的公证债权文书无须经过仲裁或诉讼程序，可直接向法院申请强制执行。公证债权文书的优势是不必经漫长的诉讼流程，能直接进入司法强制执行程序，有助于债权的快速清偿，节约了时间成本，故受到很多金融机构的青睐，在金融机构的放贷业务中多有以公证债权文书的形式签订借贷协议，并以此形式直接进入司法强制执行程序进行催债。

因为公证债权文书的执行依据是未经过审判直接进入司法执行程序，执行实务中存在适用混乱的情形，特别在“以房养老”等骗局不断被揭发、公证机构配合贷款抵押公司办理公证债权文书强制执行受害人房产的情形出现后，各地法院在对公证债权文书的执行就更趋于谨慎。关于赋予强制执行效力的公证债权文书执行申请及不予执行等内容所涉法律法规及知识要点，整理如下。

154. 公证债权文书申请执行所涉法律法规

根据笔者的总结，公证债权文书申请执行主要涉及以下法律法规。

《民事诉讼法》

第二百四十五条 对公证机关依法赋予强制执行效力的债权文书，一方当事人不履行的，对方当事人可以向有管辖权的人民法院申请执行，受申请的人民法院应当执行。

公证债权文书确有错误的，人民法院裁定不予执行，并将裁定书送达双方当事人和公证机关。

第二百三十一条第二款 法律规定由人民法院执行的其他法律文书，由被执行人住所地或者被执行的财产所在地人民法院执行。

《民事诉讼法司法解释》

第四百七十八条 有下列情形之一的，可以认定为民事诉讼法第二百四十五条第二款规定的公证债权文书确有错误：

（一）公证债权文书属于不得赋予强制执行效力的债权文书的；

（二）被执行人一方未亲自或者未委托代理人到场公证等严重违反法律规定的公证程序的；

（三）公证债权文书的内容与事实不符或者违反法律强制性规定的；

（四）公证债权文书未载明被执行人不履行义务或者不完全履行义务时同意接受强制执行的。

人民法院认定执行该公证债权文书违背社会公共利益的，裁定不予执行。

公证债权文书被裁定不予执行后，当事人、公证事项的利害关系人可以就债权争议提起诉讼。

第四百七十九条　当事人请求不予执行仲裁裁决或者公证债权文书的，应当在执行终结前向执行法院提出。

《最高人民法院关于公证债权文书执行若干问题的规定》

第一条　本规定所称公证债权文书，是指根据公证法第三十七条第一款规定经公证赋予强制执行效力的债权文书。①

第二条　公证债权文书执行案件，由被执行人住所地或者被执行的财产所在地人民法院管辖。

前款规定案件的级别管辖，参照人民法院受理第一审民商事案件级别管辖的规定确定。

第三条　债权人申请执行公证债权文书，除应当提交作为执行依据的公证债权文书等申请执行所需的材料外，还应当提交证明履行情况等内容的执行证书。

第四条　债权人申请执行的公证债权文书应当包括公证证词、被证明的债权文书等内容。权利义务主体、给付内容应当在公证证词中列明。

第五条　债权人申请执行公证债权文书，有下列情形之一的，人民法院应当裁定不予受理；已经受理的，裁定驳回执行申请：

（一）债权文书属于不得经公证赋予强制执行效力的文书；

（二）公证债权文书未载明债务人接受强制执行的承诺；

---

① 《公证法》第37条第1款规定，对经公证的以给付为内容并载明债务人愿意接受强制执行承诺的债权文书，债务人不履行或者履行不适当的，债权人可以依法向有管辖权的人民法院申请执行。

（三）公证证词载明的权利义务主体或者给付内容不明确；

（四）债权人未提交执行证书；

（五）其他不符合受理条件的情形。

第六条 公证债权文书赋予强制执行效力的范围同时包含主债务和担保债务的，人民法院应当依法予以执行；仅包含主债务的，对担保债务部分的执行申请不予受理；仅包含担保债务的，对主债务部分的执行申请不予受理。

第七条 债权人对不予受理、驳回执行申请裁定不服的，可以自裁定送达之日起十日内向上一级人民法院申请复议。

申请复议期满未申请复议，或者复议申请被驳回的，当事人可以就公证债权文书涉及的民事权利义务争议向人民法院提起诉讼。

第八条 公证机构决定不予出具执行证书的，当事人可以就公证债权文书涉及的民事权利义务争议直接向人民法院提起诉讼。

第九条 申请执行公证债权文书的期间自公证债权文书确定的履行期间的最后一日起计算；分期履行的，自公证债权文书确定的每次履行期间的最后一日起计算。

债权人向公证机构申请出具执行证书的，申请执行时效自债权人提出申请之日起中断。

第十条 人民法院在执行实施中，根据公证债权文书并结合申请执行人的申请依法确定给付内容。

第十一条 因民间借贷形成的公证债权文书，文书中载明的利率超过人民法院依照法律、司法解释规定应予支持的上限的，对超过的利息部分不纳入执行范围；载明的利率未超过人民法院依照法律、司法解释规定应予支持的上限，被执行人主张实际超过的，可以依照本规定第二十二条第一款规定提起诉讼。

第十二条 有下列情形之一的，被执行人可以依照民事诉讼法第二百三十八条第二款①规定申请不予执行公证债权文书：

（一）被执行人未到场且未委托代理人到场办理公证的；

---

① 现为《民事诉讼法》第245条第2款。

（二）无民事行为能力人或者限制民事行为能力人没有监护人代为办理公证的；

（三）公证员为本人、近亲属办理公证，或者办理与本人、近亲属有利害关系的公证的；

（四）公证员办理该项公证有贪污受贿、徇私舞弊行为，已经由生效刑事法律文书等确认的；

（五）其他严重违反法定公证程序的情形。

被执行人以公证债权文书的内容与事实不符或者违反法律强制性规定等实体事由申请不予执行的，人民法院应当告知其依照本规定第二十二条第一款规定提起诉讼。

第十三条　被执行人申请不予执行公证债权文书，应当在执行通知书送达之日起十五日内向执行法院提出书面申请，并提交相关证据材料；有本规定第十二条第一款第三项、第四项规定情形且执行程序尚未终结的，应当自知道或者应当知道有关事实之日起十五日内提出。

公证债权文书执行案件被指定执行、提级执行、委托执行后，被执行人申请不予执行的，由提出申请时负责该案件执行的人民法院审查。

第十四条　被执行人认为公证债权文书存在本规定第十二条第一款规定的多个不予执行事由的，应当在不予执行案件审查期间一并提出。

不予执行申请被裁定驳回后，同一被执行人再次提出申请的，人民法院不予受理。但有证据证明不予执行事由在不予执行申请被裁定驳回后知道的，可以在执行程序终结前提出。

第十五条　人民法院审查不予执行公证债权文书案件，案情复杂、争议较大的，应当进行听证。必要时可以向公证机构调阅公证案卷，要求公证机构作出书面说明，或者通知公证员到庭说明情况。

第十六条　人民法院审查不予执行公证债权文书案件，应当在受理之日起六十日内审查完毕并作出裁定；有特殊情况需要延长的，经本院院长批准，可以延长三十日。

第十七条　人民法院审查不予执行公证债权文书案件期间，不停止执行。

被执行人提供充分、有效的担保，请求停止相应处分措施的，人民法院可以准许；申请执行人提供充分、有效的担保，请求继续执行的，应当继续执行。

第十八条 被执行人依照本规定第十二条第一款规定申请不予执行，人民法院经审查认为理由成立的，裁定不予执行；理由不成立的，裁定驳回不予执行申请。

公证债权文书部分内容具有本规定第十二条第一款规定情形的，人民法院应当裁定对该部分不予执行；应当不予执行部分与其他部分不可分的，裁定对该公证债权文书不予执行。

第十九条 人民法院认定执行公证债权文书违背公序良俗的，裁定不予执行。

第二十条 公证债权文书被裁定不予执行的，当事人可以就该公证债权文书涉及的民事权利义务争议向人民法院提起诉讼；公证债权文书被裁定部分不予执行的，当事人可以就该部分争议提起诉讼。

当事人对不予执行裁定提出执行异议或者申请复议的，人民法院不予受理。

第二十一条 当事人不服驳回不予执行申请裁定的，可以自裁定送达之日起十日内向上一级人民法院申请复议。上一级人民法院应当自收到复议申请之日起三十日内审查。经审查，理由成立的，裁定撤销原裁定，不予执行该公证债权文书；理由不成立的，裁定驳回复议申请。复议期间，不停止执行。

第二十二条 有下列情形之一的，债务人可以在执行程序终结前，以债权人为被告，向执行法院提起诉讼，请求不予执行公证债权文书：

（一）公证债权文书载明的民事权利义务关系与事实不符；

（二）经公证的债权文书具有法律规定的无效、可撤销等情形；

（三）公证债权文书载明的债权因清偿、提存、抵销、免除等原因全部或者部分消灭。

债务人提起诉讼，不影响人民法院对公证债权文书的执行。债务人提供充分、有效的担保，请求停止相应处分措施的，人民法院可以准许；债权人提供充分、有效的担保，请求继续执行的，应当继续执行。

第二十三条 对债务人依照本规定第二十二条第一款规定提起的诉讼，

人民法院经审理认为理由成立的，判决不予执行或者部分不予执行；理由不成立的，判决驳回诉讼请求。

当事人同时就公证债权文书涉及的民事权利义务争议提出诉讼请求的，人民法院可以在判决中一并作出裁判。

第二十四条　有下列情形之一的，债权人、利害关系人可以就公证债权文书涉及的民事权利义务争议直接向有管辖权的人民法院提起诉讼：

（一）公证债权文书载明的民事权利义务关系与事实不符；

（二）经公证的债权文书具有法律规定的无效、可撤销等情形。

债权人提起诉讼，诉讼案件受理后又申请执行公证债权文书的，人民法院不予受理。进入执行程序后债权人又提起诉讼的，诉讼案件受理后，人民法院可以裁定终结公证债权文书的执行；债权人请求继续执行其未提出争议部分的，人民法院可以准许。

利害关系人提起诉讼，不影响人民法院对公证债权文书的执行。利害关系人提供充分、有效的担保，请求停止相应处分措施的，人民法院可以准许；债权人提供充分、有效的担保，请求继续执行的，应当继续执行。

《公证法》

第三十七条　对经公证的以给付为内容并载明债务人愿意接受强制执行承诺的债权文书，债务人不履行或者履行不适当的，债权人可以依法向有管辖权的人民法院申请执行。

前款规定的债权文书确有错误的，人民法院裁定不予执行，并将裁定书送达双方当事人和公证机构。

《最高人民法院关于审理涉及公证活动相关民事案件的若干规定》

第三条第二款　当事人、公证事项的利害关系人对具有强制执行效力的公证债权文书的民事权利义务有争议直接向人民法院提起民事诉讼的，人民法院依法不予受理。但是，公证债权文书被人民法院裁定不予执行的除外。

《最高人民法院关于公证机关赋予强制执行效力的包含担保的公证债权文书强制执行的批复》

山东省高级人民法院：

你院《关于公证机关赋予强制执行效力的包含担保协议的公证债权文书能

否强制执行的请示》(［2014］鲁执复议字第47号)收悉。经研究,答复如下:

原则同意你院执行复议审查意见。人民法院对公证债权文书的执行监督应从债权人的债权是否真实存在并合法,当事人是否自愿接受强制执行等方面进行审查。《中华人民共和国民事诉讼法》第二百三十八条第二款①规定,公证债权文书确有错误的,人民法院裁定不予执行,并将裁定书送达双方当事人和公证机关。现行法律、司法解释并未对公证债权文书所附担保协议的强制执行作出限制性规定,公证机构可以对附有担保协议债权文书的真实性与合法性予以证明,并赋予强制执行效力。

……

《最高人民法院执行工作办公室关于赋予强制执行效力的公证债权文书申请执行期限如何起算问题的函》

贵州市高级人民法院②:

关于中国工商银行贵阳市万东支行申请执行贵州豪力房地产开发有限公司、贵州华新房地产开发有限公司借款担保合同纠纷一案,你院［2006］黔高执字第1号报告收悉。经研究,现就本案涉及的有关法律适用问题答复如下:

根据最高人民法院与司法部《关于公证机关赋予强制执行效力的债权文书执行有关问题的联合通知》(下称《联合通知》)的精神,原公证书和执行证书一起构成人民法院强制执行的依据。但该《联合通知》并未明确规定执行证书应当在什么期限内出具。虽然司法部《公证程序规则》第五十条明确了执行证书应当在法律规定的执行期限内出具,但该《公证程序规则》自2006年7月1日起施行,对本案不具有溯及力。故在司法部《公证程序规则》施行前,债权人申请执行的期限可理解为从公证机关签发执行证书后起算。

《最高人民法院、司法部关于公证机关赋予强制执行效力的债权文书执行有关问题的联合通知》

一、公证机关赋予强制执行效力的债权文书应当具备以下条件:

(一)债权文书具有给付货币、物品、有价证券的内容;

① 现为《民事诉讼法》第245条。

② 原文如此,实际上应为贵州省高级人民法院。

（二）债权债务关系明确，债权人和债务人对债权文书有关给付内容无疑义；

（三）债权文书中载明债务人不履行义务或不完全履行义务时，债务人愿意接受依法强制执行的承诺。

二、公证机关赋予强制执行效力的债权文书的范围：

（一）借款合同、借用合同、无财产担保的租赁合同；

（二）赊欠货物的债权文书；

（三）各种借据、欠单；

（四）还款（物）协议；

（五）以给付赡养费、扶养费、抚育费、学费、赔（补）偿金为内容的协议；

（六）符合赋予强制执行效力条件的其他债权文书。

三、公证机关在办理符合赋予强制执行的条件和范围的合同、协议、借据、欠单等债权文书公证时，应当依法赋予该债权文书具有强制执行效力。

未经公证的符合本通知第二条规定的合同、协议、借据、欠单等债权文书，在履行过程中，债权人申请公证机关赋予强制执行效力的，公证机关必须征求债务人的意见；如债务人同意公证并愿意接受强制执行的，公证机关可以依法赋予该债权文书强制执行效力。

四、债务人不履行或不完全履行公证机关赋予强制执行效力的债权文书的，债权人可以向原公证机关申请执行证书。

五、公证机关签发执行证书应当注意审查以下内容：

（一）不履行或不完全履行的事实确实发生；

（二）债权人履行合同义务的事实和证据，债务人依照债权文书已经部分履行的事实；

（三）债务人对债权文书规定的履行义务有无疑义。

六、公证机关签发执行证书应当注明被执行人、执行标的和申请执行的期限。债务人已经履行的部分，在执行证书中予以扣除。因债务人不履行或不完全履行而发生的违约金、利息、滞纳金等，可以列入执行标的。

七、债权人凭原公证书及执行证书可以向有管辖权的人民法院申请执行。

八、人民法院接到申请执行书，应当依法按规定程序办理。必要时，可以向公证机关调阅公证卷宗，公证机关应当提供。案件执行完毕后，由人民法院在十五日内将公证卷宗附结案通知退回公证机关。

九、最高人民法院、司法部《关于执行〈民事诉讼法（试行）〉中涉及公证条款的几个问题的通知》和《关于已公证的债权文书依法强制执行问题的答复》自本联合通知发布之日起废止。

《公证程序规则》

第五十五条　债务人不履行或者不适当履行经公证的具有强制执行效力的债权文书的，公证机构应当对履约情况进行核实后，依照有关规定出具执行证书。

债务人履约、公证机构核实、当事人就债权债务达成新的协议等涉及强制执行的情况，承办公证员应当制作工作记录附卷。

执行证书应当载明申请人、被申请执行人、申请执行标的和申请执行的期限。债务人已经履行的部分，应当在申请执行标的中予以扣除。因债务人不履行或者不适当履行而发生的违约金、滞纳金、利息等，可以应债权人的要求列入申请执行标的。

《北京市法院执行局局长座谈会（第七次会议）纪要——关于公证债权文书执行与不予执行若干问题的意见》

14. 有下列情形之一的，可以认定为《民事诉讼法司法解释》第四百八十条第一款第（三）项规定的“公证债权文书的内容与事实不符”：

……

（2）债权人与债务人就同一事项订立两份不同内容的债权文书，其中一份经过公证且赋予强制执行效力的；

……

155. 公证债权文书申请执行的一般规则

根据有关规定和案例，公证债权文书申请执行有以下一般规则。

1. 公证债权文书申请执行的管辖法院

对经公证的以给付为内容并载明债务人愿意接受强制执行承诺的债权文

书，债务人不履行或者履行不适当的，债权人可以依法向有管辖权的人民法院申请执行，执行法院由被执行人住所地或者被执行的财产所在地人民法院管辖。

2. 债权人申请执行公证债权文书前须先取得公证机构的《执行证书》

债务人不履行或不完全履行公证机关赋予强制执行效力的债权文书的，债权人可以向原公证机关申请《执行证书》。

债权人申请执行公证债权文书，除应当提交作为执行依据的公证债权文书等申请执行所需的材料外，还应当提交证明履行情况等内容的《执行证书》。因此，债权人应当凭原公证书及《执行证书》向有管辖权的人民法院申请执行。

公证机关签发《执行证书》应当注明被执行人、执行标的和申请执行的期限。债务人已经履行的部分，在《执行证书》中予以扣除。因债务人不履行或不完全履行而发生的违约金、利息、滞纳金等，可以列入执行标的。

3. 债权人申请执行的公证债权文书应包含的内容

债权人申请执行的公证债权文书的内容包括：公证证词、被证明的债权文书等内容，权利义务主体、给付内容应当在公证证词中列明。

4. 公证机构不予出具执行证书时如何处理

公证机构决定不予出具《执行证书》的，在公证机构出具不予执行决定以后，债权人可就公证债权文书涉及的民事权利义务争议直接向人民法院提起诉讼。

5. 强制执行范围包含主债务和担保债务时不同的处理情形

公证债权文书赋予强制执行效力的范围同时包含主债务和担保债务的，人民法院应当依法予以执行。仅包含主债务的，对担保债务部分的执行申请不予受理；仅包含担保债务的，对主债务部分的执行申请不予受理。

6. 执行中债权利息的确认

因民间借贷形成的公证债权文书，文书中载明的利率超过人民法院依照法律、司法解释规定应予支持的上限的，对超过的利息部分不纳入执行范围；载明的利率未超过人民法院依照法律、司法解释规定应予支持的上限，被执行人主张实际超过的，被执行人可以在执行程序终结前，以债权人为被告，向执行法院提起诉讼，请求不予执行公证债权文书。

7. 公证债权文书申请执行时效中止、中断

申请执行公证债权文书的期间自公证债权文书确定的履行期间的最后一日起计算；分期履行的，自公证债权文书确定的每次履行期间的最后一日起计算。

债权人向公证机构申请出具《执行证书》的，申请执行时效自债权人提出申请之日起中断。

156. 不予受理公证债权文书执行的适用情形

债权人申请执行公证债权文书，有下列情形之一的，人民法院应当裁定不予受理；已经受理的，裁定驳回执行申请：

1. 债权文书属于不得经公证赋予强制执行效力的文书。

2. 公证债权文书未载明债务人接受强制执行的承诺。

3. 公证证词载明的权利义务主体或者给付内容不明确。

4. 债权人未提交《执行证书》。

5. 其他不符合受理条件的情形。

157. 不予执行公证债权文书的适用情形

有下列第 1 ~ 5 项情形之一的，被执行人可以依照《民事诉讼法》第 245 条第 2 款的规定申请不予执行公证债权文书；有下列第 6 项情形的，法院可依职权裁定不予执行公证债权文书：

1. 被执行人未到场且未委托代理人到场办理公证的。

2. 无民事行为能力人或者限制民事行为能力人没有监护人代为办理公证的。

3. 公证员为本人、近亲属办理公证，或者办理与本人、近亲属有利害关系的公证的。

4. 公证员办理该项公证有贪污受贿、徇私舞弊行为，已经由生效刑事法

律文书等确认的。

5. 其他严重违反法定公证程序的情形。

6. 人民法院认定执行公证债权文书违背公序良俗的。

被执行人以公证债权文书的内容与事实不符或者违反法律强制性规定等实体事由申请不予执行的，人民法院应当告知其可以在执行程序终结前，以债权人为被告，向执行法院提起诉讼，请求不予执行公证债权文书提起诉讼。

若公证债权文书被裁定不予执行的，债权人可以就该公证债权文书涉及的民事权利义务争议向人民法院提起诉讼；公证债权文书被裁定部分不予执行的，债权人可以就该部分争议提起诉讼。此种情形下，债权人对不予执行裁定提出执行异议或者申请复议的，人民法院不予受理。

若法院裁定驳回债务人不予执行申请的，债务人可以自裁定送达之日起10日内向上一级人民法院申请复议。上一级人民法院应当自收到复议申请之日起30日内审查。经审查，理由成立的，裁定撤销原裁定，不予执行该公证债权文书；理由不成立的，裁定驳回复议申请。复议期间，不停止执行。

（二）公证债权文书执行中产生纠纷的常见情形

此处主要就执行实务中多发问题，通过实务案例的分析以及律师根据实务经营就应诉策略的分析，形成具有完整的问题、结论、法律依据、实务建议的知识体系，以期帮助债权人及相关方在公证债权文书的执行程序中能够明晰自身合法权益及相关应诉策略。

158. 在债权人住所地就与不动产有关债务的公证可能影响公证文书的执行

◇ **问题**　债权人在其住所地就与不动产有关的债务协议进行公证，是否因违反《公证法》关于公证管辖的规定而符合法院不予执行公证债权文书的情形

◇ **来源** 最高人民法院（2019）最高法执监240号

◇ **结论** 当事人申请办理的公证事项虽然与不动产有关，但并不是针对不动产本身，而是针对双方签订的《债务重组协议》《抵押合同》等进行的公证。长城公司在其住所地的公证机构办理公证，符合上述《公证法》第25条第1款有关公证管辖的规定，且在办理公证时，债务人对公证处的选择未提出异议。因此，债权人在其住所地选择公证处并办理公证，并未违反法律规定

【基本案情】

长城公司与鸿源公司等人签订《债务重组协议》，由长城公司对鸿源公司实施债务重组，债务本金5983.81万元，重组期限为2013年12月24日至2015年12月23日。长城公司同时与鸿源公司签订《抵押合同》，与股东签署《股权质押合同》及《连带保证合同》。长城公司向湖南省长沙市望城区望城公证处申请对前述《债务重组协议》《抵押合同》《股权质押合同》《连带保证合同》赋予强制执行效力。2015年3月31日，望城公证处作出《执行证书》，对前述《债务重组协议》《抵押合同》《股权质押合同》《连带保证合同》进行公证并赋予强制执行效力。

2015年4月9日，衡阳中院受理长城公司申请强制执行案涉《执行证书》一案，并于4月29日裁定查封被执行人鸿源公司所有的案涉房产及车位。被执行人鸿源公司向衡阳中院提出异议称该公证违反管辖规定，申请执行人的借贷完全违反《企业国有资产监督管理暂行条例》，超出法定强制规定范围，非法牟利，侵害民营企业的权利，故请求依据《公证法》及相关规定，裁定不予执行案涉《执行证书》。

衡阳中院裁定驳回异议人鸿源公司的异议请求，鸿源公司申请复议，湖南高院裁定驳回其复议，鸿源公司向最高人民法院申诉，形成本案诉讼，最高人民法院裁定驳回其申诉请求。

【争议焦点】

本案公证程序是否违反管辖规定？

【裁判要点】

《公证法》第25条规定，自然人、法人或者其他组织申请办理公证，可以向住所地、经常居住地、行为地或者事实发生地的公证机构提出。申请办理涉及不动产的公证，应当向不动产所在地的公证机构提出；申请办理涉及不动产的委托、声明、赠与、遗嘱的公证，可以适用前款规定。根据该条规定，针对不动产进行的公证，应当由不动产所在地的公证机构办理。从该条文的立法本意来分析，应当是针对不动产本身办理公证时，对公证机构进行了限定，即不动产所在地的公证机构。《最高人民法院关于公证债权文书执行若干问题的规定》第12条第1款规定："有下列情形之一的，被执行人可以依照《民事诉讼法》第238条第2款[①]规定申请不予执行公证债权文书：……（五）其他严重违反法定公证程序的情形。"本案中，当事人申请办理的公证事项虽然与不动产有关，但其实是针对双方签订的《债务重组协议》《抵押合同》等进行的公证。长城公司在其住所地的公证机构办理公证，符合上述《公证法》第25条第1款的规定，且在办理公证时，鸿源公司亦对此未提出异议。因此，望城公证处根据当事人的申请办理公证，并未违反法律规定。鸿源公司以具有《公证债权文书规定》第12条规定的严重违反法定公证程序的情形为由，提出不予执行的主张，缺乏事实和法律依据，不予支持。

【相关法律规定】

《民事诉讼法司法解释》

第四百七十八条 有下列情形之一的，可以认定为民事诉讼法第二百四十五条第二款规定的公证债权文书确有错误：

① 现为《民事诉讼法》第245条第2款。

（一）公证债权文书属于不得赋予强制执行效力的债权文书的；

（二）被执行人一方未亲自或者未委托代理人到场公证等严重违反法律规定的公证程序的；

（三）公证债权文书的内容与事实不符或者违反法律强制性规定的；

（四）公证债权文书未载明被执行人不履行义务或者不完全履行义务时同意接受强制执行的。

人民法院认定执行该公证债权文书违背社会公共利益的，裁定不予执行。

公证债权文书被裁定不予执行后，当事人、公证事项的利害关系人可以就债权争议提起诉讼。

《公证法》

第二十五条 自然人、法人或者其他组织申请办理公证，可以向住所地、经常居住地、行为地或者事实发生地的公证机构提出。

申请办理涉及不动产的公证，应当向不动产所在地的公证机构提出；申请办理涉及不动产的委托、声明、赠与、遗嘱的公证，可以适用前款规定。

《最高人民法院关于公证债权文书执行若干问题的规定》

第十二条 有下列情形之一的，被执行人可以依照民事诉讼法第二百三十八条第二款①规定申请不予执行公证债权文书：

（一）被执行人未到场且未委托代理人到场办理公证的；

（二）无民事行为能力人或者限制民事行为能力人没有监护人代为办理公证的；

（三）公证员为本人、近亲属办理公证，或者办理与本人、近亲属有利害关系的公证的；

（四）公证员办理该项公证有贪污受贿、徇私舞弊行为，已经由生效刑事法律文书等确认的；

（五）其他严重违反法定公证程序的情形。

被执行人以公证债权文书的内容与事实不符或者违反法律强制性规定等实体事由申请不予执行的，人民法院应当告知其依照本规定第二十二条第一

① 现为《民事诉讼法》第245条第2款。

款规定提起诉讼。

第二十二条第一款 有下列情形之一的，债务人可以在执行程序终结前，以债权人为被告，向执行法院提起诉讼，请求不予执行公证债权文书：

（一）公证债权文书载明的民事权利义务关系与事实不符；

（二）经公证的债权文书具有法律规定的无效、可撤销等情形；

（三）公证债权文书载明的债权因清偿、提存、抵销、免除等原因全部或者部分消灭。

【应诉策略】

1. 公证债权文书制作过程中，公证处的选择违反公证管辖规定是否属于不予执行公证债权文书的情形

本文主文案例中，湖南高院以《公证法》并未对违反管辖规定出具公证书的行为如何处理作出规定，以及《民事诉讼法》和有关司法解释等关于不予执行赋予强制执行效力公证债权文书的情形中，并未规定违反管辖规定出具公证书的行为属于不予执行的情形。因此，本文主文案例中湖南高院认为公证机构违反管辖规定不能作为不予执行的依据的观点错误，最高人民法院在申诉程序中予以纠正。

2. 关于对公证债权文书进行公证的公证处选择问题

根据《公证法》第 25 条第 1 款的规定，自然人、法人或者其他组织申请办理公证，可以向住所地、经常居住地、行为地或者事实发生地的公证机构提出。因此，公证机构的选择范围相对较广，只要与公证事项有一定关联的事宜均可作为公证处选择的管辖依据。同时，第 2 款又规定了专属管辖的事项，即：申请办理涉及不动产的公证，应当向不动产所在地的公证机构提出；申请办理涉及不动产的委托、声明、赠与、遗嘱的公证，可以适用前款规定。

根据上述规定，针对不动产进行的公证，应当由不动产所在地的公证机构专属管辖办理。从该条文的立法本意来分析，应当是针对在对不动产本身办理公证的情形，对公证机构进行了限定，即不动产所在地的公证机构，而如本案最高人民法院的裁判观点，若公证事项不是针对不动产本身，而是针

对双方签订的《债务重组协议》《抵押合同》等进行的公证，即便公证事项与不动产有一定关联，也可以不适用公证专属管辖的规定。

3. 债务人事后提出的公证处管辖异议一般不会被法院采纳支持

在债权人办理公证债权文书时，债务人处于谈判的劣势，因此往往不注意公证处的选择问题。但是，在法院审理过程中，若债务人再以公证处管辖错误为由申请不予执行公证债权文书的，因债务人在公证时未主张异议，为保障交易的稳定性，债务人事后再提异议一般不会被法院采纳、支持。

【类案裁判观点分析】

案例：公证债权文书执行案件，由被执行人住所地或者被执行的财产所在地人民法院管辖。被执行的财产为股票的，该股票的发行公司住所地为被执行的财产所在地——北京高院（2021）京执复54号

本案中，执行依据是生效的案涉公证债权文书，应由被执行人住所地或者被执行的财产所在地人民法院执行。鉴于案涉股票系被执行人天兴仪表集团所持有，故发行该股票的天兴仪表公司住所地为被执行的财产所在地。因资产重组，天兴仪表公司的名称已变更为贝瑞公司，故贝瑞公司住所地为被执行的财产所在地。依据《民事诉讼法司法解释》第3条的规定，法人的住所地是指法人的主要办事机构所在地。法人的主要办事机构所在地不能确定的，法人的注册地或者登记地为住所地。新华富时公司向北京一中院申请执行案涉公证债权文书时，贝瑞公司已自称办公地址由四川省成都市变更为北京市昌平区。异议期间，贝瑞公司向北京一中院确认其董事长在位于北京市昌平区科技园区生命园路×号院×号楼的办公地址办公。新华富时公司提交的证据显示贝瑞公司公示的办公地址及登记地点为北京市昌平区科技园区生命园路×号院×号楼，董事会、监事会及股东大会会议地点亦为北京市昌平区科技园区生命园路×号院×号楼，故可以认定贝瑞公司主要办事机构所在地在北京市昌平区，属于北京一中院的辖区范围内。北京一中院对新华富时公司申请执行案涉公证债权文书予以立案并执行，符合法律、司法解释关于执行管辖的规定。

159. 公证债权文书申请执行，应注意公证处出具执行证书的程序是否合法

◇ **问题** 公证机关出具执行证书是否尽到必要审查义务

◇ **来源** 最高人民法院（2020）最高法民终1036、1037号

◇ **结论** 公证机关在签发执行证书时应当对债权人债权成立及债务人债务履行情况等相关事实尽到必要的审查义务。融资担保公司依据具有强制执行效力的《委托担保合同》向借款人主张全部代偿款项本息时，应具备以下三项条件：一是出借人依约向借款人足额发放了全部贷款即主债权依法成立；二是借款人未履行任何还款义务即主债务未清偿；三是借款到期后担保人足额代偿了全部款项即担保人依法代偿。本案中，公证机构在双方对借款是否实际发生存在争议时，未审查借款是否足额支付给借款人，未尽到应有的审查义务，符合不予执行的情形

【基本案情】

2015年5月，孙某楼、孙某通过网融公司所属理财网络平台与王某签订两份《借款合同》，借款本金为3800万元，借款期限6个月，两份合同均约定逾期付款违约金为年利率182.5%，逾期利息的违约金为日2‰。同时订立若干《委托担保合同》《保证反担保合同》，中硕担保公司是委托担保合同的受托方，约定逾期还款应按逾期本金和利息的日5‰支付违约金。上述合同均在北京市国立公证处办理了公证，赋予强制执行效力。

2015年12月，中硕担保公司以其已向债权人王某代偿借款为由向北京市国立公证处申请出具《执行证书》。公证处分别出具（2015）京国立执证字第71号、第72号《执行证书》即案涉的两份《执行证书》。

江苏高院提级执行本案公证债权文书过程中，依申请以中硕公司已将本案债权转让给金凯公司为由，裁定变更金凯公司为本案的申请执行人。执行

过程中，孙某楼、孙某等以未收到3800万元借款为由向江苏高院提起诉讼，请求判决不予执行案涉两份《执行证书》。江苏高院一审判决不予执行案涉《执行证书》，金凯公司、中硕担保公司向最高人民法院提起上诉，形成本案诉讼，最高人民法院裁定驳回上诉，维持原判。

【争议焦点】

公证机关出具《执行证书》是否尽到必要审查义务？

【裁判要点】

《最高人民法院、司法部关于公证机关赋予强制执行效力的债权文书执行有关问题的联合通知》第5条规定："公证机关签发《执行证书》应当注意审查以下内容：（一）不履行或不完全履行的事实确实发生；（二）债权人履行合同义务的事实和证据，债务人依照债权文书已经部分履行的事实；（三）债务人对债权文书规定的履行义务有无疑义。"据此，公证机关在签发《执行证书》时应当对债权人债权成立及债务人债务履行情况等相关事实尽到必要的审查义务。

经查，2015年5月25日，孙某楼、孙某分别与出借人王某签订《借款合同》。同日，孙某楼、孙某分别与中硕担保公司签订《委托担保合同》，约定委托中硕担保公司为孙某楼、孙某向王某借款提供担保。2015年5月26日，上述《借款合同》及《委托担保合同》同时在北京市国立公证处办理公证，并赋予强制执行效力。中硕担保公司依据《委托担保合同》向借款人孙某楼、孙某主张全部代偿款项本息应具备以下三项条件：一是出借人王某依约向借款人足额发放了全部贷款即主债权依法成立；二是借款人未履行任何还款义务即主债务未清偿；三是借款到期后担保人足额代偿了全部款项即担保人依法代偿。事实上，在《委托担保合同》办理公证之时，《借款合同》项下出借人尚未履行出借义务，此时借款人是否依约还款、担保人是否实际代偿以及代偿金额等事实均处于待定状态。也即在此时，中硕担保公司向孙某楼、孙某主张代偿款三项条件均尚未成就。案涉两份《执行证书》中有关公证机关对双方债权债务关系及履行情况审查的主要内容为："根据《公证程序规则》、有关公证规则的规定及双方当事人在该协议中事先约定的方式，本公证机关对本《执行证书》所涉及的债权债务进行了核查。经查：债务人孙某楼、孙某未履行其向债权人按期偿还借款义务从而导致担保人中硕担保公司为其代偿借款本金、利息，而反担保人也未向中硕担保公司履行反担保义务。”从上述《执行证书》内容来看，公证机关仅对中硕担保公司主张代偿款应具备的第2项、第3项条件是否成就进行审查，而对第1项条件——出借人王某是否依约足额履行出借义务未予核查。一审法院调取的公证卷宗材料中亦没有任何出借人履行出借义务的证据。事实上，中硕担保公司与孙某楼、孙某之间就中硕担保公司担保的借款是否实际出借存在根本性争议。公证机关恰恰对于上述双方核心争议的问题，也是中硕担保公司能够合法代偿并向主债务人主张代偿款项的前提条件未进行任何核实。因此，北京市国立公证处出具两份《执行证书》时，未依法对当事人债权债务关系及履行情况尽到必要的审查义务。

鉴于公证处出具两份《执行证书》时未对出借人王某是否履行出借义务尽到必要审查义务，该两份《执行证书》载明的代偿法律关系与事实并不完全相符，且部分内容不合法，因此孙某楼、孙某诉讼请求不予执行该两份《执行证书》具有事实和法律依据，应予支持。

【相关法律规定】

《最高人民法院、司法部关于公证机关赋予强制执行效力的债权文书执行有关问题的联合通知》

第五条 公证机关签发《执行证书》应当注意审查以下内容：

（一）不履行或不完全履行的事实确实发生；

（二）债权人履行合同义务的事实和证据，债务人依照债权文书已经部分履行的事实；

（三）债务人对债权文书规定的履行义务有无疑义。

【应诉策略】

第一，对于公证债权文书申请执行的案件，债权人向原公证处申请《执行证书》，公证处签发《执行证书》后，债权人方可向被执行人住所地或者被执行的财产所在地人民法院申请强制执行。

第二，法院对于债权人以赋予强制执行效力的公证债权文书申请执行的，存在不予受理执行申请或即便受理也会裁定驳回执行申请的情形，因此债权人在对债权文书做公证时，需要提前避免下述3种情形：

（1）债权文书属于不得经公证赋予强制执行效力的文书，如《司法部关于公证执业“五不准”的通知》中的相关不得公证的文书。

（2）公证债权文书未载明债务人接受强制执行的承诺。

（3）公证证词载明的权利义务主体或者给付内容不明确。

第三，债务人就被赋予强制执行效力的公证债权文书的司法强制执行行为，对债权本身有异议的，可以提起诉讼请求不予执行，但债务人提起该类诉讼时有特定情形限制，仅在以下三种情形下，债务人才可以提起诉讼解决：

（1）公证债权文书载明的民事权利义务关系与事实不符。

（2）经公证的债权文书具有法律规定的无效、可撤销等情形。

（3）公证债权文书载明的债权因清偿、提存、抵销、免除等原因全部或者部分消灭。

第四，出于执行效率考虑，避免债务人通过诉讼程序恶意拖延执行进度，原则上债务人的起诉行为不影响执行法院对公证债权文书的执行。只有债务人提供充分、有效的担保，请求停止相应处分措施的，人民法院才可以准许停止相应处分措施，如拍卖、扣划等；但是，若债权人也提供充分、有效的担保，请求继续执行的，此时，执行法院应当继续执行。

【类案裁判观点分析】

案例：公证债权文书符合法院应当执行的债权文书，又已载明被执行人自愿接受强制执行承诺，具有强制执行效力，《执行证书》中载明的权利义务主体及给付内容明确，符合申请执行的受理条件。法律上并未强制要求执行法院在立案时调阅公证档案和传唤相关公证员到庭询问——最高人民法院（2019）最高法执复138号

本案中，沃沐公司提出四川省成都市高新公证处违反《司法部关于公证执业“五不准”的通知》要求，办理自然人、法人、其他组织之间及其相互之间（经人民银行、银监会、证监会、保监会①、商务主管部门、地方人民政府金融管理部门批准设立的从事资金融通业务的机构及其分支机构除外）的融资合同公证及赋予强制执行效力公证。根据查明的事实，申请执行人柏某某申请执行的公证债权文书及《执行证书》，属于人民法院应当执行的生效法律文书；案涉《借款合同》《抵押合同》《保证合同》并非《司法部关于公证执业“五不准”的通知》要求的不得予以公证的融资合同；公证债权文书已载明被执行人自愿接受强制执行承诺，具有强制执行效力，《执行证书》中载明的权利义务主体及给付内容明确。因此，柏某某申请执行公证债权文书，符合人民法院执行案件立案受理条件，不具有不予受理和驳回执行申请的情形，四川高院立案受理，并无不当。沃沐公司提出四川高院立案时未进行合法性审查职责，立案时未调阅公证档案和传唤相关公证员到庭询问的主张，缺乏法律依据，本院不予支持。

160. 执行证书载明的债权与事实不符，是否符合法定不予执行情形

◇ **问题**　扣除不应由债务人承担的不合理费用后，实际借款金额与借款合同约定金额不符，《执行证书》作出了融资担保人实际代偿了借款合同约定金额，显然与事实不符，此种情形应否不予执行该执行证书

◇ **来源**　最高人民法院（2020）最高法民终 1036、1037 号

◇ **结论**　融资担保公司并未举证证明其提供了融资顾问服务，且其在收取担保费的同时又收取财务顾问费、理财平台发行费等各种费用，表明融资担保公司在案涉借款发放过程中角色混同，相关不合理费用均不应由借款人负担。因此，除掉上述融资担保公司代扣的

① 该国务院直属事业单位现已撤销。

不合理费用后，两份《借款合同》项下实际出借本金并未达到3800万元。在此情况下，《执行证书》作出融资担保公司实际代偿了3800万元借款本金及利息的认定，与事实并不完全相符，符合不予执行的情形

【基本案情】

2015年5月，孙某楼、孙某通过网融公司所属理财网络平台与王某签订两份《借款合同》，借款本金为3800万元，借款期限6个月，两份合同均约定逾期付款违约金为年利率182.5%，逾期利息的违约金为日2‰。但是，孙某楼、孙某未实际收到该3800万元借款，该借款用于偿还孙某楼、孙某前期借款以及支付融资担保公司及融资平台的各项费用。

2015年12月，中硕担保公司以其已向债权人王某代偿借款为由，依据已经在北京市国立公证处办理了公证、赋予强制执行效力的《委托担保合同》《保证反担保合同》，向公证处申请出具《执行证书》。公证处分别出具（2015）京国立执证字第71号、第72号《执行证书》即案涉的两份《执行证书》。

江苏高院提级执行本案公证债权文书过程中，依申请以中硕担保公司已将本案债权转让给金凯公司为由，裁定变更金凯公司为本案的申请执行人。执行过程中，孙某楼、孙某等以未收到3800万元借款为由向江苏高院提起诉讼，请求判决不予执行案涉两份《执行证书》。江苏高院一审判决不予执行案涉《执行证书》，金凯公司、中硕担保公司向最高人民法院提起上诉，形成本案诉讼，最高人民法院裁定驳回上诉，维持原判。

【争议焦点】

作为执行依据的两份《执行证书》载明的代偿法律关系是否真实合法？

【裁判要点】

中硕担保公司主张其依据《委托担保合同》约定，代孙某向出借人王某

偿还借款本息 14,309,148.52 元，代孙某楼向出借人王某偿还借款本息 24,581,256.69 元。根据两份《执行证书》内容，孙某楼、孙某等被申请执行人应当向中硕担保公司偿还上述全部代偿本息以及至实际清偿之日前产生的利息、违约金及实现债权所需费用。如前所述，中硕担保公司主张的代偿成立的前提条件是 2015 年 5 月 25 日王某与孙某楼、孙某签订的两份《借款合同》项下的款项出借义务已全部按约履行。本案二审中，中硕担保公司称本案各方当事人存在两轮借款，2015 年 5 月 25 日的借款 3800 万元全部用来清偿孙某楼、孙某 2014 年的 3000 万元借款本息及其他各项费用，本案借款属于借新还旧。孙某楼、孙某认可 2014 年借款的存在，但表示其实际收到借款仅 2600 余万元且第二轮借款与 2014 年借款无关，其未实际收到第二轮 3800 万元借款。

首先，从中硕担保公司陈述来看，其认可案涉 3800 万元借款未实际被孙某楼、孙某所用，该借款大部分被用于清偿第一轮 3000 万元借款本息，剩余部分是支付第二轮借款的担保费、财务顾问费、平台发行费等费用。根据网融公司出具的证明，该公司声明孙某楼、孙某 2014 年第一轮两笔借款拖欠本息金额为 32,089,338.82 元。按照中硕担保公司第二轮借款系借新还旧的主张，在扣除第一轮拖欠本息 32,089,338.82 元后，第二轮 3800 万元借款尚剩余本金 5,910,661.18 元。而对于该 5,910,661.18 元款项，被中硕担保公司直接扣划用于支付担保费 114 万元、融资顾问费 152 万元、理财范平台发行费 57 万元、保证金 170 万元及支付其他各费用。在第二轮《借款合同》签订之前，中硕担保公司分别与孙某楼、孙某签订《财务顾问合同》，约定孙某楼、孙某为生产经营和业务发展需要委托中硕担保公司提供财务顾问服务，并支付财务顾问费。中硕担保公司并未举证证明其提供了融资顾问服务，其收取高昂的融资顾问费缺乏足够依据。且中硕担保公司在收取担保费的同时又收取财务顾问费、理财平台发行费等各种费用，表明中硕担保公司在案涉借款发放过程中角色混同，相关不合理费用均不应由借款人负担。因此，除掉上述中硕担保公司代扣的不合理费用后，两份《借款合同》项下实际出借本金并未达到 3800 万元。在此情况下，两份执行证书作出中硕担保公司实际代偿了 3800 万元借款本金及利息的认定，与事实并不完全相符。

其次，案涉《委托担保合同》约定中硕担保公司代偿后除有权向孙某楼、孙某主张全部代偿款本金及按照银行同期贷款利率支付利息外，中硕担保公司还可以要求孙某楼、孙某按逾期的借款本金和日5‰的利息支付逾期违约金。也就是说，该合同约定逾期违约金标准达到年利率182.5%，远远超过违约金司法保护的上限。然而，两份《执行证书》对《委托担保合同》中的违约金条款约定予以认可，并认定债务人应当支付至实际清偿之日前产生的全部违约金。故该两份《执行证书》关于违约金标准的认定亦不具有合法性。

鉴于北京市国立公证处出具两份《执行证书》时未对出借人王某是否履行出借义务尽到必要审查义务，该两份《执行证书》载明的代偿法律关系与事实并不完全相符，且部分内容不合法，因此孙某楼、孙某诉讼请求不予执行该两份《执行证书》具有事实和法律依据，应予支持。

【相关法律规定】

《最高人民法院关于公证债权文书执行若干问题的规定》

第二十二条第一款 有下列情形之一的，债务人可以在执行程序终结前，以债权人为被告，向执行法院提起诉讼，请求不予执行公证债权文书：

（一）公证债权文书载明的民事权利义务关系与事实不符；

（二）经公证的债权文书具有法律规定的无效、可撤销等情形；

（三）公证债权文书载明的债权因清偿、提存、抵销、免除等原因全部或者部分消灭。

第二十三条第一款 对债务人依照本规定第二十二条第一款规定提起的诉讼，人民法院经审理认为理由成立的，判决不予执行或者部分不予执行；理由不成立的，判决驳回诉讼请求。

《最高人民法院、最高人民检察院、公安部、司法部关于办理“套路贷”刑事案件若干问题的意见》

1. “套路贷”，是对以非法占有为目的，假借民间借贷之名，诱使或迫使被害人签订“借贷”或变相“借贷”“抵押”“担保”等相关协议，通过虚增借贷金额、恶意制造违约、肆意认定违约、毁匿还款证据等方式形成虚假债权债务，并借助诉讼、仲裁、公证或者采用暴力、威胁以及其他手段非法占有被害人财物的相关违法犯罪活动的概括性称谓。

2. 实践中，“套路贷”的常见犯罪手法和步骤包括但不限于以下情形：

（1）制造民间借贷假象。犯罪嫌疑人、被告人往往以“小额贷款公司”“投资公司”“咨询公司”“担保公司”“网络借贷平台”等名义对外宣传，以低息、无抵押、无担保、快速放款等为诱饵吸引被害人借款，继而以“保证金”“行规”等虚假理由诱使被害人基于错误认识签订金额虚高的“借贷”协议或相关协议。有的犯罪嫌疑人、被告人还会以被害人先前借贷违约等理由，迫使对方签订金额虚高的“借贷”协议或相关协议。

（2）制造资金走账流水等虚假给付事实。犯罪嫌疑人、被告人按照虚高的“借贷”协议金额将资金转入被害人账户，制造已将全部借款交付被害人的银行流水痕迹，随后便采取各种手段将其中全部或者部分资金收回，被害人实际上并未取得或者完全取得“借贷”协议、银行流水上显示的钱款。

（3）故意制造违约或者肆意认定违约。犯罪嫌疑人、被告人往往会以设置违约陷阱、制造还款障碍等方式，故意造成被害人违约，或者通过肆意认定违约，强行要求被害人偿还虚假债务。

（4）恶意垒高借款金额。当被害人无力偿还时，有的犯罪嫌疑人、被告人会安排其所属公司或者指定的关联公司、关联人员为被害人偿还“借款”，继而与被害人签订金额更大的虚高“借贷”协议或相关协议，通过这种“转单平账”“以贷还贷”的方式不断垒高“债务”。

（5）软硬兼施“索债”。在被害人未偿还虚高“借款”的情况下，犯罪嫌疑人、被告人借助诉讼、仲裁、公证或者采用暴力、威胁以及其他手段向被害人或者被害人的特定关系人索取“债务”。

【应诉策略】

第一，本文主文案例系借贷纠纷案件，在法律关系确认上缺少最重要的借款支付的证据材料。因此，即便公证处签发《执行证书》但因《执行证书》内容与事实不符，根据《最高人民法院关于公证债权文书执行若干问题的规定》第 24 条第 1 款第 1 项的规定，“公证债权文书载明的民事权利义务关系与事实不符”的，债务人可在执行程序终结前，以债权人为被告，向执行法院提起诉讼，请求不予执行公证债权文书。上述规定中，需要注意以下几个细节内容：

（1）起诉的期限，应在执行程序终结前提出。

（2）原被告的选择，债务人提起诉讼，应以债权人为被告，本文案例中债务人以原债权人以及债权受让人为共同被告，也启示我们在后续的案件中，对于该类案件，起诉时遇到债权人已发生变更的，可以将原债权人与债权受让人（新债权人）均列为被告。

（3）诉讼管辖法院，向执行法院提起诉讼。

（4）诉讼请求，请求不予执行公证债权文书。

第二，实务中，经常会弄混公证债权文书执行程序的执行依据是公证债权文书还是《执行证书》。依照《最高人民法院关于公证债权文书执行若干问题的规定》第 3 条、第 10 条的规定，公证债权文书是执行依据，《执行证书》仅是证明履行情况等内容的文书。

第三，本文主文案例审理过程中，法院发现融资担保公司在诉讼中刻意回避本案事实的情况，结合《最高人民法院、最高人民检察院、公安部、司法部关于办理“套路贷”刑事案件若干问题的意见》中关于“套路贷”的定义以及关于“套路贷”的常见犯罪手段和情形，认为该案件存在涉嫌“套路贷”违法犯罪的重大嫌疑，故移送公安机关侦查。

第四，“套路贷”常隐藏于民间借贷案件中，其是指假借民间借贷之名，诱使或迫使被害人签订“借贷”或变相“借贷”“抵押”“担保”等相关协议，通过虚增借贷金额、恶意制造违约、肆意认定违约、毁匿还款证据等方式形成虚假债权债务，并借助诉讼、仲裁、公证或者采用暴力、威胁以及其他手段非法占有被害人财物的相关违法犯罪活动的概括性称谓。“套路贷”并非《刑法》规定的罪名，将根据具体的犯罪行定以相应的具体罪名，如诈骗罪、虚假诉讼罪等。不论是债务人借贷发生时应否注意避免被“套路”，还是债权人在诉讼审判时有关借贷事实的如实说明，若正常借贷关系纠纷双方争议和得失不过是本息认定的金钱利益争议，若是涉嫌“套路贷”等刑事犯罪损失的将会是人身自由。因此，这一类案件在起诉和应诉时均需要细心挖掘证据，对案件后续走向做好评估，以应对可能发生的所有情况。

【类案裁判观点分析】

案例一：被执行人以公证债权文书的内容与事实不符或者违反法律强制性规定等实体事由申请不予执行的，人民法院应当告知其可以在执行程序终结前，以债权人为被告，向执行法院提起诉讼，请求不予执行公证债权文书——陕西高院（2021）陕执复182号

本案中，海正公司对公证机关出具的《执行证书》载明的执行标的额的异议，其实质是对公证债权文书的内容不服，若公证债权文书的内容与事实不符，海正公司可以提起诉讼保障其合法权益。本案执行中，海正公司以公证债权文书内容及海正公司与兴业银行签订的《流动资金借款合同》，兴业银行未实际向其支付1950万元为由，向执行法院主张不予执行公证债权文书。但是，海正公司据以主张的事由在其与兴业银行、第三人华融资产管理公司某分公司借款合同纠纷一案中，根据西安中院二审判决，海正公司与兴业银行签订了《流动资金借款合同》，兴业银行已经完成了借款合同约定的发放并支付贷款资金1950万元的义务。现海正公司主张的兴业银行未实际向其支付1950万元的理由，与生效判决认定的事实不符，海正公司主张不予执行案涉公证债权文书于法无据。综上所述，复议申请人海正公司的复议理由均不成立，本院不予支持。

案例二：利害关系人主张据以申请执行的公证债权文书载明的民事权利义务关系与事实不符以及公证机构违反公证程序，应依照该规定直接向有管辖权的人民法院提起诉讼，而非向执行法院提起执行异议——云南高院（2021）云执复179号

本院认为，根据《最高人民法院关于公证债权文书执行若干问题的规定》第24条第1款："有下列情形之一的，债权人、利害关系人可以就公证债权文书涉及的民事权利义务争议直接向有管辖权的人民法院提起诉讼：（一）公证债权文书载明的民事权利义务关系与事实不符；（二）经公证的债权文书具有法律规定的无效、可撤销等情形。”按照规定，吴某主张据以申请执行的公证债权文书载明的民事权利义务关系与事实不符以及公证机构违反公证程序，应依照该规定直接向有管辖权的人民法院提起诉讼，而非向执行法院提起执行异议。

161. 债务人以双方存在多笔借贷为由推定公证债权文书内容不实，其不予执行申请应否支持

◇ **问题** 虽存在多笔借贷，但债务人不能证明多笔借贷之间混同或存在借新还旧情况，此时债务人请求的不予执行应否支持

◇ **来源** 最高人民法院（2019）最高法执复105号

◇ **结论** 债权人与债务人之间存在多笔借贷行为，虽上述多笔借贷行为存在一定的关联性，但多笔贷款并非发生在相同借贷关系主体之间，相对独立且已实际履行，债务人又不能提出证据证明多笔放贷行为属于“以新贷偿还旧贷”的情况，因此，债务人关于案涉公证债权文书不予执行的请求不应予以支持

【基本案情】

2014年12月4日，中融信托与大银煤矿签订了《信托贷款合同》，合同约定因大银煤矿矿山技改扩能，向中融信托申请信托借贷，贷款本金1.5亿元。为确保合同债务的履行，大银煤矿、郭某甲、郭某乙分别与中融信托签署了相应的担保合同。上述合同签订后，各方当事人向方圆公证处申请对所签合同进行公证，方圆公证处作出案涉《公证书》，赋予上述合同强制执行效力。12月18日，中融信托向大银煤矿银行账户一次性发放了信托贷款1.5亿元。12月23日大银煤矿按约向中融信托支付525万元的利息，此后大银煤矿未再支付过任何利息。

2016年4月29日，方圆公证处依据中融信托申请作出案涉《执行证书》。中融信托依据案涉《公证书》和《执行证书》向云南高院申请执行。

执行过程中，被执行人大银煤矿、郭某甲、郭某乙于2016年9月7日向云南高院请求不予执行案涉《公证书》和《执行证书》。云南高院认为案涉公证债权文书记利息过高，故裁定：《执行证书》载明的执行标的中利息、复利、罚息之和超过年利率24%的部分不予执行，其余部分继续执行，并驳回被执行人不予执行《执行证书》的申请。

被执行人大银煤矿、郭某甲、郭某乙向最高人民法院提起复议，形成本案诉讼，最高人民法院审理后驳回被执行人的复议申请。

【争议焦点】

被执行人大银煤矿、郭某甲、郭某乙申请不予执行案涉公证债权文书是否应予支持？

【裁判要点】

因云南高院对案涉三组贷款是否存在关联，是否为“以新贷偿还旧贷”，案涉公证债权文书确定的本金1.5亿元是否是2012年5月的8000万元借款本息合计的结果，案涉合同约定的1.5亿元贷款发放后是否实际被中融信托控制等问题，在此前的异议案件中未予审查，最高人民法院作出（2017）最高法执复7号裁定，发回云南高院重新审查。本案中，云南高院已就相关问题进行了详细的审查。该院重审认定，案涉三笔贷款存在一定的关联性，但三笔贷款并非发生在相同借贷关系主体之间，相对独立且已实际履行，复议申请人提出的证据和理由不足以认定案涉三次放贷行为属于“以新贷偿还旧贷”的情况。最高人民法院对云南高院重新审查作出的相关事实认定予以认可，案涉公证债权文书应当依法执行。关于案涉借款合同中约定利息过高的问题，云南高院参照《最高人民法院关于审理民间借贷案件适用法律若干问题的规定》的规定对利息、复利、罚息超过24%的部分裁定不予执行，符合立法精神，结果相对公平，若复议申请人认为不当，可依法另寻救济。复议申请人的其他请求及理由，因所提供的证据材料不足采信，不予支持。

【相关法律规定】

《最高人民法院关于审理民间借贷案件适用法律若干问题的规定》

第二十五条第一款 出借人请求借款人按照合同约定利率支付利息的，人民法院应予支持，但是双方约定的利率超过合同成立时一年期贷款市场报价利率四倍的除外。

【应诉策略】

第一，债务人认为《公证债权文书》或《执行证书》存在错误的，可以向法院提交书面申请，请求不予执行公证债权文书，此时法院会审查被赋予强制执行效力的公证债权文书是否存在不予执行的情形，若不存在，执行法院会以裁定文书的形式，裁定驳回被执行人的不予执行申请。债务人此时可以在收到驳回裁定之日起 10 日内向上一级法院申请复议，本文主文案例中的债务人即是以该种异议及复议的法律救济程序进行的权益救济。

第二，执行法院审查不予执行公证债权文书案件期间，不停止执行。复议期间，也不停止对公证债权文书的执行程序。

第三，被执行人申请不予执行公证债权文书，应当在执行通知书送达之日起 15 日内向执行法院提出书面申请，并提交相关证据材料。执行法院审查不予执行公证债权文书案件，自受理之日起 60 日内审查完毕并作出裁定；若有特殊情况需要延长的，经执行法院院长批准，可以延长 30 日。

第四，本文主文案例中，由于大银煤矿出现合同约定的违约事由，债权人按照合同约定向大银煤矿发出《债务提前到期通知书》，宣布贷款于 2016 年 3 月 28 日到期，要求大银煤矿清偿贷款本金及相应的利息、罚息和复利。同时，债权人向保证人分别发出《履行担保义务通知书》，告知大银煤矿违约情况，要求担保人履行担保义务。上述债权人操作属于合法合规且正确的操作，债权人在遇到债务人出现违约时，可以参照上述操作，分别向债务人、担保人发送相应告知文函。

第五，本文主文案例中，因存在利息、复利、违约金违反法定上限，故存在违法性，不应在执行程序中予以执行，又因超额利息与其余部分可分，因此法院可以裁定部分违法内容不予执行，裁定其余部分继续执行。

162. 债务人以利息超出法定上限为由请求不予执行公证债权文书的，能否获得支持

◇ **问题**　债务人以利息超出法定上限为由请求不予执行公证债权文书的，能否获得支持

◇ **来源**　北京高院（2021）京执复131号

◇ **结论**　将超过法律、司法解释规定上限的利息部分不纳入执行范围请求，应属于执行行为异议审查程序的范畴，债务人据此提起不予执行公证债权文书不予支持。执行法院在执行中亦应主动审查，不得将超出法定上限的利息、违约金纳入执行范围

【基本案情】

2018年7月30日，国通资产管理公司与汇金房地产公司、汇金投资公司、杨某某分别签署了《债务重组协议》、《抵押合同》和《保证合同》，上述合同均分别办理了赋予强制执行效力公证。因债务人未还款，长安公证处依国通公司申请出具《执行证书》。

北京二中院依国通公司执行申请，于2019年8月20日立案执行。汇金房地产公司收到执行通知书及执行裁定的时间为2019年9月。

汇金房地产公司向执行法院请求暂停执行。审查过程中，2021年3月5日谈话时，汇金房地产公司的诉讼代理人将异议请求明确为请求不予执行案涉公证书，北京二中院认为汇金房地产公司不予执行申请超出法定期限，裁定驳回不予执行申请。汇金房地产公司向北京高院申请复议，形成本案诉讼，北京高院裁定驳回复议申请。

【争议焦点】

汇金房地产公司提出的异议请求是执行行为异议，还是不予执行公证债权文书？

【裁判要点】

本案中，汇金房地产公司在提交的执行异议申请书中写明的请求为：对贵院（北京二中院）依据（2019）京02执1118号执行裁定所作出的执行行为不服，请求暂停该裁定执行，待查清事实后，再依法作出裁判。其提出的主要事实和理由为，国通公司要求汇金房地产公司支付相当于年利率33%的利息加罚息，超出我国法律保护的民间借贷利息最高保护范围的规定。实质上看，汇金房地产公司系请求北京二中院按照《最高人民法院关于公证债权文书执行若干问题的规定》第11条之规定，对超过法律、司法解释保护上限的利息部分不纳入执行范围。该请求应属于执行行为异议的范畴。但是，2021年3月5日谈话时，汇金房地产公司的诉讼代理人将异议请求明确为“请求不予执行长安公证处作出的（2018）京长安内经证字第33366、33367、33368、33369号公证书”。北京二中院据此适用《最高人民法院关于公证债权文书执行若干问题的规定》第13条之规定，驳回汇金房地产公司的不予执行申请并无不当。汇金房地产公司认为公证书载明利息过高，可以向北京二中院另行提出异议申请。北京二中院亦应在执行中主动审查，不得将超出法定上限的利息、违约金纳入执行范围。综上，北京二中院作出的（2021）京02执异101号执行裁定认定事实清楚，适用法律正确，应予维持。裁定驳回汇金房地产公司的复议申请。

【相关法律规定】

《最高人民法院关于公证债权文书执行若干问题的规定》

第十一条 因民间借贷形成的公证债权文书，文书中载明的利率超过人民法院依照法律、司法解释规定应予支持的上限的，对超过的利息部分不纳入执行范围；载明的利率未超过人民法院依照法律、司法解释规定应予支持的上限，被执行人主张实际超过的，可以依照本规定第二十二条第一款规定提起诉讼。

第十三条第一款　被执行人申请不予执行公证债权文书，应当在执行通知书送达之日起十五日内向执行法院提出书面申请，并提交相关证据材料；有本规定第十二条第一款第三项、第四项规定情形且执行程序尚未终结的，应当自知道或者应当知道有关事实之日起十五日内提出。

【应诉策略】

第一，目前的诉讼和执行实务中，法院各项程序的审理范围越来越清晰明确，因此，对律师的法律基本功和实务经验的要求越来越高，如异议请求事项、异议或诉讼救济程序的选择、起诉或异议时效的把控等，均会直接影响裁判结果。本文主文案例之所以驳回复议请求，其原因主要在于汇金房地产公司的诉讼代理人在谈话笔录中明确了其请求事项为不予执行公证债权文书，但根据法律规定不予执行的申请应在收到执行通知书之日起15日内向执行法院提出书面申请，而本文主文案例提起异议请求的时间已超过了上述期限，故法院裁定驳回债务人的请求。

第二，因民间借贷形成的公证债权文书，文书中载明的利率超过法院依照法律、司法解释规定应予支持的上限的，对超过的利息部分不纳入执行范围；载明的利率未超过法院依照法律、司法解释规定应予支持的上限，被执行人主张实际超过的，可以在执行程序终结前，以债权人为被告，以“公证债权文书载明的民事权利义务关系与事实不符”等事由，向执行法院提起诉讼，请求不予执行公证债权文书。

第三，关于不予执行申请的管辖法院的问题。被执行人申请不予执行公证债权文书，应当在执行通知书送达之日起15日内向执行法院提出书面申请，并提交相关证据材料。公证债权文书执行案件被指定执行、提级执行、委托执行后，被执行人申请不予执行的，由提出申请时负责该案件执行的人民法院审查。

第四，不予执行事由原则上应一次性提出，否则法院会因“一事不再理”原则，不再受理被执行人的相关异议请求。被执行人认为公证债权文书存在多个不予执行事由的，应当在不予执行案件审查期间一并提出。不予执行申请被裁定驳回后，同一被执行人再次提出申请的，人民法院不予受理。但是，有证据证明不予执行事由在不予执行申请被裁定驳回后知道的，可以在执行程序终结前提出。

第五，人民法院审查不予执行公证债权文书案件，若案情复杂、争议较大的，应当进行听证。审查法院在必要时可以向公证机构调阅公证案卷，要求公证机构作出书面说明，或者通知公证员到庭说明情况。

第六，不予执行的审限为60日，且不予执行期间不停止执行。人民法院审查不予执行公证债权文书案件，应当在受理之日起60日内审查完毕并作出裁定；有特殊情况需要延长的，经本院院长批准，可以延长30日。

人民法院审查不予执行公证债权文书案件期间，不停止执行。被执行人提供充分、有效的担保，请求停止相应处分措施的，人民法院可以准许；申请执行人提供充分、有效的担保，请求继续执行的，应当继续执行。

【类案裁判观点分析】

案例一：因民间借贷形成的公证债权文书，文书中载明的利率超过应予支持的上限的，对超过的利息不纳入执行范围——北京高院（2021）京执复80号

本院认为，依据《最高人民法院关于公证债权文书执行若干问题的规定》第3条、第10条的规定，公证债权文书执行案件的执行依据为公证债权文书，《执行证书》可以证明履行情况等。因民间借贷形成的公证债权文书，文书中载明的利率超过人民法院依照法律、司法解释规定应予支持的上限的，对超过的利息部分不纳入执行范围。本案中，作为执行依据的案涉公证债权文书确定了逾期利息、违约金的计算方法，（2020）京精诚执字第00045号《执行证书》证明有两笔未偿还本金及应付未付逾期利息、违约金，北京二中院据此作出（2020）京02执753号执行裁定，明确应予执行的本金、逾期利息、违约金，符合法律、司法解释的相关规定。

案例二：公证机构作出《执行证书》时违反法定程序、债权受让人不具备申请强制执行主体资格的理由，均不属于在执行程序中申请不予执行公证债权文书的审查范围——北京高院（2021）京执复49号

本院认为，根据《最高人民法院关于公证债权文书执行若干问题的规定》第1条、第3条和第12条等条文的规定，天洋控股公司所提公证机构作出《执行证书》时严重违反法定程序、山东金融公司不具备申请强制执行主体资格的理由，均不属于在执行程序中申请不予执行公证债权文书的审查范围。

163. 被执行人公司的股东能否以利害关系人身份请求停止处分被执行人财产

◇ **问题**　被执行人公司的股东，是否有权基于《最高人民法院关于公证债权文书执行若干问题的规定》第22条、第24条有关利害关系人提起诉讼的规定，以利害关系人身份请求执行法院停止对公司财产采取处分性措施

◇ **来源**　四川高院（2021）川执复100号

◇ **结论**　被执行人公司的股东与被执行人在与他人的诉讼和执行中获得或者丧失利益，虽然具有事实上的一定的利害关系，但并不具有直接的利益关系，因此被执行人股东不具有《最高人民法院关于公证债权文书执行若干问题的规定》的"利害关系人"的主体资格，其以股东的身份提出停止拍卖被执行人财产的申请，法院不予受理

【基本案情】

公证债权文书执行案件中，执行法院于2018年7月20日恢复执行信达公司与现代公司、华冠公司等被执行人的执行案。恢复执行前，成都中院于2018年1月12日已冻结被执行人华冠公司持有的交投公司45%股权。

2020年2月13日，成都中院拟对冻结股权予以拍卖，同年6月30日，该院依申请裁定将执行案件的申请执行人由信达公司变更为孚美公司。

海发公司作为被执行人华冠公司的股东向成都中院提出异议，请求撤销执行裁定，停止拍卖被执行人华冠公司持有交投公司45%股权。成都中院裁定驳回异议。海法公司向四川高院提出复议，形成本案诉讼，四川高院驳回其复议请求。

【争议焦点】

被执行人公司的股东，是否有权基于《最高人民法院关于公证债权文书执行若干问题的规定》第24条规定的诉讼救济方式，以利害关系人身份请求执行法院停止对公司财产采取处分性措施?

【裁判要点】

关于被执行人的股东是否具有《最高人民法院关于公证债权文书执行若干问题的规定》第24条规定的“利害关系人”的主体资格，该司法解释对此没有明确规定。最高人民法院于2021年2月19日发布的第148号指导案例裁判要点载明：“公司股东对公司法人与他人之间的民事诉讼生效裁判不具有直接的利益关系，不符合民事诉讼法第五十六条[①]规定的第三人条件，其以股东身份提起第三人撤销之诉的，人民法院不予受理。”参照该指导案例的精神，本案中，海发公司作为被执行人华冠公司股东，其与华冠公司在与他人的诉讼和执行中获得或者丧失利益，虽然具有事实上的一定的利害关系，但并不具有直接的利益关系，其以华冠公司股东的身份提出停止拍卖华冠公司财产的请求，应认定不具有《最高人民法院关于公证债权文书执行若干问题的规定》的“利害关系人”的主体资格。故对其该项申请应当不予受理；已经受理的，应当裁定驳回申请。

① 现为《民事诉讼法》第59条。

【相关法律规定】

《执行异议和复议规定》

第五条 有下列情形之一的，当事人以外的自然人、法人和非法人组织，可以作为利害关系人提出执行行为异议：

（一）认为人民法院的执行行为违法，妨碍其轮候查封、扣押、冻结的债权受偿的；

（二）认为人民法院的拍卖措施违法，妨碍其参与公平竞价的；

（三）认为人民法院的拍卖、变卖或者以物抵债措施违法，侵害其对执行标的的优先购买权的；

（四）认为人民法院要求协助执行的事项超出其协助范围或者违反法律规定的；

（五）认为其他合法权益受到人民法院违法执行行为侵害的。

《最高人民法院关于公证债权文书执行若干问题的规定》

第二十四条第一款 有下列情形之一的，债权人、利害关系人可以就公证债权文书涉及的民事权利义务争议直接向有管辖权的人民法院提起诉讼：

（一）公证债权文书载明的民事权利义务关系与事实不符；

（二）经公证的债权文书具有法律规定的无效、可撤销等情形。

第二十四条第三款 利害关系人提起诉讼，不影响人民法院对公证债权文书的执行。利害关系人提供充分、有效的担保，请求停止相应处分措施的，人民法院可以准许；债权人提供充分、有效的担保，请求继续执行的，应当继续执行。

《民事诉讼法》

第五十九条 对当事人双方的诉讼标的，第三人认为有独立请求权的，有权提起诉讼。

对当事人双方的诉讼标的，第三人虽然没有独立请求权，但案件处理结果同他有法律上的利害关系的，可以申请参加诉讼，或者由人民法院通知他参加诉讼。人民法院判决承担民事责任的第三人，有当事人的诉讼权利义务。

前两款规定的第三人，因不能归责于本人的事由未参加诉讼，但有证据证明发生法律效力的判决、裁定、调解书的部分或者全部内容错误，损害其民事权益的，可以自知道或者应当知道其民事权益受到损害之日起六个月内，向作出该判决、裁定、调解书的人民法院提起诉讼。人民法院经审理，诉讼请求成立的，应当改变或者撤销原判决、裁定、调解书；诉讼请求不成立的，驳回诉讼请求。

《民事诉讼法司法解释》

第四百七十八条 有下列情形之一的，可以认定为民事诉讼法第二百四十五条第二款规定的公证债权文书确有错误：

（一）公证债权文书属于不得赋予强制执行效力的债权文书的；

（二）被执行人一方未亲自或者未委托代理人到场公证等严重违反法律规定的公证程序的；

（三）公证债权文书的内容与事实不符或者违反法律强制性规定的；

（四）公证债权文书未载明被执行人不履行义务或者不完全履行义务时同意接受强制执行的。

人民法院认定执行该公证债权文书违背社会公共利益的，裁定不予执行。

公证债权文书被裁定不予执行后，当事人、公证事项的利害关系人可以就债权争议提起诉讼。

【应诉策略】

1. 关于诉讼主体第三人的界定，可以区分为有独立请求权的第三人和无独立请求权的第三人

有独立请求权的第三人，是指对当事人之间争议的诉讼标的，有权以独立的实体权利人的资格提出诉讼请求的主体。

无独立请求权的第三人，是指虽然对当事人双方的诉讼标的没有独立请求权，但案件处理结果同他有法律上的利害关系的主体。第三人同案件处理结果存在的法律上的利害关系，可能是直接的，也可能是间接的。

2. 本文主文案例中为何被执行的股东既不是有独立请求权的第三人也非无独立请求权的第三人

信达资产管理公司作为债权人与债务人公司签署协议并经公证赋予强制

执行效力，信达公司依法申请强制执行，符合法律规定。签署上述债务协议的相对方是公司而非公司股东。因此，基于合同相对性原则，公司股东无权就合同约定事项主张独立请求权。

被执行人的股东公司对公司财产享有资产收益权，公司的对外交易活动、民事诉讼的胜败结果一般都会影响到公司的资产情况，从而间接影响到股东的收益权利。从这个角度看，股东与公司进行的民事诉讼的处理结果具有法律上的间接利害关系。但是，由于公司利益和股东利益具有一致性，公司对外活动应推定为股东整体意志的体现，公司在诉讼活动中的主张也应认定为代表股东的整体利益。因此，虽然公司诉讼的结果会间接影响到股东的利益，但股东的利益和意见已经在诉讼过程中由公司所代表和表达，因此，本文主文案例中作为被执行人的股东对于债权人依法强制执行的程序，无权再以利害关系人的身份通过诉讼或异议程序阻碍执行程序。

值得注意的是，被执行人股东虽然不能以利害关系人的身份请求停止对被执行资产的处分，但若该股东的收益非因投资风险因素而是公司相关人员未尽到相应的勤勉尽职的责任或违反约定谋取私利的行为，该股东可以另诉相关人员请求损失赔偿。

【类案裁判观点分析】

案例：公司股东对公司法人与他人之间的民事诉讼生效裁判不具有直接的利益关系，不符合《民事诉讼法》第56条[①]规定的第三人条件，其以股东身份提起第三人撤销之诉的，人民法院不予受理——最高人民法院（2017）最高法民终63号（最高人民法院指导案例148号）

最高人民法院认为，本案系高光针对已生效的海南省高级人民法院（2012）琼民一初字第3号民事判决而提起的第三人撤销之诉。第三人撤销之诉制度的设置功能，主要是为了保护受错误生效裁判损害的未参加原诉的第三人的合法权益。由于第三人本人以外的原因未能参加原诉，导致人民法院作出了错误裁判，在这种情形下，法律赋予本应参加原诉的第三人有权通

---

① 现为《民事诉讼法》第59条。

过另诉的方式撤销原生效裁判。因此，提起第三人撤销之诉的主体必须符合本应作为第三人参加原诉的身份条件。本案中，高光不符合以第三人身份参加该案诉讼的条件。

（三）不良债权转让时受让人申请执行遇阻的常见情形

金融机构对外转让的不良资产，主要是通过批量转让和单户转让两种债权转让形式对外售出。根据《金融企业不良资产批量转让管理办法》第 3 条第 3 款的规定："批量转让是指金融企业对一定规模的不良资产（10 户/项以上）进行组包，定向转让给资产管理公司的行为。"其中，资产管理公司是指"具有健全公司治理、内部管理控制机制，并有 5 年以上不良资产管理和处置经验，公司注册资本金 100 亿元（含）以上，取得银监会核发的金融许可证的公司，以及各省、自治区、直辖市人民政府依法设立或授权的资产管理或经营公司"。因准入资质的限制，目前金融机构不良资产的批量转让业务主要是由中国华融资产管理公司、中国长城资产管理公司、中国东方资产管理公司、中国信达资产管理公司四家金融资产管理公司及四家公司在各省市设置的办事处来办理，还有一些不良资产批量转让给省内的地方金融资产管理公司。因此，对于批量不良资产转让后新债权人如何向债务人告知以及债务人拒不履行后向法院批量立案都比较麻烦且操作成本相对较高。

根据《金融企业不良资产批量转让管理办法》第 8 条的规定，常见的个人购房贷款、车贷、消费贷等个人贷款不能以批量形式对外转让，上述个人贷款只能是通过单户或 10 户/项以内的非批量方式转让，其中个人房贷、车贷等业务因存有相应物的抵押担保，很多受让人都愿意受让这类资产。

根据《民法典》第 546 条关于转让通知的规定，以及《变更、追加规定》第 9 条"申请执行人将生效法律文书确定的债权依法转让给第三人，且书面认可第三人取得该债权，该第三人申请变更、追加其为申请执行人的，人民法院应予支持"的规定，执行程序中受让取得债权后，申请变更为新的申请执行人，需要提供原债权人出具的书面认可新债权人取得债权的文书，即便如此，实务中债务人还是会对新债权人的变更行为提出各种异议，常见的债务人（被执行人）异议情形如下。

164. 受让取得不良债权的第三人在执行程序中变更为申请执行人，需原债权人的书面认可

◇ **问题**　执行法院将债权受让人变更为申请执行人是否符合法律规定

◇ **来源**　北京高院（2021）京执复226号

◇ **结论**　申请执行人将生效法律文书确定的债权依法转让给第三人，且书面认可第三人取得该债权，该第三人申请变更其为申请执行人，执行法院应予支持

【基本案情】

2018年4月17日，中信公证处作出案涉公证书。2019年2月28日，该公证处作出了相应的案涉《执行证书》。北京银行某支行依据上述公证债权文书和《执行证书》向北京三中院申请执行联绿公司、韩某等，该院立案执行。

2020年6月19日，北京银行某支行与华融某分公司签署《资产转让协议》，2020年7月13日，北京银行某支行与华融某分公司签署《分户债权转让协议》，上述协议约定将依据上述公证债权文书和《执行证书》取得的债权转让给华融某分公司。上述债权转让事宜已通知被执行人。另外，北京银行某支行书面认可华融某分公司取得涉案债权。华融某分公司向北京三中院申请变更其为申请执行人，法院裁定将本案申请执行人变更为华融某分公司。

被执行人韩某就此向北京高院提出复议，认为其抵押登记的房产已由法院拍卖，所得价款已支付给变更申请执行人华融某分公司，故不应继续列为被执行人。北京高院裁定驳回韩某的复议请求。

【争议焦点】

1. 执行法院将债权受让人变更为申请执行人是否符合法律规定?

2. 被执行人以履行完全部债务为由请求不应继续列其为被执行人事项是否属于变更申请执行人案件的审查范围?

【裁判要点】

《变更、追加规定》第9条规定，申请执行人将生效法律文书确定的债权依法转让给第三人，且书面认可第三人取得该债权，该第三人申请变更、追加其为申请执行人的，人民法院应予支持。本案中，北京银行某支行将涉案债权转让给华融某分公司，该转让行为不违反法律强制性规定，且北京银行某支行已书面认可华融某分公司取得涉案债权，并履行了相应的通知义务，北京三中院据此裁定变更华融某分公司为该院（2019）京03执524号案件的申请执行人，符合司法解释的规定，北京高院予以确认。被执行人韩某提出其已履行完毕（2019）京03执524号执行裁定的全部义务，故不应继续列为被执行人的主张，不属于变更申请执行人案件的审查范围，所以对其复议申请不予支持。

【相关法律规定】

《变更、追加规定》

第九条 申请执行人将生效法律文书确定的债权依法转让给第三人，且书面认可第三人取得该债权，该第三人申请变更、追加其为申请执行人的，人民法院应予支持。

第三十条 被申请人、申请人或其他执行当事人对执行法院作出的变更、追加裁定或驳回申请裁定不服的，可以自裁定书送达之日起十日内向上一级人民法院申请复议，但依据本规定第三十二条的规定应当提起诉讼的除外。

第三十二条 被申请人或申请人对执行法院依据本规定第十四条第二款、第十七条至第二十一条规定作出的变更、追加裁定或驳回申请裁定不服的，可以自裁定书送达之日起十五日内，向执行法院提起执行异议之诉。

被申请人提起执行异议之诉的，以申请人为被告。申请人提起执行异议之诉的，以被申请人为被告。

【应诉策略】

第一，根据《变更、追加规定》第 9 条的规定，债权受让人在执行程序中申请变更申请执行人的，需要具备以下条件：

（1）依法受让取得生效法律文书确定的债权。

（2）原申请执行人出具书面文件认可受让人取得该债权。

（3）债权受让人向执行法院申请变更。

第二，实务中，债权受让人一方面可以根据债权转让协议及原债权人（申请执行人）同意受让人取得债权的书面认可文件向执行法院申请变更执行申请人，另一方面，受让人可以在债权转让协议中约定原债权人（申请执行人）向执行法院提交变更申请执行人申请，以便顺利完成执行程序中申请执行人的变更。

第三，债权转让协议在后续诉讼中被认定为无效，会直接影响变更申请执行人程序应否被撤销。生效法律文书确定的债权依法转让给第三人是变更申请执行人的前提条件，故债权转让协议是否确被后来的生效裁判文书认定为无效，可能会从实质上影响对债权是否已经依法转让的判断，进而影响对是否可以变更申请执行人这一问题的判断。因此，债权转让协议在后续诉讼中被认定为无效，属于影响裁定结果的基本事实。

第四，因不良债权转让存在巨额利益，为避免相关人员通过债权转让牟取不当利益，在该类案件的审理程序中，通常审理法院会主动审查不良债权的可转让性、受让人的适格性以及转让程序的公正性和合法性。执行程序中变更申请执行人，根据 2020 年 11 月《最高人民法院对十三届全国人大三次会议第 5510 号建议的答复》的有关内容，执行法院在处理不良债权申请执行人变更时也会注意不良债权转让是否存在损害他人或损害国家利益或社会公共利益等情形。因此，在该类案件的执行变更申请中受让人应提交债权转让协议、债权受让程序说明、原债权人同意受让人取得债权的书面说明等文件，以便顺利完成申请执行人的变更程序。

【类案裁判观点分析】

案例：生效法律文书确定的债权依法转让给第三人是变更申请执行人的前提条件，故《债权转让协议》是否确被后来的生效裁判文书认定为无效，属于影响是否变更申请执行人裁定结果的基本事实。因此，裁定撤销变更申请执行人裁定——最高人民法院（2019）最高法执监108号

本院认为，豫通公司向本院申请执行监督时，提交了漯河郾城法院（2016）豫1103民初462号民事判决和漯河中院（2018）豫11民再17号民事判决，该公司认为上述判决已经认定漯河银行与高某某签订的《债权转让协议》无效，故以《债权转让协议》为依据的变更申请执行人的裁定及相关异议、复议裁定均应撤销，属于以新形成的事实证据主张推翻原执行裁定。根据《变更、追加规定》第9条①“申请执行人将生效法律文书确定的债权依法转让给第三人，且书面认可第三人取得该债权，该第三人申请变更、追加其为申请执行人的，人民法院应予支持”的规定，生效法律文书确定的债权依法转让给第三人是变更申请执行人的前提条件，故《债权转让协议》是否确被后来的生效裁判文书认定为无效，可能会从实质上影响对本案债权是否已经依法转让的判断，进而影响对是否可以变更申请执行人这一问题的判断，属于影响裁定结果的基本事实。

165. 不良债权转让未通知被执行人，是否影响受让人变更为申请执行人

◇ **问题**　债权转让未通知被执行人，被执行人以未收到执行法院相关执行措施裁定和通知为由，能否阻却执行程序

◇ **来源**　最高人民法院（2019）最高法执监43号

◇ **结论**　债权转让虽未有证据证明原债权人转让债权已通知到被执行人，

① 该规定在该司法解释2020年修正时未做改动。

因本案债权已为生效法律文书所确定且已进入执行程序，执行法院已向被执行人送达了变更申请执行人的裁定书，且该变更申请执行人的裁定并未加重被执行人的义务，故执行法院的变更裁定符合法律规定

【基本案情】

黔南中院在执行漳江公司申请执行西南红公司等人贷款合同纠纷一案中，申请执行人原系农行某支行。在执行过程中，漳江公司向黔南中院申请变更为本案的申请执行人，并提供了恢复执行申请书，以及《情况说明》、《债权转让协议》和在《贵州日报》刊登的《债权转让通知暨债务催收联合公告》等证据材料。2017 年 7 月 13 日，黔南中院裁定，变更樟江公司为本案申请执行人。17 日，黔南中院向工行独山支行送达协助冻结通知书，冻结了被执行人西南红公司名下 140 万元拆迁补偿款。

西南红公司不服该协助冻结存款通知书，于 2017 年 8 月 14 日向黔南中院提出异议，认为：本案的协助冻结存款通知书、协助执行通知书、执行裁定书均未送达西南红公司，农行某支行转让债权也未通知债务人。因此，冻结西南红公司 140 万元是非法的。西南红公司异议请求撤销协冻通知书，并赔偿西南红公司直接经济损失 20 万元。

黔南中院裁定驳回西南红公司的异议请求，西南红公司提出复议，认为债权转让及程序均不合法，贵州高院裁定驳回其复议。西南红公司向最高人民法院提起申诉，形成本案诉讼，最高人民法院经审理裁定驳回西南红公司的申诉。

【争议焦点】

执行法院作出的变更申请执行人为樟江公司的裁定是否符合法律规定?

【裁判要点】

本案中，根据查明的事实，樟江公司向黔南中院申请将其变更为本案的

申请执行人，并提供了《债权转让协议》、在《贵州日报》刊登的《债权转让通知暨债务催收联合公告》、农行某支行《情况说明》等证据材料。该债权转让并未违反法律强制性规定，且农行某支行书面认可樟江公司取得本案债权，虽未有证据证明农行某支行转让债权已通知到西南红公司，因本案债权为生效法律文书所确定且已进入执行程序，执行法院已向西南红公司送达了变更申请执行人的裁定书，且该变更申请执行人的裁定并未加重西南红公司的义务。因此，黔南中院作出的变更樟江公司为本案申请执行人的裁定，符合规定，并无不当。

【相关法律规定】

《变更、追加规定》

第九条 申请执行人将生效法律文书确定的债权依法转让给第三人，且书面认可第三人取得该债权，该第三人申请变更、追加其为申请执行人的，人民法院应予支持。

《民法典》

第五百四十六条 债权人转让债权，未通知债务人的，该转让对债务人不发生效力。

债权转让的通知不得撤销，但是经受让人同意的除外。

【应诉策略】

第一，本文主文案例中，西南红公司作为被执行人，根据《民事诉讼法》第249条的相关规定，执行法院有权查询和冻结其名下的存款、债券、股票、基金等有价资产。因此，本文主文案例中执行法院冻结被执行人存款并向相关部门发送协助执行通知书未违反法律法规。关于本文主文案例中被执行人主张的因资产被冻结产生的经济损失等问题，该问题非执行异议、复议程序的审理范围，若被执行人认为债权人的保全行为或超标的执行行为损害了其合法权益，可以另行起诉请求损害赔偿。

第二，关于债权转让是否必须向债务人发出通知的问题。根据《民法典》第546条第1款的规定，债权转让未通知债务人的，仅是该转让行为不对债务人发生法律效力。在批量不良资产转让案件中，因考虑到债权转让通知的经济成本问题，债权转让并未通知债务人，无论债务人向原债权人履行债务还是向新债权人履行债务，原债权人与受让人可以另行约定结算，但这并不影响债权转让协议的生效。

166. 被执行人可否在执行异议程序中要求确认不良债权转让行为无效

◇ **问题** 被执行人要求确认资管公司与债权受让人（新的申请执行人）之间的不良债权转让行为无效，应否通过执行异议程序解决

◇ **来源** 最高人民法院（2019）最高法执监495号

◇ **结论** 被执行人对执行法院作出的变更申请执行人的裁定不服，应按照《变更、追加规定》第30条①的规定向上级法院申请复议，而不是按照《民事诉讼法》第225条②向执行法院提出执行行为异议

【基本案情】

广发银行某支行与嘉贝公司借款合同纠纷一案，深圳中院民事判决已生效。在执行过程中，深圳中院于2009年5月裁定申请执行人变更为粤财资管公司，于2010年3月裁定终结本次执行程序。2016年4月，粤财资管公司向深圳中院申请恢复强制执行。执行过程中，深圳中院于2017年7月裁定变更申请执行人为金宝钟公司，并于2017年7月20日作出本息核算通知。

被执行人嘉贝公司对此不服，向深圳中院提出异议，认为：粤财资管公司违规将标的债权以明显不合理低价转让给金宝钟公司，违反金融及国有资产监管规定，其债权转让行为无效。且深圳中院未经合理审慎审查即同意按金宝钟公司申请将其变更为本案的申请执行人，属事实认定及法律适用

① 该规定在该司法解释2020年修正时未做改动。

② 现为《民事诉讼法》第232条。

错误。

深圳中院驳回被执行人的异议，嘉贝公司提出复议，广东高院驳回其复议申请。嘉贝公司向最高人民法院申诉，形成本案诉讼，最高人民法院经审理驳回其申诉。

【争议焦点】

申诉人（被执行人）嘉贝公司要求确认粤财资管公司债权转让行为无效应否通过执行异议程序解决？

【裁判要点】

本案中，深圳中院根据广发银行某支行和粤财资管公司申请，裁定将本案申请执行人变更为粤财资管公司。后因粤财资管公司将本案债权转让给金宝钟公司，深圳中院根据申请裁定变更申请执行人为金宝钟公司。如果嘉贝公司（被执行人）认为债权转让协议损害国家或其公司的利益，或是债权转让协议违反法律、行政法规的强制性规定，应当通过诉讼程序主张权利；如果嘉贝公司对深圳中院作出的变更申请执行人的裁定不服，应按照《变更、追加规定》第30条①的规定向上级法院申请复议之救济途径，并不能提出执行异议的途径寻求救济。无论是何种情况，均不应当通过执行行为异议程序进行解决。

【相关法律规定】

《变更、追加规定》

第九条 申请执行人将生效法律文书确定的债权依法转让给第三人，且书面认可第三人取得该债权，该第三人申请变更、追加其为申请执行人的，人民法院应予支持。

第三十条 被申请人、申请人或其他执行当事人对执行法院作出的变更、追加裁定或驳回申请裁定不服的，可以自裁定书送达之日起十日内向

---

① 该规定在该司法解释2020年修正时未做改动。

上一级人民法院申请复议，但依据本规定第三十二条的规定应当提起诉讼的除外。

第三十二条　被申请人或申请人对执行法院依据本规定第十四条第二款、第十七条至第二十一条规定作出的变更、追加裁定或驳回申请裁定不服的，可以自裁定书送达之日起十五日内，向执行法院提起执行异议之诉。

被申请人提起执行异议之诉的，以申请人为被告。申请人提起执行异议之诉的，以被申请人为被告。

【应诉策略】

1. 关于被执行人能否以债权转让协议无效或可能无效为由请求执行法院撤销变更申请执行人的裁定问题

若债权转让协议在后续诉讼中被认定为无效，则该事件属于影响裁定结果的基本事实，可以直接影响变更申请执行人的裁定文书被撤销。但是，如果被执行人在执行异议程序中要求执行法院审查债权转让协议无效情形或认定该债权转让无效，除非有极为明确、明显的无效情形，否则根据现有“审执分离”原则，执行法院异议程序不会作出否定债权转让协议效力的文书。因此，一般通过债权转让协议无效否定变更申请执行人的程序，都是通过另行诉讼，经审理裁判最终认定债权转让协议应否为无效。

2. 本文主文案例中关于被执行人救济程序选择错误问题

根据《变更、追加规定》第 30 条的规定，被申请人、申请人或其他执行当事人对执行法院作出的变更、追加裁定或驳回申请裁定不服的，可以自裁定书送达之日起 10 日内向上一级人民法院申请复议。本文主文案例中的被执行人嘉贝公司主张申请执行人主体变更违法，按照上述规定应是在执行法院作出裁定后向上级法院进行复议，属于法院纠错程序，而不是执行行为异议和复议程序的审查范围。因此，被执行人认为《债权转让协议》违法损害被执行人及他人利益的理由，不是执行行为异议的有效救济理由。

（四）非金融机构受让金融不良债权的计息问题

167. 如何界定《海南纪要》关于停止计收利息规定的适用范围

◇ **问题** 在核查债权本身不属于《海南纪要》规定特定范围内的金融不良债权转让案件时，受让方能否主张受让日之后的利息

◇ **来源** 最高人民法院（2021）最高法执监284号

◇ **结论** 案涉金融债权的原债权人是信达某分公司，债权转让时间亦在2018年之后，该债权最初的转让时间与转让主体，均与《海南纪要》第12条的规定不符，故不应适用该纪要关于自受让日后停止计付利息的规定

【基本案情】

信达某分公司与皇城公司等人所涉案件，宝鸡中院判决确定了债权本金及利息，判决生效后，宝鸡中院依信达某分公司申请立案执行，后裁定终结本次执行程序。2019年1月28日，信达某分公司申请恢复执行并请求变更和兴公司为本案的申请执行人。2月28日，宝鸡中院裁定：变更和兴公司为本案申请执行人。

2019年5月30日，宝鸡中院作出裁定：拍卖案涉土地房屋，该标的物评估总价为2957.96万元，一拍、二拍均流拍。2020年3月19日，宝鸡中院裁定：案涉土地房屋以二拍流拍保留价1774万余元作抵本案执行标的1333万余元（原判决本息合计9,588,465.28元、判决后利息3,515,441.35元及申请执行人垫付的诉讼费、保全费、房产评估费、公告费、执行费）。抵债后多余钱款由和兴公司支付至宝鸡中院，待权属变更登记完成后，由法院转付皇城公司。

皇城公司不服宝鸡中院上述裁定，提出执行异议，请求撤销该裁定，宝鸡中院裁定驳回。皇城公司向陕西高院提出复议，陕西高院驳回其复议请求。

皇城公司向最高人民法院申诉，形成本案诉讼，最高人民法院经审理驳回其申诉请求。

【争议焦点】

被执行人关于本案应于案涉债权受让日停止计息的主张是否有事实和法律依据？

【裁判要点】

本案执行依据宝鸡中院（2018）陕03民初4号民事判决载明，本金的利息按照原借款合同约定的利息计算方法计算至给付之日止，如皇城公司未按该判决指定的期间履行给付金钱义务，还应当加倍支付迟延履行期间的债务利息。和兴公司作为判决确定的债权的受让人，其亦有权对皇城公司主张前述利息。至于是否应于受让日停止计息的问题，应结合相关规定及类案予以分析认定。

第一，《海南纪要》第9条“关于受让人收取利息的问题”规定：“受让人向国有企业债务人主张不良债权受让日之后发生的利息的，人民法院不予支持。”第12条“关于《纪要》的适用范围”规定：“不良债权转让包括金融资产管理公司政策性和商业性不良债权的转让。政策性不良债权是指1999年至2000年上述四家金融资产管理公司在国家统一安排下通过再贷款或者财政担保的商业票据形式支付收购成本从中国银行、中国农业银行、中国建设银行、中国工商银行以及国家开发银行收购的不良债权；商业性不良债权是指2004年至2005年上述四家金融资产管理公司在政府主管部门主导下从交通银行、中国银行、中国建设银行和中国工商银行收购的不良债权。”可见，该纪要是对特定范围内的金融不良债权转让案件确立了特殊的处置规则，对金融不良债权的转让时间及转让主体均有明确限定，应当严格按照其适用范围的规定适用。本案中，案涉金融债权的债权人主体是信达某分公司，债权转让时间亦在2018年之后，该债权最初的转让时间与转让主体，均与《海南纪要》第12条的规定不符，故不应适用该纪要关于自受让日后停止计付利息的规定。

第二，《最高人民法院关于非金融机构受让金融不良债权后能否向非国有企业债务人主张全额债权的请示的答复》，是对湖北高院就在执行程序中能否参照适用《海南纪要》规定计算债务利息问题进行请示的个案答复。该答复意见所涉案件中的金融不良债权属于《海南纪要》第 12 条规定的特定范围内的债权。该答复意见所涉案件基本事实与本案不符，但程序上有借鉴意义，即执行中可以参照《海南纪要》计算利息，陕西高院认为属审判规则，在执行异议、复议案件中不予审查，确为不当，但从前述事实认定来看，本案并不适用《海南纪要》所确定的相关规则，故陕西高院审查结论正确。

总之，本案不属于《海南纪要》规定的特定范围内的金融不良债权转让案件，不应适用该纪要第 9 条的规定。皇城公司关于本案应于案涉债权受让日停止计付利息的主张没有事实和法律依据。

【相关法律规定】

《海南纪要》

九、关于受让人收取利息的问题

会议认为，受让人向国有企业债务人主张利息的计算基数应以原借款合同本金为准；受让人向国有企业债务人主张不良债权受让日之后发生的利息的，人民法院不予支持。但不良债权转让合同被认定无效的，出让人在向受让人返还受让款本金的同时，应当按照中国人民银行规定的同期定期存款利率支付利息。

《民事诉讼法》

第二百六十条 被执行人未按判决、裁定和其他法律文书指定的期间履行给付金钱义务的，应当加倍支付迟延履行期间的债务利息。被执行人未按判决、裁定和其他法律文书指定的期间履行其他义务的，应当支付迟延履行金。

【应诉策略】

第一，《海南纪要》主要围绕不良债权已经剥离至金融资产管理公司又被转让给受让人后的相关情形来展开，本文主文案例主要涉及的是受让人能否主张利息的问题，该纪要第 9 条规定：“若受让人向国有企业债务人主张不良债权受让日之后发生的利息的，人民法院不予支持。”于是就有了关于向国有企业债务人主张债权不能计息的说法，后续慢慢又演化为受让人向非国有企业债务人能否主张利息的争议，而该问题现仍无定论，需要结合具体案件情况做具体分析。

第二，《海南纪要》有以下适用条件：（1）债务人为国有企业；（2）金融机构转让债权为政策性和商业性不良债权。其中，政策性不良债权是指 1999 年至 2000 年华融、长城、东方和信达四家金融资产管理公司在国家统一安排下通过再贷款或者财政担保的商业票据形式支付收购成本从中国银行、中国农业银行、中国建设银行、中国工商银行以及国家开发银行收购的不良债权，商业性不良债权是指 2004 年至 2005 年上述四家金融资产管理公司在政府主管部门主导下从交通银行、中国银行、中国建设银行和中国工商银行收购的不良债权。

第三，关于金融不良债权受让人收取利息的问题，其中的利息问题还有是否计收复息的问题。本文主文案例中未涉及此问题，但因金融不良债权的复息金额往往不是小数目，因此实务中对是否计收复利债权人和债务人存在很大争议。《最高人民法院关于审理涉及金融资产管理公司收购、管理、处置国有银行不良贷款形成的资产的案件适用法律若干问题的规定》[①] 第 7 条规定：“债务人逾期归还贷款，原借款合同约定的利息计算方法不违反法律法规规定的，该约定有效。没有约定或者不明的，依照《人民币利率管理规定》计算利息和复息。”《利率管理暂行规定》第 18 条规定，“对不能支付的利息，可计收复利”。对于金融机构借款利息可以计收复利，但金融机构将债权转让给非金融机构后，非金融机构能否收到复利呢？诉讼审理中争议很大，但在执行实务中，若判决书认定利息的计算方法存在复利且没有超过法定利息上限，则债权受让人可以在执行程序中依据判决书确定内容申请执行。

第四，《海南纪要》是 2009 年的规定，该纪要内容是对特定时期、特定范围内的金融不良债权转让案件确立的特殊的处置规则，其目的是依法公正

① 该司法解释现已废止。

妥善地审理涉及金融不良债权转让案件，防止国有资产流失，保障金融不良债权处置工作的顺利进行，维护社会公共利益和相关当事人合法权益，应当按照其适用范围的规定参照适用。如果对《海南纪要》适用范围以外的一般金融不良债权转让案件一律参照适用《海南纪要》精神，既没有明确的法律及司法文件依据，亦与依法平等保护各类民事主体财产权益的司法精神相悖。但是，该纪要内容现仍然在金融不良债权转让案件中扮演着极为重要的角色，属于金融不良债权转让必知、必学的规定。

第五，关于涉及非国有企业债务人的金融不良债权转让纠纷案件，受让人应否计收受让日之后利息的问题。根据《最高人民法院关于如何理解最高人民法院法发（2009）19 号〈会议纪要〉若干问题的请示之答复》的内容，涉及非国有企业债务人的金融不良债权转让纠纷案件，亦应参照适用《海南纪要》的规定，不良金融债权受让人依然不能要求非国有企业债务人承担受让债权基准日之后的利息。

【类案裁判观点分析】

案例一：地方资产管理公司，并非《海南纪要》规定的金融资产管理公司，仍属于《海南纪要》第 9 条规定的受让人，故无权收取不良债权受让日之后的利息——最高人民法院（2021）最高法民申 3693 号

本院经审查认为，根据《海南纪要》第 9 条的规定，受让人向国有企业债务人主张利息的计算基数应以原借款合同本金为准；受让人向国有企业债务人主张不良债权受让日之后发生的利息的，人民法院不予支持。根据第 12 条的规定，会议认为，在《海南纪要》中，国有银行包括国有独资商业银行、国有控股商业银行以及国有政策性银行；金融资产管理公司包括华融、长城、东方和信达等金融资产管理公司和资产管理公司通过组建或参股等方式成立的资产处置联合体。国有企业债务人包括国有独资和国有控股的企业法人。受让人是指非金融资产管理公司法人、自然人。根据上述规定，不良资产受让人是非金融资产管理公司的，无权向国有企业债务人主张不良债权受让日之后发生的利息。《最高人民法院关于如何理解最高人民法院法发（2009）19 号〈会议纪要〉若干问题的请示之答复》指出，根据《海南纪要》的精神和目的，涉及非国有企业债务人的金融不良债权转让纠纷案件，亦应参照适用《海南纪要》的规定。根据本案查明的事实，渝康资管公司不是金融资产管理公司。因此，二审判决认定渝康资管公司属于《海南纪要》第9条规定的受让人，无权收取不良债权受让日之后的利息，并无不当。

案例二：因案涉债权的第一次、第二次债权转让发生于2010年之后，故并不符合《海南纪要》规定之情形，实践中应严格适用《海南纪要》不计收利息的规定——最高人民法院（2019）最高法执监487号

关于本案是否适用《海南纪要》，根据《海南纪要》第12条有关适用范围的规定，《海南纪要》的适用必须符合下列条件：(1）债务人为国有企业；(2）金融机构转让债权为政策性和商业性不良债权。政策性不良债权，是指1999年至2000年华融、长城、东方和信达四家金融资产管理公司在国家统一安排下通过再贷款或者财政担保的商业票据形式支付收购成本从中国银行、中国农业银行、中国建设银行、中国工商银行以及国家开发银行收购的不良债权；商业性不良债权，是指2004年至2005年上述四家金融资产管理公司在政府主管部门主导下从交通银行、中国银行、中国建设银行和中国工商银行收购的不良债权。本案第一次、第二次债权转让发生于2010年之后，故本案情形并不符合《海南纪要》规定之情形。深圳中院认为执行工作中不应适用《海南纪要》，符合法律规定。

案例三：案涉金融不良债权最初转让发生于2014年4月25日，由兴业信托公司转让给长城资管广西分公司；该债权第二次转让发生于2018年6月12日，由长城资管广西分公司转让给彰泰公司。所以，债权最初的转让时间和转让主体与《海南纪要》第12条的规定不符，不应适用《海南纪要》关于自受让日后停止计付利息的规定——最高人民法院（2019）最高法执复45号

《海南纪要》第9条对金融不良债权受让日之后止付利息进行了规定，第12条对《海南纪要》的适用范围，包括金融不良债权的转让时间及转让主体进行了限定。因此，《海南纪要》是对特定时期、特定范围内的金融不良债权转让案件确立的特殊的处置规则，其目的是依法公正妥善地审理涉及金融不良债权转让案件，防止国有资产流失，保障金融不良债权处置工作的顺利进行，维护社会公共利益和相关当事人合法权益，应当按照其适用范围的规定参照适用。如果对《海南纪要》适用范围以外的一般金融不良债权转让案件一律参照适用《海南纪要》精神，既没有明确的法律及司法文件依据，亦与依法平等保护各类民事主体财产权益的司法精神相悖。本案中，案涉金融不良债权最初转让发生于2014年4月25日，由兴业信托公司转让给长城资管某分公司；该债权第二次转让发生于2018年6月12日，由长城资管某分公司转让给彰泰公司。可见，债权最初的转让时间和转让主体与《海南纪要》第12条的规定不符，故不应适用《海南纪要》关于自受让日后停止计付利息的规定。此外，《海南纪要》第12条规定："《纪要》的内容和精神仅适用于在《纪要》发布之后尚在一审或者二审阶段的涉及最初转让方为国有银行、金融资产管理公司通过债权转让方式处置不良资产形成的相关案件。"《最高人民法院关于非金融机构受让金融不良债权后能否向非国有企业债务人主张全额债权的请示的答复》从配合金融体制改革，推进金融不良债务处置工作，解决历史遗留问题的政策导向出发，明确了执行程序中对于迟延履行利息的计算，也参照适用该规则。但是，该答复意见所涉案件中的金融不良债权属于《海南纪要》第12条规定的特定范围内的债权。因此，该答复意见所涉案件基本事实与本案不符，对本案不具有指导意义。

案例四：债权发生时间为2014年，2015年3月工行漳州分行将债权转让至华融公司，华融公司于2015年5月又转让至明策公司，其具体形式与发生时间均不属于《海南纪要》所说的政策性不良债权，无法适用《海南纪要》的规定，因此明策公司受让债权后可以要求厨师股份公司按照原合同内容之规定给付借款利息及逾期付款利息——最高人民法院（2021）最高法民终426号

《海南纪要》第9条规定，受让人向国有企业债务人主张不良债权受让日之后发生的利息的，人民法院不予支持。同时，《海南纪要》第12条关于该纪要的适用范围有明确的规定，该纪要涉及的司法政策有其特定历史背景，系针对特定时间阶段发生的、针对特定主体的金融不良债权转让行为作出的特殊规定。结合本案事实，本案所涉债权发生时间为2014年，2015年3月工行漳州分行将债权转让至华融公司，华融公司于2015年5月又将债权转让至明策公司，其具体形式与发生时间均不属于《海南纪要》中规定的政策性不良债权，无法适用《海南纪要》的规定，因此明策公司受让债权后有权要求厨师股份公司按照原合同内容之规定给付借款利息及逾期付款利息。

案例五：《海南纪要》已明确限定适用的范围，本案生效判决于2006年4月18日作出，2006年6月3日生效，判决确定的债权人为广发银行罗湖支行，故本案不符合《海南纪要》规定的应当适用的范围——最高人民法院（2019）最高法执监495号

关于本案应否适用《海南纪要》的问题。根据《海南纪要》第12条“关于《纪要》的适用范围”的规定，不良债权转让包括金融资产管理公司政策性和商业性不良债权的转让。政策性不良债权是指1999年至2000年上述四家金融资产管理公司在国家统一安排下通过再贷款或者财政担保的商业票据形式支付收购成本从中国银行、中国农业银行、中国建设银行、中国工商银行以及国家开发银行收购的不良债权；商业性不良债权是指2004年至2005年上述四家金融资产管理公司在政府主管部门主导下从交通银行、中国银行、中国建设银行和中国工商银行收购的不良债权。可见，《海南纪要》已明确限定适用的范围。从本案查明的事实来看，本案生效判决（2005）深中法民二初字第206号民事判决系由深圳中院于2006年4月18日作出，2006年6月3日生效，判决确定的债权人为广发银行罗湖支行。故本案不符合《海南纪要》规定的应当适用的范围。嘉贝公司提出本案应当适用《海南纪要》的主张，于法无据，本院不予支持。

案例六：根据《海南纪要》的精神，涉及非国有企业债务人的金融不良债权转让纠纷案件，可参照适用《海南纪要》第9条规定，故自债权受让之日起不再继续计算利息——最高人民法院（2020）最高法民申6457号

关于利息计算问题，本院认为，2009年3月30日公布施行的《海南纪要》第9条内容为：“关于受让人收取利息的问题。会议认为，受让人向国有企业债务人主张利息的计算基数应以原借款合同本金为准；受让人向国有企业债务人主张不良债权受让日之后发生的利息的，人民法院不予支持。但不良债权转让合同被认定无效的，出让人在向受让人返还受让款本金的同时，应当按照中国人民银行规定的同期定期存款利率支付利息。”据此，虽然银辰置业公司、银辰经济公司不是国有企业，但原判根据《海南纪要》会议精神，考虑不良资产债权转让的特殊性和转让价格低等特点，结合本案案情，参照适用《海南纪要》，符合实际案情。

168. 非金融机构受让的不良债权，受让日之后的迟延履行加倍利息应否停止计算

◇ **问题** 非金融机构受让经生效法律文书确定的金融不良债权能否在执行程序中向非国有企业债务人主张受让日后的迟延履行利息

◇ **来源** 最高人民法院（2020）最高法执监440号

◇ **结论** 在执行程序中对于迟延履行期间的债务利息的计算，亦可参照《海南纪要》的精神处理，根据《海南纪要》和《最高人民法院关于非金融机构受让金融不良债权后能否向非国有企业债务人主张全额债权的请示的答复》的精神，不良债权受让日或者《海南纪要》发布日之后，不再计付利息（含迟延履行期间的债务利息）

【基本案情】

2004年6月，信达公司某办事处签订《债权转让协议》，受让两银行对借款人海达公司的债权，债权划转基准日为2003年12月31日，并向债务人送达转让通知。

信达公司某办事处于2006年9月向玉林中院提起诉讼，于2007年11月与富英公司签订《债权转让合同》，将本案债权全部转让给富英公司，转让债权基准日为2007年9月20日。后本案原告变更为富英公司，富英公司与海达公司均是自然人独资有限公司。

经一审、二审，广西高院于2010年3月作出生效二审判决，富英公司以

生效判决向玉林中院申请执行，因海达公司变更企业名称为海伦公司，本案被执行人后变更为海伦公司。

执行过程中，玉林中院作出执行通知书：对本案的债务利息计算到富英公司受让不良债权之日即2007年11月6日止，之后不再计付利息。申请执行人富英公司对该认定不服，提起执行异议，认为：本案生效判决书已明确债务人应支付“加倍支付迟延履行期间的债务利息”，执行程序应予以执行。

玉林中院裁定驳回富英公司的异议请求，富英公司向广西高院复议，广西高院驳回富英公司的复议。富英公司向最高人民法院申诉，形成本案诉讼，最高人民法院审理驳回富英公司申诉请求。

【争议焦点】

本案是否应计算迟延履行期间的债务利息的问题?

【裁判要点】

执行程序中，人民法院有权对是否计算迟延履行期间的债务利息及计算标准等进行审查。本案的不良债权从转让时间和转让主体看，属于《海南纪要》第12条规定的不良债权范畴。关于《海南纪要》规定的金融不良债权转让案件中有关利息和迟延履行期间的债务利息的计算问题，最高人民法院经审判委员会讨论后于2013年11月26日作出《最高人民法院关于非金融机构受让金融不良债权后能否向非国有企业债务人主张全额债权的请示的答复》，明确以下两点：第一，非金融机构受让经生效法律文书确定的金融不良债权能否在执行程序中向非国有企业债务人主张受让日之后利息的问题，应当参照《海南纪要》的精神处理。第二，根据《海南纪要》第12条的规定，《海南纪要》不具有溯及力，《海南纪要》发布前，非金融资产管理公司的机构或个人受让经生效法律文书确定的金融不良债权，或者受让的金融不良债权经生效法律文书确定的，发布日之前的利息按照相关法律规定计算；发布日之后不再计付利息。《海南纪要》发布后，非金融资产管理公司的机构或个人受让经生效法律文书确定的金融不良债权的，受让日之前的利息按照相关法律规定计算；受让日之后不再计付利息。根据上述规定，本案中的利息（包括《民事诉讼法》第253条[①]规定的迟延履行利息）应按照法律规定计算至《海南纪要》发布之日。即在执行程序中，对于迟延履行期间的债务利息的计算，亦可参照《海南纪要》的精神处理。在本案执行程序中，亦可以适用《海南纪要》和《最高人民法院关于非金融机构受让金融不良债权后能否向非国有企业债务人主张全额债权的请示的答复》规定，根据《海南纪要》和《最高人民法院关于非金融机构受让金融不良债权后能否向非国有企业债务人主张全额债权的请示的答复》的精神，不良债权受让日或者《海南纪要》发布日之后，不再计付利息（含迟延履行期间的债务利息）。本案中，不良债权受让发生在《海南纪要》发布之前，《海南纪要》发布之后该不良债权才经生效法律文书认定，故无论在《海南纪要》发布日还是不良债权受让日之前，本案尚未经生效法律文书认定，因为生效法律文书尚未作出，尚不具备产生迟延履行期间的债务利息的条件，故本案中，不论计算至受让日还是发布日，迟延履行期间的债务利息均应认定为零。申诉人主张的本案应支付迟延履行期间的债务利息的主张，与《海南纪要》和《最高人民法院关于非金融机构受让金融不良债权后能否向非国有企业债务人主张全额债权的请示的答复》的精神相违背，不予支持。

【相关法律规定】

《海南纪要》

九、关于受让人收取利息的问题

会议认为，受让人向国有企业债务人主张利息的计算基数应以原借款合同本金为准；受让人向国有企业债务人主张不良债权受让日之后发生的利息的，人民法院不予支持。但不良债权转让合同被认定无效的，出让人在向受让人返还受让款本金的同时，应当按照中国人民银行规定的同期定期存款利率支付利息。

十二、关于《纪要》的适用范围

会议认为，在《纪要》中，国有银行包括国有独资商业银行、国有控股

① 现为《民事诉讼法》第260条。

商业银行以及国有政策性银行；金融资产管理公司包括华融、长城、东方和信达等金融资产管理公司和资产管理公司通过组建或参股等方式成立的资产处置联合体。国有企业债务人包括国有独资和国有控股的企业法人。受让人是指非金融资产管理公司法人、自然人。不良债权转让包括金融资产管理公司政策性和商业性不良债权的转让。政策性不良债权是指1999年至2000年上述四家金融资产管理公司在国家统一安排下通过再贷款或者财政担保的商业票据形式支付收购成本从中国银行、中国农业银行、中国建设银行、中国工商银行以及国家开发银行收购的不良债权；商业性不良债权是指2004年至2005年上述四家金融资产管理公司在政府主管部门主导下从交通银行、中国银行、中国建设银行和中国工商银行收购的不良债权。

……

《最高人民法院关于非金融机构受让金融不良债权后能否向非国有企业债务人主张全额债权的请示的答复》

湖北省高级人民法院：

你院《关于非金融机构受让金融不良债权后能否向非国有企业债务人主张全额债权的请示》（鄂高法［2012］323号）收悉。经研究并经我院审判委员会讨论决定，答复如下：

一、非金融机构受让经生效法律文书确定的金融不良债权能否在执行程序中向非国有企业债务人主张受让日后利息的问题，应当参照我院2009年3月30日《关于审理涉及金融不良债权转让案件工作座谈会纪要》（法发［2009］19号，以下简称《海南座谈会纪要》）的精神处理。

二、根据《海南座谈会纪要》第十二条的规定，《海南座谈会纪要》不具有溯及力。《海南座谈会纪要》发布前，非金融资产管理公司的机构或个人受让经生效法律文书确定的金融不良债权，或者受让的金融不良债权经生效法律文书确定的，发布日之前的利息按照相关法律规定计算；发布日之后不再计付利息。《海南座谈会纪要》发布后，非金融资产管理公司的机构或个人受让经生效法律文书确定的金融不良债权的，受让日之前的利息按照相关法律规定计算；受让日之后不再计付利息。

根据上述规定，本案中的利息（包括《中华人民共和国民事诉讼法》第二百五十三条规定的迟延履行利息）应按照法律规定计算至《海南座谈会纪要》发布之日。

《民事诉讼法》

第二百六十条 被执行人未按判决、裁定和其他法律文书指定的期间履行给付金钱义务的，应当加倍支付迟延履行期间的债务利息。被执行人未按判决、裁定和其他法律文书指定的期间履行其他义务的，应当支付迟延履行金。

【应诉策略】

1. 关于迟延履行加倍利息的计算方法，将债权本身不计算利息和加倍支付迟延履行债务期间的利息混同

被执行人未按照生效判决或其他生效文书确定的履行期限履行金钱给付义务的，应当加倍支付迟延履行期间的债务利息，因此，被执行人拒不执行的，不仅需要按照原合同约定支付利息，还需要支付拒不执行的法定迟延履行利息。具体如何计算可以按以下两个时间段分别展开：

第一个阶段为 2014 年 8 月 1 日前，按照《最高人民法院关于在执行工作中如何计算迟延履行期间的债务利息等问题的批复》，清偿的迟延履行期间的债务利息 = 清偿的法律文书确定的金钱债务 × 同期贷款基准利率 ×2 × 迟延履行期间。

第二个阶段为 2014 年 8 月 1 日后，按照《最高人民法院关于执行程序中计算迟延履行期间的债务利息适用法律若干问题的解释》，迟延履行期间的债务利息区分为两部分，即迟延履行期间的一般债务利息和加倍部分债务利息。

（1）迟延履行期间的一般债务利息，根据生效法律文书确定的方法计算；生效法律文书未确定给付该利息的，不予计算。

（2）加倍部分债务利息的计算方法为：加倍部分债务利息 = 债务人尚未清偿的生效法律文书确定的除一般债务利息之外的金钱债务 ×1.75‱ × 迟延履行期间。

2. 关于非金融机构受让金融不良债权的利息计算问题，需要知道《海南纪要》精神不仅在于债权本身不计算利息，执行程序中的加倍支付迟延履行利息也不计算

非金融机构或个人取得的经生效法律文书确定的金融不良债权的，计息问题参照适用《海南纪要》精神，受让日之前的利息正常计算，但受让日之后的利息不再计算，该利息包括迟延履行期间的债务利息。因大部分不良债权的迟延履行期间较长，该部分金额较大，因此，相关机构或个人在受让金融不良债权时一定要精算整体债权金额及利息，以避免损失。

3. 关于如何区分何种债权转让应受《海南纪要》规定的影响不计收受让后的利息问题

本文主文案例中，因富英公司所取得的债权是由中国银行防城支行和中国银行防城港分行分别于 2004 年 6 月 25 日将其债权转让给信达公司某办事处，再由信达公司某办事处转让而来，根据《海南纪要》第 12 条“在《纪要》中……受让人是指非金融资产管理公司法人、自然人。不良债权转让包括金融资产管理公司政策性和商业性不良债权的转让……商业性不良债权是指 2004 年至 2005 年上述四家金融资产管理公司在政府主管部门主导下从交通银行、中国银行、中国建设银行和中国工商银行收购的不良债权”的规定，本案债权从转让时间（2004 年）和转让主体（信达公司从银行收购的不良债权）来看，该债权属于《海南纪要》第 12 条规定的商业性不良债权范畴，故应当适用《海南纪要》。因此，该债权从受让之日起就注定不能再计算一般债务利息和迟延履行加倍利息。

【类案裁判观点分析】

案例一：因（2020）最高法执监 440 号执行裁定说理部分论述内容，债权受让人的利息计算主张获得法院支持——张家界中院（2022）湘 08 民终 90 号

张家界佳旺公司主张应计算至 2009 年 3 月 30 日，因《海南纪要》于该天才公布施行，《海南纪要》不具有溯及力。关于《海南纪要》是否具有溯及力的问题，经检索类案，最高人民法院在（2020）最高法执监 440 号执行裁定说理部分论述关于《海南纪要》规定的金融不良债权转让案件中有关利

息和迟延履行期间的债务利息的计算问题，最高人民法院经审判委员会讨论后于2013年11月26日作出《最高人民法院关于非金融机构受让金融不良债权后能否向非国有企业债务人主张全额债权的请示的答复》，明确“根据《纪要》第十二条的规定，《纪要》不具有溯及力，《纪要》发布前，非金融资产管理公司的机构或个人受让经生效法律文书确定的金融不良债权，或者受让的金融不良债权经生效法律文书确定的，发布日之前的利息按照相关法律规定计算；发布日之后不再计付利息。《纪要》发布后，非金融资产管理公司的机构或个人受让经生效法律文书确定的金融不良债权的，受让日之前的利息按照相关法律规定计算；受让日之后不再计付利息”。根据上述规定，本案中的利息应计算至《海南纪要》发布之日即2009年3月30日，张家界佳旺公司的该项主张理由成立，应予支持。

案例二：金融不良债权受让人不能享有原权利人依其为金融机构特殊身份而特别享有的权利。本案中，虽然长城资产某分公司享有自银行受让债权之后的相应利息、罚息的权利，但受让人非金融资产管理公司，不享有上述权利——最高人民法院（2021）最高法民申6426号

金融不良债权受让人受让的是合同权利，其权利不能大于原权利人，也不能享有原权利人因其具有金融机构特殊身份而特别享有的权利。本案中，炳盛公司虽然从长城资产某分公司处受让了案涉不良债权，但炳盛公司并非金融资产管理公司，并不当然享有长城资产某分公司作为金融资产管理公司特殊身份而享有的权利。根据《海南纪要》第9条的规定，受让人向国有企业债务人主张利息的计算基数应以原借款合同本金为准；受让人向国有企业债务人主张不良债权受让日之后发生的利息的，人民法院不予支持。炳盛公司主张长城资产某分公司享有自工行河南分公司受让债权之后的相应利息、罚息的权利，其作为受让人也享有相应权利，本案利息、罚息应计算至2019年4月22日的再审申请理由不能成立。

案例三：根据《海南纪要》精神，不良债权受让日之后不再计付利息（含迟延履行期间的债务利息）——最高人民法院（2020）最高法民申3397号

案涉债权属于金融不良债权，根据在案证据，华锋正通公司以远低于原贷款合同约定的债权金额为对价从中国华融资产管理股份有限公司某分公司取得案涉债权。二审判决结合对不良债权处置的司法政策及本案实际情况，对华锋正通公司主张的案涉金融不良债权受让日之后的利息未予支持，并无不当。

案例四：根据《海南纪要》的规定，不良债权受让日之前的利息按照法律规定计算，受让日之后不再计付利息，其中利息含迟延履行期间的债务利息——最高人民法院（2017）最高法执监402号

关于利息计算的截止日问题。本院于2014年12月31日作出（2014）执申字第24号执行裁定，明确本案债权在《海南纪要》发布之前的利息按照法律规定计算，发布之后的利息不再计付。利息包括生效法律文书确定的利息，以及《民事诉讼法》第253条[①]规定的迟延履行利息。由此，本案的利息应计算至2009年3月30日。

169. 受让调解书确认的不良债权，能否支持受让日之后的迟延履行加倍利息

◇ **问题**　资产管理公司通过调解书确认债权后，执行程序中将债权转让，受让人可否依据关于迟延履行利息的法律规定，要求债务人支付受让日之后的迟延履行加倍利息

◇ **来源**　最高人民法院（2019）最高法执复45号

◇ **结论**　法院作出的调解书确定的金钱给付责任，债权人申请执行的，人民法院应当依法执行，债务人履行了调解书确定的民事责任后，债权人又要求其承担《民事诉讼法》规定的迟延履行责任的，人民法院不予支持

① 现为《民事诉讼法》第260条。

【基本案情】

广西高院在执行申请执行人彰泰公司与被执行人丽诚公司、黄某某金融不良债权追偿纠纷一案中，申请执行人彰泰公司对该院作出的（2017）桂执11号之九结案通知书不服，认为该结案通知书没有计算其公司受让长城资管某分公司自2018年6月12日至实际清偿之日止的利息，也没有依法计算被执行人迟延履行期间的加倍利息，即2017年8月1日起至清偿之日止。故向广西高院提出书面异议，请求撤销该结案通知书，依法继续强制执行被执行人21,517,970.12元。

另查：案涉调解书生效后，长城资管某分公司于2017年8月11日向广西高院申请执行。同日，该院以（2017）桂执11号案件予以立案执行。2018年6月7日，长城资管某分公司发布对丽诚公司债权资产的公开竞价转让公告，彰泰公司竞价取得案涉债权，并在执行程序中变更为本案申请执行人。

广西高院认为，关于迟延履行利息事项，作为执行依据的调解书中并无约定，故驳回彰泰公司异议请求。彰泰公司向最高人民法院申请复议，形成本案诉讼，最高人民法院经审理驳回了彰泰公司的复议请求。

【争议焦点】

是否支持本案迟延履行期间计付加倍利息？

【裁判要点】

根据该案查明的事实，长城资管某分公司与丽诚公司在（2017）桂民初21号民事调解书中约定："2017年7月12日起至还清之日止的利息，以本金36,740万元为基数，按年利率17.9%计算，限于2017年7月31日前一次性付清。如逾期不能还清，则应继续按年利率17.9%计付尚欠本金的利息，直至全部本金还清。"长城资管某分公司与丽诚公司经协商，自愿确定了17.9%的年利率，如逾期不能还清，则继续按年利率17.9%计付尚欠本金的利息，直至全部本金还清。根据《最高人民法院关于人民法院民事调解工作若干问题的规定》第10条[①]的规定，人民法院对于调解协议约定一方不履行协议应当承担民事责任的，应予准许。第19条[②]规定，调解书确定的担保条款条件或者承担民事责任的条件成就时，当事人申请执行的，人民法院应当依法执行。不履行调解协议的当事人按照前款规定承担了调解书确定的民事责任后，对方当事人又要求其承担《民事诉讼法》规定的迟延履行责任的，人民法院不予支持。且从长城资管某分公司与彰泰公司签订的《债权转让协议》、附件一和附件一中所列利息的计算表以及长城资管某分公司的债权转让公告来看，长城资管某分公司也并未向丽诚公司主张迟延履行期间的加倍利息。因此，彰泰公司受让债权后，向丽诚公司主张迟延履行期间的加倍利息缺乏法律依据，违反当事人的意思自治原则，不予支持。

【相关法律规定】

《海南纪要》

九、关于受让人收取利息的问题

会议认为，受让人向国有企业债务人主张利息的计算基数应以原借款合同本金为准；受让人向国有企业债务人主张不良债权受让日之后发生的利息的，人民法院不予支持。但不良债权转让合同被认定无效的，出让人在向受让人返还受让款本金的同时，应当按照中国人民银行规定的同期定期存款利率支付利息。

十二、关于《纪要》的适用范围

会议认为，在《纪要》中，国有银行包括国有独资商业银行、国有控股商业银行以及国有政策性银行；金融资产管理公司包括华融、长城、东方和信达等金融资产管理公司和资产管理公司通过组建或参股等方式成立的资产处置联合体。国有企业债务人包括国有独资和国有控股的企业法人。受让人是指非金融资产管理公司法人、自然人。不良债权转让包括金融资产管理公

① 现为《最高人民法院关于人民法院民事调解工作若干问题的规定》第8条。
② 现为《最高人民法院关于人民法院民事调解工作若干问题的规定》第15条。

司政策性和商业性不良债权的转让。政策性不良债权是指1999年、2000年上述四家金融资产管理公司在国家统一安排下通过再贷款或者财政担保的商业票据形式支付收购成本从中国银行、中国农业银行、中国建设银行、中国工商银行以及国家开发银行收购的不良债权；商业性不良债权是指2004年至2005年上述四家金融资产管理公司在政府主管部门主导下从交通银行、中国银行、中国建设银行和中国工商银行收购的不良债权。

……

《最高人民法院关于非金融机构受让金融不良债权后能否向非国有企业债务人主张全额债权的请示的答复》

湖北省高级人民法院：

你院《关于非金融机构受让金融不良债权后能否向非国有企业债务人主张全额债权的请示》（鄂高法［2012］323号）收悉。经研究并经我院审判委员会讨论决定，答复如下：

一、非金融机构受让经生效法律文书确定的金融不良债权能否在执行程序中向非国有企业债务人主张受让日后利息的问题，应当参照我院2009年3月30日《关于审理涉及金融不良债权转让案件工作座谈会纪要》（法发［2009］19号，以下简称《海南座谈会纪要》）的精神处理。

二、根据《海南座谈会纪要》第十二条的规定，《海南座谈会纪要》不具有溯及力。《海南座谈会纪要》发布前，非金融资产管理公司的机构或个人受让经生效法律文书确定的金融不良债权，或者受让的金融不良债权经生效法律文书确定的，发布日之前的利息按照相关法律规定计算；发布日之后不再计付利息。《海南座谈会纪要》发布后，非金融资产管理公司的机构或个人受让经生效法律文书确定的金融不良债权的，受让日之前的利息按照相关法律规定计算；受让日之后不再计付利息。

根据上述规定，本案中的利息（包括《中华人民共和国民事诉讼法》第二百五十三条①规定的延迟履行利息）应按照法律规定计算至《海南座谈会

① 现为《民事诉讼法》第260条。

纪要》发布之日。

《民事诉讼法》

第二百六十条 被执行人未按判决、裁定和其他法律文书指定的期间履行给付金钱义务的，应当加倍支付迟延履行期间的债务利息。被执行人未按判决、裁定和其他法律文书指定的期间履行其他义务的，应当支付迟延履行金。

《最高人民法院关于执行程序中计算迟延履行期间的债务利息适用法律若干问题的解释》

第一条 根据民事诉讼法第二百五十三条①规定加倍计算之后的迟延履行期间的债务利息，包括迟延履行期间的一般债务利息和加倍部分债务利息。

迟延履行期间的一般债务利息，根据生效法律文书确定的方法计算；生效法律文书未确定给付该利息的，不予计算。

加倍部分债务利息的计算方法为：加倍部分债务利息 = 债务人尚未清偿的生效法律文书确定的除一般债务利息之外的金钱债务 × 日万分之一点七五 × 迟延履行期间。

【应诉策略】

1. 本文主文案例中首先涉及的问题是本案所涉不良债权转让行为是否属于《海南纪要》中规定的不良金融债权，受让方应否有权计收受让日之后的利息问题

本文主文案例之所以没有认定为属于《海南纪要》中规定的不良金融债权转让案件，主要原因是本案从长城资管某分公司转让给彰泰公司的案涉金融不良债权转让发生于2018年6月12日，债权转让的时间（2018年）与转让主体（资产管理公司长城资管）均与《海南纪要》第12条的规定不符，因此，本案没有适用《海南纪要》关于自受让日后停止给付利息的规定，受

① 现为《民事诉讼法》第260条。

让人依然可以主张计收受让日之后的利息。

2.《民事诉讼法》第260条规定的迟延履行利息在判决书没有判决或调解书没有约定时，债权受让人能否主张

本案中，长城资管某分公司与债务人丽诚公司双方当事人在借款时，合同约定的利息按年利率为13%计付，逾期还款的，则按年利率16.9%计付罚息等。后在广西高院主持调解下，经双方协商，自愿在原来约定的基础上，加上利息、复利、违约金，最后确定了按照年利率17.9%计算，如逾期不能还清，则应继续按年利率17.9%计付尚欠本金的利息，直至全部本金还清。这是双方当事人的意思表示，不违反法律的规定，并被生效调解书所确认。此外，从长城资管某分公司与彰泰公司签订的债权转让协议以及长城资管某分公司的债权转让公告看，长城资管某分公司也是按调解书约定主张利息。

因此，本案债权受让人彰泰公司受让债权后，在原有债权及利息已经约定明确的基础上，再依据《民事诉讼法》第260条及《最高人民法院关于执行程序中计算迟延履行期间的债务利息适用法律若干问题的解释》第1条的规定，主张该迟延履行加倍利息的，已经违反协议双方意思自治原则。

【类案裁判观点分析】

案例：执行担保人已明确担保民事调解书得以全面履行，调解书中明确了利息计算及复利计算，担保人应予以承担——最高人民法院（2021）最高法民申4180号

《海南纪要》的适用范围具有明确的限制，目的主要是防止国有资产流失。本案不属于《海南纪要》的适用范围，也不属于应参照适用的情形，且本案原债权的利息计算已经为生效调解书所确定，有色冶炼公司关于债权受让日之后的利息不应主张的理由依据不足。同时，本案中复利的计算来源于原借款合同的约定，并为生效民事调解书所确认，有色冶炼公司在《执行担保协议书》中也明确其担保民事调解书得以全面履行，故其关于不再计算复利的主张，依据也不充分。

（五）不良债权转让协议效力争议，将直接影响执行程序

170. 以公告形式在网站公布不良资产出售信息，能否起到通知优先购买权人的效力

◇ **问题**　不良债权转让前，资产管理公司在金融资产交易所网站上公告告知优先购买权人行使购买权，能否起到通知到优先购买权人的效力

◇ **来源**　最高人民法院（2020）最高法民申3598号

◇ **结论**　在金融不良债权转让中，受让人系非国有企业和非金融机构，资产管理公司在向其转让案涉债权的方案确定后，应通知邯郸市人民政府等优先购买权人行使优先购买权。资产管理公司仅在债权转让前于天津金融资产交易所网站上公告告知优先购买权人行使购买权，不能发生通知到具体优先购买权人的效力

【基本案情】

1999年贷款人农行邯郸分行与借款人肉鸡场、保证人养鸡总场签订了7份《保证担保借款合同》，后又与借款人肉鸡场及抵押人肉鸡场签订《最高额抵押担保借款合同》，上述八份合同签订后，农行邯郸分行向肉鸡场发放贷款共计1492万元。

2016年11月，农行邯郸分行与长城资产某分公司签订《委托资产批量转让协议》，将本案争议款项在内的债权转让给长城资产某办事处，并于2016年12月在《河北经济日报》刊登了《债权转让暨催收公告》。

2017年9月8日，长城资产某分公司以挂号信的方式向肉鸡场送达《催收公告函》，催促肉鸡厂派员与其联系，否则其将采取其他措施处置贷款。

长城资产某公司于债权转让前在天津金融资产交易所网站上公告告知优先购买权人行使购买权，后在竞价出售时仅有中京合创公司出价，后其与中

京合创公司于2018年10月17日签订《债权转让协议》，约定转让对肉鸡厂的全部债权及全部担保权益。2018年10月25日，双方在《河北经济日报》刊登了《债权转让暨债务催收联合公告》。

2018年11月，中京合创公司向邯郸市中院起诉，请求：肉鸡厂支付1492万本金及计算至实际支付之日的利息，以及就担保财产优先受偿。邯郸中院一审判决支持中京合创公司诉讼请求，经肉鸡厂上诉，河北高院认为债权转让协议无效，裁定撤销一审判决、驳回中京合创公司起诉。中京合创公司向最高人民法院提请再审，形成本案诉讼，最高人民法院经审理裁定驳回中京合创公司的再审申请。

【争议焦点】

本案债权转让过程是否侵犯优先购买权?

【裁判要点】

根据《海南纪要》第4条之规定，为了防止在通过债权转让方式处置不良债权过程中发生国有资产流失，相关地方人民政府或者代表本级人民政府履行出资人职责的机构、部门或者持有国有企业债务人国有资本的集团公司可以对不良债权行使优先购买权。金融资产管理公司向非国有金融机构法人转让不良债权的处置方案、交易条件以及处置程序、方式确定后，单笔（单户）转让不良债权的，金融资产管理公司应当通知国有企业债务人注册登记地的优先购买权人。以整体“资产包”的形式转让不良债权的，如资产包中主要债务人注册登记地属同一辖区，应当通知该辖区的优先购买权人；如资产包中主要债务人注册登记地属不同辖区，应当通知主要债务人共同的上级行政区域的优先购买权人。根据《金融资产管理公司资产处置管理办法（修订)》第20条的规定，资产公司对持有国有企业（包括国有全资和国有控股企业）的债权资产进行出售时，应提前15天书面告知国有企业及其出资人或国有资产管理部门。本案中，长城资产某分公司在处置案涉资产时，邯郸市人民政府或者代表人民政府履行出资人职责的机构、部门或者持有肉鸡场国有资本的集团公司享有优先购买权。中京合创公司系非国有企业和非金融机构，长城资产某分公司在向其转让案涉债权的方案确定后，应通知邯郸市人民政府等优先购买权人行使优先购买权。长城资产某分公司仅在债权转让前于天津金融资产交易所网站上公告告知优先购买权人行使购买权，不能发生通知到具体优先购买权人的效力。长城资产某分公司称其于2017年9月8日向肉鸡场和邯郸市人民政府发出了《催收公告函》，但该《催收公告函》上没有对案涉债权即将出售意思表示的内容，且行为发生在涉案债权转让一年之前，也不能视为已通知到具体优先购买权人。故该债权转让程序侵犯了地方人民政府的优先购买权。

【相关法律规定】

《最高人民法院关于审理涉及中国农业银行股份有限公司处置股改剥离不良资产案件适用相关司法解释和司法政策的通知》

一、人民法院在审理涉及农业银行处置上述不良资产案件时，可以适用最高人民法院就审理涉及金融资产管理公司处置不良资产案件所发布的相关司法解释、司法政策及有关答复、通知的规定。

《最高人民法院〈关于如何理解最高人民法院法发（2009）19号《会议纪要》若干问题的请示〉之答复》

……根据《纪要》的精神和目的，涉及非国有企业债务人的金融不良债权转让纠纷案件，亦应参照适用《纪要》的规定……

《海南纪要》

四、关于地方政府等的优先购买权

会议认为，为了防止在通过债权转让方式处置不良债权过程中发生国有资产流失，相关地方人民政府或者代表本级人民政府履行出资人职责的机构、部门或者持有国有企业债务人国有资本的集团公司可以对不良债权行使优先购买权。

金融资产管理公司向非国有金融机构法人转让不良债权的处置方案、交易条件以及处置程序、方式确定后，单笔（单户）转让不良债权的，金融资产管理公司应当通知国有企业债务人注册登记地的优先购买权人。以整体“资产包”的形式转让不良债权的，如资产包中主要债务人注册登记地属同一辖区，应当通知该辖区的优先购买权人；如资产包中主要债务人注册登记地属不同辖区，应当通知主要债务人共同的上级行政区域的优先购买权人。

按照确定的处置方案、交易条件以及处置程序、方式，上述优先购买权人在同等条件下享有优先购买权。优先购买权人收到通知后明确表示不予购买或者在收到通知之日起三十日内未就是否行使优先购买权做出书面答复，或者未在公告确定的拍卖、招标日之前做出书面答复或者未按拍卖公告、招标公告的规定时间和条件参加竞拍、竞标的，视为放弃优先购买权。

金融资产管理公司在《纪要》发布之前已经完成不良债权转让，上述优先购买权人主张行使优先购买权的，人民法院不予支持。

债务人主张优先购买不良债权的，人民法院不予支持。

《金融资产管理公司资产处置管理办法（修订）》

第二十条 资产公司对持有国有企业（包括国有全资和国有控股企业）的债权资产进行出售时，应提前15天书面告知国有企业及其出资人或国有资产管理部门。

【应诉策略】

1. 关于本文主文案例中资管公司债权转让侵犯相应主体优先购买权会引起的法律后果问题

该问题需要结合案件其他情况来综合判断，如本文主文案例中，资产管理公司侵犯优先购买权已是事实，可以认定资产管理公司未按《金融资产管理公司资产处置公告管理办法（修订）》的规定进行公告及通知的行为，是导致涉案债权最终由一人竞价购买的原因，对依照公开、公平和竞争、择优原则处置不良资产造成实质影响。《金融资产管理公司资产处置管理办法（修订）》《金融资产管理公司资产处置公告管理办法（修订）》虽为部门规章，但因资产管理公司与受让人签订的《债权转让协议》违反该规章的内容涉及国家经济安全等公序良俗，因此该《债权转让协议》依法应认定无效。

2. 关于不良债权转让相关通知事项的要求

（1）债权转让通知，根据《最高人民法院关于审理涉及金融资产管理公司收购、管理、处置国有银行不良贷款形成的资产的案件适用法律若干问题的规定》第 6 条的规定，金融资产管理公司受让国有银行债权后，原债权银行在全国或者省级有影响的报纸上发布债权转让公告或通知的，人民法院可以认定债权人履行了债权转让的通知义务。

（2）资产管理公司转让债权通知相关优先权人，不能仅在网站公告，需要对已知优先权人进行明确单项通知，并需保留好通知凭证。

3. 不属于《海南纪要》规制的不良债权转让案件不存在因转让程序问题而影响转让协议效力的问题

因《海南纪要》有明确的关于金融不良债权转让案件的界定，因此，对于不属于《海南纪要》规制的不良债权转让案件，一般不涉及相关地方人民政府或者代表本级人民政府履行出资人职责的机构、部门或者持有国有企业债务人国有资本的集团公司优先权保护的问题，也就不存在因为转让程序问题而影响转让协议效力的问题。

【类案裁判观点分析】

案例一：被执行人就债权受让人变更为申请执行人提出异议，异议期间受让人又将债权转让他人后又转让给李某某，因债权转让侵害了优先权人的权益，因此是否可以作为权利承受人尚存不确定性，本次复议程序不再列李某某为复议程序当事人——最高人民法院（2019）最高法执复 122 号

关于本案应否列李某某为复议申请人的问题。果品公司在异议程序中提出的本案债权转让未能保障优先购买权等主张，吉林高院尚未审查，案件是否应当恢复执行以及李某某是否可以作为权利承受人尚存不确定性，吉林高院亦未将李某某列为异议人，基于上述原因，本院在复议裁定中不列李某某为复议申请人。

案例二：金融不良债权转让不属于《海南纪要》规定的适用范围，因此不存在资产管理公司侵害地方主管单位的优先购买权，故不影响案涉债权转让的效力——最高人民法院（2018）最高法民终 1303 号

本案中，2016 年 12 月 28 日，农行某分行与甘肃资产管理公司签署《委托资产分户转让协议（债权）》，约定将案涉5笔贷款转让给甘肃资产管理公司，双方于2017年2月28日在《甘肃经济日报》上发布《债权转让暨催收公告》，将上述债权转让事宜通知了债务人。另外，由于本案不适用《海南纪要》规定，《海南纪要》中关于地方政府等的优先购买权的规定也不适用于本案，甘肃资产管理公司未侵害白龙江林管局河西局主管单位的优先购买权，不影响案涉债权转让的效力。故甘肃资产管理公司受让债权合法有效，为本案的适格原告。

171. 非国有企业债务人能否提起不良债权转让合同无效的诉讼

◇ **问题** 非国有企业债务人能否提起不良债权转让合同无效的诉讼

◇ **来源** 最高人民法院（2021）最高法民申5223号

◇ **结论** 《海南纪要》之所以赋予国有企业债务人就不良债权转让合同提起无效之诉的诉权，是基于国有企业债务人对不良债权转让合同的效力具有可诉之利益的特殊规定。然而，非国有企业债务人不存在上述情形，需依照合同相对性原则，非国有企业债务人非债权转让合同的签约人，不能突破合同相对性就债权转让合同的效力提起诉讼

【基本案情】

基本建设公司与祥越房产公司签署《债权转让协议》，基本建设公司将其对绿蒙食品公司的债权转让给祥越房产公司。案涉债权转让过程中，基本建设公司函告内蒙古自治区国有资产监督管理委员会、资产经营决策委员会审议、公开转让、签订协议、完成交易、发布债权转让催收联合公告通知债务人。

祥越房产公司受让债权后向法院起诉要求绿蒙食品公司偿还本金及相应利息，绿蒙食品公司认为案涉《债权转让协议》未依法依规经自治区国有资产监督管理委员会授权同意，未对转让的金融不良债权进行评估、尽职调查，

未经法定专门审核机构审核会议表决通过，故起诉请求确认该《债权转让协议》无效。

绿蒙食品公司不服内蒙古高院的二审驳回裁定，向最高人民法院申请再审，形成本案诉讼，最高人民法院经审理裁定驳回其再审申请。

【争议焦点】

非国有企业债务人能否提起不良债权转让合同无效的诉讼？

【裁判要点】

最高人民法院经审查认为，债务人并非债权转让合同的签约人，在债权转让法律关系中，债权人对债务人仅负有通知义务，债务人不能突破合同相对性就债权转让合同的效力提起诉讼。首先，《海南纪要》之所以赋予国有企业债务人就不良债权转让合同提起无效之诉的诉权，是基于国有企业债务人对不良债权转让合同的效力具有可诉之利益，因国有企业具备企业法人和国有资产管理机构代理人的双重身份，在国有资产监管机构未就金融不良债权转让合同主张无效的场合，国有企业债务人可以国有资产管理机构代理人的身份提起合同无效之诉，最大限度地防止国有资产流失。故《海南纪要》对于提起不良债权转让合同无效诉讼的主体、受理条件和适用范围等有着严格和特定的要求，仅赋予了国有企业债务人原告主体资格，非国有企业债务人不能参照适用。其次，《最高人民法院关于如何理解最高人民法院法发（2009）19号〈会议纪要〉若干问题的请示之答复》系针对个案的答复，其中“涉及非国有企业债务人的金融不良债权转让纠纷案件，亦应参照适用《纪要》的规定”的表述，强调的是要参考《海南纪要》的精神、目的、理念、程序审理非国有企业债务人的相关案件，并非赋予非国有企业债务人与国有企业债务人完全相同的地位和权利，不能得出非国有企业债务人能够突破合同相对性享有提起不良债权转让合同无效之诉的特殊权利救济的结论。综上，本案非国有企业债务人绿蒙食品公司不具备提起不良债权转让合同效力诉讼的原告诉讼主体资格。

【相关法律规定】

《海南纪要》

五、关于国有企业的诉权及相关诉讼程序

会议认为，为避免当事人滥用诉权，在受让人向国有企业债务人主张债权的诉讼中，国有企业债务人以不良债权转让行为损害国有资产等为由，提出不良债权转让合同无效抗辩的，人民法院应告知其向同一人民法院另行提起不良债权转让合同无效的诉讼；国有企业债务人不另行起诉的，人民法院对其抗辩不予支持。国有企业债务人另行提起不良债权转让合同无效诉讼的，人民法院应中止审理受让人向国有企业债务人主张债权的诉讼，在不良债权转让合同无效诉讼被受理后，两案合并审理。国有企业债务人在二审期间另行提起不良债权转让合同无效诉讼的，人民法院应中止审理受让人向国有企业债务人主张债权的诉讼，在不良债权转让合同无效诉讼被受理且做出一审裁判后再行审理。

国有企业债务人提出的不良债权转让合同无效诉讼被受理后，对于受让人的债权系直接从金融资产管理公司处受让的，人民法院应当将金融资产管理公司和受让人列为案件当事人；如果受让人的债权系金融资产管理公司转让给其他受让人后，因该受让人再次转让或多次转让而取得的，人民法院应当将金融资产管理公司和该转让人以及后手受让人列为案件当事人。

《最高人民法院〈关于如何理解最高人民法院法发（2009）19号《会议纪要》若干问题的请示〉之答复》

……根据《纪要》的精神和目的，涉及非国有企业债务人的金融不良债权转让纠纷案件，亦应参照适用《纪要》的规定……

【应诉策略】

第一，债务人对于非其签署的债权转让协议，因其非合同当事人，故原则上不能就债权转让协议提出无效之诉。本文主文案例之所以有此疑问，是因为根据《海南纪要》的规定，单独规定国有企业债务人有权对金融不良债权的转让协议提起无效之诉，其目的也是保护国有资产，避免国有资产流失。

第二，在受让人起诉国有企业债务人主张债权的诉讼（原诉讼），国有企业债务人可另行提起不良债权转让合同无效诉讼，不同阶段提出无效诉讼，原诉讼程序或并案或中止。若国有企业债务人在原诉讼一审期间另案提出确认债权转让协议无效之诉的，法院应中止审理原诉讼，在不良债权转让合同无效诉讼被受理后，两案合并审理。若国有企业债务人在原诉讼二审期间另行提起不良债权转让合同无效诉讼的，人民法院应中止审理原诉讼，在不良债权转让合同无效诉讼被受理且作出一审裁判后再行审理。

第三，国有企业债务人提出的不良债权转让合同无效诉讼被受理后，受让人及该金融不良债权转让经手的债权转让方均列为案件当事人。

【类案裁判观点分析】

案例一：国有企业债务人，涉案不良债权转让合同符合《海南纪要》关于无效和可撤销事由的认定，则一连串的债权转让协议均可以被认定为无效——最高人民法院（2021）最高法民申1837号

关于巧乌乡工业公司的性质问题，因该公司在工商登记部门并无登记档案，多名证人在原审中也表示巧乌乡工业公司为该乡政府下设管理企业的职能部门，原一审、二审法院结合特定历史时期的特殊情况，同时结合本案证据认定巧乌乡工业公司为国家机关，符合本案实际情况，并无不当。鉴于案涉不良债权转让时债务人巧乌乡工业公司为国家机关性质，原审法院依据《海南纪要》第6条、第7条的规定，认定长城公司与于某、于某与高某某、高某某与赵某某之间的债权转让协议均为无效，并无不当。

案例二：非国有企业的债务人就已经进入到执行阶段的债权，其作为银行转让债权资产包中的一个债务人，并非债权转让合同当事人，其以《债权转让协议书》损害国家利益为由主张债权转让无效，没有事实和法律依据——最高人民法院（2020）最高法民申2834号

本案债权转让合同发生在陈某某、蔡某某与汇通公司之间，转让合同标的物中有关亿东公司的债权是经法院审判确认并已进入执行阶段的福建工行对亿东公司享有的债权。亿东公司作为福建工行转让债权资产包中的一个债务人，并非债权转让合同当事人或者合同相对人的债权人，其以汇通公司与陈某某、蔡某某及福建工行签订《债权转让协议书》损害国家利益为由主张债权转让无效，没有事实和法律依据。原审法院根据本案情况，参照适用《海南纪要》的规定驳回亿东公司起诉，并无不当。

172. 不良资产邀请公开竞价程序仅有一人竞价时，资管公司的延时竞价能否代替法定的补登公告程序

◇ **问题** 不良资产邀请公开竞价程序仅有一人竞价时，资管公司的延时竞价能否代替法定的补登公告程序，以弥补债权处置转让程序不合法的问题

◇ **来源** 最高人民法院（2020）最高法民申3598号

◇ **结论** 当只有一人竞价时，需按照公告程序补登公告，公告7个工作日后，如确定没有新的竞价者参加竞价才能成交，因此案涉资产处置的程序不符合《金融资产管理公司资产处置管理办法（修订）》及《金融资产管理公司资产处置公告管理办法（修订）》的规定，程序错误

【基本案情】

1999年，贷款人农行邯郸分行与借款人肉鸡场、保证人养鸡总场签订了7份《保证担保借款合同》，后又与借款人肉鸡场及抵押人肉鸡场签订《最高额抵押担保借款合同》，上述8份合同签订后，农行邯郸分行向肉鸡场发放贷款共计1492万元。

2016年11月，农行邯郸分行与长城资产某分公司签订《委托资产批量转让协议》，将本案争议款项在内的债权转让给长城资产某办事处，并于2016年12月在《河北经济日报》刊登了《债权转让暨催收公告》。

2017年9月8日，长城资产某分公司以挂号信的方式向肉鸡场送达《催

收公告函》，催促肉鸡厂派员与其联系，否则其将采取其他措施处置贷款。

长城资产某公司于债权转让前在天津金融资产交易所网站上公告告知优先购买权人行使购买权，后在竞价出售时仅有中京合创公司出价，后其与中京合创公司于2018年10月17日签订《债权转让协议》，约定转让对肉鸡厂的全部债权及全部担保权益。2018年10月25日，双方在《河北经济日报》刊登了《债权转让暨债务催收联合公告》。

2018年11月，中京合创公司向邯郸中院起诉，请求：肉鸡厂支付1492万本金及计算至实际支付之日的利息，以及就担保财产优先受偿。邯郸中院一审判决支持中京合创公司诉讼请求，经肉鸡厂上诉，河北高院认为债权转让协议无效，裁定撤销一审判决、驳回中京合创公司起诉。中京合创公司向最高人民法院提请再审，形成本案诉讼，最高人民法院经审理裁定驳回中京合创公司的再审申请。

【争议焦点】

本案债权转让协议是否无效？

【裁判要点】

根据《金融资产管理公司资产处置管理办法（修订）》第19条第2款之规定，以要约邀请公开竞价、公开询价等方式处置时，至少要有两人以上参加竞价，当只有一人竞价时，需按照公告程序补登公告，公告7个工作日后，如确定没有新的竞价者参加竞价才能成交。而根据财政部和银监会颁发的《金融资产管理公司资产处置公告管理办法（修订）》第8条规定，资产处置标的超过5000万元（含）的处置项目，在资产所在地的省级（含）以上公开发行的经济类或综合类报纸上进行公告。本案中，长城资产某分公司对案涉债权的处置程序不符合上述规定。长城资产某分公司在只有中京合创公司一家公司竞价时，未进行补登公告的程序，即与中京合创公司达成债权转让协议，故案涉资产处置的程序不符合《金融资产管理公司资产处置管理办法（修订）》及《金融资产管理公司资产处置公告管理办法（修订）》的规定。长城资产某分公司辩称其延期至2018年10月17日开始竞价，其间债权转让公告一直进行。但是，补登公告亦应在河北省省级以上经济类或综合类报纸上进行公告，故延期竞价并不能代替补登公告的程序。而结合邯郸市人民政府证明其没有收到涉案债权转让通知和享有优先权的通知，并主张不放弃优先购买权的事实，可以认定长城资产某分公司未按《金融资产管理公司资产处置公告管理办法（修订）》的规定进行公告及通知的行为，是导致涉案债权最终由一人竞价购买的原因，对依照公开、公平、公正和竞争、择优原则处置不良资产造成实质影响。根据《海南纪要》第6条的规定，在审理不良债权转让合同效力的诉讼中，人民法院应当根据《合同法》和《金融资产管理公司条例》等法律法规，并参照国家相关政策规定，重点审查不良债权的可转让性、适格性以及转让程序的公正性和合法性。金融资产管理公司转让不良债权存在转让不良债权公告违反《金融资产管理公司资产处置公告管理办法（修订）》的规定，对依照公开、公平、公正和竞争、择优原则处置不良资产造成实质性影响的情形的，人民法院应当认定转让合同损害国家利益或社会公共利益或者违反法律、行政法规强制性规定而无效。故二审裁定认定本案所涉《债权转让协议》依法应认定无效并无不当。

【相关法律规定】

《金融资产管理公司资产处置管理办法（修订）》

第二十条 资产公司对持有国有企业（包括国有全资和国有控股企业）的债权资产进行出售时，应提前15天书面告知国有企业及其出资人或国有资产管理部门。

《金融资产管理公司资产处置公告管理办法（修订）》

第八条 按照本办法属于公告范围内的资产，在形成资产处置方案后，资产处置公告应采取网站公告和报纸公告两种形式：

（一）网站公告。拟处置项目（含单项处置和打包处置，下同），除另有规定外，均应在资产公司审核处置方案前，在公司对外网站发布处置公告。其中：

——资产处置标的（即截至公告前最近一个结息日的资产整体账面价值，下同）在1000万元（含）以下的处置项目，只需在公司对外网站发布处置公告，不需进行报纸公告。

——网站公告的内容。单个项目的网站公告遵循上述第六条有关规定；打包处置项目除对资产包中每个项目进行公告外，还应在公告中对资产包作总体介绍，披露资产包的户数、金额、资产形态、债务分布地区，投资者向债权人了解债权具体情况的途径和方法等。

——资产公司应将网站公告的网页截图打印成纸质文件，存入资产处置档案，作为资产处置方案的附件备查；并将网站公告的电子文档作为系统备份文件无限期保存。

（二）报纸公告。对资产处置标的超过1000万元的处置项目，除在公司对外网站发布处置公告外，还应当在相应级别的报纸上进行公告。其中：

——资产处置标的在1000万元－5000万元（含）的处置项目，在资产所在地的地市级（含）以上公开发行的经济类或综合类报纸进行公告。资产处置标的超过5000万元的处置项目，在资产所在地的省级（含）以上公开发行的经济类或综合类报纸进行公告。

——报纸公告的内容。单个项目的报纸公告遵循上述第六条有关规定；资产包项目的报纸公告可仅公告资产包总体情况，但应在公告中注明“请投资者登录资产公司对外网站查询或与资产公司有关部门接洽查询”等类似字样，以便投资者了解单个项目情况。跨行政区域的资产包原则上应在较其属地高一级公开发行量最大的经济类或综合类报纸上公告。

——资产公司应将报纸公告的复印件存入资产处置档案，作为资产处置方案的附件备查。

【应诉策略】

第一，关于法院依职权审查债权转让协议效力问题。债务人未对不良债权转让合同的效力提出异议，但案件的事实与相关证据情况能够引发人民法院对不良债权转让合同效力产生合理怀疑的，人民法院可以依职权主动审查不良债权转让合同的效力。

第二，关于以邀请公开竞价程序转让不良资产的，资产管理公司可以在邀请内容中建议报名人作出对于以挂牌价出价的承诺，若相关人员进行报名则视为其已承诺和同意以挂牌价出价，则后续即便出现仅有一人竞价的情况，也不存在需要再补登公告7日的情形，不存在出让程序违法的情形。

【类案裁判观点分析】

案例：不良资产以邀请公开竞价程序转让的，若相关人员在报名时即已承诺以挂牌价出价，则即便在竞价过程中仅一人出价也不符合需要再补登公告7日的情形——最高人民法院（2021）最高法民申3540号

兴义公司在报名时承诺提交报名即视为以挂牌价出价，故虽然兴义公司在网络竞价会中未再举牌报出新价，但不影响其已作为合格的意向受让方参与竞价和其已以挂牌价出价一次的事实。因此，不存在债务人所称竞价者仅有一家，应当再补登公告7日的情形。根据西南联合产权交易所的有关操作规则，意向受让方参与交易，需向其提交报名申请，经审核通过后，方可参与网络竞价，但并未对缴纳保证金与报名的时间先后作出限制。意向受让方要参加竞价，既需向华融资产某分公司缴纳保证金，也需到西南联合产权交易所报名并经资格审查合格。东方前海公司先缴纳保证金，后报名的行为并未违反西南联合产权交易所的有关操作规则。

（六）不良债权转让中，受让人向担保人行权受阻的常见情形

173. 不良债权转让未征得保证人同意，受让人能否要求保证人偿还债务

◇ **问题** 债权转让未征得保证人同意，受让人能否要求保证人偿还债务

◇ **来源** 最高人民法院（2020）最高法民申1836号

◇ **结论** 担保债权作为一项从权利将随主债权的移转而发生移转，除非保证合同另有约定，否则无须征得保证人的同意，不良债权的受让人可以在诉讼及后续的执行程序中请求保证人承担保证责任

【基本案情】

2012 年 9 月，黄某某、许某某分别与农发行某分行签订《自然人最高额保证合同》，约定黄某某、许某某为东南香公司于 2012 年 9 月 10 日至 2015 年 9 月 10 日在农发行莆田分行处办理贷款、银行承兑汇票等约定业务所形成的债务提供连带责任保证担保，担保范围为最高债务本金余额 33, 000 万元及利息、违约金、实现债权的费用（含律师费）等。在本合同有效期内，债权人将主债权转让给第三人的，保证人仍在原保证担保范围内继续承担连带保证责任。《自然人最高额保证合同》第 9. 2 条约定：本合同生效后，除本合同约定外，保证人、债权人双方任何一方均不得擅自变更或解除本合同。

2012 年 10 月 9 日、10 日、16 日、18 日，东南香公司分四次向农发行某分行借款 4680 万元，借款期限 12 个月。

2013 年 5 月 23 日，农发行某分行与莆田国投公司签订《债权转让协议》，将其对东南香公司拥有的包含本案讼争借款债权在内的 30, 360 万元债权（其中本金 29, 956. 3 万元、利息 403. 7 万元）转让给莆田国投公司。同日，农发行某分行向东南香公司发出《债权转让通知书》，将债权转让的相关事项，通知了东南香公司、黄某某、许某某。

莆田国投公司就上述债权提起诉讼，要求东南香公司偿还借款，并要求黄某某、许某某承担连带偿还责任。莆田中院作出一审判决支持了国投公司的诉讼请求内容，债务人东南香公司提起上诉及再审申请，均被驳回。

【争议焦点】

债权转让未征得保证人同意，受让人能否要求保证人偿还债务?

【裁判要点】

担保债权作为一项从权利将随主债权的移转而发生移转，除非保证合同另有约定，否则无须征得保证人的同意。本案《自然人最高额保证合同》第 9. 2 条旨在限制当事人对该保证合同内容进行变更或解除，第 7. 13 条则明确债权人将主债权转让给第三人的，保证人仍在原保证担保范围内继续承担连带保证责任。农发行某分行作为债权人将主债权转让给莆田国投公司，并未改变保证合同权利义务的实质内容，对债务人东南香公司以及保证人黄某某、许某某仅发生债务履行对象的变更，并未增加其债务负担，不属于《自然人最高额保证合同》第9.2条约定的变更。东南香公司关于本案所涉债权转让构成对《自然人最高额保证合同》变更的理由不能成立，不予支持，黄某某、许某某需承担本案债务的连带清偿责任。

【相关法律规定】

《民法典》

第五百四十七条 债权人转让债权的，受让人取得与债权有关的从权利，但是该从权利专属于债权人自身的除外。

受让人取得从权利不因该从权利未办理转移登记手续或者未转移占有而受到影响。

【应诉策略】

第一，自然人最高额担保，若符合担保合同的约定的内容，担保人需要在其担保责任范围内承担担保责任。因担保合同是从合同，若未明确约定禁止债权转让，随着主债权合同的转让而转让，此时债权转让不需要征求担保人的同意。同时，该担保人若非国有企业以及其他法律或约定赋予特殊权利的主体，则该担保人无权就债权转让协议提出无效之诉。审判程序确认了担保人的担保责任，则在执行程序中可以直接列担保人为被执行人，若为连带责任担保，则债权人可以跳过债务人资产直接执行担保人的财产。

第二，本文主文案例中，《自然人最高额保证合同》中约定了本合同生效后，除本合同约定外，保证人、债权人双方任何一方均不得擅自变更或解除本合同，但该约定内容是指合同所约定的当事人具体权利义务的内容不得擅自变更或解除，而案涉合同债权的转让并不构成合同当事人具体权利义务内容的变更或解除，也未损害债务人和担保人的利益。即便法院在主动审查债权转让协议是否损害他人或国有资产利益时，一般也不会认为该债权转让行为无效。

【类案裁判观点分析】

案例：境内机构提供或接受除内保外贷和外保内贷以外的其他形式的跨境担保，只要符合境内外有关法律法规，就可以自行签订跨境担保合同。除外汇管理部门另有明确规定外，担保人、债务人不需要就其他形式跨境担保到管理部门外汇局办理登记或备案。债权转让后，担保人需要对受让人承担担保责任——最高人民法院（2020）最高法民终1070号

根据《跨境担保外汇管理规定》第3条关于“按照担保当事各方的注册地，跨境担保分为内保外贷、外保内贷和其他形式跨境担保。内保外贷是指担保人注册地在境内、债务人和债权人注册地均在境外的跨境担保。外保内贷是指担保人注册地在境外、债务人和债权人注册地均在境内的跨境担保。其他形式跨境担保是指除前述内保外贷和外保内贷以外的其他跨境担保情形”的规定，本案担保人、债务人注册地在境内，债权人注册地在我国香港特别行政区，故本案应属于其他形式跨境担保。《跨境担保外汇管理规定》第25条第1款规定：“境内机构提供或接受除内保外贷和外保内贷以外的其他形式跨境担保，在符合境内外法律法规和本规定的前提下，可自行签订跨境担保合同。除外汇局另有明确规定外，担保人、债务人不需要就其他形式跨境担保到外汇局办理登记或备案。”结合《国家外汇管理局关于金融资产管理公司对外处置不良资产外汇管理有关问题的通知》第5条关于“因金融资产管理公司对外处置不良资产导致原有担保的受益人改变为境外投资者的，以及金融资产管理公司对外处置不良资产后新发生的跨境担保，按照现行跨境担保外汇管理规定进行管理”的规定，一审判决认定本案不属于《最高人民法院关于适用〈中华人民共和国担保法〉若干问题的解释》[①] 第6条所规定的对外担保合同无效的情形，判决大世界公司承担担保责任，有相应依据。

① 该司法解释现已废止。

174. 不良债权受让人就多个抵押物选择部分受偿的，是否加重其他担保人的担保责任

◇ **问题** 债权受让人主张法定利息及就多个抵押物选择行使抵押权的行为，是否加重其他担保人的担保责任

◇ **来源** 最高人民法院（2020）最高法民申7084号

◇ **结论** 同一债权有两个以上抵押人的，当事人对其提供的抵押财产所担保的债权份额或者顺序没有约定或者约定不明的，抵押权人可以就其中任一或者各个财产行使抵押权

【基本案情】

某证券公司委托昭阳农行向凤凰映象公司贷款，2013年10月16日凤凰映象公司与昭阳农行签订《流动资金借款合同》，借款金额为1600万元，借款期限为36个月。2013年10月16日，马某某等14人为该笔贷款提供抵押担保，办理了相应抵押登记，并于17日在房产抵押担保书上签字，自愿用抵押房产为凤凰映象公司向昭阳农行的借款提供抵押担保。

2013年10月23日，昭阳农行向凤凰映象公司发放1600万元贷款，凤凰映象公司未按约定偿还贷款，尚欠昭阳农行贷款本金672万元及利息。2018年6月1日，证券公司与昭阳农行签订《债权转让协议书》，约定证券公司将涉案债权转让给昭阳农行。2018年12月，昭阳农行与华融资产公司签订《不良资产（债权）批量转让协议》，约定昭阳农行将其对凤凰映象公司的债权转让给华融资产公司，并于2018年12月22日在《云南经济日报》进行了债权转让公告。

华融资产公司向昭通中院提起诉讼，要求偿还借款本金及利息，马某某等人承担担保责任，昭通中院一审判决支持了诉讼请求。马某某等10人提起上诉，云南高院驳回上诉，马某某等2人申请再审，形成本案诉讼，最高人民法院驳回再审申请。

【争议焦点】

债权受让人主张法定利息及就多个抵押物选择行使抵押权的行为，是否加重其他担保人的担保责任？

【裁判要点】

《最高人民法院关于适用〈中华人民共和国担保法〉若干问题的解释》第75条第2款规定，“同一债权有两个以上抵押人的，当事人对其提供的抵押财产所担保的债权份额或者顺序没有约定或者约定不明的，抵押权人可以就其中任一或者各个财产行使抵押权”。马某某、郑某某所签《抵押合同》载明，债权人有权自行决定实现担保的顺序，担保人承诺不因此而提出抗辩；债权人放弃、变更或丧失主合同项下其他担保权益的，担保人的担保责任仍然持续有效，不因此而无效或免除。根据上述法律规定及合同约定，抵押权人有权选择行使抵押权的对象、范围和顺序，其向其他担保人主张权利或者放弃权利，不影响马某某、郑某某的担保责任。并且，马某某、郑某某原为案涉1600万元借款本金及相应利息、逾期利息等提供担保，其他担保人的还款减少了主债务金额，马某某、郑某某承担担保责任的范围也相应减轻，不存在其所称加重担保责任的情形。此外，左某某、王某某未对一审判决其承担连带清偿责任提起上诉，二审法院仍判令左某某、王某某在其所提供的抵押物价值范围内对借款本息承担连带清偿责任，亦未产生加重马某某、郑某某责任的后果。

【相关法律规定】

《民法典》

第六百九十九条 同一债务有两个以上保证人的，保证人应当按照保证合同约定的保证份额，承担保证责任；没有约定保证份额的，债权人可以请求任何一个保证人在其保证范围内承担保证责任。

175. 承担补充赔偿责任的担保人，应否对被执行人的迟延履行承担迟延利息的赔偿责任

◇ **问题** 具有执行顺位优势的权利人（如一般保证责任人或补充赔偿责任人），对于被执行人迟延履行期间的债务利息应否承担赔偿责任

◇ **来源** 最高人民法院（2018）最高法执监52号

◇ **结论** 对于被执行人迟延履行行为，补充赔偿责任人无法控制，并无过错，由其对该迟延履行利息承担赔偿责任违反公平原则，因此被执行人应支付的迟延履行利息不属于补充赔偿责任人的赔偿责任范围

【基本案情】

交行某分行诉长江公司、凯立公司借款合同纠纷案，经一审、二审，海南高院于2002年作出二审判决：长江公司偿付借款本金3500万元及利息，凯立公司对长江公司所欠交行某分行上述债务不能清偿部分的损失承担40%赔偿责任。

海口中院2002年对本案立案执行，于2008年指定海口海事法院执行，本案原申请执行人为交行某分行，后因债权转让，依次变更为信达公司某办事处、宝贝公司。2016年，海口海事法院裁定将长江公司所有的土地使用权作价2359万余元，交付宝贝公司抵偿本案债务。2016年10月，海口海事法院作出通知书，载明：经核算，经执行及抵债后申请执行人宝贝公司享有的对被执行人长江公司剩余债权为4865万余元。2017年4月，海口海事法院作出（2008）海执字第123号执行通知，责令凯立公司向宝贝公司承担长江公司不能清偿部分的40%的损失（1946万余元）的赔偿责任，并承担本案执行申请费。

凯立公司不服提出异议，认为：其承担义务的条件尚未成就，且不应承担长江公司迟延履行期间债务利息，故请求撤销（2008）海执字第123号执

行通知。申请执行人宝贝公司认为：根据债权人享有原物债权的同时亦享有孳息债权的原理，计算凯立公司责任范围的基数应包括长江公司迟延履行期间的债务利息。

海口海事法院经审理，裁定对该院（2008）海执字第123号执行通知中责令凯立公司向宝贝公司承担的赔偿责任份额变更为925万余元。申请执行人宝贝公司不服申请复议，海南高院驳回宝贝公司的复议申请，宝贝公司向最高人民法院申诉，形成本案诉讼，最高人民法院经审理裁定驳回其申诉。

【争议焦点】

具有执行顺位优势的权利人（如一般保证责任人或补充赔偿责任人），对于被执行人迟延履行期间的债务利息应否承担责任？

【裁判要点】

凯立公司的赔偿数额，系执行法院对被执行人长江公司可以执行的动产和方便执行的财产执行完毕并确认赔偿数额后，以向凯立公司送达执行通知书的方式确认。对于长江公司在此之前的迟延履行行为，凯立公司无法控制，并无过错，由其对该迟延履行利息承担赔偿责任违反公平原则。故被执行人长江公司应支付的迟延履行利息不属于凯立公司的赔偿责任范围。

【相关法律规定】

《民事诉讼法》

第二百六十条　被执行人未按判决、裁定和其他法律文书指定的期间履行给付金钱义务的，应当加倍支付迟延履行期间的债务利息。被执行人未按判决、裁定和其他法律文书指定的期间履行其他义务的，应当支付迟延履行金。

【应诉策略】

第一，关于执行程序中的顺位优势。如本文主文案例中的凯立公司因担保合同无效承担赔偿责任，且经生效判决明确为补充赔偿责任，责任范围是对长江公司不能清偿部分的损失承担40%赔偿责任。因此，凯立公司在执行程序中就享有顺位优势抗辩权，即只有穷尽执行长江公司资产之后，在长江公司不能清偿部分，其就该不能清偿部分的40%向申请执行人进行给付。

第二，关于补充赔偿责任人因其对被执行人迟延履行行为不存在过错，因此其承担的范围仅是执行依据中确定的给付金额，不应有迟延履行利息。

第三，关于本文主文案例中的凯立公司因其资产长期被申请执行人查封，且存在超标的查封的可能，故凯立公司另诉提起了保全错误损害赔偿责任纠纷诉讼。经诉讼，法院认为凯立公司的请求符合事实及法律规定，故判决申请执行人赔偿凯立公司相关资产评估费用及利息损失，可详见海南高院（2019）琼民终369号案民事判决书。

（七）不良资产转让涉及的其他问题

在不良资产的处置过程中，资产受让人会遇到诸如找不到被执行人的可供执行资产，中小企业应收账款或到期债权，以及拍卖房产协助腾退交付等问题，以下就对该部分内容进行实务总结，以期对读者全面理解有关内容有所裨益。

176. 执行调查令的使用

关于执行程序中的律师调查令，现还未在法律及司法解释这一层面进行定义，全国人民代表大会常务委员会于2022年6月24日公布的《民事强制执行法（草案）》中在第五章第三节第52条对于执行程序签发律师调查令进行了规定："人民法院通过网络信息平台无法查询的某项财产信息，申请执行人通过委托律师客观上无法自行调取的，可以委托律师向人民法院申请调查令。人民法院经审查，认为确有必要的，可以向其授予调查令。调查令由执行机构负责人签发。"虽然民事强制执行法最终稿还未确认，关于执行调查令的准确定义及明确的操作指引还未明确，但根据2011年5月27日发布实施的《最高人民法院关于依法制裁规避执行行为的若干意见》中关于强化申请执行人提供财产线索的责任的内容，各地法院可以根据案件的实际情况，要求申请执行人提供被执行人的财产状况或者财产线索，并告知不能提供的风险。各地法院也可根据本地的实际情况，探索尝试以调查令、委托调查函等方式赋予代理律师法律规定范围内的财产调查权，以及结合《律师法》、《最高人民法院关于民事诉讼证据的若干规定》和《民事诉讼法》中有关律师调查令的规定内容，在法律框架内协调法院对存在特定困难却无法推进执行的案件，由申请执行人委托律师进行被执行人的财产调查存在必要性。现在，就有很多省市已开始尝试适用执行调查令制度。

第一，上海高院于 2004 年 3 月 26 日发布《上海市高级人民法院关于在执行程序中使用调查令的若干规定（试行）》，适用至今，就执行调查令相关概念进行了界定，同时又规定了执行调查令的适用范围和相关禁止性规定，以及申请程序及申请材料的准备、签发程序等内容，对于实务操作具有区域性的指导意义。

第二，北京高院于 2004 年 8 月 16 日发布实施的《北京市高级人民法院关于委托调查制度的若干意见（试行）》也有部分有关执行调查令的相关内容。

第三，重庆高院发布实施的《重庆市高级人民法院执行案件委托调查令实施规则（试行）》的相关内容。

第四，江苏高院于 2017 年 10 月 31 日发布实施的《江苏省高级人民法院关于执行案件使用调查令的实施意见（试行）》的相关内容。

第五，贵州高院于 2018 年 7 月 19 日发布实施的《贵州省高级人民法院关于在执行程序中使用律师调查令的若干规定（试行）》的相关内容。

第六，河北高院、河北省司法厅于 2018 年 9 月 30 日发布实施的《河北省高级人民法院、河北省司法厅关于执行程序中适用律师调查令的若干规定（试行）》的相关内容。

第七，湖南高院于 2018 年 10 月 8 日发布实施的《湖南省高级人民法院关于在民事审判和执行程序中实行律师调查令的工作规程（试行）》的相关内容。

第八，辽宁高院于 2018 年 11 月 12 日发布实施的《辽宁省高级人民法院关于在民事诉讼中实行律师调查令的若干指导意见（试行）》中关于执行程序中律师调查令的相关内容。

第九，四川高院等部门于2019年12月6日发布实施的《关于在民事审判与执行阶段适用调查令的办法（试行）》的相关内容。

第十，贵州高院、贵州省司法厅于2019年12月12日发布实施的《贵州省高级人民法院关于在执行程序中使用律师调查令的若干规定（试行）》的相关内容。

第十一，浙江高院于2020年12月8日发布实施的《浙江省高级人民法院关于规范律师调查令制度的办法》，其中部分涉及执行程序中调查令的相关内容。

第十二，广东高院于2020年4月12日发布实施的《广东省高级人民法院关于适用律师调查令若干问题的解答》，其中第10条为关于财产保全制度与律师调查令制度如何衔接的内容，规定：保全人可以向已经建立网络执行查控系统的执行法院，书面申请通过该系统查询被保全人的财产，一般已立保全案后不需要申请律师调查令调查相关财产线索，无法通过网络执行查控系统查询财产线索的除外。广东高院、广东省司法厅于2020年4月29日发布实施的《广东省高级人民法院、广东省司法厅关于在民事诉讼中实行律师调查令的规定（2020）》，有关于执行程序中律师调查令的相关规定内容。

第十三，江西高院、江西省司法厅于2021年10月18日发布实施的《江西省高级人民法院、江西省司法厅关于印发在民事诉讼中实行律师调查令的办法（试行）》，有中关于执行程序中律师调查令的相关规定内容。

基于上述规定，可以总结出律师申请执行调查令的相关注意事项。

（1）何为执行阶段的调查令

在人民法院执行案件过程中，经申请执行人特别授权的代理律师可以书面向执行法院申请调查令，在人民法院调查令授权范围内，就被执行人的财产、身份等相关信息进行调查。

（2）如何在执行程序中申请调查令

调查令的持令人应当是经当事人委托并已向人民法院提交相关代理手续、

取得有效律师执业证并由律师事务所指派参加民事案件或者执行程序的律师。同时，申请使用调查令，需要注意准备以下材料：

第一，申请书。申请书应当载明代理律师身份情况、接受调查的个人姓名或单位名称、申请调查收集的证据名称、申请调查收集的目的，以及无法院调查令律师难以自行取得该证据的原因等。申请调查的事项应当具体列明，仅载明调查“案件相关资料”的，调查令不予被签发。

第二，委托手续有关材料。包括：当事人委托代理律师的授权委托书，代理律师所在执业机构的指派函、律师执业证复印件。

（3）一般律师调查令可以适用的范围

一般律师调查令可以适用的范围，包括：

①与案件事实有关的当事人的财产证据和信息、被执行人的财产信息。

②当事人或者被执行人对第三人享有到期或者未到期债权的信息。

③证明被执行人履行能力的证据和信息。

④被执行人转移、隐匿、变卖或者毁损财产的信息。

⑤其他与案件事实相关、人民法院认为有必要调查收集的证据或者信息。

（4）实务中有关调查令的要点

①在填写调查令抬头时，一定要注意协查义务机关正确的名称信息。例如，到银行调查时，注意正确填写分行名称，如××银行股份有限公司××分行或××支行等。

②调取支付宝相应信息时，抬头是“支付宝（中国）网络技术有限公司”，而非蚂蚁金服等。

③填写调查令前，最好先电话问清楚协助单位全称以及协助单位的地址及相应对接人员等信息，问清楚需要携带的材料以及协助单位有无相应的内部审批流程等。

（5）若协助义务主体无正当理由拒不配合调查法院可责令其履行并予以罚款

根据《民事诉讼法》第117条，有义务协助调查、执行的单位拒不履行协助义务的，人民法院除责令其履行协助义务外，并可以予以罚款。

177. 到期债权及应收账款的执行

执行实务中，到期债权和应收账款的执行，特别是中小企业的不良债权执行较为常见，因此具有单独研究、分析的意义。被执行人的到期债权和应收账款相对较隐秘、不容易被发现，因此谈及该类资产的执行，其首要任务是先发现被执行人的该类资产，发现该类资产后通过发函通知债务人向债权人或执行法院支付账款外，还需要注意防范被执行人与相关人员串通转移资产等事项，详言如下。

1. 如何寻找被执行人的到期债权及应收账款信息

到期债权、应收账款通常是基于合同产生的相应收款权利，如借款合同、买卖合同、租赁合同、服务合同、加工承揽合同等，因此，债权人最好可以通过查询被执行人公司涉事合同的方式寻找相应线索，若被执行人不予配合，债权人还可以尝试如下操作：

（1）通过被执行人的行业特点，如建工企业的在建工程项目等行业上下游信息寻找被执行人的应收账户。

（2）通过已公开的裁判文书网络平台查询被执行人的涉诉、胜诉信息。

（3）通过企业公开信息，如天眼查、企查查等网络平台查询被执行人相关信息，查询被执行人经常合作的商业伙伴等信息，从而进一步获得应收账款线索。

2. 如何判断何种到期债权和应收账款可以被执行

《最高人民法院关于人民法院执行工作若干问题的规定（试行）》第45～53条规定了“被执行人到期债权的执行”的相关制度，该部分条文内容可以归纳为以下三个执行被执行人到期债权需要具备的条件：

（1）第三人向被执行人负有明确的债务。

（2）该债务已到期，已届履行期限。

（3）第三人在履行通知指定的期间内未提出异议，但不履行清偿义务。

上述条件中，若第三人（次债务人）对债权人提出的协助执行通知就债权金额及是否到期等提出异议的，依照上述《最高人民法院关于人民法院执行工作若干问题的规定（试行）》及《民事诉讼法司法解释》第499条第2款的规定，人民法院对异议部分不得强制执行，对第三人的异议不进行审查。此时，申请执行人可通过提起代位权诉讼的方式主张权利。

3. 到期债权、应收账款的执行方式

根据《最高人民法院关于人民法院执行工作若干问题的规定（试行）》第45~53条，如果被执行人不能清偿应收账款，但对本案以外的第三人享有到期债权的，申请执行人可以向法院申请，向第三人发出履行到期债务的通知，要求该第三人向申请执行人或法院支付或提存相应款项。

4. 发送通知应注意事项

根据《最高人民法院关于人民法院执行工作若干问题的规定（试行）》第45~47条内容，履行通知应当包含下列内容：

（1）第三人直接向申请执行人履行其对被执行人所负的债务，不得向被执行人清偿。

（2）第三人应当在收到履行通知后的15日内向申请执行人履行债务。

（3）第三人对履行到期债权有异议的，应当在收到履行通知后的15日内向执行法院提出。

5. 债务人恶意处置到期债权或应收账款时债权人的救济途径

根据《民法典》第538条、第539条行使撤销权，请求人民法院撤销债务人的行为。

6. 是否可以执行未到期债权

根据《最高人民法院关于认真贯彻实施民事诉讼法及相关司法解释有关规定的通知》第3条第3款的规定："……对于被执行人未到期的债权，在到期之前，只能冻结，不能责令次债务人履行。"据此，申请执行人对于被执行人的未到期债权，执行法院可以依法冻结，但不能向第三人作出履行债务通知，也不得强制执行被执行人的该未到期债权。

178. 解决不动产腾空交付的相关问题

在有些地区，在不良债权处置进入司法执行程序时，就拍卖抵押房产需要债权人配合完成抵押物房产拍卖后的腾退工作，这时就容易产生一些问题。其中比较多发的是两种：一种是自然人的唯一住房拍卖和腾退问题；另一种是厂房，厂区设备、土地拍卖后，工厂工人因未拿到工资等多种原因拒不配合腾退厂区。

关于厂区工人拒不腾退的问题，通常只能通过法院的协调予以解决。

关于自然人唯一住房拍卖后的腾退问题，根据《最高人民法院关于人民法院民事执行中查封、扣押、冻结财产的规定》第5条规定："对于超过被执行人及其所扶养家属生活所必需的房屋和生活用品，人民法院根据申请执行人的申请，在保障被执行人及其所扶养家属最低生活标准所必需的居住房屋和普通生活必需品后，可予以执行。"据此，即便是唯一住房，在保障被执行人及其扶养家属最低生活标准所必需的居住房屋和普通生活必需品后，也可以进行司法强制执行。

根据《执行异议和复议规定》第20条第1款的规定，执行唯一住房需要注意如下事项：

第一，对被执行人有扶养义务的人名下有其他能够维持生活必需的居住房屋的，如被执行人子女等名下有多套房产的，因能够保障被执行人的生活必须，故可以拍卖、腾退该被执行人的唯一住房。

第二，执行依据生效后，被执行人为逃避债务转让其名下其他房屋的，在执行依据的判决书、调解书、仲裁裁决等已经生效后，被执行人转让房屋且售房款未用于偿还执行债务的，即便被执行人名下仅一套住房，仍可以强制拍卖、腾退该被执行人的该唯一住房。

第三，申请执行人按照当地廉租住房保障面积标准为被执行人及所扶养家属提供居住房屋，或者同意参照当地房屋租赁市场平均租金标准从该房屋的变价款中扣除5～8年租金的。该种方式是实务中最为常见且实用的方法。

二、执行与破产程序的衔接

《民事诉讼法司法解释》第511～514条是关于案件由执行程序转为破产

审查程序的相关规定，实务中将这一程序简称为执行转破产程序。所谓执行转破产程序，通常是指执行法院在执行案件过程中发现被执行人具有资不抵债、明显丧失偿债能力等符合企业破产条件的，经申请执行人申请或被执行人同意，由执行法院将执行案件相关材料移送至被执行人住所地法院破产审判部门，对被执行人进行破产条件审查的程序。根据上述《民事诉讼法司法解释》的相关规定，以及《最高人民法院关于执行案件移送破产审查若干问题的指导意见》的相关规定内容，结合法院案例的裁判观点及律师实务经验，可以整理出如下的执行转破产程序的相关知识点。

（一）执行转破产程序一般规则

179. 执行转破产程序的启动条件

根据《民事诉讼法司法解释》第 511 条“在执行中，作为被执行人的企业法人符合企业破产法第二条第一款规定情形的，执行法院经申请执行人之一或者被执行人同意，应当裁定中止对该被执行人的执行，将执行案件相关材料移送被执行人住所地人民法院”的规定，结合《最高人民法院关于执行案件移送破产审查若干问题的指导意见》第 2 条、第 3 条，以及各地省市关于执行案件移送破产审查若干问题的地方司法文件，执行案件移送破产审查应同时符合的条件，如下。

1. 被执行人为企业法人

被执行人若是自然人或其他组织，适用《民事诉讼法司法解释》第 506 ~ 510 条关于执行程序参与分配内容的相关规定，企业法人的执行兜底程序与自然人或其他组织的执行兜底程序不同，自然人不能破产，企业法人执行转破产程序即便破产法院未受理也不能走参与分配程序。

2. 被执行人或者有关被执行人的任何一个执行案件的申请执行人书面同意将执行案件移送破产审查

根据《最高人民法院关于执行案件移送破产审查若干问题的指导意见》第 4 条的规定，执行法院采取财产调查措施后，发现作为被执行人的企业法人符合《企业破产法》第 2 条规定的，应当及时询问申请执行人、被执行人是否同意将案件移送破产审查。

3. 被执行人不能清偿到期债务并且资产不足以清偿全部债务或者明显缺乏清偿能力

根据《企业破产法》第 2 条“企业法人不能清偿到期债务，并且资产不足以清偿全部债务或者明显缺乏清偿能力的，依照本法规定清理债务。企业法人有前款规定情形，或者有明显丧失清偿能力可能的，可以依照本法规定进行重整”的规定，执行转破产程序启动需要审查被执行人是否满足不能清偿到期债务和资不抵债或者明显丧失偿债能力的条件。实务中还存在一个争议问题：不能清偿债务是指当下因资产变现难而不能清偿债务还是专指资产不能冲抵全部债务？一般操作是申请执行人结合执行程序进展，执行法院因无财产可供执行裁定终结本次执行的，一般可以认定符合上述执行案件移送破产审查要求的条件。

180. 执行转破产程序中执行法院与破产法院移送材料的衔接问题

根据《最高人民法院关于执行案件移送破产审查若干问题的指导意见》第 5 ~9 条、第 12 条、第 21 条的相关规定，执行法院移送程序相关内容如下。

1. 执行案件承办法官认为执行案件符合移送破产审查条件的，应提出审查意见，经合议庭评议同意后，由执行法院院长签署移送决定。

2. 基层人民法院拟将执行案件移送异地中级人民法院进行破产审查的，在作出移送决定前，应先报请其所在地中级人民法院执行部门审核同意。

3. 执行法院作出移送决定后，应当于 5 日内送达申请执行人和被执行人。申请执行人或被执行人对决定有异议的，可以在受移送法院破产审查期间提出，由受移送法院一并处理。

4. 执行法院作出移送决定后，应当书面通知所有已知执行法院，执行法院均应中止对被执行人的执行程序。但是，对被执行人的季节性商品、鲜活、易腐烂变质以及其他不宜长期保存的物品，执行法院应当及时变价处置，处置的价款不作分配。受移送法院裁定受理破产案件的，执行法院应当在收到裁定书之日起7日内，将该价款移交受理破产案件的法院。

5. 案件符合终结本次执行程序条件的，执行法院可以同时裁定终结本次执行程序。

6. 确保对被执行人财产的查封、扣押、冻结措施的连续性，执行法院决定移送后、受移送法院裁定受理破产案件之前，对被执行人的查封、扣押、冻结措施不解除。

7. 查封、扣押、冻结期限在破产审查期间届满的，申请执行人可以向执行法院申请延长期限，由执行法院负责办理续期手续。

8. 受移送法院立案部门负责接收移送材料，立案部门经审核认为移送材料完备的，应以“破申”作为案件类型代字编制案号登记立案，并及时将案件移送破产审判部门进行破产审查。

9. 破产审判部门在审查过程中发现本院对案件不具有管辖权的，按照均具有管辖权且先立案的法院确定管辖法院。

10. 受移送法院拒绝接收移送的材料的，执行法院可函请受移送法院的上一级法院进行监督。上一级法院收到函件后应当指令受移送法院在10日内接收材料或作出是否受理的裁定，受移送的法院收到上级法院的通知后，10日内仍不接收材料或不作出是否受理裁定的，上一级法院可以径行对移送破产审查的案件行使管辖权。上一级法院裁定受理破产案件的，可以指令受移送法院审理。

181. 执行转破产程序启动后，受移送法院的破产审查程序

根据《民事诉讼法司法解释》第512条的规定，以及《最高人民法院关于执行案件移送破产审查若干问题的指导意见》第13～15条的规定，执行转破产程序启动后，受移送法院的审查程序如下。

1. 被执行人住所地人民法院应当自收到执行案件相关材料之日起30日内作出是否受理的裁定。受移送法院作出裁定后，应当在5日内送达申请执行人、被执行人，并送交执行法院。

2. 申请执行人申请或同意移送破产审查的，裁定书中以该申请执行人为申请人，被执行人为被申请人；被执行人申请或同意移送破产审查的，裁定书中以该被执行人为申请人；申请执行人、被执行人均同意移送破产审查的，双方均为申请人。

3. 受移送法院裁定受理破产案件的，在此前的执行程序中产生的评估费、公告费、保管费等执行费用，可以参照破产费用的规定，从债务人财产中随时清偿。

182. 受移送法院裁定受理破产案件对执行程序的影响

根据《民事诉讼法司法解释》第513条的规定，以及《最高人民法院关于执行案件移送破产审查若干问题的指导意见》第16条、第17条、第20条的规定，破产受理后执行法院的相关善后程序如下。

1. 被裁定受理被执行人破产案件的，执行法院应当解除对被执行人财产的保全措施。

2. 执行法院收到受移送法院受理裁定后，应当于7日内将已经扣划到账的银行存款、实际扣押的动产、有价证券等被执行人财产移交给受理破产案件的法院或管理人。

3. 执行法院收到受移送法院受理裁定时，已通过拍卖程序处置且成交、裁定已送达买受人的拍卖财产，通过以物抵债偿还债务且抵债裁定已送达债权人的抵债财产，已完成转账、汇款、现金交付的执行案款，不属于被执行人的财产，不再移交。

4. 被裁定宣告被执行人破产或裁定终止和解程序、重整程序的，执行法院应当裁定终结对该被执行人的执行。

183. 受移送法院不予受理或驳回申请时恢复执行程序的有关问题

根据《民事诉讼法司法解释》第514条的规定，以及《最高人民法院关于执行案件移送破产审查若干问题的指导意见》第18条、第19条的规定，受理移送法院裁定不予受理破产申请或裁定驳回破产申请的，执行法院后续恢复执行程序时有关问题如下。

1. 受移送法院不受理破产案件的，执行法院应当恢复执行。受移送法院作出不予受理或驳回申请裁定的，应当在裁定生效后 7 日内将接收的材料、被执行人的财产退回执行法院，执行法院应当恢复对被执行人的执行。

2. 受移送法院作出不予受理或驳回申请的裁定后执行法院不得重复启动执行案件移送破产审查程序。申请执行人或被执行人以有新证据足以证明被执行人已经具备了破产原因为由，再次要求将执行案件移送破产审查的，人民法院不予支持。但是，申请执行人或被执行人可以直接向具有管辖权的法院提出破产申请。

3. 受移送法院不受理破产案件或执行当事人不同意执行转破产的，执行法院就执行变价所得财产，在扣除执行费用及清偿优先受偿的债权后，对于普通债权，按照财产保全和执行中查封、扣押、冻结财产的先后顺序清偿。

（二）执行转破产程序纠纷常见情形

184. 法院对执行转破产申请审查期间应否中止执行

◇ **问题**　执行法院对被执行人的执行转破产申请审查期间，可否认定为处于破产审查阶段，进而在此期间中止执行程序

◇ **来源**　最高人民法院（2020）最高法执监 44 号

◇ **结论**　被执行人向执行法院提出执行案件转破产程序处理的申请，但在执行法院并未作出移送破产决定，亦无相关法院作出受理被执行人破产清算申请的裁定的，不属于案件处于破产审查阶段，不应中止执行

【基本案情】

新华公司申请执行安泰公司、万方公司、巨和公司、胡某某一案，昆明

中院于2017年4月26日裁定：冻结划拨安泰公司、万方公司、巨和公司、胡某某在银行的存款3.5亿元及利息，或对上述四被执行人价值3.5亿元及利息的财产予以查封、扣押、拍卖、变卖。执行过程中，昆明中院拟对安泰公司名下的称案涉土地进行拍卖。

安泰公司不服昆明中院上述执行行为，向该院提出执行异议，请求昆明中院中止本案执行，待有关法院裁定是否受理安泰公司破产申请后，再裁定恢复执行或终结执行。昆明中院查明，安泰公司已向法院提交了企业执行转破产审查申请书及相关材料而申请破产，目前该破产申请尚在审查阶段，但并未裁定受理。因此，昆明中院裁定驳回安泰公司的异议请求。

安泰公司申请复议，云南高院认为本案已处于破产审查阶段应予中止，故裁定撤销原裁定、中止拍卖。新华公司不服向最高人民法院申诉，形成本案诉讼，最高人民法院经审理认为本案不应中止执行，故撤销云南高院裁定。

【争议焦点】

云南高院中止执行的裁定以本案已处于破产审查阶段为由裁定本案中止执行是否有事实和法律依据？

【裁判要点】

《企业破产法》第19条规定："人民法院受理破产申请后，有关债务人财产的保全措施应当解除，执行程序应当中止。"《民事诉讼法司法解释》第515条[①]规定，被执行人住所地人民法院裁定受理破产案件的，执行法院应当解除对被执行人财产的保全措施。根据上述规定，被执行人住所地人民法院裁定受理对被执行人的破产申请后，执行法院应当中止对被执行人的执行程序，解除保全措施。《民事诉讼法司法解释》第513条[②]规定："在执行中，作为被执行人的企业法人符合企业破产法第二条第一款规定情形的，执行法院经申请执行人之一或者被执行人同意，应当裁定中止对该被执行人的执行，

① 现为《民事诉讼法司法解释》第513条。
② 现为《民事诉讼法司法解释》第511条。

将执行案件相关材料移送被执行人住所地人民法院。”《最高人民法院关于执行案件移送破产审查若干问题的指导意见》第8条规定，执行法院作出移送决定后，应当书面通知所有已知执行法院，执行法院均应中止对被执行人的执行程序。根据上述规定，执行法院决定将执行案件移送破产审查的，应当裁定中止对被执行人的执行程序。本案中，根据查明事实，被执行人安泰公司虽然称已经向昆明中院提出执行案件转破产程序处理的申请，但目前昆明中院并未作出移送破产决定，亦无相关法院作出受理安泰公司破产清算申请的裁定。故云南高院（2018）云执复312号执行裁定以本案已处于破产审查阶段为由裁定本案中止执行，属基本事实认定错误，适用法律不当，应予纠正。

【相关法律规定】

《民事诉讼法司法解释》

第五百一十一条　在执行中，作为被执行人的企业法人符合企业破产法第二条第一款规定情形的，执行法院经申请执行人之一或者被执行人同意，应当裁定中止对该被执行人的执行，将执行案件相关材料移送被执行人住所地人民法院。

第五百一十三条　被执行人住所地人民法院裁定受理破产案件的，执行法院应当解除对被执行人财产的保全措施。被执行人住所地人民法院裁定宣告被执行人破产的，执行法院应当裁定终结对该被执行人的执行。

《最高人民法院关于执行案件移送破产审查若干问题的指导意见》

8. 执行法院作出移送决定后，应当书面通知所有已知执行法院，执行法院均应中止对被执行人的执行程序。但是，对被执行人的季节性商品、鲜活、易腐烂变质以及其他不宜长期保存的物品，执行法院应当及时变价处置，处置的价款不作分配。受移送法院裁定受理破产案件的，执行法院应当在收到裁定书之日起七日内，将该价款移交受理破产案件的法院。

《企业破产法》

第十九条　人民法院受理破产申请后，有关债务人财产的保全措施应当解除，执行程序应当中止。

【应诉策略】

第一，《民事诉讼法司法解释》及《最高人民法院关于执行案件移送破产审查若干问题的指导意见》将《企业破产法》第19条规定的受理破产申请后应该采取的执行程序中止，提前到破产法院受理案件材料立案审查阶段，如此并不有利于申请执行人的债权清偿。

第二，被执行人进入破产程序，执行法院中止执行的时间从执行法院决定移送破产开始，会对申请执行人产生以下不利影响：（1）债权清偿时间被延长，破产程序要更漫长。因为企业破产需要公告及破产清算等程序，会延长申请执行人取得执行案款的时间。（2）破产程序中需要通知所有被执行人的债权人进入到破产程序，申请执行人的债权清偿比例会被降低。

在破产程序中，无论是其他已经生效判决确认的债权还是未经诉讼确认的债权，均可以进入到破产程序参与对被执行人资产的分配。因此，申请执行人所能分配的比例必然会受到影响。

第三，若被执行人住所地人民法院审查是否受理对被执行人的破产清算申请并不是基于执行法院移送，而是基于破产申请程序，即此情况与执行转破产的法律规定情形不符，执行法院可不中止执行。

第四，执行法院自收到受理破产裁定之日起，对于已经扣划到执行法院账户但尚未支付给申请执行人的款项应中止执行。若被执行人已被宣告破产，执行法院将终结对被执行人的执行程序，申请执行人的债权因破产清算后的清偿而消灭。

【类案裁判观点分析】

案例一：若被执行人住所地人民法院审查是否受理对被执行人的破产清算申请并不是基于执行法院移送，而是基于破产法的破产申请程序，即此情况与执行转破产的法律规定情形不符，执行法院可不中止执行——最高人民法院（2018）最高法执监666号

《民事诉讼法司法解释》第513条[①]规定："在执行中，作为被执行人的

---

① 现为《民事诉讼法司法解释》第511条。

企业法人符合企业破产法第二条第一款规定情形的，执行法院经申请执行人之一或者被执行人同意，应当裁定中止对该被执行人的执行，将执行案件相关材料移送被执行人住所地人民法院。”根据上述规定，执行案件移送破产审查程序中，在被执行人住所地人民法院审查是否受理破产清算申请期间，执行法院应当中止对所涉被执行人的执行。但是，本案中被执行人住所地人民法院审查是否受理对汇豪公司的破产清算申请并不是基于执行法院移送，而是基于申诉人等申请执行人的申请，即此情况与上述规定的条件不符。故本案中执行法院莱芜中院未予中止执行并无不当，申诉人的申诉理由不成立。

案例二：执行法院收到受理破产裁定之日起，对于已经扣划到执行法院账户但尚未支付给申请执行人的款项应中止执行——最高人民法院（2019）最高法执监249号

执行法院收到受理破产裁定之日起，对于已经扣划到执行法院账户但尚未支付给申请执行人的款项应中止执行，尚未支付的款项属于被执行人的财产，应由执行法院移交给受理破产案件的法院或管理人。从本案来看，葫芦岛中院于2017年2月10日作出（2017）辽14民破1号民事裁定书，裁定受理申请人汇能电力公司对被申请人广源供热公司的破产清算申请。葫芦岛中院于2017年2月15日裁定中止葫芦岛龙港法院（2014）龙民一初字第00027号民事判决书中广源供热公司归还毕某林借款部分执行的行为并不违反法律规定。

185. 以物抵债先于破产受理的，该抵债物应否被追回

◇ **问题**　以物抵债先于破产受理的，该抵债物应否被追回

◇ **来源**　最高人民法院（2019）最高法执监96号

◇ **结论**　本案的以物抵债裁定先于破产法院裁定受理破产申请的时间，因此以物抵债处分的相应财产不再纳入被执行人的破产财产范围

【基本案情】

康某于2015年9月14日向萍乡中院申请执行巨龙公司资产，萍乡中院立案受理。2018年2月13日，萍乡中院裁定拍卖被执行人巨龙公司名下案涉商铺，经2次挂网拍卖均流拍，流拍价为3360万元。萍乡中院依申请执行人康某以物抵债申请，于2018年8月31日裁定：将案涉商铺作价3360万元抵债，其中抵偿申请执行人康某债务21,898,197元的商铺相应份额交付申请执行人康某。

利害关系人刘某某就上述以物抵债裁定提出执行异议，认为该以物抵债行为错误，萍乡中院驳回刘某某的异议，刘某某申请复议，江西高院驳回，刘某某向最高人民法院申诉，形成本案诉讼，最高人民法院经审理驳回刘某某的申诉。

另查：2018年10月15日，江西高院分别作出（2018）赣破终4号、5号民事裁定，裁定由萍乡中院分别受理申请人巨龙公司的破产申请和刘某某对巨龙公司的破产清算申请。

【争议焦点】

本案的以物抵债裁定是否符合法律规定?

【裁判要点】

刘某某以巨龙公司不能履行到期债务为由，向萍乡中院申请对巨龙公司进行破产清算。巨龙公司以其不能清偿到期债务为由，向萍乡中院申请破产清算。2018年10月15日，江西高院分别作出（2018）赣破终4号、5号民事裁定，裁定由萍乡中院分别受理申请人巨龙公司的破产申请和刘某某对巨龙公司的破产清算申请。本案的以物抵债裁定作出时间为2018年8月31日，先于2018年10月15日江西高院裁定由萍乡中院分别受理申请人巨龙公司的破产申请和刘某某对巨龙公司的破产清算申请的时间，因此以物抵债处分的相应财产不再纳入巨龙公司的破产财产范围。

【相关法律规定】

《民事诉讼法司法解释》

第五百一十一条 在执行中，作为被执行人的企业法人符合企业破产法第二条第一款规定情形的，执行法院经申请执行人之一或者被执行人同意，应当裁定中止对该被执行人的执行，将执行案件相关材料移送被执行人住所地人民法院。

《企业破产法》

第十九条 人民法院受理破产申请后，有关债务人财产的保全措施应当解除，执行程序应当中止。

《最高人民法院关于人民法院民事执行中拍卖、变卖财产的规定》

第十六条第一款 拍卖时无人竞买或者竞买人的最高应价低于保留价，到场的申请执行人或者其他执行债权人申请或者同意以该次拍卖所定的保留价接受拍卖财产的，应当将该财产交其抵债。

【应诉策略】

第一，2020 年修正的《最高人民法院关于人民法院民事执行中拍卖、变卖财产的规定》已经将原来第 19 条的内容调整为第 16 条，该条第 1 款规定的内容是针对拍卖时无人竞买或者竞买人的最高应价低于保留价的情况，这种情况不属于被执行人的财产无法拍卖或者变卖的情况，因此在被执行人财产无法拍卖或变卖时的以物抵债行为，并未要求以物抵债不损害其他债权人合法权益。

第二，根据有关规定，债权人或者债务人对执行案件的被执行企业法人申请人民法院破产的，该案件的执行法院中止执行的时间节点应为破产法院裁定受理案件之日。执行法院决定移送执行案件破产审查的，该案件的执行法院中止执行的时间节点为收到作出移送决定法院的书面通知书之日。因此，执行程序中相关当事人需要准确把握执行中的各个时间节点，以便更好地保障自身合法权益。

第三，若以物抵债裁定是在破产清算申请受理之后作出的，应视为涉案房产的所有权未发生变动，仍属于被执行人的财产，法院在收到被执行人破产管理人的异议申请后，可依法予以纠正追回抵债财产。

【类案裁判观点分析】

案例一：以物抵债裁定是在破产清算申请受理之后作出的，法院在收到被执行人破产管理人的异议申请后，可依法予以纠正追回抵债财产——最高人民法院（2019）最高法执复106号

对于本案，江苏宜兴法院于2019年3月21日裁定受理储某某对东来公司的破产清算申请，该裁定自作出之日起即发生法律效力，对东来公司的执行应当于受理破产清算裁定作出之日起中止。2019年4月15日，甘肃高院作出（2016）甘执48号之二执行裁定书，裁定将案涉标的物交付给申请执行人光大公司抵偿债务，该以物抵债裁定是在破产清算申请受理之后作出的，甘肃高院在收到东来公司破产管理人的异议申请后，依据上述法律规定依法予以纠正追回抵债财产并无不当。

案例二：以物抵债给申请执行人的行为发生在破产申请受理之后，应视为涉案房产的所有权未发生变动，仍属于被执行人的财产——最高人民法院（2019）最高法执复106号

因甘肃高院继续将案涉房产以物抵债给光大公司的行为发生在破产申请受理之后，应视为涉案房产的所有权未发生变动，仍属于被执行人的财产，甘肃高院裁定将案涉房产移交给宜兴法院不当。

186. 受理破产后，法院账户内未发放给申请执行人的拍卖款，是否属于破产财产

◇ **问题**	经拍卖已经取得但尚未发放给申请执行人的拍卖款项，是否属于被执行人的破产财产
◇ **来源**	最高人民法院（2019）最高法执复65、90号

◇ **结论**　已经进入执行法院账户，尚未发放和分配给申请执行人的执行案款项，仍应属于未执行完毕、可以用于清偿被执行人债务的被执行人的责任财产，受理破产申请后，应当中止执行并移交

【基本案情】

徐某申请执行伟亚公司案件，2018 年 3 月，海南高院网拍伟亚公司名下土地项目，拍卖成交价 20,792 万余元。2018 年 3 月 30 日，海南高院裁定确认买受人所有权。

海南高院向申请执行人徐某支付款项 11,138 万余元。鉴于该案尚有其他参与分配申请人及破产债权分配可能等实际情况，剩余 5314 万余元尚未发放。

2018 年 11 月 21 日，海口中院在《人民法院报》上刊登公告，载明 2018 年 7 月 18 日海口中院受理伟亚公司破产清算一案。2018 年 12 月 13 日，海南高院通知伟亚公司管理人、徐某等，被执行人管理人来函告知海口中院已裁定受理对伟亚公司的破产申请，并请求将执行财产移交给管理人。海南高院裁定中止对伟亚公司的执行，并将在该院执行案款账户上尚未支付的款项 5314 万余元移交给管理人。

申请执行人徐某不服，向海南高院提出执行异议，认为本案中大部分剩余款项发放条件的成就时间分别为 2018 年 6 月 25 日、7 月 5 日，而伟亚公司破产申请被受理的时间为 2018 年 7 月 18 日，款项发放条件成就的时间早于伟亚公司破产被受理的时间。已经具备发放条件、非因申请执行人原因而没有被发放的执行案款，不应被认定为破产财产。海南高院裁定予以支持。伟亚公司及其相关债权人提出复议，形成本案诉讼，最高人民法院经审理裁定未发放款项应属破产财产，裁定支持了伟亚公司及其债权人的主张。

【争议焦点】

经拍卖已经取得但尚未发放给申请执行人的拍卖款项，是否属于被执行人的破产财产？

【裁判要点】

《企业破产法》第19条规定，如果执行程序尚未终结，对被执行人财产的保全措施应当解除，执行程序应当中止，尚未清偿的不得进行清偿。在被执行人的财产不能清偿全部债权的情况下，上述规定旨在通过破产程序实现债权的公平受偿。《最高人民法院关于执行案件移送破产审查若干问题的指导意见》第16条进一步规定，执行法院收到受移送法院受理裁定后，应当于7日内将已经扣划到账的银行存款、实际扣押的动产、有价证券等被执行人财产移交给受理破产案件的法院或管理人。第17条规定，执行法院收到受移送法院受理裁定时，已通过拍卖程序处置且成交裁定已送达买受人的拍卖财产，通过以物抵债偿还债务且抵债裁定已送达债权人的抵债财产，已完成转账、汇款、现金交付的执行案款，因财产所有权已经发生变动，不属于被执行人的财产，不再移交。从该司法解释第16条和第17条的内容看，已完成向申请执行人转账、汇款、现金交付的执行案款，因财产权利归属已经发生变动，不属于被执行人的财产。已经扣划到执行法院账户的银行存款等执行款项，但未完成向申请执行人转账、汇款、现金交付的，财产权利归属未发生变动，仍属于被执行人的财产，执行法院收到受移送法院受理裁定后，不应再支付给申请执行人，应当将其移交给受理破产案件的法院或管理人。申请执行人徐某认为该规定中的"已完成转账、汇款、现金交付的执行款"指的是买受人向执行法院"转账、汇款、现金交付"，缺乏依据，与规定精神不符。实践中，在个案处理上，《最高人民法院答复〈关于破产申请受理前已经划扣到执行法院账户尚未支付给申请执行人的款项是否属于债务人财产及执行法院收到破产管理人中止执行告知函后应否中止执行问题的请示〉的复函》中也再次明确，人民法院裁定受理破产申请时已经扣划到执行法院账户但尚未支付给申请执行人的款项，仍属于债务人财产，人民法院裁定受理破产申请后，执行法院应当中止对该财产的执行。而对已经执行到法院账户的款项是拍卖所得款还是其他款项并无区分必要，申请执行人因评估拍卖所承担的成本可以通过其他途径解决。本案中徐某所垫付的公告费、评估费已予退还。因此，已经进入执行法院账户，尚未发放和分配给申请执行人的执行款项，仍应属于未执行完毕、可以用于清偿被执行人债务的被执行人的责任财产，受理破产申请后，应当中止执行并移交。

鉴于海口中院裁定受理相关债权人对伟亚公司的破产申请时，案涉53,140,245.5元拍卖款项尚未实际支付给申请执行人徐某，故应当按照相关规定精神，停止个别清偿，将执行款项移送给受理破产案件的法院或管理人，并无不当。

【相关法律规定】

《企业破产法》

第十七条　人民法院受理破产申请后，债务人的债务人或者财产持有人应当向管理人清偿债务或者交付财产。

债务人的债务人或者财产持有人故意违反前款规定向债务人清偿债务或者交付财产，使债权人受到损失的，不免除其清偿债务或者交付财产的义务。

第十九条　人民法院受理破产申请后，有关债务人财产的保全措施应当解除，执行程序应当中止。

《最高人民法院关于执行款物管理工作的规定》

第十条第一款　执行人员应当在收到财务部门执行款到账通知之日起三十日内，完成执行款的核算、执行费用的结算、通知申请执行人领取和执行款发放等工作。

《最高人民法院关于执行案件移送破产审查若干问题的指导意见》

16. 执行法院收到受移送法院受理裁定后，应当于七日内将已经扣划到账的银行存款、实际扣押的动产、有价证券等被执行人财产移交给受理破产案件的法院或管理人。

17. 执行法院收到受移送法院受理裁定时，已通过拍卖程序处置且成交裁定已送达买受人的拍卖财产，通过以物抵债偿还债务且抵债裁定已送达债权人的抵债财产，已完成转账、汇款、现金交付的执行款，因财产所有权已经发生变动，不属于被执行人的财产，不再移交。

《最高人民法院关于对重庆高院〈关于破产申请受理前已经划扣到执行法院账户尚未支付给申请执行人的款项是否属于债务人财产及执行法院收到破产管理人中止执行告知函后应否中止执行问题的请示〉的答复函》

……

人民法院裁定受理破产申请时已经扣划到执行法院账户但尚未支付给申

请人执行的款项，仍属于债务人财产，人民法院裁定受理破产申请后，执行法院应当中止对该财产的执行。执行法院收到破产管理人发送的中止执行告知函后仍继续执行的，应当根据《最高人民法院关于适用〈中华人民共和国破产法〉若干问题的规定（二）》第五条依法予以纠正……

【应诉策略】

第一，关于“已完成转账、汇款、现金交付的执行款”有无可能是指拍卖的买受人将拍卖款支付至执行法院账户而不仅局限于执行法院将执行案款支付至申请执行人的问题，最高人民法院在本文主文案例中通过论述法律规定的变迁来论证“已完成转账、汇款、现金交付的执行款”的真实意思，因《企业破产法》第19条，《最高人民法院关于执行案件移送破产审查若干问题的指导意见》第16条、第17条以及《最高人民法院答复〈关于破产申请受理前已经划扣到执行法院账户尚未支付给申请执行人的款项是否属于债务人财产及执行法院收到破产管理人中止执行告知函后应否中止执行问题的请示〉的复函》内容，均未涉及对已经到执行法院账户的款项是拍卖所得款还是其他款项的区分。因此，从立法原意上讲，“已完成转账、汇款、现金交付的执行款”是指执行法院将执行案款支付至申请执行人，而非买受人将拍卖款支付至执行法院账户。

第二，关于本文主文案例中，执行法院因为有其他债权人未分配资产，故未予发放剩余拍卖款，法院的该行为是否违法的问题。根据《最高人民法院关于执行款物管理工作的规定》第6条第1款的规定，执行人员应当在收到财务部门执行款到账通知之日起30日内，完成执行款的发放等工作。本文主文案例中，因尚有其他参与分配申请人及破产债权分配可能等实际情况，对于剩余的拍卖款项，未予发放，符合《民事诉讼法司法解释》及《最高人民法院关于执行案件移送破产审查若干问题的指导意见》关于通过破产程序对债权人进行公平清偿的规定精神。因此，对于执行法院暂停发放执行案款的情况，申请执行人不容易通过法律关于发放案款期限的规定，推翻执行法院未发放执行案款的既定事实。

第三，本文主文案例中，尚未完成向申请执行人交付的，属于被执行人的财产，执行法院收到受移送法院受理裁定后，不再支付给申请执行人。而本文主文案例中，竞买人已通过网络拍卖公开竞得案涉拍卖标的，案涉拍卖标的物所有权已发生转移，案涉拍卖标的物已经不属于被执行人的破产财产，竞买人不用返还拍卖标的物。

【类案裁判观点分析】

案例一：已扣划到执行法院账户的银行存款等执行案款，但尚未完成向申请执行人交付的，仍为被执行人的财产，执行法院收到受移送法院受理裁定后，不应再支付给申请执行人——最高人民法院（2018）最高法执复37号

根据法律规定，对已完成向申请执行人转账、汇款、现金交付的执行案款，因财产所有权已经发生变动，不属于被执行人的财产。已经扣划到执行法院账户的银行存款等执行案款，但尚未完成向申请执行人转账、汇款、现金交付的，财产权利归属未发生变动，仍属于被执行人的财产，执行法院收到受移送法院受理裁定后，不应再支付给申请执行人，应当将其移交给受理破产案件的法院或管理人。

案例二：破产法院受理债务人破产案件时，涉案房屋拍卖款尚未交付申请执行人，故该涉案款项应属于债务人的破产财产——江苏高院（2019）苏执监444号

本院认为，《最高人民法院关于执行案件移送破产审查若干问题的指导意见》第17条规定，执行法院收到受移送法院受理裁定时，已通过拍卖程序处置且成交裁定已送达买受人的拍卖财产，通过以物抵债偿还债务且抵债裁定已送达债权人的抵债财产，已完成转账、汇款、现金交付的执行案款，因财产所有权已经发生变动，不属于被执行人的财产，不再移交。本案中，镇江润州法院于2017年9月受理深国投公司破产案件时，案涉房屋拍卖款尚未交付申诉人，故该案涉款项应属于深国投公司的破产财产。

案例三：竞买人通过网络拍卖公开竞得案涉拍卖标的，执行法院已处置完毕，该拍卖标的的权属已经发生转移，已经不属于被执行人的破产财产——广东高院（2020）粤执复750号

根据查明事实，惠州中院于2019年12月26日裁定受理金源公司对新银地公司的破产清算申请，但涉案土地使用权已于2019年12月13日拍卖成交，执行法院于同年12月17日裁定对拍卖确认，又于同年12月23日向协助执行单位发出协助执行通知书、执行裁定书，均在法院裁定受理新银地公司破产清算之前作出，该系列执行行为符合《最高人民法院关于人民法院民事执行中拍卖、变卖财产的规定》第30条①“人民法院裁定拍卖成交或者以流拍的财产抵债后，除有依法不能移交的情形外，应当于裁定送达后十五日内，将拍卖的财产移交买受人或者承受人……”的规定，且已经生效并具法律效力。也就是说，竞买人通过网络拍卖公开竞得案涉拍卖标的，且执行法院已处置完毕，该拍卖标的的权属已经发生转移，已经不属于被执行人的破产财产。因此，复议申请人主张将涉案土地使用权纳入破产清算程序处置，理据不足，应不予采纳。

187. 未进行执行转破产，企业的债务清偿顺序如何确定

◇ **问题** 执行案款能否按照对执行标的采取强制措施的先后顺序清偿债务

◇ **来源** 最高人民法院（2018）最高法执监666号

◇ **结论** 在执行转破产受移送法院裁定不予受理破产申请的情况下，执行法院依照《民事诉讼法司法解释》第516条②的规定，决定对案涉拍卖款按照法院采取执行措施的先后顺序予以分配，并无不当

【基本案情】

塑料彩印厂向莱芜中院申请强制执行汇豪公司，该院于2013年1月30日立案执行。该院于2015年5月26日决定执行转破产，将本案有关材料移送莱芜莱城法院审查是否受理破产案件。莱芜莱城法院于2015年7月15日裁定：对汇豪公司的企业破产不予受理。

2015年9月29日，莱芜中院第一次公开拍卖汇豪公司资产，因无人参与竞买而流拍，塑料彩印厂申请以保留价以物抵债。2015年9月30日，莱

① 现为《最高人民法院关于人民法院民事执行中拍卖、变卖财产的规定》第27条。

② 现为《民事诉讼法司法解释》第514条。

芜中院裁定：将案涉财产作价 1245.34 万元，扣除评估费 45,400 元、拍卖公告费 1440 元、执行费 79,806.56 元，交付塑料彩印厂抵偿债务，上述财产的财产权自裁定送达塑料彩印厂时起转移。

利害关系人邱某某等对莱芜中院上述抵偿债务行为不服，向莱芜中院提出执行异议，认为本案适用 2015 年 2 月 4 日起施行的《民事诉讼法司法解释》有关执行分配行为的相关规定属于适用法律错误，且其已于 2015 年 8 月向莱芜莱城法院提出了对汇豪公司的破产申请。2016 年 2 月 5 日，莱芜莱城法院裁定：决定立案受理邱某某等对汇豪公司的破产申请。

莱芜中院于 2017 年 10 月 23 日作出驳回邱某某异议请求的裁定，其申请复议，山东高院裁定驳回邱某某等的复议，其向最高人民法院申诉，形成本案诉讼，最高人民法院经审理驳回了邱某某的申诉。

【争议焦点】

本案是否适用《民事诉讼法司法解释》关于按查封财产顺序分配案款的规定？

【裁判要点】

《民事诉讼法司法解释》生效后，为保护案涉全部债权人的利益，莱芜中院在发现汇豪公司的现有资产不能清偿全部到期债务的情况下，已经依照《民事诉讼法司法解释》第 513 条①的规定，于 2015 年 5 月 26 日移送其住所地法院莱芜莱城法院进行破产审查，但莱芜莱城法院于 2015 年 7 月 15 日裁定不予受理破产案件。在此情况下，莱芜中院依照 2015 年《民事诉讼法司法解释》第 516 条的规定，决定对案涉拍卖款按照法院采取执行措施的先后顺序予以分配，并无不当。如邱某某等认为莱城莱芜法院 2015 年 7 月 15 日以及之后几次拒不受理破产案件违法，损害其合法权益，可以依法另行主张权利。

---

① 现为《民事诉讼法司法解释》第 511 条。

【相关法律规定】

《民事诉讼法司法解释》

第五百一十一条 在执行中，作为被执行人的企业法人符合企业破产法第二条第一款规定情形的，执行法院经申请执行人之一或者被执行人同意，应当裁定中止对该被执行人的执行，将执行案件相关材料移送被执行人住所地人民法院。

第五百一十四条 当事人不同意移送破产或者被执行人住所地人民法院不受理破产案件的，执行法院就执行变价所得财产，在扣除执行费用及清偿优先受偿的债权后，对于普通债权，按照财产保全和执行中查封、扣押、冻结财产的先后顺序清偿。

【应诉策略】

《民事诉讼法司法解释》第 514 条有关当事人不同意移送破产的相关规定，应当理解为执行案件的全体当事人即申请执行人和被执行人均不同意移送破产。申请执行人和被执行人均不同意移送破产时，应适用“对于普通债权，按照财产保全和执行中查封、扣押、冻结财产的先后顺序清偿”的规定，否则仍应转入破产程序。

第一，被执行企业无法进入破产程序时，债权清偿顺序以“先来先得”的原则进行清偿。

根据《民事诉讼法司法解释》第 514 条的规定，申请执行人和被执行人均不同意移送破产时，应适用“对于普通债权，按照财产保全和执行中查封、扣押、冻结财产的先后顺序清偿”的规定。该条文内容一方面肯定了先采取查封措施的普通债权人优先受偿优势，也有意鼓励申请保全或执行措施顺位在后的普通债权人主动申请启动执行转破产程序，由此，案件由执行案件转为破产案件。

第二，申请执行人，特别是财产保全和执行中查封、扣押、冻结财产顺位在前的申请执行人，应积极推动执行案款的发放，否则一旦进入执行转破产程序，案款将中止发放，若进入破产程序申请执行人的债权清偿将又遥遥无期。

第三，申请保全或执行在后的普通债权人需要在考虑被执行人的还债能力后，再选择是否推动进入破产程序或继续等待执行结果。进入破产程序后，虽然同一顺位的普通债权按比例分配债务人企业的剩余资产，排除同一顺位普通债权人的优先受偿权。但是，如果债务人资不抵债，债权人未得到清偿的剩余债权就会随着破产程序终结而消灭。所以，针对此点债权人需要依据债务人的具体情况进行应对。

第四，依据《民事诉讼法司法解释》第511条、第514条关于首先查封债权人具有优先受偿权的规定，是关于企业法人而非自然人的规定。《民事诉讼法司法解释》第513条规定所指的申请执行人并没有排除其他法院的申请执行人。

【类案裁判观点分析】

案例：利害关系人请求对执行案款继续分配的申请不属于执行异议案件的审查范围，执行法院不予受理并无不当——陕西高院（2021）陕执复171号

《执行异议和复议规定》第5条规定赋予了利害关系人就法院的执行行为提出异议的权利，并明确了执行异议所指向的对象应是人民法院的执行措施、实施执行措施的方式、方法、期间、顺序等程序性事项，不包括法院在执行过程中的不作为情形。本案中，复议申请人华融资产某分公司并非就西安中院的执行措施提出异议，其所提异议指向的对象是西安中院不分配剩余执行案款，该异议不符合上述司法解释规定的情形，不属于执行异议案件的审查范围，西安中院对该异议不予受理并无不当。

188. 执行法院在不知被执行人已被受理破产申请的情况下，发放的执行案款能否被追回

◇ **问题**　其他法院裁定受理关于被执行人的破产申请后，执行法院在不知情的情况下发放的执行案款能否被追回

◇ **来源** 北京高院（2022）京执复92号

◇ **结论** 执行法院知悉其他法院裁定受理对被执行人的破产申请后，应当中止对该被执行人的执行程序，但若执行法院在对破产受理情况不知情的情况下发放执行案款给申请执行人，也并未违反法律规定。因此，被执行人和被执行人的其他债权人关于中止执行程序、撤销案涉股权拍卖的主张，不能成立和被支持

【基本案情】

2019年5月9日，北京三中院受理顺鑫公司申请执行金盛公司等公证债权文书执行案件。2022年1月25日，该院网络拍卖案涉股权，该次拍卖由顺鑫公司竞价成功。

金盛公司向北京三中院提出异议，请求中止执行并撤销对案涉股权的拍卖。北京三中院驳回其异议。金盛公司向北京高院申请复议，形成本案诉讼，北京市高院经审理驳回其复议申请。

另查，南京中院针对南京葵苏公司申请金盛公司破产清算一案，于2022年1月13日作出（2021）苏01破申122号决定书，决定对金盛公司及相关联企业启动预重整。北京三中院在拍卖案涉股权前，未收到南京鼓楼法院将金盛置业公司移送破产审查决定的书面通知。

【争议焦点】

执行案件应否中止以及案涉股权的拍卖应否撤销?

【裁判要点】

本案中，南京中院针对南京葵苏公司申请金盛公司破产清算一案作出的是对金盛公司及相关联企业启动预重整的决定，并非受理金盛公司破产申请的裁定。虽然金盛公司主张南京葵苏公司在南京中院申请金盛公司破产清算一案系通过执行案件移送破产审查的方式启动，但北京三中院在拍卖案涉股权前并未收到南京鼓楼法院的移送破产审查决定书面通知；金盛公司在北京

三中院执行异议审查中，亦未提交南京鼓楼法院的移送破产审查决定。金盛公司据此主张北京三中院（2019）京03执606号案件应中止执行、案涉股权拍卖应撤销，不能成立。

【相关法律规定】

《企业破产法》

第十九条　人民法院受理破产申请后，有关债务人财产的保全措施应当解除，执行程序应当中止。

《最高人民法院关于适用〈中华人民共和国企业破产法〉若干问题的规定（二）》

第七条　对债务人财产已采取保全措施的相关单位，在知悉人民法院已裁定受理有关债务人的破产申请后，应当依照企业破产法第十九条的规定及时解除对债务人财产的保全措施。

《最高人民法院关于执行案件移送破产审查若干问题的指导意见》

5. 执行部门应严格遵守执行案件移送破产审查的内部决定程序。承办人认为执行案件符合移送破产审查条件的，应提出审查意见，经合议庭评议同意后，由执行法院院长签署移送决定。

7. 执行法院作出移送决定后，应当于五日内送达申请执行人和被执行人。申请执行人或被执行人对决定有异议的，可以在受移送法院破产审查期间提出，由受移送法院一并处理。

8. 执行法院作出移送决定后，应当书面通知所有已知执行法院，执行法院均应中止对被执行人的执行程序。但是，对被执行人的季节性商品、鲜活、易腐烂变质以及其他不宜长期保存的物品，执行法院应当及时变价处置，处置的价款不作分配。受移送法院裁定受理破产案件的，执行法院应当在收到裁定书之日起七日内，将该价款移交受理破产案件的法院。

案件符合终结本次执行程序条件的，执行法院可以同时裁定终结本次执行程序。

【应诉策略】

第一，根据《企业破产法》第19条及《最高人民法院关于执行案件移送破产审查若干问题的指导意见》的相关规定，执行法院知悉其他法院裁定受理对被执行人的破产申请后，应当中止对该被执行人的执行程序。但是，本文主文案例恰巧是执行法院未收到任何包括破产法院、执行当事人或利害关系人关于破产受理事项的通知，执行法院在不知道被执行人已被裁定受理破产申请而处置被执行人财产，并不违法、亦不能撤销。

第二，若被执行人涉及多个债权人执行的情况，那么在执行实务中，律师关于各个案情的汇总以及程序性知识和各时间节点的把控就极为重要。本文主文案例及类案裁判观点分析版块的案例中均有一个共同点，就是执行法院在执行异议审理过程中申请执行人及被执行人等均未向执行法院告知被执行人被裁定受理破产这一事项，故才导致执行案款被发放，对于被执行人的其他债权人来讲，造成这一损失结果的重要原因是在申请破产时未及时、全面地了解被执行人的涉诉、涉执行的案件进展，因此未能及时中止关于被执行人的执行程序。

【类案裁判观点分析】

案例：执行法院知悉其他法院裁定受理对被执行人的破产申请后，应当中止对该被执行人的执行程序，但若执行法院在对破产受理情况不知情的情况下发放执行案款给申请执行人，也并未违反法律规定——北京高院(2021)京执复70号

本案中，申请执行人天津七所依据生效仲裁裁决向北京三中院申请执行，北京三中院应当依法采取措施实现该文书确定的内容，非因法定事由不得停止执行。根据已查明的事实，北京三中院在发还执行案款前，申请执行人、被执行人或其管理人均未告知其他法院已受理对兴东方公司的破产申请，该院亦未收到破产案件受理法院的相关裁定或通知。因此，北京三中院在不知悉其他法院已受理对被执行人破产申请的情况下，将执行到位的案款发还申请执行人并无不当。

第八部分

诉讼执行一体化

——以便宜执行的角度完善诉讼准备

所谓诉讼执行一体化，是指以便宜执行的角度考量如何签订法律合同、如何选择被告、如何确认诉讼请求以及如何完善诉讼准备的体系性思考。笔者意图通过对执行程序中常见问题和阻碍的总结和反思，寻求在诉前准备、诉讼程序甚至日常经济交往中予以规避的方法，对诉前准备、诉中策略以及胜诉后的执行程序做整体考量，从而在根本上避免执行难，以求最大限度实现当事人的权益。

一、签署协议时应注意的风险和合规审查要点

法律的魅力在于其是一个完整的知识体系性，实施法律行为时产生的“因”必在纠纷产生时形成相对应的“果”，因此，近些年很多企业开始更加注意合同的风险防范及合规审查，避免产生纠纷和矛盾时自身权益被不合理侵犯。本版块内容从排除诉讼不利因素及执行阻碍的角度，提示各方在签署和履行合同时的风险防范及合规审查要点，具体如下。

189. 明确合同主体的身份信息及联系方式，确保有效送达

签订合同时，合同主体的身份信息及联系人、联系方式要明确，避免纠纷产生后在提起诉讼或法院送达时遇到阻碍。根据《民事诉讼法》第 122 条的规定，起诉时需有明确的被告，这一点并不难，合同相对方身份信息明确，即可以合同相对方为被告提起诉讼。但是，实务中的难点在于：（1）立案时，对于自然人被告有些法院仍需要自然人被告的身份证复印件，对于企业法人需要企业信用信息公示报告；（2）立案后，被告拒收法院文件或法院联系不上被告，拖延诉讼程序；（3）开庭前，自然人被告以其住所地或户籍地提管辖异议，拖延诉讼程序；（4）审理过程中的法院文书送达亦是难题。

根据《民事诉讼法》第 95 条的规定，法院在受送达人下落不明，或者用其他方式无法送达的情形下，可以采用公告送达的方式，即自发出公告之

日起，经过30日，视为送达。公告送达可以在法院的公告栏和受送达人住所地张贴公告，也可以在报纸、信息网络等媒体上刊登公告，发出公告日期以最后张贴或者刊登的日期为准。但在实务操作中，公告送达仅是在尝试所有送达方法均无果的情况下才选择的最后送达方式，因公告送达的公告期不计入审限，若每一份法院文书都采用公告送达的方式，必然会拖延诉讼进度，大大增加时间成本。

综上，暂不论合同内容的风险防范及合规审查问题，仅就有利于正常推进诉讼程序及执行程序的角度，笔者建议在签署合同时，明确合同主体的身份信息及联系方式，具体来说：（1）合同相对方为位企业的，需在合同中约定清楚联系人、联系地址、联系电话，并约定清楚联系人及联系信息的变更条件；（2）合同相对方为自然人的，在明确联系地址、联系方式之外，最好能要一份身份证复印件。

190. 明确合同主体的真实意思及法律地位（以第三方介入为例）

执行程序中的第三方介入，涉及债务加入、执行担保和执行和解担保等不同情形，因各种情形的法律效果不同，故债权人在签署相关文件时就需注意明确各方真实意思及法律地位。

我们要先厘清相关概念。所谓“债务加入”，根据《民法典》第552条的规定，是指在债务人不脱离原合同关系的情况下，第三人自愿加入债的关系，并与债务人共同向债权人履行义务，债权人可要求该第三人在其愿意承担的债务范围内和债务人承担连带债务。所谓“执行担保”，根据《民事诉讼法》第238条的规定以及《最高人民法院关于执行担保若干问题的规定》第1～3条的规定，是指在执行中，被执行人或第三人为暂缓执行程序而向人民法院提供担保，并经申请执行人同意。被执行人逾期不履行的，人民法院有权执行被执行人的担保财产或者第三人的财产。所谓“执行和解协议中的担保”，根据《最高人民法院关于执行和解若干问题的规定》第18条的规定，是指在执行和解协议中约定的担保条款，且担保人向人民法院承诺在被执行人不履行执行和解协议时自愿接受直接强制执行的，恢复执行原生效法律文书后，人民法院可以依申请执行人申请及担保条款的约定，直接裁定执行担保财产或者保证人的财产。

但是，即便基于前述关于债务加入、执行担保及执行和解协议中的担保做了概念上的区分，债权人在面对第三人签署类似协议时，仍不容易区分出三者的不同，故导致后续执行程序出现不同的结果。因此，笔者从三者引起的不同的法律效果以及签署协议时注意用何种词汇的角度，分析如下。

1. 三者引起的不同法律效果

执行和解中的债务加入，根据《变更、追加规定》第 24 条“执行过程中，第三人向执行法院书面承诺自愿代被执行人履行生效法律文书确定的债务，申请执行人申请变更、追加该第三人为被执行人，在承诺范围内承担责任的，人民法院应予支持”的规定，债权人可以在执行程序中依据该规定内容，向执行法院申请追加该第三人为被执行人，并在该第三人承诺范围内执行该第三人的财产。

执行和解中约定的担保，根据《最高人民法院关于执行和解若干问题的规定》第 18 条的规定，是指因被执行人不履行执行和解协议而恢复原生效法律文书执行时，执行法院可以依申请执行人申请及担保条款的约定，直接裁定执行担保财产或者保证人的财产。

执行担保，根据《民事诉讼法》第 238 条的规定，在暂缓执行期限届满后被执行人仍不履行义务，或者暂缓执行期间担保人有转移、隐藏、变卖、毁损担保财产等行为的，人民法院有权执行担保人的财产。

执行担保和执行和解中的担保，在符合法律规定的执行担保财产的情形时，均不需要申请执行人另行追加担保人为被执行人，可直接在执行程序中执行担保财产。因根据《变更、追加规定》第 30 条、第 31 条的规定，追加的该第三人可以向执行法院的上一级法院申请复议，且复议期间人民法院不得对其争议范围内的财产进行处分。因此，相比较而言，执行担保以及执行和解中的担保，更有利于高效执行。

2. 执行程序中如何明确债务加入和执行担保或执行和解中的担保

根据《最高人民法院关于执行担保若干问题的规定》的相关规定，执行担保是担保人向法院提供的担保，其应当向人民法院提交担保书，并将担保书副本送交申请执行人。担保书中应当载明担保人的基本信息、暂缓执行期限、担保期间、被担保的债权种类及数额、担保范围、担保方式、被执行人于暂缓执行期限届满后仍不履行时担保人自愿接受直接强制执行的承诺等内容。

根据《最高人民法院关于执行和解若干问题的规定》的相关规定，担保人需要在和解协议中明确“人民法院可以依申请执行人申请及担保条款的约定，直接裁定执行担保财产或者保证人的财产”等内容。

191. 签署公证债权文书的特别注意事项

公证债权文书如在签署及制作过程中出现不规范情形，将会导致公证债权申请执行时法院不予受理，以及法院受理后裁定不予执行的情形，因此，债权人在签署、制作公证债权文书时需要注意风险防范及合规审查，具体如下。

1. 债权人申请执行公证债权文书，法院不予受理的情形

根据《最高人民法院关于公证债权文书执行若干问题的规定》第5条的规定，债权人申请执行公证债权文书，人民法院裁定不予受理或受理后裁定驳回执行申请的情形，具体包括：

（1）债权文书属于不得经公证赋予强制执行效力的文书。

（2）公证债权文书未载明债务人接受强制执行的承诺。

（3）公证证词载明的权利义务主体或者给付内容不明确。

（4）债权人未提交《执行证书》。

上述情形中，前三种情形是债权人在签署和制作公证债权文书时能够识别和避免的情形，故债权人在签署和制作公证债权文书时需要进行专业的风险防范及合规审查。

2. 公证债权文书不予执行的情形

根据《民事诉讼法》第245条第2款的规定，公证债权文书确有错误的，人民法院裁定不予执行。根据《民事诉讼法司法解释》第478条的相关规定，以及《最高人民法院关于公证债权文书执行若干问题的规定》的相关规

定，可得出公证债权文书不予执行的情形，具体包括：

（1）公证债权文书属于不得赋予强制执行效力的债权文书的。

（2）被执行人一方有未亲自或者未委托代理人到场公证等严重违反法律规定的公证程序的。

（3）公证债权文书的内容与事实不符或者违反法律强制性规定的。

（4）公证债权文书未载明被执行人不履行义务或者不完全履行义务时同意接受强制执行的。

（5）人民法院认定执行该公证债权文书违背社会公共利益的。

（6）无民事行为能力人或者限制民事行为能力人没有监护人代为办理公证的。

（7）公证员为本人、近亲属办理公证，或者办理与本人、近亲属有利害关系的公证的。

（8）公证员办理该项公证有贪污受贿、徇私舞弊行为，已经由生效刑事法律文书等确认的。

（9）其他严重违反法定公证程序的情形。

债权人在签署和制作公证债权文书时，上述七种情形均能够在事前进行识别和避免，故债权人在签署和制作公证债权文书时进行相应的风险防范及合规审查。

3. 公证债权文书被裁定不予执行后债权人可重新就债权争议提起诉讼解决

根据《民事诉讼法司法解释》及《最高人民法院关于公证债权文书执行若干问题的规定》的相关规定，被执行人申请不予执行公证债权文书，应当在执行通知书送达之日起 15 日内向执行法院提出书面申请，并提交相关证据材料。

法院审查债务人的不予执行申请后裁定不予执行的，债权人可在接到该裁定之日起 10 日内向上一级法院申请复议，若债权人在申请复议期满未申请复议，或者复议申请被驳回的，债权人可以就公证债权文书涉及的民事权利义务争议向人民法院提起诉讼。

二、制定合理、明确、可执行的诉讼请求（以股东资格确认纠纷案件为例）

诉讼请求是原告向法院表达要求最直接的方式，根据诉讼请求内容的不同可以细分为给付之诉、确认之诉和形成之诉。实务中，法院法官的审判工作也是一步步展开的，包括：（1）确认诉讼请求；（2）明确各方法律关系；（3）明确原告提出诉讼请求的法律依据；（4）查明案涉事实；（5）作出裁判。可见，诉讼请求系法院审判工作的基础，法官对案件事实的查明和对适用法律的选择均是从当事人的诉讼请求出发，因此，民事诉讼的原告在准备起诉状时，需要结合自身事实情况及需求，制定出合理、明确、可执行的诉讼请求。

所谓合理，是指在保证合法性的前提下，原告或其代理律师结合案件事实及原告自身具体情况，在整体考虑原告诉讼目的、被告履行能力、涉诉法律关系、相关法律依据、在案证据、案件管辖法院、案件胜诉概率、胜诉后判决能否执行等因素后，基于系统的法律知识及实务经验多方权衡后形成诉讼请求内容。

所谓明确，是指诉讼请求内容阐述明确，且有明确的请求权及明确的法律依据。如借款合同纠纷案件中，原告应在诉讼请求中明确利息的计算方法，包括以多少金额为基数，以中国人民银行授权全国银行间同业拆借中心公布的一年期贷款市场报价利率（LPR）或其他约定明确的利率为标准，自何时起计算至实际给付之日止，暂计算至起诉之日的金额为多少等内容。

所谓可执行，是指诉讼请求中要有可执行的内容，如股东资格确认纠纷案件中，若仅是诉讼请求确认股东资格未包含相应股权变更事项，则即便该诉讼最终获得胜诉，原告也无法依据胜诉判决向法院要求强制执行将他人股权变更至原告名下。因此，原告起诉的目的若是拿回股权，则该类诉讼的诉讼请求内容就需要明确股权份额及公司办理工商变更的协助义务。

结合上述内容，笔者以股东资格确认纠纷案为例，从便宜将案涉股权通过法院执行过户登记至委托人名下的角度，详细阐述如何制定合理、明确、可执行的诉讼请求。

192. 股东资格确认纠纷案件执行的三大难点

关于有限责任公司及非上市股份有限公司股权强制执行问题，实务中存在诸多难点。该类股权隐秘，不易估值和流通，但又具有较高的金钱价值，故该类股权会引起诸多权利人的关注。在股权代持、股权转让等行为引起的股东资格确认纠纷案中，隐名股东或其他继受取得股权的权利人，无论是对公司内部行使股东权利，还是对公司外部彰显股东身份、对抗善意第三人，都需要通过商事外观明确权利人股东身份。因此，股东资格确认纠纷案件在法院判决确认股东身份后，权利人还需要公司签发出资证明书、记载于股东名册、办理工商登记变更等形式要件来实现股东身份。然而在司法实践中，权利人虽然胜诉，但判决在执行程序中往往会遇到多重阻碍，经总结主要有以下三点。

1. 公司及原股东设置阻碍，排斥新股东进入公司

因有限公司兼具资合性、人合性特点，若出现公司原股东和其他股东排斥新股东进入公司的情形，就会衍生出诸如股东名册记载纠纷、请求变更公司登记纠纷等另诉纠纷，此时，权利人即便在股东资格确认纠纷案件中胜诉，也无法充分行使股东权利，甚至还可能陷入另诉困扰。

2. 没有明确给付内容，法院无法强制执行

根据《民事诉讼法司法解释》第 461 条的规定："当事人申请人民法院执行的生效法律文书应当具备下列条件：（一）权利义务主体明确；（二）给付内容明确。"据此，权利人申请人民法院强制执行的生效法律文书应当具备明确的给付内容。根据《最高人民法院关于人民法院强制执行股权若干问题的规定》第 17 条第 2 款的规定："生效法律文书仅确认股权属于当事人所有，当事人可以持该生效法律文书自行向股权所在公司、公司登记机关申请办理股权变更手续；向人民法院申请强制执行的，不予受理。"据此，生效法律文书仅确认股权属于权利人所有，权利人可以持该生效法律文书自行向

股权所在公司、公司登记机关申请办理股权变更手续；向人民法院申请强制执行的，执行法院不予受理。确认股东资格纠纷案系确权之诉，若判决书中没有明确的给付内容，对于该类无明确给付内容的执行申请，执行法院将不予受理。

3. 第三人执行措施可阻碍确权之诉权利人的强制执行申请

尽管现有司法裁判观点支持隐名股东在执行异议中可以提请排除执行措施并请求确认其股东资格，但执行异议之诉与股东资格确认之诉系两个独立的诉讼案件。就确权之诉执行问题，如广东高院（2018）粤执复 96 号案件中，权利人因胜诉判决已经确认其享有涉事股权，权利人申请法院强制执行将涉事股权过户至权利人名下，但执行法院深圳中院予以拒绝。执行法院认为，权利人申请过户股权的执行依据系确认被执行人持有的股权归属于权利人，并不具有给付内容，不符合人民法院受理执行案件的条件。并且，上述股权因该院在另案执行程序中已经被冻结，权利人在完成变更登记之前不产生对抗第三人的效力，故裁定驳回权利人变更股权过户的强制执行申请。

193. 尝试在确认之诉中加入给付内容的请求事项

根据《最高人民法院关于人民法院强制执行股权若干问题的规定》第 17 条的规定，在股东资格确认纠纷案件中，权利人在起诉时可提出要求公司签发出资证明书、记载于股东名册并办理公司登记机关登记的诉讼请求，在原告取得胜诉判决、确认诉讼请求被审判法院支持时，即便再遇到公司或股东对权利人进入公司设置阻碍时，权利人可以通过向执行法院申请强制执行来实现股权变更及股东身份的明示。

此外，在确权之诉中加入有给付内容的请求事项，诉讼费会高于单纯确认之诉，但现今很多地方关于确认之诉的诉讼费收取也多会参照涉诉标的金额（给付之诉的收取方法）。

因此，综合考量利弊后在股东资格确认之诉中加入公司协助办理股权变更的行为给付内容，对于隐名股东或其他继受取得股权的权利人更有利益。

194. 为便宜执行，诉讼请求中三大要素缺一不可

在股东资格确认纠纷案件中，为便宜强制执行程序的推进，权利人可尝试在确认之诉中明确给付内容，将诉讼请求分为以下 3 部分：

1. 确认某某为某公司股东，并享有某公司多少股权。

2. 判令某公司向某某签发出资证明书、将某某记载于股东名册，并配合将某某持有的 A 公司的股权完成工商变更登记。

3. 本案诉讼费由 A 公司承担。

三、合理利用共同被告制度，在诉讼阶段扩大债务人范围

结合本书第二部分——执行立案及变更、追加当事人程序中的相应权利的相关内容、第四部分——案外人可通过异议之诉排除执行和确权的相关内容以及第五部分——中止、暂缓、终结本次执行及终结执行的适用与救济的相关内容，执行程序中常会出现判决书以外的人员就判决确认的给付标的物提出权利主张，以此阻碍执行程序，排除执行措施，常见的情形包括：（1）债务人的家属、朋友等就执行房产提出权利主张，阻碍执行程序；（2）公司负债且无财产，股东富裕但其依据有限责任及出资期限规定，不需要就公司债务承担清偿责任，导致债权虽然胜诉但无法清偿，判决书成为空头支票。为避免上述情形的出现，作者建议原告在诉讼阶段合理利用共同被告、追加被告制度，扩大债务人范围。具体如下。

（一）被告为自然人时，应考虑列配偶为共同被告

追加被执行人的法定情形中无追加配偶的规定，故应在诉讼阶段抓住以夫妻共同债务列配偶为被告的一切可能和机会。根据《变更、追加规定》第 10～25 条关于变更、追加被执行人法定情形的规定，就申请执行人在执行程

序中追加被执行人配偶的问题，没有作出任何可追加情形的规定。简单来说，执行程序中不能直接追加被执行人的配偶为被执行人，申请执行人必须另行起诉确认夫妻共同债务或配偶主动同意对债务承担清偿责任。因此，对于申请执行人（债权人）来讲，尽管其通过诉讼胜诉确认了债权，但因执行中债务人无财产可供执行，或债务人通过各种方式将资产转至子女或已离婚配偶名下而无法执行，申请执行人（债权人）前期就诉讼程序的所有支出以及无法获得清偿的债权均成为其自己的实际利益损失。

基于上述分析，作者以借款合同纠纷案件为例，对自然人被告的诉讼案件做如下分析。

195. 被执行人配偶提出执行异议的法律后果

就自然人债权的执行程序，实务中往往会遇到被执行人配偶以离婚协议、婚前财产协议或共有财产不应被处分等事由，向执行法院提起执行异议，根据《民事诉讼法》第 263 条的规定，案外人对执行标的提出确有理由的异议，执行法院应当中止执行。根据《民事诉讼法司法解释》第 463 条的规定，法院就被执行人配偶所提案外人异议，可作出支持或不支持两种裁判结果，即裁定驳回其配偶异议以及支持其配偶请求裁定中止执行程序。根据该条第 2 款的规定，“驳回案外人执行异议裁定送达案外人之日起十五日内，人民法院不得对执行标的进行处分”。即便被执行人配偶的异议被裁定驳回，在该配偶收到法院裁定文书之日起 15 日内，法院也不得处分（拍卖、变卖）执行标的物。结合前期执行异议的审查期间以及立案、分配审判法官、文件邮寄等时间，在不考虑被执行人配偶异议成立的情况下，一般也至少会导致执行程序拖延 2 个月以上的时间，实践中可能会更长一些。

根据《民事诉讼法》第 234 条关于案外人异议及案外人异议之诉的规定，即便被执行人配偶提出的案外人异议被裁定驳回，被执行人配偶还可以对执行法院驳回其案外人异议的裁定提起民事诉讼。根据《民事诉讼法司法解释》第 313 条的规定，案外人执行异议之诉审理期间，人民法院不得对执行标的进行处分。申请执行人（债权人）在与被执行人配偶漫长的异议之诉的诉讼程序中，不得对执行标的进行处分，即不能拍卖、变卖执行标的物。所谓迟则生变，或被执行人常讲的"以时间换空间"，经诉讼一审、二审程序差不多至少要拖延执行程序1年以上时间，同时，债权能否最终得到全部清偿还是未知数、存在风险。对于申请执行人（债权人）来讲，拿着胜诉判决进入执行程序，然后再走一遍诉讼程序的一审、二审，耗时、耗力，又增加申请执行人（债权人）的经济负担。

196. 被执行人配偶提出执行异议的常见事由

被执行人配偶就法院对自然人财产实施的强制执行程序提出案外人异议的常见事由主要有以下几种：（1）被执行人配偶以离婚协议请求排除对登记在被执行人名下房产的执行措施。（2）被执行人配偶以夫妻共同财产为由请求排除对夫妻共同财产的处置措施。（3）被执行人财产已转移至其配偶名下，被执行人名下无财产，但其或离婚或未离婚的配偶有大量个人资产支付被执行人进行奢靡消费。（4）被执行人配偶提出离婚析产，以阻碍执行程序。

就上述对自然人债权执行难的问题，结合实务案例，做如下详细说明。

1. 被执行人原配偶以离婚协议请求排除对登记在被执行人名下房产的执行措施

如最高人民法院（2015）民一终字第150号案件（钟永玉与王光、林荣达案外人执行异议纠纷案，载《最高人民法院公报》2016年第6期），最高人民法院经审理认为：虽然案涉房产登记在被执行人名下，但被执行人原配偶基于其在执行债权形成前与被执行人签订的《离婚协议》有关案涉房产分配的约定内容，请求执行法院排除对《离婚协议》已约定产权为该配偶所有的案涉房产上的所有执行措施，法院最后予以支持，执行法院停止了对案涉房产的执行。

再如最高人民法院（2018）最高法民终462号案件中，法院认为：被执行人与其配偶协议离婚及约定案涉房产所有权归属的时间早于被执行人负债时间，可以合理排除被执行人与其配偶恶意逃避债务的主观故意。因此，被执行人的配偶基于离婚协议的约定有权排除对案涉房产的执行措施。

2. 被执行人配偶以夫妻共同财产为由请求排除对夫妻共同财产的处置措施

如最高人民法院（2018）最高法民申613号案件中，法院认为：被执行人与其配偶离婚协议中关于共有财产的分割已完成，约定“双方各自名下的其他财产（包括机动车）归各自所有”，该约定内容使被执行人配偶对拟执行拍卖的机动车享有直接支配之物权。而债权人对上述财产申请执行，系基于其与被执行人之间的债权债务关系，该权利并非源于对上述财产的直接交易关系，而是源于对被执行人财产的债权请求权。另外，离婚协议成立时间早于债权人的起诉时间，因此，被执行人配偶有权排除债权人请求法院对案涉机动车采取的所有执行措施。

3. 被执行人财产已转移至其配偶名下，被执行人名下无财产，但其或离婚或未离婚的配偶有大量个人资产支付给被执行人进行奢靡消费

如最高人民法院（2021）最高法民申1530号案件中，法院经审理认为：案涉房产一直登记在被执行人配偶名下，且经《离婚协议》约定房屋归被执行人配偶所有，因此，案涉房产已不是被执行人的资产，债权人无权执行该案涉房产，被执行人配偶有权排除法院对案涉房屋的所有强制执行措施。

4. 被执行人配偶提出离婚析产以阻碍执行程序

《民法典》第299条规定：“共同共有人对共有的不动产或者动产共同享有所有权。”《民法典》第303条规定，共同共有人在共有基础丧失或者重大理由时，可以对夫妻的共同共有财产进行分割。《民法典》第304条规定了对实物分割和对拍卖款分割等方式，因夫妻关系存续期间夫妻资产视为夫妻共同资产，若夫妻双方未事先约定相应份额的，视为双方共同共有。

执行程序中，若申请执行人（债权人）拟申请拍卖被执行人与其配偶共同共有的房产，因该房产可能是夫妻之间唯一住房，且被执行人所负债务金额明显超过负债一方可能在夫妻共同财产中享有的份额，此时若被执行人配偶提出离婚析产诉讼，同时被执行人配偶又向执行法院提出异议请求中止、停止拍卖程序的，执行法院一般会予以考量。

又因，被执行人配偶既对法院执行拍卖共有房产的执行行为提出异议，

同时是基于其对拍卖标的物的共有权提出排除执行措施的异议程序，此时执行法院将会结合被执行配偶的明确请求事项及理由，确认该配偶是应该走利害关系异议程序还是走案外人异议程序，但无论哪种审查程序，拍卖程序需中止执行，拍卖标的物不得在审查期间被处分拍卖。

197. 以配偶为共同被告的常见情形

基于上述分析和考虑，在办理被告为自然人的诉讼案件中，需要考虑列夫妻为共同被告的可能，如借款合同纠纷案件，债权人若准备将债务人的配偶列为共同被告，可考虑夫妻共同债务、夫妻共同使用借款、配偶在债务清偿过程中对债务追认或承诺代为清偿债务的、债务人配偶系借款担保人等情形，具体如下。

1. 以夫妻共同债务为由，列夫妻双方为共同被告

根据《民法典》第1064条“夫妻双方共同签名或者夫妻一方事后追认等共同意思表示所负的债务，以及夫妻一方在婚姻关系存续期间以个人名义为家庭日常生活需要所负的债务，属于夫妻共同债务……债权人能够证明该债务用于夫妻共同生活、共同生产经营或者基于夫妻双方共同意思表示的除外”的规定，夫妻共同债务可以分为三种，即共债共签、因家庭日常生活需要所负债务、因夫妻共同生产经营所负债务。

共债共签，是指夫妻双方就债务均在借款协议中签字，作为债务的共同偿还主体，债权人起诉时可依据借款合同、转账凭证等证据材料，以夫妻双方为被告，起诉要求双方连带偿还债务，即便起诉前或起诉后债务人双方离婚析产，待进入执行程序，夫妻双方均为被执行人，即不存在被执行人配偶提起执行异议的情形。

因家庭日常生活需要所负债务，是指夫妻一方在婚姻关系存续期间以个人名义为家庭日常生活所负担的债务。包括买房、买车、日常生活开支等。虽然借款人仅为夫妻一方，借款合同中仅有夫妻一方签字，但若债权人能够证明该部分借款用于夫妻共同生活，则该笔借款可以视为夫妻共同债务，应由夫妻双方共同偿还。债权人对该笔债务提起诉讼时，债权人应列夫妻双方

为共同被告。

因夫妻共同生产经营所负债务，是指夫妻双方为共同生产经营对外借款，即便仅有夫妻一方在借款合同中签字，但该债务仍为夫妻共同债务。对于夫妻共同生产经营，实务中常见的情形有一人有限责任公司股东为夫妻一方，另一方在公司担任高管人员，或者夫妻共同为有限责任公司股东。在此前提下，夫妻一方为公司生产经营对外承担债务，该笔债务应视为该夫妻共同债务。债权人对该笔债务提起诉讼时，债权人应列夫妻双方为共同被告。

2. 夫妻共同使用借款，虽未明示，但仍可视为夫妻共同债务

债权人与夫妻一方签署借款协议，债权人根据协议约定或债务人提供的收款账户支付借款，该收款账户为债务人配偶的个人账户，此种情形下债务人配偶虽然没有共债共签、没有明示追认债务，但其接收借款款项的行为应视为对该笔借款的知情。结合具体案情中借款款项的用途，可以推定案涉借款的实际借款人为配偶双方，该笔债务应为夫妻共同债务。

3. 配偶在债务清偿过程中对债务追认或承诺代为清偿债务的，列夫妻双方为共同被告

根据《民法典》第 1064 条的规定，夫妻一方对外所负债务，另一方在事后对其配偶所负债务进行追认、认可债务为共同债务的，或另一方承诺代为清偿的，或配偶在债权人催款时代为偿还债务的，债权人在提起诉讼时均可以列夫妻双方为共同被告，避免另一方在执行程序中阻碍执行。

4. 以债务人配偶系借款担保人为由，列夫妻双方为共同被告

债权人与夫妻一方签署借款协议，另一方为借款协议单独出具担保协议的，或在聊天记录中明确向债权人承诺愿意为借款提供担保，该笔债务可以视为夫妻共同债务，由夫妻共同清偿。债权人起诉时，可将夫妻双方列为共同被告。

（二）被告为企业法人时，应考虑列股东为共同被告

被执行人系企业法人的执行案件中，常会遇到申请执行人（债权人）拿到的胜诉判决，但由于公司经营僵局或股东认缴出资期限尚未届满等情况，

执行款无法执行到位。这种情况下，申请执行人（债权人）可能又会被拖进企业法人破产程序，经过漫长的破产清算或重整程序，最终能否拿回资产、能拿回多少比例的资产都将是未知数。因此，对于以企业法人为被告的诉讼案件，在起诉前需要考量企业的资产情况、公司的负债情况、公司股东的出资情况以及公司在诉讼和执行期间进入破产程序的可能性等因素，最终制定出合理的诉讼方案，以帮助债权人足额拿到资产而不仅是无法履行的空头支票。

基于上述分析，笔者就股东认缴期限未届满如何追责股东这一问题，做如下分析。

198. 综合考量公司清偿能力及股东担责的可能性

追加公司股东的情形中并无关于追加出资期限未届满股东为被执行人的相关规定，故在对公司诉讼时需要考量公司清偿能力及股东担责的可能性。根据《变更、追加规定》中关于变更、追加被执行人法定情形的规定，具体如下：

1. 第 13 条，是关于执行程序中追加个人独资企业投资人为被执行人的规定。

2. 第 14 条，是关于执行程序中追加合伙企业普通合伙人为被执行人的规定。

3. 第 17 条，是关于执行程序中追加未出资或未足额出资的股东、投资人、发起人为被执行人的规定。

4. 第 18 条，是关于执行程序中追加抽逃出资股东、出资人为被执行人的规定。

5. 第 19 条，是关于执行程序中追加未出资即转让股权的原股东为被执行人的规定。

6. 第 20 条，是关于执行程序中追加一人有限公司股东为被执行人的规定。

7. 第 21 条，是关于执行程序中追加未经清算即办理注销登记的公司股东或股份公司董事和控股股东为被执行人的规定。

8. 第 22 条，是关于执行程序中追加因公司解散而无偿接受公司财产的股东、出资人为被执行人的规定。

上述规定的有关在执行程序中追加企业法人股东或投资人为被执行人的法定情形中，并没有关于追加认缴期限未届满股东为被执行人的规定。然而，在2014年《公司法》将公司设立时应实缴出资变更为公司设立时股东出资采取认缴制，规定认缴金额和认缴期限由公司股东在公司章程中进行约定。因此，就会出现在公司出现经营僵局和资不抵债时，公司股东的认缴期限还未届满的情形，此种情况下公司债权人即便经诉讼一审、二审取得对公司的胜诉判决，但因公司无清偿能力，债权人又要走执行转破产程序或破产程序，债权的清偿就变得遥遥无期。

199. 对认缴期限未届满股东应考虑如何加速到期

有限责任公司作为诉讼中最为常见的法律主体，其有两个特点：第一，股东在其出资范围内承担有限责任；第二，股东享有出资期限利益，出资期限未届满，公司或其债权人无权要求股东履行出资义务。基于此，公司负债并不等于股东应承担责任，故公司债权人在面对公司出现无清偿能力时的相关操作，对债权人债权能否足额清偿将尤为重要。具体如下。

1. 债权人以公司不能清偿到期债务为由，起诉请求未届出资期限的股东在未出资范围内对公司不能清偿的债务承担责任的，法院一般不予支持

在注册资本认缴制下，股东依法享有期限利益。债权人以公司不能清偿到期债务为由，起诉请求未届出资期限的股东在未出资范围内对公司不能清偿的债务承担补充赔偿责任的，法院不予支持。因此，债权人若想在起诉时让未届出资期限的股东承担责任，最好的办法是在与公司签署协议时，根据协议的不同，将股东列为相对人或相应担保人，如在债权人与公司之间签署的借款合同中，约定股东承担连带责任，以避免后续无人清偿债务的情形发生。但是，若无法在签署协议时即考量好后续诉讼和执行风险的话，若已经进入诉讼或执行程序，可考量另行起诉请求股东承担责任或直接申请企业破产。

2. 未走破产程序，对未届出资期限的股东出资履行期限加速到期的两种特殊情形

《九民纪要》第6条关于股东出资加速到期有两种例外规定：（1）公司作为被执行人的案件，人民法院穷尽执行措施无财产可供执行，已具备破产

原因，但不申请破产的；（2）在公司债务产生后，公司股东（大）会决议或以其他方式延长股东出资期限的。在上述两种情形下，公司债权人可不经申请破产程序，直接起诉未届出资期限的股东为被告承担公司债务清偿责任（此处股东承担的是认缴出资范围内的补充赔偿责任）。

结合《九民纪要》的上述内容，债权人可依据《最高人民法院关于适用〈中华人民共和国公司法〉若干问题的规定（三）》第13条第2款“公司债权人请求未履行或者未全面履行出资义务的股东在未出资本息范围内对公司债务不能清偿的部分承担补充赔偿责任的，人民法院应予支持；未履行或者未全面履行出资义务的股东已经承担上述责任，其他债权人提出相同请求的，人民法院不予支持”的规定，以公司股东为被告，以股东损害公司债权人利益责任纠纷为案由，提起诉讼，要求股东在其未实缴出资范围内对公司债务承担补充赔偿责任。该诉讼的管辖法院，应按照侵权责任纠纷管辖的一般规定确定管辖法院，即由侵权行为发生地和侵权结果发生地的法院管辖。此时，债权人作为原告可综合考量诉讼目的及诉讼优势，选择债权人住所地法院或公司住所地法院作为诉讼法院。

四、充分利用保全措施，避免债务人转移资产、争取优先顺位

财产保全措施可以有效防止债务人在诉讼中转移资产，因此被广泛使用。债权人在提起诉讼时，在衡量诉讼保全费及保全保险（保函）费、负债金额以及债务人的资产情况后，可在诉前或诉讼中向法院申请对被告（债务人）采取财产保全措施或行为保全措施。根据《民事诉讼法司法解释》第485条第1款的规定，人民法院冻结被执行人的银行存款的期限不得超过1年，查封、扣押动产的期限不得超过2年，查封不动产、冻结其他财产权的期限不得超过3年。保全措施的优势及实施时的注意要点，简述如下。

200. 利用保全措施避免债务人转移财产

根据《民事诉讼法》第103条及第104条的规定，债权人可在诉前或诉中向法院提请对被告（债务人）采取财产保全措施或行为保全措施，即查封、扣押、冻结被告（债务人）相应资产。

根据《最高人民法院关于人民法院民事执行中查封、扣押、冻结财产的规定》第24条第1款、第2款的规定，被告（债务人）就已经查封、扣押、冻结的财产所作的移转、设定权利负担或者其他有碍执行的行为，不得对抗债权人。第三人未经人民法院准许占有查封、扣押、冻结的财产或者实施其他有碍执行的行为的，人民法院可以依据债权人的申请或者依职权解除其占有或者排除其妨害。

根据《刑法》第314条关于非法处置查封、扣押、冻结的财产罪的规定，被告（债务人）隐藏、转移、变卖、故意毁损已被司法机关查封、扣押、冻结的财产，情节严重的，可处3年以下有期徒刑、拘役或者罚金。

因此，债权人在诉前、诉中采取相应保全措施，可以有效避免被告（债务人）转移资产。

201. 利用保全措施争取执行分配中的优先顺位

财产保全可有效提升债权人查封、扣押、冻结相应财产的顺位，帮助债权人在财产分配中获得优先顺位。根据《最高人民法院关于人民法院执行工作若干问题的规定（试行）》第55条、第56条的规定，《民事诉讼法司法解释》第514条的规定，在特定条件下，执行案款的分配按照采取执行措施的先后顺序受偿，具体如下。

第一，多份生效法律文书确定金钱给付内容的多个债权人分别对同一被执行人申请执行的，各债权人对执行标的物均无担保物权的，按照执行法院采取执行措施的先后顺序受偿。

第二，多个债权人的债权种类不同的，基于所有权和担保物权而享有的债权，优先于金钱债权受偿。有多个担保物权的，按照各担保物权成立的先后顺序清偿。

第三，一份生效法律文书确定金钱给付内容的多个债权人对同一被执行人申请执行，执行的财产不足清偿全部债务的，各债权人对执行标的物均无担保物权的，按照各债权比例受偿。

第四，在执行中，作为被执行人的企业法人符合《企业破产法》第 2 条第 1 款规定情形的，若当事人不同意移送破产或者被执行人住所地人民法院不受理破产案件的，执行法院就执行变价所得财产，在扣除执行费用及清偿优先受偿的债权后，对于普通债权，按照财产保全和执行中查封、扣押、冻结财产的先后顺序清偿。

202. 争取首先查封以保证执行处分权

首先查封、扣押、冻结的法院对执行标的物享有执行处分权，其他法院债权人只能向有执行处分权的法院申请参与分配。根据《最高人民法院关于人民法院执行工作若干问题的规定（试行）》第 56 条第 1 款的规定，对于被执行人的财产处分及分配，应由首先查封、扣押或冻结的法院主持进行，即所谓首先查封法院享有执行处分权。若首先查封法院采取的执行措施为财产保全，则对于保全物的具体分配应当在首先查封法院案件审理终结后进行，即首先查封法院采取保全措施的，其他债权人需要在首先查封债权人的债权经诉讼确认后再行分配。

根据《最高人民法院关于首先查封法院与优先债权执行法院处分查封财产有关问题的批复》的规定，首先查封法院与轮候优先债权相遇时，只有在首先查封法院自首先查封之日起已超过 60 日，且尚未就该查封财产发布拍卖公告或者进入变卖程序的，优先债权执行法院才可以要求将该查封财产移送执行。只有满足上述两个条件，执行处分权才由首先查封法院转移至轮候查封法院。

因此，首先查封法院对执行标的物的执行处分权，会使债权人在债权清偿上享有一定优势。

203. 有效利用行为保全

诉讼保全措施除财产保全外，还可行为保全，且往往行为保全会起到奇效。根据《民事诉讼法》第 103 条第 1 款的规定，原告（债权人）可在提起诉讼时请求对被告（债务人）采取行为保全措施，即责令被告（债务人）作出一定行为或者禁止其作出一定行为。法院可以依当事人申请采取行为保全措施，在当事人没有提出申请时，人民法院在必要时也可以依职权裁定采取保全措施。关于实务中常见的行为保全措施，暂列举十种情形，以供参考。

第一，侵犯知识产权案件中申请人请求停止侵权行为，如“中国好声音”诉前保全案件中，行为保全措施为：法院裁定被申请人立即停止在歌唱比赛选秀节目的宣传、推广、海选、广告招商、节目制作过程中使用包含“中国好声音”“the Voice of China”字样的节目名称及注册商标。

第二，侵犯肖像权、隐私权、名誉权等精神权利的案件中申请人请求停止侵权行为，如责令被申请人立即停止拍卖著名文学家书信手稿案件。

第三，商标侵权案件中，商标注册人或者利害关系人申请法院责令侵权人停止有关侵权行为。

第四，在离婚案件中双方就子女抚养权进行争夺，申请人为防范另一方擅自带子女出境，而请求法院限制其出入境。

第五，对违规获得上市公司股票的股东，申请人请求禁止被保全人（股东）行使其投票权、提案权、召集和主持股东大会等股东权利。

第六，在股东会决议效力纠纷案件中，申请人请求禁止被保全人依据股东会决议内容办理工商变更登记。

第七，对公司纠纷案件中，申请人请求禁止办理公司法定代表人变更的工商变更登记。

第八，在公司股权纠纷中，申请法院责令股东停止股权转让行为。

第九，建工领域退场行为保全案件中，发包人要求强制原承包人退场。

第十，相邻权纠纷案件中，申请强制一方当事人立即拆除危险建筑，或者强制一方当事人立即停止建设尚未完工的危险建筑。

204. 确认财产保全管辖法院以有利于后续执行为选择标准

在法律规定的有管辖权的法院范围内，债权人可基于其起诉时的地域优势以及有利于诉讼案件审理等因素，选择财产保全管辖法院。因诉中的相应保全措施申请已明确由诉讼法院管辖，故此处考量的主要是诉前保全管辖问题以及仲裁程序保全管辖问题。

关于诉前财产保全的管辖法院，根据《民事诉讼法》第 104 条第 1 款的规定，申请人申请诉前保全的，申请人可以在下列法院中选择申请采取保全措施：（1）被保全财产所在地法院；（2）被申请人住所地法院；（3）对案件有管辖权的人民法院。

关于仲裁程序中提请保全的管辖法院，根据《民事诉讼法》第 104 条和第 279 条，《最高人民法院关于人民法院执行工作若干问题的规定（试行）》第 10 条、《最高人民法院关于实施〈中华人民共和国仲裁法〉几个问题的通知》第 2 条等相关规定，仲裁程序中申请财产保全的，就无涉外因素仲裁程序的财产保全，由被申请人住所地或被保全财产所在地基层人民法院管辖；就存在涉外因素仲裁程序的财产保全，由被申请人住所地或被保全财产所在地中级人民法院管辖。

综上，债权人在起诉前和提起诉讼时，可结合自身具体情况选择合适的管辖法院采取相应保全措施及诉讼行为。

五、仲裁程序与法院执行程序的衔接

商事仲裁程序是比较常见的纠纷解决路径，其在化解矛盾时的显著优势是程序上一裁终局的高效，以及原则上不公开仲裁信息的高保密性。然而，仲裁程序中的财产保全措施以及仲裁裁决的司法执行，因涉及仲裁机构与法院等相关方的程序衔接，所以与诉讼程序及法院出具的判决书、裁定书的执行有所不同。债权人即便经仲裁取得胜诉裁决，但若想拿到案款，在不考虑债务人的清偿能力的情形下，还需要经历以下三重阻碍：（1）仲裁裁决内容无法执行；（2）债务人或案外人申请不予执行仲裁裁决；（3）债务人申请撤销仲裁裁决。为避免出现上述情形导致阻碍执行或执行不能，债权人在仲裁过程中应注意以下几点。

205. 保证仲裁裁决内容符合执行条件

因仲裁裁决内容不符合执行条件，将导致无法执行的结果，故债权人在提请仲裁时需要注意仲裁请求的合理、明确和可执行，保证仲裁裁决内容符合执行条件。根据《最高人民法院关于人民法院办理仲裁裁决执行案件若干问题的规定》第3条的相关规定，对于仲裁裁决事项，债权人除需要配合仲裁机构相关工作外，还需要注意以下几点：

第一，仲裁主体要明确。债权人在提出仲裁请求时，需要明确权利人和义务人，以及权利人、义务人的身份信息。

第二，给付内容要明确。对于金钱给付内容：债权人在提出仲裁请求时，需要明确仲裁金额、若有相应利息或逾期罚金的，需要明确相应的计算方法；对于交付特定物的给付内容，债权人需要明确特定物信息，便宜寻找和法院强制交付。

第三，履行行为要明确。债权人在提出仲裁请求时，需要明确行为履行标准、对象、范围。

第四，继续履行合同内容要明确。债权人在提出请求继续履行合同的仲裁请求时，需要注意明确双方继续履行的各方权利义务，以及履行方式、履行期限等具体合同内容。

206. 避免仲裁裁决不予执行的风险

1. 被执行人（债务人）或案外人向法院申请不予执行仲裁裁决的时间节点和审查期限

根据《最高人民法院关于人民法院办理仲裁裁决执行案件若干问题的规

定》第8条、第9条、第12条的相关规定，关于被执行人或案外人提请不予执行仲裁裁决的时间，有以下要点需要注意。

第一，被执行人向人民法院申请不予执行仲裁裁决的，应当在执行通知书送达之日起15日内提出书面申请。

第二，案外人自知道或者应当知道人民法院对该标的采取执行措施之日起30日内提出申请。

关于法院就被执行人或案外人提请不予执行仲裁裁决案件的审查期限问题，法律规定，法院应当在立案之日起2个月内审查完毕并作出裁定；有特殊情况需要延长的，经本院院长批准，可以延长1个月。

2. 被执行人（债务人）申请不予执行仲裁裁决的情形

根据《民事诉讼法》第244条第2款和第3款的相关规定，债权人依据仲裁裁决向法院申请强制执行的，债务人能够提出证据证明仲裁裁决有下列情形之一的，法院将裁定不予执行仲裁裁决：

（1）当事人在合同中没有订有仲裁条款或者事后没有达成书面仲裁协议的。

（2）裁决的事项不属于仲裁协议的范围或者仲裁机构无权仲裁的。

（3）仲裁庭的组成或者仲裁的程序违反法定程序的。

（4）裁决所根据的证据是伪造的。

（5）对方当事人向仲裁机构隐瞒了足以影响公正裁决的证据的。

（6）仲裁员在仲裁该案时有贪污受贿，徇私舞弊，枉法裁决行为的。

（7）人民法院认定执行该裁决违背社会公共利益的。

3. 案外人申请不予执行仲裁裁决的条件

根据《最高人民法院关于人民法院办理仲裁裁决执行案件若干问题的规定》第9条的相关规定，案外人在符合以下条件时可以向法院申请不予执行仲裁裁决或者仲裁调解书：

（1）有证据证明仲裁案件当事人恶意申请仲裁或者虚假仲裁，损害其合法权益。

（2）案外人主张的合法权益所涉及的执行标的尚未执行终结。

（3）案外人自知道或者应当知道人民法院对该标的采取执行措施之日起

30日内提出。

4. 仲裁裁决若被法院裁定不予执行，债权人还需要重新仲裁或诉讼，耗时耗力

根据《民事诉讼法》第244条第5款的规定，仲裁裁决被人民法院裁定不予执行的，债权人可以根据双方达成的书面仲裁协议重新申请仲裁，也可以向人民法院起诉。

207. 避免仲裁裁决被撤销的风险

仲裁裁决作出后，债务人申请不予执行仲裁裁决与债务人申请撤销仲裁裁决是两个不同的程序，但该两程序均能导致执行中止的结果，甚至可能导致在仲裁裁决被撤销后债权人需要重新仲裁或诉讼的结果。

1. 被执行人（债务人）向法院申请撤销仲裁裁决的时间节点和审查期限

根据《仲裁法》第59条、第60条的相关规定，可知：

第一，当事人申请撤销裁决的，应当自收到裁决书之日起6个月内提出。

第二，人民法院应当在受理撤销裁决申请之日起2个月内作出撤销裁决或者驳回申请的裁定。

2. 债务人提请撤销仲裁裁决的情形

根据《仲裁法》第58条的规定，当事人可向仲裁委员会所在地的中级人民法院申请撤销仲裁裁决的情形如下：

第一，没有仲裁协议的。

第二，仲裁裁决的事项不属于仲裁协议的范围或者仲裁委员会无权仲裁的。

第三，仲裁庭的组成或者仲裁的程序违反法定程序的。

第四，仲裁裁决所根据的证据是伪造的。

第五，对方当事人隐瞒了足以影响公正裁决的证据的。

第六，仲裁员在仲裁该案时有索贿受贿，徇私舞弊，枉法裁决行为的。

第七，人民法院认定该裁决违背社会公共利益的。

综上，撤销仲裁裁决的情形与不予执行仲裁裁决的情形相同，因此，债

务人在出现上述情形时，既可以选择向法院申请不予执行，同时可以向法院申请撤销仲裁裁决。根据《最高人民法院关于人民法院办理仲裁裁决执行案件若干问题的规定》第20条的规定，无论债务人申请撤销还是申请不予执行仲裁裁决，相同事由只能采取一个程序进行救济，即若相同事由在不予执行仲裁裁决的审查中被驳回，债务人再以该事由申请撤销仲裁裁决的，法院不予支持，反之亦然。但是，债务人可以通过不予执行程序和撤销仲裁裁决两个程序，以及分别提起的不同程序之间的程序衔接及信息交换过程，起到延缓执行的目的。因此，债权人在提请仲裁时需要关注仲裁裁决不能执行、不予执行仲裁裁决和撤销仲裁裁决等所有不利情形。

六、诉讼、执行程序与破产程序的选择

债务人为企业法人时，债权人在起诉前，可尝试考虑自身债权性质（有无担保、是否优先受偿等）、公司清偿能力（资产、负债、应收账款、到期债权、固定资产、银行授信等）、股东出资情况及出资期限，并评估作为债务人的公司及股东对偿债的配合度，最终综合考量后，再决策是以诉讼和司法强制执行程序实现自身债权清偿，还是以债权人身份直接向破产法院申请债务人企业破产，寻求在破产程序中得以清偿。

208. 债权人可不经诉讼直接向法院提出破产申请

根据《企业破产法》第7条第2款“债务人不能清偿到期债务，债权人可以向人民法院提出对债务人进行重整或者破产清算的申请”的规定，根据《企业破产法》第10条第1款“债权人提出破产申请的，人民法院应当自收到申请之日起五日内通知债务人。债务人对申请有异议的，应当自收到人民法院的通知之日起七日内向人民法院提出”的规定，债权人提出的申请，破产法院会在收到后通知给债务人，由债务人对债权人的破产申请进行异议，债务人能证明自己不符合《企业破产法》第2条“企业法人不能清偿到期债

务，并且资产不足以清偿全部债务或者明显缺乏清偿能力的”“有明显丧失清偿能力可能的”情形且有能力清偿债权人债务的，破产法院将根据债权人的申请以及债务人的异议内容，裁定是否受理债权人的破产申请。

据此，关于破产申请的审查程序，法律并未强制要求债权人申请破产的债权必须经诉讼程序予以确认，因此，存在债权人不走诉讼程序直接申请破产的操作空间。但是，司法实践中，法院在进行破产申请审查时比较严谨，一般不轻易受理破产申请，故直接申请债务人破产也存在破产申请未被受理又需重新诉讼的风险。

209. 债权人直接申请破产的利弊权衡

债权人不经诉讼程序直接申请破产有得有失。所谓债权人的“得”，是指债权人申请破产省下诉讼费、保全费、保全保险费等诉讼必要费用，同时，若公司存在破产情形，省去了走诉讼再执行、再执行程序转破产程序的时间成本。

所谓债权人的“失”，是指两方面：第一，破产申请受理难度大，且需要考虑债务人企业在当地的影响以及当地政府的相应意见，因此直接裁定受理企业破产的难度大；第二，债权清偿比例受到影响，且大概率是无法全部清偿。

根据《企业破产法》第113条第1款“破产财产在优先清偿破产费用和共益债务后，依照下列顺序清偿：（一）破产人所欠职工的工资和医疗、伤残补助、抚恤费用，所欠的应当划入职工个人账户的基本养老保险、基本医疗保险费用，以及法律、行政法规规定应当支付给职工的补偿金；（二）破产人欠缴的除前项规定以外的社会保险费用和破产人所欠税款；（三）普通破产债权”，第2款“破产财产不足以清偿同一顺序的清偿要求的，按照比例分配”，以及第109条“对破产人的特定财产享有担保权的权利人，对该特定财产享有优先受偿的权利”的规定，一旦债务人企业进入破产程序，债务人企业的所有债权人都要对债务人的资产参与分配，并按照法定分配顺序，先支付破产费用和共益债务，再清偿企业职工费用，再清偿特定资产的优先权人，以及相关税款，最后是无担保、无抵押的普通债权。若启动破产程序，债权人债权能否全部清偿将存在极大不确定性，且大概率是无法全部清偿。

综上，破产申请是一把“双刃剑”，债权人在起诉前一定要综合考量各种因素，再决定是提起诉讼还是跳过诉讼直接走破产程序。

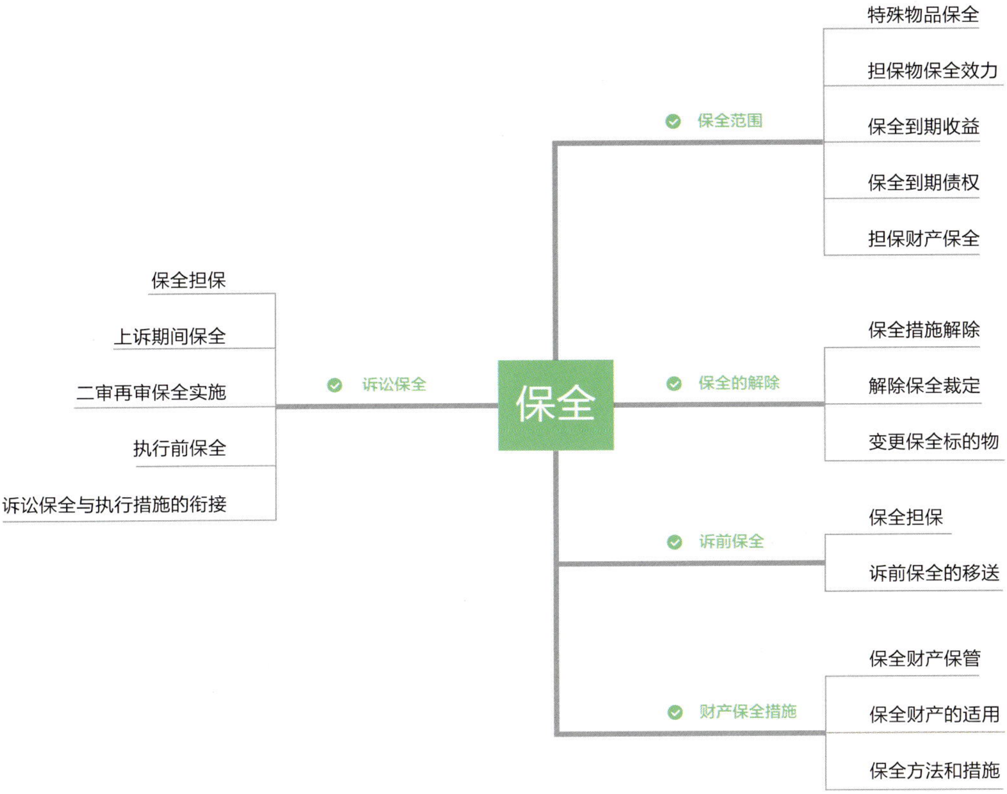
保全
保全范围
特殊物品保全
担保物保全效力
保全到期收益
保全到期债权
担保财产保全
保全的解除
保全措施解除
解除保全裁定
变更保全标的物
诉前保全
保全担保
诉前保全的移送
财产保全措施
保全财产保管
保全财产的适用
保全方法和措施
诉讼保全
保全担保
上诉期间保全
二审再审保全实施
执行前保全
诉讼保全与执行措施的衔接

保全相关规定

- 案件裁判的执行
  - 作出裁定、支付令的法院或与其同级别的被执行财产所在地的法院管辖
    - 实现担保物权的裁定和执行程序
    - 确认调解协议裁定
    - 支付令
  - 认定财产无主的判决 — 作出法院执行
- 依据确定原则
  - 权利义务主体均明确
  - 给付内容明确
- 向执行法院提出书面异议 — 15日内审查
  - 理由成立 — 裁定撤销或改正
  - 理由不成立 — 裁定驳回 — 异议人10日内向上级法院申请复议
- 执行 — 向上一级法院申请执行
  - 责令原法院在一定期限执行
  - 上一级法院提级执行或指令其他法院执行
- 艮 — 应在该执行标的执行程序终结前提出 — “终结”包括过户裁定已作出、协助执行通知已发出、变更登记已完成、价款已支付、分配已完成
- 裁判
  - 享有足以排除强制执行的民事权益 — 判决不得执行该执行标的
  - 不享有足以排除强制执行的民事权益 — 判决驳回异议人诉讼请求
- 申请再审应当具备的条件
  - 案外人申请再审以执行异议被驳回为前置条件
  - 案外人申请再审的理由是“原判决、裁定、调解书错误且损害其民事权益”（实体错误非程序错误）
  - 自执行异议裁定送达之日起6个月内提出
  - 申请再审可以向原审法院提出
- 裁定再审的处理
  - 案外人属于必要共同诉讼人
    - 按二审程序再审时不能追加为当事人，可先行调解（调解不成发回重审）
    - 按一审程序审理应当追加为当事人
  - 案外人不属于必要共同诉讼人 — 审理范围：只审原判决对其权益造成损害的内容，其他不相关内容不审理
- 管辖法院 — 执行法院
- 异议之诉
  - 起诉应具备的条件
    - 案外人执行异议申请被驳回（案外人异议为前置程序）
    - 明确的诉讼请求，且诉讼请求与原裁判无关
    - 执行异议裁定送达之日起15日内提起
  - 当事人
    - 申请执行人为被告
    - 被执行人诉讼主体情况
      - 为被告 — 请求确认所有权时列为共同被告
      - 为第三人 — 很多事实证明涉及被执行人
  - 裁判
    - 享有足以排除强制执行的民事权益 — 判决不得执行该执行标的
    - 不享有足以排除强制执行的民事权益 — 判决驳回诉讼请求
- 行异议之诉
  - 起诉应具备的条件
    - 案外人执行异议申请，法院裁定中止执行
    - 明确的对执行标的继续履行的诉讼请求
    - 执行异议裁定送达之日起15日内提起
  - 当事人
    - 案外人为当然被告
    - 被执行人诉讼主体资格取决于其对申请执行人主张的态度
      - 作为共同被告
      - 为第三人
  - 裁判
    - 案外人享有足以排除强制执行的民事权益 — 判决驳回诉讼请求
    - 案外人不享有足以排除强制执行的民事权益 — 判决准许执行该执行标的
- 是起执行异议之诉 — 申请执行人对中止执行裁定未提起执行异议之诉的，被执行人单独提起，法院不予受理或受理后告知另行起诉
- 案件审理程序 — 普通程序审理，一般不采用简易程序
- 举证责任分配
  - 案外人对其主张足以排除强执行承担举证责任 — 申请执行人负责防守
  - 当事人不适用自认规则 — 因涉及三方权益，涉案当事人不可通过自认处分资产
- 失效 — 执行异议之诉判决作出后，原执行异议裁定即失效，法院可依申请执行人的申请或职权恢复执行
- 议之诉对执行程序的影响
  - 执行异议之诉审理期间，法院不得对执行标的进行处分，除非提供担保
  - 案外人与被执行人恶意串通的，申请执行人可提起损害赔偿之诉
- 行异议之诉对执行程序的影响 — 申请执行人15日内未提起诉讼，法院应依职权7日内解除对执行标的的执行措施

仲裁裁决超出仲裁协议范围和程序违法的，超出仲裁协议范围部分不予执行

该部分与其它部分不可分的，仲裁裁决全部不予执行

不可提出执行异议或复议，或重新协议申请仲裁，或向法院起诉

执行中，被执行人通过仲裁程序将已被采取强制措施的财产确权或分割给案外人，不影响执行程序进行

目的是避免被执行人利用仲裁一裁终局的效率，以确权仲裁裁决规避执行，损害申请人的利益

债权文书的期限

- 应当在执行终结前向执行法院提出
- 审查期间，执行法院不对资产进行处分

债权文书范围包括：借款、借用、无财产担保合同，赊欠货物的债权文书，还款协议，有关赡养、扶养、抚养费用的债权文本，其它债权文书

- 文书属于不得赋予强制执行效力、严重违反公证程序、文书内容与事实不符或违反强制性规定、未载明同意接受强制执行的情形
- 救济途径：文书被裁定不予执行的，当事人、利害关系人可就争议债权提起诉讼
- 文书是否可以部分不予执行，法律尚无定论，实务中存在争议

债权文书的期限

- 申请执行期限为2年，适用执行中止、执行中断的规定
- 超过执行期限的抵押权在另案中仍应准予其优先受偿

- 法院在收到申请执行或移交执行文书后10日内发出执行通知
- 执行通知中还应通知被执行人承担延迟履行利息或延迟履行金

- 法院不主动释明
- 被执行人履行部分或全部义务的，再以不知过期为由提出异议的，法院不予支持
- 进入执行程序后，被执行人对时效提出异议的，法院应予以审查

- 事执行中的搜查
  -
    - 申请让被执行人报告财产情况的前提条件是被执行人
    - 被执行人申报财产的范围为收到通知之日前一年的财
    - 拒绝报告或虚假报告的，处以罚款和拘留
    - 对被执行人适用拘传　　经传唤无正当理由
  - 执行
    - 《民事诉讼法》第249条
      - 查询财产范围：存款
      - 协助主体：银行、信
      - 执行措施：扣押、冻
      - 执行的限制：应遵循
    - 被执行人身份和财产信息查询
      - 发出协助执行
      - 查询身份、财
      - 对案件以外的
    - 处分被执行财产的条件
      - 法院非经查封
      - 对于银行存款
    - 查封、扣押、冻结期限
      - 冻结存款的期
      - 法院可以依职
  -
    - 应当保留被执行人及其所需扶养家属的生活必需费用
    - 股息、红利的执行
    - 执行顺序一般没有限制
  - 行
    - 可以适用轮候查封，只要不是同一债权都可轮候查封；
  -
    - （1）通知被执行人或其成年家属到场；（2）同意单
  -
    - 可以指定被执行人保管，因过错造成损失的，由被执
    - 被执行人不得任意使用或处分由其保管的财产
  -
    - 拍卖主体
      - 可以自行组织拍卖也可以交由具备
      - 交由拍卖机构拍卖的，法院应对拍
    - 拍卖评估程序中强制检查、勘验　　若因评
    - 变卖　　法院需要变卖财产时，可以交由有关单
    - 以物抵债　　（1）经申请执行人和被执行人同意
    - 执行财产无法拍卖或变卖的处理　　被执行人
    - 拍卖成交裁定、以物抵债裁定的物权变动效力

申请人表示可以延期执行的

案外人提出确有理由的异议的

一方当事人公民死亡，需等待继承人继承权利承担义务

一方法人或者其他组织终止，尚未确定权利义务承受人

执行法院决定对被执行人启动执行转破产程序的

作为执行人的企业法人被裁定受理强制清算、受理破产申请的

仲裁裁决执行被申请被不予执行和撤销仲裁裁决的

执行依据按审判监督程序决定再审的

执行过程中发现有非法集资犯罪嫌疑的

人民法院认为应当中止执行的其他情形

中止情形消失，恢复执行。中止执行后，为防止被执行人恶意串通转移财产，仍可对财产采取控制性执行措施

情形

经调查未发现可供执行财产，申请人签字确认或经院长批准，可以裁定终结本次执行程序

终结本次执行程序后，申请执行人又发现有财产的可以再次申请执行，且不受执行时效期间的限制

的处理　因撤销而终结执行后，当事人在诉讼期间再次申请执行的，法院应予受理

行标的物的处理

执行终结6个月内，被执行人或其他人对已执行标的的有妨害行为的，法院可依申请排除妨害

造成损失的，受害人可依法另行起诉

中止、终结的裁定，送达当事人后立即生效